Steueränderungen 2019/2020

Steueränderungen 2019/2020

Autoren

Martin Diemer
RA StB
Stuttgart

Frank Gehring
StB
Frankfurt

Dr. Kévin P.-H. Tanguy
RA
Hamburg

Gunnar Tetzlaff
StB Dipl.-Wjur. (FH)
Hannover

Margot Voß-Gießwein
StB
Düsseldorf

Marcus Rösen
Düsseldorf

Rebecca Weichel
Düsseldorf

Susanne Tomson
RA
Köln

Roman Dawid
Dipl.-Volksw.Uni
Frankfurt

Rüdiger Happe
Dipl. Finanzwirt

18. Auflage

Haufe Group
Freiburg • München • Stuttgart

Steueränderungen 2019/2020
18. Auflage 2020

© 2020 Haufe-Lexware GmbH & Co. KG, Freiburg

info@haufe.de
www.haufe.de

Produktmanagement: Bettina Noé

Die Angaben entsprechen dem Wissensstand bei Redaktionsschluss im Januar 2020. Alle Angaben/Daten erfolgten nach bestem Wissen, jedoch ohne Gewähr für Vollständigkeit und Richtigkeit. Dieses Werk sowie alle darin enthaltenen einzelnen Beiträge und Abbildungen sind urheberrechtlich geschützt. Jede Verwertung, die nicht ausdrücklich vom Urheberrechtsgesetz zugelassen ist, bedarf der vorherigen Zustimmung des Verlags. Das gilt insb. für Vervielfältigungen, Bearbeitungen, Übersetzungen, Mikroverfilmungen, Auswertungen durch Datenbanken und für die Einspeicherung und Verarbeitung in elektronische Systeme.

Lektorat: Ulrike Fuldner, Rechtsanwältin, Fachanwältin für Steuerrecht, Aschaffenburg
DTP: Agentur: Satz & Zeichen, Karin Lochmann, Buckenhof
Bildnachweis (Cover): ©Djem, Shutterstock

Editorial

Der Streit über die Grundsteuer ist endlich gelöst und die steuerliche Förderung von Forschung in Sicht. Jeder aber, der die wichtigsten steuerpolitischen Entwicklungen des Jahres 2019 Revue passieren lässt, muss eine ernüchternde Bilanz ziehen. Statt eines wettbewerbsfähigen Unternehmensteuerrechts bringt die Bundesregierung nur eine Fülle kleinteiliger Gesetzesnovellen auf den Weg. Ganz anders präsentiert sich der Europäische Gesetzgeber. Nie zuvor hat sich die EU in der Steuerpolitik so tatkräftig gezeigt wie derzeit. In kürzerer Frequenz produziert Brüssel unter dem Druck der öffentlichen Meinung Rechtsakte im Kampf gegen den als ungerecht empfundenen Steuerwettbewerb. Unter dem Slogan: »Gewinne müssen dort versteuert werden, wo sie erwirtschaftet werden« initiierte die EU-Kommission bspw. die Richtlinie gegen Steuervermeidung, kurz ATAD. Zur Umsetzung eben dieses Regelwerks hat die Bundesregierung kurz vor Weihnachten einen mehr als 100 Seiten langen Referentenentwurf vorgelegt. Mit brisanten Folgen für Unternehmen. Im Kern sollen mit dem sogenannten ATAD-Umsetzungsgesetz zwar die Regelungen zur Entstrickungs- und Wegzugsbesteuerung sowie zu hybriden Gestaltungen der ATAD umgesetzt und die Hinzurechnungsbesteuerung reformiert werden. Die Wahrheit ist jedoch, dass einige Anpassungen weit über das europäisch geforderte Ziel hinausgehen. Mehr noch: Sie lassen den Rechtsanwender deutlich spüren, wie massiv die Europäische Union und internationale Entwicklungen das deutsche Steuerrecht beeinflussen. Eine Rolle rückwärts in Sachen Finanzpolitik kündigte jüngst gar das neue Führungspersonal einer seinerzeit großen Volkspartei an. Unter anderem strebt die neue SPD-Führung eine Wiederbelebung der Vermögensteuer an. Eine steuerliche Reformagenda, die ihrem Namen Ehre macht, ist das nicht. Ergänzt man die diversen gesetzgeberischen Initiativen um den Bedarf, auf Rechtsprechung und Verlautbarungen der Verwaltung im Jahr 2019 zu reagieren, zeigt sich, wie anspruchsvoll das Schritthalten selbst für den mit der Steuermaterie Vertrauten mittlerweile geworden ist.

An dieser Stelle setzt das Steuerjahrbuch an: Es liefert Ihnen in bewährter Tradition Hinweise und Tipps, die Sie dabei unterstützen, sich im Steuerdschungel zu orientieren. Die Chronik ist eine kompakte Informationsquelle für alle, die sich der Steuerfunktion und ihrer immer wichtiger werdenden Rolle annehmen. Wenn Sie in Ihrem Unternehmen oder als Berater über diese Jahresberichterstattung hinaus auf dem neuesten Stand bleiben möchten, sei Ihnen zusätzlich die Tax-App von PwC empfohlen. Sie liefert Ihnen tagesaktuelle Informationen und exklusives Hintergrundwissen direkt auf Ihr Tablet oder Smartphone.

Die Erstellung eines solchen Werks ist nur in Teamarbeit möglich. Dem gesamten Autorenteam sei an dieser Stelle für das hohe Engagement herzlich gedankt. Anerkennung und Dank gebührt auch dem Haufe-Verlag für das Lektorat sowie, last but not least, Gabriele Nimmrichter, die das Jahrbuch zum 18. Mal realisiert hat.

Frankfurt am Main, im Januar 2020   Klaus Schmidt

Inhaltsübersicht

Editorial 5

Inhaltsverzeichnis 7

Abkürzungsverzeichnis 30

A   Neue Steuergesetzgebung 39

B   Überblick über die Verwaltungsvorschriften 2019 153

C   Überblick über die Rechtsprechung 2019 211

D   Neuentwicklungen im internationalen Steuerrecht 435

E   Verrechnungspreise 457

F   Rechtsprechung im allgemeinen Wirtschaftsrecht aus 2019 473

Stichwortverzeichnis 496

PwC-Standorte (Steuerberatung) 522

Anhang: Betriebsprüfung 2018. Studie zur Praxis der Betriebsprüfung in Deutschland 523

Inhaltsverzeichnis

Editorial 5

Inhaltsübersicht 6

Abkürzungsverzeichnis 30

A	**Neue Steuergesetzgebung** 39	
1	**Steuergesetze, die 2019 in Kraft getreten sind, aber schon in 2018 verabschiedet wurden** 39	
2	**Steuergesetze, die 2019 in Kraft getreten sind und in 2019 verabschiedet wurden** 40	
2.1	Gesetz zur steuerlichen Förderung des Mietwohnungsneubaus 40	
	2.1.1	Einleitung 40
	2.1.2	Regelungsinhalt 40
	2.1.2.1	Belegenheit der Wohnung 40
	2.1.2.2	Wohnungen im Ausland 41
	2.1.3	Die Sonderabschreibung 41
	2.1.4	Anwendungszeitraum 42
	2.1.5	Schaffung neuer Wohnungen 42
	2.1.6	Entgeltliche Überlassung 42
	2.1.7	Baukosten 43
	2.1.7.1	Baukostenobergrenze 43
	2.1.7.2	Bemessungsgrundlage 43
	2.1.8	Rückwirkende Versagung der Sonderabschreibung 43
	2.1.9	Höchstbetrag 44
	2.1.10	Inkrafttreten 44
2.2	Gesetz zur Neuregelung von Stromsteuerbefreiungen sowie zur Änderung energiesteuerrechtlicher Vorschriften 44	
	2.2.1	Einleitung 44
	2.2.2	Stromsteuerbefreiung 45
	2.2.3	Erlaubnisvorbehalt 45

	2.2.4	Pauschale Ermittlung ... 46
	2.2.5	Datenaustausch ... 46
	2.2.6	Inkrafttreten ... 46
2.3	Brexit-Steuerbegleitgesetz – Brexit-StBG ... 46	
	2.3.1	Einleitung ... 46
	2.3.2	Änderungen des Einkommensteuergesetzes ... 47
	2.3.2.1	Auflösung eines Ausgleichspostens nach § 4g EStG ... 47
	2.3.2.2	Unschädliche Verwendung von »Riester«-Verträgen ... 48
	2.3.2.2.1	Förderunschädliche wohnungswirtschaftliche Verwendung ... 48
	2.3.2.2.2	Förderunschädliche Kapitalübertragung auf den überlebenden Ehegatten ... 48
	2.3.2.2.3	Begünstigung für in einen EU- oder EWR-Staat verziehende Steuerpflichtige ... 48
	2.3.2.3	Unterlassene Ersatzbeschaffung nach § 6b EStG ... 48
	2.3.3	Änderung des Körperschaftsteuergesetzes ... 49
	2.3.3.1	Liquidationsbesteuerung nach § 12 KStG ... 49
	2.3.3.2	Auswirkungen auf Britische Limited ... 49
	2.3.4	Änderung des Umwandlungssteuergesetzes ... 50
	2.3.4.1	Britische Gesellschaft als verschmelzungsfähiger Rechtsträger ... 50
	2.3.4.2	Einbringungsgewinnbesteuerung nach § 22 UmwStG ... 50
	2.3.5	Änderung des Außensteuergesetzes ... 50
	2.3.5.1	Widerruf einer Steuerstundung bei Wegzug ... 50
	2.3.5.2	Ergänzende Widerrufstatbestände ... 51
	2.3.5.3	Änderung des Erbschaftsteuergesetzes ... 51
	2.3.6	Änderung des Grunderwerbsteuergesetzes ... 51
	2.3.7	Inkrafttreten ... 51
2.4	Grundsteuer-Reformgesetz – GrStRefG ... 52	
	2.4.1	Einleitung ... 52
	2.4.2	Überblick über die Änderungen des Bewertungsgesetzes ... 52
	2.4.2.1	Allgemeine Vorschriften ... 53
	2.4.2.2	Bewertung des land- und forstwirtschaftlichen Vermögens ... 53
	2.4.2.2.1	Umfang der wirtschaftlichen Einheit Land- und Forstwirtschaft ... 54
	2.4.2.2.2	Bewertungsgrundsätze ... 55

	2.4.2.3	Bewertung des Grundvermögens	56
	2.4.2.3.1	Unbebaute Grundstücke (§§ 246, 247 BewG)	56
	2.4.2.3.2	Bebaute Grundstücke (§§ 248–260 BewG)	57
	2.4.2.3.3	Erbbaurecht (§ 261 BewG)	59
	2.4.2.3.4	Gebäude auf fremdem Grund und Boden (§ 262 BewG)	60
	2.4.2.4	Anwendung	60
	2.4.3	Überblick über die Änderungen des Grundsteuergesetzes (GrStG)	60
2.5	Gesetz zur Änderung des Grundgesetzes (Art. 72, Art. 105 und Art. 125b)		61
	2.5.1	Einleitung	61
	2.5.2	Regelungsinhalt	62
	2.5.3	Inkrafttreten	62
2.6	Gesetz zur Änderung des Grundsteuergesetzes zur Mobilisierung von baureifen Grundstücken für die Bebauung		63
	2.6.1	Einleitung	63
	2.6.2	Einführung einer Grundsteuer C	63
2.7	Drittes Gesetz zur Entlastung insb. der mittelständischen Wirtschaft von Bürokratie (Drittes Bürokratieentlastungsgesetz – BEG III)		64
	2.7.1	Einleitung	64
	2.7.2	Änderung der Abgabenordnung	64
	2.7.2.1	Anzeigen über die Erwerbstätigkeit (§ 138 AO)	64
	2.7.2.2	Ordnungsvorschriften für die Aufbewahrung von Unterlagen (§ 147 Abs. 6 AO)	65
	2.7.3	Änderung des Einkommensteuergesetzes	65
	2.7.3.1	Leistungen zur Förderung der Mitarbeitergesundheit (§ 3 Nr. 34 EStG)	65
	2.7.3.2	Mitteilung der zugeflossenen Leistungen aus Altersvorsorgeverträgen oder aus Pensionskassen (§ 22 Abs. 5 S. 7 EStG)	66
	2.7.3.3	Änderung der Lohnsteuerklassen von Ehegatten (§ 39 Abs. 6 EStG)	66
	2.7.3.4	Pauschalierung der Lohnsteuer für Teilzeitbeschäftigte und geringfügig Beschäftigte (§ 40a EStG)	66
	2.7.3.4.1	Anhebung der Tageslohngrenze (§ 40a Abs. 1 S. 2 Nr. 1 EStG)	66
	2.7.3.4.2	Anhebung des pauschalierungsfähigen durchschnittlichen Stundenlohns (§ 40a Abs. 4 Nr. 1 EStG)	66
	2.7.3.4.3	Lohnsteuererhebung bei beschränkt steuerpflichtigen Arbeitnehmern (§ 40a Abs. 7 EStG)	67

2.7.3.5	Pauschalierungsgrenze bei Beiträgen zu einer Gruppenversicherung (§ 40b Abs. 3 EStG)	67
2.7.3.6	Schädliche Verwendung von Altersvorsorgevermögen (§ 95 Abs. 2 EStG)	67
2.7.4	Änderung des Umsatzsteuergesetzes	68
2.7.4.1	Voranmeldungszeitraum für Existenzgründer (§ 18 Abs. 2 S. 6 UStG)	68
2.7.4.2	Besteuerung der Kleinunternehmer (§ 19 UStG)	68
2.8	Gesetz zur weiteren steuerlichen Förderung der Elektromobilität und zur Änderung weiterer steuerlicher Vorschriften (»JStG 2019«)	69
2.8.1	Einleitung	69
2.8.2	Änderungen des Einkommensteuergesetzes	69
2.8.2.1	Steuerfreie Einnahmen	69
2.8.2.1.1	Witwenabfindung als Altersgeld (§ 3 Nr. 3 Buchst. a EStG)	69
2.8.2.1.2	Leistungen an Wehrdienstleistende, Reservisten, Zivildienst und Freiwilligendienst Leistende (§ 3 Nr. 5 EStG)	69
2.8.2.1.3	Steuerbefreiung für Weiterbildungsmaßnahmen (§ 3 Nr. 19 EStG)	70
2.8.2.1.4	Verlängerung der Steuerbefreiung für die private Nutzung eines betrieblichen Fahrrads oder Elektrofahrrads (§ 3 Nr. 37 EStG)	70
2.8.2.1.5	Verlängerung der Steuerbefreiung für Ladestrom (§ 3 Nr. 46 EStG)	71
2.8.2.1.6	Verlustverrechnungspotenziale im Rahmen von Sanierungserträge (§ 3a Abs. 3a EStG)	71
2.8.2.2	Verlustverrechnungspotenziale im Rahmen von Sanierungserträge (§ 3a Abs. 3a EStG)	72
2.8.2.3	Gewinnermittlung	72
2.8.2.3.1	Betriebsausgabenabzugsverbot für Geldbußen von EU-Mitgliedstaaten (§ 4 Abs. 5 S. 1 Nr. 8 EStG)	72
2.8.2.3.2	Betriebsausgabenabzugsverbot für Hinterziehungszinsen (§ 4 Abs. 5 S. 1 Nr. 8a EStG)	73
2.8.2.3.3	Selbstständige Berufskraftfahrer	73
2.8.2.3.4	Wechsel von der Tonnagebesteuerung zur Bilanzierung (§ 5a Abs. 6 S. 2 EStG)	73
2.8.2.3.5	Dienstwagenbesteuerung für Elektrofahrzeuge (§ 6 Abs. 1 Nr. 4 S. 2 Nr. 3 und S. 3 Nr. 3 EStG)	74
2.8.2.3.6	Fondsetablierungskosten als Anschaffungskosten (§ 6e EStG)	75
2.8.2.3.7	Sonderabschreibung für Elektronutzfahrzeuge und elektrisch betriebene Lastenfahrräder (§ 7c EStG)	77

2.8.2.3.8	Erhöhte Absetzungen bei Gebäuden in Sanierungsgebieten und städtebaulichen Entwicklungsbereichen (§ 7h EStG)	78
2.8.2.3.9	Gutscheine und Geldkarten als Einnahme (§ 8 EStG)	79
2.8.2.3.10	Bewertungsabschlag bei Mitarbeiterwohnungen (§ 8 Abs. 2 S. 12 EStG)	80
2.8.2.4	Werbungskosten	81
2.8.2.4.1	Pauschbetrag für Berufskraftfahrer (§ 9 Abs. 1 S. 3 Nr. 5b EStG)	81
2.8.2.4.2	Anhebung der Pauschalen für Verpflegungsmehraufwendungen (§ 9 Abs. 4a S. 3 EStG)	82
2.8.2.5	Sonderausgaben	82
2.8.2.5.1	Sonderausgabenabzug für eine Basiskranken- und Pflegeversicherung (§ 10 Abs. 1 Nr. 3 EStG)	82
2.8.2.5.2	Vorauszahlungen von Kranken- und Pflegeversicherungsbeiträgen (§ 10 Abs. 1 Nr. 3 S. 5 EStG)	83
2.8.2.5.3	Pflicht zur Angabe der Identifikationsnummer bei Sonderausgaben i. S. v. § 10 Abs. 1a Nr. 3 und Nr. 4 EStG	83
2.8.2.5.4	Sonderausgabenabzug für Mitgliedsbeiträge (§ 10b Abs. 1 S. 8 Nr. 5 EStG)	84
2.8.2.6	Nicht abzugsfähige Ausgaben	84
	Nichtabzugsfähigkeit von Aufwendungen im Zusammenhang mit Geldstrafen (§ 12 Nr. 4 EStG)	84
2.8.2.7	Einkünfte aus Land- und Forstwirtschaft	85
2.8.2.7.1	Gemeinschaftliche Tierhaltung (§ 13b EStG)	85
2.8.2.7.2	Tarifglättung bei Einkünften aus Land- und Forstwirtschaft	85
2.8.2.7.3	Tarifermäßigung bei Einkünften aus Land- und Forstwirtschaft (§ 32c EStG)	85
2.8.2.7.4	Nicht zum Abzug gebrachter Unterschiedsbetrag (§ 36 Abs. 2 Nr. 3 EStG)	88
2.8.2.8	Einkünfte aus Gewerbebetrieb	88
	Gewerbliche Abfärbung von Verlusten (§ 15 Abs. 3 Nr. 1 EStG)	88
2.8.2.9	Veräußerung von Anteilen an Kapitalgesellschaften	88
	Anschaffungskosten von Anteilen an Kapitalgesellschaften (§ 17 Abs. 2a EStG)	88
2.8.2.10	Sonstige Vorschriften des EStG	90
2.8.2.10.1	Veranlagungspflicht bei Kapitalerträgen nach § 32d Abs. 3 EStG	90
2.8.2.10.2	Anrechnung ausländischer Steuern (§ 34c Abs. 6 S. 2 EStG)	90

2.8.2.10.3 Klarstellung von Verfahrensvorschriften im Zusammenhang mit § 36a EStG 91

2.8.2.10.4 Lohnsteuerabzugsverpflichtung bei grenzüberschreitender Arbeitnehmerüberlassung (§ 38 Abs. 1 S. 2 EStG) 91

2.8.2.10.5 Identifikationsnummer für beschränkt Steuerpflichtige (§ 39 Abs. 3 EStG) 92

2.8.2.10.6 Teilbetrag der Vorsorgepauschale für die private Kranken- und Pflege-Pflichtversicherung (§ 39b Abs. 2 S. 5 Nr. 3 Buchst. d EStG) 92

2.8.2.10.7 Pauschalierung für die Überlassung eines Fahrrads (§ 40 Abs. 1 Nr. 7 EStG) 93

2.8.2.10.8 Redaktionelle Anpassung des § 40 Abs. 2 S. 2 Nr. 1 EStG 93

2.8.2.10.9 Neuregelung für Jobtickets (§ 40 Abs. 2 S. 2 Nr. 2 EStG 94

2.8.2.10.10 Verlängerung der Pauschalierung der Lohnsteuer nach § 40 Abs. 2 S. 1 Nr. 6 EStG für Ladevorrichtungen 95

2.8.2.10.11 Änderungen bei der Anmeldung und Abführung der Lohnsteuer (§ 41a Abs. 1 S. 1 Nr. 1 EStG) 95

2.8.2.10.12 Übermittlung der Papier-Lohnsteuerbescheinigung an das Betriebsstättenfinanzamt (§ 41b EStG) 95

2.8.2.10.13 Elektronische Lohnsteuerbescheinigung (§ 41b Abs. 1 S. 2 EStG) 96

2.8.2.10.14 Betrieblicher Lohnsteuer-Jahresausgleich für beschränkt einkommensteuerpflichtiger Arbeitnehmer (§ 42b Abs. 1 S. 1 EStG) 96

2.8.2.10.15 Steuerabzugsverpflichtung für Betreiber von Internetplattformen (§ 43 Abs. 1 S. 1 Nr. 7 EStG) 96

2.8.2.10.16 Betreiber der Internetplattform als auszahlende Stelle (§ 44 Abs. 1 S. 4 Nr. 2a EStG) 97

2.8.2.10.17 Erstellung von Steuerbescheinigungen für Investmentfonds (§ 45a Abs. 2 S. 1 Nr. 2 EStG) 97

2.8.2.10.18 Zuständigkeit bei Antrag auf unbeschränkte Steuerpflicht (§ 46 Abs. 2 Nr. 9 EStG) 98

2.8.2.10.19 Vermeidung der Doppelbesteuerung für lokal Beschäftigte (§ 49 Abs. 1 Nr. 4 Buchst. b EStG) 98

2.8.2.10.20 Kompensationszahlungen als inländische Einkünfte (§ 49 Abs. 1 Nr. 5 Buchst. a EStG) 99

2.8.2.10.21 Erträge aus Wandelanleihen und Gewinnobligationen (§ 49 Abs. 1 Nr. 5 Buchst. c EStG) 99

2.8.2.10.22 Aufhebung der Abgeltungswirkung der Kapitalertragsteuer für beschränkt Steuerpflichtige (§ 50 Abs. 2 S. 2 Nr. 6 EStG) 99

2.8.2.10.23	Veranlagung für Arbeitnehmer mit geringem Arbeitslohn (§ 50 Abs. 2 S. 2 Nr. 4 Buchst. a EStG)	100
2.8.2.10.24	Sonstige Bezüge anstelle von Dividenden (§ 50d Abs. 13 EStG)	100
2.8.2.10.25	Übergangsregelungen bis zur Anwendung der elektronischen Lohnsteuerabzugsmerkmale (§ 52b EStG)	101
2.8.2.10.26	Pflichtveranlagung für beschränkt Steuerpflichtige (§ 50 Abs. 2 S. 2 Nr. 4 Buchst. c EStG)	101
2.8.2.10.27	Kindergeldberechtigung bei Beschäftigungsduldung (§ 62 Abs. 2 Nr. 4 EStG)	101
2.8.2.10.28	Kindergeldberechtigung nicht freizügigkeitsberechtigter Ausländer (§ 62 Abs. 2 EStG)	102
2.8.2.10.29	Ausnahmeregelung im Dauerzulageantragsverfahren bei der Altersvorsorgezulage (§ 89 Abs. 1a S. 2 EStG)	103
2.8.3	Änderungen des Gewerbesteuergesetzes	104
2.8.3.1	Gewerbesteuerbefreiung von Bildungseinrichtungen (§ 3 Nr. 13 GewStG)	104
2.8.3.2	Gewerbesteuerbefreiung für Betreiber kleiner Solaranlagen (§ 3 Nr. 32 GewStG)	105
2.8.3.3	Unterschiedsbeträge nach § 5a Abs. 4 EStG (§ 7 S. 3 GewStG)	105
2.8.3.4	Halbierung der gewerbesteuerlichen Hinzurechnung von Miet- oder Leasingaufwand für Elektrofahrzeuge (§ 8 Nr. 1 Buchst. d S. 2 GewStG)	106
2.8.3.5	Gewerbesteuerliche Behandlung von Schachteldividenden (§ 9 Nr. 7 GewStG)	106
2.8.4	Änderungen des Körperschaftsteuergesetzes	107
2.8.4.1	Nicht genutzte Verluste (§ 8c Abs. 1 S. 1 KStG)	107
2.8.4.2	Lohnsummenregelung im Rahmen der Sanierungsklausel (§ 8c Abs. 1a S. 3 Nr. 2 KStG)	107
2.8.4.3	Sonderausgabenabzug für Mitgliedsbeiträge (§ 9 Abs. 1 S. 8 Nr. 5 KStG)	108
2.8.4.4	Nichtabziehbare Aufwendungen (§ 10 Nr. 3 KStG)	108
2.8.4.5	Verschmelzung von Organgesellschaften (§ 15 S. 1 Nr. 2 S. 1 und S. 2 KStG)	108
2.8.4.6	Kein Freibetrag nach § 24 KStG für Investmentfonds	109
2.8.5	Änderungen des Umsatzsteuergesetzes	110
2.8.5.1	Quick-Fixes	110
2.8.5.1.1	Reihengeschäfte (§ 3 Abs. 6a UStG)	110
2.8.5.1.2	Konsignationslagerregelung (§ 6b UStG)	111

2.8.5.2	Ort der unentgeltlichen Lieferungen und Dienstleistungen (§ 3f UStG)	112
2.8.5.3	Steuerbefreiung innergemeinschaftlicher Lieferungen (§ 4 Nr. 1 Buchst. b UStG)	113
2.8.5.4	Steuerbefreiung im Rahmen der Sozialfürsorge und sozialen Sicherheit (§ 4 Nr. 18 UStG)	113
2.8.5.5	Steuerbefreiung im Zusammenhang mit der Erziehung (§ 4 Nr. 23 UStG)	113
2.8.5.6	Innergemeinschaftliche Lieferung (§ 6a UStG)	114
2.8.5.7	Steuerermäßigung für E-Produkte (E-Books etc.) (§ 12 Abs. 2 Nr. 14 UStG)	114
2.8.5.8	Steuersatz auf Erzeugnisse für Zwecke der Monatshygiene (§ 12 Abs. 2 UStG; Anlage 2)	116
2.8.5.9	Steuerschuldnerschaft des Leistungsempfängers nach § 13b Abs. 2 Nr. 6 UStG	116
2.8.5.10	Margenbesteuerung für Reiseleistungen (§ 25 Abs. 1 S. 1 UStG)	116
2.8.5.11	Haftung für die schuldhaft nicht abgeführte Steuer (§ 25d UStG)	117
2.8.5.12	Versagung des Vorsteuerabzugs und der Steuerbefreiung bei Beteiligung an einer Steuerhinterziehung (§ 25f UStG)	117
2.8.6	Änderungen des Investmentsteuergesetzes	117
2.8.6.1	§ 2 Abs. 8 S. 5 InvStG	117
2.8.6.2	§ 2 Abs. 9 S. 1 bis 5 und 7 InvStG	118
2.8.6.3	§ 2 Abs. 9 S. 6 InvStG	118
2.8.6.4	§ 2 Abs. 13 InvStG	118
2.8.6.5	§ 6 Abs. 1 S. 1 und S. 2 sowie Abs. 2 InvStG	119
2.8.6.6	§ 6 Abs. 5 S. 2 InvStG	119
2.8.6.7	§ 6 Abs. 6a InvStG	119
2.8.6.8	§ 8 Abs. 4 InvStG	119
2.8.6.9	§ 17 Abs. 1 S. 1 bis 3 InvStG	119
2.8.7	Geplante, aber nicht umgesetzte Gesetzesvorhaben	120
2.8.7.1	Einkommensteuerbefreiung von Sachleistungen im Rahmen alternativer Wohnformen (§ 3 Nr. 49 EStG)	120
2.8.7.2	Verfall von Optionen im Privatvermögen (§ 20 Abs. 2 S. 1 Nr. 3 Buchst. a EStG)	120
2.8.7.3	Verfall von Kapitalanlagen (§ 20 Abs. 2 S. 3 EStG)	121
2.8.7.4	Steuerbefreiung im Bildungsbereich (§ 4 Nr. 21 UStG)	121

2.9 Gesetz zur steuerlichen Förderung von Forschung und Entwicklung (Forschungszulagengesetz – FZulG) 122

- 2.9.1 Einleitung 122
- 2.9.2 Die Regelungen im Überblick 122

2.10 Gesetz zur Rückführung des Solidaritätszuschlags 124

- 2.10.1 Einleitung 124
- 2.10.2 Alte Rechtslage 125
- 2.10.3 Neue Rechtslage ab 2021 125

2.11 Gesetz zur Umsetzung der Änderungsrichtlinie zur Vierten EU-Geldwäscherichtlinie 126

- 2.11.1 Einleitung 126
- 2.11.2 Überblick über wesentlichen Änderungen 126
  - 2.11.2.1 Erweiterung des geldwäscherechtlichen Verpflichtetenkreis (§ 2 GwG) 126
  - 2.11.2.2 Risikomanagement (§ 4 GwG) 127
  - 2.11.2.3 Gruppenweite Sorgfaltspflichten (§ 9 GwG) 127
  - 2.11.2.4 Verstärkte Sorgfaltspflichten (§ 15 GwG) 127
  - 2.11.2.5 Ausführung der Sorgfaltspflichten durch Dritte (§ 17 GwG) 127
  - 2.11.2.6 Transparenzregister (§§ 23 und 23a GwG) 127
  - 2.11.2.7 Informationsabruf (§ 26a GwG) 128

2.12 Gesetz zur Umsetzung des Klimaschutzprogramms 2030 im Steuerrecht 128

- 2.12.1 Einleitung 128
  - 2.12.1.1 Steuerermäßigung für energetische Maßnahmen bei zu eigenen Wohnzwecken genutzten Gebäuden (§ 35c EStG) 128
  - 2.12.1.2 Befristetete Erhöhung der Entfernungspauschale (§ 9 Abs. 1 S. 3 Nr. 4 und Nr. 5 EStG, § 4 Abs. 5 S. 1 Nr. 6 EStG) 130
  - 2.12.1.3 Mobilitätsprämie (§§ 101 bis 109 EStG) 131
  - 2.12.1.4 Steuersatz für die Beförderung von Personen im inländischen Schienenbahnfernverkehr (§ 12 Abs. 2 Nr. 10 UStG) 132
  - 2.12.1.5 Gesonderte Hebesätze für Gebiete mit Windenergieanlagen (§ 25 Abs. 4 S. 1 und Abs. 5 GrStG) 132

2.13 EU-Doppelbesteuerungsabkommen-Streitbeilegungsgesetz (EU-DBA-SBG) 132

- 2.13.1 Einleitung 132
- 2.13.2 Streitbeilegungsbeschwerde (§§ 4 bis 12 EU-DBA-SBG) 133
- 2.13.3 Verständigungsverfahren (§§ 13 bis 16 EU-DBA-SBG) 134
- 2.13.4 Schiedsverfahren (§§ 17 bis 20 EU-DBA-SBG) 135

	2.13.5 Verfahrensvereinfachungen	135
	2.13.6 Anwendung und Inkrafttreten	135
2.14	Gesetz zur Einführung einer Pflicht zur Mitteilung grenzüberschreitender Steuergestaltungen	136
	2.14.1 Einleitung	136
	2.14.2 Die Änderungen im Überblick	136
	2.14.2.1 Mitteilungspflicht	136
	2.14.2.2 Kennzeichen, die die Mitteilungspflicht auslösen	138
	2.14.2.3 Form, Frist und Inhalt der Anmeldung	139
	2.14.2.4 Marktfähige Gestaltungen	140
	2.14.2.5 Weitere Regelungen	140
	2.14.2.6 Bußgeld	140
	2.14.2.7 Anwendung	141
	2.14.3 Weitere Änderungen	141
	2.14.3.1 Verluste aus Kapitalvermögen (§ 20 Abs. 6 S. 4 EStG)	141
	2.14.3.2 Istbesteuerungsgrenze (§ 20 Abs. 1 Nr. 1 UStG)	142
3	**Gesetzesvorhaben mit steuerlicher Relevanz**	**142**
3.1	Gesetz zur Änderung des Grunderwerbsteuergesetzes	142
	3.1.1 Einleitung	142
	3.1.2 Bisherige Rechtslage	143
	3.1.3 Die geplanten Änderungen nach dem Stand vom 23.9.2019	143
	3.1.3.1 Änderung des § 1 Abs. 2a und Abs. 3 sowie Abs. 3a GrEStG	143
	3.1.3.1.1 Absenkung der Beteiligungsgrenze	143
	3.1.3.1.2 Verlängerung der Frist des § 1 Abs. 2a GrEStG	144
	3.1.3.1.3 Zeitliche Anwendungsregelungen	144
	3.1.3.1.4 § 1 Abs. 2a S. 1 GrEStG	144
	3.1.3.1.5 § 1 Abs. 3 und Abs. 3a GrEStG	145
	3.1.3.2 Haltefristen der §§ 5, 6 und 7 GrEStG	145
	3.1.3.3 Neuer Ergänzungstatbestand des § 1 Abs. 2b GrEStG für Kapitalgesellschaften	146

3.2	Gesetz zur Umsetzung der Anti-Steuervermeidungsrichtlinie (ATAD-Umsetzungsgesetz – ATADUmsG)	146
	3.2.1 Einleitung	146
	3.2.2 Reform der Entstrickungs-/Wegzugsbesteuerung (§ 6 AStG-E)	147
	3.2.2.1 Anschaffungsfiktion (§ 6 Abs. 1 S. 3 AStG-E)	147
	3.2.2.2 Personenkreis (§ 6 Abs. 2 AStG)	147
	3.2.2.3 Rückwirkender Wegfall der Besteuerung (§ 6 Abs. 3 AStG)	148
	3.2.2.4 Zinslose Stundung (§ 6 Abs. 4 AStG-E)	148
	3.2.3 Reform der Hinzurechnungsbesteuerung	148
	3.2.3.1 Qualifizierende Beteiligung statt Inländerbeherrschung (§ 7 Abs. 2 AStG-E)	148
	3.2.3.2 Wegfall der Regelungen für nachgeschaltete Zwischengesellschaften (bisher § 14 AStG)	149
	3.2.3.3 Aktivkatalog (§ 8 Abs. 1 AStG-E)	149
	3.2.3.4 Escape-Klausel (§ 8 Abs. 2 AStG-E)	149
	3.2.3.5 Steuerpflicht der Erträge (§ 10 Abs. 2 AStG-E)	149
	3.2.3.6 Ermittlung des Hinzurechnungsbetrags (§ 10 Abs. 3 AStG-E)	150
	3.2.3.7 Kürzungsbetrag bei Gewinnausschüttungen (§ 11 AStG-E)	150
	3.2.4 Hybride Gestaltungen und Inkongruenzen bei der Ansässigkeit	150
	3.2.4.1 Allgemeines	150
	3.2.4.2 Die Kernregelungen des § 4k EStG	150
	3.2.4.2.1 § 4k Abs. 1 EStG	150
	3.2.4.2.2 § 4k Abs. 2 EStG	151
	3.2.4.2.3 § 4k Abs. 3 EStG	151
	3.2.4.2.4 § 4k Abs. 4 EStG	151
	3.2.4.2.5 § 4k Abs. 5 EStG	151
	3.2.4.2.6 § 4k Abs. 6 EStG	152

Inhaltsverzeichnis

B	Überblick über die Verwaltungsvorschriften 2019	153
1	Änderungen bei der Einkommensteuer	153
1.1	Änderungen bei der Gewinn- und Einkunftsermittlung (§§ 2 bis 12 EStG)	153

- 1.1.1 BMF ruft Schreiben zu den GoBD zurück und veröffentlicht neues Schreiben 153
- 1.1.2 Vordrucke zur Einnahmenüberschussrechnung (EÜR) für 2019 bekanntgegeben 154
- 1.1.3 E-Bilanz – Veröffentlichung der Taxonomien 6.3 154
- 1.1.4 Bilanzsteuerrechtliche Beurteilung vereinnahmter und verausgabter Pfandgelder 155
- 1.1.5 Keine Abzinsung von bestimmten Verbindlichkeiten nach § 6 Abs. 1 Nr. 3 EStG bei Null- und Negativzinsen 156
- 1.1.6 Zweifelsfragen zu § 6 Abs. 3 EStG und dessen Verhältnis zu § 6 Abs. 5 EStG 157
- 1.1.7 Zweifelsfragen zur Übertragung und Überführung von einzelnen Wirtschaftsgütern nach § 6 Abs. 5 EStG 158
- 1.1.8 Arbeitshilfe zur Aufteilung eines Gesamtkaufpreises für ein bebautes Grundstück 159
- 1.1.9 Verwendung von Investitionsabzugsbeträgen nach § 7g EStG im Gesamthandsvermögen einer Mitunternehmerschaft für Investitionen im Sonderbetriebsvermögen eines Mitunternehmers 160
- 1.1.10 Sonderausgabenabzug bei beschränkt Steuerpflichtigen für Pflichtbeiträge an berufsständische Versorgungseinrichtungen 161
- 1.1.11 Von den Eltern getragene Versicherungsbeiträge eines Kindes 163
- 1.1.12 Steuerliche Behandlung von erstatteten Rentenversicherungsbeiträgen 164
- 1.1.13 Aufteilung eines einheitlichen Sozialversicherungsbeitrags bei den Vorsorgeaufwendungen 165
- 1.1.14 USt-Vorauszahlungen als regelmäßig wiederkehrende Ausgaben ... 166

1.2 Änderungen bei den Einkunftsarten (§§ 13 bis 23 EStG) 166

- 1.2.1 Realteilung 166
- 1.2.2 Nachträgliche Anschaffungskosten bei § 17 EStG 167
- 1.2.3 Ertragsteuerliche Behandlung von Heil- und Heilhilfsberufen 169
- 1.2.4 Steuerliche Behandlung sowie Voraussetzungen für die Anerkennung von Zeitwertkonten-Modellen – hier: Organe von Körperschaften 170
- 1.2.5 Einzelfragen zur Abgeltungsteuer 171

1.2.6	Leitfaden zur Einkunftserzielung bei Vermietung und Verpachtung	172
1.2.7	Vermietung eines Arbeitszimmers oder einer als Homeoffice genutzten Wohnung an den Arbeitgeber	173
1.2.8	Alterseinkünfte-Rechner	175

1.3 Sonstige Schreiben und Verfügungen 175

1.3.1	Billigkeitsmaßnahmen aufgrund besonderer Forstschäden 2018	175
1.3.2	Steuerermäßigung bei Einkünften aus Gewerbebetrieb gem. § 35 EStG	176
1.3.3	Steuerermäßigung für die Inanspruchnahme von Handwerkerleistungen gem. § 35a EStG – Baukindergeld	177
1.3.4	Kein Steuerabzug nach § 50a EStG bei Online-Werbemaßnahmen	178
1.3.5	Kindergeld – Familienleistungsausgleich	179
1.3.6	Anwendungsschreiben zum Investmentsteuergesetz 2018	179

1.4 Einkommensteuerrichtlinien und -hinweise 181

1.4.1	Einkommensteuerrichtlinien	181
1.4.2	Einkommensteuerhinweise	182

2 Änderungen bei der Körperschaftsteuer 183

2.1 Handhabung der Verlustabzugsbeschränkung bei Kapitalgesellschaften 183

2.2 Verlustübernahmeregelung bei Organschaften 184

3 Änderungen bei der Umsatzsteuer 186

3.1 Zur Steuerbefreiung der Leistungen für die Seeschifffahrt 186

3.2 Änderung des Schreibens des BMF zu § 27 Abs. 19 UStG (Bauträger-Fälle) 188

3.3 BMF zur Haftung der Betreiber elektronischer Marktplätze 189

3.4 Veräußerung von Miteigentumsanteilen als Lieferung 196

3.5 Wettbewerbsverzerrungen durch entgeltliche Kooperationen öffentlich-rechtlicher Körperschaften 197

4 Änderungen bei der Erbschafts- und Schenkungsteuer 198

4.1 Wertsteigerungen infolge des Kaufkraftschwunds 198

4.2 Ermittlung des Gebäudesachwerts nach § 190 BewG; Baupreisindizes zur Anpassung der Regelherstellungskosten im Kalenderjahr 2019 198

4.3 Bewertung einer lebenslänglichen Nutzung oder Leistung; Vervielfältiger für Bewertungsstichtage ab 1.1.2019 199

4.4 Bewertung einer lebenslänglichen Nutzung oder Leistung; Vervielfältiger für Bewertungsstichtage ab 1.1.2020 199

4.5 Erbschaft- und schenkungsteuerliche Behandlung von Kryptowährungen 199

4.6 Stand der Doppelbesteuerungsabkommen und anderer Abkommen auf dem Gebiet der Erbschaft- und Schenkungsteuern (Stand: 1.1.2019) 200

4.7 Übertragung von Vermögen auf eine nichtrechtsfähige Stiftung – Erlöschen der Erbschaftsteuer nach § 29 Abs. 1 Nr. 4 ErbStG 200

4.8 Berechnung des Ablösungsbetrags nach § 25 Abs. 1 S. 3 ErbStG a. F. 201

4.9 Verwaltungsanweisungen zu Trusts 202

    4.9.1 Vermögensrückfluss von Trustvermögen an den Errichter 202

    4.9.2 Unwiderruflichkeit des Trusts mit Todesfall des Trusterrichter (settlors) 203

    4.9.3 Erlass betreffend fiktive Ausschüttungen an Zwischenberechtigte während des Bestehens des Trusts nach § 7 Abs. 1 Nr. 9 S. 2 ErbStG i. V. m. einem Antrag nach Art. 12 Abs. 3 DBA USA/Deutschland für Zwecke der Erbschaft- und Schenkungsteuer 203

4.10 Gemeiner Wert von Erfindungen und Urheberrechten (R B 9.2 ErbStR 2011) 204

4.11 Berücksichtigung einer Abbruchsverpflichtung beim Erbbaurecht sowie bei Gebäuden auf fremdem Grund und Boden; Einheitsbewertung 205

4.12 Grundstücksbewertung für das Bundesland Berlin 206

    4.12.1 Erlasse betr. Bedarfsbewertung ab 2009 für Zwecke der Erbschaft-, Schenkung- und Grunderwerbsteuer 206

        4.12.1.1 Liegenschaftszinssätze des Gutachterausschusses für Grundstückswerte Berlin (GAA) ab 12.4.2019 (nach BewG für Berliner Finanzämter); Aktualisierung: Stand 30.7.2019 206

        4.12.1.2 Anzuwendende Bewertungsverfahren in Abhängigkeit von vorliegenden Daten des Berliner Gutachterausschusses für Grundstückswerte (GAA); Aktualisierung: Stand 1. 8. 2019 206

4.13 Aktuelles zu den Erbschaftsteuerrichtlinien 2019 207

    4.13.1 Problematik der Mehrfacherfassung von jungen Finanzmitteln im Konzern 207

    4.13.2 Steuer auf nicht begünstigtes Vermögen im Rahmen der Verschonungsbedarfsprüfung nach § 28a ErbStG 208

    4.13.3 Obligatorisches Rechtsgeschäft als maßgeblicher Anknüpfungspunkt in den Behaltens- und Reinvestitionsregelungen des § 13a Abs. 6 ErbStG 210

C		Überblick über die Rechtsprechung 2019	211
1		Im Bereich der Einkommensteuer	211
1.1		Entscheidungen zur Gewinn- und Einkunftsermittlung (§§ 2 bis 12 EStG)	211
	1.1.1	Verluste aus nebenberuflicher Tätigkeit als Übungsleiter sind steuerlich grundsätzlich abziehbar	211
	1.1.2	Teilabzugsverbot für Finanzierungskosten der Beteiligung an einer späteren Organgesellschaft bei vororganschaftlicher Gewinnausschüttung	212
	1.1.3	Beteiligung an einer Kapitalgesellschaft als notwendiges Betriebsvermögen	214
	1.1.4	Konkretisierung des steuerlichen Abzugsverbots für (Kartell)Geldbußen	215
	1.1.5	Häusliches Arbeitszimmer – Kein Abzug für Umbau des privat genutzten Badezimmers	217
	1.1.6	Keine Rückstellung für Aufbewahrungsverpflichtungen	218
	1.1.7	Gewinnrealisierung von Vergütungsvorschüssen des Insolvenzverwalters	219
	1.1.8	Passivierung von Filmförderdarlehen	221
	1.1.9	Abzinsung von unverzinslichen Langfristdarlehen im Jahr 2010 noch verfassungsgemäß	222
	1.1.10	Teilwertabschreibung auf Anteile an offenen Immobilienfonds	224
	1.1.11	Steuerliches Aus für bedingungslose Firmenwagennutzung bei »Minijob« im Ehegattenbetrieb	225
	1.1.12	Private Pkw-Nutzung im Taxigewerbe – Definition des Listenpreises	226
	1.1.13	Zum Ausweis der Pensionsrückstellung im Jahr der Zusage unter Berücksichtigung neuer »Heubeck-Richttafeln«	228
	1.1.14	Beginn der Herstellung nach § 6b Abs. 3 EStG – Verfassungsmäßigkeit der Höhe des Gewinnzuschlags bis 2009	229
	1.1.15	BFH bestätigt neues Reisekostenrecht	231
	1.1.16	Sky-Bundesliga-Abo als Werbungskosten	234
	1.1.17	Doppelte Haushaltsführung – Kosten für Einrichtungsgegenstände voll abziehbar	235
	1.1.18	Spendenabzug bei Schenkung unter Ehegatten mit Spendenauflage	236
	1.1.19	Kein Verlustausgleich mit Kirchensteuer-Erstattungsüberhang	237
	1.1.20	Besondere Ergebnisbeteiligung beim Eintritt in eine vermögensverwaltende Personengesellschaft	239

1.2 Entscheidungen zu den Einkunftsarten (§§ 13 bis 23 EStG) 240

    1.2.1 Eingeschränkte Abfärbewirkung bei Beteiligungseinkünften einer Personengesellschaft 240

    1.2.2 Betrieb eines Blockheizkraftwerks durch Wohnungseigentümergemeinschaft 242

    1.2.3 Keine Umqualifizierung eines Gewinnanteils aus einer gewerblich geprägten Fondsgesellschaft in eine Tätigkeitsvergütung 243

    1.2.4 Rentenberater sind gewerblich tätig 245

    1.2.5 Prüfingenieure üben eine freiberufliche Tätigkeit aus 246

    1.2.6 Veräußerungskosten als dem Veräußerungsvorgang zuzuordnende Betriebsausgaben – Kein Abzug von gesellschaftsvertraglich veranlasster Übernahme von GewSt 247

    1.2.7 Verpächterwahlrecht bei Beendigung unechter Betriebsaufspaltung 249

    1.2.8 Vertrauensschutz bei nachträglichen Anschaffungskosten – Nachweis von Gesellschafterforderungen 250

    1.2.9 Berücksichtigung des Forderungsverzichts eines Gesellschafters nach Einführung der Abgeltungsteuer 252

    1.2.10 Gesonderte und einheitliche Feststellung von Kapitaleinkünften in sog. Mischfällen 254

    1.2.11 Steuerliche Anerkennung von Verlusten aus Knock-Out-Zertifikaten 255

    1.2.12 Stückzinsen nach Einführung der Abgeltungsteuer 257

    1.2.13 Unzulässigkeit des steuerlichen Querverbunds wirkt auch bei Beteiligung einer Gebietskörperschaft an einer Mitunternehmerschaft 258

    1.2.14 Sachverständigengutachten zur Bestimmung der ortsüblichen Marktmiete 259

    1.2.15 Grundstücksenteignung kein privates Veräußerungsgeschäft 261

1.3 Sonstige Entscheidungen 262

    1.3.1 Frist für Antrag auf Regelbesteuerung gilt auch bei nachträglich erkannter verdeckter Gewinnausschüttung 262

    1.3.2 Keine Steuersatzermäßigung für Aufstockungsbeträge zum Transferkurzarbeitergeld 264

    1.3.3 Keine Tarifbegünstigung bei Realteilung mit Verwertung in Nachfolgegesellschaft 265

    1.3.4 Thesaurierungsbegünstigung bei Übertragung eines Mitunternehmeranteils aus eine Stiftung 267

    1.3.5 Thesaurierungsbegünstigung für Übernahmegewinn 268

	1.3.6	Steuerermäßigung wegen Unterbringung in einem Pflegeheim	269
	1.3.7	Steuerabzug nach § 50a Abs. 1 Nr. 3 EStG bei »total buy out«-Vertrag	270
	1.3.8	Kindergeld bei neben der Ausbildung ausgeübter Erwerbstätigkeit	272
2	**Im Bereich der Körperschaftsteuer**		**275**
2.1	Beteiligungen an anderen Körperschaften		275
	2.1.1	Ertrag aus Währungskurssicherungsgeschäft erhöht steuerfreien Veräußerungsgewinn aus Anteilsverkauf	275
	2.1.2	Keine Teilwertzuschreibung auf Verpflichtung aus Umtauschanleihe bei Deckungsbestand	276
	2.1.3	Keine zeitliche Verrechnungsreihenfolge in § 8b Abs. 8 S. 2 KStG	277
	2.1.4	Steuerfreistellung bei gewinn- und umsatzabhängigen Kaufpreisforderungen	279
2.2	Organschaft		280
		Teilabzugsverbot bei vororganschaftlicher Gewinnausschüttung	280
2.3	Allgemein		282
	2.3.1	EuGH soll über Beihilfecharakter der Steuerbegünstigung für dauerdefizitäre Tätigkeiten kommunaler Eigengesellschaften entscheiden	282
	2.3.2	Kapitalertragsteuer bei dauerdefizitärer kommunaler Eigengesellschaft	283
3	**Im Bereich der Lohnsteuer**		**285**
3.1	Beteiligung eines Arbeitnehmers an einem künftigen Veräußerungserlös als Arbeitslohn		285
3.2	Kindergeld – Zur Abgrenzung zwischen mehraktiger einheitlicher Erst- und Zweitausbildung		288
3.3	Erste Tätigkeitsstätte einer Luftsicherheitskontrollkraft nach neuem Reisekostenrecht		290
3.4	Fahrtkosten eines Gesamthafenarbeiters nach neuem Reisekostenrecht		292
3.5	Bereitstellung trockener Brötchen nebst Heißgetränk ist kein lohnsteuerpflichtiges Frühstück		294
4	**Im Bereich der Umsatzsteuer**		**296**
4.1	Steuerhinterziehung: Vorsteuerabzug und Kompensationsverbot		296
4.2	Vorsteuerabzug bei Haupt- und Zweigniederlassung in unterschiedlichen EU-Mitgliedsstaaten		298
4.3	Zum Begriff der »vollständigen Anschrift« als Rechnungsmerkmal		301

4.4 Können Bruchteilsgemeinschaften keine Unternehmer sein?...303

4.5 Billigkeitserlass zu Unrecht ausgewiesener Steuer bei abweichender rechtlicher Würdigung 307

4.6 Garantiezusage eines Kfz-Händlers als Versicherungsleistung...308

4.7 Margenbesteuerung und unentgeltliche Reiseleistungen 310

4.8 Unrichtiger Steuerausweis auch bei Leistungen an Nichtunternehmer..........................312

4.9 Zum Leistungsort der Einräumung von Eintrittsberechtigungen für unterrichtende Leistungen 314

4.10 Vorsteuerabzug bei unterbliebener Lieferung 316

4.11 Vorsteuerabzug bei Steuerausweis trotz Übergang der Steuerschuldnerschaft 319

4.12 Anforderungen an Leistungsbeschreibung bei Waren im Niedrigpreissegment...............321

4.13 Zur wirtschaftlichen Eingliederung in das Unternehmen eines Organträgers...................323

4.14 Abmahnungen bei Urheberrechtsverletzungen 326

4.15 Zur Steuerfreiheit für Heilbehandlungsleistungen und zum ermäßigten Steuersatz für Arzneimittel 328

4.16 Steuerbarkeit der Tätigkeit von Aufsichtsratsmitgliedern 331

4.17 Steuerbefreiung für die Seeschifffahrt bei stationären Bohreinheiten 333

4.18 Zur Besteuerung der bei Prepaid-Verträgen vom Provider eingezogenen Restguthaben 334

4.19 Steuerentstehung bei einer ratenweise zu bezahlenden Vermittlungsleistung 336

4.20 Nachträgliche Entgelterhöhung bei Punkteverfall im Kundenbindungssystem................338

4.21 Steuerbefreiung der Heilbehandlungen setzt kein Vertrauensverhältnis zwischen Arzt und Patient voraus 340

4.22 Steuerabzug von Drittlandsunternehmern im allgemeinen Besteuerungsverfahren 341

4.23 Rechnungsberichtigung bei Steuerbefreiung unter Berufung auf das Unionsrecht..........343

4.24 Zur umsatzsteuerlichen Behandlung von Umzugskosten 344

4.25 Übertragung des Betriebsgrundstücks auf bisherige Organgesellschaft als Geschäftsveräußerung...346

4.26 Zur Verzinsung von Vorsteuer-Vergütungsansprüchen von EU-Unternehmern 349

4.27 Rechnung und Steuerschuld i. S. d. § 14c Abs. 2 UStG 350

4.28 Zur Steuerbefreiung selbstständiger Zusammenschlüsse..352

4.29 Kein »Reemtsma«-Anspruch ohne zugrunde liegende Leistung 353

4.30 Billigkeitserlass von Zinsen bei Rechtsirrtum..354

4.31 Zur Rechnung im Vorsteuer-Vergütungsverfahren..356

5	**Im Bereich der Gewerbesteuer**		**359**
5.1	Gewerbesteuerliche Hinzurechnungen		359
	5.1.1	Gewerbesteuerliche Hinzurechnung der Schuldzinsen bei Cash-Pooling	359
	5.1.2	Leasing: Gewerbesteuerliche Hinzurechnung auch in Weitervermietungsfällen	360
	5.1.3	Hinzurechnung von Zinsen bei durchlaufenden Krediten	362
	5.1.4	Keine gewerbesteuerrechtliche Hinzurechnung bei der Überlassung von Hotelzimmern an Reiseveranstalter	363
5.2	Gewerbesteuerliche Kürzungen		364
	5.2.1	Erweiterte Gewerbesteuerkürzung auch bei Beteiligung an grundstücksverwaltender Gesellschaft möglich	364
	5.2.2	Keine erweiterte Kürzung des Gewerbeertrags einer grundbesitzverwaltenden Kapitalgesellschaft bei Mitvermietung von Betriebsvorrichtungen	366
6	**Im Bereich der Erb- und Schenkungsteuer**		**368**
6.1	Staffeltarif bei der Erbschaftsteuer		368
6.2	Steuerbefreiung für ein Familienheim im Fall der Renovierung		369
6.3	Keine Begünstigung des Betriebsvermögens bei mittelbarer Schenkung		372
6.4	Zuwendungen einer Schweizer Stiftung (Schenkungsteuer)		375
6.5	Bewertung einer Nießbrauchsverpflichtung bei mehreren Personen nacheinander zustehendem Nießbrauchsrecht		377
6.6	Keine Beschränkung der Erbenhaftung nach § 2059 Abs. 1 BGB für Erblasserschulden		378
6.7	Steuerbegünstigtes Vermögen aufgrund einer Poolvereinbarung bei einer Kapitalgesellschaft		381
6.8	Zahl der Beschäftigten und Lohnsummenregelung bei Holdinggesellschaften; Einkommensteuerschulden als Nachlassverbindlichkeiten		383
6.9	Vermögen einer unselbstständigen Stiftung liechtensteinischen Rechts als Nachlassvermögen des Stifters		385
6.10	Kein Ausschluss der Berichtigung des Kapitalwerts eines Vorerwerbs nach § 14 Abs. 2 BewG durch die Fiktion nach § 10 Abs. 3 ErbStG		387
6.11	Grundbesitzwert für nach dem Erbanfall veräußerte, zu einem land- und forstwirtschaftlichen Betrieb gehörende Grundstücke		389
6.12	Verstoß gegen die Kapitalverkehrsfreiheit bei Ungleichbehandlung einer liechtensteinischen Familienstiftung im Bereich der Schenkungsteuer		391

6.13 Weitergeltung des Erbschaftsteuerrecht 2009 392

6.14 Keine Steuerpause ab dem 1.7.2016 bei der Erbschaftsteuer 393

6.15 Zuwendung bei Übertragung eines Grundstücks gegen Zurückbehaltung eines Nießbrauchs zugunsten des Schenkers und seiner Ehefrau 395

6.16 Aussetzung der Vollziehung eines Schenkungsteuerbescheids wegen ernstlicher Zweifel an der Verfassungsmäßigkeit von § 13b Abs. 2 S. 2 ErbStG 397

6.17 Negativer Erwerb von Todes wegen bei einem den Steuerwert eines durch gesellschaftsrechtliche Nachfolgeklausel vom Mitgesellschafter erworbenen Kommanditanteils übersteigenden Abfindungsanspruch der Erben 398

6.18 Hinzurechnung von Pflichtteilsansprüchen zum Anfangsvermögen im Rahmen des fiktiven Zugewinnausgleichsanspruchs nach § 5 Abs. 1 S. 1 ErbStG 400

6.19 Folgen der Nachlassverteilung nach britischem Recht für die deutsche Erbschaftsbesteuerung 402

7 Im Bereich der Abgabenordnung 405

7.1 Verzicht auf mündliche Zeugeneinvernahme 405

7.2 Erlassunwürdigkeit bei Mitwirkungspflichtverletzung 407

7.3 Anfechtbarkeit von Verwaltungsakten 409

7.4 Auslegungsfähigkeit eines Einspruchs 412

7.5 Behauptung eines von der Zugangsvermutung abweichenden Zugangszeitpunkts 414

7.6 Wiedereinsetzung bei Versendung von Schriftsätzen mit dem besonderen elektronischen Anwaltspostfach 416

7.7 Vertretungsmangel bei Einreichung der Rechtsmittelbegründung 417

7.8 Zur Akteneinsicht in den Kanzleiräumen des Prozessbevollmächtigten 418

7.9 Änderung wegen nachträglich bekannt gewordener Tatsache 420

7.10 Keine Wiedereinsetzung: Ungenaue Einzelweisung beseitigt nicht die Ursächlichkeit allgemeiner Organisationsmängel 422

7.11 Verstoß des Finanzgerichts gegen den klaren Inhalt der Akten 425

7.12 Steuerhaftung des Rechtsanwalts als Kommanditist und Bevollmächtigter der KG 427

7.13 Wiedereinsetzung in den vorigen Stand – Glaubhaftmachung des fehlenden Verschuldens an der Fristversäumung – Büroversehen 428

7.14 Keine Wiedereinsetzung: Geringerer Beweiswert eines »Freistempler«-Aufdrucks mit Datumsanzeige bei Fristversäumnis 431

7.15 Heilung der Verletzung der Wartefrist (§ 47 Abs. 1 ZPO) 432

D	**Neuentwicklungen im internationalen Steuerrecht**		**435**
1	**Das Jahr 2019 im Rückblick**		**435**
2	**Besteuerung der digitalen Wirtschaft – ein Update**		**436**
3	**DAC6-Meldepflichten**		**438**
3.1	Die Richtlinie		439
	3.1.1	Umsetzung und zeitlicher Anwendungsrahmen	439
	3.1.2	Meldepflichtige Sachverhalte	439
	3.1.3	Kennzeichen	440
	3.1.3.1	»Main benefit«-Test	441
	3.1.3.2	A – Allgemeine Kennzeichen in Verbindung mit dem »Main benefit«-Test	441
	3.1.3.3	B – Spezifische Kennzeichen in Verbindung mit dem »Main benefit«-Test	441
	3.1.3.4	C – Spezifische Kennzeichen im Zusammenhang mit grenzüberschreitenden Transaktionen	442
	3.1.3.5	D – Spezifische Kennzeichen hinsichtlich des automatischen Informationsaustauschs und der wirtschaftlichen Eigentümer	443
	3.1.3.6	E – Spezifische Kennzeichen hinsichtlich der Verrechnungspreisgestaltung	443
	3.1.3.7	Verbundene Unternehmen	444
	3.1.4	Meldepflichtige Informationen	444
	3.1.5	Meldepflichtige Personen und Meldefristen	444
	3.1.5.1	Meldepflichtige Personen	444
	3.1.5.2	Meldefrist	445
	3.1.5.3	Mehrfache Meldepflicht	446
	3.1.5.4	Meldepflicht mehrerer Intermediäre oder relevanter Steuerpflichtiger	447
3.2	Umsetzung in Deutschland		447
3.3	Umsetzung in anderen Mitgliedstaaten		449
3.4	Einordnung und Ausblick		449
4	**Neues von den finalen Verlusten**		**450**
4.1	Die Rolle rückwärts – *Bevola*		451
4.2	Die Rechtssachen *Memira Holding* und *Holmen*		452
	4.2.1	Die Rechtssache *Memira Holding*	452

	4.2.2	Die Rechtssache *Holmen* 452
	4.2.3	Folgen 453
4.3	Ausblick	 453

E	**Verrechnungspreise** 457
1	**Aktuelles zur OECD BEPS-Initiative (Stand November 2019)** 457
1.1	OECD: Zwei-Säulen-Ansatz zur Besteuerung der digitalen Wirtschaft – Neue Regelungen bereits in 2020? 458

	1.1.1	OECD: Public consultation document für einen Vorschlag für einen »Unified Approach« gem. Pillar One 459
	1.1.2	OECD: Public consultation document bzgl. Global Anti-Base Erosion (»GloBE«) – Pillar Two 461

1.2	OECD: Veröffentlichung zu Standards zur Bestimmung von Substanzkriterien 462
2	**Die BEPS induzierten Maßnahmen auf Ebene der EU** 464
2.1	Anwendung der Gewinnaufteilungsmethode innerhalb der EU 464
2.2	Joint Audits innerhalb der EU 466
2.3	Besteuerung digitaler Dienstleistungen und signifikanter digitaler Präsenzen in der EU 467
3	**Rechtsprechung mit Verrechnungspreisbezug** 468
3.1	Reaktion des BMF auf das EuGH-Urteil in der Rs. *Hornbach* zu § 1 AStG 469
3.2	Änderung der BFH-Rechtsprechung zur zur Sperrwirkung von Art. 9 OECD-MA nachgebildeten DBA-Normen 470

F	**Rechtsprechung im allgemeinen Wirtschaftsrecht aus 2019** 473
1	**Kaufrecht** 473
1.1	Dieselgate: Anspruch auf Ersatzlieferung für nicht mehr produziertes mangelhaftes Dieselfahrzeug 473
1.2	Mängelgewährleistung beim Rechtskauf 478
2	**Finanzierungsrecht** 482
	Sittenwidrigkeit von Arbeitnehmerbürgschaften 482

3	**Aktienrecht**	**487**
	Rechtmäßiges Alternativverhalten im Organhaftungsrecht	487
4	**Insolvenzrecht**	**490**
	Anforderungen an eine Ressortaufteilung auf der Ebene der Geschäftsführung	490
5	**Europarecht**	**493**
	Richtlinie über Restrukturierung und Insolvenz	493

Stichwortverzeichnis **496**

PwC-Standorte (Steuerberatung) **522**

Anhang: Betriebsprüfung 2018. Studie zur Praxis der Betriebsprüfung in Deutschland **523**

Abkürzungsverzeichnis

€	Euro (Währung)
a. F.	alte Fassung
ABl.	Amtsblatt
Abs.	Absatz, Absätze
Abschn.	Abschnitt/e (in Zitation)
AdV	Aussetzung der Vollziehung
AEUV	Vertrag über die Arbeitsweise der Europäischen Union
AfA	Absetzung für Abnutzung
AG	Aktiengesellschaft
AG	Die Aktiengesellsaft, Zeitschrift für deutsches, europäisches und internationales Aktien-, Unternehmens- und Kapitalmarktrecht
AGB	Allgemeine Geschäftsbedingungen
AIF	alternative Investmentfonds
AIFM	Alternative Investment Fund Manager (Alternative-Investmentfonds-Manager)
AIFM-StAnpG	AIFM-Steuer-Anpassungsgesetz
AktG	Aktiengesetz
AMRabG	Arzneimittel-Rabattgesetz
AMT	Alternative Minimum Tax
amtl.	amtliche/er
AmtshilfeRLUmsG	Gesetz zur Umsetzung der Amtshilferichtlinie sowie zur Änderung steuerlicher Vorschriften (Amtshilferichtlinie-Umsetzungsgesetz)
Anm.	Anmerkung
AO	Abgabenordnung
AOA	Authorised OECD Approach
APA	Advance Pricing Agreement
Art.	Artikel
AStG	Außensteuergesetz
ATAD	Anti-Steuervermeidungs-Richtlinie
AVEÜR	Anlageverzeichnis EÜR, Vordruck zur EÜR
Az.	Aktenzeichen
B. V.	besloten vennootschap met beperkte aansprakelijkheid
BayLfSt	Bayerisches Landesamt für Steuern
BB	Betriebsberater (Fachzeitschrift)
BBergG	Bundesberggesetz
BBK	Buchführung, Bilanzierung, Kostenrechnung, Zeitschrift
beA	besonderes elektronisches Anwaltspostfach

BEAT	Base Erosion and Anti-Abuse Tax
BeckRS	Beck-Rechtsprechung, beck-online (Datenbank)
BEG	Bürokratieentlastungsgesetz
BEPS	Base Erosion and Profit Shifting (OECD-Aktionsplan gegen Gewinnkürzungen und Gewinnverlagerungen)
BetrKV	Betriebskostenverordnung
BewG	Bewertungsgesetz
BFH	Bundesfinanzhof
BFH/NV	Sammlung der Entscheidungen des BFH, Haufe-Lexware, Freiburg
BFHE	Sammlung der Entscheidungen des BFH, herausgegeben von Mitgliedern des BFH
BgA	Betrieb gewerblicher Art
BGB	Bürgerliches Gesetzbuch
BGBl	Bundesgesetzblatt
BGHZ	Entscheidungen des Bundesgerichtshofes in Zivilsachen
BMF	Bundesministerium der Finanzen
BRAK	Bundesrechtsanwaltskammer
BR-Drs.	Bundesrats-Drucksache
Brexit-StBG	Brexit-Steuerbegleitgesetz
BrexitÜG	Brexit-Übergangsgesetz
bspw.	beispielsweise
BStBl	Bundessteuerblatt
BT-Drs.	Bundestags-Drucksache
BuchO	Buchungsordnung für die Finanzämter
Buchst.	Buchstabe/n
BVerfG	Bundesverfassungsgericht
BvL	Aktenzeichen des Bundesverfassungsgerichts
BvR	Aktenzeichen einer Verfassungsbeschwerde zum Bundesverfassungsgericht
BZSt	Bundeszentralamt für Steuern
bzw.	beziehungsweise
ca.	circa
Carnet TIR	Carnet Transport international de marchandises par vehicules routiers
CbC	Country-by-Country
CbCR	Country-by-Country-Reporting
COMI	Centre of main interests
d. h.	das heißt
DB	Der Betrieb (Fachzeitschrift)
DBA	Doppelbesteuerungsabkommen
DM	Deutsche Mark (Währung)
DST	Digital Services Tax; digitale Dienstleistungssteuer

Abkürzungsverzeichnis

DStR	Deutsches Steuerrecht (Fachzeitschrift)
DStRE	Deutsches Steuerrecht Entscheidungsdienst
DStRK	Deutsches Steuerrecht kurz gefasst (Fachzeitschrift)
DStV	Deutsche Steuerberaterverband e. V.
DStZ	Deutsche Steuer-Zeitung (Fachzeitschrift)
DV	Durchführungsverordnung
E&P	earnings and profits
e. V.	eingetragener Verein
EAV	Ergebnis-Abführungsvertrag
EBITDA	Gewinn + Schuldzinsen + planmäßige Abschreibungen – Zinserträge
ECOFIN	Rat Wirtschaft und Finanzen
EDV	Elektronische Datenverarbeitung
e-EB	elektronisches Empfangsbekenntnis
EFG	Entscheidungen der Finanzgerichte (juristische Fachzeitschrift)
EG	Europäische Gemeinschaft
EGAO	Einführungsgesetz zur Abgabenordnung
EGBGB	Einführungsgesetz zum Bürgerlichen Gesetzbuch
EK	Eigenkapital
EL	Ergänzungslieferung
EmoG	Elektromobilitätsgesetz
EnergieStG	Energiesteuergesetz
ErbSt	Erbschaftsteuer
ErbStAnpG	Gesetzes zur Anpassung des Erbschaft- und Schenkungsteuergesetzes an die Rechtsprechung des Bundesverfassungsgerichts
ErbStB	Erbschaft-Steuerberater
ErbStG	Erbschaftsteuer- und Schenkungsteuergesetz
ErbStR	Erbschaftsteuer-Richtlinien
ErbStVA	Allgemeine Verwaltungsanweisungen für die Erbschaftsteuer
ESt	Einkommensteuer
EStÄR	Einkommensteuer-Änderungsrichtlinien
EStB	Der Einkommensteuer-Berater (Fachzeitschrift)
EStDV	Einkommensteuer-Durchführungsverordnung
EStG	Einkommensteuergesetz
EStH	Einkommensteuer-Hinweise
EStR	Einkommensteuer-Richtlinien
etc.	et cetera
EU	Europäische Union
EUAHiG	Gesetz über die Durchführung der gegenseitigen Amtshilfe in Steuersachen zwischen den Mitgliedstaaten der Europäischen Union
EU-DBA-SBG	EU-Doppelbesteuerungsabkommen-Streitbeilegungsgesetz

EuGH	Europäischer Gerichtshof
EÜR	Einnahmenüberschussrechnung
EUSt	Einfuhrumsatzsteuer
EU-UStB	Der Informationsdienst zu EG-Richtlinien und EuGH-Rechtsprechung (Fachzeitschrift)
EUV	Vertrag über die Europäische Union
e-VD	elektronisches Verwaltungsdokument
EWR	Europäischer Wirtschaftsraum
EZ	Erhebungszeitraum
f.	folgende
FA	Finanzamt
FamEntlastG	Familienentlastungsgesetz
FamRZ	Zeitschrift für das gesamte Familienrecht
FDII	Foreign-Derived Intangible Income; Sonderabzug der US-Steuerreform
ff.	fortfolgende
FG	Finanzgericht
FGO	Finanzgerichtsordnung
FHTP	Forum on Harmful Tax Practices
FIFA	Fédération Internationale de Football Association
FinMin	Finanzministerium
FSen	Senatsverwaltung für Finanzen/Finanzsenat
FZulG	Forschungszulagengesetz
FZV	Fahrzeug-Zulassungsverordnung
G20	Abkürzung für Gruppe der zwanzig wichtigsten Industrie- und Schwellenländer)
GAFA	Google, Apple, Facebook und Amazon
GbR	Gesellschaft bürgerlichen Rechts
gem.	gemäß
GewSt	Gewerbesteuer
GewStDV	Gewerbesteuer-Durchführungsverordnung
GewStG	Gewerbesteuergesetz
GG	Grundgesetz
ggf.	gegebenenfalls
GILTI	Global Intangible Low-Taxed Income; Ausweitung der bestehenden US-Regelungen zur Hinzurechnungsbesteuerung
GKB	Gemeinsame Körperschaftsteuer-Bemessungsgrundlage
GKKB	Gemeinsame konsolidierte Körperschaftsteuer-Bemessungsgrundlage
GKV	Gesetzliche Krankenversicherung
gl. A.	gleiche Ansicht/Auffassung
GmbH	Gesellschaft mit beschränkter Haftung
GmbH & Co. KG	Gesellschaft mit beschränkter Haftung & Compagnie Kommanditgesellschaft

Abkürzungsverzeichnis

GmbHG	Gesetz betreffend die Gesellschaften mit beschränkter Haftung
GmbHR	GmbH-Rundschau (Fachzeitschrift)
GmbH-StB	Der GmbH-Steuerberater (Fachzeitschrift)
grds.	grundsätzlich/e/er/en
GrESt	Grunderwerbsteuer
GrEStG	Grunderwerbsteuergesetz
GrStG	Grundsteuergesetzes
GwG	Gesetz über das Aufspüren von Gewinnen aus schweren Straftaten
GZD	Generalzolldirektion
h. M.	herrschende/r Meinung
ha	Hektar
Halbs.	Halbsatz
HGB	Handelsgesetzbuch
HTVI	hard-to-value intangibles
HZA	Hauptzollamt
i. d. F.	in der Fassung
i. d. R.	in der Regel
i. H.	in Höhe
i. H. d.	in Höhe der/des
i. H. v.	in Höhe von
i. S.	im Sinne
i. S. d.	im Sinne der/des/dieser/dieses
i. S. v.	im Sinne von
i. V. m.	in Verbindung mit
ibid.	ebenda, lat. ibidem
ID-Nr.	Identifikationsnummer
IDW	Institut der Wirtschaftsprüfer in Deutschland e. V.
IF	Inclusive Framework on BEPS; Zusammenschluss von Vertretern aus 113 Staaten
insb.	insbesondere
InsO	Insolvenzordnung
InvSt	Investmentsteuer
InvStG	Investmentsteuergesetz
IP	Internet Protokoll
IStR	Internationales Steuerrecht (Fachzeitschrift)
IT	Informationstechnik
JR	Juristische Rundschau
JStG	Jahressteuergesetz
jurisPR-BGHZivilR	juris PraxisReport BGH-Zivilrecht (Fachzeitschrift)
jurisPRMietR	juris PraxisReport Miet- und Wohnungseigentumsrecht (Fachzeitschrift)

KAGB	Kapitalanlagegesetzbuch
KapErtrSt	Kapitalertragsteuer
Kfz	Kraftfahrzeug
KG	Kommanditgesellschaft
KGaA	Kommanditgesellschaft auf Aktien
KiSt	Kirchensteuer
km	Kilometer
KSt	Körperschaftsteuer
KStG	Körperschaftsteuergesetz
KVBEVO	Krankenversicherungsbeitragsanteil-Ermittlungsverordnung
kW	Kilowatt
KWG	Kreditwesengesetz
KWK	Kraft-Wärme-Kopplung
LfSt	Landesamt für Steuern
LG	Landgericht
LMK	Lindenmaier-Möhring – Kommentierte BGH Rechtsprechung (Fachdienst Beck-Online)
LPartG	Gesetz über die Eingetragene Lebenspartnerschaft
Ls.	Leitsatz
LSt	Lohnsteuer
LStDV	Lohnsteuer-Durchführungsverordnung,
LStR	Lohnsteuer-Richtlinien
Ltd.	Limited
m. a. W.	mit anderen Worten
m. E.	meines Erachtens
m. w. N.	mit weiteren Nachweisen
MAP	Mutual Agreement Procedure
max.	maximal/e
MietPrax-AK	MietPrax Arbeitskommentar
MietRB	Der Miet-Rechts-Berater (Fachzeitschrift)
MilchSonMaßG	Milchmarktsondermaßnahmengesetz
Mio.	Million, Millionen
MoMiG	Gesetz zur Modernisierung des GmbH-Rechts und zur Bekämpfung von Missbräuchen
MüKoBGB	Münchener Kommentar zum Bürgerlichen Gesetzbuch
MW	Megawatt
MW	Megawatt
MwSt	Mehrwertsteuer
MwStR	MehrwertSteuerrecht (Fachzeitschrift)
MwStSystRL	Mehrwertsteuer-Systemrichtlinie

Abkürzungsverzeichnis

n. F.	neue Fassung
n. v.	nicht (amtlich) veröffentlicht
NJW	Neue Juristische Wochenschrift (Fachzeitschrift)
Nr.	Nummer/n
NV	Nicht zur amtlichen Veröffentlichung bestimmte Entscheidungen des BFH
nwb	Neue Wirtschaftsbriefe (Fachzeitschrift)
NZA	Neue Zeitschrift für Arbeitsrecht
NZG	Neue Zeitschrift für Gesellschaftsrecht (Fachzeitschrift)
NZI	Neue Zeitschrift für Insolvenz- und Sanierungsrecht (Fachzeitschrift)
NZM	Neue Zeitschrift für Miet- und Wohnungsrecht (Fachzeitschrift)
o. a.	oben angeführt
o. Ä.	oder Ähnliches
o. g.	oben genannt/en
OECD	Organisation for Economic Cooperation and Development (Organisation für wirtschaftliche Zusammenarbeit und Entwicklung)
OECD-MA	Musterabkommen zur Regelung von Doppelbesteuerungsfällen zwischen Staaten
OFD	Oberfinanzdirektion
OGAW	Organismen für gemeinsame Anlagen in Wertpapieren
OLG	Oberlandesgericht
PE	Referenznummer für eine Studie, die der Think Tank des Europäischen Parlaments dem Dokument vergeben hat – vgl. http://www.europarl.europa.eu/RegData/etudes/STUD/2016/556960/IPOL_STU(2016)556960_EN.pdf
PIStB	Praxis Internationale Steuerberatung (Fachzeitschrift)
PKV	Private Krankenversicherung
Pkw	Personenkraftwagen
PM	Pressemitteilung
qm	Quadratmeter
rkr.	rechtskräftig
RL	Richtlinie
Rn.	Randnummer/n
Rs.	Rechtssache/n
Rspr.	Rechtsprechung
Rz.	Randziffer
s.	siehe
S.	Seite, Seiten oder Satz, Sätze (in Normenzitaten)
s. a.	siehe auch
s. o.	siehe oben
s. u.	siehe unten

SBRL	Streitbeilegungsrichtlinie
SGB	Sozialgesetzbuch
sog.	sogenannte/n/r/s
SolZ	Solidaritätszuschlag
st. Rspr.	ständige Rechtsprechung
StB	Steuerberater
StBerG	Steuerberatungsgesetz
StEd	Steuer-Eildienst (Fachzeitschrift)
StromStG	Stromsteuergesetz
StromStV	Stromsteuer-Durchführungsverordnung
StuB	Unternehmensteuern und Bilanzen (Fachzeitschrift)
StUmgBG	Steuerumgehungsbekämpfungsgesetz
SvEV	Sozialversicherungsentgeltverordnung
SZE	Anlage zur Ermittlung der nichtabziehbaren Schuldzinsen bei Einzelunternehmen, Vordruck zur EÜR
TKG	Telekommunikationsgesetz
Tz.	Teilziffer, Teilziffern
u. a.	unter anderem
u. E.	unseres Erachtens
u. U.	unter Umständen
UEFA	Union of European Football Associations
UmwStG	Umwandlungssteuergesetz
UN	United Nations
UR	Umsatzsteuer-Rundschau (Fachzeitschrift)
UrhG	Gesetz über Urheberrecht und verwandte Schutzrechte
US	United Staates
USA	United States of America
USt	Umsatzsteuer
UStAE	Umsatzsteuer-Anwendungserlass
UStB	Umsatz-Steuer-Berater (Fachzeitschrift)
UStDV	Umsatzsteuer-Durchführungsverordnung
UStG	Umsatzsteuergesetz
USt-ID-Nr.	Umsatzsteuer-Identifikationsnummer
UStZustV	Verordnung über die örtliche Zuständigkeit für die Umsatzsteuer im Ausland ansässiger Unternehmer (Umsatzsteuerzuständigkeitsverordnung)
UVR	Umsatzsteuer- und Verkehrsteuer-Recht (Fachzeitschrift)
v.	vom
v. a.	viele andere
vGA	verdeckte Gewinnausschüttung
vgl.	vergleiche

Abkürzungsverzeichnis

VO	Verordnung
VZ	Veranlagungszeitraum
WM	Wertpapiermitteilungen (Fachzeitschrift)
WuM	Wohnungswirtschaft und Mietrecht (Fachzeitschrift)
z. B.	zum Beispiel
ZAG	Zahlungsdiensteaufsichtsgesetz
ZErb	Zeitschrift für die Steuer- und Erbrechtspraxis
ZEuP	Zeitschrift für Europäisches Privatrecht (Fachzeitschrift)
ZEV	Zeitschrift für Erbrecht und Vermögensnachfolge (Fachzeitschrift)
ZGR	Zeitschrift für Unternehmens- und Gesellschaftsrecht (Fachzeitschrift)
ZHR	Zeitschrift für das gesamte Handels- und Wirtschaftsrecht (Fachzeitschrift)
ZInsO	Zeitschrift für das gesamte Insolvenzrecht (Fachzeitschrift)
ZIP	Zeitschrift für Wirtschaftsrecht (Fachzeitschrift)
ZPO	Zivilprozessordnung
zzgl.	zuzüglich
zzt.	zurzeit

A Neue Steuergesetzgebung

1 Steuergesetze, die 2019 in Kraft getreten sind, aber schon in 2018 verabschiedet wurden

Zu den Steuergesetzen, die 2018 in Kraft traten, hatten wir in der »17. Auflage« bereits umfänglich berichtet.

Beispielhaft sollen hier erwähnt werden:
- Das Familienentlastungsgesetz (FamEntlastG), das u. a. die Anhebung des Kindergelds ab 1.7.2019 um 10 € pro Monat, die Anhebung der Kinderfreibeträge sowie der Grundfreibeträge und Verschiebung der Eckwerte des ESt-Tarifs beinhaltete.
- Das JStG 2018 (Gesetz zur Vermeidung von USt-Ausfällen beim Handel mit Waren im Internet und zur Änderung weiterer steuerlicher Vorschriften), das u. a. eine Nachverzinsung bei 6b-Rücklagen, § 6b Abs. 2a EStG, die Steuerbefreiung von Arbeitgeberleistungen im Zusammenhang mit der Nutzung des öffentlichen Personennahverkehrs (§ 3 Nr. 15 EStG), die Nutzung von Fahrrädern (§ 3 Nr. 37 EStG, § 9 Abs. 1 S. 3 Nr. 4 S. 2 EStG) und die Begünstigungen für Elektro- und Hybridelektrofahrzeuge (§ 6 Abs. 1 Nr. 4 S. 2 und S. 3 EStG) regelt.
- Neufassung der Verlustbeschränkung (§§ 8c, 34 Abs. 6 KStG)
- Änderungen bei der Gewinnabführung und Ausgleichszahlungen von Organschaften (§ 14 Abs. 2 KStG)
- Ergänzung von § 3 UStG um die Abs. 13 bis 15 zur Umsetzung der Gutschein-RL 33
- Einführung einer Haftung für Betreiber von elektronische Markplätzen (§ 22f UStG, § 25e UStG)

Zur Vermeidung von Wiederholungen verweisen wir hier unsere Ausführungen in Kapital A der 17. Auflage.

2 Steuergesetze, die 2019 in Kraft getreten sind und in 2019 verabschiedet wurden

2.1 Gesetz zur steuerlichen Förderung des Mietwohnungsneubaus

2.1.1 Einleitung

Bereits im Koalitionsvertrag zwischen CDU, CSU und SPD wurden Anreize durch eine zeitlich befristete Förderung insb. des frei finanzierten Wohnungsneubaus im bezahlbaren Mietsegment vereinbart. Ein entsprechendes Gesetz[1] wurde vom Deutschen Bundestag bereits am 29.11.2018 unter dem Titel »Gesetz zur steuerlichen Förderung des Mietwohnungsneubaus« verabschiedet.[2]

Die Zustimmung des Bundesrates unterblieb zunächst, da der Tagesordnungspunkt für die Sitzung vom 14.12.2018 von der Tagesordnung abgesetzt wurde, weil der Finanzausschuss des Bundesrates Zweifel an der Effizienz des Gesetzes geäußert hatte. Die Zustimmung des Bundesrates erfolgte sodann am 28.6.2019.[3][4]

2.1.2 Regelungsinhalt

2.1.2.1 Belegenheit der Wohnung

Die Sonderabschreibung für Mietwohnungsneubau nach § 7b EStG kann für die Anschaffung oder Herstellung neuer Wohnungen in Anspruch genommen werden. Die Zuordnung zum Betriebs- oder Privatvermögen spielt dabei keine Rolle. Die Förderung ist nicht beschränkt auf Wohneinheiten, die im Inland belegen sind. Auch für Wohnungen, die in einem Mitgliedstaat der EU belegen sind, kann die steuerliche Förderung in Anspruch genommen werden.

Anspruchberechtigt sind sowohl natürliche Personen, unabhängig davon ob diese beschränkt oder unbeschränkt steuerpflichtig sind, als auch Körperschaften.

---

1 Gesetz v. 4.8.2019, BGBl I 2019, S. 1122.
2 BR-Drs. 607/18 v. 30.11.2018.
3 BR-Drs. 303/19 v. 28.6.2019.
4 BR-Drs. 607/18 v. 30.11.2018.

2.1.2.2 Wohnungen im Ausland

Bei der Anwendung der Vorschrift sind den Mitgliedstaaten der EU solche Staaten gleichgestellt, die aufgrund vertraglicher Verpflichtung Amtshilfe entsprechend dem EU-Amtshilfegesetz in einem Umfang leisten, der für die Überprüfung der Voraussetzungen dieser Vorschrift erforderlich ist.

Die Vorschrift findet aber keine Anwendung, wenn das DBA dem Belegenheitsstaat des vermieteten Objekts das Besteuerungsrecht zuweist. In diesem Fall unterliegen die Einkünfte im Inland nicht der Besteuerung und sind auch vom Progressionsvorbehalt ausgeschlossen.

Eine Sonderregelung gilt für Wohnungen in Spanien. Nach dem DBA-Spanien kann der Belegenheitsstaat zwar eine Besteuerung vornehmen, dem Ansässigkeitsstaat steht aber ein eigenes Besteuerungsrecht unter Anrechnung der ausländischen Steuer zu. In diesem Fall können, bei Einhaltung der weiteren Voraussetzungen, auch die Vorschrift des § 7b EStG in Anspruch genommen werden.

Bei Wohnungen in Drittstaaten ist entscheidend, ob das jeweilige DBA die Freistellungs- oder die Anrechnungsmethode vorsieht. Bei Anwendung der Freistellungsmethode unterliegen die Einkünfte im Inland dem Progressionsvorbehalt. Hierfür werden diese nach deutschem Recht ermittelt, wobei die neue Sonderabschreibung in Anspruch genommen werden kann. Sieht das DBA die Anrechnungsmethode vor, findet die Besteuerung der Einkünfte in Deutschland statt, wobei die Sonderabschreibung geltend gemacht werden kann.

2.1.3 Die Sonderabschreibung

Die Sonderabschreibung nach § 7b EStG kann neben der linearen Gebäudeabschreibung nach § 7 Abs. 4 EStG in Anspruch genommen werden.

Der Anspruchszeitraum ist auf das Jahr der Anschaffung oder Herstellung und die folgenden drei Jahre begrenzt.

Der jährliche Abschreibungssatz beträgt bis zu 5 %, wobei der Steuerpflichtige die Höhe der Abschreibung in jedem Anspruchsjahr selbst bestimmen kann. Die Nachholung in einem der Folgejahre ist allerdings ausgeschlossen. Bei einem (teilweisen) Verzicht ergibt sich eine Auswirkung durch eine höhere Restwert-AfA nach § 7a Abs. 9 EStG.

Während die Sonderabschreibung nach § 7b EStG als Jahres-AfA ausgestaltet ist, ist die Gebäudeabschreibung nach § 7 Abs. 4 EStG zeitanteilig zu gewähren. Insb. für das Jahr der Anschaffung bzw. Herstellung bedeutet dies, dass die Sonderabschreibung voll in Anspruch genommen werden kann, während die lineare Abschreibung nur für die Monate ab Fertigstellung des Objekts gewährt wird.

2.1.4 Anwendungszeitraum

Entscheidend für die Gewährung der Sonderabschreibung ist, dass der Bauantrag bzw. die Bauanzeige für das entsprechende Gebäude nach dem 31.8.2018 und vor dem 1.1.2022 gestellt wurde bzw. wird. Das gilt sowohl für die Herstellung als auch in Fällen des Erwerbs.

Keine Bedeutung hat das Datum der Fertigstellung. Somit kann für ein Gebäude, für das der Bauantrag in 2021 gestellt wurde, das aber erst 2023 fertiggestellt wurde, die Abschreibung in Anspruch genommen werden, obwohl der Förderbeginn erst nach dem eigentlichen Auslaufen der Förderung liegt.

2.1.5 Schaffung neuer Wohnungen

§ 7b Abs. 1 S. 1 EStG begünstigt sowohl die Anschaffung als auch die Herstellung neuer Wohnungen. Im Fall der Anschaffung gilt das aber nur dann, wenn die Wohnung bis zum Ende des Jahres der Fertigstellung angeschafft wird.

In diesem Fall ist zu beachten, dass im Gesetz nicht auf den Zeitpunkt des Abschlusses des Notarvertrags abgestellt wird. Damit ist der Zeitpunkt, zu dem Besitz, Gefahr, Nutzen und Lasten auf den Erwerber übergehen, entscheidend.[5]

Gefördert werden nicht nur Neubauten, sondern vom Begriff der »neuen Wohnung« sind auch Umbauten und Erweiterungen erfasst, soweit dadurch erstmals eine Wohnung entsteht. Dabei müssen die Anforderungen des § 181 Abs. 9 BewG erfüllt sein. Danach gilt als eine Wohnung die Zusammenfassung einer Mehrheit von Räumen, die in ihrer Gesamtheit so beschaffen sind, dass die Führung eines selbstständigen Haushalts möglich ist. Dazu gehört eine bauliche Trennung und Abgeschlossenheit sowie ein eigener Zugang. Auch müssen die für einen Haushalt notwendigen Nebenräume (Küche, Bad) vorhanden sein. Die Wohnfläche muss mindestens 23 qm betragen.

2.1.6 Entgeltliche Überlassung

Voraussetzung für die Inanspruchnahme der Sonderabschreibung ist, dass die Wohnung im Jahr der Anschaffung oder Herstellung und in den folgenden neun Jahren der entgeltlichen Überlassung zu Wohnzwecken dient (§ 7b Abs. 2 Nr. 3 EStG). Diese Voraussetzung ist nicht erfüllt, wenn sie zur vorübergehenden Beherbergung von Personen bereitgehalten wird. Damit ist die Förderung einer Ferienwohnung ausgeschlossen.

Ebenfalls erfüllen Wohnungen die gesetzlichen Voraussetzungen nicht, wenn für die Überlassung des Gebäudes weniger als 66 % der ortsüblichen Marktmiete gezahlt wird. In diesen Fällen, ist die

---

5 BFH, Urteil v. 26.1.1999, IX R 53/96, BStBl II 1999, S. 589.

Nutzungsüberlassung nach der Gesetzesbegründung hinsichtlich § 7b EStG als unentgeltlich anzusehen.

Wird innerhalb des 10-Jahreszeitraums gegen die Voraussetzungen verstoßen, sind die gewährten Förderungen durch rückwirkende Änderung der Bescheide rückgängig zu machen (§ 7b Abs. 4 Nr. 1 EStG).

2.1.7 Baukosten

2.1.7.1 Baukostenobergrenze

§ 7g EStG sieht eine Förderung nur vor, wenn die Anschaffungs- oder Herstellungskosten den Betrag von 3.000 €/qm-Wohnfläche nicht übersteigen.

In die Baukostenobergrenze einzubeziehen sind die Gebäudeanschaffungs- bzw. Gebäudeherstellungskosten einschließlich der hierauf entfallenden Nebenkosten, nicht aber die Kosten für den Grund und Boden.

Wird der Betrag von 3.000 €/qm überschritten, ist eine Förderung ausgeschlossen.

2.1.7.2 Bemessungsgrundlage

Von der Baukostenobergrenze der Anschaffungs- oder Herstellungskosten, die über die Anwendung der Sonderabschreibung nach § 7b EStG entscheidet, ist die Begrenzung der Bemessungsgrundlage bei der Berechnung der Abschreibung zu unterscheiden. Die förderfähige Bemessungsgrundlage ist auf 2.000 €/qm begrenzt.

Für die parallele Anwendung der linearen AfA ist der Gesamtbetrag der Herstellungskosten maßgeblich. Hier ist keine Begrenzung vorzunehmen.

2.1.8 Rückwirkende Versagung der Sonderabschreibung

Nach § 7b Abs. 4 EStG ist die Förderung in folgenden Fällen rückgängig zu machen:
- Verstoß gegen die Verwendungsvorschriften, d. h. die begünstigte Wohnung dient im Jahr der Anschaffung oder Herstellung und in den folgenden neun Jahren nicht der entgeltlichen Überlassung zu Wohnzwecken
- Veräußerung im Jahr der Anschaffung oder Herstellung und in den folgenden neun Jahren und der Veräußerungsgewinn unterliegt nicht der ESt oder KSt
- nachträgliche Überschreitung der Baukostenobergrenze (insb. durch anschaffungsnahe Herstellungskosten).

In allen Fällen der rückwirkenden Versagung der Sonderabschreibung sind die entsprechenden Steuer- oder Feststellungsbescheide aufzuheben oder zu ändern (§ 7b Abs. 4 EStG). Die Nachzahlungsbeträge unterliegen der Verzinsung nach § 233a AO. Die Sonderregelung zum Zinslauf bei rückwirkenden Ereignissen (§ 233a Abs. 2a AO) ist durch § 7b Abs. 4 EStG allerdings ausgeschlossen.

2.1.9 Höchstbetrag

Die Sonderabschreibungen werden nur gewährt, soweit die EU-rechtlichen Voraussetzungen bezüglich De-minimis-Beihilfen eingehalten werden. Dabei darf der Gesamtbetrag der einem einzigen Unternehmen gewährten De-minimis-Beihilfe in einem Zeitraum von drei VZ 200.000 € nicht übersteigen (§ 7b Abs. 5 S. 2 EStG).

2.1.10 Inkrafttreten

Durch die Verzögerung bei der Verabschiedung des Gesetzes ist das Gesetz erst am 9.8.2019 in Kraft getreten. Steuerlich wirksam wird es somit erst für den VZ 2019, auch wenn bereits Gebäude begünstigt werden, deren Bauantrag zwischen dem 31.8.2018 und dem 31.12.2018 gestellt wurde.

Literaturhinweise
Seifert, Überblick über das Gesetz zur Förderung des Mietwohnungsneubaus, StuB 2019, S. 609; *Schmidt*, § 7b EStG: Ungelöste Fragen bei der neuen Sonderabschreibung für den Mietwohnungsneubau, nwb 2019, S. 2777

2.2 Gesetz zur Neuregelung von Stromsteuerbefreiungen sowie zur Änderung energiesteuerrechtlicher Vorschriften

2.2.1 Einleitung

Am 11.4.2019 hat der Deutsche Bundestag das »Gesetz zur Neuregelung von Stromsteuerbefreiungen sowie zur Änderung energiesteuerrechtlicher Vorschriften« verabschiedet.[6] Das Gesetz wurde am 22.6.2019 veröffentlicht und ist zum 1.7.2019 in Kraft getreten. Wesentliche Änderungen betreffen dabei die Stromsteuerbefreiungstatbestände gem. § 9 Abs. 1 Nr. 1 und Nr. 3 StromStG.

---

6 Gesetz v. 22.6.2019, BGBl I 2019, S. 856 und S. 908.

2.2.2 Stromsteuerbefreiung

Die Stromsteuerbefreiung nach § 9 Abs. 1 Nr. 1 StromStG kommt nur noch für Anlagen mit einer Nennleistung von mehr als 2 MW in Betracht. Allerdings müssen die entsprechenden Strommengen nicht mehr aus einem ausschließlich mit Strom aus erneuerbaren Energieträgern gespeisten Netz oder einer entsprechenden Leitung kommen.

Keine Befreiung kann allerdings gewährt werden, wenn eine Einspeisung ins öffentliche Netz erfolgt (§ 9 Abs. 1a StromStG). Ein Einspeisen liegt auch dann vor, wenn Strom lediglich kaufmännisch-bilanziell weitergegeben und infolge dessen als eingespeist behandelt wird. Der Anwendungsbereich ist somit auf Anlagen beschränkt, für die keine Förderung nach dem EEG gewährt wurde.

Anlagen mit bis zu 2 MW elektrischer Nennleistung können nach § 9 Abs. 1 Nr. 3 StromStG nur befreit werden, soweit der Strom aus erneuerbaren Energien oder hocheffizienten Anlagen i. S. d. § 53a Abs. 6 S. 4 und S. 5 EnergieStG kommt.

In beiden Fällen muss eine Zeitgleichheit zwischen Produktion und Entnahme durch Messung gem. sichergestellt sein.

Neu ins Gesetz eingefügt wurde die Vorschrift des § 9 Abs. 1 Nr. 6 StromStG. Danach ist Strom steuerbefreit, wenn er aus kleinen Erzeugungsanlagen stammt (bis 2 MW), am Ort der Erzeugung verwendet wird und die Anlage nicht an das öffentliche Netz angeschlossen ist.

2.2.3 Erlaubnisvorbehalt

Anlagenbetreiber müssen bis zum 31.12.2019 einen Antrag auf Erlaubnis zur steuerfreien Entnahme (Eigenverbrauch oder Lieferung) von Strom stellen (§ 9 Abs. 4 StromStG). Bei fristgerecht eingereichtem Antrag gilt die Erlaubnis als widerruflich erteilt. Wird diese Erlaubnis nicht beantragt, können die Steuerbefreiungen (auch bereits ab dem 1.7.2019) nicht mehr in Anspruch genommen werden.

Die Erlaubnispflicht gilt jedoch nicht für Anlagen für Strom aus EE-Anlagen mit einer Nennleistung bis zu 1 MW und hocheffizienten KWK-Anlagen bis zu 50 kW. Für diese Anlagen besteht keine Antragspflicht, sondern eine allgemeine Erlaubnis.

Nach § 11 Abs. 3a StromStV hat der Erlaubnisinhaber die Hocheffizienz und den Monats- oder Jahresnutzungsgrad nach § 8 Abs. 2 Nr. 2a StromStV für jede hocheffiziente KWK-Anlage nach § 2 Nr. 10 StromStG jährlich bis zum 31.5. für das vorangegangene Kalenderjahr nachzuweisen.

2.2.4 Pauschale Ermittlung

Zur Vereinfachung sieht das Gesetz neu eingeführte Pauschalen vor (§ 12a Abs. 3 StromStV). Wählt der Antragsteller diese Besteuerungsform, gilt die Steuerbefreiung nach § 9 Abs. 1 Nr. 2 StromStG als abgegolten. Die Pauschalen sind nach Art der jeweiligen Stromerzeugungsanlage bzw. bei KWK-Anlagen nach Größe der jeweiligen Anlage festgelegt.

2.2.5 Datenaustausch

§ 10a StromStG sieht einen Datenaustausch zwischen HZA, Übertragungsnetzbetreibern, Bundesnetzagentur und dem Bundesamt für Wirtschaft und Ausfuhrkontrolle für Zwecke des EEG, KWK-G und des EnWG vor. Dazu gehören ausdrücklich auch personenbezogene Daten sowie Betriebs- und Geschäftsgeheimnisse.

2.2.6 Inkrafttreten

Das Gesetz ist zum 1.7.2019 in Kraft getreten.

2.3 Brexit-Steuerbegleitgesetz – Brexit-StBG

2.3.1 Einleitung

Am 29.3.2017 unterrichtete das Vereinigte Königreich den Europäischen Rat von seiner Absicht, aus der Europäischen Union (EU) auszutreten, und leitete damit offiziell das Austrittsverfahren ein. Mit der Wirksamkeit des Austritts ist das Vereinigte Königreich nicht nur aus der EU sondern auch aus dem Europäischen Wirtschaftsraum (EWR) ausgeschieden und damit auch für steuerliche und finanzmarktrechtliche Zwecke als Drittstaat zu behandeln.

Dadurch sind steuerliche Regelungen im Europarecht ebenso wie zahlreiche Vorschriften des deutschen Steuerrechts nach dem Brexit nicht mehr anwendbar. Darüber hinaus gilt der Brexit als schädliches Ereignis und führt auch in vergangenen Sachverhalten zu steuerlichen Konsequenzen.

Um nachteilige Rechtsfolgen aufgrund des Brexit ohne Handlungen des Steuerpflichtigen zu vermeiden, hat die Finanzverwaltung am 9.10.2018 einen Entwurf des Brexit-StBG zur Änderung u. a. einzelner Vorschriften des Ertragsteuerrechts vorgelegt. Die vorgeschlagenen Neuregelungen wurden von der Bundesregierung ergänzt und mündeten in dem am 12.12.2018 verabschiedeten Regierungsentwurf.

Im weiteren Verlauf wurde dem Gesetz[7] eine Regelung zur Abwendung erbschaftsteuerlicher Folgen des Brexit, Anpassungen des GrEStG und des UmwStG hinzugefügt. Nach Zustimmung des Bundesrates am 15.3.2019 trat das Gesetz am 29.3.2019 in Kraft.

Neben den steuerlichen Regelungen enthält das Gesetz auch noch Änderungen der folgenden Vorschriften:
- Bausparkassengesetz,
- Pfandbriefgesetz,
- Kreditwesengesetz und
- in der Anlageverordnung
- Zahlungsdiensteaufsichtsgesetz

Auf diese wird im Folgenden nicht eingegangen.

Literaturhinweise

Jordan, Das BREXIT-Steuerbegleitgesetz: Steuerliche Vorsorge des deutschen Gesetzgebers, StuB 2019, S. 324; *Link*, Das Brexit-Steuerbegleitgesetz: Ein Überblick über die steuerlichen und finanzmarktrechtlichen Maßnahmen, nwb 2019, S. 866

2.3.2 Änderungen des Einkommensteuergesetzes

2.3.2.1 Auflösung eines Ausgleichspostens nach § 4g EStG

Wird ein inländischen Wirtschaftsgut des Anlagevermögens in eine ausländische Betriebsstätte überführt, gilt der Vorgang als fiktive Entnahme bzw. Veräußerung, mit der Folge, dass die stillen Reserven aufzulösen und zu versteuern sind (§ 4 Abs. 1 S. 3 und 4 EStG bzw. § 12 Abs. 1 KStG). Handelt es sich bei dem Zielort jedoch um eine EU-Betriebsstätte, kann gem. § 4g EStG auf Antrag ein Ausgleichsposten gebildet werden, der über fünf Jahre gleichmäßig gewinnerhöhend aufzulösen ist. Scheidet das Wirtschaftsgut allerdings später aus der Besteuerungshoheit der EU-Mitgliedstaaten aus, ist der Ausgleichsposten in vollem Umfang aufzulösen. Grds. erfüllt der Brexit diesen Tatbestand ungeachtet einer Handlung des Stpfl. Nach dem neu eingeführten § 4g Abs. 6 EStG führt allein der Austritt des Vereinigten Königreichs Großbritannien und Nordirland aus der EU nicht dazu, dass ein als entnommen geltendes Wirtschaftsgut als aus der Besteuerungshoheit der Mitgliedstaaten der EU ausgeschieden gilt. Damit wird die gewinnerhöhende Zwangsauflösung des Ausgleichspostens allein durch den Brexit ausgeschlossen.

---

[7] Gesetz v. 25.3.2019, BGBl I 2019, S. 357.

2.3.2.2 Unschädliche Verwendung von »Riester«-Verträgen

2.3.2.2.1 Förderunschädliche wohnungswirtschaftliche Verwendung

Nach § 92a Abs. 1 S. 5 EStG ist im Rahmen der Riester-Förderung u. a. Voraussetzungen für die unschädliche Kapitalverwendung, dass die begünstigte Wohnung innerhalb der EU oder des EWR liegt. Mit dem Brexit würden im Vereinigten Königreich belegene Wohnungen diesen Tatbestand nicht erfüllen und die Folgen der schädlichen Verwendung nach § 93 Abs. 1 EStG eintreten. Somit wären auch bereits erhaltene Altersvorsorgezulagen und ggf. Steuerermäßigungen zurückzuzahlen.

Soweit vor dem Brexit-Referendum am 23.6.2016 ein Vertragsabschluss erfolgt ist oder der Wohnsitz oder gewöhnliche Aufenthalt im Vereinigten Königreich Großbritannien bestanden hat, führt der Brexit nicht zu einer Rückforderung von Altersvorsorgezulagen und Steuerermäßigungen.

2.3.2.2.2 Förderunschädliche Kapitalübertragung auf den überlebenden Ehegatten

§ 93 Abs. 1 S. 4 Buchst. c EStG setzt für eine förderunschädliche Kapitalübertragung des geförderten Altersvorsorgevermögens auf den überlebenden Ehegatten/Lebenspartner u. a. voraus, dass im Zeitpunkt des Todes des Zulageberechtigten beide Personen ihren Wohnsitz oder gewöhnlichen Aufenthalt in einem EU-/EWR -Staat hatten. Verstirbt der Zulageberechtigte nach dem Brexit, würden die Rechtsfolgen einer schädlichen Verwendung auch bei Ehegatten/Lebenspartnern mit Wohnsitz oder gewöhnlichem Aufenthalt im Vereinigten Königreich eintreten. Für vor dem Tag des Referendums am 23.6.2016 abgeschlossene Riester-Verträge ist dieses durch das Brexit-StBG ausgeschlossen. Auch die Ergänzung in § 3 Nr. 55c S. 2 Buchst. c) EStG führt dazu, dass trotz des Brexit die Möglichkeit einer steuerfreien Kapitalübertragung von gefördertem Altersvorsorgevermögen im Todesfall auf den überlebenden Ehegatten erhalten bleibt.

2.3.2.2.3 Begünstigung für in einen EU- oder EWR -Staat verziehende Steuerpflichtige

Als schädliche Verwendung gilt nach § 95 Abs. 1 EStG auch, wenn sich der Wohnsitz oder gewöhnliche Aufenthalt des Zulageberechtigten außerhalb der EU-/EWR-Staaten befindet und entweder keine Zulageberechtigung besteht oder der Vertrag in der Auszahlungsphase ist.

Das Brexit-StBG verhindert, dass die bis dahin gewährten Altersvorsorgezulagen und ggf. Steuerermäßigungen zurückgezahlt werden müssten.

2.3.2.3 Unterlassene Ersatzbeschaffung nach § 6b EStG

Beabsichtigt ein Steuerpflichtiger nach der Veräußerung eines Grundstücks, Gebäudes oder Binnenschiffs innerhalb von fünf Jahren eines der genannten Wirtschaftsgüter in einem EU-/EWR-

Staat anzuschaffen oder herzustellen, so kann er nach § 6b Abs. 2a EStG beantragen, dass die Steuer, die auf den Gewinn aus der Veräußerung entfällt, über einen Zeitraum von fünf Jahren zu entrichten ist.

Zur Missbrauchsvermeidung bei späterer Aufgabe dieser Absicht wurde mit dem Gesetz zur Vermeidung von Umsatzsteuerausfällen beim Handel mit Waren im Internet und zur Änderung weiterer steuerlicher Vorschriften v. 11.12.2018[8] eine Verzinsungsregelung in § 6b Abs. 2a EStG eingeführt. Durch die Ergänzung der Vorschrift im Rahmen des Brexit-StBG wird verhindert, dass die Verzinsung eintritt, sofern die Absicht bestand, ein von § 6b EStG begünstigtes Wirtschaftsgut im Vereinigten Königreich anzuschaffen bzw. herzustellen und sofern der Antrag auf Ratenzahlung nach § 6b Abs. 2a EStG bereits vor dem Brexit bzw. dem Ablauf der Übergangsfrist gestellt wurde.

2.3.3 Änderung des Körperschaftsteuergesetzes

2.3.3.1 Liquidationsbesteuerung nach § 12 KStG

§ 12 Abs. 3 KStG verlangt für das Vorliegen des Fiktionstatbestands für die Liquidation einer Körperschaft eine tatsächliche Sitzverlegung. Damit erfüllt der Brexit allein diesen Tatbestand nicht. Der neu eingeführte S. 4 im § 12 Abs. 3 KStG hat somit in erster Linie eine klarstellende Funktion.

Durch die Ergänzung soll aber sichergestellt werden, dass die Rechtsfolge des § 12 Abs. 3 KStG eintritt, wenn die Körperschaft anschließend (also nach dem Brexit) in einen anderen Drittstaat verzieht.

2.3.3.2 Auswirkungen auf Britische Limited

Nach überwiegender Literaturmeinung[9] sind britische Limiteds mit Verwaltungssitz in Deutschland nach dem Brexit als deutsche Personengesellschaft bzw. als deutsches Einzelunternehmen anzusehen. Gleichwohl bleibt diese Subjekt der KSt i. S. d. § 1 Abs. 1 Nr. 1 KStG, sodass ein steuerlicher Entstrickungstatbestand mit der Folge der Aufdeckung stiller Reserven nicht erfüllt wird.

Der neu eingefügte § 12 Abs. 4 KStG stellt klar, dass das steuerliche Betriebsvermögen einer britischen Limited mit deutschem Verwaltungssitz dieser auch nach dem Brexit weiterhin zuzurechnen ist und stillen Reserven aufzudecken sind.

---

8 BGBl I 2018, S. 2338.
9 *Jordan*, Das BREXIT-Steuerbegleitgesetz: Steuerliche Vorsorge des deutschen Gesetzgebers, StuB 2019, S. 324.

2.3.4 Änderung des Umwandlungssteuergesetzes

2.3.4.1 Britische Gesellschaft als verschmelzungsfähiger Rechtsträger

Nach der Ergänzung des § 1 Abs. 2 UmwStG durch das Brexit-StBG gilt eine britische Gesellschaft als verschmelzungsfähiger Rechtsträger, sofern die Voraussetzungen des § 122m UmwG n. F. erfüllt sind. Dazu muss eine notarielle Beurkundung des Verschmelzungsplans vor dem Brexit bzw. dem Ablauf eines Übergangszeitraums und Anmeldung zum Handelsregister innerhalb von zwei Jahren vorliegen.

2.3.4.2 Einbringungsgewinnbesteuerung nach § 22 UmwStG

§ 22 Abs. 1 S. 6 Nr. 6 und Abs. 2 S. 6 UmwStG löst rückwirkend eine Einbringungsbesteuerung aus, wenn der Einbringende innerhalb von sieben Jahren seinen Sitz oder Geschäftsleitung außerhalb der EU oder dem EWR verlegt. Diesen Tatbestand würde auch der Brexit erfüllen, ohne dass ein aktives Handeln des Steuerpflichtigen nötig wäre. Diese Folgen werden durch den neu eingeführten § 22 Abs. 8 UmwStG verhindert.

Daher ist in § 22 UmwStG ein neuer Abs. 8 eingeführt worden, um die nachträgliche Gewinnrealisierung für bereits vor Wirksamwerden des EU-Austritts vollzogene Einbringungsvorgänge zu verhindern. Die Ansässigkeitsvoraussetzungen des § 1 Abs. 4 UmwStG sind auch im Falle des EU-Austritts erfüllt.

2.3.5 Änderung des Außensteuergesetzes

2.3.5.1 Widerruf einer Steuerstundung bei Wegzug

Nach § 6 AStG sind in Anteilen nach § 17 EStG enthaltene stille Reserven im Fall des Wegzugs eines unbeschränkt steuerpflichtigen Anteilseigners zu versteuern. Erfolgt der Wegzug in einen EU-/EWR-Staat, wird die Steuer unter den Voraussetzungen des § 6 Abs. 5 S. 1 AStG zinslos und ohne Sicherheitsleistung bis zum Zeitpunkt der tatsächlichen Veräußerung der Anteile oder des Eintritts eines der in § 6 Abs. 5 S. 4 AStG genannten Ersatzrealisationstatbestände gestundet. Bei Wegzug in einen Drittstaat wird die Steuer demgegenüber nach § 6 Abs. 4 AStG nur auf Antrag und grds. nur ratierlich über einen Zeitraum von fünf Jahren und gegen Sicherheitsleistung gestundet.

Zwar erfüllt der Brexit allein keinen Tatbestand, der einen Widerruf rechtfertigen würde. Klarstellend wurde jedoch in § 6 Abs. 8 S. 1 AStG ausdrücklich festgelegt, dass der Brexit nicht zu einem Stundungswiderruf i. S. v. § 6 Abs. 5 S. 4 AStG führt.

2.3.5.2 Ergänzende Widerrufstatbestände

Neu eingeführt wurden allerdings zwei weitere Widerrufstatbestände. Nach § 6 Abs. 8 S. 2 Nr. 1 AStG erfolgt ein Widerruf sofern bei einer Entnahme oder einem anderen Vorgang, der nicht zum Ansatz des Teilwerts oder des gemeinen Werts führt, die Anteile nicht mehr einer UK- oder EU- bzw. EWR-Betriebsstätte zuzuordnen sind. Nach § 6 Abs. 8 S. 2 Nr. 2 führt die Verlegung des Wohnsitzes oder des gewöhnlichen Aufenthalts zu einem Widerruf der Steuerstundung, sobald keine mit der deutschen unbeschränkten ESt-Pflicht vergleichbare Steuerpflicht in UK oder einem EU- bzw. EWR-Staat mehr besteht.

2.3.5.3 Änderung des Erbschaftsteuergesetzes

Mit dem Brexit-StBG wurde § 37 Abs. 17 ErbStG neu eingefügt. Danach gilt das Vereinigte Königreich für Erwerbe, für die die Steuer bereits vor dem Austrittszeitpunkt entstanden ist, weiterhin als EU-Mitgliedstaat. Praktische Bedeutung kann dem bspw. bei Anwendung der Lohnsummenregelung bei der Steuerbegünstigung für Unternehmensvermögen zukommen.[10]

2.3.6 Änderung des Grunderwerbsteuergesetzes

Durch die Einfügung des § 4 Nr. 5 GrEStG wird geregelt, dass der EU-Austritt des Vereinigten Königreichs alleine keinen GrESt-Tatbestand auslöst.

Der neu eingefügte § 6a S. 5 GrEStG verhindert, dass eine nach § 6a S. 1 GrEStG gewährte Steuerbefreiung bei Umstrukturierungen im Konzern als Folge des Brexit entfällt. Wurde einer britischen Limited mit nur einem Gesellschafter die Steuerbefreiung nach § 6a S. 1 GrEStG gewährt, stellt der Brexit dem Gesetzeswortlaut nach innerhalb von fünf Jahren nach dem Rechtsvorgang einen Verstoß gegen die Nachbehaltensfrist dar, da die Limited als Einzelunternehmen behandelt wird und somit ein Bezug zum Unternehmensverbund entfällt. § 6a S. 5 GrEStG verhindert in diesem Fall die Aufhebung der Steuerbefreiung.

2.3.7 Inkrafttreten

Das Gesetz trat am 29.3.2019 in Kraft.

---

10 BT-Drs. 19/7959, S. 36.

2.4 Grundsteuer-Reformgesetz – GrStRefG

2.4.1 Einleitung

Mit Urteil vom 10.4.2018[11] hatte das BVerfG die Regelungen des Bewertungsgesetzes zur Einheitsbewertung des Grundvermögens in den alten Bundesländern für verfassungswidrig erklärt Das BVerfG räumte dem Gesetzgeber zur Schaffung einer Neuregelung eine Frist spätestens bis zum 31.12.2019 ein. Nach Verkündung einer Neuregelung darf die Altregelung nach dem Urteil des BVerfG längstens bis zum 31.12.2024 angewandt werden.

Ebenso wie die Bewertung des Grundvermögens in den neuen Bundesländern ist die Bewertung des land- und forstwirtschaftlichen Vermögens von der Entscheidung des BVerfG nicht direkt betroffen, da diese nicht streitgegenständlich waren.

Da das BVerfG in seinem Urteil jedoch eine Verfassungswidrigkeit hierfür nicht vollständig ausschloss, entschloss sich die Politik für eine große, umfassende Lösung. Hierzu war eine Änderung des BewG und des GrStG erforderlich. Das hierzu eingebrachte Grundsteuer-Reformgesetz wurde vom Deutschen Bundestag in seiner Sitzung vom 18.10.2019 beschlossen. Der Bundesrat stimmte dem Gesetz am 8.11.2019 zu. Das Gesetz wurde am 2.12.2019 veröffentlicht.[12]

Zeitgleich verabschiedet wurde eine Änderung des Grundgesetzes, das eine Öffnungsklausel in Art. 72 Abs. 3 GG vorsieht. Diese gibt den Ländern die Möglichkeit, eigene Grundsteuergesetze mit abweichenden Bewertungsregeln zu erlassen.

2.4.2 Überblick über die Änderungen des Bewertungsgesetzes

Durch das Grundsteuer-Reformgesetz wird nach § 203 BewG ein 7. Abschn. in den 2. Teil des BewG eingefügt. Dieser umfasst in den §§ 218–231 (Teil A) die allgemeinen Vorschriften (Vermögensarten, Feststellungsarten etc.).

Im Teil B (§§ 232–242 BewG) finden sich die Vorschriften zur Bewertung des Land- und forstwirtschaftliches Vermögens, im Teil C (§§ 243–263 BewG) die Regelungen zur Bewertung des Grundvermögens.

Begrifflich wird der bisherige »Einheitswert« mit der Neuregelung nunmehr als »Grundsteuerwert« bezeichnet.

---

11 BVerfG, Urteil v.10.4.2018, 1 BvL 11/14, 1 BvL 12/14, 1 BvL 1/15, 1 BvR 639/11, 1 BvR 889/12, BFH/NV 2018, S. 703.
12 BGBl I 2019, S. 1794.

2.4.2.1 Allgemeine Vorschriften

Der 7. Abschn. des BewG unterscheidet die Vermögensarten Land- und forstwirtschaftliches Vermögen und Grundvermögen (§ 218 BewG). Grundsteuerwerte werden für inländischen Grundbesitz (Betriebe der Land- und Forstwirtschaft und für Grundstücke) gesondert festgestellt (§ 219 BewG). Die Grundsteuerwerte werden in Zeitabständen von je sieben Jahren allgemein festgestellt (Hauptfeststellung, § 221 BewG).

§ 222 BewG regelt die Fortschreibungen des Grundstückswerts. Eine Wertfortschreibung erfolgt, wenn der Wert gegenüber dem des letzten Feststellungszeitpunkts nach oben oder unten um mehr als 15.000 € abweicht. Eine Art- oder Zurechnungsfortschreibung erfolgt, wenn sie von der zuletzt getroffenen Feststellung abweicht und es für die Besteuerung von Bedeutung ist. Darüber hinaus können auch Fortschreibungen zur Fehlerberichtigungen erfolgen.

Nachfeststellungen sind vorzunehmen, wenn eine wirtschaftliche Einheit neu entsteht oder eine bereits bestehende wirtschaftliche Einheit erstmals zur GrSt herangezogen werden soll (§ 223 BewG).

Fortschreibungszeitpunkt ist der Beginn des Kalenderjahres, das auf die Änderung folgt.

Bei Fortschreibungen und bei Nachfeststellungen der Grundsteuerwerte sind die Wertverhältnisse im Hauptfeststellungszeitpunkt zugrunde zu legen (§ 227 BewG).

§ 228 BewG regelt die Erklärungs- und Anzeigepflichten. Die Steuerpflichtigen haben Erklärungen zur Feststellung der Grundsteuerwerte für den Hauptfeststellungszeitpunkt oder einen anderen Feststellungszeitpunkt abzugeben, wenn sie hierzu aufgefordert werden. Eine Änderung der tatsächlichen Verhältnisse, die sich auf die Höhe des Grundsteuerwerts, die Vermögensart oder die Grundstücksart auswirken oder zu einer erstmaligen Feststellung führen kann, ist auf den Beginn des folgenden Kalenderjahres anzuzeigen.

Die Erklärungspflicht trifft i. d. R. den Eigentümer des Grundstücks. Ist das Grundstück mit einem Erbbaurecht belastet, muss diese vom Erbbauberechtigten unter Mitwirkung des Erbbauverpflichteten erfüllt werden; bei einem Gebäude auf fremdem Grund und Boden vom Eigentümer des Grund und Bodens unter Mitwirkung des Eigentümers oder des wirtschaftlichen Eigentümers des Gebäudes

2.4.2.2 Bewertung des land- und forstwirtschaftlichen Vermögens

Die Besteuerung der land- und forstwirtschaftlichen Betriebe erfolgt künftig durch eine standardisierte Bewertung der Flächen und der Hofstellen. Dabei wird auf einzelbetriebliche Differenzierungen und Abgrenzungen des Grund und Bodens weitgehend verzichtet.

Die Bewertung der einzelnen land- und forstwirtschaftlichen Nutzungen (Sollertrag des Grund und Bodens sowie der stehenden und umlaufenden Betriebsmittel) und der Hofstelle einer wirtschaftlichen Einheit, erfolgt dabei auf Basis eines typisierenden durchschnittlichen Ertragswertverfahrens. Den unterschiedlichen land- und forstwirtschaftlichen Nutzungsformen (landwirtschaftlich, forstwirtschaftlich, weinbaulich, gärtnerisch) werden Bewertungsfaktoren zugeordnet, die den durchschnittlichen Ertrag je Flächeneinheit widerspiegeln. Die jeweilige Grundstücksfläche der jeweiligen Nutzung wird mit dem Bewertungsfaktor multipliziert. Das Ergebnis ist der Reinertrag der individuell genutzten land- und forstwirtschaftlichen Fläche.

Die Summe aus allen Reinerträgen der jeweiligen Nutzungen wird anschließend kapitalisiert und ergibt den Grundsteuerwert.

Gebäude oder Gebäudeteile, die innerhalb land- und forstwirtschaftlich genutzter Hofstellen Wohnzwecken oder anderen als land- und forstwirtschaftlichen Zwecken dienen, werden dem Grundvermögen zugerechnet. Damit ändert sich die Bewertungsmethode in den alten Bundesländern, bei der die Hofstellen bisher der wirtschaftlichen Einheit des Betriebs der Land- und Forstwirtschaft zugerechnet wurden.

2.4.2.2.1 Umfang der wirtschaftlichen Einheit Land- und Forstwirtschaft

§ 232 Abs. 1 S. 1 BewG definiert die Land- und Forstwirtschaft als planmäßige Nutzung der natürlichen Kräfte des Grund und Bodens zur Erzeugung von Pflanzen und Tieren sowie die Verwertung der dadurch selbst gewonnenen Erzeugnisse. Dazu gehören auch der Weinbau, der Gartenbau sowie die sonstigen Betriebszweige (§ 234 Abs. 1 BewG). Zum land- und forstwirtschaftlichen Vermögen gehören alle Wirtschaftsgüter, die einem Betrieb der Land- und Forstwirtschaft dauernd zu dienen bestimmt sind.

Die wirtschaftliche Einheit des land- und forstwirtschaftlichen Vermögens ist der Betrieb der Land- und Forstwirtschaft. Dazu gehören insb. der Grund und Boden, die Wirtschaftsgebäude, die stehenden Betriebsmittel, ein normalen Bestand an umlaufenden Betriebsmitteln sowie die immateriellen Wirtschaftsgüter (z. B. sowie die immateriellen Wirtschaftsgüter, Genossenschaftsanteile etc.).

§ 232 Abs. 4 BewG enthält eine Negativabgrenzung von Wirtschaftsgütern, die nicht zum Betrieb gehören. Dies gilt insb. für Grund und Boden sowie Gebäude und Gebäudeteile, die Wohnzwecken oder anderen nicht land- und forstwirtschaftlichen Zwecken dienen, Tierbestände die nicht zur landwirtschaftlichen Nutzung gehören (§ 241 BewG, § 242 Abs. 2 BewG), Zahlungsmittel, Geldforderungen, Schulden.

Ebenfalls dazu gehören land- und forstwirtschaftlich genutzte Flächen in Sondergebieten für Windenergieanlagen (§ 233 Abs. 1 BewG). Dem Grundvermögen zuzurechnen sind dagegen Flächen, die in einem Bebauungsplan als Bauland aufgeführt sind, wenn ihre sofortige Bebauung möglich ist und die Bebauung innerhalb des Plangebiets in benachbarten Bereichen begonnen hat. Das gilt nicht für die Hofstelle (§ 233 Abs. 2 BewG).

§ 234 BewG gliedert das land- und forstwirtschaftliche Vermögen für Zwecke der Wertermittlung auf in diverse Nutzungsarten.

Bei der Regelung des Bewertungsstichtags (§ 235 BewG) ist eine Zweiteilung zu beachten. Für die Größe des Betriebs sowie für den Umfang und den Zustand der Gebäude sind die Verhältnisse im Feststellungszeitpunkt (jeweils der 1.1.) maßgebend. Für die Betriebsmittel ist der Stand am Ende des Wirtschaftsjahres maßgebend (bei L+F-Betrieben i. d. R. der 30.6.), das dem Feststellungszeitpunkt vorangegangen ist.

2.4.2.2.2 Bewertungsgrundsätze

§ 236 Abs. 1 BewG bestimmt den Ertragswert als Bewertungsmaßstab des Betriebs.

Bei der Ermittlung des Ertragswerts wird davon ausgegangen, dass der Eigentümer den zu bewertenden Betrieb der Land- und Forstwirtschaft behält, fortlaufend nutzt und hieraus Erträge erzielt. Außerlandwirtschaftliche Faktoren sollen dabei unberücksichtigt bleiben.

Bei der Kapitalisierung des Reinertrags ist nicht auf das individuell durch den Land- und Forstwirt erwirtschaftete Ergebnis abzustellen, sondern auf den gemeinhin und nachhaltig erzielbaren Reinertrag eines pacht- und schuldenfreien Betriebs (Sollertrag). Abzustellen ist auf durchschnittliche Betriebsergebnisse, nicht auf Spitzenergebnisse.

Die Ableitung der Reinerträge erfolgt aus den durchschnittlichen Ertragsverhältnissen der Testbetriebe beim Bundesministerium für Ernährung und Landwirtschaft für das gesamte Bundesgebiet, gesondert für jede Nutzung als Durchschnittswerte aus 10 Wirtschaftsjahren.

§ 237 BewG regelt, dass die Gesamtbewertung eines Betriebs der Land- und Forstwirtschaft zur Vereinfachung des Bewertungsverfahrens nach dessen Gliederung erfolgt. Für jede der land- und forstwirtschaftlichen Nutzungen, Nutzungsteile sowie für die Nutzungsarten sind die Faktoren für die Wertermittlung den Anlagen 27 bis 32 zum BewG zu entnehmen.

Der so ermittelte Betrag ist ggf. um einen Zuschlag zum Reinertrag zu erhöhen (§ 238 BewG). Das ist z. B. bei der landwirtschaftlichen Nutzung der Fall, wenn der tatsächliche Tierbestand am Bewertungsstichtag die in Anlage 27 genannte Grenze nachhaltig überschreitet.

Weitere Zuschläge sieht die Vorschrift für gärtnerischen Nutzungen, Weinbaubetriebe und Sondergebiete für Windenergieanlagen vor.

Die Summe der Reinerträge des Betriebs einschließlich der Zuschläge (§§ 237, 238) ist zur Ermittlung des Ertragswerts mit dem Faktor 18,6 zu kapitalisieren und ergibt den Grundsteuerwert des

Betriebs der Land- und Forstwirtschaft. Der Kapitalisierungsfaktor unterstellt eine immerwährende Verzinsung der Reinerträge von 5,5 %.

Erstreckt sich die wirtschaftliche Einheit über mehrere Gemeinden, ist die Summe der Reinerträge des Betriebs einschließlich der Zuschläge (§§ 237, 238 BewG) eines Betriebs der Land- und Forstwirtschaft ist für jede Gemeinde gesondert zu ermitteln.

Für den standardisierten Reinertrag des Grund und Bodens pro Hektar Landwirtschaftsfläche ergibt sich das folgende Schema:[13]

	Durchschnittliches Betriebseinkommen der Betriebe dividiert durch die durchschnittlich bewirtschaftete Landwirtschaftsfläche in Hektar
=	Betriebseinkommen/ha Landwirtschaftsfläche
−	Lohnaufwand für fremde Arbeitskräfte/ha Landwirtschaftsfläche
−	angemessener Lohnansatz für Betriebsleiter und nicht entlohnte Anschaffungskosten/ha Landwirtschaftsfläche
−	anteiliger Reinertrag für die Wirtschaftsgebäude/ha Landwirtschaftsfläche
=	anteiliger Reinertrag des Grund und Bodens einschließlich der Betriebsmittel zur Land- und Forstwirtschaft- Erzeugung/ha Landwirtschaftsfläche

Auch Kleingartenland i. S. d. Bundeskleingartengesetzes gilt nach § 240 Abs. 1 BewG als Betrieb der Land- und Forstwirtschaft. Die Ermittlung des Reinertrags erfolgt in einem vereinfachten Verfahren gem. Anlage 30 zum BewG. Gartenlauben von mehr als 30 Quadratmetern Brutto-Grundfläche gelten als Wirtschaftsgebäude, deren Bewertung entsprechend § 237 Abs. 8 BewG erfolgt. Die Summe der so ermittelten Werte ist mit dem Faktor 18,6 zu kapitalisieren und ergibt den Grundsteuerwert des Betriebs der Land- und Forstwirtschaft (§ 240 Abs. 4 BewG)

2.4.2.3 Bewertung des Grundvermögens

2.4.2.3.1 Unbebaute Grundstücke (§§ 246, 247 BewG)

Unbebaute Grundstücke sind Grundstücke, auf denen sich keine benutzbaren Gebäude befinden. Die Benutzbarkeit beginnt im Zeitpunkt der Bezugsfertigkeit. Befinden sich auf dem Grundstück Gebäude, die auf Dauer keiner Nutzung zugeführt werden können, so gilt das Grundstück als unbebaut.

---

13 BT-Drs. 19/13453, S. 105.

Die Bewertung richtet sich nach dem Bodenrichtwert (§ 196 des BauGB). Die Bodenrichtwerte sind von den Gutachterausschüssen zu ermitteln und zu veröffentlichen. Wird kein Bodenrichtwert ermittelt, ist der Wert aus den Werten vergleichbarer Flächen abzuleiten.

2.4.2.3.2 Bebaute Grundstücke (§§ 248–260 BewG)

§ 248 BewG enthält eine abschließende Aufzählung der Arten der bebauten Grundstücke und deren Definitionen:
- Einfamilienhäuser
- Zweifamilienhäuser,
- Mietwohngrundstücke,
- Wohnungseigentum,
- Teileigentum,
- Geschäftsgrundstücke,
- gemischt genutzte Grundstücke
- sonstige bebaute Grundstücke

Von der Zuordnung zu einer bestimmten Grundstücksart ist die Bewertung nach dem Ertragswertverfahren oder Sachwertverfahren abhängig. So werden Einfamilienhäuser, Zweifamilienhäuser, Mietwohngrundstücke und Wohnungseigentum nach dem Ertragswertverfahren, die übrigen nach dem Sachwertverfahren bewertet.

Ertragswertverfahren
Im Ertragswertverfahren ermittelt sich der Grundsteuerwert aus der Summe des kapitalisierten Reinertrags nach § 253 BewG und des abgezinsten Bodenwerts nach § 257 BewG.

Das typisierte Ertragswertverfahren nach den §§ 252 bis 257 BewG stellt sich wie folgt dar:

	Jährlicher Rohertrag (§ 254 BewG, Anlage 39 zum BewG)
−	nicht umlagefähige Bewirtschaftungskosten (§ 255 BewG, Anlage 40 zum BewG)
=	jährlicher Reinertrag (§ 253 Abs. 1 BewG)
×	Vervielfältiger/Barwertfaktor (§ 253 Abs. 2, § 256 BewG, Anlage 37, 38 zum BewG)
=	Barwert des Reinertrags (§§ 252, 253 BewG)
+	abgezinster Bodenwert (§ 257 BewG, Anlage 41 zum BewG)
=	Grundsteuerwert (§ 252 BewG)

Zur Ermittlung des Reinertrags ist zunächst der pauschalierte Rohertrag aus Anlage 39 zu entnehmen. Dieser differiert je nach Bundesland, Gebäudeart, Wohnungsgröße und Baujahr. Davon abzuziehen sind pauschalierte Bewirtschaftungskosten für Verwaltung, Instandhaltung und Mietausfallwagnis (Anlage 40). Der Barwert der so ermittelten Reinerträge wird durch Anwendung eines Barwertfaktors aus Anlage 37 ermittelt. Der so ermittelte Wert erhöht sich um den Bodenwert nach § 247 BewG, der mit den Umrechnungskoeffizienten nach Anlage 36 zu multiplizieren ist. Dadurch ergeben sich bei kleinen Grundstücken höhere Werte, bei großen Grundstücken geringere Werte als die nach § 247 BewG ermittelten.

Sachwertverfahren

Bei dem Sachwertverfahren ist der Wert der Gebäude (Gebäudesachwert) getrennt vom Bodenwert zu ermitteln, wobei der Bodenwert dem Wert des unbebauten Grundstücks nach § 247 BewG entspricht.

Bei der Ermittlung des Gebäudesachwerts ist von den Normalherstellungskosten des Gebäudes (lt. Anlage 42) auszugehen. Diese werden durch Multiplikation der Brutto-Grundfläche des Gebäudes mit an den Hauptfeststellungszeitpunkt angepassten Normalherstellungskosten ermittelt. Die Anpassung erfolgt anhand von Preisindizes für die Bauwirtschaft, die das Statistische Bundesamt jeweils für das Vierteljahr vor dem Hauptfeststellungzeitpunkt zu ermitteln hat und die im BStBl veröffentlicht werden.

Von dem so ermittelten Gebäudenormalherstellungswert ist eine Alterswertminderung abzuziehen. Die Alterswertminderung ergibt sich durch Multiplikation des Gebäudenormalherstellungswert mit dem Verhältnis des Alters des Gebäudes am Bewertungsstichtag zur wirtschaftlichen Gesamtnutzungsdauer nach Anlage 38.

Zur Ermittlung des Grundsteuerwerts ist der vorläufige Sachwert des Grundstücks (Summe aus Gebäudesachwert und Bodenwert) mit einer Wertzahl zu multiplizieren, die sich aus der Anlage 43 ergibt und durch die der Wert an die allgemeinen Wertverhältnisse auf dem Grundstücksmarkt angepasst wird.

Das Sachwertverfahren nach den §§ 258 bis 260 BewG stellt sich schematisch wie folgt dar:

Grundstücksfläche	Normalherstellungskosten
x	x
Bodenrichtwert	Baupreisindex
=	x
Bodenwert	Brutto-Grundfläche
	=
	Gebäudenormalherstellungswert
	./.
	Alterswertminderung (max. 70 %)
	=
	Gebäudesachwert

=
vorläufiger Sachwert
x
Wertzahl
=
Grundsteuerwert

Mindestwert

Wie schon im geltenden Recht sieht auch die Neuregelung einen Mindestwert von 75 % des Grundstückswerts (§ 247 BewG) vor. Dieser ist anzusetzen, falls das Ertrags- bzw. Sachwertverfahren zu einem geringen Grundsteuerwert kommen würde (§ 251 BewG). Bei Ein- und Zweifamilienhäusern sind zur Berücksichtigung abweichender Grundstücksgrößen beim Bodenwert die Umrechnungskoeffizienten nach Anlage 36 anzuwenden.

2.4.2.3.3 Erbbaurecht (§ 261 BewG)

Das Erbbaurecht wird künftig zur Ermittlung der Bemessungsgrundlage für die GrSt mit dem belasteten Grund und Boden zu einer wirtschaftlichen Einheit zusammengefasst und dem Erbbauberechtigten alleine zugerechnet. Nach den Grundsätzen des wirtschaftlichen Eigentums besitzt er eine Rechtsposition, nach der er den Eigentümer für die Dauer des Erbbaurechts von der Nutzung ausschließen kann.[14]

---

14   BT-Drs. 19/13453, S. 121.

2.4.2.3.4 Gebäude auf fremdem Grund und Boden (§ 262 BewG)

Bei einem Gebäude auf fremdem Grund und Boden ist für den Grund und Boden sowie für das Gebäude auf fremdem Grund und Boden ein Gesamtwert zu ermitteln. Der ermittelte Wert ist dem Eigentümer des Grund und Bodens zuzurechnen.

Dieser bleibt i. d. R. zivilrechtlich Eigentümer des Gebäudes. Er wird Steuerschuldner für das belastete Grundstück. Gleichwohl führt dies im Ergebnis zu keiner tatsächlichen Belastungsverschiebung, wenn nach den üblichen vertraglichen Vereinbarungen die GrSt schon bisher auf den Eigentümer des Gebäudes auf fremdem Grund und Boden abgewälzt wurde. Wer die GrSt endgültig tragen soll, unterliegt der Privatautonomie.[15]

2.4.2.4 Anwendung

Die Anwendung der Vorschriften über die Bewertung des Grundvermögens (7. Abschn. des 2. Teils des BewG; §§ 218–266 BewG) ist in § 266 BewG geregelt. 266 Abs. 1 BewG bestimmt, dass die erste Hauptfeststellung für die Grundsteuerwerte nach § 221 BewG auf den 1.1.2022 durchgeführt wird. Ab diesem Zeitpunkt können Feststellungsbescheide über die neuen Grundsteuerwerte ergehen.

2.4.3 Überblick über die Änderungen des Grundsteuergesetzes (GrStG)

Für die GrSt bis einschließlich zum Kalenderjahr 2024 findet das GrStG i. d. F. vom 7.8.1973 weiter Anwendung (§ 37 Abs. 2 GrStG).

Auf den 1.1.2025 findet eine Hauptveranlagung der GrSt-Messbeträge statt. Die dort festgesetzten Steuermessbeträge gelten mit Wirkung von dem am 1.1.2025 beginnenden Kalenderjahr an (§ 36 GrStG). Auf diesen Zeitpunkt erfolgt auch die GrSt-Veranlagung durch die Gemeinde.

Bei der Steuerschuldnerschaft ergeben sich Änderungen bei den Erbbaurechtsverhältnissen. Der Erbbauberechtigten ist künftig in vollem Umfang Schuldner der GrSt nach § 10 Abs. 1 GrStG, da das Erbbaurecht künftig mit dem belasteten Grund und Boden zu einer wirtschaftlichen Einheit zusammengefasst wird (§ 261 BewG).

Die Berechnung der GrSt erfolgt durch Anwendung einer Steuermesszahl auf den Grundsteuerwert, der im Veranlagungszeitpunkt maßgebend ist (§ 13 GrStG).

Für Betriebe der Land- und Forstwirtschaft (Grundsteuer A) beträgt die Steuermesszahl künftig 0,55 v. T. (bisher 6,0 v. T., § 14 GrStG), die Steuermesszahl für Grundstücke (Grundsteuer B) 0,34 v. T. (§ 15 Abs. 1 Nr. 1 und Nr. 2 GrStG). Die bisherigen differenzierten Messzahlen (zwischen 2,6

---

15 BT-Drs. 19/13453, S. 121.

und 6 v. T. in den alten Bundesländern, zwischen 5 v. T. bis 10 v. T. in den neuen Bundesländern) werden durch eine einheitliche Messzahl ersetzt.

§ 15 Abs. 2 und 3 GrStG beinhalten eine neue GrSt-Vergünstigung für Grundstücke, die durch das Wohnraumförderungsgesetz des Bundes oder der Länder gefördert wurden. Hiernach ermäßigt sich die Steuermesszahl um 25 %. Die Einhaltung der sich aus der Förderzusage ergebenden Bestimmungen ist dafür Grundvoraussetzung.

Eine Ermäßigung von 10 % auf die Steuermesszahl wird nach § 15 Abs. 5 GrStG für bebaute Grundstücke gewährt, wenn sich auf dem Grundstück Gebäude befinden, die Baudenkmäler gem. den jeweiligen Landesdenkmalschutzgesetzen sind. Bei einer nur teilweisen Unterschutzstellung wird die Ermäßigung anteilig gewährt.

Erstreckt sich der Steuergegenstand auf mehrere Gemeinden ist nach § 22 GrStG der Steuermessbetrag zu zerlegen, bei Betrieben der Land- und Forstwirtschaft nach § 239 Abs. 2 BewG, bei Grundstücken nach § 22 Abs. 3 GrStG.

§ 22 Abs. 4 GrStG sieht hier eine Bagatellregelung vor. Entfällt auf eine Gemeinde ein Zerlegungsanteil von weniger als 25 €, ist dieser Anteil der Gemeinde zuzuweisen, der nach § 22 Abs. 2 oder Abs. 3 GrStG der größte Zerlegungsteil zusteht.

In bestimmten Fällen kann ein Erlass der GrSt wegen wesentlicher Ertragsminderung erfolgen. Ist bei Betrieben der Land- und Forstwirtschaft der tatsächliche Reinertrag des Steuergegenstands um mehr als 50 % gemindert und hat der Steuerschuldner die Minderung nicht zu vertreten, beträgt der Erlass 25 %. Beträgt die Minderung des tatsächlichen Reinertrags 100 %, ist die GrSt i. H. v. 50 % zu erlassen (§ 33 Abs. 1 GrStG). § 33 Abs. 2 GrStG beschreibt die weiteren Voraussetzungen für den Erlass der GrSt.

Gem. § 34 Abs. 1 GrStG wird die GrSt für Grundstücke i. H. v. 25 % erlassen, wenn bei bebauten Grundstücken der normale Rohertrag um mehr als 50 % gemindert ist und der Steuerschuldner die Minderung nicht zu vertreten hat. Beträgt die Minderung des normalen Rohertrags 100 %, ist die GrSt i. H. v. 50 % zu erlassen.

2.5 Gesetz zur Änderung des Grundgesetzes (Art. 72, Art. 105 und Art. 125b)

2.5.1 Einleitung

Mit dem Gesetz über das Grundsteuer-Reformgesetz (GrStRefG) beabsichtigte die Bundesregierung eine verfassungskonforme, rechtssichere und zeitgemäße Fortentwicklung der GrSt und der damit verbundenen Bewertung der GrSt-Objekte zu erreichen, um die GrSt als verlässliche Einnahmequelle der Kommunen zu erhalten. Da die Gesetzgebungskompetenz des Bundes in der Wissenschaft nicht einheitlich beurteilt wird, sollte diese unzweifelhaft abgesichert werden.[16] Daher gehört zu dem Maßnahmenpaket im Rahmen der Grundsteuer-Reformgesetze auch die Änderung von einigen Artikeln des Grundgesetzes (GG). Das Gesetz zur Änderung des Grundgesetzes überträgt dabei dem Bund ausdrücklich die konkurrierende Gesetzgebungskompetenz für die GrSt, ohne dass für deren Ausübung die Voraussetzungen des Art. 72 Abs. 2 GG vorliegen müssen, indem der Bund von seiner Gesetzgebungszuständigkeit durch Gesetz Gebrauch macht. Die im Zusammenhang mit dem Grundsteuer-Reformgesetz eingebrachte Änderung des Grundgesetzes wurde vom Deutschen Bundestag in seiner Sitzung vom 18.10.2019 beschlossen. Die Veröffentlichung im BGBl erfolgte am 20.11.2019.[17]

2.5.2 Regelungsinhalt

Nach dem geänderten Art. 105 Abs. 2 GG steht dem Bund die konkurrierende Gesetzgebungsbefugnis für die GrSt zu.

Um den Ländern die Befugnis zu umfassenden abweichenden landesrechtlichen Regelungen einzuräumen, wird den Ländern für die GrSt das Recht zu abweichenden Regelungen in Art. 72 Abs. 3 GG eingeräumt.

Art. 125b GG wird um einen Abs. 3 ergänzt. Danach gilt abweichendes Landesrecht bei der Erhebung der GrSt frühestens für Zeiträume ab dem 1.1.2025. Hierdurch wird die zeitgleiche Erhebung der GrSt nach neuem Recht sichergestellt, gleichzeitig aber auch den Ländern die Möglichkeit eingeräumt, dass sie rechtzeitig mit der Vorbereitung z. B. durch Anforderung von Steuererklärungen und Bekanntgabe von Steuermessbescheiden, beginnen können, damit die Umsetzung fristgerecht erfolgen kann.

2.5.3 Inkrafttreten

Das Gesetz tritt am Tag nach der Verkündung (21.11.2019) in Kraft.

---

16 Gesetzentwurf der Bundesregierung, BT-Drs. 19/13453 v. 23.9.2019.
17 BGBl I 2019, S. 1546.

2.6 Gesetz zur Änderung des Grundsteuergesetzes zur Mobilisierung von baureifen Grundstücken für die Bebauung

2.6.1 Einleitung

Das Gesetz zur Änderung des Grundsteuergesetzes zur Mobilisierung von baureifen Grundstücken für die Bebauung soll den Kommunen aus städtebaulichen Gründen ermöglichen, steuerliche Anreize bei der GrSt zu setzen und damit baureife Grundstücke für eine Bebauung zu mobilisieren.

Sie können für diese Zwecke einen erhöhten, einheitlichen Hebesatz auf baureife Grundstücke festlegen. Dadurch kann über die GrSt ein finanzieller Anreiz geschaffen werden, die baureifen Grundstücke einer sachgerechten und sinnvollen Nutzung durch Bebauung zuzuführen.[18]

Das Gesetz wurde am 18.10.2019 vom Bundestag verabschiedet. Die Zustimmung des Bundesrates erfolgte am 8.11.2019.[19]

2.6.2 Einführung einer Grundsteuer C

Beschränkt ist die Regelung auf die »baureifen Grundstücke«. Das sind Grundstücke, die die der GrSt-Pflicht unterliegen und innerhalb oder außerhalb eines Plangebiets nach den rechtlichen Voraussetzungen und den tatsächlichen Gegebenheiten sofort bebaut werden können. Eine erforderliche, aber noch nicht erteilte Baugenehmigung sowie zivilrechtliche Gründe, die einer sofortigen Bebauung entgegenstehen, sind unbeachtlich.

Die jeweils örtlich zuständige Gemeinde entscheidet darüber, ob eine besondere Nachfrage nach Bauland besteht und welche steuerliche Belastung im Rahmen der verfassungsmäßigen Vorgaben den betroffenen Grundstückseigentümern auferlegt werden soll.

Als städtebaulichen Gründe kommen insb. die Deckung eines erhöhten Bedarfs an Wohn- und Arbeitsstätten sowie Gemeinbedarfs- und Folgeeinrichtungen, die Nachverdichtung bestehender Siedlungsstrukturen oder die Stärkung der Innenentwicklung in Betracht. Eine Beschränkung auf einen bestimmten Gemeindeteil ist vorzunehmen, wenn nur für diesen Gemeindeteil die Gründe vorliegen.

Zu Beginn eines Kalenderjahres muss die Gemeinde die genaue Bezeichnung der baureifen Grundstücke und deren Lage ermitteln, in einer Karte nachzuweisen und öffentlich bekannt zu geben. Auch sind die städtebaulichen Erwägungen nachvollziehbar darzulegen. Der Hebesatz für

---

18 Gesetzentwurf BT-Drs. 19/11086; Beschlussempfehlung des Finanzausschusses BT-Drs. 19/14139.
19 Gesetz v. 30.11.2019, BGBl I 2019, S. 185.

alle in der Gemeinde liegenden baureifen Grundstücke muss höher als der Hebesatz für die übrigen Grundstücke sein.

Nach § 37 Abs. 3 GrStG sind die Regelungen des Gesetzes zur Änderung des Grundsteuergesetzes zur Mobilisierung von baureifen Grundstücken für die Bebauung erstmals für die GrSt-Festsetzung im Rahmen der Hauptveranlagung zum 1.1.2025 anzuwenden.

2.7 Drittes Gesetz zur Entlastung insb. der mittelständischen Wirtschaft von Bürokratie (Drittes Bürokratieentlastungsgesetz – BEG III)

2.7.1 Einleitung

Der Bürokratieabbau ist nach eigener Aussage ein Kernthema der aktuellen Bundesregierung. Ziel des Gesetzes ist es, Verfahren zu vereinfachen und den bürokratischen Aufwand für Unternehmen, aber auch Bürgerinnen und Bürger und die Verwaltungen, weiter zu verringern.

Im Kern sieht das Gesetz folgende Erleichterungen vor:
- Einführung der elektronischen Arbeitsunfähigkeitsmeldung,
- Erleichterungen bei der Vorhaltung von Datenverarbeitungssystemen für steuerliche Zwecke,
- Option eines digitalen Meldescheins im Beherbergungsgewerbe

Daneben gibt es zahlreiche weitere Maßnahmen. Soweit diese einen steuerlichen Bezug haben, werden diese vorgestellt.

Der Bundestag hat am 24.10.2019 den Entwurf der Bundesregierung für ein »Drittes Bürokratieentlastungsgesetz«[20] in 2./3. Lesung angenommen. Der Bundesrat hat in seiner Sitzung vom 8.11.2019 dem Gesetz zugestimmt.[21]

2.7.2 Änderung der Abgabenordnung

2.7.2.1 Anzeigen über die Erwerbstätigkeit (§ 138 AO)

Durch eine Änderung des § 138 Abs. 1b AO werden Steuerpflichtige verpflichtet, das Formular »Fragebogen zur steuerlichen Erfassung« künftig innerhalb eines Monats auf elektronischem Weg

---

20 BT-Drs. 19/13959, 19/14076.
21 Veröffentlichung am 28.11.2019 im BGBl I 2019, S. 1746.

abzugeben. Mit der Einführung einer gesetzlichen Verpflichtung zur Übermittlung der vorgenannten Auskünfte in einem vorgeschriebenen Format soll das Verfahren zur Anmeldung für alle Beteiligten beschleunigt und vereinfacht werden.

Die Regelung sieht eine Härtefallregel vor. Danach kann das FA zur Vermeidung unbilliger Härten auf eine Übermittlung verzichten und die Abgabe in Papierform akzeptieren.

Die Finanzverwaltung wird den Zeitpunkt der erstmaligen Anwendung durch ein BMF-Schreiben bekannt geben.[22]

2.7.2.2 Ordnungsvorschriften für die Aufbewahrung von Unterlagen (§ 147 Abs. 6 AO)

Ein neu eingefügter Satz vereinfacht die Archivierung im Fall eines Wechsels des Datenverarbeitungssystems oder im Fall der Auslagerung von aufzeichnungs- und aufbewahrungspflichtigen Daten aus dem Produktivsystem in ein anderes Datenverarbeitungssystem. Die bisherige 10-jährige Aufbewahrungsfrist wurde gelockert. Ausgenommen von den Fällen, in denen bereits mit einer Außenprüfung begonnen wurde, ist es zukünftig ausreichend, wenn der Steuerpflichtige nach Ablauf des fünften Kalenderjahres, das auf die Umstellung oder Auslagerung folgt, diese Daten ausschließlich auf einem maschinell lesbaren und maschinell auswertbaren Datenträger vorhält. Damit muss das Original-System nicht mehr vorgehalten werden.

Nach Art. 97 § 19b Abs. 2 EGAO gilt der neue § 147 Abs. 6 S. 6 AO für aufzeichnungs- und aufbewahrungspflichtige Daten, deren Aufbewahrungsfrist bis zum Tag des Inkrafttretens der Gesetzesänderung noch nicht abgelaufen sind.

2.7.3 Änderung des Einkommensteuergesetzes

2.7.3.1 Leistungen zur Förderung der Mitarbeitergesundheit (§ 3 Nr. 34 EStG)

Leistungen des Arbeitgebers, die der Verbesserung des allgemeinen Gesundheitszustands seiner Arbeitnehmer oder der betrieblichen Gesundheitsförderung dienen, können zukünftig bis zu einer Höhe von 600 € pro Mitarbeiter und Jahr steuerfrei gestellt werden (bisher 500 €).

Die Änderung ist erstmals für den VZ 2020 anzuwenden.

---

22 Art. 97 § 27 Abs. 4 EGAO.

2.7.3.2 Mitteilung der zugeflossenen Leistungen aus Altersvorsorgeverträgen oder aus Pensionskassen (§ 22 Abs. 5 S. 7 EStG)

Bezüge nach § 22 Nr. 5 S. 7 EStG (z. B. aus Altersvorsorgeverträgen oder aus Pensionskassen) sind dem Steuerpflichtigen mitzuteilen. Die Vorschrift wird ergänzt, sodass bei vorliegendem Einverständnis die Mitteilung elektronisch bereitgestellt werden kann.

Die Änderung ist erstmals für den VZ 2020 anzuwenden.

2.7.3.3 Änderung der Lohnsteuerklassen von Ehegatten (§ 39 Abs. 6 EStG)

Ändern sich die Voraussetzungen für die Steuerklasse oder für die Zahl der Kinderfreibeträge zugunsten des Arbeitnehmers, kann dieser beim FA die Änderung der LSt-Abzugsmerkmale beantragen. Ehegatten konnten in der Vergangenheit den Antrag auf Änderung der Steuerklassen nur einmalig im Laufe des Kalenderjahres stellen. Diese Einschränkung ist entfallen.

2.7.3.4 Pauschalierung der Lohnsteuer für Teilzeitbeschäftigte und geringfügig Beschäftigte (§ 40a EStG)

2.7.3.4.1 Anhebung der Tageslohngrenze (§ 40a Abs. 1 S. 2 Nr. 1 EStG)

Der bisher höchstens zulässige durchschnittliche Arbeitslohn je Arbeitstag wird von 72 € auf 120 € angehoben.

Die Erhöhung ist durch die Anpassung des Mindestlohns notwendig geworden. Gleichzeit soll aber auch die Einbeziehung von qualifizierteren Tätigkeiten in die LSt-Pauschalierung ermöglicht werden.

Die Änderung ist erstmals für den VZ 2020 anzuwenden.

2.7.3.4.2 Anhebung des pauschalierungsfähigen durchschnittlichen Stundenlohns (§ 40a Abs. 4 Nr. 1 EStG)

Der bisher höchstens zulässige durchschnittliche Stundenlohn wird von 12 € auf 15 € angehoben.

Die Änderung ist erstmals für den VZ 2020 anzuwenden.

2.7.3.4.3 Lohnsteuererhebung bei beschränkt steuerpflichtigen Arbeitnehmern (§ 40a Abs. 7 EStG)

Neu eingeführt wird eine Regelung zur Vereinfachung der LSt-Ererhebung bei kurzfristigen, im Inland ausgeübten Tätigkeiten beschränkt steuerpflichtiger Arbeitnehmer, die einer ausländischen Betriebsstätte des inländischen Arbeitgebers zugeordnet sind.

Im Falle einer kurzfristigen Tätigkeit, d. h. wenn die im Inland ausgeübte Tätigkeit 18 zusammenhängende Arbeitstage nicht übersteigt (§ 40a Abs. 7 S. 2 EStG), kann ein Pauschsteuersatz von 30 % gewählt werden.

Die Regelung erleichtert die LSt-Erhebung insb. in solchen Branchen (z. B. Banken und Versicherungsunternehmen) bei denen im Ausland angestellte Mitarbeiter regelmäßig beruflich in das Inland reisen, um z. B. bei Kunden und beruflichen Veranstaltungen tätig zu werden.

Die Änderung ist erstmals für den LSt-Abzug 2020 anzuwenden.

2.7.3.5 Pauschalierungsgrenze bei Beiträgen zu einer Gruppenversicherung (§ 40b Abs. 3 EStG)

Beiträge für eine Gruppenunfallversicherung kann der Arbeitgeber nach § 40b Abs. 3 EStG mit einem Pauschsteuersatz von 20 % besteuern. Die bisher gültige Grenze, des durchschnittlichen Beitrags von 62 € ohne Versicherungssteuer wird auf 100 € angehoben. Wird der Durchschnittsbetrag von 100 € überschritten, ist der gesamte Betrag dem individuellen LSt-Abzug des Arbeitnehmers zu unterwerfen.

Die Änderung ist erstmals für den VZ 2020 anzuwenden.

2.7.3.6 Schädliche Verwendung von Altersvorsorgevermögen (§ 95 Abs. 2 EStG)

Wird gefördertes Altersvorsorgevermögen schädlich verwendet, sind die auf das ausgezahlte geförderte Altersvorsorgevermögen entfallenden Zulagen und die sonstigen nach § 10a Abs. 4 EStG gesondert festgestellten Beträge zurückzuzahlen (§ 93 EStG). Der Anbieter hat den Rückzahlungsbetrag einzubehalten und abzuführen (§ 94 EStG).

Auf Antrag des Zulageberechtigten ist der Rückzahlungsbetrag zunächst bis zum Beginn der Auszahlung zu stunden (§ 95 Abs. 2 EStG). Zukünftig hat der Anbieter dem Zulageberechtigten den Stundungsantrag bereitzustellen; mit Einverständnis auch elektronisch.

2.7.4 Änderung des Umsatzsteuergesetzes

2.7.4.1 Voranmeldungszeitraum für Existenzgründer (§ 18 Abs. 2 S. 6 UStG)

Der Unternehmer muss USt-Voranmeldungen grds. vierteljährlich abgeben. Hat die USt im vorangegangenen Kalenderjahr mehr als 7.500 € ist eine monatliche Abgabe vorgeschrieben (§ 18 Abs. 2 S. 1 und 2 UStG). Mit dem Steuerverkürzungsbekämpfungsgesetz vom 19.12.2001 wurden Existenzgründer verpflichtet, im Jahr der Gründung des Unternehmens und im darauf folgenden Kalenderjahr Voranmeldungen monatlich abzugeben (§ 18 Abs. 2 S. 4 UStG).

Diese Regelung soll zur Entlastung neu gegründeter Unternehmen befristet ausgesetzt werden. Für die Besteuerungszeiträume 2021 bis 2026 ist für Existenzgründer der § 18 Abs. 2 S. 6 UStG maßgebend. Danach ist die tatsächliche Steuer in eine Jahressteuer umzurechnen, wenn der Unternehmer seine gewerbliche oder berufliche Tätigkeit nur in einem Teil des vorangegangenen Kalenderjahres ausgeübt hat. Nimmt er die Tätigkeit im laufenden Jahr auf ist die die voraussichtliche Steuer des laufenden Kalenderjahres maßgebend.

Auf Basis dieses (fiktiven) Jahresumsatzes ist zu entscheiden, ob die Grenze nach § 18 Abs. 2 S. 2 UStG von 7.500 € überschritten wird und demnach eine monatliche Abgabe notwendig ist.

Der geänderte § 18 Abs. 2 S. 5 und 6 UStG tritt zum 1.1.2021 in Kraft.

2.7.4.2 Besteuerung der Kleinunternehmer (§ 19 UStG)

Die Kleinunternehmerregelung nach § 19 UStG kann derzeit in Anspruch genommen werden, wenn der Umsatz im vergangenen Kalenderjahr die Grenze von 17.500 € nicht überstiegen hat und 50.000 € im laufenden Kalenderjahr voraussichtlich nicht übersteigen wird.

In diesen Fällen wird keine USt erhoben, allerdings ist auch kein Vorsteuerabzug möglich.

Die Betragsgrenze für den Vorjahresumsatz soll nun auf 22.000 € angehoben werden. Die Grenze für den voraussichtlichen Umsatz des laufenden Kalenderjahres soll unverändert bei 50.000 € bleiben.

Die Änderung tritt zum 1.1.2020 in Kraft.

2.8 Gesetz zur weiteren steuerlichen Förderung der Elektromobilität und zur Änderung weiterer steuerlicher Vorschriften (»JStG 2019«)

2.8.1 Einleitung

Mit dem Gesetz zur weiteren steuerlichen Förderung der Elektromobilität und zur Änderung weiterer steuerlicher Vorschriften (JStG 2019) wurden zahlreiche Vorschriften im EStG, KStG, GewStG, UStG, InvStG, der AO sowie weiterer Gesetze geändert.[23]

Einer der Kernpunkte des Gesetzes liegt in der Elektromobilität, die dem Gesetz auch zu seinem Namen verholfen hat. Bisher befristete steuerliche Sonderregelungen für Elektrofahrzeuge sowie Ladestationen in Unternehmen werden verlängert bzw. ergänzt. Im Folgenden werden die wesentlichen Änderungen durch das Gesetz vorgestellt.

2.8.2 Änderungen des Einkommensteuergesetzes

2.8.2.1 Steuerfreie Einnahmen

2.8.2.1.1 Witwenabfindung als Altersgeld (§ 3 Nr. 3 Buchst. a EStG)

§ 3 Nr. 3 Buchst. a EStG wird um die Aussage ergänzt, dass die Steuerfreiheit von Rentenabfindungen nach den dort aufgeführten Vorschriften auch für die Witwenabfindung nach § 9 Abs. 1 Nr. 3 Altersgeldgesetz (AltGG) gilt.

2.8.2.1.2 Leistungen an Wehrdienst Leistende, Reservisten, Zivildienst und Freiwilligendienst Leistende (§ 3 Nr. 5 EStG)

Die steuerliche Freistellung von Leistungen an Wehrdienst Leistende, Reservisten, Zivildienst und Freiwilligendienst Leistende ist den aktuellen Regelungen angepasst worden.

Die bisher in § 3 Nr. 5 Buchst. c EStG geregelte Steuerfreiheit des Wehrsoldes für freiwillig Wehrdienst Leistende ist nicht mehr erforderlich und entfällt.

Leistungen für Reservedienst Leistende sind bereits nach § 3 Nr. 48 EStG steuerfrei. Damit ist die bisher in § 3 Nr. 5 Buchst. d EStG geregelte Steuerfreiheit für Bezüge nach dem Wehrsoldgesetz (WSG) für Reservedienst Leistende nicht mehr erforderlich und entfällt.

---

23 BGBl I 2019, S. 2451.

Als Folgeänderung wird aus § 3 Nr. 5 Buchst. e und f EStG künftig § 3 Nr. 5 Buchst. c und d EStG.

Leistungen nach § 5 Wehrsoldgesetz sind steuerfrei (§ 3 Nr. 5 Buchst. e EStG).

2.8.2.1.3 Steuerbefreiung für Weiterbildungsmaßnahmen (§ 3 Nr. 19 EStG)

Bereits nach der bisher geltenden Rechtslage sind berufliche Fort- oder Weiterbildungsleistungen des Arbeitgebers beim Arbeitnehmer kein Arbeitslohn, soweit diese Bildungsmaßnahmen im ganz überwiegend eigenbetrieblichen Interesse des Arbeitgebers durchgeführt werden (R 19.7 LStR).

§ 3 Nr. 19 EStG stellt nunmehr klar, dass bei Weiterbildungsleistungen des Arbeitgebers für Maßnahmen i. S. d. § 82 SGB III immer von einem ganz überwiegend eigenbetrieblichen Interesse auszugehen ist. § 82 SGB III umfasst Weiterbildungen, welche Fertigkeiten, Kenntnisse und Fähigkeiten vermitteln, die über eine arbeitsplatzbezogene Fortbildung hinausgehen. Für eine Förderung durch die Bundesagentur für Arbeit ist hier grds. auch ein angemessener Arbeitgeberbeitrag zu den Lehrgangskosten bei Weiterbildungsmaßnahmen Voraussetzung, der sich nach der Betriebsgröße auf Grundlage der Beschäftigtenzahl richtet (§ 82 Abs. 2 SGB III).

Die Vorschrift des § 3 Nr. 19 EStG erweitert den Kreis der begünstigten Bildungsmaßnahmen aber noch darüber hinaus. So sind auch Maßnahmen steuerfrei, die zwar nicht unter § 82 Abs. 2 SGB III fallen, aber der Verbesserung der Beschäftigungsfähigkeit des Arbeitnehmers dienen (z. B. Sprach- oder Computerkurse, die nicht arbeitsplatzbezogen sind). Darunter sind solche Maßnahmen zu verstehen, die eine Fortentwicklung der beruflichen Kompetenzen des Arbeitnehmers – bspw. durch Anpassung an veränderte Anforderungen – ermöglichen und somit dazu beitragen, beruflichen Herausforderungen besser zu begegnen.

Nach § 3 Nr. 19 S. 2 EStG dürfen diese Leistungen keinen überwiegenden Belohnungscharakter haben.[24]

§ 3 Nr. 19 EStG gilt erstmals für den VZ 2019.

2.8.2.1.4 Verlängerung der Steuerbefreiung für die private Nutzung eines betrieblichen Fahrrads oder Elektrofahrrads (§ 3 Nr. 37 EStG)

Seit 2018 gilt die Steuerbefreiung für die private Nutzung eines betrieblichen Fahrrads (§ 3 Nr. 37 EStG). Die Vorschrift betrifft die zusätzlich zum ohnehin geschuldeten Arbeitslohn vom Arbeitgeber gewährten Vorteile für die Überlassung eines betrieblichen Fahrrads sowie Elektrofahrrads, soweit dieses nicht verkehrsrechtlich als Kfz i. S. d. § 6 Abs. 1 Nr. 4 S. 2 EStG einzuordnen ist.

---

24 BT-Drs. 19/13436 v. 23.9.2019, S. 90.

Die Regelung, die ursprünglich nur bis zum VZ 2021 bzw. für Lohnzahlungszeiträume vor dem 1.1.2022 galt, wird durch die Änderung des § 52 Abs. 4 S. 7 EStG bis zum 31.12.2030 verlängert.

2.8.2.1.5 Verlängerung der Steuerbefreiung für Ladestrom (§ 3 Nr. 46 EStG)

Die Steuerbefreiung nach § 3 Nr. 46 EStG, die vom Arbeitgeber gewährte Vorteile für das elektrische Aufladen eines Elektrofahrzeugs oder Hybridelektrofahrzeugs im Betrieb des Arbeitgebers und für die zeitweise zur privaten Nutzung überlassene betriebliche Ladevorrichtung betrifft, würde zum 31.12.2020 auslaufen. Durch eine Änderung der Anwendungsvorschrift wird die Laufzeit der Steuerbefreiung bis zum 31.12.2030 verlängert (§ 52 Abs. 4 S. 14 EStG).

Damit bleibt der geldwerte Vorteil aus dem elektrischen Aufladen eines Elektro- oder Hybridelektrofahrzeugs weiterhin steuerbefreit. Das gilt auch, wenn der Arbeitgeber seinem Arbeitnehmer eine Ladevorrichtung für Elektro- oder Hybridelektrofahrzeuge (incl. Zubehör, Kosten für Aufbau und Wartung) zeitweise überlässt. Nicht begünstigt ist die Übereignung.

2.8.2.1.6 Verlustverrechnungspotenziale im Rahmen von Sanierungserträge (§ 3a Abs. 3a EStG)

Als Reaktion auf den Beschluss des Großen Senats vom 28.11.2016[25] wurden mit dem Gesetz gegen schädliche Steuerpraktiken im Zusammenhang mit Rechteüberlassungen vom 27.6.2017[26] die Vorschriften des § 3a EStG (steuerfreie Sanierungserträge) und § 3c Abs. 4 EStG (Berücksichtigung von Betriebsvermögensminderungen oder Betriebsausgaben im Zusammenhang mit einem steuerfreien Sanierungsertrag) geschaffen.[27]

Hierzu ist in § 3a Abs. 3 EStG geregelt, dass bestehende Verlustverrechnungspotenziale aus den Vorjahren, dem Sanierungs- und dem Folgejahr verbraucht werden. Nach der damaligen Gesetzbegründung[28] sind bei zusammenveranlagten Ehegatten auch die laufenden Einkünfte und Verlustvorträge des anderen Ehegatten einzubeziehen. Aus Gründen der Rechtsklarheit und -sicherheit wurde diese schon bisher von der Finanzverwaltung vertretene Auffassung im Gesetz verankert.

Durch eine Ergänzung des § 52 Abs. 4a EStG wird hinsichtlich der zeitlichen Anwendung ein Gleichklang mit der Grundnorm hergestellt. Damit ist sichergestellt, dass in allen Anwendungsfällen des § 3a EStG auch der neue Abs. 3a anzuwenden ist.

---

25 BFH, Beschluss v. 28.11.2016, GrS 1/15, BStBl II 2017, S. 393.
26 BGBl I 2017, S. 2074.
27 BGBl I 2017, S. 2074.
28 BT-Drs. 18/12128.

2.8.2.2 Verlustverrechnungspotenziale im Rahmen von Sanierungserträge (§ 3a Abs. 3a EStG)

Als Reaktion auf den Beschluss des Großen Senats vom 28.11.2016[29] wurden mit dem Gesetz gegen schädliche Steuerpraktiken im Zusammenhang mit Rechteüberlassungen vom 27.6.2017[30] die Vorschriften des § 3a EStG (steuerfreie Sanierungserträge) und § 3c Abs. 4 EStG (Berücksichtigung von Betriebsvermögensminderungen oder Betriebsausgaben im Zusammenhang mit einem steuerfreien Sanierungsertrag) geschaffen.[31]

Hierzu ist in § 3a Abs. 3 EStG geregelt, dass bestehende Verlustverrechnungspotenziale aus den Vorjahren, dem Sanierungs- und dem Folgejahr verbraucht werden. Nach der damaligen Gesetzbegründung[32] sind bei zusammenveranlagten Ehegatten auch die laufenden Einkünfte und Verlustvorträge des anderen Ehegatten einzubeziehen. Aus Gründen der Rechtsklarheit und -sicherheit wurde diese schon bisher von der Finanzverwaltung vertretene Auffassung im Gesetz verankert.

Durch eine Ergänzung des § 52 Abs. 4a EStG wird hinsichtlich der zeitlichen Anwendung ein Gleichklang mit der Grundnorm hergestellt. Damit ist sichergestellt, dass in allen Anwendungsfällen des § 3a EStG auch der neue Abs. 3a anzuwenden ist.

2.8.2.3 Gewinnermittlung

2.8.2.3.1 Betriebsausgabenabzugsverbot für Geldbußen von EU-Mitgliedstaaten (§ 4 Abs. 5 S. 1 Nr. 8 EStG)

Bereits nach geltendem Recht dürfen nach § 4 Abs. 5 S. 1 Nr. 8 EStG Geldbußen, Ordnungsgelder und Verwarnungsgelder, die von einem Gericht, einer deutschen Behörde oder von Organen der EU festgesetzt wurden, den Gewinn nicht mindern. Verstößt ein Unternehmen gegen Kartellrecht, kann für diesen Verstoß allerdings sowohl von der Europäischen Kommission als auch von den betroffenen EU-Mitgliedstaaten eine Geldbuße festgesetzt werden. Für Geldbußen, die von ausländischen Staaten erhoben werden, war der Betriebsausgabenabzug bisher nicht ausgeschlossen.

§ 4 Abs. 5 S. 1 Nr. 8 EStG bezieht künftig auch solche Geldbußen in das Betriebsausgabenabzugsverbot ein, die andere EU-Mitgliedstaaten festsetzen. Damit soll die Wettbewerbsneutralität und Gleichmäßigkeit der Besteuerung gewährleistet werden und Ahndungswirkung bekräftigt werden.

---

29 BFH, Beschluss v. 28.11.2016, GrS 1/15, BStBl II 2017, S. 393.
30 BGBl I 2017, S. 2074.
31 BGBl I 2017, S. 2074.
32 BT-Drs. 18/12128.

Ferner sollen auch andere Aufwendungen, die mit der Geldbuße, dem Ordnungs- oder dem Verwarnungsgeld in Zusammenhang stehen, den Gewinn nicht mindern dürfen. Daher wird § 4 Abs. 5 S. 1 Nr. 8 S. 1 EStG um eine dementsprechende Aussage ergänzt. Da z. B. auch die Zinsen zur Finanzierung der Geldbuße durch die nichtabzugsfähigen Aufwendungen veranlasst sind, fallen sie ebenfalls unter das Abzugsverbot.

Die Änderung des § 4 Abs. 5 S. 1 Nr. 8 S. 1 EStG gilt für Geldbußen, Ordnungs- und Verwarnungsgelder, die nach dem 31.12.2018 festgesetzt werden (§ 52 Abs. 6 S. 10 EStG).

2.8.2.3.2 Betriebsausgabenabzugsverbot für Hinterziehungszinsen (§ 4 Abs. 5 S. 1 Nr. 8a EStG)

Nach § 4 Abs. 5 S. 1 Nr. 8a EStG dürfen Zinsen auf hinterzogene Steuern nach § 235 AO den Gewinn nicht mindern. Bisher konnten allerdings Nachzahlungszinsen nach § 233a AO für denselben Zeitraum nach § 235 Abs. 4 AO angerechnet werden.

Zukünftig sind die auf Zinsen für hinterzogene Steuern anzurechnenden Nachzahlungszinsen in das Betriebsausgabenabzugsverbot einzubeziehen.

§ 4 Abs. 5 S. 1 Nr. 8a EStG ist erstmalig auf Zinsen nach § 233a AO anzuwenden, die nach dem 31.12.2018 festgesetzt werden (§ 52 Abs. 6 S. 11 EStG)

2.8.2.3.3 Selbstständige Berufskraftfahrer

Auch selbstständige Berufskraftfahrer können die Pauschalierung der im Zusammenhang mit einer Übernachtung im Kfz entstehenden Mehraufwendungen geltend machen. Dazu wird § 4 EStG um einen neuen Abs. 10 ergänzt, mit dem die in § 9 Abs. 1 S. 3 Nr. 5b EStG neu eingeführte Pauschale für die Übernachtung von Berufskraftfahrern in die Gewinnermittlung übernommen werden kann.

§ 4 Abs. 10 EStG ist erstmalig auf Übernachtungen nach dem 31.12.2019 anzuwenden.

2.8.2.3.4 Wechsel von der Tonnagebesteuerung zur Bilanzierung (§ 5a Abs. 6 S. 2 EStG)

Mit der Änderung wird die langjährige Verwaltungsauffassung gesetzlich verankert, wonach beim Wechsel von der pauschalen Gewinnermittlung nach § 5a EStG zur Gewinnermittlung nach §§ 4 und 5 EStG für Wirtschaftsgüter des abnutzbaren Anlagevermögens den weiteren Absetzungen für Abnutzung unverändert die ursprünglichen Anschaffungs- oder Herstellungskosten zugrunde zu legen sind.

Der Gesetzgeber sah sich zu der Änderung veranlasst, da der BFH in seinem Urteil vom 25.10.2018[33] entschieden hatte, dass der Wechsel von der Gewinnermittlung nach der Tonnage zur Gewinnermittlung durch Betriebsvermögensvergleich wie eine fiktive Einlage anzusehen sei. Daraus folgt nach Ansicht des BFH bei abschreibbaren Wirtschaftsgütern für die weitere AfA-Bemessungsgrundlage, dass nach dem Wechsel der Gewinnermittlungsart der Einlagewert an die Stelle der ursprünglichen Anschaffungs- oder Herstellungskosten tritt.

Nach § 52 Abs. 10 S. 5 EStG ist die Änderung des § 5a Abs. 6 EStG erstmals für Wirtschaftsjahre anzuwenden, die nach dem 31.12.2018 beginnen.

2.8.2.3.5 Dienstwagenbesteuerung für Elektrofahrzeuge (§ 6 Abs. 1 Nr. 4 S. 2 Nr. 3 und S. 3 Nr. 3 EStG)

Die bereits mit dem Gesetz zur Vermeidung von USt-Ausfällen beim Handel mit Waren im Internet und zur Änderung weiterer steuerlicher Vorschriften vom 11.12.2018 (UStAVermG) eingeführte Sonderregelung bei der Dienstwagenbesteuerung (§ 6 Abs. 1 Nr. 4 S. 2 Nr. 2 und S. 3 Nr. 2 EStG) war bisher auf Fahrzeuge beschränkt, die im Zeitraum vom 1.1.2019 bis zum 31.12.2021 angeschafft oder geleast werden. Die bisherige Regelung betrifft die private Nutzung eines betrieblichen Elektro- und Hybridelektrofahrzeuge, mit der Einschränkung, dass diese für von außen aufladbare Hybridelektrofahrzeuge (Plug-in-Hybride) nur in Betracht kommt, sofern das Fahrzeug eine Kohlendioxidemission von höchstens 50 Gramm je gefahrenen Kilometer aufweist oder die Reichweite unter ausschließlicher Nutzung der elektrischen Antriebsmaschine mindestens 40 Kilometer beträgt. Für diese Fahrzeuge wird die pauschale Berechnung der privaten Nutzung mit 1 % des halbierten inländischen Bruttolistenpreises vorgenommen. Erfolgt die Ermittlung über die tatsächlichen Kosten (Fahrtenbuchmethode), wird in die Kostenberechnung für Privatfahrten und Wege zwischen Wohnung und erster Tätigkeitsstätte nur die Abschreibung aus den hälftigen Anschaffungskosten bzw. Miet- oder Leasingraten einbezogen.

Um den Unternehmen eine langfristige Disposition zu ermöglichen, wird die Sonderregelung bis zum Jahr 2030 verlängert. Dabei ergeben sich drei Fallgestaltungen:
- Bei Fahrzeugen, die **keine Kohlendioxidemission** haben und deren Bruttolistenpreis nicht mehr als 40.000 € beträgt, ist die Bemessungsgrundlage nur zu einem Viertel anzusetzen. Dies gilt für Fahrzeuge, die nach dem 31.12.2018 und vor dem 1.1.2031 angeschafft wurden bzw. werden (§ 6 Abs. 1 Nr. 4 S. 2 Nr. 3 EStG). Damit wird für bereits angeschaffte Fahrzeuge die Regelung aus Gleichbehandlungsgründen den zukünftig zu beschaffenden Kfz angepasst.
- Für Fahrzeuge, die diese Voraussetzung nicht erfüllen, ist die Bemessungsgrundlage zur Hälfte, anzusetzen, wenn diese
  - in der Zeit vom 1.1.2022 bis 31.12.2024 angeschafft werden und eine Mindestreichweite mit reinem Elektroantrieb von 60 km erreichen oder ein maximaler CO_2-Ausstoß von 50 g/km (§ 6 Abs. 1 Nr. 4 S. 2 Nr. 4 EStG) erfolgt.

---

[33] BFH, Urteil v. 25.10.2018, IV R 35/16, BFH/NV 2019, S. 334 u. a.

- in der Zeit vom 1.1.2025 bis 31.12.2030 angeschafft werden und eine Mindestreichweite mit reinem Elektroantrieb von 80 km erreichen oder ein maximaler CO_2-Ausstoß von 50 g/km (§ 6 Abs. 1 Nr. 4 S. 2 Nr. 5 EStG) erfolgt.

Nach der Gesetzesbegründung[34] sollen die im EStG und im EmoG, unterschiedlich geregelten Definitionen sowie Anforderungen, wie z. B. die elektrische Mindestreichweite oder der Schadstoffausstoß, später vereinheitlicht werden. Damit ist davon auszugehen, dass die Voraussetzungen in Zukunft noch einmal geändert werden, wobei die durch das JStG 2019 eingeführten Anforderungen aber nicht unterschritten werden sollen.

Der mit dem Amtshilferichtlinie-Umsetzungsgesetz vom 26.6.2013[35] eingeführte pauschale Abschlag für die zusätzlichen Kosten des Batteriesystems nach § 6 Abs. 1 Nr. 4 S. 2 Nr. 1 und S. 3 Nr. 1 EStG wird nicht verlängert und läuft zum 31.12.2022 aus

2.8.2.3.6 Fondsetablierungskosten als Anschaffungskosten (§ 6e EStG)

Mit dem § 6e EStG reagiert der Gesetzgeber auf das BFH Urteil vom 26.4.2018.[36] Damit hatte der BFH seine bisherige Auffassung, dass Fondsetablierungskosten auch außerhalb des Anwendungsbereichs des § 15b EStG Anschaffungs-/Herstellungskosten darstellen, aufgegeben.

Mit der neuen Vorschrift wird geregelt, dass Fondsetablierungskosten, die vom Anleger im Rahmen des Erwerbs eines Fondsanteils zu zahlen sind, zu den Anschaffungskosten der vom Fonds erworbenen Wirtschaftsgüter gehören und damit nicht sofort in voller Höhe als Betriebsausgaben oder Werbungskosten abzugsfähig sind. Sie entspricht damit der seit langem bestehenden Rechtsauffassung, die insb. vonseiten der Finanzverwaltung vertreten wird.

Voraussetzung nach § 6e Abs. 1 S. 2 EStG ist, dass der Anleger als Erwerber anzusehen ist. Das ist dann der Fall, wenn er keine wesentlichen Einflussmöglichkeiten auf das vom Projektanbieter (Initiator des Fonds) vorgegebene einheitliche Vertragswerk hat.

Etwas anderes gilt nur, wenn die Anleger in ihrer gesellschaftsrechtlichen Verbundenheit rechtlich und tatsächlich in der Lage sind, wesentliche Teile des Fonds-Konzepts zu verändern. Diese wesentlichen Einflussnahmemöglichkeiten müssen den Gesellschaftern selbst gegeben sein. Wesentliche Einflussnahmemöglichkeiten entstehen nicht bereits dadurch, dass der Projektanbieter als Gesellschafter oder Geschäftsführer für den Fonds gehandelt hat oder handelt.

Weitere Voraussetzung für die Anwendung von § 6e EStG ist, dass der Initiator ein Bündel von Verträgen vorgibt.

---

34 BT-Drs. 19/13436 v. 23.9.2019, S. 106.
35 BGBl I 2013, S. 1809.
36 BFH, Urteil v. 26.4.2018, IV R 33/15, BFH/NV 2018, S. 1024.

Bei Vorliegen dieser Voraussetzungen erhöhen die Fondsetablierungskosten die Anschaffungskosten des Investitionsguts bereits auf Ebene des Fonds und nicht erst auf Ebene des Anlegers.

Zu den Fondsetablierungskosten gehören grds. alle aufgrund des vorformulierten Vertragswerks an die Anbieterseite geleisteten Aufwendungen, die auf den Erwerb von Wirtschaftsgütern durch den Fonds gerichtet sind. Wirtschaftlich sind sämtliche Aufwendungen, auch aufgrund mehrerer Verträge, so zu beurteilen, als wären sie aufgrund nur eines einzigen Vertrags geleistet, der auf die Übertragung des Eigentums gegen Zahlung eines Gesamtpreises gerichtet ist.

Aufwendungen, die nicht auf den Erwerb gerichtet sind, wie z. B. Aufwendungen, die der Nutzung und Verwaltung des erworbenen Wirtschaftsguts dienen, können wie bisher sofort als Betriebsausgaben abgezogen werden.

Zu den Anschaffungskosten der Anleger gehören darüber hinaus alle an den Projektanbieter oder an Dritte geleisteten Aufwendungen in wirtschaftlichem Zusammenhang mit der Abwicklung des Projekts in der Investitionsphase, ebenso die Haftungs- und Geschäftsführungsvergütungen für Komplementäre, Geschäftsführungsvergütungen bei schuldrechtlichem Leistungsaustausch und Vergütungen für Treuhandkommanditisten, soweit sie auf die Investitionsphase entfallen. Das gilt auch für Eigenkapitalvermittlungsprovisionen.

Nach § 6e Abs. 3 EStG können auch im Rahmen von Einzelinvestments eines Anlegers mit einem vorformulierten Vertragswerk aber außerhalb einer Fondskonstruktion, Ausgaben, die den Fondsetablierungskosten vergleichbar sind, anfallen. Diese sind als Anschaffungskosten zu behandeln und keine sofort abzugsfähigen Betriebsausgaben oder Werbungskosten. Ein Einzelinvestment i. S. d. § 6e Abs. 3 EStG könnte bspw. im Erwerb einer Eigentumswohnung in einem von einem Bauträger sanierten Altbau liegen, wenn dieser neben dem Verkauf auch die Finanzierung und spätere Vermietung übernimmt.[37]

Die Regelungen in § 6e Abs. 1 bis 3 EStG gelten auch bei der Gewinnermittlung nach § 4 Abs. 3 EStG durch Einnahmenüberschussrechnung (§ 6e Abs. 4 EStG). Nach § 6e Abs. 5 EStG bleibt die Verlustverrechnungsbeschränkung für Steuerstundungsmodelle nach § 15b EStG für den nach Maßgabe des § 6e EStG ermittelten Verlust anwendbar.

Da die Gesetzesänderung eine Rechtsauffassung gesetzlich festschreibt, die von der Verwaltung bereits über einen Zeitraum von 10 Jahren ununterbrochen angewandt wurde und die auch der bisherigen Rspr. entsprach, soll der neue § 6e EStG bereits in Wirtschaftsjahren anzuwenden sein, die vor dem Tag des Inkrafttretens der Änderung enden (§ 52 Abs. 14a EStG). Nach § 52 Abs. 16b S. 2 EStG ist § 6e EStG bei vermögensverwaltenden Fonds auch für VZ vor 2019 analog anzuwenden.

---

[37] BT-Drs. 19/13436 v. 23.9.2019, S. 93/94.

Die Regelung des § 6e EStG ist auch bei der Ermittlung der Überschusseinkünfte (z. B. Einkünfte aus Vermietung und Verpachtung) anzuwenden (§ 9 Abs. 5 S. 2 EStG).

2.8.2.3.7 Sonderabschreibung für Elektronutzfahrzeuge und elektrisch betriebene Lastenfahrräder (§ 7c EStG)

Neu eingeführt wird mit der Vorschrift des § 7c EStG eine zeitlich befristete Sonderabschreibung für kleine und mittelgroße elektrische Nutz- oder Lieferfahrzeuge.

Gefördert werden nur neue Fahrzeuge. Ausdrücklich ausgenommen sind gebrauchte Fahrzeuge und damit auch Vorführfahrzeuge,[38] um Kettenverkäufe zu vermeiden. Die Sonderabschreibung kann nur von demjenigen in Anspruch genommen werden, auf den das Fahrzeug erstmals zugelassen ist. Ausgenommen hiervon sind Tageszulassungen.

Begünstigte »Elektronutzfahrzeuge« sind sämtliche Fahrzeuge der Fahrzeugklasse N, d. h. alle Fahrzeuge zur Güterbeförderung unabhängig von einer zulässigen Gesamtmasse. Die zunächst vorgesehene Beschränkung auf eine max. zulässige Gesamtmasse von 7,5 Tonnen wurde fallen gelassen.

Ein Schwerlastenfahrrad i. S. d. § 7c Abs. 3 EStG wird durch Muskelkraft fortbewegt, verfügt über mindestens zwei Räder und eine fest installierte Vorrichtung zum Lastentransport. In Abgrenzung zu Freizeit- und Sporträdern müssen die Lastenfahrräder eine höhere Nutzlast/Zuladung von mindestens 150 kg sowie eine größere Transportfläche bzw. ein größeres Transportvolumen (Mindest-Transportvolumen von 1 m^3) aufweisen.

Die elektrisch betriebenen Lastenfahrräder müssen zudem die rechtlichen Vorgaben an ein zulassungsfreies Fahrrad mit elektromotorischem Hilfsantrieb gem. § 1 Abs. 3 Straßenverkehrsgesetz (StVG) erfüllen.

Nicht förderfähig sind:
- Fahrräder, die vorrangig für den Personen-/Kindertransport konzipiert wurden (z. B. Rikschas oder Lastenfahrräder mit Sitzbank-Einbauten und Anschnallgurten)
- Fahrräder, die als Verkaufsstand bzw. für Verkaufsaufbauten (z. B. Getränkeverkauf) oder als Werbe- bzw. Informationsstand genutzt werden
- die Nachrüstung von Lastenfahrrädern mit Elektromotoren durch Dritte (z. B. Händler oder Werkstätten)
- gebrauchte Schwerlastfahrräder sowie Lastenfahrräder mit überwiegend gebrauchten Bauteilen und Ausgaben für gebrauchte Bauteile oder Aufbauten eines Lastenfahrrads.

---

38 BT-Drs. 19/13436 v. 23.9.2019, S. 107.

Die Angaben zu den in Anspruch genommenen Sonderabschreibungen müssen zwingend nach amtlich vorgeschriebenen Datensätzen durch Datenfernübertragung übermittelt werden. Hiervon kann die Finanzverwaltung bei unbilligen Härten verzichten.

Der Abschreibungssatz nach § 7c EStG beträgt 50 % der Anschaffungskosten und kann nur im Jahr der Anschaffung einmalig in Anspruch genommen werden.

Für die Inanspruchnahme müssen die Voraussetzungen der linearen AfA nach § 7 Abs. 1 EStG vorliegen. Damit muss das neue Fahrzeug der Erzielung von betrieblichen Einkünften dienen und zum Anlagevermögen gehören.

Neben der Sonderabschreibung ist auch die reguläre lineare AfA nach § 7 Abs. 1 EStG vorzunehmen. Eine Kumulierung mit anderen Sonderabschreibungen oder erhöhten Abschreibungen ist jedoch gem. § 7a Abs. 5 EStG ausgeschlossen. Die Abschreibung in den Folgejahren der Anschaffung richtet sich nach § 7a Abs. 9 EStG (Restwertabschreibung). Danach ist der Restwert auf die Restnutzungsdauer gleichmäßig zu verteilen.

Durch § 52 Abs. 15b EStG wird die Sonderabschreibung befristet. Sie ist auf Fahrzeuge anzuwenden, die nach dem 31.12.2019 und vor dem 1.1.2031 angeschafft werden.

2.8.2.3.8 Erhöhte Absetzungen bei Gebäuden in Sanierungsgebieten und städtebaulichen Entwicklungsbereichen (§ 7h EStG)

Nach § 7h EStG werden Modernisierungs- und Instandsetzungsmaßnahmen in Sanierungsgebieten und städtebaulichen Entwicklungsbereichen steuerlich gefördert. Durch die Änderungen wird der Zweck der Vorschrift klargestellt. Außerdem wird die Verteilung der Kompetenzen zwischen Kommunalbehörden und Finanzverwaltung präzisiert.

Der Förderungszweck des § 7h EStG ist nur der Erhalt der sanierungsbedürftigen Gebäude, nicht aber der Neubau von Gebäuden. Der § 7h wird dahingehend geändert, dass nunmehr in den Gesetzestext die Klarstellung aufgenommen wird, dass § 7h Abs. 1 EStG nicht anzuwenden ist, sofern Maßnahmen zur Herstellung eines neuen Gebäudes führen. Von einem steuerrechtlich schädlichen bautechnischen Neubau ist bei Umbaumaßnahmen regelmäßig auszugehen, wenn die neu eingefügten Gebäudeteile dem Gesamtgebäude das bautechnische Gepräge eines neuen Gebäudes verleihen, etwa wenn verbrauchte Teile ersetzt werden, die für die Nutzungsdauer des Gebäudes bestimmend sind, wie z. B. Fundamente, tragende Außen- und Innenwände, Geschossdecken und die Dachkonstruktion.[39]

Die zweite Änderung beruht auf dem Urteil des BFH v. 22.10.2014.[40] Danach prüft und entscheidet allein die Gemeinde, ob Modernisierungs- und Instandsetzungsmaßnahmen i. S. d. § 177 BauGB durchgeführt werden. Bescheinigt die Gemeinde begünstigte Modernisierungsmaßnahmen nach

---

39 BT-Drs. 19/13436, S. 94.
40 BFH, Urteil v. 22.10.2014, X R 15/13, BStBl II 2015, S. 367.

§ 177 BauGB, obwohl aus steuerlicher Sicht Herstellungskosten vorliegen, ist die Finanzbehörde hieran gebunden.

Durch die Neuregelung in § 7h Abs. 1a S. 2 EStG obliegt deshalb künftig die Prüfung, ob Maßnahmen zur Herstellung eines neuen Gebäudes führen, der Finanzbehörde. Die Bescheinigung der zuständigen Gemeindebehörde nach § 7h Abs. 2 S. 1 EStG erfüllt damit nicht die Voraussetzung des § 7h Abs. 1a EStG, dass die Baumaßnahmen nicht zur Herstellung eines neuen Gebäudes führen.

Ferner hat der BFH hat im Urteil v. 22.10.2014 abweichend zur bisherigen Praxis entschieden, dass sich die Höhe der begünstigten Modernisierungs- und Instandsetzungskosten nach § 7h Abs. 1 S. 1 oder 2 EStG mangels gesetzlicher Regelung in § 7h Abs. 2 EStG nicht aus der Bescheinigung ergeben muss. Durch die Gesetzesänderung wird klargestellt, dass mit der Bescheinigung der zuständigen Behörde zukünftig auch die Erforderlichkeit der Aufwendungen nachgewiesen werden muss.

Damit werden Probleme in dem Fall vermieden, wenn ein Bauherr an seinem sanierungsbedürftigen Gebäude nicht ausschließlich Modernisierungs- und Instandsetzungsmaßnahmen nach § 177 BauGB bzw. Maßnahmen zur Erhaltung, Erneuerung und funktionsgerechten Verwendung des Gebäudes durchführt. Über die baufachlichen Kenntnisse für die Einstufung der Baumaßnahmen dem Grunde und der Höhe nach verfügt die Bescheinigungsbehörde, nicht jedoch die Finanzbehörde.

Für Baumaßnahmen, mit denen nach dem 31.12.2018 begonnen wurde, hat die Finanzbehörde das Prüfungsrecht, ob es sich um nicht nach § 7h EStG begünstigte Maßnahmen zur Herstellung eines neuen Gebäudes handelt. Die Gemeindebehörden haben ab dem 1.1.2019 zwingend die Höhe der Aufwendungen in den Bescheinigungen auszuweisen.

2.8.2.3.9 Gutscheine und Geldkarten als Einnahme (§ 8 EStG)

Der § 8 Abs. 1 S. 2 und 3 EStG wurde um eine Definition des Barlohns ergänzt. Danach zählen zu den Einnahmen in Geld auch zweckgebundene Geldleistungen, nachträgliche Kostenerstattungen, Geldsurrogate und andere Vorteile, die auf einen Geldbetrag lauten. Allerdings gilt dies nicht bei Gutscheinen und Geldkarten, die ausschließlich zum Bezug von Waren oder Dienstleistungen berechtigen und die Kriterien des § 2 Abs. 1 Nr. 10 ZAG erfüllen. Diese stellen somit einen Sachbezug dar i. S. v. § 8 Abs. 2 EStG dar, bei denen die Möglichkeit der Steuerfreiheit besteht, wenn der Wert 44 € im Kalendermonat nicht übersteigt (§ 8 Abs. 2 S. 11 EStG). Darunter fallen z. B. aufladbare Geschenkkarten des Einzelhandels (Closed-Loop-Karten), nicht aber Geldkarten (z. B. Open-Loop-Karten), die als Geldsurrogate im Rahmen des unbaren Zahlungsverkehrs eingesetzt werden können.

Durch eine Ergänzung des § 8 Abs. 2 S. 11 EStG wird klargestellt, dass Gutscheine und Geldkarten nur dann unter die 44-Euro-Freigrenze fallen, wenn sie vom Arbeitgeber zusätzlich zum ohnehin geschuldeten Arbeitslohn gewährt werden. Der steuerliche Vorteil soll damit insb. bei Gehaltsumwandlungen ausgeschlossen werden.

2.8.2.3.10 Bewertungsabschlag bei Mitarbeiterwohnungen (§ 8 Abs. 2 S. 12 EStG)

Die Aufwendungen eines Steuerpflichtigen für seinen Wohnraum gehören grds. zu den steuerlich nicht abzugsfähigen Kosten der privaten Lebensführung (§ 12 EStG). Überlässt der Arbeitgeber dem Arbeitnehmer aufgrund des Dienstverhältnisses Wohnraum unentgeltlich oder verbilligt, stellt der Vorteil einen steuerpflichtigen Sachbezug dar (§ 19 Abs. 1 i. V. mit § 8 Abs. 1 EStG).

Vermietet der Arbeitgeber Wohnungen nicht überwiegend an fremde Dritte, sind die Mietvorteile nach § 8 Abs. 2 S. 1 EStG mit dem ortsüblichen Mietwert zu bewerten. Als ortsüblicher Mietwert ist die Kaltmiete zzgl. der nach der BetrKV umlagefähigen Kosten anzusetzen, die für eine nach Baujahr, Art, Größe, Ausstattung, Beschaffenheit und Lage vergleichbare Wohnung üblich ist (Vergleichsmiete). Ortsüblicher Mietwert ist auch der niedrigste Mietwert der Mietpreisspanne des Mietspiegels für vergleichbare Wohnungen zzgl. der nach der BetrKV umlagefähigen Kosten, die konkret auf die überlassene Wohnung entfallen.

Bei dynamisch steigenden Mieten kann die im Mietspiegel abgebildete ortsübliche Vergleichsmiete aufgrund des relativ kurzen Betrachtungszeitraums von vier Jahren deutlich von niedrigeren Bestandsmieten langjähriger Mieter abweichen. Das Anknüpfen an den Mietspiegel kann daher bei der Bewertung von Mietvorteilen verstärkt zu zusätzlichen Steuerbelastungen für den Arbeitnehmer führen.

Durch § 8 Abs. 2 S. 12 EStG wird ein neuer gesetzlicher Bewertungsabschlag bei Mitarbeiterwohnungen eingeführt. Danach unterbleibt der Ansatz eines Sachbezugs für eine dem Arbeitnehmer vom Arbeitgeber zu eigenen Wohnzwecken überlassene Wohnung, soweit das vom Arbeitnehmer gezahlte Entgelt mindestens 2/3 des ortsüblichen Mietwerts beträgt.

Der Bewertungsabschlag beträgt somit 1/3 des ortsüblichen Mietwerts. Das ist z. B. der niedrigste Mietwert der Mietpreisspanne des Mietspiegels für vergleichbare Wohnungen zzgl. der nach der BetrKV umlagefähigen Kosten. Er wirkt wie ein Freibetrag. Das vom Arbeitnehmer tatsächlich gezahlte Entgelt (Miete und Nebenkosten) für die Wohnung ist auf die Vergleichsmiete anzurechnen.

Die Anwendung des Bewertungsabschlags ist jedoch an eine Mietobergrenze von 25 €/qm gebunden. Diese bezieht sich auf den ortsüblichen Mietwert ohne die nach der BetrKV umlagefähigen Kosten. Verhindert werden soll die steuerbegünstigte Vermietung von Luxuswohnungen. Beträgt die ortsübliche Kaltmiete mehr als 25 €/qm, ist der Bewertungsabschlag nicht anzuwenden.

Die Vorschrift begünstigt nur die Überlassung einer Wohnung zu eigenen Wohnzwecken des Arbeitnehmers. Ohne Belang ist, ob der Arbeitgeber Eigentümer der Wohnung ist. Auch von diesem angemietete Wohnungen, die dem Arbeitnehmer überlassen werden, sind begünstigt.

Der Bewertungsabschlag bei Mitarbeiterwohnungen nach § 8 Abs. 2 S. 12 EStG gilt erstmals für den VZ 2020.

2.8.2.4 Werbungskosten

2.8.2.4.1 Pauschbetrag für Berufskraftfahrer (§ 9 Abs. 1 S. 3 Nr. 5b EStG)

Neu eingeführt wird ein Pauschbetrag für Berufskraftfahrer in § 9 Abs. 1 S. 3 Nr. 5b EStG. Dieser beträgt 8 € pro Kalendertag. Als Berufskraftfahrer i. S. d. § 9 Abs. 1 S. 3 Nr. 5b EStG gelten Arbeitnehmer, die ihre berufliche Tätigkeit vorwiegend auf Kfz ausüben. Die Pauschale kann zur Abgeltung von Mehraufwendungen angesetzt werden, die üblicherweise während einer mehrtägigen beruflichen Tätigkeit im Zusammenhang mit einer Übernachtung im Kfz des Arbeitgebers anfallen.

Üblicherweise handelt es sich bei den entstehenden Mehraufwendungen um Aufwendungen, die bei Übernachtungen anlässlich einer beruflichen Auswärtstätigkeit anderer Arbeitnehmer typischerweise in den als Werbungskosten abziehbaren Übernachtungskosten mitenthalten sind. Als Aufwendungen i. S. d. neuen § 9 Abs. 1 S. 3 Nr. 5b EStG kommen daher z. B. in Betracht:
- Gebühren für die Benutzung der sanitären Einrichtungen (Toiletten sowie Dusch- oder Waschgelegenheiten) auf Raststätten und Autohöfen,
- Park- oder Abstellgebühren auf Raststätten und Autohöfen,
- Aufwendungen für die Reinigung der eigenen Schlafkabine.

Der Ansatz dieser Pauschale erfolgt anstelle der tatsächlich entstehenden Mehraufwendungen. Höhere Aufwendungen als 8 € können auch weiterhin nachgewiesen und geltend gemacht werden. Wird anstelle der tatsächlichen Mehraufwendungen der neue gesetzliche Pauschbetrag geltend gemacht, ist die Höhe der tatsächlichen Aufwendungen unbeachtlich; es müssen nur dem Grunde nach tatsächlich Aufwendungen entstanden sein. Die Entscheidung, die tatsächlich entstandenen Mehraufwendungen oder den gesetzlichen Pauschbetrag geltend zu machen, kann jedoch nur einheitlich im Kalenderjahr erfolgen.

Der Pauschbetrag i. H. v. 8 € pro Kalendertag kann zusätzlich für die Tage beansprucht werden, an denen der Arbeitnehmer eine gesetzliche Verpflegungspauschale beanspruchen kann. Das sind:
- der An- oder Abreisetag sowie
- jeder Kalendertag mit einer Abwesenheit von 24 Stunden

im Rahmen einer Auswärtstätigkeit im In- oder Ausland.

Die Leistungen des Arbeitgebers sind nach § 3 Nr. 13 EStG oder des § 3 Nr. 16 EStG einheitlich im Kalenderjahr entweder bis zur Höhe der nachgewiesenen tatsächlichen Mehraufwendungen oder bis zur Höhe des neuen Pauschbetrags steuerfrei.

Der Pauschbetrag ist auf Übernachtungen nach dem 31.12.2019 anzuwenden.

2.8.2.4.2 Anhebung der Pauschalen für Verpflegungsmehraufwendungen (§ 9 Abs. 4a S. 3 EStG)

Ab 2020 werden die Pauschalen für Verpflegungsmehraufwendungen nach § 9 Abs. 4a S. 3 EStG angehoben. Damit werden die als Werbungskosten abzugsfähigen inländischen Verpflegungspauschalen folgendermaßen erhöht:

- Verpflegungspauschale nach § 9 Abs. 4a S. 3 Nr. 1 EStG für jeden Kalendertag, an dem der Arbeitnehmer 24 Stunden von seiner Wohnung und ersten Tätigkeitsstätte abwesend ist, von 24 € auf 28 €,
- Verpflegungspauschale nach § 9 Abs. 4a S. 3 Nr. 2 EStG für den An- oder Abreisetag, wenn der Arbeitnehmer an diesem, einem anschließenden oder vorhergehendem Tag außerhalb seiner Wohnung übernachtet, von jeweils 12 € auf 14 € und
- Verpflegungspauschale nach § 9 Abs. 4a S. 3 Nr. 3 EStG für jeden Kalendertag, an dem der Arbeitnehmer ohne Übernachtung außerhalb seiner Wohnung mehr als acht Stunden von seiner Wohnung und ersten Tätigkeitsstätte abwesend ist, von 12 € auf 14 €.

Die höheren Pauschalen für Verpflegungsmehraufwendungen sind erstmals für den VZ 2020 anwendbar (§ 52 Abs. 1 EStG).

2.8.2.5 Sonderausgaben

2.8.2.5.1 Sonderausgabenabzug für eine Basiskranken- und Pflegeversicherung (§ 10 Abs. 1 Nr. 3 EStG)

Die Neuregelung in § 10 Abs. 1 Nr. 3 EStG betrifft die steuerliche Berücksichtigung von Beiträgen für Basiskranken- und Pflegeversicherungen, die Unterhaltsverpflichtete für Kinder leisten.

Nach § 10 Abs. 1 Nr. 3 EStG können Beiträge für eine Basiskranken- und Pflegeversicherung in vollem Umfang als sonstige Vorsorgeaufwendungen im Rahmen des Sonderausgabenabzugs berücksichtigt werden. Eine steuerrechtliche Berücksichtigung ist jedoch nur insoweit möglich, wie der Steuerpflichtige durch die Aufwendungen endgültig wirtschaftlich belastet ist.

Abzugsberechtigt für diese Beiträge ist grds. der Versicherungsnehmer. Als eigene Beiträge des Steuerpflichtigen werden nach § 10 Abs. 1 Nr. 3 S. 2 EStG bisher auch die vom Steuerpflichtigen im Rahmen der Unterhaltsverpflichtung getragenen eigenen Beiträge eines Kindes behandelt, für das ein Anspruch auf einen Freibetrag nach § 32 Abs. 6 EStG oder auf Kindergeld besteht.

Dies soll künftig unabhängig davon gelten, ob die Eltern die Beiträge des Kindes, für das sie Anspruch auf einen Freibetrag nach § 32 Abs. 6 EStG oder auf Kindergeld haben, im Rahmen ihrer Unterhaltsverpflichtung durch Leistungen in Form von Bar- oder Sachunterhalt wirtschaftlich tragen. Auch ob das Kind über eigene Einkünfte verfügt, wird insoweit nach dem künftigen Gesetzeswortlaut in § 10 Abs. 1 Nr. 3 S. 2 EStG ausdrücklich ohne Bedeutung sein.

Dabei können die Beiträge unverändert insgesamt nur einmal als Vorsorgeaufwendungen berücksichtigt werden, entweder beim Kind oder bei den Eltern.

Der neu eingefügte § 10 Abs. 1 Nr. 3 S. 3 EStG regelt die Problematik bei Eltern, die keine gemeinsame Steuererklärung abgeben. Grds. ist der Elternteil, der Versicherungsnehmer ist und die Beiträge für das Kind zu leisten hat, zum Sonderausgabenabzug für diese Beiträge berechtigt. Ist jedoch der andere Elternteil aufgrund seiner Unterhaltsverpflichtung neben den regulären Unterhaltszahlungen verpflichtet zusätzlich auch die Basiskranken- und Pflegepflichtversicherungsbeiträge für das Kind zu leisten, ist der Unterhaltsverpflichtete insoweit wirtschaftlich belastet. Nach dem neuen § 10 Abs. 1 Nr. 3 S. 3 EStG wird der Sonderausgabenabzug beim Auseinanderfallen der zivilrechtlichen Verpflichtung und der wirtschaftlichen Belastung mit diesen Beiträgen grds. demjenigen gewährt, der durch die Zahlung der Beiträge wirtschaftlich belastet ist. Die wirtschaftliche Belastung beim Versicherungsnehmer entfällt dadurch, dass der Unterhaltsverpflichtete die auf das Kind entfallenden Versicherungsbeiträge entweder unmittelbar an das Versicherungsunternehmen leistet oder diese dem Versicherungsnehmer zur Verfügung stellt.

§ 10 Abs. 1 Nr. 3 S. 2 und 3 EStG ist erstmals für den VZ 2019 anzuwenden.

2.8.2.5.2 Vorauszahlungen von Kranken- und Pflegeversicherungsbeiträgen (§ 10 Abs. 1 Nr. 3 S. 5 EStG)

§ 10 Abs. 1 Nr. 3 S. 4 Halbs. 1 EStG begrenzt den Sonderausgabenabzug für Vorauszahlungen von Kranken- und Pflegeversicherungsbeiträgen, soweit diese der Basisabsicherung dienen, abweichend vom Abflussprinzip nach § 11 EStG. Danach können max. Vorauszahlungen bis zur Höhe des Zweieinhalbfachen der Jahresbeiträge zur Basiskranken- und gesetzlichen Pflegeversicherung im VZ der Zahlung steuerlich geltend gemacht werden. Bislang gilt dies nicht für Beiträge, soweit sie der unbefristeten Beitragsminderung nach Vollendung des 62. Lebensjahrs dienen (§ 10 Abs. 1 Nr. 3 S. 4 Halbs. 2 EStG).

Künftig soll die Beschränkung einheitlich für sämtliche Beiträge zu einer Basisabsicherung gelten. Zusätzlich soll die Beschränkung auch für Beitragsentlastungstarife gelten, die bisher in voller Höhe im Abflussjahr abzugsfähig waren.

Zum Ausgleich dieser Einschränkung wird der abzugsfähige Betrag von derzeit dem Zweieinhalbfachen auf das Dreifache angehoben.

2.8.2.5.3 Pflicht zur Angabe der Identifikationsnummer bei Sonderausgaben i. S. v. § 10 Abs. 1a Nr. 3 und Nr. 4 EStG

Ausgleichsleistungen zur Vermeidung eines Versorgungsausgleichs können als Sonderausgaben beim Ausgleichsverpflichteten berücksichtigt werden, wenn der Ausgleichsberechtigte zustimmt und unbeschränkt einkommensteuerpflichtig ist (§ 10 Abs. 1a Nr. 3 EStG). Ausgleichszahlungen im Rahmen des schuldrechtlichen Versorgungsausgleichs können beim Ausgleichspflichtigen als Sonderausgaben berücksichtigt werden, soweit die ihnen zugrundeliegenden Einnahmen beim Ausgleichspflichtigen der Besteuerung unterliegen und wenn die ausgleichsberechtigte Person unbeschränkt einkommensteuerpflichtig ist (§ 10 Abs. 1a Nr. 4 EStG). Im Rahmen des Korrespondenzprinzips sind die Zahlungen in beiden Fällen von der ausgleichsberechtigten Person als sonstige Einkünfte zu versteuern.

Zur Vereinfachung der Durchsetzung des Korrespondenzprinzips wird die Angabe der ID-Nr. des Ausgleichsberechtigten in der Steuererklärung des Verpflichteten zur materiell-rechtlichen Voraussetzung für den Sonderausgabenabzug beim Ausgleichspflichtigen. Die Regelungen in § 10 Abs. 1a Nr. 3 S. 3 und Nr. 4 S. 2 EStG werden entsprechend ergänzt.

2.8.2.5.4 Sonderausgabenabzug für Mitgliedsbeiträge (§ 10b Abs. 1 S. 8 Nr. 5 EStG)

Während Mitgliedsbeiträge an Körperschaften, die einen gemeinnützigen Zweck i. S. v. § 10b Abs. 1 S. 8 Nr. 1 bis 4 EStG verfolgen, nicht als Sonderausgaben abzugsfähig sind, können Mitgliedsbeiträge an Körperschaften, die nach § 52 Abs. 2 S. 2 AO gemeinnützig sind, bisher als Sonderausgaben abgezogen werden. Die Begründung dafür ist, dass letztere die Allgemeinheit auf materiellem, geistigem oder sittlichem Gebiet entsprechend einem Zweck nach § 10b Abs. 1 S. 8 Nr. 1 bis 4 EStG fördern.

Da dieses zur Ungleichbehandlung führen kann, wird § 10b Abs. 1 S. 8 EStG um eine neue Nr. 5 ergänzt. Ausgeschlossen ist danach auch der Sonderausgabenabzug von Mitgliedsbeiträgen an Körperschaften, die als gemeinnützig anzuerkennen sind, weil sie Zwecke verfolgen, die mit einem Katalogzweck des § 52 Abs. 2 S. 1 AO vergleichbar sind, wenn auch Mitgliedsbeiträge an Körperschaften, die den vergleichbaren Katalogzweck verfolgen, nach § 10b Abs. 1 S. 8 Nr. 1 bis 4 EStG nicht als Sonderausgaben abgezogen werden können.

2.8.2.6 Nicht abzugsfähige Ausgaben

Nichtabzugsfähigkeit von Aufwendungen im Zusammenhang mit Geldstrafen (§ 12 Nr. 4 EStG)

Als Folge der Änderung des § 4 Abs. 5 S. 1 Nr. 8 EStG wird auch § 12 Nr. 4 EStG angepasst und ein Abzugsverbot für Aufwendungen, die mit Geldstrafen in Zusammenhang stehen, eingeführt.

Die ergänzte Fassung des § 12 Nr. 4 EStG ist erstmals auf nach dem 31.12.2018 festgesetzte Geldstrafen, sonstige Rechtsfolgen vermögensrechtlicher Art mit überwiegendem Strafcharakter und Leistungen zur Erfüllung von Auflagen anzuwenden (§ 52 Abs. 20 EStG).

2.8.2.7 Einkünfte aus Land- und Forstwirtschaft

2.8.2.7.1 Gemeinschaftliche Tierhaltung (§ 13b EStG)

Die bisherigen Grundsätze des § 51a BewG werden einkommensteuerrechtlich zukünftig in dem neuen § 13b EStG fortgeführt. Die Vorschrift wurde im Bereich der landwirtschaftlichen Alterskasse an den europäischen Rechtsrahmen angepasst. Mangels Differenzierung der Sozialversicherungssysteme in anderen Staaten, wurde aus Gleichbehandlungsgründen auch die Versicherungspflicht eines hauptberuflichen Landwirts in der gesetzlichen Rentenversicherung berücksichtigt.

Nach § 52 Abs. 22b EStG ist § 13b EStG erstmals für das Wirtschaftsjahr anzuwenden, das nach dem 31.12.2024 beginnt. Für gemeinschaftliche Tierhaltungen gem. § 51a BewG gelten für einkommensteuerrechtliche Zwecke die zu Beginn des Wirtschaftsjahres 2024/2025 noch gültigen Vorschriften der §§ 51, 51a BewG bis zum Ablauf des Wirtschaftsjahres 2024/2025 fort.

2.8.2.7.2 Tarifglättung bei Einkünften aus Land- und Forstwirtschaft

Die mit Art. 3 des Gesetzes zum Erlass und zur Änderung marktordnungsrechtlicher Vorschriften sowie zur Änderung des EStG v. 20.12.2016 (MilchSonMaßGEG) in § 32c EStG eingeführte Vorschrift zur Tarifglättung bei Einkünften aus Land- und Forstwirtschaft ist von der Europäischen Kommission als nicht genehmigungsfähige staatliche Beihilfe eingestuft worden. Die bisher nicht in Kraft getretenen, schwebend wirksamen Steuerrechtsänderungen des MilchSonMaßGEG werden aufgehoben und durch eine neue, mit der Generaldirektion »Landwirtschaft und ländliche Entwicklung« der Europäischen Kommission abgestimmte Tarifermäßigungsregelung ersetzt.

2.8.2.7.3 Tarifermäßigung bei Einkünften aus Land- und Forstwirtschaft (§ 32c EStG)

Das Besteuerungsverfahren für Einkünfte aus Land- und Forstwirtschaft wird umgestellt und eine Tarifermäßigung durch einen neuen § 32c EStG eingeführt. Durch eine Gewinnverteilung soll eine ausgeglichene tarifliche Besteuerung aufeinanderfolgender guter und schlechter Wirtschaftsjahre gewährleistet werden. Voraussetzung ist aus verfassungsrechtlichen Gründen ein Antrag des Steuerpflichtigen.

§ 32c Abs. 1 EStG
Für Einkünfte aus Land- und Forstwirtschaft i. S. d. § 13 EStG wird zukünftig auf Antrag eine Tarifermäßigung gewährt.

Voraussetzung für die individuelle Tarifermäßigung ist, dass innerhalb eines Betrachtungszeitraums von drei Jahren die auf die steuerpflichtigen Einkünfte aus Land- und Forstwirtschaft entfallende tarifliche ESt höher ist, als eine nach § 32c Abs. 2 EStG ermittelte fiktive tarifliche ESt auf diese Einkünfte. Liegt diese Voraussetzung im Betrachtungszeitraum vor, wird im Rahmen der Steuerfestsetzung für den letzten VZ die tarifliche ESt gemindert (Tarifermäßigung).

Eine Tarifermäßigung wird nicht gewährt, wenn nur in einem der drei VZ eines Betrachtungszeitraums Einkünfte aus Land- und Forstwirtschaft erzielt werden (§ 32c Abs. 1 S. 3 EStG). Hier bedarf es keiner Glättung, weil keine schwankenden Gewinne entstanden sein können.

§ 32c Abs. 2 EStG
Abs. 2 regelt die die Ermittlung der fiktiven tariflichen ESt als Vergleichsmaßstab für eine nach § 32c Abs. 1 EStG zu gewährende Tarifermäßigung

Hierzu sind die steuerpflichtigen Einkünfte aus Land- und Forstwirtschaft des Betrachtungszeitraums zu summieren und ein Durchschnittsgewinn zu ermitteln. Danach ist für jeden der drei VZ innerhalb des Betrachtungszeitraums die tarifliche ESt gesondert zu ermitteln, die sich unter Berücksichtigung des Durchschnittsgewinns ergäbe.

Die Summe der tariflich ermittelten ESt des Betrachtungszeitraums bildet als fiktiv ermittelte ESt den Vergleichsmaßstab für die Tarifermäßigung im Rahmen der Steuerfestsetzung. Ist die fiktiv ermittelte ESt innerhalb des Betrachtungszeitraums von drei Jahren niedriger als die reguläre Besteuerung, wird der bisherige Nachteil durch eine Tarifermäßigung im letzten Jahr des Betrachtungszeitraums ausgeglichen.

§ 32c Abs. 3 EStG
Abs. 3 regelt die Aufteilung der tariflichen und der fiktiven tarifliche ESt auf die Einkünfte aus Land- und Forstwirtschaft und die anderen Einkünfte. Danach ermittelt sich die auf die steuerpflichtigen Einkünfte aus Land- und Forstwirtschaft entfallende tarifliche ESt i. S. v. § 32c Abs. 1 EStG aus dem Verhältnis der positiven steuerpflichtigen Einkünfte aus Land- und Forstwirtschaft zur Summe der positiven Einkünfte. Entsprechendes gilt bei der Ermittlung der fiktiven tariflichen ESt.

Im Fall der Zusammenveranlagung von Ehegatten ist ein horizontaler Verlustausgleich der Einkünfte einer Einkunftsart beider Ehegatten vorzunehmen. Dies bedeutet, dass zunächst die Einkünfte jeder Einkunftsart beider Ehegatten saldiert und im Anschluss die insgesamt positiven Einkünfte aus Land- und Forstwirtschaft zur Summe der insgesamt positiven Einkünfte ins Verhältnis gesetzt werden.

§ 32c Abs. 4 EStG
Bei der Ermittlung der tatsächlichen und der durchschnittlichen Einkünfte aus Land- und Forstwirtschaft i. S. v. § 32c Abs. 2 und 3 EStG bleiben außer Betracht
- außerordentliche Einkünfte nach § 34 Abs. 2 EStG
- nach § 34a EStG begünstigte nicht entnommene Gewinne sowie
- Einkünfte aus außerordentlichen Holznutzungen i. S. d. § 34b Abs. 1 und 2 EStG,

da diese bereits einer eigenständigen Tarifbegünstigung unterliegen.

§ 32c Abs. 5 EStG
Abs. 5 EStG regelt zusätzliche Zulässigkeitsvoraussetzungen für die Inanspruchnahme der Tarifermäßigung, auf die in § 32c Abs. 1 S. 1 EStG ausdrücklich verwiesen wird.

Danach ist die Inanspruchnahme der Tarifermäßigung ist nur zulässig, wenn
- für negative Einkünfte des ersten VZ kein Verlustrücktrag in den letzten VZ eines vorangegangenen Betrachtungszeitraums vorgenommen wurde,
- für negative Einkünfte, die im zweiten und dritten VZ kein Antrag nach § 10d Abs. 1 S. 5 gestellt wurde,
- der Steuerpflichtige kein Unternehmer in Schwierigkeiten i. S. d. Rahmenregelung der EU für staatliche Beihilfen im Agrar- und Forstsektor und in ländlichen Gebieten 2014–2020 (2014/C 204/01; ABl. C 204 vom 1.7.2014, S. 1) ist,
- die Rückzahlung von Beihilfen aufgrund eines früheren Beschlusses der Europäischen Kommission vollständig erfolgt ist,
- der Steuerpflichtige keine Verstöße oder Vergehen noch einen Betrug gegen bestimmte EU-Regelungen begangen hat und
- ein Steuerpflichtiger mit Einkünften aus Binnenfischerei, Teichwirtschaft oder Fischzucht für Binnenfischerei und Teichwirtschaft versichert, dass er für einen Zeitraum von fünf Jahren nach Bekanntgabe des ESt-Bescheids, mit dem die Tarifermäßigung gewährt wird, die Bestimmungen der Gemeinsamen Fischereipolitik einhalten wird.

Der Steuerpflichtige muss bei der Beantragung der Tarifermäßigung erklären, dass die in § 32c Abs. 5 S. 1 Nr. 3 bis 6 EStG genannten Voraussetzungen bestehen. Liegen diese Voraussetzungen nach Beantragung der Tarifermäßigung nicht mehr vor, muss der Steuerpflichtige dies dem zuständigen FA unverzüglich mitteilen.

§ 32c Abs. 6 EStG
Abs. 6 regelt den Umfang einer Änderung von Steuerbescheiden und die damit einhergehenden Festsetzungsfristen.

§ 32c Abs. 7 EStG
§ 32c Abs. 7 EStG regelt die Rückgängigmachung der Tarifermäßigung bei Verstößen gegen EU-rechtliche Bestimmungen.

Anwendungsvorschrift
§ 32c EStG ist erstmals für den VZ 2016 anzuwenden. Im VZ 2016 ist § 32c EStG mit der Maßgabe anzuwenden, dass der erste Betrachtungszeitraum die VZ 2014 bis 2016 umfasst. Die weiteren Betrachtungszeiträume umfassen die VZ 2017 bis 2019 und 2020 bis 2022. § 32c ist letztmalig für den VZ 2022 anzuwenden (§ 52 Abs. 33a EStG).

2.8.2.7.4 Nicht zum Abzug gebrachter Unterschiedsbetrag (§ 36 Abs. 2 Nr. 3 EStG)

Ist die ESt im letzten VZ eines Betrachtungszeitraums geringer als die Auswirkung der Tarifermäßigung, kann sich die Ermäßigung nicht voll oder gar nicht auswirken. In diesem Fall wird der überschießende Betrag im Wege der Anrechnung zum Abzug gebracht und gem. § 36 Abs. 4 S. 2 EStG erstattet.

2.8.2.8 Einkünfte aus Gewerbebetrieb

Gewerbliche Abfärbung von Verlusten (§ 15 Abs. 3 Nr. 1 EStG)

§ 15 Abs. 3 Nr. 1 EStG beinhaltet die sog. Abfärbung von gewerblichen Einkünften. Danach gilt die Tätigkeit einer Personengesellschaft, abgesehen von Bagatellfällen, immer als Gewerbebetrieb, sobald die Gesellschaft auch eine gewerbliche Tätigkeit i. S. d. § 15 Abs. 1 Nr. 1 EStG ausübt. Der BFH sieht jedoch keine Abfärbung, wenn die Einkünfte aus der gewerblichen Tätigkeit bei isolierter Betrachtung negativ sind. Nach Auffassung der Finanzverwaltung steht diese Rspr. nicht im Einklang mit dem derzeitigen Gesetzeswortlaut.[41] Danach kommt es nur darauf an, dass auch eine gewerbliche Tätigkeit ausgeübt wird, nicht jedoch darauf, dass aus der gewerblichen Tätigkeit ein Gewinn erzielt wird.

Daher wird § 15 Abs. 3 Nr. 1 EStG um einen S. 2 ergänzt. Danach tritt eine gewerbliche Abfärbung unabhängig davon ein, ob aus der Tätigkeit i. S. d. § 15 Abs. 1 S. 1 Nr. 1 EStG ein Gewinn oder Verlust erzielt wird oder ob die gewerblichen Einkünfte i. S. d. § 15 Abs. 1 S. 1 Nr. 2 EStG positiv oder negativ sind.

Die Änderung stellt sicher, dass nicht in jedem Jahr erneut zu prüfen ist, ob eine gewerbliche Abfärbung der Einkünfte anzunehmen ist.

Da die Gesetzesänderung eine Rechtsauffassung gesetzlich regelt, die von der Verwaltung und der Rspr. bereits über einen Zeitraum von mehr als 10 Jahren ununterbrochen angewandt wurde, ist die Regelung nach § 52 Abs. 23 S. 1 EStG auch für VZ vor 2019 anzuwenden.

2.8.2.9 Veräußerung von Anteilen an Kapitalgesellschaften

Anschaffungskosten von Anteilen an Kapitalgesellschaften (§ 17 Abs. 2a EStG)

Der neu eingefügte § 17 Abs. 2a EStG definiert in Anlehnung an § 255 HGB die Anschaffungskosten von Anteilen an Kapitalgesellschaften i. S. v. § 17 EStG. Danach gehören zu den Anschaffungskosten alle Aufwendungen, die der Steuerpflichtige zum Erwerb des Anteils aufwenden muss. Dazu

---

41 BT-Drs. 19/13436, S. 97.

gehören neben dem Kaufpreis die Anschaffungsnebenkosten (z. B. Notargebühren) und die nachträglichen Anschaffungskosten. § 17 Abs. 2a S. 3 EStG enthält dazu eine nicht abschließende Aufzählung:
- Offene oder verdeckte Einlagen in die Kapitalgesellschaften
- Darlehensverluste, soweit die Gewährung des Darlehens oder das Stehenlassen des Darlehens in der Krise der Gesellschaft gesellschaftsrechtlich veranlasst war
- Ausfälle von Bürgschaftsregressforderungen und vergleichbaren Forderungen, soweit die Hingabe oder das Stehenlassen der betreffenden Sicherheit gesellschaftsrechtlich veranlasst war.

Die Behandlung der offenen oder verdeckten Einlagen (z. B. in Form von Nachschüssen) entspricht damit der bisherigen Handhabung.

Mit der Einführung von § 17 Abs. 2a S. 3 EStG wird sichergestellt, dass die Finanzierungsfreiheit der Gesellschafter nicht durch steuerliche Regelungen behindert wird und Anteilseigner weiterhin ihrer Kapitalgesellschaft Kapital in Form von Darlehen zuwenden können. Fallen gesellschaftsrechtlich veranlasste Darlehen aufgrund einer Krise der Kapitalgesellschaft aus, kann sich der Ausfall weiterhin steuermindernd auswirken.

Voraussetzung für die Berücksichtigung von Darlehensverlusten und Ausfällen aus Bürgschaften als nachträgliche Anschaffungskosten ist eine gesellschaftsrechtliche Veranlassung. Diese ist nach § 17 Abs. 2a S. 4 EStG gegeben, wenn ein fremder Dritter das Darlehen oder Sicherungsmittel bei sonst gleichen Umständen zurückgefordert oder nicht gewährt hätte. Das ist der Fall, wenn die Hingabe oder das Stehenlassen von Darlehen an die Kapitalgesellschaft nicht zu fremdüblichen Konditionen erfolgte.

Dabei ist insb. zu prüfen, ob die Gesellschaft unter den bestehenden Verhältnissen von einem Dritten (insb. einem Kreditinstitut) noch ein Darlehen zu marktüblichen Bedingungen erhalten hätte. Eine gesellschaftsrechtliche Veranlassung des Stehenlassens eines Darlehens ist insb. dann gegeben, wenn der Gesellschafter das Darlehen stehen lässt, obwohl er es hätte abziehen können und es angesichts der veränderten finanziellen Situation der Gesellschaft absehbar war, dass die Rückzahlung gefährdet sein würde.

Werden Darlehen und sonstige Sicherheiten aus betrieblichen Gründen gewährt, sind diese weiterhin nicht als nachträgliche Anschaffungskosten zu berücksichtigen.

Für die Berücksichtigung von nachträglichen Anschaffungskosten ist die Beteiligungshöhe des Gesellschafters nun ohne Belang. Das bedeutet, dass auch Kleinanleger (unter 10 % Beteiligung), die nicht unter die Regelung des § 39 Abs. 1 Nr. 5, Abs. 5 InsO fallen, künftig Verluste geltend machen. Dieses war bisher nur möglich, wenn diese zur Geschäftsführung befugt waren.[42]

Leistet der Steuerpflichtige über den Nennbetrag seiner Anteile hinaus Einzahlungen in das Kapital der Gesellschaft, sind diese bei der Ermittlung der Anschaffungskosten gleichmäßig auf seine

---

42 BMF, Schreiben v. 21.10.2010, BStBl I 2010, S. 832.

gesamten Anteile einschließlich seiner im Rahmen von Kapitalerhöhungen erhaltenen neuen Anteile aufzuteilen (§ 17 Abs. 2a S. 5 EStG).

Damit werden missbräuchliche Gestaltungen verhindert, mit denen die Zahlung eines Aufgeldes im Rahmen einer Kapitalerhöhung bzw. die Zahlung eines Nachschusses auf einen konkret bezeichneten Geschäftsanteil zur gezielten Generierung eines Veräußerungsverlustes genutzt wurde.

Nach § 52 Abs. 25a S. 1 EStG ist § 17 Abs. 2a EStG grds. auf Veräußerungen oder der der Veräußerung gleichgestellten Fälle nach dem Tag des Kabinettbeschlusses (31.7.2019) anzuwenden.

Auf Antrag des Steuerpflichtigen kann § 17 Abs. 2a S. 1 bis 4 EStG auch für Veräußerungen vor dem Stichtag Anwendung finden (§ 52 Abs. 25a S. 2 EStG). Dies gilt jedoch nicht für § 17 Abs. 2a S. 5 EStG.

2.8.2.10 Sonstige Vorschriften des EStG

2.8.2.10.1 Veranlagungspflicht bei Kapitalerträgen nach § 32d Abs. 3 EStG

Nach § 32d Abs. 3 S. 1 EStG sind steuerpflichtige Kapitalerträge, die nicht der KapErtrSt unterlegen haben, in der ESt-Erklärung anzugeben. Allerdings lässt sich aus § 32d Abs. 3 EStG eine Veranlagungspflicht zur ESt nicht zwingend herleiten, da dort nur die Verpflichtung normiert ist, Kapitalerträge in der Steuererklärung anzugeben. Bei Arbeitnehmern mit zusätzlichen Kapitaleinkünften, für die keine KapErtrSt erhoben wurde, käme eine Veranlagung daher grds. nur unter den Voraussetzungen des § 46 Abs. 2 Nr. 1 EStG in Betracht. Voraussetzung ist danach, dass die positive Summe der einkommensteuerpflichtigen Einkünfte, die nicht dem Steuerabzug vom Arbeitslohn zu unterwerfen sind, mehr als 410 € beträgt. Die Kapitalerträge nach § 32d Abs. 1 und § 43 Abs. 5 EStG sind nach § 2 Abs. 5b EStG bei der Ermittlung der Freigrenze des § 46 Abs. 2 Nr. 1 EStG jedoch nicht einzubeziehen.

Um zu verhindern, dass derartige Erträge unversteuert bleiben, wurde § 32d Abs. 3 EStG um eine Regelung ergänzt, wonach in Fällen des § 32d Abs. 1 S. 1 EStG immer eine Pflichtveranlagung durchzuführen ist.

2.8.2.10.2 Anrechnung ausländischer Steuern (§ 34c Abs. 6 S. 2 EStG)

Bereits in der bisherigen Fassung lässt § 34c Abs. 6 S. 2 EStG eine Anrechnung nur der »nach den Abkommen anzurechnenden ausländischen Steuer« zu. Klarstellend wurde die Vorschrift um eine Aussage ergänzt, dass auch in Fällen, in denen ein DBA zur Anwendung kommt, eine Kürzung der ausländischen Steuer um entstandene Ermäßigungsansprüche vorzunehmen ist. Die Regelung soll sicherstellen, dass in allen Fällen eine Kürzung der ausländischen Steuer um entstandene Ermäßigungsansprüche vorgenommen werden kann. Das bedeutet im Ergebnis, dass keinesfalls mehr angerechnet werden kann, als die in dem Quellenstaat rechtmäßig erhobene und dem Quellenstaat abkommensrechtlich zustehende Steuer. Dadurch wird die Anrechnung von Steuern auf Basis einer unionsrechtswidrigen Regelung ausgeschlossen. Erstattungsansprüche des Steuerpflichtigen aufgrund von Unionsrecht mindern die anzurechnenden ausländischen Steuern.

2.8.2.10.3 Klarstellung von Verfahrensvorschriften im Zusammenhang mit § 36a EStG

§ 36a EStG soll Gestaltungen zur Umgehung der Dividendenbesteuerung verhindern und macht für diesen Zweck die Anrechenbarkeit von KapErtrSt von bestimmten Voraussetzungen abhängig. Einkommen- oder körperschaftsteuerpflichtige Personen, bei denen (z. B. aufgrund einer Steuerbefreiung) kein Steuerabzug vorgenommen oder dieser erstattet wurde, müssen nach § 36a Abs. 4 EStG Steuern nachzahlen, wenn die in § 36a Abs. 1 bis 3 EStG genannten Voraussetzungen für eine Anrechenbarkeit der KapErtrSt nicht erfüllt werden.

Mit der Neufassung erfolgt eine Klarstellung und verfahrensrechtliche Konkretisierung der Anzeige-, Anmeldungs- und Zahlungspflichten der Steuerpflichtigen (§ 36a Abs. 4 S. 1 EStG). Die KapErtrSt ist nach amtlich vorgeschriebenem Vordruck auf elektronischem Weg anzumelden. Die Steueranmeldung steht einer Steuerfestsetzung unter Vorbehalt der Nachprüfung gleich. Als amtlicher Vordruck ist weiterhin die KapErtrSt-Anmeldung zu verwenden.

Nach § 36a Abs. 4 S. 2 EStG müssen Anzeige, Anmeldung und Entrichtung bei Steuerpflichtigen, die ihren Gewinn durch Betriebsvermögensvergleich ermitteln, bis zum 10. des Folgemonats nach Ablauf des Wirtschaftsjahres und bei anderen Steuerpflichtigen nach Ablauf des Kalenderjahres bis zum 10. des Folgemonats erfolgen.

Die Regelung ist erstmals auf Kapitalerträge anzuwenden, die ab dem 1.1.2019 zufließen (§ 52 Abs. 35a S. 2 EStG).

2.8.2.10.4 Lohnsteuerabzugsverpflichtung bei grenzüberschreitender Arbeitnehmerüberlassung (§ 38 Abs. 1 S. 2 EStG)

Derzeit besteht in den Fällen einer grenzüberschreitenden Arbeitnehmerüberlassung eine LSt-Abzugsverpflichtung des in Deutschland ansässigen und aufnehmenden Unternehmens nur, wenn es die Lohnkosten tatsächlich wirtschaftlich trägt. Vom derzeitigen Gesetzeswortlaut des § 38 Abs. 1 S. 2 EStG nicht erfasst sind Fälle, in denen das ausländische verbundene Unternehmen (z. B. die Muttergesellschaft) auf einen finanziellen Ausgleichsanspruch gegenüber dem inländischen Unternehmen verzichtet, obwohl dies unter Fremden üblich wäre.

Damit internationale Konzerne eine LSt-Abzugsverpflichtung für die nach Deutschland entsandten Arbeitnehmer durch einen Verzicht auf eine Ausgleichsforderung nicht umgehen können, ist § 38 Abs. 1 S. 2 EStG ergänzt worden. Nach der Neuregelung liegt eine LSt-Abzugsverpflichtung auch vor, wenn tatsächlich kein finanzieller Ausgleich an das ausländische Unternehmen geleistet wird, aber unter Fremden ein Ausgleich vereinbart worden wäre (Fremdvergleichsgrundsatz).

2.8.2.10.5 Identifikationsnummer für beschränkt Steuerpflichtige (§ 39 Abs. 3 EStG)

Um auch beschränkt einkommensteuerpflichtigen Arbeitnehmern die für das LSt-Abzugsverfahren erforderliche steuerliche ID-Nr. (§ 139b AO) zuteilen zu können, ist § 39 Abs. 3 EStG geändert worden.

Bisher hatte das Betriebsstättenfinanzamt auf Antrag des Arbeitnehmers eine Bescheinigung für den LSt-Abzug auszustellen (§ 39 Abs. 1 S. 1 EStG). Beschränkt einkommensteuerpflichtige Arbeitnehmer konnten nicht in das Verfahren der elektronischen LSt-Abzugsmerkmale (ELStAM) einbezogen werden.

Nach der Neuregelung muss der Arbeitnehmer die Zuteilung der steuerlichen ID-Nr. beim Betriebsstättenfinanzamt des Arbeitgebers beantragen (§ 39 Abs. 3 S. 1 EStG).

Allerdings kann der Arbeitnehmer seinen Arbeitgeber nach § 80 Abs. 1 AO bevollmächtigen, die erstmalige Zuteilung einer ID-Nr. zu beantragen (§ 39 Abs. 3 S. 2 EStG). Stellt das Betriebsstättenfinanzamt fest, dass dem beschränkt einkommensteuerpflichtigen Arbeitnehmer bereits eine ID-Nr. zugeteilt worden ist, teilt es diese dem Arbeitnehmer bzw. dem Arbeitgeber (als inländischem Bevollmächtigten) mit (§ 39 Abs. 3 S. 3 und 4 EStG).

Wird dem Arbeitnehmer keine ID-Nr. zugeteilt, hat das Betriebsstättenfinanzamt auf Antrag des Arbeitnehmers nach § 39e Abs. 8 EStG eine Bescheinigung für den LSt-Abzug auszustellen.

2.8.2.10.6 Teilbetrag der Vorsorgepauschale für die private Kranken- und Pflege-Pflichtversicherung (§ 39b Abs. 2 S. 5 Nr. 3 Buchst. d EStG)

Bei der Änderung handelt es um die Folge von Rechtsänderungen durch das Gesetz zur Beitragsentlastung der Versicherten in der gesetzlichen Krankenversicherung (GKV-Versichertenentlastungsgesetz) vom 11.12.2018.[43] Danach haben sich die Arbeitgeber seit dem 1.1.2019 auch beim Zusatzbeitrag hälftig an den Krankenversicherungsbeiträgen der gesetzlich krankenversicherten Arbeitnehmer zu beteiligen. Durch eine Änderung des § 257 Abs. 2 S. 2 SGB V haben sich insoweit auch Auswirkungen beim Arbeitgeberzuschuss für privat krankenversicherte Arbeitnehmer ergeben. Der Arbeitgeber ist danach verpflichtet, bei der Berechnung des Beitragszuschusses auch den Zusatzbeitrag hälftig zu berücksichtigen. Hierbei ist der durchschnittliche Zusatzbeitragssatz (§ 242a SGB V) zugrunde zu legen.

---

43 BGBl I 2018, S. 2387.

In Folge dessen ist die Berechnung der Vorsorgepauschale im LSt-Abzugsverfahren zu ändern. § 39b Abs. 2 S. 5 Nr. 3 Buchst. d EStG ist deshalb um eine Aussage ergänzt worden, dass beim Teilbetrag der Vorsorgepauschale für die private Basiskranken- und Pflege-Pflichtversicherung bei der Ermittlung des typisierend berechneten Arbeitgeberzuschusses auch der hälftige durchschnittliche Zusatzbeitrag zu berücksichtigen ist.

Der geänderte § 39b Abs. 2 S. 5 Nr. 3 Buchst. d EStG ist erstmals für den VZ 2019 anzuwenden.

2.8.2.10.7 Pauschalierung für die Überlassung eines Fahrrads (§ 40 Abs. 1 Nr. 7 EStG)

In § 40 Abs. 1 Nr. 7 EStG wurde eine zusätzliche LSt-Pauschalierungsmöglichkeit eingeführt.

Arbeitgeber, die einem Mitarbeiter ein Fahrrad unentgeltlich übereignen, können den Wert des Fahrrads zum Übereignungszeitpunkt mit 25 % LSt pauschal versteuern.

2.8.2.10.8 Redaktionelle Anpassung des § 40 Abs. 2 S. 2 Nr. 1 EStG

§ 40 Abs. 2 S. 2 und 3 EStG sah bisher vor, die LSt in bestimmten Fällen mit einem Pauschsteuersatz von 15 % zu erheben. Diese Pauschalierungsregelung gilt nur für Bezüge (Sachbezüge und Zuschüsse), die nicht nach § 3 Nr. 15 EStG steuerfrei sind. Dazu gehören z. B.
- die Überlassung eines betrieblichen Kfz für Fahrten zwischen Wohnung und erster Tätigkeitsstätte oder
- zusätzlich zum ohnehin geschuldeten Arbeitslohn geleistete Zuschüsse des Arbeitgebers zu den Aufwendungen des Arbeitnehmers für mit dem privaten Kfz zurückgelegte Fahrten zwischen Wohnung und erster Tätigkeitsstätte oder
- die in § 3 Nr. 15 EStG genannten Sachbezüge in Form einer unentgeltlichen oder verbilligten Beförderung eines Arbeitnehmers zwischen Wohnung und erster Tätigkeitsstätte sowie Fahrten nach § 9 Abs. 1 S. 3 Nr. 4a S. 3 EStG, die auf einer Gehaltsumwandlung beruhen.

Diese Regelung ist zukünftig inhaltlich unverändert in § 40 Abs. 2 S. 2 Nr. 1 EStG zu finden.-

Für Bezüge im Zusammenhang mit der Nutzung öffentlicher Verkehrsmittel für Fahrten zwischen Wohnung und erster Tätigkeitsstätte oder Fahrtstrecken nach § 9 Abs. 1 S. 3 Nr. 4a S. 3 EStG, die durch Entgeltumwandlung gezahlt werden, kann der Arbeitgeber zukünftig wählen zwischen der 15%igen Pauschalbesteuerung nach § 40 Abs. 2 S. 2 Nr. 1 EStG unter Anrechnung auf die Entfernungspauschale oder der neuen Pauschalbesteuerung nach § 40 Abs. 2 S. 2 Nr. 2 EStG mit einem Pauschalsteuersatz von 25 % ohne Minderung der Entfernungspauschale. Hierdurch soll eine Schlechterstellung gegenüber der bisher geltenden Rechtslage vermieden werden.

Wählt der Arbeitgeber die neue Pauschalbesteuerungsmöglichkeit mit 25 % ohne Anrechnung auf die Entfernungspauschale, ist die Pauschalbesteuerung einheitlich für alle die in § 3 Nr. 15 EStG genannten Bezüge anzuwenden, die der Arbeitgeber dem Arbeitnehmer innerhalb eines Kalenderjahres gewährt.

2.8.2.10.9 Neuregelung für Jobtickets (§ 40 Abs. 2 S. 2 Nr. 2 EStG

Seit 2018 gilt eine Steuerbefreiung für sog. Jobtickets nach § 3 Nr. 15 EStG. Die Vorschrift begünstigt unbefristet die unentgeltliche oder verbilligte Zurverfügungstellung von Fahrausweisen als auch Zuschüsse des Arbeitgebers zum Erwerb von Fahrausweisen. Die steuerfreien Leistungen sind auf die Entfernungspauschale (§ 9 Abs. 1 S. 3 Nr. 4 S. 2 EStG) anzurechnen.

Um dem Arbeitgeber die Möglichkeit zu geben auch bei solchen Arbeitnehmern die Akzeptanz von z. B. »Jobtickets« zu erhöhen, die öffentliche Verkehrsmittel ggf. aufgrund ihres Wohnorts oder der Tätigkeitsstätte im ländlichen Bereich gar nicht oder nur sehr eingeschränkt nutzen können, wurde § 40 EStG um einen weiteren Pauschalbesteuerungstatbestand ergänzt. Diesen Arbeitnehmern entsteht nach der bisherigen Regelung ein steuerlicher Nachteil. Sie müssen sich den Wert des Jobtickets auf die Entfernungspauschale anrechnen lassen.

Statt die Leistungen nach § 3 Nr. 15 EStG steuerfrei zu belassen, wird dem Arbeitgeber nun ein Wahlrecht eingeräumt, einheitlich alle genannten Bezüge eines Kalenderjahres mit einem Pauschsteuersatz von 25 % belegen. In diesem Fall unterbleibt eine Minderung der nach § 9 Abs. 1 S. 3 Nr. 4 S. 2 und Abs. 2 EStG abziehbaren Werbungskosten beim Arbeitnehmer (§ 40 Abs. 2 S. 2 Nr. 2 EStG).

Durch den Verzicht auf die Minderung des Werbungskostenabzugs in Form der Entfernungspauschale beim Arbeitnehmer müssen die pauschal besteuerten Bezüge auch nicht in der elektronischen LSt-Bescheinigung übermittelt werden. Auch eine Zuordnung zum einzelnen Arbeitnehmer ist nicht erforderlich, sodass der administrative Aufwand des Arbeitgebers durch die neue pauschale Besteuerungsmöglichkeit verringert werden kann.

Darüber hinaus gilt die neue Pauschalbesteuerungsmöglichkeit mit 25 % auch für solche in § 3 Nr. 15 EStG genannten Bezüge, die nicht zusätzlich zum ohnehin geschuldeten Arbeitslohn, sondern z. B. durch Gehaltsumwandlung, erbracht werden und die deshalb die Voraussetzungen für die Steuerfreistellung nach § 3 Nr. 15 EStG nicht erfüllen. Auch hier unterbleibt eine Anrechnung auf die Entfernungspauschale. Durch diese Maßnahme soll ein Anreiz gegeben werden, um die Arbeitnehmer zum Umstieg vom Individualverkehr auf öffentliche Verkehrsmittel zu bewegen und kann zur Minderung des beitragspflichtigen Arbeitsentgelts und zu Einnahmeausfällen in der Sozialversicherung führen, da die Pauschalbesteuerungstatbestände des § 40 Abs. 2 EStG nach § 1 Abs. 1 S. 1 Nr. 3 SvEV nicht der Beitragspflicht in der Sozialversicherung unterliegen.

Die Bemessungsgrundlage der pauschalen LSt sind in den Fällen des § 40 Abs. 2 S. 2 Nr. 2 EStG die Aufwendungen des Arbeitgebers einschließlich USt (§ 40 Abs. 2 S. 4 EStG).

2.8.2.10.10 Verlängerung der Pauschalierung der Lohnsteuer nach § 40 Abs. 2 S. 1 Nr. 6 EStG für Ladevorrichtungen

Übereignet der Arbeitgeber dem Arbeitnehmer zusätzlich zum ohnehin geschuldeten Arbeitslohn unentgeltlich oder verbilligt eine Ladevorrichtung für Elektro- oder Hybridelektrofahrzeuge i. S. d. § 6 Abs. 1 Nr. 4 S. 2 Halbs. 2 EStG konnte er bereits in der Vergangenheit diesen Vorteil nach § 40 Abs. 2 S. 1 Nr. 6 EStG mit einem Pauschsteuersatz von 25 % versteuern. Das galt auch für einen Zuschuss an den Arbeitnehmer für Erwerb und die Nutzung einer privaten Ladevorrichtung. Auch diese Regelung wird bis zum 31.12.2030 verlängert (§ 52 Abs. 37c EStG).

2.8.2.10.11 Änderungen bei der Anmeldung und Abführung der Lohnsteuer (§ 41a Abs. 1 S. 1 Nr. 1 EStG)

Durch die Änderung des § 41a Abs. 1 S. 1 Nr. 1 EStG ist der Arbeitgeber zukünftig verpflichtet, in der LSt-Anmeldung die Summen der im LSt-Anmeldungszeitraum einzubehaltenden und zu übernehmenden LSt, getrennt nach den Kalenderjahren in denen der Arbeitslohn bezogen wird, anzugeben.

Bisher konnte die bescheinigte LSt auf der elektronischen LSt-Bescheinigung eines Kalenderjahres von der angemeldeten LSt eines Kalenderjahres abweichen.

Dies führte dazu, dass bei einem maschinellen Abgleich der in der LSt-Anmeldung angemeldeten Steuerabzugsbeträge mit den auf der LSt-Bescheinigung bescheinigten Steuerabzugsbeträgen eines Kalenderjahres Differenzbeträge auftreten konnten.

Diese Fehlermöglichkeit soll durch die geänderte Anmeldung ausgeschlossen werden.

Anzuwenden ist die Vorschrift erstmals für Lohnzahlungszeiträume, die nach dem 31.12.2020 enden (§ 52 Abs. 40a EStG).

2.8.2.10.12 Übermittlung der Papier-Lohnsteuerbescheinigung an das Betriebsstättenfinanzamt (§ 41b EStG)

Arbeitgeber, die nicht zur elektronischen Übermittlung der LSt-Bescheinigung verpflichtet sind, werden durch § 41b EStG zukünftig verpflichtet, eine auf Papier ausgestellte LSt-Bescheinigung an das Betriebsstättenfinanzamt zu übersenden. Als spätester Zeitpunkt der Übersendung wird der letzte Tag des Monats Februar des auf den Abschluss des Lohnkontos folgenden Kalenderjahres festgelegt (§ 41b Abs. 1 S. 4 und Abs. 3 S. 1 EStG). Dem Arbeitnehmer muss der Arbeitgeber künftig eine Zweitausfertigung der LSt-Bescheinigung aushändigen (§ 41b Abs. 1 S. 5 EStG).

Bisher konnte der Arbeitgeber dem Arbeitnehmer eine manuelle LSt-Bescheinigung aushändigen (§ 41b Abs. 1 S. 4 EStG). Die Neuregelung soll vermeiden, dass im Veranlagungsverfahren zur ESt Rückfragen beim Arbeitnehmer gestellt werden müssen.

2.8.2.10.13 Elektronische Lohnsteuerbescheinigung (§ 41b Abs. 1 S. 2 EStG)

Redaktionell angepasst wurde auch § 41b Abs. 1 S. 2 Nr. 6 EStG. Danach sind sämtliche, steuerfreien Leistungen, die zu einer Minderung der Entfernungspauschale führen, auch in der LSt-Bescheinigung auszuweisen.

Gleichzeitig findet die Änderung des § 40 Abs. 2 EStG in § 41b Abs. 1 S. 2 Nr. 7 EStG ihren Niederschlag. Dadurch sind nur noch diejenigen pauschalbesteuerten Leistungen des Arbeitgebers in der LSt-Bescheinigung auszuweisen, die auch zu einer Minderung der Entfernungspauschale führen (§ 40 Abs. 2 S. 1 Nr. 1 EStG). Die Arbeitgeberleistungen, die nach § 40 Abs. 2 S. 2 Nr. 2 EStG mit 25 % ohne Anrechnung auf die Entfernungspauschale pauschal besteuert werden, sind nicht in der LSt-Bescheinigung auszuweisen.

2.8.2.10.14 Betrieblicher Lohnsteuer-Jahresausgleich für beschränkt einkommensteuerpflichtiger Arbeitnehmer (§ 42b Abs. 1 S. 1 EStG)

Mit der Änderung des § 42b Abs. 1 S. 1 EStG werden beschränkt einkommensteuerpflichtige Arbeitnehmer in den betrieblichen LSt-Jahresausgleich einbezogen.

Bisher setzt die Durchführung des betrieblichen LSt-Jahresausgleichs voraus, dass der Arbeitnehmer unbeschränkt einkommensteuerpflichtig ist. Damit war ein LSt-Jahresausgleich für beschränkt einkommensteuerpflichtige Arbeitnehmer ausgeschlossen.

Die Änderung dient der Verfahrensvereinfachung für Arbeitgeber und Finanzverwaltung.

2.8.2.10.15 Steuerabzugsverpflichtung für Betreiber von Internetplattformen (§ 43 Abs. 1 S. 1 Nr. 7 EStG)

Die Ergänzung der Vorschrift des § 43 Abs. 1 S. 1 Nr. 7 EStG um den Buchst. c beruht auf den als Crowdlending bezeichneten Darlehensgeschäften. Hierbei erfolgt eine Kreditvergabe nicht von einer Bank, sondern durch einzelne oder eine Vielzahl von Anlegern. Die Vermittlung erfolgt dabei über eine Internet-Dienstleistungsplattform zwischen den Anlegern und dem Kreditnehmer. Als Gegenleistung erhalten die Anleger einen vorab festgelegten Zins, der beim Anleger nach § 20 Abs. 1 Nr. 7 EStG zu versteuern ist. Eine Verpflichtung, die ESt auf diese Kapitalerträge durch Abzug vom Kapitalertrag zu erheben, besteht derzeit nicht, da es sich bei dem Schuldner der Kapitalerträge (Kreditnehmer) nicht um ein inländisches Kredit- oder Finanzdienstleistungsinstitut gem. § 43 Abs. 1 S. 1 Nr. 7 Buchst. b EStG handelt. Mit dem neuen § 43 Abs. 1 S. 1 Nr. 7 EStG unterliegen nun auch Zinsen aus Forderungen, die über eine Internet-Dienstleistungsplattform erworben werden, dem KapErtrSt-Abzug. Das gleiche gilt, wenn eine Auszahlung im Auftrag des inländischen oder ausländischen Betreibers einer Internet-Dienstleistungsplattform erfolgt.

Dazu wird In § 43 Abs. 1 S. 1 Nr. 7 Buchst. c S. 2 EStG der Begriff Internet-Dienstleistungsplattform definiert. Danach ist eine Internet-Dienstleistungsplattform ein webbasiertes Medium, das Kauf- und Verkaufsaufträge in Aktien und anderen Finanzinstrumenten sowie Darlehensnehmer und Darlehensgeber zusammenführt und so einen Vertragsabschluss vermittelt.

§ 43 Abs. 1 S. 1 Nr. 7 Buchst. c EStG ist erstmals auf Kapitalerträge anzuwenden, die nach dem 31.12.2020 zufließen (§ 52 Abs. 42 S. 2 EStG).

2.8.2.10.16 Betreiber der Internetplattform als auszahlende Stelle (§ 44 Abs. 1 S. 4 Nr. 2a EStG)

Ergänzend zur Neuregelung in § 43 Abs. 1 S. 1 Nr. 7 Buchst. c EStG werden inländische Betreiber einer Internet-Dienstleistungsplattform oder die inländische Zweigniederlassung eines ausländischen Betreibers nach § 44 Abs. 1 S. 4 Nr. 2a EStG zur auszahlenden Stelle erklärt.

Gleiches gilt auch für inländische Kreditinstitute oder Finanzdienstleistungsinstitute, das die Kapitalerträge im Auftrag des inländischen oder ausländischen Betreibers einer Internet-Dienstleistungsplattform i. S. d. § 43 Abs. 1 S. 1 Nr. 7 Buchst. c S. 2 an den Gläubiger auszahlt.

Diese werden zukünftig verpflichtet, den KapErtrSt-Abzug für Rechnung des Gläubigers der Kapitalerträge, sofern über die Dienstleistungsplattform die Kapitalerträge an den Gläubiger ausgezahlt oder gutgeschrieben werden.

Die Vorschrift ist erstmals auf Kapitalerträge anzuwenden, die nach dem 31.12.2020 zufließen (§ 52 Abs. 44 S. 1 EStG).

2.8.2.10.17 Erstellung von Steuerbescheinigungen für Investmentfonds (§ 45a Abs. 2 S. 1 Nr. 2 EStG)

§ 45a Abs. 2 S. 1 Nr. 2 EStG ist durch einen Verweis auf § 43 Abs. 1 S. 1 Nr. 5 EStG ergänzt worden.

In der bisher geltenden Fassung sah § 45a Abs. 2 S. 1 Nr. 2 EStG nicht vor, dass die auszahlenden Stellen für Kapitalerträge i. S. d. § 43 Abs. 1 S. 1 Nr. 5 EStG (Ausschüttungen und Vorabpauschalen aus Investmentfonds) eine Steuerbescheinigung zu erstellen haben, obwohl für diese Erträge KapErtrSt einbehalten wird. Durch die Ergänzung wird vermieden, dass Kreditinstitute zwar einen Steuerabzug vornehmen, die Erteilung einer Steuerbescheinigung wegen Fehlens einer gesetzlichen Verpflichtung aber verweigern.

Der geänderte § 45a Abs. 2 S. 1 Nr. 2 EStG ist erstmals für den VZ 2019 anzuwenden.

2.8.2.10.18 Zuständigkeit bei Antrag auf unbeschränkte Steuerpflicht (§ 46 Abs. 2 Nr. 9 EStG)

Wird durch einen grds. beschränkt steuerpflichtigen Arbeitnehmer bereits im LSt-Abzugsverfahren beantragt, als unbeschränkt Steuerpflichtiger nach § 1 Abs. 3 EStG behandelt zu werden und wird dieser Antrag auch genehmigt, liegt nach § 46 Abs. 2 Nr. 7 Buchst. b EStG eine Pflichtveranlagung vor, für die das Betriebsstättenfinanzamt zuständig ist.

Die neue Nr. 9 des § 46 Abs. 2 EStG regelt, dass die örtliche Zuständigkeit auch dann beim Betriebsstättenfinanzamt des Arbeitgebers liegt, wenn ein solcher Antrag erst im Rahmen einer Antragsveranlagung gestellt wird. Die Zuständigkeitsregel des § 19 Abs. 2 AO ist in diesen Fällen nicht anzuwenden.

2.8.2.10.19 Vermeidung der Doppelbesteuerung für lokal Beschäftigte (§ 49 Abs. 1 Nr. 4 Buchst. b EStG)

Durch die Ergänzung von § 49 Abs. 1 Nr. 4 Buchst. b EStG werden lokal Beschäftigte mit Einkünften aus inländischen öffentlichen Kassen von der Einkommensbesteuerung in Deutschland ausgenommen, wenn sie in einem Staat tätig sind, für den kein Abkommen zur Vermeidung der Doppelbesteuerung (DBA) auf dem Gebiet der ESt anzuwenden ist.

Lokal Beschäftigte sind solche Arbeitnehmer, die vor Ort oder in der Region gewonnen werden und nicht zuvor einen inländischen Wohnsitz hatten. Zu den lokal Beschäftigten gehören auch Personen, die ihren Wohnsitz in einem Nachbarstaat des Tätigkeitsstaats haben, diesen aber mit Blick auf das im Tätigkeitsstaat begründete Dienstverhältnis in den Tätigkeitsstaat verlegen. Davon abzugrenzen sind die entsandten Mitarbeiter.

Während für das ins Ausland entsandte Personal grds. das Kassenstaatsprinzip gilt, ist die Besteuerung dieses Personenkreises vorrangig Aufgabe des jeweiligen Tätigkeits- oder Wohnsitzstaats. Wenn kein DBA mit dem Tätigkeitsstaat besteht und dieser die aus einer deutschen öffentlichen Kasse bezogenen Einkünfte im Rahmen der unbeschränkten ESt-Pflicht des lokal Beschäftigten besteuert, kommt es zu einer Doppelbesteuerung, wenn der andere Staat die Doppelbesteuerung nicht einseitig vermeidet.

Durch die Änderung wird für lokal Beschäftigte in Staaten, mit denen Deutschland kein DBA abgeschlossen hat, die Gefahr der Doppelbesteuerung ihrer Einkünfte aus inländischen öffentlichen Kassen beseitigt.

Die Ausnahme von der Besteuerung der Einkünfte lokal Beschäftigter aus inländischen öffentlichen Kassen gilt nicht im Anwendungsbereich eines DBA, weil insofern eine Doppelbesteuerung bereits aufgrund der Regelungen des DBA vermieden werden kann. Die Regelung gilt u. a. für lokal

Beschäftigte von deutschen Auslandsvertretungen und für lokal Beschäftigte, die im Rahmen der Entwicklungszusammenarbeit tätig sind.

2.8.2.10.20 Kompensationszahlungen als inländische Einkünfte (§ 49 Abs. 1 Nr. 5 Buchst. a EStG)

Durch die Ergänzung von § 49 Abs. 1 Nr. 5 S. 1 Buchst. a EStG um den Doppelbuchst. bb stellen Kompensationszahlungen nach § 20 Abs. 1 Nr. 1 S. 4 EStG auch dann inländische Einkünfte dar, wenn der Schuldner der Kompensationszahlung weder Wohnsitz, noch Geschäftsleitung oder Sitz im Inland hat. Die Regelung des § 49 Abs. 1 Nr. 5 S. 1 Buchst. a EStG wurde dabei neu gefasst, um die Verständlichkeit der Vorschrift auch nach ihrer Erweiterung zu gewährleisten. Die neuen Doppelbuchst. aa und cc entsprechen hierbei inhaltlich unverändert der bisher geltenden Regelung.

2.8.2.10.21 Erträge aus Wandelanleihen und Gewinnobligationen (§ 49 Abs. 1 Nr. 5 Buchst. c EStG)

§ 49 Abs. 1 Nr. 5 Buchst. c Doppelbuchst. aa S. 2 EStG ist um einen Zusatz ergänzt worden, der klarstellt, dass die dort geregelte Ausnahme nicht für Wandelanleihen und Gewinnobligationen gilt. Ob Erträge aus Wandelanleihen und Gewinnobligationen als inländische Einkünfte der beschränkten Steuerpflicht i. S. d. § 1 Abs. 4 EStG unterliegen, richtet sich damit ausschließlich nach § 49 Abs. 1 Nr. 5 S. 1 Buchst. a Halbs. 2 EStG.

Die bisherige Gesetzesformulierung hatte zu Unklarheiten bei der Zuordnung entsprechender Erträge geführt. Wandelanleihen und Gewinnobligationen sind als sonstige Kapitalforderungen i. S. v. § 20 Abs. 1 Nr. 7 EStG zu qualifizieren. In der Folge wären auch Erträge aus Wandelschuldverschreibungen und Gewinnobligationen grds. von § 49 Abs. 1 Nr. 5 S. 1 Buchst. c EStG erfasst, da dieser sich auf Einkünfte aus Kapitalvermögen i. S. d. § 20 Abs. 1 Nr. 5 und 7 EStG bezieht. Dem steht jedoch die Regelung in § 49 Abs. 1 Nr. 5 S. 1 Buchst. a Halbs. 2 EStG entgegen. Danach müssen die im Halbs. 1 der Vorschrift genannten Voraussetzungen auch bei Erträgen aus Wandelanleihen und Gewinnobligationen erfüllt sein, damit es sich um inländische Einkünfte i. S. d. beschränkten Steuerpflicht handelt.

2.8.2.10.22 Aufhebung der Abgeltungswirkung der Kapitalertragsteuer für beschränkt Steuerpflichtige (§ 50 Abs. 2 S. 2 Nr. 6 EStG)

Für bestimmte Rentenversicherungen mit Kapitalwahlrecht sowie Kapitalversicherungen mit Sparanteil gilt nach § 20 Abs. 1 Nr. 6 S. 2 EStG eine Freistellung der Hälfte der steuerlichen Bemessungsgrundlage. Die Freistellung ist auch auf Erträge anzuwenden, die im Rahmen der beschränkten ESt-Pflicht erzielt werden.

Bei der Erhebung der KapErtrSt bleibt die Freistellung jedoch unberücksichtigt (§ 43 Abs. 1 S. 1 Nr. 4 S. 1 Halbs. 2 EStG). Eine Berücksichtigung der Freistellung im Rahmen der ESt-Veranlagung kann bislang jedoch nicht erfolgen, da die ESt bei beschränkt Steuerpflichtigen gem. § 50 Abs. 2 S. 1 EStG durch den KapErtrSt-Abzug (§ 43 Abs. 1 S. 1 Nr. 4 EStG) als abgegolten gilt.

Für diese Fälle sieht § 50 Abs. 2 S. 2 Nr. 6 EStG nun ein Veranlagungswahlrecht vor, damit künftig auch beschränkt Steuerpflichtige die Berücksichtigung der in § 20 Abs. 1 Nr. 6 S. 2 EStG geregelten Freistellung im Rahmen der ESt-Veranlagung geltend machen können. Die Abgeltungswirkung des § 50 Abs. 2 S. 1 EStG wird für diese Einkünfte aufgehoben, wenn die Veranlagung zur ESt beantragt wird.

Da die Frist des § 20 Abs. 1 Nr. 6 S. 2 EStG erstmals mit Ablauf des Jahres 2016 enden konnte, ist die angefügte Nr. 6 des § 50 Abs. 2 S. 2 EStG erstmals auf Kapitalerträge anzuwenden, die nach dem 31.12.2016 zufließen (§ 52 Abs. 46 S. 3 EStG).

2.8.2.10.23 Veranlagung für Arbeitnehmer mit geringem Arbeitslohn (§ 50 Abs. 2 S. 2 Nr. 4 Buchst. a EStG)

Nach § 50 Abs. 2 S. 2 Nr. 4 Buchst. a EStG ist bei beschränkt steuerpflichtigen Arbeitnehmern verpflichtend eine Veranlagung vorzunehmen, wenn beim Lohnabzug ein Freibetrag nach § 39a Abs. 4 EStG zu berücksichtigen ist. Diese Regelung greift nicht, wenn der Arbeitnehmer unter die bisher in § 46 Abs. 2 Nr. 4 Halbs. 2 EStG geregelte Bagatellgrenze fällt.

Dort ist geregelt, dass auch beschränkt Steuerpflichtige von der Pflicht zur Abgabe einer ESt-Erklärung befreit sind, wenn es sich um Arbeitnehmer mit geringem Arbeitslohn handelt. Das trifft auf Arbeitnehmer zu, bei denen keine ESt anfällt, wenn der im Kalenderjahr insgesamt erzielte Arbeitslohn die Bagatellgrenze von 11.600 € nicht übersteigt. Das gilt selbst dann, wenn für den LSt-Abzug Freibeträge berücksichtigt wurden.

Die Regelung für beschränkt Steuerpflichtige wurde nun in § 50 Abs. 2 S. 2 Nr. 4 Buchst. a EStG überführt, um die Übersichtlichkeit zu erhöhen, da dort nunmehr sowohl die Voraussetzungen für die Pflichtveranlagung wie die hiervon geltende Ausnahme verankert sind.

2.8.2.10.24 Sonstige Bezüge anstelle von Dividenden (§ 50d Abs. 13 EStG)

Durch die Ergänzung des § 50d EStG durch einen neuen Abs. 13 wird geregelt, dass sonstige Bezüge, die an Stelle von Dividenden an einen im Ausland ansässigen Erwerber von Aktien einer Gesellschaft mit Sitz oder Geschäftsleitung im Inland gezahlt werden, für Zwecke der Anwendung eines Abkommens zur Vermeidung der Doppelbesteuerung den Dividenden, die von dieser Gesellschaft gezahlt werden, gleichgestellt sind. Damit wird sichergestellt, dass diese Zahlungen auch bei der Anwendung von DBA nach inländischem Ertragssteuerrecht besteuert werden können.

2.8.2.10.25 Übergangsregelungen bis zur Anwendung der elektronischen Lohnsteuerabzugsmerkmale (§ 52b EStG)

Zum 1.1.2013 wurde das Verfahren der elektronischen LSt-Abzugsmerkmale (ELStAM) eingeführt, durch das die letztmals für das 2010 ausgestellten LSt-Karten aus Papier ersetzt wurden. Die für den Übergangszeitraum erforderlichen Sonderregelungen des § 52b EStG werden nicht mehr benötigt und wurden aufgehoben.

2.8.2.10.26 Pflichtveranlagung für beschränkt Steuerpflichtige (§ 50 Abs. 2 S. 2 Nr. 4 Buchst. c EStG)

Aus Gründen der Gleichbehandlung mit unbeschränkt steuerpflichtigen Arbeitnehmern und zur Vermeidung von Steuerausfällen sind für beschränkt Steuerpflichtige Pflichtveranlagungstatbestände in § 50 Abs. 2 S. 2 Nr. 4 Buchst. c EStG aufgenommen worden. Eine Veranlagung ist danach durchzuführen, wenn

- der Steuerpflichtige nebeneinander von mehreren Arbeitgebern Arbeitslohn bezogen hat (§ 46 Abs. 2 Nr. 2 EStG) oder
- die LSt für einen sonstigen Bezug i. S. d. § 34 Abs. 1, Abs. 2 Nr. 2 und 4 EStG nach § 39b Abs. 3 S. 9 EStG oder für einen sonstigen Bezug nach § 39c Abs. 3 EStG ermittelt wurde (§ 46 Abs. 2 Nr. 5 EStG) oder
- der Arbeitgeber die LSt von einem sonstigen Bezug berechnet hat und dabei der Arbeitslohn aus früheren Dienstverhältnissen des Kalenderjahres außer Betracht geblieben ist (§ 46 Abs. 2 Nr. 5a EStG).

Darüber hinaus wurde § 50 Abs. 2 S. 2 Nr. 4 EStG um den Buchstaben c ergänzt. Dieser verweist auf die Tatbestände des § 46 Abs. 2 EStG. Somit gelten diese auch für beschränkt Steuerpflichtige.

2.8.2.10.27 Kindergeldberechtigung bei Beschäftigungsduldung (§ 62 Abs. 2 Nr. 4 EStG)

Durch das Gesetz über Duldung bei Ausbildung und Beschäftigung v. 8.7.2019[44] wurde auch der Tatbestand der Beschäftigungsduldung (§ 60d AufenthG) für Drittstaatsangehörige geschaffen. Diese wird für die Dauer von zweieinhalb Jahren gewährt, wenn der Drittstaatsangehörige bereits seit mindestens 18 Monaten eine sozialversicherungspflichtige Beschäftigung mit einer regelmäßigen Arbeitszeit von mindestens 35 Stunden pro Woche (20 Wochenstunden bei Alleinerziehenden) ausübt.

Durch die neue Nr. 4 in § 62 Abs. 2 EStG erhalten Personen, denen eine Beschäftigungsduldung erteilt wurde, nun ebenfalls einen Kindergeldanspruch.

---

44 BGBl I 2019, S. 1021.

Das Gesetz über Duldung bei Ausbildung und Beschäftigung tritt am 1.1.2020 in Kraft. Dementsprechend ist die Ergänzung nach § 62 Abs. 2 Nr. 4 EStG erstmals für Kindergeldfestsetzungen anzuwenden, die Zeiträume betreffen, die nach dem 31.12.2019 beginnen (§ 52 Abs. 49a S. 2 EStG i. d. F. vom 1.1.2020). Die Rechtsänderung soll auch in den weitgehend gleich lautenden »Ausländerklauseln« in § 1 Abs. 3 BKKG, § 1 Abs. 2a UhVorschG und in § 1 Abs. 7 BEEG nachvollzogen werden.

2.8.2.10.28 Kindergeldberechtigung nicht freizügigkeitsberechtigter Ausländer (§ 62 Abs. 2 EStG)

Aufgrund umfassender Änderungen des Aufenthaltsgesetzes und das Fachkräfteeinwanderungsgesetz ist eine Anpassung des § 62 Abs. 2 EStG erforderlich.

Die Zielrichtung, einen Leistungsanspruch für Familien vorzusehen, die sich aller Voraussicht nach dauerhaft in Deutschland aufhalten, ist beibehalten worden. Daneben soll zudem ein Anspruch bestehen, wenn es zur Gewinnung von Arbeitskräften in betroffenen Bereichen sinnvoll erscheint und der Aufenthalt nicht nur kurzfristig ist.

Neben der Niederlassungserlaubnis berechtigt nunmehr auch die Erlaubnis zum Daueraufenthalt-EU zum Kindergeldbezug (§ 62 Abs. 2 Nr. 1 EStG).

Grds. haben wie bisher Personen, die eine Aufenthaltserlaubnis oder einen gleichgestellten Aufenthaltstitel besitzen, der für einen Zeitraum von mindestens sechs Monaten zur Ausübung einer Erwerbstätigkeit berechtigt oder diese erlaubt, einen Kindergeldanspruch (§ 62 Abs. 2 Nr. 2 EStG). Neben der Aufenthaltserlaubnis werden nunmehr auch die Blaue Karte EU, die ICT-Karte (Intracorporate transfer Card) und die Mobiler-ICT-Karte als Aufenthaltstitel genannt, deren Besitz ebenfalls grds. zum Kindergeldbezug berechtigt.

Generell nicht begünstigte Aufenthaltstitel sind Aufenthaltserlaubnisse, die
- zu Ausbildungszwecken nach § 16e AufenthG (für ein studienbezogenes Praktikum nach der RL (EU) 2016/801),
- zum Zweck der Beschäftigung als Au-Pair oder der Saisonbeschäftigung nach § 19c Abs. 1 AufenthG,
- zum Zweck der Teilnahme an einem Europäischen Freiwilligendienst nach § 19e AufenthG oder
- zur Arbeitsplatzsuche nach § 20 Abs. 1 und 2 AufenthG

erteilt werden (§ 62 Abs. 2 Nr. 2 Buchst. a EStG).

Ebenfalls nicht begünstigt sind Aufenthaltstitel nach § 16f AufenthG zum Zweck der Teilnahme an Sprachkursen und Schulbesuch sowie nach § 17 AufenthG zum Zweck der Suche nach einem Studien- oder Ausbildungsplatz.

Keinen Anspruch auf Kindergeldbezug haben Personen, denen eine Aufenthaltsberechtigung
- nach § 16b AufenthG zum Zweck des Vollzeitstudiums an einer staatlichen Hochschule, an einer staatlich anerkannten Hochschule oder an einer vergleichbaren Ausbildungseinrichtung,
- nach § 16d AufenthG zum Zweck der Anerkennung seiner im Ausland erworbenen Berufsqualifikation für die Durchführung einer Anpassungs- oder Ausgleichsmaßnahme oder
- nach § 20 Abs. 3 AufenthG zur Arbeitsplatzsuche

erteilt wurde (§ 62 Abs. 2 Nr. 2 Buchst. b EStG).

Weiterhin keinen Anspruch auf Kindergeld haben Personen, die aus völkerrechtlichen oder humanitären Gründen eine Aufenthaltserlaubnis
- nach § 23 Abs. 1 AufenthG wegen eines Krieges in ihrem Heimatland,
- nach § 23a AufenthG in einem Härtefall,
- nach § 24 AufenthG zum vorübergehenden Schutz oder
- nach § 25 Abs. 3 bis 5 AufenthG aufgrund von Abschiebungshindernissen, aus dringenden persönlichen oder humanitären Gründen, bei Verlängerung der Aufenthaltserlaubnis wegen Vorliegen einer außergewöhnlicher Härte, bei Opfern einer Straftat oder aufgrund einer aus rechtlichen oder tatsächlichen Gründen unmöglichen Ausreise

besitzen (§ 62 Abs. 2 Nr. 2 Buchst. c EStG).

Bei Erwerbstätigkeit oder Inanspruchnahme von Elternzeit oder laufenden Geldleistungen nach dem SGB III haben Drittstaatsangehörige, die eine in § 62 Abs. 2 Nr. 2 Buchst. c EStG genannte Aufenthaltserlaubnis besitzen, einen Anspruch auf Kindergeld (§ 62 Abs. 2 Nr. 3 EStG)

Drittstaatsangehörige, die eine in § 62 Abs. 2 Nr. 2 Buchst. c EStG genannte Aufenthaltserlaubnis besitzen, erhalten ausnahmsweise auch dann einen Anspruch auf Kindergeld, wenn sie sich 15 Monate erlaubt, gestattet oder geduldet im Bundesgebiet aufhalten (§ 62 Abs. 2 Nr. 4 EStG)

§ 62 Abs. 2 Nr. 1 bis 4 EStG ist für Kindergeldfestsetzungen anzuwenden, die Zeiträume betreffen, die nach dem Inkrafttreten des Fachkräfteeinwanderungsgesetzes beginnen (§ 52 Abs. 49a S. 2 EStG). Das Fachkräfteeinwanderungsgesetz tritt ein halbes Jahr nach seiner Verkündung in Kraft. Nach § 52 Abs. 49a S. 3 EStG ist § 62 Abs. 2 Nr. 5 EStG bereits für Kindergeldfestsetzungen anzuwenden, die Zeiträume betreffen, die nach dem 31.12.2019 beginnen.

2.8.2.10.29 Ausnahmeregelung im Dauerzulageantragsverfahren bei der Altersvorsorgezulage (§ 89 Abs. 1a S. 2 EStG)

Nach geltendem Recht kann der Zulageberechtigte nach § 89 Abs. 1a EStG seinen Anbieter bevollmächtigen, für ihn die Zulage für jedes Beitragsjahr zu beantragen (sog. Dauerzulageantrag). Trotzdem ist der Zulageberechtigte verpflichtet, eine Änderung seiner Verhältnisse, die zu einer Minderung oder zum Wegfall des Zulageanspruchs führen (z. B. Wegfall der Förderberechtigung), seinem Anbieter mitzuteilen. Da die zentrale Stelle i. S. d. § 81 EStG (Zentrale Zulagenstelle für

Altersvermögen) die beitragspflichtigen Einnahmen i. S. d. Sechsten Buches Sozialgesetzbuch unmittelbar bei den inländischen Trägern der gesetzlichen Rentenversicherung erhebt, entfällt bei einer Änderung nur dieser Daten die Mitteilungspflicht des Zulageberechtigten.

Ist der Zulageberechtigte dagegen in einer ausländischen gesetzlichen Rentenversicherung pflichtversichert (z. B. Grenzgänger nach § 10a Abs. 6 S. 1 EStG), ist eine Datenerhebung nach § 91 Abs. 1 EStG nicht möglich. Liegen der zentralen Stelle die entscheidungsrelevanten Daten somit nicht vor, sind ihr die für die Mindesteigenbeitragsberechnung erforderlichen ausländischen beitragspflichtigen Einnahmen mitzuteilen.

Zur Klarstellung ist die Regelung des § 89 Abs. 1a S. 2 EStG konkretisiert worden.

2.8.3 Änderungen des Gewerbesteuergesetzes

2.8.3.1 Gewerbesteuerbefreiung von Bildungseinrichtungen (§ 3 Nr. 13 GewStG)

Private Schulen und andere allgemeinbildende oder berufsbildende Einrichtungen sind nach § 3 Nr. 13 GewStG mit ihren unmittelbar dem Schul- und Bildungszweck dienenden Leistungen von der GewSt befreit, wenn sie als Ersatzschule gem. Art. 7 Abs. 4 GG staatlich genehmigt oder nach Landesrecht erlaubt sind oder wenn die zuständige Landesbehörde bescheinigt, dass sie auf einen Beruf oder eine von juristischen Personen des öffentlichen Rechts abzulegende Prüfung ordnungsgemäß vorbereiten. Da sich die gewerbesteuerliche Befreiung bisher mit § 4 Nr. 21 Buchst. a UStG deckte, waren die gewerbesteuerlichen Befreiungstatbestände nicht in § 3 Nr. 13 GewStG ausformuliert, sondern durch einen Verweis auf § 4 Nr. 21 UStG definiert.

Eine Änderung des UStG führte zu Rechtsunsicherheiten, ob und unter welchen Voraussetzungen Schul- und Bildungseinrichtungen noch gewerbesteuerfrei sind. Zur Vermeidung dieser Rechtsunsicherheiten wurde nun der in § 3 Nr. 13 GewStG enthaltene Verweis auf die bisherige USt-Befreiung nach § 4 Nr. 21 UStG rückwirkend ab dem 1.1.2015 durch eine Regelung ersetzt, die die Befreiungstatbestände eigenständig regelt. Die bisherige gewerbesteuerliche Begünstigung bleibt dabei in vollem Umfang erhalten.

Die bislang für die Steuerbefreiung erforderliche Bescheinigung der zuständigen Landesbehörde ist mit Wirkung ab dem 1.1.2015 jedoch nicht mehr erforderlich. Die Finanzbehörden prüfen das Vorliegen sämtlicher Befreiungstatbestände nunmehr in eigener Zuständigkeit.

Nach § 36 Abs. 2 S. 2 GewStG sind die Änderungen des § 3 Nr. 13 GewStG erstmals für den EZ 2015 anzuwenden.

2.8.3.2 Gewerbesteuerbefreiung für Betreiber kleiner Solaranlagen (§ 3 Nr. 32 GewStG)

Stehende Gewerbebetriebe, deren ausschließlicher Unternehmensgegenstand die Energiegewinnung und Vermarktung aus einer Solaranlage bis zu einer installierten Leistung von 10 kW ist, sind durch den neuen § 3 Nr. 32 GewStG von der GewSt befreit.

Kleine Solaranlagen werden typischerweise von Eigenheimbesitzern betrieben. Obwohl vielfach nicht die Gewinnerzielungsabsicht im Vordergrund steht, sondern insb. ökologische Überlegungen, erfüllt der Betrieb einer solchen Anlage regelmäßig den Tatbestand des stehenden Gewerbebetriebs i. S. d. § 2 Abs. 1 GewStG, auch wenn diese Betriebe regelmäßig wegen des Freibetrags nach § 11 Abs. 1 S. 3 Nr. 1 GewStG keine GewSt zu zahlen haben.

Bisher bestand für solche Betriebe auch eine Kammermitgliedschaft bei einer Industrie- und Handelskammer, denn nur ausdrücklich von der GewSt befreite Unternehmen unterliegen dieser nicht. Durch die Neuregelung entfällt diese Mitgliedschaft.

Die GewSt-Befreiung hat allerdings zur Folge, dass diese Unternehmen eine GewSt-Erklärung abzugeben haben (§ 149 Abs. 1 S. 2 AO). Hierin haben sie die Voraussetzungen für die Steuerbefreiung nachzuweisen.

Die Steuerbefreiung nach § 3 Nr. 32 GewStG gilt erstmals für den EZ 2019 (§ 36 Abs. 2 S. 3 GewStG).

2.8.3.3 Unterschiedsbeträge nach § 5a Abs. 4 EStG (§ 7 S. 3 GewStG)

Nach der Änderung des § 7 S. 3 GewStG sind Gewinne aus der Auflösung des Unterschiedsbetrags nach § 5a Abs. 4 EStG dem Gewerbeertrag nach § 7 GewStG zuzurechnen.

Hintergrund der Änderung ist das BFH-Urteil vom 25.10.2018.[45] Damit hat das Gericht unter Änderung seiner bisherigen langjährigen Rspr. entschieden, dass der Gewinn aus der Hinzurechnung des Unterschiedsbetrags gem. § 5a Abs. 4 S. 3 Nr. 1 bis 3 EStG nicht der Fiktion des Gewerbeertrags gem. § 7 S. 3 GewStG unterliegt.

Durch die Änderung wird die bisherige Verwaltungsauffassung gesetzlich normiert.

§ 7 S. 3 GewStG in der geänderten Fassung ist erstmals für den EZ 2009 anzuwenden.

Diese Rückwirkung ist nach Auffassung des Gesetzgebers verfassungsrechtlich zulässig[46], weil sie die Rechtsauslegung zu § 7 S. 3 GewStG festschreibt, die seit dem BFH-Urteil vom 13.12.2007,[47]

---

45 BFH, Urteil v. 25.10.2018, IV R 35/16, BFH/NV 2019, S. 334.
46 BT-Drs. 19/14909, S. 49.
47 BFH, Urteil v. 13.12.2007, IV R 92/05, BStBl II 2008 S. 583; BMF, Schreiben v. 31.10.2008, IV C 6 – S 2133-a/07/10001, BStBl I 2008, S. 956, dort zu Rz. 38.

galt. Ein schutzwürdiges Vertrauen in eine andere Rechtsauslegung konnte bisher nicht entstehen und wird durch die Gesetzesänderung auch nicht rückwirkend verletzt.

2.8.3.4 Halbierung der gewerbesteuerlichen Hinzurechnung von Miet- oder Leasingaufwand für Elektrofahrzeuge (§ 8 Nr. 1 Buchst. d S. 2 GewStG)

Nach § 8 Nr. 1 Buchst. d GewStG sind Miet- und Pachtzinsen (einschließlich Leasingraten) für die Benutzung von beweglichen Wirtschaftsgütern des Anlagevermögens, die im Eigentum eines anderen stehen, bei der GewSt hinzuzurechnen. Die Hinzurechnung ist i. H. v. 20 % der Entgelte vorzunehmen.

Durch die Ergänzung der Vorschrift um den S. 2 wird die Hinzurechnung für folgende Fahrzeuge auf die Hälfte der Entgelte beschränkt:
- Fahrzeuge mit Antrieb ausschließlich durch Elektromotoren, die ganz oder überwiegend aus mechanischen oder elektrochemischen Energiespeichern oder aus emissionsfrei betriebenen Energiewandlern gespeist werden (Elektrofahrzeuge),
- extern aufladbare Hybridelektrofahrzeugen, die eine Kohlendioxidemission von höchstens 50 Gramm je gefahrenen Kilometer haben, deren die Reichweite des Fahrzeugs unter ausschließlicher Nutzung der elektrischen Antriebsmaschine mindestens 80 km beträgt, und
- Fahrrädern, die keine Kfz sind.

Die Vorschrift gilt nur für Entgelte, die auf Verträgen beruhen, die nach dem 31.12.2019 abgeschlossen worden sind.

Bei Verträgen, die vor dem 1.1.2025 abgeschlossen werden, ist statt einer Reichweite von 80 km eine Reichweite von 60 km ausreichend.

§ 8 Nr. 1 Buchst. d S. 2 ist letztmals für den EZ 2030 anzuwenden.

2.8.3.5 Gewerbesteuerliche Behandlung von Schachteldividenden (§ 9 Nr. 7 GewStG)

Der EuGH hatte die im Vergleich zu inländischen Schachteldividenden (§ 9 Nr. 2a GewStG) einschränkenden Tatbestandsvoraussetzungen des § 9 Nr. 7 GewStG bei Drittstaatensachverhalten als unionsrechtswidrig eingestuft.[48] Mit gleich lautenden Ländererlassen v. 25.1.2019 wurde die entsprechende Anwendung des § 9 Nr. 7 GewStG bei Drittlandsdividenden in allen offenen Fällen ausgesetzt.[49]

---

48 EuGH, Urteil v. 20.9.2018, C–685/16, *EV/FA Lippstadt*, BStBl II 2019, S. 111.
49 IStR 2019, S. 154.

Mit der Änderung des § 9 Nr. 7 GewStG wird auf die Entscheidung reagiert. Die einschränkenden Tatbestandsvoraussetzungen für ausländische Kapitalgesellschaften des bisherigen § 9 Nr. 7 S. 1 Halbs. 1 GewStG werden gestrichen. Gleichzeitig wird die bisherige Sonderregelung für EU-Gesellschaften des § 9 Nr. 7 S. 1 Halbs. 2 GewStG aufgehoben. § 9 Nr. 7 GewStG unterscheidet künftig nicht mehr danach, ob es sich um eine Gesellschaft mit Geschäftsleitung und Sitz im EU-Ausland oder übrigem Ausland handelt.

Die bisherigen Regelungen des § 9 Nr. 7 S. 2 GewStG (Minderung des Kürzungsbetrags um unmittelbar mit den Gewinnanteilen im Zusammenhang stehenden Aufwand), § 9 Nr. 7 S. 3 GewStG (Klarstellung, dass nach § 8b Abs. 5 KStG nicht abziehbare Betriebsausgaben keine Gewinnanteile sind) und § 9 Nr. 7 S. 8 GewStG (Nichtanwendung der Kürzung auf Lebens- und Krankenversicherungsunternehmen und Pensionsfonds) bleiben bestehen (§ 9 Nr. 7 S. 2 GewStG).

Die Änderung des § 9 Nr. 7 GewStG ist nach der allgemeinen Anwendungsregelung des § 36 Abs. 1 GewStG erstmals auf den EZ 2020 anzuwenden. Für vorhergehende EZ gelten die Grundsätze der gleichlautenden Ländererlasse vom 25.1.2019[50] weiter.

2.8.4 Änderungen des Körperschaftsteuergesetzes

2.8.4.1 Nicht genutzte Verluste (§ 8c Abs. 1 S. 1 KStG)

Mit dem Gesetz zur Verhinderung von Umsatzsteuerausfällen beim Handel mit Waren im Internet und zur Änderung weiterer steuerlicher Vorschriften vom 11.12.2018[51] wurde § 8c Abs. 1 KStG neu gefasst und die frühere Regelung zum anteiligen Wegfall des Verlustvortrags bei Kapitalgesellschaften aufgrund des Beschlusses des BVerfG vom 29.3.2017[52] ersatzlos aufgehoben.

Die durch die Neufassung der Vorschrift entfallene Definition des Begriffs »nicht genutzte Verluste« wird mit der erneuten Änderung wieder aufgenommen. Damit definiert § 8c Abs. 1 S. 1 KStG den Begriff als »nicht ausgeglichene oder abgezogene negative Einkünfte (nicht genutzte Verluste)«.

2.8.4.2 Lohnsummenregelung im Rahmen der Sanierungsklausel (§ 8c Abs. 1a S. 3 Nr. 2 KStG)

Die Formulierung in § 8c Abs. 1a KStG wurde präzisiert und ausdrücklich auf die Lohnsummenregelung des zum Zeitpunkt der Normierung der Sanierungsklausel geltenden § 13a Abs. 1 S. 3 und 4 ErbStG verwiesen.

---

50 BStBl I 2019, S. 91.
51 BGBl I 2018, S. 2338.
52 BVerfG, Beschluss v. 29.3.2017, 2 BvL 6/11, BGBl I 2017, S. 1082.

Die Änderung ist erstmals für den VZ 2008 und auf Anteilsübertragungen nach dem 31.12.2007 anzuwenden (§ 34 Abs. 6 S. 3 KStG).

2.8.4.3 Sonderausgabenabzug für Mitgliedsbeiträge (§ 9 Abs. 1 S. 8 Nr. 5 KStG)

Die Änderung entspricht der Änderung des § 10b Abs. 1 S. 8 Nr. 5 EStG. Ausgeschlossen ist nun auch der Sonderausgabenabzug von Mitgliedsbeiträgen an Körperschaften, die als gemeinnützig anzuerkennen sind, weil sie Zwecke verfolgen, die mit einem Katalogzweck des § 52 Abs. 2 S. 1 AO vergleichbar sind, wenn auch Mitgliedsbeiträge an Körperschaften, die den vergleichbaren Katalogzweck verfolgen nicht als Sonderausgaben abgezogen werden können.

Die Änderung des § 9 Abs. 1 S. 8 KStG ist erstmals auf Mitgliedsbeiträge anzuwenden, die nach dem 31.12.2019 gezahlt werden (§ 34 Abs. 6b KStG).

2.8.4.4 Nichtabziehbare Aufwendungen (§ 10 Nr. 3 KStG)

Nach der Ergänzung des § 10 Nr. 3 KStG fallen auch Aufwendungen, die mit Geldstrafen in Zusammenhang stehen (z. B. Zinsen zur Finanzierung der Geldstrafe) unter das Abzugsverbot. Die Änderung entspricht der Änderung des § 12 Nr. 4 EStG.

Die Vorschrift ist erstmals anzuwenden auf nach dem 31.12.2018 festgesetzte Geldstrafen, sonstige Rechtsfolgen vermögensrechtlicher Art, bei denen der Strafcharakter überwiegt, und Leistungen zur Erfüllung von Auflagen oder Weisungen, soweit die Auflagen oder Weisungen nicht lediglich der Wiedergutmachung des durch die Tat verursachten Schadens dienen, sowie auf nach dem 31.12.2018 entstandene damit zusammenhängende Aufwendungen (§ 34 Abs. 6c KStG).

2.8.4.5 Verschmelzung von Organgesellschaften (§ 15 S. 1 Nr. 2 S. 1 und S. 2 KStG)

Durch die Änderung des § 15 S. 1 Nr. 2 S. 1 und S. 2 KStG will der Gesetzgeber erreichen, dass die Aufwärtsverschmelzung auf eine Organgesellschaft mit der Aufwärtsverschmelzung auf eine Kapitalgesellschaft, die nicht Organgesellschaft ist, steuerlich gleichbehandelt wird.

Diese Änderung ist eine Reaktion auf das BFH-Urteil vom 26.9.2018.[53] Hier hatte der BFH entschieden, dass im Fall der Verschmelzung einer Kapitalgesellschaft auf ihre Muttergesellschaft, die ihrerseits Organgesellschaft ist, auf den Verschmelzungsgewinn weder auf der Ebene der Muttergesellschaft noch auf der Ebene der Organträgerin das pauschale Betriebsausgabenabzugsverbot nach § 8b Abs. 3 S. 1 KStG anzuwenden ist. Dies führte zu einer steuerlichen Besserstellung der

---

53 BFH, Urteil v. 26.9.2018, I R 16/16, BFH/NV 2019, S. 495.

Aufwärtsverschmelzung auf eine Organgesellschaft gegenüber der Aufwärtsverschmelzung auf eine Kapitalgesellschaft, die nicht Organgesellschaft ist.

Der BFH wies in dem Urteil auf eine Gesetzeslücke hin, die seitens der Rspr. nicht geschlossen werden konnte. § 12 Abs. 2 S. 2 UmwStG sieht eine Anwendung des pauschalen Betriebsausgabenabzugsverbots nach § 8b Abs. 3 S. 1 KStG auf den Übertragungsgewinn bei der aufnehmenden Körperschaft vor. Eine Anwendung des § 8b Abs. 3 S. 1 KStG wird allerdings im Fall der Organschaft durch § 15 S. 1 Nr. 2 S. 1 KStG vorbehaltlos ausgeschlossen. Da ein Übertragungsgewinn nach § 12 Abs. 2 S. 1 UmwStG bei der übernehmenden Körperschaft außer Ansatz bleibt, ergab sich nach dem bisherigen Wortlaut des § 15 S. 1 Nr. 2 S. 2 KStG keine Möglichkeit, das pauschale Betriebsausgabenabzugsverbot auf Ebene des Organträgers zur Anwendung zu bringen.

Durch die Ergänzungen in § 15 S. 1 Nr. 2 S. 1 und 2 KStG wird sichergestellt, dass in dem, dem Organträger zugerechneten Einkommen ein Übertragungsgewinn oder -verlust nach § 12 Abs. 2 S. 1 UmwStG enthalten bleibt und die Regelungen des § 12 Abs. 2 UmwStG nicht bereits bei der Organgesellschaft, sondern erst auf Ebene des Organträgers angewendet werden (sog. Bruttomethode).

Bei einer Kapitalgesellschaft als Organträgerin führt die Bruttomethode dazu, dass einerseits der Übertragungsgewinn nach § 8b Abs. 2 KStG steuerfrei ist, andererseits aber das pauschale Betriebsausgabenabzugsverbot des § 8b Abs. 3 S. 1 KStG berücksichtigt wird. Gleiches gilt bei Organträgern in der Rechtsform einer Mitunternehmerschaft, soweit an diesen Kapitalgesellschaften als Mitunternehmer beteiligt sind. Soweit dagegen eine natürliche Person bzw. eine Mitunternehmerschaft, an der natürliche Personen als Mitunternehmer beteiligt sind, Organträger ist, sind anstelle des § 8b KStG die Regelungen des Teileinkünfteverfahrens nach § 3 Nr. 40 und § 3c EStG auf den Übertragungsgewinn oder -verlust anzuwenden.

Die Regelung ist erstmals auf Umwandlungen anzuwenden, bei denen die Anmeldung zur Eintragung in das Register nach dem 17.12.2019 (Ausfertigungsdatum des Änderungsgesetzes) erfolgt ist.

2.8.4.6 Kein Freibetrag nach § 24 KStG für Investmentfonds

Seit der zum 1.1.2018 in Kraft getretenen Reform des Investmentsteuerrechts können Investmentfonds und Spezial-Investmentfonds den Freibetrag nach § 24 KStG geltend machen.

Mit der Änderung des § 24 S. 2 KStG wird die ursprüngliche Rechtslage wieder hergestellt.

In- und ausländische Investmentfonds und Spezial-Investmentfonds, deren Erträge auf der Ebene ihrer Anleger Einnahmen nach § 20 Abs. 1 Nr. 3 oder Nr. 3a EStG darstellen, sind danach von der Steuerbegünstigung ausgenommen. Die Neuregelung betrifft somit der KSt-Pflicht unterliegende Investmentfonds und Spezial-Investmentfonds, deren Einkünfte im Rahmen des Veranlagungsverfahrens versteuert und nicht abgeltend besteuert werden.

Die Neuregelung des § 24 S. 2 Nr. 3 KStG ist erstmals für den VZ 2019 anzuwenden (§ 34 Abs. 8b S. 3 KStG).

2.8.5 Änderungen des Umsatzsteuergesetzes

2.8.5.1 Quick-Fixes

Die »Quick-Fixes«[54] beinhalten MwSt-Neuregelungen, die von der EU-Kommission als dringend umsetzungsbedürftig angesehen werden. Dabei geht es um Änderungen an der -Systemrichtlinie sowie der Durchführungsverordnung zur MwStSystRL, die ab dem 1.1.2020 wirksam werden.

2.8.5.1.1 Reihengeschäfte (§ 3 Abs. 6a UStG)

Die Definition des umsatzsteuerlichen Reihengeschäfts wird in dem neuen § 3 Abs. 6a UStG geregelt. Gleichzeitig wird auch die Zuordnung der Warenbewegung zu einer der Lieferungen festgelegt.

Während in Art. 36a MwStSystRL das Reihengeschäft nur für innergemeinschaftliche Lieferungen definiert ist, werden mit § 3 Abs. 6a UStG auch Reihengeschäfte mit Drittländern geregelt.

Im Wesentlichen enthält der neue § 3 Abs. 6a UStG folgende Regelungen.

In § 3 Abs. 6a UStG wird das Reihengeschäft erstmals klar definiert: Ein Reihengeschäft liegt danach vor, wenn
- mehrere Unternehmer über denselben Gegenstand Umsatzgeschäfte abschließen und
- dieser Gegenstand bei der Beförderung oder Versendung unmittelbar vom ersten Unternehmer an den letzten Abnehmer gelangt.

Unmittelbarkeit bedeutet dabei, dass beim Transport der Ware vom Abgangsort zum Bestimmungsort nur ein Unternehmer in der Kette die Transportverantwortung innehaben kann. Liegt die Transportverantwortlichkeit bei mehreren an der Reihe beteiligten Unternehmern, liegt kein Reihengeschäft vor. Es handelt sich dann um sog. gebrochene Beförderungen, die das Vorliegen eines Reihengeschäfts ausschließen.

Liegt ein Reihengeschäft vor, bei dem die Beförderung oder Versendung durch den ersten Unternehmer erfolgt, ist diesem die Warenbewegung zuzuordnen. Wird der Gegenstand der Lieferung durch den letzten Abnehmer in der Reihe befördert oder versendet, ist die Warenbewegung ihm zuzuordnen.

---

54 *Sterzinger*, UR 2018 S. 893; *Lohse*, BB 2019, S. 2013.

Befördert oder versendet ein Zwischenhändler den Gegenstand der Lieferung, ist die Warenbewegung grds. ihm zuzuordnen, es sei denn er weist nach, dass er nicht als Abnehmer sondern als Lieferer befördert oder versendet.

Verwendet der Zwischenhändler bei einer innergemeinschaftlichen Lieferung seine ihm vom Abgangsstaat der Ware erteilte USt-ID-Nr., ist die Beförderung oder Versendung seiner Lieferung zuzuordnen.

Gelangt der Gegenstand der Lieferung mittels Zwischenhändler in das Drittlandsgebiet, ist von einem ausreichenden Nachweis auszugehen, wenn dieser gegenüber dem leistenden Unternehmer bis zum Beginn der Beförderung oder Versendung eine USt-ID-Nr. oder Steuernummer verwendet, die ihm vom Mitgliedstaat des Beginns der Beförderung oder Versendung erteilt wurde.

Bei einer Einfuhr im Rahmen eines Reihengeschäftes, bei dem der Zwischenhändler die Ware transportiert, ist seine Lieferung die warenbewegte Lieferung, wenn die Ware im Namen und für Rechnung des Zwischenhändlers zum zoll- und steuerrechtlich freien Verkehr angemeldet wird. In diesen Fällen wird der Zwischenhändler Schuldner der EUSt und der Ort der Lieferung bestimmt sich nach § 3 Abs. 8 UStG.

2.8.5.1.2 Konsignationslagerregelung (§ 6b UStG)

Nach der neuen Konsignationslagerregelung löst der grenzüberschreitende Warentransport zunächst keinen umsatzsteuerlichen Tatbestand aus. Erst in dem Zeitpunkt, in dem die Ware an den Abnehmer verkauft wird, liegt eine innergemeinschaftliche Lieferung durch den Transporteur vor. Bei dieser Verfahrensweise muss der Transporteur sich nicht mehr im Bestimmungsland registrieren lassen.

Voraussetzung für die Konsignationslagerregelung ist, dass Gegenstände in den Mitgliedstaat des Lagers transportiert werden. Diese werden dort später im Rahmen einer bestehenden Vereinbarung an einen Erwerber verkauft. Der Erwerber ist bei Beginn des Warentransports bekannt. Er muss dem Unternehmer bis zum Beginn der Beförderung oder Versendung die ihm vom Bestimmungsmitgliedstaat erteilte USt-ID-Nr. mitteilen. Der Lieferer darf im Mitgliedstaat des Lagers nicht ansässig sein. Er darf dort lediglich für umsatzsteuerliche Zwecke registriert sein. Der Lieferer muss die Aufzeichnungspflichten erfüllen (Abs. 1).

Sind die Voraussetzungen nach § 6b Abs. 1 UStG erfüllt, wird zum Zeitpunkt der Lieferung des Gegenstands an den Erwerber die Lieferung einer im Abgangsmitgliedstaat steuerbaren und steuerfreien innergemeinschaftlichen Lieferung (§ 6a UStG) gleichgestellt. Überdies wird die Lieferung an den Erwerber einem im Bestimmungsmitgliedstaat steuerbaren innergemeinschaftlichen Erwerb (§ 1a Abs. 1 UStG) gleichgestellt. Die Gleichstellung bedeutet insb., dass diese Lieferung ohne weitere Nachweisvoraussetzungen steuerfrei ist (Abs. 2).

Wird die Lieferung an den Erwerber nicht binnen 12 Monaten nach dem Ende des Warentransports vom Abgangsmitgliedstaat in den Bestimmungsmitgliedstaat bewirkt und ist keine der Voraussetzungen des § 6b Abs. 6 UStG erfüllt, gilt der Warentransport als das einer innergemeinschaftlichen Lieferung gleichgestellte Verbringen (§ 6a Abs. 1 S. 2 UStG i. V. m. § 3 Abs. 1a UStG) mit den entsprechenden Folgen, die bisher bereits für die Fälle des innergemeinschaftlichen Verbringens gelten (Abs. 3).

Diese Folgen treten nicht ein, wenn ein Rücktransport erfolgt (Abs. 4).

§ 6b Abs. 5 UStG regelt die Folgen des Austauschs des Erwerbers. Danach treten die Folgen des § 6b Abs. 3 UStG ebenfalls nicht ein, wenn der neue Erwerber gegenüber dem Unternehmer die USt-ID-Nr. verwendet, dem Unternehmer zu diesem Zeitpunkt der vollständige Name und die vollständige Anschrift des neuen Erwerbers bekannt ist und der Unternehmer den Erwerberwechsel aufzeichnet.

§ 6b Abs. 6 UStG regelt den Fall, dass eine der Voraussetzungen gem. § 6b Abs. 1 UStG (die in den Bestimmungsmitgliedstaat transportierte Ware soll an einen bestimmten Erwerber verkauft werden) oder des § 6b Abs. 5 UStG (ein anderer als der ursprünglich vorgesehene Erwerber soll die Ware kaufen) binnen eines Zeitraums von 12 Monaten nach Ende des Warentransports wegfällt. Am Tag dieses Ereignisses gilt der ursprüngliche Warentransport wiederum als das einer innergemeinschaftlichen Lieferung gleichgestellte Verbringen (gleiche Rechtsfolge wie nach § 6b Abs. 3 UStG).

2.8.5.2 Ort der unentgeltlichen Lieferungen und Dienstleistungen (§ 3f UStG)

§ 3f UStG enthielt bisher eine spezielle Regelung zur Ortsbestimmung für die den entgeltlichen Lieferungen und sonstigen Leistungen gleichgestellten Tatbestände i. S. d. § 3 Abs. 1b und 9a UStG. Im Unionsrecht ist eine entsprechende Spezialregelung nicht vorgesehen. Für unentgeltliche Leistungen gelten nach der Fiktion der Art. 16 bzw. Art. 26 MwStSyStRL die allgemeinen Ortsbestimmungsregelungen der Art. 31 bzw. Art. 43 MwStSystRL.

Um diese Systematik auch im nationalen Recht nachzuvollziehen, ist § 3f UStG aufgehoben worden. Eine Änderung der Regelung zur Ortsbestimmung ist mit der Aufhebung des § 3f UStG i. d. R. nicht verbunden. Praktische Änderungen können sich jedoch z. B. bei Leistungen in Zusammenhang mit einem Grundstück im Ausland sowie bei der kurzfristigen Vermietung eines Beförderungsmittels im Ausland ergeben, bei denen der Leistungsort nicht mit dem Sitzort des Unternehmers bzw. dem Belegenheitsort der Betriebsstätte zusammenfällt. Gleiches gilt für die Entnahme eines Gegenstands eines inländischen Unternehmens im Ausland, ohne dass dort eine Betriebsstätte des Unternehmens liegt.

2.8.5.3 Steuerbefreiung innergemeinschaftlicher Lieferungen (§ 4 Nr. 1 Buchst. b UStG)

Die Änderung des § 4 Nr. 1 Buchst. b UStG bewirkt, dass die Steuerbefreiung für eine innergemeinschaftliche Lieferung versagt wird, wenn der liefernde Unternehmer seiner Pflicht zur Abgabe der Zusammenfassenden Meldung (§ 18a UStG) nicht, nicht vollständig und richtig im Hinblick auf die jeweilige Lieferung nachgekommen ist. Berichtigt der Unternehmer eine ursprünglich unrichtig oder unvollständig abgegebene Zusammenfassende Meldung (§ 18a Abs. 10 UStG), wirkt dies für Zwecke der Steuerbefreiung auf den Zeitpunkt des Umsatzes zurück. Entsprechendes gilt für die verspätete Abgabe einer richtigen und vollständigen Meldung.

2.8.5.4 Steuerbefreiung im Rahmen der Sozialfürsorge und sozialen Sicherheit (§ 4 Nr. 18 UStG)

Die Neufassung des § 4 Nr. 18 UStG sieht eine USt-Befreiung von Leistungen der sozialen Sicherheit und Sozialfürsorge sämtlicher Einrichtungen ohne Gewinnstreben vor.

Dazu gehören auch die nach der bisherigen Fassung des § 4 Nr. 18 UStG ausschließlich begünstigten unmittelbar gemeinnützigen, mildtätigen oder kirchlichen Zwecken dienenden Einrichtungen (Wohlfahrtsverbände). Die Neuregelung weitet den Kreis der unter die Steuerbefreiung fallenden Unternehmer über die Wohlfahrtsverbände hinaus aus.

Die Steuerbefreiung des § 4 Nr. 18 UStG umfasst künftig eng mit der Sozialfürsorge und der sozialen Sicherheit verbundene Leistungen, insb. an wirtschaftlich hilfsbedürftige Personen zur Überwindung der wirtschaftlichen Hilfsbedürftigkeit. Hierunter fallen bspw. Leistungen der Schuldnerberatung im außergerichtlichen Insolvenzverfahren, der »Tafeln«, der Frauenhäuser nach § 36a SGB II und die Beratung und Hilfe für Obdach- und Wohnungslose.

Ferner umfasst die Neufassung des § 4 Nr. 18 UStG z. B. Beratungsleistungen für Angehörige drogen- oder alkoholabhängiger Menschen, Leistungen im Zusammenhang mit Migration (z. B. Beratung und Hilfe für Migranten/innen, Asylbewerber/innen, Aussiedler/innen sowie für Flüchtlinge), Leistungen der Beratungsstellen für Ehe- und Lebensfragen und Beratung und Hilfe für Strafentlassene sowie für Prostituierte.

2.8.5.5 Steuerbefreiung im Zusammenhang mit der Erziehung (§ 4 Nr. 23 UStG)

Ebenfalls neu gefasst wurde § 4 Nr. 23 UStG. Steuerbefreit sind Umsätze im Zusammenhang mit der Erziehung. Diese umfasst die gesamte geistige, sittliche und körperliche Erziehung von Kindern und Jugendlichen. Begünstigte Erziehungsleistungen umfassen insb. altersgerechte Sprach- und Wissensvermittlung, Angebote von Musik-, Kunst- und Bewegungserziehung sowie die Vermittlung von sozialen Kompetenzen und Werten.

Zu den eng mit der Erziehung verbundenen Leistungen können wie bisher die Gewährung von Beherbergung, Beköstigung und der üblichen Naturalleistungen gehören. Diese Leistungen sind dann als mit der Erziehungsleistung »eng verbunden« anzusehen, wenn sie tatsächlich als eigenständige Leistungen zur Erziehungsleistung erbracht werden. Voraussetzung hierfür ist, dass dem Unternehmer, der solche Leistungen erbringt, die Erziehung der Kinder und Jugendlichen selbst obliegt.

Dagegen stellt weiterhin die Beherbergung oder Beköstigung während kurzfristiger Urlaubsaufenthalte oder Fahrten, die von Sport- und Freizeitangeboten geprägt sind, keine Aufnahme zu Erziehungszwecken i. S. d. § 4 Nr. 23 S. 1 Buchst. a UStG dar.

Erziehungsleistungen sind steuerfrei, wenn sie durch Einrichtungen des öffentlichen Rechts, die mit solchen Aufgaben betraut sind, erbracht werden. Ferner werden die Leistungen privatrechtlicher Einrichtungen nach § 4 Nr. 23 S. 1 Buchst. a UStG befreit, wenn deren Zielsetzung mit der einer Einrichtung des öffentlichen Rechts vergleichbar ist und keine systematische Gewinnerzielung anstrebt wird. Als begünstigte Einrichtungen können demnach bspw. Lehrlingswohnheime oder Einrichtungen zur frühkindlichen Förderung, die ohne Gewinnstreben betrieben werden, in Betracht kommen.

2.8.5.6 Innergemeinschaftliche Lieferung (§ 6a UStG)

Die Neufassung des § 6a UStG erweitert die Voraussetzungen, die an das Vorliegen einer innergemeinschaftlichen Lieferung geknüpft sind.

Nach § 6a Abs. 1 S. 1 Nr. 2 Buchst. a und b UStG muss der Abnehmer der innergemeinschaftlichen Lieferung, soweit er ein Unternehmer ist, für Zwecke der USt erfasst sein, also eine ihm von dem anderen Mitgliedstaat erteilte USt-ID-Nr. besitzen.

Außerdem wird nach § 6a Abs. 1 S. 1 Nr. 4 UStG die Verwendung einer gültigen USt-ID-Nr. durch den Abnehmer zusätzliche materiell-rechtliche Voraussetzung für das Vorliegen einer innergemeinschaftlichen Lieferung.

2.8.5.7 Steuerermäßigung für E-Produkte (E-Books etc.) (§ 12 Abs. 2 Nr. 14 UStG)

Nach der neuen Nr. 14 in § 12 Abs. 2 UStG kommt der ermäßigte Steuersatz nun insb. auch bei E-Books, E-Zeitungen und E-Zeitschriften zur Anwendung. Genauer gesagt, handelt es sich um die Überlassung der in Nr. 49 Buchst. a bis e und Nr. 50 der Anlage 2 des UStG bezeichneten Erzeugnisse in elektronischer Form mit Ausnahme der Veröffentlichungen, die vollständig oder im Wesentlichen aus Videoinhalten oder hörbarer Musik bestehen. Ebenfalls ausgenommen sind Erzeugnisse, für die Beschränkungen als jugendgefährdende Trägermedien bzw. Hinweispflichten nach § 15 Abs. 1 bis 3 und 6 JSchG bestehen, sowie Veröffentlichungen, die überwiegend Werbezwecken (einschließlich Reisewerbung) dienen.

Begünstigt sind insb. Veröffentlichungen
- ohne entsprechende Variante auf einem physischen Träger, wie z. B. reine Online-Publikationen;
- in der Form von Websites, Apps oder anderen Anwendungen, mit oder ohne Downloadmöglichkeiten, auch als Einzelabruf aus einer Datenbank;
- mit fortlaufender Ergänzung neuer Einzelbeiträge und unter Einschluss des Zugangs zu Einzelbeiträgen aus solchen Veröffentlichungen oder
- in periodischer wie nichtperiodischer Erscheinungsform.

Steuerermäßigt sind auch Tonaufzeichnungen der Lesung eines Buchs (sog. Hörbücher) nach Nr. 50 der Anlage 2 zum UStG, wenn sie auf elektronischem Wege überlassen werden. Bisher beschränkt sich die Begünstigung auf die Abgabe in Form eines Speichermediums. Die Steuerermäßigung gilt sowohl für die dauerhafte als auch für die zeitlich befristete Überlassung entsprechender Erzeugnisse.

Nach Art. 98 Abs. 2 Unterabschn. 2 MwStSystRL i. V. mit Anhang III Nr. 6 MwStSystRL sind elektronische Dienstleistungen, wenn sie über die bloße Überlassung von elektronischen Publikationen hinausgehen, nicht steuerermäßigt. Deshalb sollten nach dem ursprünglichen Entwurf des § 12 Abs. 2 Nr. 14 UStG elektronische Leistungen nicht begünstigt sein, die über die bezeichnete Funktion deutlich hinausgehen. Dies sollte insb. Erzeugnisse betreffen, für die es keine entsprechende gegenständliche Erscheinungsform gibt, wie insb. die Bereitstellung eines Zugangs zu Datenbanken mit Sammlungen einer Vielzahl von elektronischen Büchern, Zeitungen oder Zeitschriften.

Mit der Beschlussempfehlung des Finanzausschusses wurde hier nachgebessert. Begünstigt ist nun auch die Bereitstellung eines Zugangs zu Datenbanken, die eine Vielzahl von elektronischen Büchern, Zeitungen oder Zeitschriften oder Teile von diesen enthalten.

Nach einer Stellungnahme der Europäischen Kommission stellen die Durchsuchbarkeit, Filtermöglichkeit und Verlinkung jedoch kein Ausschlusskriterium für die Anwendung des ermäßigten Steuersatzes dar. Die Kommission wies aber ausdrücklich darauf hin, dass nach ihrer Auffassung elektronisch erbrachte Dienstleistungen dann nicht ermäßigt besteuert werden, dürfen, wenn sie in ihrer Funktion über die gedruckten Bücher, Zeitungen oder Zeitschriften deutlich hinausgehen.[55]

Entscheidend für die Abgrenzung begünstigter von nicht begünstigten Veröffentlichungen sind die bereitgestellten Inhalte. Das Kriterium »vollständig oder im Wesentlichen« erfordert eine deutliche Unterscheidung der auszunehmenden audiovisuellen Erzeugnisse von den begünstigten redaktionellen Erzeugnissen. Danach genügt es für die Erfüllung des Kriteriums »im Wesentlichen« nicht, dass die audiovisuellen Anteile einen bestimm- Anteil des Buches oder der Zeitung bzw.

---

55 Beschlussempfehlung des Finanzausschusses v. 6.11.2019, BT-Drs. 19/14873, S. 50.

Zeitschrift ausmachen. Sie müssen vielmehr das Erzeugnis im Ganzen so wesentlich prägen, dass der redaktionelle Textanteil nur Beiwerk ist. Zu den begünstigten Publikationen zählen danach auch Veröffentlichungen mit anteiligen multimedialen und interaktiven Elementen (sog. »enhanced E-Books«).

2.8.5.8 Steuersatz auf Erzeugnisse für Zwecke der Monatshygiene (§ 12 Abs. 2 UStG; Anlage 2)

Die MwStSystRL lässt die Anwendung des ermäßigten Steuersatzes auf Erzeugnisse für Zwecke der Monatshygiene zu. Mit der Änderung wird diese unionsrechtliche Option in nationales Recht umgesetzt.

2.8.5.9 Steuerschuldnerschaft des Leistungsempfängers nach § 13b Abs. 2 Nr. 6 UStG

Mit der Änderung des § 13b Abs. 2 Nr. 6 UStG wird die Steuerschuldnerschaft des Leistungsempfängers erweitert auf die Übertragung von Gas- und Elektrizitätszertifikaten.

Mit der Erweiterung sollen USt-Ausfälle verhindert werden, die dadurch eintreten, dass bei diesen Leistungen nicht sichergestellt werden kann, dass diese von den leistenden Unternehmern vollständig im allgemeinen Besteuerungsverfahren erfasst werden.

2.8.5.10 Margenbesteuerung für Reiseleistungen (§ 25 Abs. 1 S. 1 UStG)

Die Differenzbesteuerung nach § 25 Abs. 1 S. 1 UStG galt bisher nicht, wenn Reiseleistungen für das Unternehmen des Leistungsempfängers verkauft wurden. Diese Einschränkung ist nach der EuGH-Rspr. unzulässig.[56] Daher wurde in der Vorschrift die Formulierung »die nicht für das Unternehmen des Leistungsempfängers bestimmt sind« gestrichen. Künftig unterliegen daher auch sog. Kettengeschäfte über Reiseleistungen der Margenregelung.

Zusätzlich wurde in § 25 Abs. 3 UStG der S. 3 (»Der Unternehmer kann die Bemessungsgrundlage statt für jede einzelne Leistung entweder für Gruppen von Leistungen oder für die gesamten innerhalb des Besteuerungszeitraums erbrachten Leistungen ermitteln«.) aufgehoben. Damit ist die Bildung von Gruppen- oder Gesamtmargen künftig nicht mehr zulässig.

Die Änderung des § 25 Abs. 3 UStG ist erstmals auf Umsätze anzuwenden, die nach dem 31.12.2021 bewirkt werden (§ 27 Abs. 26 UStG).

---

56 EuGH, Urteil v. 8.2.2018, C–380/16, *Kommission/Deutschland*, UR 2018, S. 290.

2.8.5.11 Haftung für die schuldhaft nicht abgeführte Steuer (§ 25d UStG)

Die Vorschrift wurde aufgehoben und stattdessen der neue § 25f UStG eingefügt.

2.8.5.12 Versagung des Vorsteuerabzugs und der Steuerbefreiung bei Beteiligung an einer Steuerhinterziehung (§ 25f UStG)

Neu eingefügt in das UStG wurde § 25f UStG. Die Vorschrift dient der Bekämpfung des USt-Betrugs, insb. in Form von Ketten- oder Karussellgeschäften. Die Vorschrift regelt die Versagung des Vorsteuerabzugs und der Steuerbefreiung bei Beteiligung an einer Hinterziehung.

Sofern der Unternehmer wusste oder hätte wissen müssen, dass er sich mit der von ihm erbrachten Leistung oder seinem Leistungsbezug an einem Umsatz beteiligt, der in einer vom Leistenden oder einem anderen Beteiligten auf einer vorhergehenden oder nachfolgenden Umsatzstufe begangenen Hinterziehung von USt oder Erlangung eines nicht gerechtfertigten Vorsteuerabzugs i. S. d. § 370 AO oder Schädigung des USt-Aufkommens i. S. d. §§ 26b, 26c UStG einbezogen war, werden folgende Vergünstigungen versagt:
- die Steuerbefreiung nach § 4 Nr. 1 Buchst. b i. V. m. § 6a UStG (innergemeinschaftliche Lieferungen),
- der Vorsteuerabzug nach § 15 Abs. 1 S. 1 Nr. 1 UStG (Vorsteuerabzug aus steuerpflichtigen Eingangsumsätzen von anderen Unternehmern),
- der Vorsteuerabzug nach § 15 Abs. 1 S. 1 Nr. 3 UStG (Vorsteuerabzug aus innergemeinschaftlichem Erwerb) sowie
- der Vorsteuerabzug nach § 15 Abs. 1 S. 1 Nr. 4 UStG (Vorsteuerabzug aus Steuerschuld aufgrund Reverse-Charge-Verfahren).

2.8.6 Änderungen des Investmentsteuergesetzes

Das Investmentsteuergesetz wurde in zahlreichen Punkten geändert. Viele Änderungen beinhalten Klarstellungen. Im Folgenden sind die wesentlichen Änderungen dargestellt. Insb. auf die Darstellung der Änderungen im Bereich der Regelungen zu den Spezialfonds wurde an dieser Stelle verzichtet.

2.8.6.1 § 2 Abs. 8 S. 5 InvStG

Der neue § 2 Abs. 8 S. 5 InvStG regelt, in welchen Fällen Anteile an Kapitalgesellschaften nicht als Kapitalbeteiligungen gelten und daher nicht als Vermögensgegenstände betrachtet werden, die ein Investmentfonds halten muss, um die Voraussetzungen eines Aktien- oder Mischfonds zu erfüllen. Die Regelung soll eine einfache Überprüfbarkeit der Voraussetzungen für eine Aktienteilfreistellung durch die Finanzverwaltung ermöglichen. Die Kerninhalte:

- Anteile an Personengesellschaften gelten nicht als Kapitalbeteiligungen, wenn Investmentfonds mittelbar über Personengesellschaften an Kapitalgesellschaften beteiligt sind.
- REIT-Gesellschaften, die als Immobilien betrachtet werden (§ 2 Abs. 9 S. 6 InvStG), können nicht zugleich als Kapitalbeteiligungen angesetzt werden
- Ausländische REIT-Gesellschaften und vergleichbare Kapitalgesellschaften können als Kapitalbeteiligungen angesetzt werden, wenn sie die Voraussetzungen des § 2 Abs. 9 S. 6 InvStG nicht erfüllen (weniger als 75 % unbewegliches Vermögen) und wenn entweder auf Ebene der REIT-Gesellschaft oder auf Ebene der Anleger der REIT-Gesellschaft eine Mindeststeuerbelastung von 15 % eingetreten ist
- Umgehungsgestaltungen über Holdinggesellschaften werden ausgeschlossen, wenn die Einnahmen der Kapitalgesellschaft unmittelbar oder mittelbar zu mehr als 10 % aus Offshore-Kapitalgesellschaften oder sonstigen steuerbefreiten Kapitalgesellschaften stammen. Das Gleiche gilt, wenn eine Kapitalgesellschaft mehr als 10 % ihres gemeinen Werts unmittelbar oder mittelbar in Offshore-Kapitalgesellschaften oder sonstige steuerbefreite Kapitalgesellschaften angelegt hat.

2.8.6.2 § 2 Abs. 9 S. 1 bis 5 und 7 InvStG

§ 2 Abs. 9 InvStG definiert den Begriff der Immobilienfonds und der Auslands-Immobilienfonds. Durch die Änderung werden die bisher getrennten Definitionen in § 2 Abs. 9 InvStG und in § 20 Abs. 3 S. 1 InvStG zusammengefasst und vereinheitlicht.

Darüber hinaus wird klargestellt, dass bei den Anforderungen an einen Immobilienfonds auch Immobilien-Gesellschaften zu berücksichtigen sind. Weiterhin wird klargestellt, dass als Auslands-Immobilie nur das unmittelbare Halten einer im Ausland belegenen Immobilie oder das Halten von Auslands-Immobiliengesellschaften berücksichtigt wird. Dagegen können Investmentanteile nur als Immobilien, aber nicht als Auslands-Immobilien berücksichtigt werden.

2.8.6.3 § 2 Abs. 9 S. 6 InvStG

Anteile an in- und ausländischen REITs werden mit 75 % des Anteilswerts als Immobilien berücksichtigt. Voraussetzung ist, dass eine Mindeststeuerbelastung entweder auf Ebene des REITs oder auf der Ebene der Anleger des REITs. Alternativ genügt eine tatsächliche Quellen- oder sonstige Steuerbelastung der Ausschüttungen an den Investmentfonds i. H. v. mindestens 15 %, wenn diese Steuerbelastung definitiv ist, d. h. keine Erstattung dieser Steuer möglich ist.

2.8.6.4 § 2 Abs. 13 InvStG

Die Definition des Begriffs der Veräußerung von Investmentanteilen und Spezial-Investmentanteilen in § 2 Abs. 13 InvStG wird um die beendete Abwicklung oder Liquidation eines Investmentfonds oder eines Spezial-Investmentfonds erweitert.

2.8.6.5 § 6 Abs. 1 S. 1 und S. 2 sowie Abs. 2 InvStG

Mit einer Ergänzung in § 6 Abs. 1 InvStG wird deutlich gemacht, dass inländische Investmentfonds unbeschränkt körperschaftsteuerpflichtig sind, ausländische Investmentfonds beschränkt steuerpflichtig.

§ 6 Abs. 2 InvStG regelt eine grds. Steuerbefreiung von Investmentfonds und führt als Ausnahme davon einige Einkunftsarten auf, für die keine Steuerbefreiung gilt.

2.8.6.6 § 6 Abs. 5 S. 2 InvStG

Der eingefügte S. 2 stellt klar, dass auch im Rahmen der KSt-Pflicht eines Investmentfonds die allgemeinen Abgrenzungskriterien zwischen Vermögensverwaltung und Gewerblichkeit nicht uneingeschränkt anzuwenden sind, sondern dass die Besonderheiten der Investmentanlage zu beachten sind. Von gewerblichen Einkünften (§ 49 Abs. 1 Nr. 2 EStG) ist nur auszugehen, wenn der Investmentfonds seine Vermögensgegenstände aktiv unternehmerisch bewirtschaftet.

2.8.6.7 § 6 Abs. 6a InvStG

Neu übernommen wird die Regelung aus § 23 Abs. 1 S. 4 EStG, wonach die Anschaffung oder Veräußerung einer unmittelbaren oder mittelbaren Beteiligung an einer Personengesellschaft als Anschaffung oder Veräußerung der anteiligen Wirtschaftsgüter gilt.

Insb. soll dadurch eine Besteuerungslücke für den Fall geschlossen werden, dass ein Investmentfonds einen Personengesellschaftsanteil nach Ablauf der zehnjährigen Behaltensfrist des § 23 Abs. 1 S. 1 Nr. 1 EStG veräußert. Bei der Veräußerung sind nun, unabhängig von Behaltensfristen, Wertsteigerungen oder Wertminderungen bei den von der Personengesellschaft gehaltenen Immobilien zu ermitteln und zu versteuern.

2.8.6.8 § 8 Abs. 4 InvStG

Inländische Beteiligungseinnahmen sind nur dann steuerbefreit, wenn der Investmentfonds die Voraussetzungen für eine Anrechenbarkeit der KapErtrSt nach § 36a EStG erfüllt. Die Neufassung des § 8 Abs. 4 InvStG stellt nunmehr klar, dass die Voraussetzungen des § 36a EStG auch dann erfüllt werden müssen, wenn es sich bei den Anlegern um Riester- oder Rürup-Sparer handelt.

2.8.6.9 § 17 Abs. 1 S. 1 bis 3 InvStG

§ 17 InvStG regelt die Möglichkeit zur steuerfreien Ausschüttung von eingelegtem Kapital in der Abwicklungsphase eines Investmentfonds. Während der Abwicklung eines Investmentfonds sind Ausschüttungen eines Kalenderjahres insoweit als steuerfreie Kapitalrückzahlung zu behandeln, wie der letzte in diesem Kalenderjahr festgesetzte Rücknahmepreis die fortgeführten Anschaffungskosten unterschreitet. Maßgeblich sind bei bestandsgeschützten Alt-Anteilen die fiktiven Anschaffungskosten, sonst die tatsächlichen Anschaffungskosten. Die Änderung des § 17 Abs. 1 S. 1 InvStG schließt negative Anschaffungskosten aus. Eine steuerfreie Kapitalrückzahlung ist erst möglich, wenn zuvor alle vom Anleger erzielten Wertsteigerungen besteuert wurden.

2.8.7 Geplante, aber nicht umgesetzte Gesetzesvorhaben

Entgegen dem ursprünglichen Gesetzesentwurf der Bundesregierung wurden einige Vorhaben auf Empfehlung des Finanzausschusses letztlich nicht umgesetzt.[57] Hierbei handelt es sich insb. um folgende Vorhaben:

2.8.7.1 Einkommensteuerbefreiung von Sachleistungen im Rahmen alternativer Wohnformen (§ 3 Nr. 49 EStG)

Mit dem letztlich nicht eingeführten § 3 Nr. 49 EStG sollte die Steuerfreiheit von Sachleistungen im Rahmen alternativer Wohnformen. Derartige Wohnprojekte basieren auf dem Grundgedanken, dass Wohnraum gegen z. B. Unterstützung im Haushalt, Kinderbetreuung, Gartenarbeit oder Tierpflege zur Verfügung gestellt wird. Die Vorschrift sollte Überlassung einer Wohnung/Unterkunft und die übliche Verpflegung des Wohnraumnehmers sowie die Vorteile des Wohnraumgebers aus den Leistungen des Wohnraumnehmers steuerfrei stellen.

Nach dem Ergebnis der Beratungen des Finanzausschusses wurde die Neuregelung fallen gelassen. Die Koalitionsfraktionen der CDU/CSU und SPD betonten, dass derartige Sachverhalte nicht regelungsbedürftig seien.

2.8.7.2 Verfall von Optionen im Privatvermögen (§ 20 Abs. 2 S. 1 Nr. 3 Buchst. a EStG)

Der Regierungsentwurf enthielt eine Änderung des § 20 Abs. 2 EStG, wonach der Verfall von Optionen im Privatvermögen einkommensteuerrechtlich nicht mehr geltend gemacht werden könnten.

Der BFH hatte in drei Urteilen die Auffassung vertreten, dass die Anschaffungskosten für Optionen steuerlich auch dann zu berücksichtigen sind, wenn die Option innerhalb der Optionsfrist nicht ausgeübt wurde (Optionsverfall),[58] da § 20 Abs. 2 S. 1 Nr. 3 Buchst. a EStG nicht verlangt, dass die entsprechenden Gewinne aus Termingeschäften durch »Beendigung des Rechts« erzielt werden.

---

57 BT-Drs. 19/14873.
58 BFH, Urteil v. 12.1.2016, IX R 48/14, BStBl II 2016, S. 456; BFH, Urteil v. 12.1.2016, IX R 49/14, BStBl II 2016, S. 459; BFH, Urteil v. 12.12.2016, IX R 50/14, BStBl II 2016, S. 462.

Die verabschiedete Fassung des JStG 2019 enthält diese Regelung nicht. Allerdings wurde in das Gesetz zur Einführung einer Pflicht zur Mitteilung grenzüberschreitender Steuergestaltungen[59] eine abgeschwächte Regelung eingefügt.

2.8.7.3 Verfall von Kapitalanlagen (§ 20 Abs. 2 S. 3 EStG)

Ebenso gestrichen wurde eine Ergänzung des § 20 Abs. 2 EStG, wodurch deutlich werden sollte, dass ein Verlust, der durch den Ausfall einer Kapitalforderung oder die Ausbuchung einer Aktie entsteht, steuerlich unbeachtlich ist.

Diese Änderung sollte dem BFH-Urteil vom 24.10.2017,[60] nachdem der endgültige Ausfall einer Kapitalforderung auch in der privaten Vermögenssphäre zu einem steuerlich anzuerkennenden Verlust nach § 20 Abs. 2 S. 1 Nr. 7 i. V. mit S. 2 EStG führt, entgegentreten.

Auch hierzu wurde in das Gesetz zur Einführung einer Pflicht zur Mitteilung grenzüberschreitender Steuergestaltungen[61] eine Regelung eingefügt.

2.8.7.4 Steuerbefreiung im Bildungsbereich (§ 4 Nr. 21 UStG)

§ 4 Nr. 21 UStG sollte vollständig neu gefasst werden. Die Steuerbefreiung sollte insb. betreffen:
- Öffentliche Bildungseinrichtungen, z. B. öffentliche allgemeinbildende oder berufsbildende Schulen, öffentliche Hochschulen, Volkshochschulen, wenn diese als juristische Personen des öffentlichen Rechts organisiert sind, oder berufsständische Kammern
- Private Bildungseinrichtungen, wenn deren Zielsetzung mit der einer Bildungseinrichtung des öffentlichen Rechts vergleichbar ist.
- Selbstständige Lehrer, die als freie Mitarbeiter Unterrichtsleistungen an Schulen oder Hochschulen erbringen.

Nicht befreit sollten Leistungen sein, die nach ihrer Zielsetzung der reinen Freizeitgestaltung dienen.

Die Voraussetzung, die eine Bescheinigung der zuständigen Landesbehörde verlangt, sollte entfallen, stattdessen sollten Finanzbehörden das Vorliegen aller Tatbestandsmerkmale in eigener Verantwortung prüfen.

Aufgrund der eingegangenen Stellungnahmen zum Regierungsentwurf wurde auf die Neuregelung der USt-Befreiung von Bildungsleistungen zunächst verzichtet.

---

59 BT-Drs. 19/15876.
60 BFH, Urteil v. 24.10.2017, VIII R 13/15, BFH/NV 2018, S. 280.
61 BT-Drs. 19/15876.

2.9 Gesetz zur steuerlichen Förderung von Forschung und Entwicklung (Forschungszulagengesetz – FZulG)

2.9.1 Einleitung

Im Koalitionsvertrag hat sich die Koalition dafür ausgesprochen, die Investitionen in Forschung und Entwicklung zu erhöhen und eine steuerliche Förderung von Forschung und Entwicklung zu etablieren, die insb. kleine und mittelgroße Unternehmen im Fokus hat. Durch eine steuerliche Forschungsförderung will die Bundesregierung erreichen, dass insb. die kleinen und mittelgroßen Unternehmen vermehrt in Forschung und Entwicklungstätigkeiten investieren. Erreicht werden soll dieses Ziel durch eine zielgerichtete Ausgestaltung der Förderung, ohne dass die größeren Unternehmen von der Förderung gänzlich ausgeschlossen werden. Dazu wird eine steuerliche Förderung von Forschung und Entwicklung in Form einer Forschungszulage eingeführt.[62] Geregelt wird sie in einem eigenständigen Gesetz als steuerlichem Nebengesetz zum EStG und zum KStG, das für alle steuerpflichtigen Unternehmen gleichermaßen gilt, unabhängig von deren Größe, der jeweiligen Gewinnsituation und dem Unternehmenszweck. Die Vorteile eines eigenständigen Gesetzes mit Rechtsanspruch und Gewährung einer von der Steuerfestsetzung unabhängigen Zulage (Prämie) sieht die Regierung in einer besseren Übersichtlichkeit der Regelung, einer klaren Abgrenzung von anderen steuerlichen Regelungen und einer einfacheren Handhabung für anspruchsberechtigte Unternehmen. In einem eigenständigen Gesetz können alle Tatbestandsvoraussetzungen, Umfang und Höhe der Förderung sowie die Prüfung der Förderkriterien übersichtlich und umfassend geregelt werden, ohne dass in besonderer Weise auf andere steuerliche Regelungen Bezug genommen werden müsste.

Der Deutsche Bundestag hat am 7.11.2019 das Gesetz zur steuerlichen Förderung von Forschung und Entwicklung (BT-Drs. 19/10940, 19/11728, 19/13175 Nr. 11) in 2./3. Lesung beschlossen.

Nach dem Bundestag hat auch der Bundesrat am 29.11.2019 dem FZulG zugestimmt. Das Gesetz wurde am 20.12.2019 im BGBl veröffentlicht und trat am 1.1.2020 in Kraft.[63]

2.9.2 Die Regelungen im Überblick

Anspruchsberechtigt sind Steuerpflichtige (natürliche Personen, Körperschaften und Personengesellschaften) mit Gewinneinkünften (§ 2 Abs. 1 S. 1 Nr. 1 bis 3 EStG).

Forschungs- und Entwicklungsvorhaben sind begünstigt, soweit sie einer oder mehreren der Kategorien Grundlagenforschung, industrielle Forschung oder experimentelle Entwicklung zuzuordnen sind. Die genaueren Begriffsbestimmungen ergeben sich aus einer Anlage zu § 2 FZulG. Um

---

[62] *Gehrs/Brügge*, Das Forschungszulagengesetz, StuB 2019, S. 501; *Titgemeyer*, Zur steuerlichen Förderung von Forschung und Entwicklung (FuE) in Deutschland, DStR 2019, S. 1274.
[63] BGBl I 2019, S. 2763.

als Forschung und Entwicklung eingestuft zu werden, muss danach eine Tätigkeit neuartig, schöpferisch, ungewiss in Bezug auf das Endergebnis, systematisch sowie übertragbar und/oder reproduzierbar sein. Diese können im Rahmen einer eigenbetrieblichen Forschung und/oder als Auftragsforschung oder auch als Kooperation mit mindestens einem anderen Unternehmen durchgeführt werden.

Auftragsforschung ist aber nur dann begünstigt, wenn der Auftragnehmer seinen Sitz in einem Mitgliedstaat der EU hat oder in einem anderen Staat, auf den das Abkommen über den Europäischen Wirtschaftsraum (EWR-Abkommen) Anwendung findet und der aufgrund vertraglicher Verpflichtung Amtshilfe entsprechend dem EU-Amtshilfegesetz in einem Umfang leistet, der für die Überprüfung der Anspruchsvoraussetzungen erforderlich ist.

Förderfähige Aufwendungen sind die Arbeitslöhne und Ausgaben des Arbeitgebers für die Zukunftssicherung von Arbeitnehmern, soweit diese mit Forschungs- und Entwicklungstätigkeiten in begünstigten Forschungs- und Entwicklungsvorhaben betraut sind. Diese fließen mit dem 1,2-Fachen in die Bemessungsgrundlage ein. Förderfähig können auch Eigenleistungen eines Einzelunternehmers oder Tätigkeitsvergütungen für Gesellschafter sein. Für in Auftrag gegebene Forschungs- und Entwicklungsvorhaben betragen die förderfähigen Aufwendungen 60 % des an den Auftragnehmer gezahlten Entgelts (§ 3 FZulG).

Die Forschungszulage beträgt 25 % der Bemessungsgrundlage. Diese ist begrenzt auf max. 2 Mio. € im Wirtschaftsjahr.

Die absolute Obergrenze der für ein Forschungs- und Entwicklungsvorhaben zulässigen staatlichen Beihilfen beträgt (einschließlich der Forschungszulagen) pro Unternehmen und Forschungs- und Entwicklungsvorhaben 15.000.000 € (§ 4 Abs. 2 FZulG).

Die Forschungszulage wird auf Antrag gewährt. Dieser ist beim zuständigen FA nach Ablauf des Wirtschaftsjahres der Lohnzahlungen bzw. entstandenen Aufwendungen zu stellen. In dem Antrag sind die Forschungs- und Entwicklungsvorhaben, für die eine Forschungszulage beantragt wird, sowie die förderfähigen Aufwendungen i. S. d. § 3 so genau zu bezeichnen, sodass ihre Überprüfung möglich ist (§ 5 FZulG).

Grundlage für die Festsetzung der Forschungszulage ist eine Bescheinigung, die das Vorliegen der Voraussetzungen des § 2 FZulG für das Forschungs- und Entwicklungsvorhaben feststellt (§ 6 FZulG). Die Bescheinigung ist dem Antrag hinzuzufügen.

Die Forschungszulage kann für förderfähige Aufwendungen geltend gemacht werden, die nach dem 31.12.2019 entstanden sind (§ 8 FZulG).

Die festgesetzte Forschungszulage wird bei der nächsten Veranlagung zur ESt oder KSt vollständig auf die festgesetzte Steuer angerechnet. Bei Mitunternehmern erfolgt eine gesondert und einheitliche Feststellung der Beträge und die Anrechnung bei der ESt-Veranlagung der Mitunternehmer

(§ 10 FZulG). Soweit die anzurechnende Forschungszulage die festgesetzte ESt oder KSt (ggf. gemindert um anzurechnende Steuerbeträge oder Vorauszahlungen) übersteigt, wird sie ausgezahlt.

2.10 Gesetz zur Rückführung des Solidaritätszuschlags

2.10.1 Einleitung

Seit dem 1.1.1995 wird nach dem Solidaritätszuschlaggesetz 1995 (SolZG) ein SolZ zur ESt und KSt in Form einer Ergänzungsabgabe (§ 1 Abs. 1 SolZG) i. S. v. Art. 106 Abs. 1 Nr. 6 GG erhoben.

Bereits durch den Vorlagebeschluss des Niedersächsischen FG vom 21.8.2013,[64] ist beim BVerfG ein Normenkontrollverfahren anhängig.[65] Das BVerfG soll in diesem Verfahren entscheiden, ob der SolZ im Jahr 2007 verfassungsgemäß war.

Wie im Koalitionsvertrag vereinbart, hat das Bundeskabinett am 21.8.2019 den Gesetzentwurf eines Gesetzes zur Rückführung des Solidaritätszuschlags auf den parlamentarischen Weg gebracht. Danach fällt der SolZ teilweise weg.

Allerdings fordert (nicht nur) der Bundesrechnungshof die komplette Abschaffung des Solidaritätszuschlags bereits ab 2020. Nach seiner Einschätzung berge die teilweise Beibehaltung erhebliche Risiken verfassungsrechtlicher und finanzwirtschaftlicher Art, da die Grundlage für den SolZ Ende 2019 wegfalle.[66]

Der Gesetzentwurf wurde am 24.10.2019 in erster Lesung beraten und an den Finanzausschuss verwiesen. Mitberaten wurde ein Antrag der FDP-Fraktion,[67] den SolZ schon 2020 komplett abzuschaffen.

Nachdem der Finanzausschuss die unveränderte Annahme des Gesetzentwurfs empfohlen hatte, wurde das Gesetz vom Bundestag in 2./3. Lesung am 14.11.2019 beschlossen. Der Antrag der FDP auf komplette Abschaffung wurde abgelehnt. Der Bundesrat hat am 29.11.2019 das vom Bundestag verabschiedete Gesetz zur Rückführung des Solidaritätszuschlags 1995 gebilligt. Die Veröffentlichung im BGBl erfolgte am 12.12.201.[68]

---

64 Niedersächsisches FG, Vorlagebeschluss v. 21.8.2013, 7 K 143/08, GmbH-Stpr 2013, S. 10.
65 Az. beim BVerfG 2 BvL 6/14.
66 Pressemitteilung des BRH v. 4.6.2019.
67 BT-Drs. 19/14286.
68 BGBl I 2019, S. 2115.

2.10.2 Alte Rechtslage

Der SolZ wird insb. auf die ESt, LSt und KSt erhoben und beträgt gegenwärtig i. d. R. 5,5 % der Bemessungsgrundlage.

Der Regelsteuersatz von 5,5 % kann bereits aktuell in bestimmten Einzelfällen unterschritten werden. Der SolZ wird erst bei Überschreiten der »Nullzone« (§ 3 Abs. 3 SolZG) erhoben, die seit dem Jahr 2002 bei Anwendung der Grundtabelle 972 €, bei Anwendung der Splittingtabelle 1.944 € beträgt.

Bei Überschreiten der Nullzone kommt in einer Übergangszone ein gemilderter SolZ zum Ansatz. Der SolZ beträgt nach § 4 S. 2 SolZG nicht mehr als 20 % des Unterschiedsbetrags zwischen der Bemessungsgrundlage und der Nullzone.

2.10.3 Neue Rechtslage ab 2021

Nach dem Gesetz zur Rückführung des Solidaritätszuschlags[69] vom 10,12.2019 wird der SolZ über den VZ 2021 hinaus fortgeführt. Allerdings wird die Nullzone mit Wirkung ab dem VZ 2021 stark erhöht.

Diese beträgt bei Anwendung des Grundtarifs 16.956 €, bei Anwendung des Splittingsverfahrens 33.912 €. Durch die Anhebung der Nullzone ergeben sich auch Folgewirkungen auf den Übergangsbereich. Damit werden zu versteuernde Einkommen bei Anwendung des Grundtarifs von unter ca. 60.000 € (Splittingsverfahren ca. 120.000 €) nicht mehr mit dem SolZ belastet. Das betrifft nach Angaben der Bundesregierung rund 90 % aller Zahler des SolZ zur LSt und veranlagten ESt.

Für die KSt gelten die Nullzone und auch der Übergangsbereich nicht. Damit kommt die Entlastung hier nicht zur Anwendung.

Bei Anwendung der pauschalen LSt gelten die Nullzone und der Übergangsbereich ebenfalls nicht.[70] Darüber hinaus haben diese Regelungen auch keine Geltung bei Kapitalerträgen, die der Abgeltungsteuer unterliegen (§ 3 Abs. 3 S. 2 SolZG und § 4 S. 4 SolZG). Für beide Bereiche tritt somit ebenfalls keine Entlastung ein.

---

69 BT-Drs. 19/14103; BGBl I 2019, S. 2115.
70 BFH, Urteil v. 1.3.2002, VI R 171/98, BStBl II 2002, S. 440.

2.11 Gesetz zur Umsetzung der Änderungsrichtlinie zur Vierten EU-Geldwäscherichtlinie

2.11.1 Einleitung

Das Gesetz vom 12.12.2019 enthält zahlreiche neue Maßnahmen für eine verstärkte Verhinderung und Bekämpfung von Geldwäsche und Terrorismusfinanzierung. Dabei wurden das bestehende Geldwäschegesetz und andere den Finanzsektor betreffende Gesetze angepasst. Damit wird das nationale Recht an die Änderungsrichtlinie zur Vierten EU-Geldwäscherichtlinie (EU) 2015/849[71] angepasst.

Das Gesetz wurde am 14.11.2019 vom Bundestag verabschiedet.[72] Der Bundesrat stimmte dem Gesetz am 22.11.2019 zu, die Veröffentlichung im BGBl erfolgte am 19.12.2019.[73] Es tritt überwiegend zum 1.1.2020 in Kraft.

2.11.2 Überblick über wesentlichen Änderungen

2.11.2.1 Erweiterung des geldwäscherechtlichen Verpflichtetenkreis (§ 2 GwG)

Der Verpflichtetenkreis nach § 2 GwG wurde insb. um folgende Personenkreise bzw. Tätigkeiten erweitert:

- Zahlungsinstitute und E-Geld-Institute, die ihren Sitz in einem anderen EWR-Staat haben und die im Inland über Agenten sowie über E-Geld-Agenten niedergelassen sind
- Einbeziehung weiterer Tätigkeiten von Rechtsanwälten, Kammerrechtsbeiständen, Patentanwälten sowie Notaren
- Mietmakler bei der Vermittlung von Mietverträgen mit einer monatlichen Miete i. H. v. mindestens 10.000 €
- Güterhändler und Kunstlagerhalter, soweit die Lagerhaltung in Zollfreigebieten erfolgt
- Gerichte sowie Behörden bei öffentlichen Versteigerungen

Durch die Aufnahme des Kryptoverwahrgeschäftes in den Katalog der Finanzdienstleistungen nach § 1 Abs. 1 a Nr. 6 KWG werden auch Unternehmen, die das Kryptoverwahrgeschäft betreiben, Verpflichtete nach § 2 Abs. 1 Nr. 2 GwG.

---

71 RL (EU) 2018/843 des Europäischen Parlaments und des Rates v. 30.5.2018 zur Änderung der RL (EU) 2015/849 zur Verhinderung der Nutzung des Finanzsystems zum Zwecke der Geldwäsche und der Terrorismusfinanzierung und zur Änderung der RL 2009/138/EG und 2013/36/EU.
72 BR-Drs. 352/19, BT-Drs. 19/13827; Empfehlung des Finanzausschusses BT-Drs. 19/15163; BR-Drs. 598/18.
73 BGBl I 2019, S. 2602.

2.11.2.2 Risikomanagement (§ 4 GwG)

Die Anforderungen an das Risikomanagement von Immobilienmaklern sowie von Güterhändlern und Kunstlagerhaltern in Zollfreigebieten sind verstärkt worden.

Die Grenzen betragen in Zukunft bei
- Kunstgegenständen 10.000 €
- Barzahlungen von hochwertigen Gütern (z. B. Edelmetallen) ab 2.000 €
- Barzahlungen von sonstigen Gütern ab 10.000 €
- Kunstvermittlern und Kunstlagerhaltern ab 10.000 €

2.11.2.3 Gruppenweite Sorgfaltspflichten (§ 9 GwG)

Die Anforderungen an die Einhaltung von geldwäscherechtlichen Pflichten auf Gruppenebene (§ 9 GwG) wurden angepasst, außerdem wurde § 9 GwG in Bezug auf nachgeordnete Unternehmen, deren Mutterunternehmen keine gruppenweiten Pflichten zu beachten haben, angepasst.

2.11.2.4 Verstärkte Sorgfaltspflichten (§ 15 GwG)

Die Vorschrift wurde teilweise neu gefasst. Danach sind insb. bei grenzüberschreitenden Korrespondenzbeziehungen, Geschäftsbeziehungen zu politisch exponierten Personen und Geschäftsbeziehungen in Drittstaaten mit hohem Risiko verstärkte Sorgfaltspflichten zu beachten.

2.11.2.5 Ausführung der Sorgfaltspflichten durch Dritte (§ 17 GwG)

§ 17 GwG wurde konkretisiert und um eine Anwendungserleichterung erweitert. Verpflichtete können danach auf bereits erfolgte Identifizierungen eines Dritten zurückgreifen, wenn dieser die Person im Rahmen einer eigenen Geschäftsbeziehung identifiziert hatte und die Identifizierung nicht älter als 24 Monate ist (§ 17 Abs. 3a GwG).

2.11.2.6 Transparenzregister (§§ 23 und 23a GwG)

Das Gesetz erweitert den Kreis der Einsichtsberechtigten in das Transparenzregister erheblich. Nunmehr haben alle Mitglieder der Öffentlichkeit ein Recht zur Einsichtnahme, ohne dass ein besonderes Interesse vorliegen muss. Außerdem wird dem wirtschaftlich Berechtigten ein Auskunftsrecht über erfolgte Einsichtnahmen eingeräumt. Die Auskunft ist gebührenpflichtig.

Nach dem neuen § 23a GwG sind Unstimmigkeiten, die im Rahmen der geldwäscherechtlichen Prüfung durch Verpflichtete oder im Rahmen der Einsichtnahme von Behörden auffallen, der registerführenden Stelle zu melden.

Neue Steuergesetzgebung

2.11.2.7 Informationsabruf (§ 26a GwG)

Der neu eingeführte § 26a GwG regelt den Abruf von Informationen durch die Zentralstelle für Finanztransaktionsuntersuchungen und die Strafverfolgungsbehörden.

2.12 Gesetz zur Umsetzung des Klimaschutzprogramms 2030 im Steuerrecht

2.12.1 Einleitung

Hintergrund des Gesetzes[74] ist die Verpflichtung, die auch Deutschland im Rahmen der Weltklimakonferenz 2015 in Paris eingegangen ist, die Erderwärmung auf deutlich unter 2°Celsius und möglichst auf 1,5°Celsius zu begrenzen. Mit dem Klimaschutzprogramm 2030, zu dem auch das Gesetz gehört, verfolgt die Bundesregierung einen Ansatz, mit einem breiten Maßnahmenbündel die vorgegebenen Klimaschutzziele zu erreichen.

Das Gesetzt tritt grds. zum 1.1.2020 in Kraft, die befristete Anhebung der Entfernungspauschale sowie die befristete Gewährung einer Mobilitätsprämie jedoch erst am 1.1.2021.

Das Gesetz wurde zunächst am 15.11.2019 durch den Bundestag verabschiedet,[75] durch den Bundesrat aber in den Vermittlungsausschuss verwiesen. Die geänderte Fassung des Gesetzes[76] wurde am 19.12.2019 vom Bundestag verabschiedet. Die Veröffentlichung erfolgte mit dem BGBl vom 30.12.2019.[77]

2.12.1.1 Steuerermäßigung für energetische Maßnahmen bei zu eigenen Wohnzwecken genutzten Gebäuden (§ 35c EStG)

Mit dem neuen § 35c EStG werden energetische Sanierungsmaßnahmen an selbstgenutzten Wohngebäuden durch einen progressionsunabhängigen Steuerabzug steuerlich gefördert. Steuerlich gefördert werden gem. Abs. 1 S. 1 folgende abschließend aufgezählte Einzelmaßnahmen:
- Wärmedämmung von Wänden
- Wärmedämmung von Dachflächen
- Wärmedämmung von Geschossdecken
- Erneuerung der Fenster oder Außentüren
- Erneuerung oder Einbau einer Lüftungsanlage
- Erneuerung der Heizungsanlage

---

74 BT-Drs. 19/14338; *Seifert*, Gesetz zur Umsetzung des Klimaschutzprogramms 2030 im Steuerrecht, StuB 2019, S. 832.
75 Beschlussempfehlung des Finanzausschusses BT-Drs. 19/15229 und 19/15125.
76 BT-Drs. 19/16060.
77 BGBl I 2019, S. 2886.

- Einbau von digitalen Systemen zur energetischen Betriebs- und Verbrauchsoptimierung
- Optimierung bestehender Heizungsanlagen, sofern diese älter als zwei Jahre sind
- Kosten für Energieberater

Steuerlich gefördert werden auch die Aufwendungen, die dem Steuerpflichtigen dadurch entstehen, dass die Durchführung der energetischen Maßnahmen durch einen Energie-Effizienz-Experten begleitet oder beaufsichtigt wird.

Begünstigt sind ausschließlich selbstgenutzte Wohngebäude, die bei der Durchführung der energetischen Maßnahme älter als 10 Jahre sind. Maßgebend für die Fristberechnung ist der Beginn der Herstellung. Eine Nutzung zu eigenen Wohnzwecken liegt auch vor, wenn Teile einer zu eigenen Wohnzwecken genutzten Wohnung anderen Personen unentgeltlich zu Wohnzwecken überlassen werden. Der Anspruch auf die Steuerermäßigung wird nicht dadurch ausgeschlossen, dass der Steuerpflichtige das begünstigte Objekt, an dem er Sanierungsmaßnahmen vorgenommen hat, erst im Kalenderjahr der Maßnahme erworben oder veräußert hat. In diesen Fällen ist es nicht notwendig, dass der Steuerpflichtige das Objekt das gesamte Kalenderjahr zu eigenen Wohnzwecken nutzt. Es reicht aus, wenn die Selbstnutzung im jeweiligen Kalenderjahr ab der Anschaffung bzw. bis zur Veräußerung erfolgt.

Die Förderung erfolgt durch den Abzug von der Steuerschuld. Dabei kann der Steuerpflichtige im Jahr des Abschlusses der Maßnahme einen Betrag von höchstens 7 % der Aufwendungen, höchstens jeweils 14 000 €, im zweiten folgenden Kalenderjahr 6 % der Aufwendungen – höchstens 12.000 € für das Objekt steuerlich geltend machen. Kosten für Energieberater werden mit 50 % gefördert.

Insgesamt kann im Förderzeitraum von 2020 bis 2029 je Objekt ein Förderbetrag i. H. v. 20 % der Aufwendungen, höchstens jedoch 40.000 €, für diese begünstigten Einzelmaßnahmen geltend gemacht werden. Damit können Aufwendungen bis zu 200.000 € berücksichtigt werden. Auch bei mehreren Miteigentümern wird die Förderung nur einmal für das Objekt gewährt.

Steht das begünstigte Objekt im Miteigentum mehrerer Personen, müssen die Sanierungsaufwendungen dem jeweiligen Miteigentümer nach dem Verhältnis seines Miteigentumsanteils zugerechnet werden. Hierfür kann eine einheitliche und gesonderte Feststellung der Sanierungsaufwendungen erforderlich sein. Örtlich zuständig ist das FA, in dessen Bezirk das Grundstück liegt.

Die Steuerermäßigungen können nur in Anspruch genommen werden, wenn durch eine nach amtlich vorgeschriebenem Muster erstellte Bescheinigung des ausführenden Fachunternehmens nachgewiesen wird, dass es sich um eine förderungsfähige Maßnahme handelt und dass weitere Bedingungen, die in einer Rechtsverordnung festgeschrieben sind, erfüllt sind. Eigenleistungen sind damit von der Förderung ausgeschlossen.

Weitere Voraussetzung für die Inanspruchnahme ist, dass eine ordnungsgemäße Rechnung in deutscher Sprache vorliegt, die die förderungsfähigen energetischen Maßnahmen, die Arbeitsleistung des Fachunternehmens und die Adresse des begünstigten Objekts ausweist. Außerdem muss die Zahlung der Rechnung unbar, d. h. auf das Konto des Erbringers der Leistung erfolgt sein.

Ausgeschlossen ist die Förderung, soweit die Aufwendungen als Betriebsausgaben, Werbungskosten, Sonderausgaben oder außergewöhnliche Belastungen berücksichtigt worden sind oder wenn für die energetischen Maßnahmen eine Steuerbegünstigung nach § 10f EStG oder eine Steuerermäßigung nach § 35a EStG in Anspruch genommen wird oder es sich um eine öffentlich geförderte Maßnahme handelt, für die zinsverbilligte Darlehen oder steuerfreie Zuschüsse in Anspruch genommen werden.

Gefördert werden Baumaßnahmen, die nach dem 31.12.2019 begonnen und die vor dem 1.1.2030 abgeschlossen sind (§ 52 Abs. 35a EStG)

Den Entwurf einer Verordnung zur Bestimmung von Mindestanforderungen für energetische Maßnahmen bei zu eigenen Wohnzwecken genutzten Gebäuden (§ 35c EStG) hat die Finanzverwaltung am 4.11.2019 bekanntgegeben.[78]

Darin wird geregelt, welche Mindestanforderungen für die energetischen Maßnahmen einzuhalten sind. Zudem wird der Begriff des Fachunternehmens klargestellt.

2.12.1.2 Befristetete Erhöhung der Entfernungspauschale (§ 9 Abs. 1 S. 3 Nr. 4 und Nr. 5 EStG, § 4 Abs. 5 S. 1 Nr. 6 EStG)

Befristet vom 1.1.2021 bis zum 31.12.2026 ist die Entfernungspauschale zur Entlastung der Fernpendler ab dem 21. Entfernungskilometer unabhängig vom benutzten Verkehrsmittel erhöht worden. Die Erhöhung beträgt
- 5 Cent für 2021 bis 2023
- 8 Cent für 2024 bis 2026

(§ 9 Abs. 1 S. 3 Nr. 4 EStG). Für die ersten 20 Kilometer verbleibt es bei der Pauschale von 30 Cent je Entfernungskilometer. Der Höchstbetrag der Entfernungspauschale beträgt 4.500 € im Kalenderjahr. Wird ein Pkw benutzt, ist ein höherer Betrag anzusetzen.

Die höhere Entfernungspauschale soll Steuerpflichtige mit besonders langen Arbeitswegen entlasten, da sie am stärksten durch die sich aus der mit dem Klimaschutzprogramm beschlossenen

---

[78] S. unter: https://www.bundesfinanzministerium.de/Content/DE/Standardartikel/Themen/Steuern/Steuerarten/Einkommensteuer/2019-11-06-RVO-Par-35c-EStG-a.html?pk_kwd=06.11.2019_Entwurf+der+Verordnung+zur+Bestimmung+von+Mindestanforderungen+f%C3%BCr+energetische+Ma%C3%9Fnahmen+bei+zu+eigenen+Wohnzwecken+genutzten+Geb%C3%A4uden+35c+Einkommensteuergesetz+&pk_campaign=Newsletter-06.11.2019.

CO_2-Bepreisung ergebenden Erhöhung betroffen sind. Zum anderen sollen sie einen Anreiz erhalten, auf andere Verkehrsmittel umzusteigen.

Auch für diejenigen Steuerpflichtigen, die einen beruflich veranlassten doppelten Haushalt führen, gelten die höheren Pauschalen für eine Familienheimfahrt wöchentlich ab dem 21. Entfernungskilometer (§ 9 Abs. 1 S. 3 Nr. 5 EStG).

Die Änderung ist auch auf Fahrten zwischen Wohnung und Betrieb im Rahmen der Gewinnermittlung anzuwenden (§ 4 Abs. 5 S. 1 Nr. 6 EStG).

2.12.1.3 Mobilitätsprämie (§§ 101 bis 109 EStG)

Für Pendler/innen, die mit ihrem zu versteuernden Einkommen innerhalb des Grundfreibetrags liegen, sollen für die VZ 2021 bis 2026 alternativ zu den erhöhten Entfernungspauschalen ab dem 21. Entfernungskilometer eine Mobilitätsprämie i. H. v. 14 % dieser erhöhten Pauschale wählen können.

Die Mobilitätsprämie wird für Wege zwischen Wohnung und erster Tätigkeitsstätte oder Betriebsstätte sowie für eine Familienheimfahrt wöchentlich im Rahmen einer doppelten Haushaltsführung gewährt. Ein Anspruch besteht nur, soweit das zu versteuernde Einkommen, unter Berücksichtigung der erhöhten Entfernungspauschalen ergibt, unterhalb des Grundfreibetrags i. S. d. § 32a EStG liegt. Bei Ehegatten, die nach §§ 26, 26b EStG zusammen zur ESt veranlagt werden, sind das gemeinsame zu versteuernde Einkommen und der doppelte Grundfreibetrag maßgebend. Eine doppelte Begünstigung durch die erhöhte Entfernungspauschale und die Gewährung der Mobilitätsprämie ist somit ausgeschlossen.

Bemessungsgrundlage für die Mobilitätsprämie sind grds. die erhöhten Entfernungspauschalen ab dem 21. Entfernungskilometer. Bei Arbeitnehmern gilt dies nur, soweit durch die erhöhten Entfernungspauschalen zusammen mit den übrigen Werbungskosten der Arbeitnehmer-Pauschbetrag überschritten wird.

Die Mobilitätsprämie beträgt 14 % dieser Bemessungsgrundlage. Der Prozentsatz entspricht dem Eingangssteuersatz im ESt-Tarif.

Für die Mobilitätsprämie ist ein Antrag notwendig. Dieser ist bei dem zuständigen FA des Antragstellers zu stellen, i. d. R. zusammen mit der ESt-Erklärung. Dieser kann bis zum Ablauf des vierten Kalenderjahres, das auf das Kalenderjahr folgt, in dem die Mobilitätsprämie entsteht, gestellt werden.

Die Mobilitätsprämie gehört nicht zu den steuerpflichtigen Einnahmen.

Für die Mobilitätsprämie gelten die Straf- sowie die Bußgeldvorschriften entsprechend.

2.12.1.4 Steuersatz für die Beförderung von Personen im inländischen Schienenbahnfernverkehr (§ 12 Abs. 2 Nr. 10 UStG)

Mit der Gesetzesänderung wurde auch der USt-Satz für die Beförderung von Personen im inländischen Schienenbahnfernverkehr ermäßigt. Nach § 12 Abs. 2 Nr. 10 UStG werden bislang u. a. die Umsätze im schienengebundenen Personennahverkehr ermäßigt besteuert. Voraussetzung ist, dass die Beförderungsleistung innerhalb einer Gemeinde ausgeführt wird oder die Beförderungsstrecke nicht mehr als 50 Kilometer beträgt. Die Begünstigung wurde nun auf den schienengebundenen Personenfernverkehr im Inland erweitert, ohne dass es auf die Beförderungsstrecke ankommt.

2.12.1.5 Gesonderte Hebesätze für Gebiete mit Windenergieanlagen (§ 25 Abs. 4 S. 1 und Abs. 5 GrStG)

Die geplante Änderung des GrStG, nach der den Gemeinden das Recht eingeräumt werden sollte, besondere Hebesätze in Gebieten für Windenergieanlagen zu erheben, die über den übrigen Hebesätzen liegen, wurde durch den Vermittlungsausschuss gestrichen.

2.13 EU-Doppelbesteuerungsabkommen-Streitbeilegungsgesetz (EU-DBA-SBG)

2.13.1 Einleitung

Mit dem EU-DBA-SBG setzt Deutschland die EU-Richtlinie über Verfahren zur Beilegung von Besteuerungsstreitigkeiten[79] in nationales Recht um. Es wurde vom Bundestag am 14.11.2019 verabschiedet. Nach der Zustimmung durch den Bundesrat am 22.11.2019, erfolgte am 12.12.2019 die Veröfftentlichung im BGBl.[80]

Mit dem Gesetz[81] wird ein weiteres Verfahren zur Beseitigung von Streitigkeiten über Doppelbesteuerungen in der EU in nationales Recht implementiert. Das Verfahren erweitert die Möglichkeiten, die auf Grundlage von DBA und des EU-Schiedsübereinkommens[82] für Gewinnberichtigungen zwischen verbundenen Unternehmen bereits bestehen, um eine doppelte steuerliche Belastung zu vermeiden.

---

79 RL (EU) 2017/1852) v. 10.10.2017 (Streitbeilegungsrichtlinie).
80 BGBl I 2019, S. 2103.
81 BT-Drs. 19/12112 v. 31.7.2019; BR Drs.600/19 v. 15.11.2019; BGBl I 2019, S. 2103.
82 RL 90/436/EWG.

Einen graphischen Überblick über das von der SBRL vorgegebene Streitbeilegungsverfahren gibt die folgende Darstellung:[83]

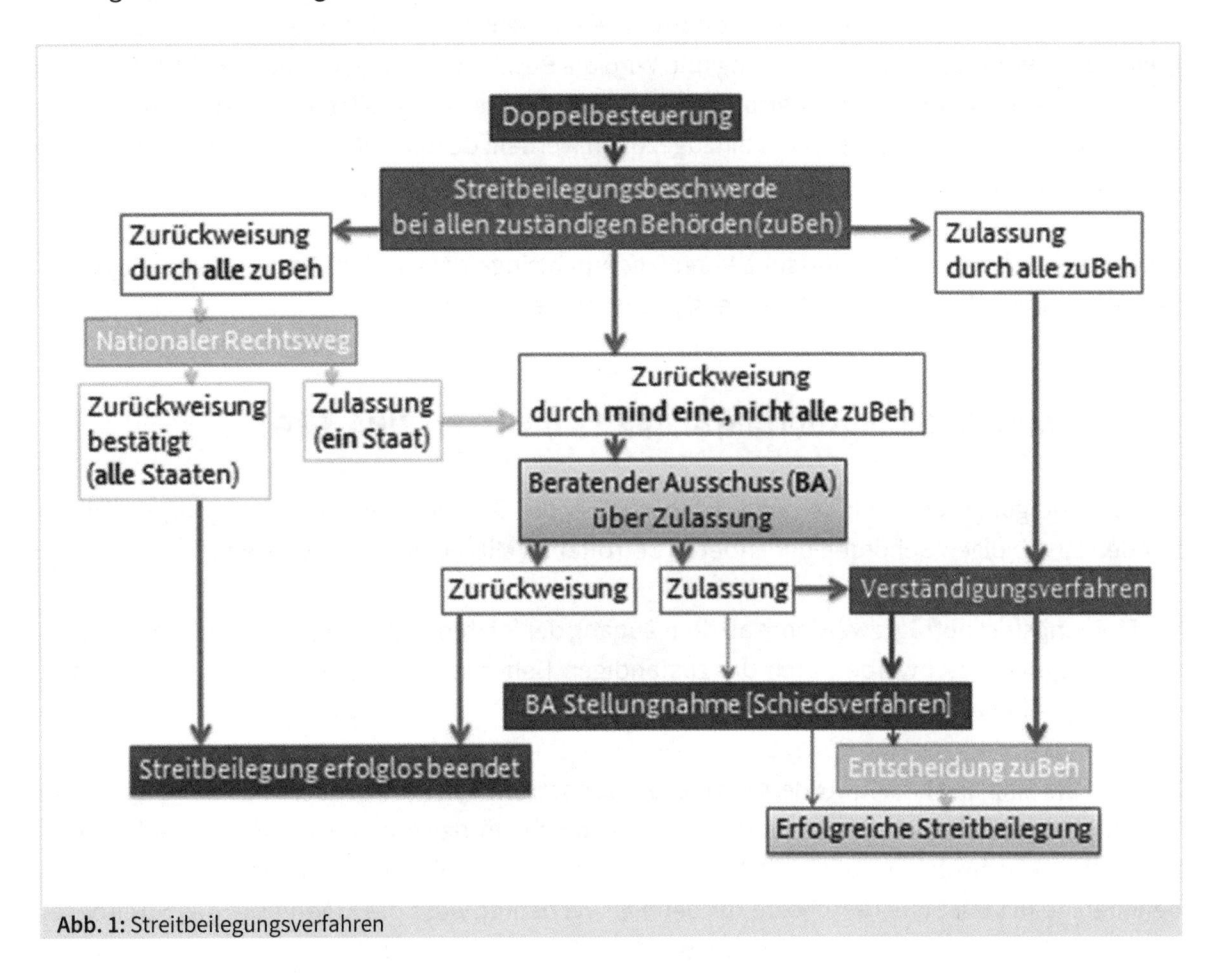

Abb. 1: Streitbeilegungsverfahren

2.13.2 Streitbeilegungsbeschwerde (§§ 4 bis 12 EU-DBA-SBG)

Der Steuerpflichtige, der sich durch eine Streitfrage belastet fühlt, kann eine Streitbeilegungsbeschwerde über die Streitfrage einreichen. Als Streitfrage werden rechtliche Meinungsunterschiede, die durch die Auslegung und Anwendung von Abkommen und Übereinkommen entstehen, definiert.

Die Streitbeilegungsbeschwerde muss innerhalb von drei Jahren nach Bekanntgabe der ersten Mitteilung der Maßnahme, die im Ergebnis zu der Streitfrage geführt hat oder führen wird, schriftlich bei allen zuständigen Behörden der betroffenen Mitgliedstaaten gleichzeitig und mit gleichen Angaben einzureichen (§ 4 Abs. 2 und 3 EU-DBA-SBG). In Deutschland ist nach § 2 Abs. 1 Nr. 5 EU-DBA-SBG das BZSt mit der Wahrnehmung der Aufgaben des BMF beauftragt. Das BZSt unterrichtet die zuständigen Behörden der anderen betroffenen Mitgliedstaaten innerhalb von zwei Monaten

---

[83] Quelle: BT-Drs. 19/12112, S. 27.

über den Eingang einer Streitbeilegungsbeschwerde (6 Abs. 2 EU-DBA-SBG). Es entscheidet innerhalb von 6 Monaten über die Zulassung oder Zurückweisung der Beschwerde (§ 8 Abs. 1 EU-DBA-SBG). Auch die anderen beteiligten Behörden teilen dem Steuerpflichtigen ihre Entscheidung über die Zulassung oder Zurückweisung mit. Wird die Beschwerde nicht von allen Behörden gleich beurteilt, kann auf Antrag der betroffenen Person, die die Streitbeilegungsbeschwerde eingereicht hat, ein Beratender Ausschuss hinzugezogen werden, der darüber berät, ob die Beschwerde zuzulassen oder zurückzuweisen ist (§ 10 Abs. 1 EU-DBA-SBG).

Gegen eine Ablehnung der Zulassung kann Einspruch eingelegt werden. Ist die Streitbeilegungsbeschwerde zugelassen, beginnt das Verständigungsverfahren.

2.13.3 Verständigungsverfahren (§§ 13 bis 16 EU-DBA-SBG)

Im Verständigungsverfahren bemüht sich das BZSt, die Streitfrage im Verständigungsverfahren mit den zuständigen Behörden der anderen betroffenen Mitgliedstaaten zu lösen.

Die Einigungsfrist beträgt zwei Jahre ab dem Zugang der letzten Mitteilung über die Zulassung der Streitbeilegungsbeschwerde durch die zuständigen Behörden der betroffenen Mitgliedstaaten bei der betroffenen Person.

Sobald eine Einigung erzielt wurde, wird diese jeder betroffenen Person durch das BZSt mitgeteilt. Sie wird für das BZSt und die örtlich zuständige Finanzbehörde verbindlich und von der betroffenen Person durchsetzbar, sofern die betroffene Person schriftlich auf die Einlegung von Rechtsbehelfen gegen die Steuerbescheide für den Fall verzichtet, dass die Ergebnisse des Streitbeilegungsverfahrens zutreffend umgesetzt werden (§ 15 Abs. 1 EU-DBA-SBG). Läuft bereits ein Verfahren, müssen Maßnahmen getroffen werden, um dieses Verfahren einzustellen (§ 15 Abs. 2 EU-DBA-SBG). Sobald alle Voraussetzungen erfüllt sind, ist die Entscheidung unter Anwendung von § 175a AO umzusetzen (§ 15 Abs. 3 EU-DBA-SBG).

Haben die zuständigen Behörden der betroffenen Mitgliedstaaten innerhalb der Einigungsfrist keine Einigung darüber erzielt, wie die Streitfrage gelöst werden kann, ist der Antragsteller zu informieren. Der Antragsteller kann nun die Beschwerde zurücknehmen oder die Einsetzung eines Beratenden Ausschusses beantragen.

Sofern ein Gericht eine rechtskräftige Entscheidung zu der Streitfrage erlassen hat, von der nach dem nationalen Recht dieses Mitgliedstaates nicht abgewichen werden darf, wird das Verfahren von Amts wegen beendet.

2.13.4 Schiedsverfahren (§§ 17 bis 20 EU-DBA-SBG)

Hat der Steuerpflichtige den Antrag auf Einsetzung des Beratenden Ausschusses gestellt, muss dieser innerhalb einer Frist von sechs Monaten nach seiner Einsetzung eine schriftliche Stellungnahme gegenüber den zuständigen Behörden abgeben. Eine Verlängerung um weitere drei Monate ist möglich (§ 17 Abs. 3 EU-DBA-SBG).

Die zuständigen Behörden haben danach sechs Monate Zeit die Streitfrage zu lösen, wobei sie von der Stellungnahme des Beratenden Ausschusses abweichen können, solange die Einigung einvernehmlich ist. Ist das nicht der Fall, sind sie an die Stellungnahme des Beratenden Ausschusses gebunden. Danach ist das Verfahren für die Bundesrepublik Deutschland verbindlich abgeschlossen (§ 18 EU-DBA-SBG).

Die zuständigen Behörden können auch vereinbaren, dass statt des Beratenden Ausschusses ein Ausschuss für alternative Streitbeilegung eingesetzt wird (§ 29 EU-DBA-SBG). Der Ausschuss kann sich dabei auch eines Verfahrens des »endgültigen Angebots« oder des »letzten besten Angebots« bedienen (§ 30 Abs. 4 EU-DBA-SBG).

2.13.5 Verfahrensvereinfachungen

Natürliche Personen und kleinere Unternehmen können die Anträge für die Streitbeilegungsbeschwerde, die Antwort auf Ersuchen um zusätzliche Informationen oder die Rücknahme des Streitbeilegungsantrags nur bei der zuständigen Behörde ihres Ansässigkeitstaats einreichen, anstatt bei allen zuständigen Behörden der betroffenen Mitgliedstaaten (§ 28 Abs. 1 EU-DBA-SBG).

Die zuständige Behörde des Ansässigkeitsstaates teilt darauf den Inhalt des entsprechenden Schreibens den zuständigen Behörden aller anderen betroffenen Mitgliedstaaten gleichzeitig und innerhalb einer Frist von zwei Monaten nach dessen Eingang mit (§ 28 Abs. 2 EU-DBA-SBG).

2.13.6 Anwendung und Inkrafttreten

Das Gesetz wurde am 12.12.2019 im BGBl verkündet[84] und trat am folgenden Tag in Kraft. Es ist anzuwenden auf alle Streitbeilegungsbeschwerden, die ab dem 1.7.2019 zu Streitfragen im Zusammenhang mit Einkommen und Vermögen eingereicht werden.[85]

---

84 BGBl I 2019, S. 2103.
85 BT-Drs. 19/15154, Beschlussempfehlung des Finanzausschusses, S. 8.

2.14 Gesetz zur Einführung einer Pflicht zur Mitteilung grenzüberschreitender Steuergestaltungen

2.14.1 Einleitung

Ziel dieses Gesetzes[86] ist es, grenzüberschreitende Steuervermeidungspraktiken und Gewinnverlagerungen zeitnah zu identifizieren und zu verringern.

Die Bundesregierung erwartet von der Einführung der Pflicht zur Mitteilung grenzüberschreitender Steuergestaltungen, dass die Steuerbehörden der Mitgliedstaaten der EU umfassende Informationen über die als relevant eingestuften Steuergestaltungen erhalten, um darauf ggf. reagieren zu können.

Der Entwurf orientiert sich an den Vorgaben der RL (EU) 2018/822. Dazu sollen die Abgabenordnung, das EU-Amtshilfegesetz und das Finanzverwaltungsgesetz ergänzt werden.[87]

Der Bundestag hat das Gesetz zur Einführung einer Pflicht zur Mitteilung grenzüberschreitender Steuergestaltungen am 12.12.2019 auf Empfehlung des Finanzausschusses beschlossen,[88] nachdem überraschend das Gesetz um Änderungen des EStG und des UStG erweitert worden war. Der Bundesrat hat dem Gesetz am 20.12.2019 zugestimmt.[89] Die Veröffentlichung erfolgte mit dem BGBl vom 30.12.2019.[90]

2.14.2 Die Änderungen im Überblick

2.14.2.1 Mitteilungspflicht

Die Mitteilungspflicht obliegt grds. dem »Intermediär«, in Ausnahmefällen dem Nutzer.

Intermediär ist nach § 138d Abs. 1 AO, wer eine grenzüberschreitende Steuergestaltung vermarktet, für Dritte konzipiert, organisiert oder zur Nutzung bereitstellt oder ihre Umsetzung durch Dritte verwaltet.

---

86 BT-Drs. 19/14685; BT-Drs. 19/15117 v. 13.11.2019.
87 BR-Drs. 489/19.
88 BT-Drs. 19/15876.
89 BR-Drs. 649/19.
90 BGBl I 2019, S. 2875.

Dabei sollen die Begriffe wie folgt verstanden werden:
- Unter Konzipieren ist das Planen, Entwerfen oder Entwickeln einer konkreten Steuergestaltung zu verstehen.
- Vermarktet wird eine Steuergestaltung, sobald sie auf den Markt gebracht und dort gegenüber Dritten (nicht verbundenen Unternehmen) angeboten wird.
- Zur Nutzung bereitstellen bedeutet, dass der Intermediär einem potenziellen Nutzer die für eine Umsetzung einer Steuergestaltung erforderlichen Informationen oder (Vertrags-)Unterlagen ausgehändigt oder anderweitig individuell zugänglich gemacht hat. Eine tatsächliche Umsetzung der Steuergestaltung durch den Nutzer ist hierbei noch nicht erforderlich. Die bloße Verbreitung allgemeiner Informationen über eine Steuergestaltung, z. B. durch Veröffentlichung unverbindlicher Informationen im Internet oder durch öffentliches Auslegen oder Ausgeben allgemein zugänglicher Prospekte, ist dagegen noch kein »zur Nutzung bereitstellen«.
- Das Organisieren umfasst die systematische Vorbereitung und Planung der Steuergestaltung, die Bereitstellung zur Nutzung und die Zurverfügungstellung für eine konkrete Verwendung.
- Die Verwaltung der Umsetzung erfasst die verantwortliche Leitung der konkreten Umsetzung der Steuergestaltung.

Der Begriff des Intermediärs setzt keine Zugehörigkeit zu einer bestimmten Berufsgruppe voraus. Intermediäre können bspw. Steuerberater, Rechtsanwälte, Wirtschaftsprüfer, Finanzdienstleister oder sonstige Berater sein. Wer nur bei der Verwirklichung einzelner Teilschritte einer grenzüberschreitenden Steuergestaltung mitwirkt, ohne dies zu wissen und auch ohne dies vernünftigerweise erkennen zu müssen, ist kein Intermediär.

Eine Mitteilungspflicht hat nur der Intermediär, der im Inland seinen Wohnsitz, seinen gewöhnlichen Aufenthalt, seine Geschäftsleitung oder seinen Sitz hat. Die Mitteilungspflicht gilt aber auch für denjenigen, auf den diese Voraussetzung zwar nicht zutreffen, der aber z. B. im Inland eine Betriebsstätte betreibt, durch die die Dienstleistungen im Zusammenhang mit der grenzüberschreitenden Steuergestaltung erbracht werden, oder im Handelsregister eingetragen ist bzw. bei einem Berufsverband registriert ist.

Nach § 138f Abs. 8 und 9 AO wird die Pflicht von Doppelmeldungen eingeschränkt. Danach besteht keine Mitteilungspflicht, wenn nachgewiesen werden kann, dass eine Meldung bereits in einem anderen Mitgliedstaat erfolgt ist. Gleiches gilt, wenn ein mehrere Personen die Eigenschaft eines Intermediärs haben und die Mitteilung durch einen anderen Intermediär erfolgt ist.

Nach dem Regierungsentwurf sind Berufsgeheimnisträger (Steuerberater, Rechtsanwälte und Wirtschaftsprüfer) partiell von ihrer Mitteilungspflicht als Intermediär befreit (§ 102 Abs. 4 S. 1 AO, § 138f Abs. 6 AO).

Die gesetzliche Mitteilungspflicht des Intermediärs geht nur dann nach § 138f Abs. 5 S. 1 AO auf den Nutzer über, wenn
- der Intermediär den Nutzer über den Übergang der Mitteilungspflicht und die Möglichkeit der Entbindung des Intermediärs von der Verschwiegenheitsverpflichtung informiert hat,
- der Nutzer den Intermediär aber nicht von der Verschwiegenheitsverpflichtung entbunden hat und
- der Intermediär dem Nutzer die nach § 138f Abs. 3 S. 1 Nr. 2, Nr. 3 und Nr. 10 AO erforderlichen und dem Nutzer nicht bereits bekannten Angaben zur Verfügung gestellt hat.

Nutzer ist nach § 138d Abs. 5 AO jede natürliche oder juristische Person, Personengesellschaft, Gemeinschaft oder Vermögensmasse,
- der die grenzüberschreitende Steuergestaltung zur Umsetzung bereitgestellt wird,
- die bereit ist, die grenzüberschreitende Steuergestaltung umzusetzen, oder
- die den ersten Schritt zur Umsetzung der grenzüberschreitenden Steuergestaltung gemacht hat.

Hat ein Nutzer eine grenzüberschreitende Steuergestaltung für sich selbst konzipiert, so sind für ihn auch die für Intermediäre geltenden Regelungen entsprechend anzuwenden (§ 138d Abs. 6 AO).

Außerdem obliegt dem Nutzer die Mitteilungspflicht, wenn kein Intermediär existiert oder dieser keinen Inlandsbezug hat.

2.14.2.2 Kennzeichen, die die Mitteilungspflicht auslösen

Grenzüberschreitende Steuergestaltungen sind mitzuteilen, wenn sie eines der Kennzeichen des § 138e AO erfüllen. Wegen des Umfangs der Regelung sollen diese hier nur stichpunktartig aufgezählt werden. Im Einzelnen wird auf den Text des Gesetzes und die Begründung hierzu verwiesen werden.

§ 138e Abs. 1 AO umfasst u. a. folgende Kennzeichen (gekürzt):
- Vertraulichkeitsklausel zwischen Intermediär und Nutzer gegenüber anderen Intermediären oder den Finanzbehörden
- Vergütung, die auf den steuerlichen Vorteil der Steuergestaltung bezogen ist
- standardisierte Dokumentation oder Struktur der Gestaltung
- Verlustnutzung durch Unternehmenserwerb
- Umwandlung von Einkünften nicht oder niedriger besteuerte Einnahmen oder nichtsteuerbare Einkünfte
- Einbeziehung zwischengeschalteter Unternehmen, ohne wirtschaftliche Tätigkeit
- Transaktionen, die sich gegenseitig aufheben oder ausgleichen,
- der Empfänger grenzüberschreitender Zahlungen sitzt in einem Land mit 0 % Steuer

§ 138e Abs. 2 AO umfasst u. a. folgende Kennzeichen (gekürzt):
- Zahlungsempfänger sitzt in einem Staat, der als »nicht-kooperierend« eingestuft wurde und die Zahlung ist beim Zahlenden abzugsfähige Betriebsausgabe
- doppelte Absetzungen für Abnutzung desselben Vermögenswerts in mehreren Ländern
- Einkünfte oder das Vermögen bleiben wegen doppelter Befreiung von der Doppelbesteuerung steuerfrei
- Übertragung von Vermögensgegen in Länder, bei denen sich die steuerliche Bewertung des Vermögensgegenstands wesentlich unterscheidet
- Einbeziehung nicht identifizierbare Personen, Rechtsvereinbarungen oder Strukturen
- Bestimmte Verrechnungspreisgestaltungen

2.14.2.3 Form, Frist und Inhalt der Anmeldung

Die grenzüberschreitende Steuergestaltung ist dem BZSt nach amtlich vorgeschriebenem Datensatz über die amtlich bestimmte Schnittstelle mitzuteilen (§ 138f Abs. 1 AO). Die Daten sind nach § 138f Abs. 2 AO innerhalb von 30 Tagen nach Ablauf des Tages zu übermitteln, an dem das erste der nachfolgenden Ereignisse eintritt. Relevante Ereignisse sind:
- die grenzüberschreitende Steuergestaltung wird zur Umsetzung bereitgestellt,
- der Nutzer der grenzüberschreitenden Steuergestaltung ist zu deren Umsetzung bereit oder
- mindestens ein Nutzer der grenzüberschreitenden Steuergestaltung hat den ersten Schritt der Umsetzung dieser Steuergestaltung gemacht.

Der Datensatz muss nach § 138f Abs. 3 AO folgende Angaben enthalten:
- Angaben zur Identifizierung des Intermediärs;
- Angaben zur Identifizierung des Nutzers;
- wenn an der grenzüberschreitenden Steuergestaltung Personen beteiligt sind, die als verbundene Unternehmen des Nutzers gelten, Angaben zur Identifizierung des verbundenen Unternehmens;
- Einzelheiten zu den zur Mitteilung verpflichtenden Kennzeichen;
- eine Zusammenfassung des Inhalts der grenzüberschreitenden Steuergestaltung einschließlich (soweit vorhanden) eines Verweises auf die Bezeichnung, unter der die Steuergestaltung allgemein bekannt ist, und grds. einer abstrakt gehaltenen Beschreibung der relevanten Geschäftstätigkeit oder Gestaltung des Nutzers;
- das Datum des Tages, an dem der erste Schritt der Umsetzung der grenzüberschreitenden Steuergestaltung gemacht wurde oder voraussichtlich gemacht werden wird;
- Einzelheiten zu den einschlägigen Rechtsvorschriften aller betroffenen Mitgliedstaaten, die unmittelbar die Grundlage der grenzüberschreitenden Steuergestaltung bilden;
- den tatsächlichen oder voraussichtlichen wirtschaftlichen Wert der grenzüberschreitenden Steuergestaltung;
- die Mitgliedstaaten, die wahrscheinlich von der grenzüberschreitenden Steuergestaltung betroffen sind, und
- Angaben zu allen in einem Mitgliedstaat ansässigen Personen, die von der grenzüberschreitenden Steuergestaltung wahrscheinlich unmittelbar betroffen sind, einschließlich Angaben

darüber, zu welchen Mitgliedstaaten sie in Beziehung stehen, soweit dem Intermediär dies bekannt ist.

Das BZSt weist dem eingegangenen Datensatz i. S. d. § 138f Abs. 3 AO
- eine Registriernummer für die mitgeteilte grenzüberschreitende Steuergestaltung und
- eine Offenlegungsnummer für die eingegangene Mitteilung

zu und teilt diese dem mitteilenden Intermediär mit (§ 138f Abs. 5 S. 1 AO).

Der Intermediär muss den Nutzer darüber zu informieren, welche ihn betreffenden Daten er an das BZSt übermittelt hat oder übermitteln wird.

2.14.2.4 Marktfähige Gestaltungen

Bei einer marktfähigen grenzüberschreitenden Steuergestaltung ist keine erneute und vollständige Mitteilung zu machen.

Änderungen und Ergänzungen, die nach Übermittlung des Datensatzes nach § 138f Abs. 3 AO eingetreten sind, müssen innerhalb von 10 Tagen nach Ablauf des Quartals unter Angabe der Registriernummer und der Offenlegungsnummer dem BZSt nach amtlich vorgeschriebenem Datensatz gemeldet werden.

Eine marktfähige grenzüberschreitende Steuergestaltung liegt vor, wenn sie konzipiert wird, vermarktet wird, umsetzungsbereit ist oder zur Umsetzung bereitgestellt wird, ohne dass sie individuell angepasst werden muss (§ 138h Abs. 1 AO).

2.14.2.5 Weitere Regelungen

Die Auswertung der Daten erfolgt durch das BZSt bzw. die GZD. Beide teilen die Ergebnisse ihrer Auswertung dem BMF mit (§ 138j Abs. 1 AO).

Das Ausbleiben einer Reaktion auf die Mitteilung einer grenzüberschreitenden Steuergestaltung nach den §§ 138f bis 138h AO bedeutet nicht deren rechtliche Anerkennung (§ 138j Abs. 5 AO).

2.14.2.6 Bußgeld

§ 379 Abs. 2 AO wird um Bußgeldtatbestände erweitert, falls ein Intermediär oder ein Nutzer bestimmte Pflichten nach §§ 138d ff. AO vorsätzlich oder leichtfertig verletzt. Die Ordnungswidrigkeit soll mit einem Bußgeld von bis zu 25.000 € geahndet werden können.

2.14.2.7 Anwendung

Nach § 33 EGAO gelten folgende Anwendungsregelungen:

§ 102 Abs. 4 S. 1 und die §§ 138d bis 138k AO sind ab dem 1.7.2020 in allen Fällen anzuwenden, in denen der erste Schritt einer mitteilungspflichtigen grenzüberschreitenden Steuergestaltung nach dem 24.6.2018 umgesetzt wurde.

Wurde der erste Schritt vor dem 1.7.2020 umgesetzt, ist die Mitteilung innerhalb von zwei Monaten nach dem 30.6.2020 zu erstatten.

§ 379 Abs. 2 Nr. 1e bis 1g und Abs. 7 AO ist ab dem 1.7.2020 in allen Fällen anzuwenden, in denen der erste Schritt nach dem 30.6.2020 umgesetzt wurde.

2.14.3 Weitere Änderungen

Losgelöst von den Pflichten zur Mitteilung grenzüberschreitender Steuergestaltungen wurden durch den Finanzausschuss in das Gesetz noch weitere Änderungen des EStG und des UStG aufgenommen.

2.14.3.1 Verluste aus Kapitalvermögen (§ 20 Abs. 6 S. 4 EStG)

Nach § 20 Abs. 6 S. 4 EStG wurden die folgenden Regelungen eingefügt:

- Verluste aus Termingeschäften (§ 20 Abs. 2 S. 1 Nr. 3 EStG) dürfen nur i. H. v. 10.000 € mit Gewinnen aus Termingeschäften und Stillhalterprämien, für die Einräumung von Optionen (§ 20 Abs. 1 Nr. 11 EStG) ausgeglichen werden.
Die Regelung ist auf Verluste anzuwenden, die nach dem 31.12.2020 entstehen.
- Verluste aus Kapitalvermögen aus der ganzen oder teilweisen Uneinbringlichkeit einer Kapitalforderung, aus der Ausbuchung wertloser Wertpapiere (i. S. d. § 20 Abs. 1 EStG), aus der Übertragung wertloser Wertpapiere (i. S. d. § 20 Abs. 1 EStG) auf einen Dritten oder aus einem sonstigen Ausfall von Wertpapieren (i. S. d. § 20 Abs. 1 EStG) dürfen nur i. H. v 10.000 € mit Einkünften aus Kapitalvermögen ausgeglichen werden.
Die Regelung ist auf Verluste anzuwenden, die nach dem 31.12.2019 entstehen.

Nicht verrechnete Verluste dürfen in den Folgejahren ebenfalls nur bis zur Höhe von 10.000 € verrechnet werden.

2.14.3.2 Istbesteuerungsgrenze (§ 20 Abs. 1 Nr. 1 UStG)

Kurzfristig in das Gesetze aufgenommen wurde auch die Anhebung der umsatzsteuerlichen Istbesteuerungsgrenze. Diese steigt ab 2020 von 500.000 € auf 600.000 € (§ 20 Abs. 1 Nr. 1 UStG).

3 Gesetzesvorhaben mit steuerlicher Relevanz

3.1 Gesetz zur Änderung des Grunderwerbsteuergesetzes

3.1.1 Einleitung

Der Entwurf der Bundesregierung für ein Gesetz zur Änderung des Grunderwerbsteuergesetzes enthält Neuregelungen mit Bezug auf Share Deals. Nach den ursprünglichen Plänen des Ministeriums sollten die Änderungen Teil des Gesetzes zur weiteren steuerlichen Förderung der Elektromobilität und zur Änderung weiterer steuerlicher Vorschriften (JStG 2019) sein. Im Ergebnis beschloss die Bundesregierung jedoch, diese in einem gesonderten Gesetzentwurf in den Bundestag einzubringen. Nachdem der Bundesrat Stellung genommen und Änderungsvorschläge gemacht hatte, wurde der Gesetzentwurf der Bundesregierung im Bundestag behandelt.[91]

Zur Begründung führt der Gesetzesentwurf aus, dass es nicht weiter hinnehmbar sei, dass die durch Gestaltungen herbeigeführten erheblichen Steuerausfälle von denjenigen finanziert werden, denen solche Gestaltungen nicht möglich sind.[92]

Zur Umsetzung dieser Ziele sieht der Gesetzesentwurf folgende Maßnahmen vor:
- Absenkung der 95 %-Grenze in den Ergänzungstatbeständen auf 90 %,
- Einführung eines neuen Ergänzungstatbestand zur Erfassung von Anteilseignerwechseln i. H. v. mindestens 90 % bei Kapitalgesellschaften,
- Verlängerung der Fristen von fünf auf 10 Jahre,
- Anwendung der Ersatzbemessungsgrundlage auf Grundstücksverkäufe im Rückwirkungszeitraum von Umwandlungsfällen,
- Verlängerung der Vorbehaltensfrist in § 6 GrEStG auf 15 Jahre,
- Aufhebung der Begrenzung des Verspätungszuschlags.

Die bisherigen Beratungen haben jedoch gezeigt, dass eine weitergehende Prüfung des Gesetzesvorhabens erforderlich ist.[93] Die Koalitionsfraktionen haben sich folglich darauf geeinigt, dass das Gesetzgebungsverfahren zur Eindämmung der Share Deals bei der GrESt erst im ersten Halbjahr

---

91 BT-Drs. 19/13437 v. 23.9.2019.
92 BT-Drs. 19/13437 v. 23.9.2019, A. Problem und Ziel.
93 Pressemitteilung der SPD-Fraktion AG Finanzen NR. 385/2019 v. 24.10.2019.

2020 zum Abschluss zu bringen und nicht, wie ursprünglich geplant, noch 2019. Durch die Verschiebung des Gesetzgebungsverfahrens kann die Neuregelung nicht am 1.1.2020 in Kraft treten. Die im Folgenden genannten Daten beruhen auf dem vorliegenden Gesetzentwurf[94] und dürften sich somit vermutlich um ein Jahr verschieben. Der geänderte Gesetzentwurf bleibt insofern abzuwarten.

3.1.2 Bisherige Rechtslage

Ein Rechtsträgerwechsel an einem inländischen Grundstück aufgrund eines Rechtsgeschäfts, z. B. durch einen Kaufvertrag, löst den grunderwerbsteuerlichen Tatbestand des § 1 Abs. 1 Nr. 1 GrEStG aus. Daneben gibt es noch die Ergänzungstatbestände des § 1 Abs. 2a, Abs. 3 und Abs. 3a GrEStG. Hierdurch werden gesellschaftsrechtliche Vorgänge erfasst, die wirtschaftlich einem Grunderwerb ähnlich sind:

- § 1 Abs. 2a GrEStG fingiert einen Grundstückserwerb durch eine mindestens wesentliche Änderung (95 %) des Gesellschafterbestands einer grundbesitzhaltenden Personengesellschaft innerhalb einer Frist von fünf Jahren.
- § 1 Abs. 3 GrEStG behandelt die Anteilsvereinigung von mindestens 95 % an einer grundbesitzenden Gesellschaft.
- § 1 Abs. 3a GrEStG besteuert einen Rechtsvorgang, aufgrund dessen ein Rechtsträger unmittelbar oder mittelbar eine wirtschaftliche Beteiligung i. H. v. mindestens 95 % an einer Gesellschaft, zu deren Vermögen inländischer Grundbesitz gehört, innehat.

Auch wenn der Wechsel des Gesellschafteranteils die Steuer auslöst, ist der Steuergegenstand der hierdurch fingierte Erwerb des Grundstücks.

Bisher kann das Greifen der Ergänzungstatbestände verhindert werden, wenn weniger als 95 % der Gesellschaftsanteile auf einen neuen Rechtsträger übertragen werden. Die Übertragung der restlichen Anteile nach Ablauf der fünfjährigen Frist ist danach unbeachtlich.

3.1.3 Die geplanten Änderungen nach dem Stand vom 23.9.2019

3.1.3.1 Änderung des § 1 Abs. 2a und Abs. 3 sowie Abs. 3a GrEStG

3.1.3.1.1 Absenkung der Beteiligungsgrenze

§ 1 Abs. 2a, Abs. 3 und Abs. 3a GrEStG soll dahingehend geändert werden, dass die dort genannte Beteiligungsgrenze von 95 % auf 90 % gesenkt wird.

---

94 BT-Drs. 19/13437 v. 23.9.2019.

3.1.3.1.2 Verlängerung der Frist des § 1 Abs. 2a GrEStG

Der bisher in § 1 Abs. 2a GrEStG genannte Zeitraum von fünf Jahren, in denen die Änderungen im Gesellschafterbestand für die Beurteilung der Beteiligungsgrenze zusammenzurechnen sind, soll auf 10 Jahre verlängert werden.

3.1.3.1.3 Zeitliche Anwendungsregelungen

Grds. gelten die Neuregelungen nach § 23 Abs. 17 GrEStG für Erwerbsvorgänge nach Ablauf des 31.12.2019.[95] Allerdings sind zahlreiche Übergangsregelungen zu beachten.

3.1.3.1.4 § 1 Abs. 2a S. 1 GrEStG

Die Verlängerung der Frist von fünf auf 10 Jahre in § 1 Abs. 2a S. 1 GrEStG darf aus Gründen des verfassungsrechtlichen Vertrauensschutzes nicht dazu führen, dass ein Gesellschafter rückwirkend wieder von einem »Altgesellschafter« zu einem »Neugesellschafter« wird und deshalb eine Bestandsänderung rückwirkend zu berücksichtigen ist, die nach bisherigem Recht – wegen Ablaufs der fünfjährigen Frist – nicht mehr hätte berücksichtigt werden dürfen. Dies wird mit der ergänzenden Anwendungsregel des § 23 Abs. 18 S. 1 GrEStG verhindert. Wer demgegenüber am 1.1.2020 den Status als Neugesellschafter noch innehatte, für den gilt die Verlängerung der Frist auf 10 Jahre.[96]

Für Kapitalgesellschaften, die an einer grundbesitzenden Personengesellschaft beteiligt sind, enthält § 23 Abs. 18 S. 2 GrEStG eine Sonderregelung. Hier gilt die abgesenkte Beteiligungsquote von 90 % für Änderungen im Gesellschafterbestand der unmittelbar oder mittelbar an der grundbesitzenden Personengesellschaft beteiligten Kapitalgesellschaft rückwirkend. Diese Regelung kann bewirken, dass sich der Status der Kapitalgesellschaft von einem Altgesellschafter zu einem Neugesellschafter ändert. Die Gesetzesbegründung hält diese Rechtsfolge für unbedenklich, da es stets einer Vermögensdisposition nach Ablauf des 31.12.2019 bedarf, um den Tatbestand des § 1 Abs. 2a GrEStG in der ab 2020 geltenden Fassung zu verwirklichen.[97]

Eine mögliche Gesetzeslücke wird durch § 23 Abs. 19 GrEStG geschlossen. Wurde in einem Zeitraum vor der Neuregelung eine Anteilsübertragung von weniger als 95 % aber mehr als 90 % vollzogen, fiel keine GrESt an. Erfolgt nach dem 1.1.2020 und innerhalb des Fünfjahreszeitraums eine weitere Übertragung, die zu einer Gesamtübertragung von mehr als 95 % führt, fiele ebenfalls keine Steuer an, da durch diesen Vorgang die 90% Grenze nicht überschritten wird.

---

[95] Durch die Verzögerung des Gesetzgebungsverfahrens wird sich der Termin voraussichtlich auf den 31.12.2020 verschieben.
[96] BT-Drs. 19/13437 v. 23.9.2019, S. 15.
[97] BT-Drs. 19/13437 v. 23.9.2019, S. 16.

Hier regelt § 23 Abs. 19 GrEStG, dass das alte Recht weiter gilt und § 1 Abs. 2a GrEStG bis zum 31.12.2024 in allen Fällen anzuwenden ist, die vom neuen Recht nicht erfasst werden.

Eine weitere zeitliche Sonderregelung zur Anwendung des § 1 Abs. 2a GrEStG sieht § 23 Abs. 22 GrEStG vor. Aus Gründen des Vertrauensschutzes soll kein Erwerbsvorgang nach neuem Recht vorliegen, wenn das Verpflichtungsgeschäft nach dem 9.8.2018 und das Erfüllungsgeschäft vor dem 9.8.2020 liegen. Die Übergangsregelung kommt nicht zur Anwendung, wenn im Zeitpunkt des Anteilsübergangs bereits mindestens 90 % der Anteile am Gesellschaftsvermögen übergegangen waren.

Die Gesetzesbegründung führt dazu aus: Erfolgt der Abschluss eines Kausalgeschäfts zur Anteilsübertragung vor Zuleitung des Gesetzesentwurfs durch die Bundesregierung an den Bundesrat und die Erfüllung dieses Rechtsgeschäfts durch Anteilsübertragung (Verfügungsgeschäft) erst nach diesem Stichtag, können sich die Vertragspartner nicht auf eine mögliche GrESt-Belastung einstellen, wenn das Kausalgeschäft (Dispositionsentscheidung) bereits für beide Seiten verbindlich ist.[98]

3.1.3.1.5 § 1 Abs. 3 und Abs. 3a GrEStG

Ähnlich wie die Regelung in § 23 Abs. 19 GrEStG für den § 1 Abs. 2a GrEStG, ordnen § 23 Abs. 20 und 21 GrEStG die Weitergeltung des alten Grunderwerbsteuerrechts für solche Fälle an, die vom neuen Recht nicht erfasst werden. Betroffen sind die Fälle, in denen dem Rechtsträger am 31.12.2019 weniger als 95 %, aber mindestens 90 % der Anteile der Gesellschaft faktisch oder wirtschaftlich zuzurechnen waren (§ 1 Abs. 3 GrEStG bzw. § 1 Abs. 3a GrEStG). Eine zeitliche Begrenzung gilt für diese Fälle jedoch nicht. Keine Anwendung der Alt-Vorschriften erfolgt, wenn der Vorgang bereits nach einem Tatbestand des neuen Rechts steuerbar ist.

3.1.3.2 Haltefristen der §§ 5, 6 und 7 GrEStG

Die Vorschriften der § 5, § 6 und § 7 GrEStG sehen für bestimmte Fälle Befreiungstatbestände vor.
- § 5 GrEStG Übergang auf eine Gesamthand
- § 6 GrEStG Übergang von einer Gesamthand
- § 7 GrEStG Umwandlung von gemeinschaftlichem Eigentum in Flächeneigentum

Diese haben die Gemeinsamkeit, dass sie eine gesetzliche Zeitkomponente haben, bei denen die Vergünstigung entfällt, sofern im Zeitraum von fünf Jahren bestimmte gesetzliche Tatbestandsmerkmale eintreten. Diese Fristen werden durch die Gesetzesänderung von fünf auf 10 Jahre erhöht. Die verlängerten Haltefristen gelten jedoch nicht, wenn die kürzeren Fristen der alten Gesetzesfassung vor dem 1.1.2020 bereits abgelaufen waren (§ 23 Abs. 24 GrEStG).

---

98 BT-Drs. 19/13437 v. 23.9.2019, S. 17.

3.1.3.3 Neuer Ergänzungstatbestand des § 1 Abs. 2b GrEStG für Kapitalgesellschaften

Nach der bisherigen Rechtslage bezogen sich die Regelungen des § 1 Abs. 2a GrEStG nur auf Anteilsübergänge bei Personengesellschaften. Der neu eingeführte § 1 Abs. 2b GrEStG führt ab dem 1.1.2020 dazu, dass der unmittelbare und mittelbare Anteilseignerwechsel an einer Kapitalgesellschaft unter gleichen Voraussetzungen wie § 1 Abs. 2a GrEStG einen grunderwerbsteuerlichen Sachverhalt auslöst. Damit wird auch der Wechsel von mehr als 90 % der Anteile bei einer grundstückhaltenden Kapitalgesellschaft steuerpflichtig, wenn innerhalb von 10 Jahren mindestens 90 % der Anteile unmittelbar oder mittelbar auf neue Gesellschafter übergehen.

Mittelbare Änderungen im Gesellschafterbestand von Personengesellschaften, die an der grundbesitzenden Kapitalgesellschaft beteiligt sind, werden nach S. 2 durch Multiplikation der Vomhundertsätze der Anteile der Gesellschaft anteilig berücksichtigt (§ 1 Abs. 2b S. 2 GrEStG). Eine unmittelbar an der grundbesitzenden Kapitalgesellschaft beteiligte Kapitalgesellschaft gilt als neue Gesellschafterin, wenn an ihr mindestens 90 % der Anteile auf neue Gesellschafter übergehen (§ 1 Abs. 2b S. 3 und S. 4 GrEStG). Dies gilt bei mehrstufigen Beteiligungen auf Ebene jeder mittelbar beteiligten Kapitalgesellschaft (§ 1 Abs. 2b S. 5 GrEStG).

Die zeitliche Anwendung des neuen Ergänzungstatbestands des § 1 Abs. 2b GrEStG ist in § 23 Abs. 17 GrEStG geregelt. Danach ist die Vorschrift erstmalig auf Erwerbsvorgänge anzuwenden, die nach Ablauf des 31.12.2019 verwirklicht werden. Eine zeitliche Sonderregelung in § 23 Abs. 23 GrEStG entspricht im Wesentlichen § 23 Abs. 22 GrEStG. Auch hier liegt aus Gründen des Vertrauensschutzes kein Erwerbsvorgang nach neuem Recht vor, wenn das Verpflichtungsgeschäft nach dem 9.8.2018 und das Erfüllungsgeschäft vor dem 9.8.2020 liegen. Die Übergangsregelung kommt nicht zur Anwendung, wenn im Zeitpunkt des Anteilsübergangs bereits mindestens 90 % der Anteile am Gesellschaftsvermögen übergegangen waren.

3.2 Gesetz zur Umsetzung der Anti-Steuervermeidungsrichtlinie (ATAD-Umsetzungsgesetz – ATADUmsG)

3.2.1 Einleitung

Am 10.12.2019 hat das BMF den Referentenentwurf eines Gesetzes zur Umsetzung der Anti-Steuervermeidungsrichtlinie (ATAD-Umsetzungsgesetz – ATADUmsG) veröffentlicht.[99] Der Gesetzesentwurf beinhaltet unter anderem die Umsetzung von Vorschriften zu den hybriden Gestaltungen nach der ATAD II.

---

99   S. unter: https://www.bundesfinanzministerium.de/Content/DE/Gesetzestexte/Gesetze_Gesetzesvorhaben/Abteilungen/Abteilung_IV/19_Legislaturperiode/Gesetze_Verordnungen/ATADUmsG/1-Referentenentwurf.pdf?.

Dem Gesetzentwurf liegt die Anti-Steuervermeidungs-Richtlinie[100] (ATAD) zugrunde. Diese enthält ein Paket von rechtlich verpflichtenden Maßnahmen zur Bekämpfung der Steuervermeidung, die von allen Mitgliedstaaten gegen gängige Formen von aggressiver Steuerplanung angewendet werden müssen.

Auf heftige Kritik der Verbände, insbesondere wegen einer sehr kurzen Frist zur Stellungnahme, wurde der Gesetzesentwurf kurzfristig von der Tagesordnung der Kabinettssitzung vom 18.12.2019 genommen.

Es ist davon auszugehen, dass das Gesetzgebungsverfahren im Jahr 2020 abgeschlossen wird und die Vorschriften mit rückwirkender Wirkung zum 1.1.2020 in Kraft treten. Weitere Änderungen im Gesetzgebungsverfahren können nicht ausgeschlossen werden.

Im Folgenden werden die Kernpunkte des Gesetzesvorhabens dargestellt.

3.2.2 Reform der Entstrickungs-/Wegzugsbesteuerung (§ 6 AStG-E)

Die Entstrickungs-/Wegzugsbesteuerung im privaten Bereich soll in einigen Kernpunkten verschärft werden:

3.2.2.1 Anschaffungsfiktion (§ 6 Abs. 1 S. 3 AStG-E)

Die Folgen einer fiktiven Veräußerung nach § 6 AStG werden neu geregelt. Die Anteile gelten als zum gemeinen Wert erworben, soweit die auf den Veräußerungsgewinn entfallende Steuer entrichtet worden ist. Wird die Steuer gestundet, gelten die Anteile weiterhin als zu den ursprünglichen Anschaffungskosten erworben. Die spätere Entrichtung der nach § 6 AStG geschuldeten Steuer stellt ein rückwirkendes Ereignis i. S. d. § 175 AO für einen der Wegzugsbesteuerung nachfolgenden Veräußerungsvorgang durch den Steuerpflichtigen dar.

3.2.2.2 Personenkreis (§ 6 Abs. 2 AStG)

Künftig werden von der Regelung natürliche Personen erfasst, die insgesamt sieben Jahre (bisher zehn) in Deutschland unbeschränkt steuerpflichtig waren. Der Betrachtungszeitraum vor Wegzug wird auf 12 Jahre begrenzt.

---

100 RL (EU) 2016/1164 des Rates v. 12.7.2016 mit Vorschriften zur Bekämpfung von Steuervermeidungspraktiken mit unmittelbaren Auswirkungen auf das Funktionieren des Binnenmarktes, ABl. L 193 v. 19.7.2016, S. 1 (Anti-Steuervermeidungs-Richtlinie/ATAD), geändert durch Art. 1 der RL (EU) 2017/952 des Rates v. 29.5.2017 zur Änderung der RL (EU) 2016/1164 bezüglich hybrider Gestaltungen mit Drittländern (ABl. L 144 v. 7.6.2017, S. 1).

3.2.2.3 Rückwirkender Wegfall der Besteuerung (§ 6 Abs. 3 AStG)

Der maßgebliche Zeitraum für den nachträglichen Wegfall der Steuerpflicht beträgt künftig sieben Jahre (bisher fünf). Eine einmalige Verlängerung um weitere fünf Jahre auf insgesamt 12 Jahre ist möglich.

Auf eine Glaubhaftmachung der Rückkehrabsicht oder auf berufliche Gründe für eine Abwesenheit kommt es nicht mehr an. Nach der neuen Vorschrift reicht ein Antrag des Steuerpflichtigen aus. Eine Frist, bis zu welchem Zeitpunkt der Antrag gestellt sein muss, enthält die Vorschrift nicht.

Der Steueranspruch entfällt nicht, soweit Anteile durch Veräußerung, verdeckte Einlage, Anteilstausch, Übertragung auf Stiftungen oder Einlage in ein Betriebsvermögen den Eigentümer wechseln. Unschädlich ist die Übertragung von Todes wegen auf natürliche Personen.

Die Regelung gilt entsprechend in Fällen, in denen die Steuer durch unentgeltliche Übertragung auf eine nicht unbeschränkt steuerpflichtige Person ausgelöst wurde und diese Person (Gesamtrechtsnachfolger) innerhalb von sieben Jahren unbeschränkt in Deutschland steuerpflichtig wird (§ 6 Abs. 3 S. 5 AStG).

3.2.2.4 Zinslose Stundung (§ 6 Abs. 4 AStG-E)

Es wird eine einheitliche Stundungsmöglichkeit eingeführt: Auf Antrag wird die Zahlung gegen Sicherheitsleistung unverzinslich gestundet und ist ratierlich über sieben Jahre zu entrichten. Allerdings führt die nicht fristgerechte Entrichtung der Jahresrate, eine Insolvenz oder Veräußerung zu einem sofortigen Wegfall der Stundung.

3.2.3 Reform der Hinzurechnungsbesteuerung

Die Hinzurechnungsbesteuerung (Art. 7 und Art. 8 ATAD) soll insbesondere in folgenden Punkten geändert werden:

3.2.3.1 Qualifizierende Beteiligung statt Inländerbeherrschung (§ 7 Abs. 2 AStG-E)

Zu den Kernelementen der Reform zählt die Anpassung des Beherrschungskriteriums. Statt auf eine Inländerbeherrschung abzustellen, wird künftig eine gesellschafterbezogene Betrachtung durchgeführt. Außerdem findet bei mehrstufigen Gesellschaftsstrukturen im Rahmen der Hinzurechnungsbesteuerung keine Verlustkonsolidierung auf Ebene der obersten ausländischen Gesellschaft mehr statt.

Eine Beherrschung ist nach dem neuen Konzept gegeben, wenn dem inländischen Steuerpflichtigen mittelbar oder unmittelbar entweder mehr als 50 % der Stimmrechte oder der Anteile am Nennkapital bzw. des Gewinns oder des Liquidationserlöses, allein oder zusammen mit sog. nahestehenden Personen zusteht.

Die Beherrschung ist ohne Belang, wenn mehr als 10 % bzw. mehr als 80.000 € der Einkünfte Kapitalanlagecharakter haben (§ 13 Abs. 1 und Abs. 2 AStG-E).

3.2.3.2 Wegfall der Regelungen für nachgeschaltete Zwischengesellschaften (bisher § 14 AStG)

Die Regelung zu nachgeschalteten Zwischengesellschaften (bisher § 14 AStG) ist durch die Änderungen zu den mittelbaren Beherrschungsverhältnisse überflüssig geworden und wird gestrichen.

3.2.3.3 Aktivkatalog (§ 8 Abs. 1 AStG-E)

Obwohl die ATAD einen Passivkatalog vorsehen, bleibt es im AStG bei dem Katalog aktiver Einkünfte. Dieser erfährt in einigen Punkten Anpassungen.

Gewinnausschüttungen sind nicht als aktive Einkünfte zu behandeln, soweit sie bei der leistenden Gesellschaft das Einkommen gemindert haben. Dividenden aus Streubesitzbeteiligungen i. S. d. § 8b Abs. 4 KStG sind nach dem Entwurf ebenfalls keine aktiven Einkünfte. Das gilt auch für eine im Ausland nicht korrigierte vGA. Gewinne aus der Veräußerung von Anteilen an Kapitalgesellschaften gehören grds. zu den aktiven Einkünften. Passive Einkünfte können jedoch dann vorliegen, wenn die Anteile im Inlandsfall nach § 3 Nr. 40 S. 3 EStG oder § 8b Abs. 7 KStG steuerpflichtig wären.

3.2.3.4 Escape-Klausel (§ 8 Abs. 2 AStG-E)

Die Anforderungen der Escape-Klausel werden verschärft. Das ausländische Unternehmen muss für die ausgeübte Tätigkeit, auf der die Einkünfte beruhen, grds. die dafür erforderlichen sachlichen und personellen Voraussetzungen vorhalten. Darüber hinaus muss die Tätigkeit durch qualifiziertes Personal selbstständig und in eigener Verantwortung ausgeführt werden. Eine Auslagerung der Tätigkeit kann dabei schädlich sein.

3.2.3.5 Steuerpflicht der Erträge (§ 10 Abs. 2 AStG-E)

§ 10 AStG bleibt in seiner Grundstruktur unverändert. Der Hinzurechnungsbetrag wird grds. wie eine Dividende eingeordnet, ist jedoch voll steuerpflichtig. § 3 Nr. 40 S. 1 d EStG bzw. § 8b KStG finden keine Anwendung. Bei Anlegern, die die Anteile im Privatvermögen halten, unterliegen die Einkünfte dem persönlichen Einkommensteuersatz.

3.2.3.6 Ermittlung des Hinzurechnungsbetrags (§ 10 Abs. 3 AStG-E)

Zur Vermeidung der Umgehung der Steuerpflicht werden alle Einkünfte der Zwischengesellschaften im Rahmen ihrer Einkünfteermittlung als Einkünfte aus Gewerbebetrieb behandelt. Der Hinzurechnungsbetrag soll zukünftig immer im Wege des Betriebsvermögensvergleichs ermittelt werden, die wahlweise Gewinnermittlung nach § 4 Abs. 3 EStG ist nicht mehr zulässig.

3.2.3.7 Kürzungsbetrag bei Gewinnausschüttungen (§ 11 AStG-E)

Um insb. Art. 8 Abs. 5 der ATAD umzusetzen, der im Ausschüttungsfall eine vollständige Anrechnung der Quellensteuer ohne etwaige zeitliche Beschränkungen vorsieht, wird an der bisherigen Systematik nicht mehr festgehalten. Im Ausschüttungsfall kann nunmehr von der Summe der Einkünfte auf Antrag ein Kürzungsbetrag abgezogen werden, wenn in den Vorjahren Hinzurechnungsbeträge als sogenanntes Hinzurechnungskorrekturvolumen gesondert festgestellt wurden. Zudem wird eine Anrechnung ausländischer Quellensteuer auf Gewinnausschüttungen in bestimmten Fällen ermöglicht.

3.2.4 Hybride Gestaltungen und Inkongruenzen bei der Ansässigkeit

3.2.4.1 Allgemeines

Die Art. 9 und 9b ATAD verpflichten die Mitgliedstaaten, Besteuerungsinkongruenzen zu neutralisieren, die sich daraus ergeben, dass aufgrund sog. hybrider Elemente Bestimmte Zahlungen, die beim Schuldner grds. als Betriebsausgaben abziehbar sind, beim Gläubiger nicht besteuert werden, Aufwendungen auch in einem anderen Staat abgezogen werden können, ohne dass den Aufwendungen Erträge gegenüberstehen, die in beiden Staaten besteuert werden, oder abzugsfähige Aufwendungen und die entsprechenden Erträge zu einer Besteuerungsinkongruenz in anderen Staaten führen, die diese Inkongruenz nicht beseitigen, sofern die Folgen dieser Inkongruenz über eine oder mehrere Transaktionen ins Inland »importiert« werden.

Die Umsetzung erfolgt im Wesentlichen über die Einführung eines neuen § 4k EStG-E. Weitere Regelungen sind in den §§ 3 Nr. 40d S. 2, 50d Abs. 9 Nr. 3 EStG-E und § 8b Abs. 1 S. 3 KStG-E enthalten.

3.2.4.2 Die Kernregelungen des § 4k EStG

3.2.4.2.1 § 4k Abs. 1 EStG

§ 4k Abs. 1 EStG regelt das Abzugsverbot im Fall einer D/NI-Inkongruenz im Zusammenhang mit sog. hybriden Finanzinstrumenten (u. a. sog. Hybridanleihen, Genussrechte etc.). Eine solche liegt insbesondere dann vor, wenn eine beim inländischen Steuerpflichtigen als Betriebsausgabe abziehbare Zinszahlung vom Staat des Zahlungsempfängers nicht als Vergütung für die Überlassung von Fremdkapital, sondern als Gewinnausschüttung behandelt und daher entweder nicht oder niedriger besteuert wird. Die Regelung erfasst auch z. B. Kompensationszahlungen im Rahmen einer Wertpapierleihe oder eines Wertpapierpensionsgeschäfts.

3.2.4.2.2   § 4k Abs. 2 EStG

Abs. 2 versagt den Betriebsausgabenabzug für Aufwendungen im Rahmen von Leistungsbeziehungen zwischen einem hybriden Rechtsträger und seinem Anteilseigner oder zwischen Betriebsstätten eines Unternehmens, soweit die korrespondierenden Erträge aufgrund einer abweichenden steuerlichen Behandlung des Rechtsträgers oder einer abweichenden Gewinnaufteilung zwischen den Betriebsstätten keiner tatsächlichen Besteuerung unterliegen. Davon erfasst werden Aufwendungen aller Art, wie z. B. Zinsen, Lizenz-, Miet- und Dienstleistungsentgelte, die im Inland zu abzugsfähigen Betriebsausgaben (auch im Wege der Absetzung für Abnutzung) führen, einschließlich fiktiver Aufwendungen (z. B. i. S. d. § 16 Abs. 2 S. 2 Betriebsstättengewinnaufteilungsverordnung).

3.2.4.2.3   § 4k Abs. 3 EStG

§ 4k Abs. 3 EStG erfasst weitere D/NI-Inkongruenzen, die nicht bereits unter Abs. 1 und Abs. 2 fallen.

3.2.4.2.4   § 4k Abs. 4 EStG

§ 4k Abs. 4 S. 1 EStG betrifft Gestaltungen, die zu einer Besteuerungsinkongruenz in Form eines doppelten Betriebsausgabenabzugs führen (DD-Inkongruenzen). Ein doppelter Betriebsausgabenabzug kann sich auch daraus ergeben, dass der Aufwand im Staat einer Anrechnungsbetriebsstätte abzugsfähig ist und aufgrund des Welteinkommensprinzips auch die Bemessungsgrundlage des Steuerpflichtigen (Investor) im Ansässigkeitsstaat mindert. S. 2 EStG regelt, welcher Staat im Fall einer DD-Inkongruenz vorrangig den Betriebsausgabenabzug zu versagen hat. S. 3 enthält eine Ausnahme vom Abzugsverbot, soweit den Aufwendungen Erträge desselben Steuerpflichtigen gegenüberstehen, die in beiden Staaten der Besteuerung unterliegen. S. 4 schließt Anrechnungsfälle bei unbeschränkt Steuerpflichtigen grds. vom Abzugsverbot aus.

3.2.4.2.5   § 4k Abs. 5 EStG

§ 4k Abs. 5 EStG sieht ein Betriebsausgabenabzugsverbot im Fall sog. importierter Besteuerungsinkongruenzen vor. Diese liegen vor, wenn ein Effekt einer Besteuerungsinkongruenz, die zwischen anderen Staaten eingetreten und von diesen nicht beseitigt worden ist, ganz oder teilweise ins Inland verlagert wird.

3.2.4.2.6 § 4k Abs. 6 EStG

Nach § 4k Abs. 6 EStG wird der Anwendungsbereich des § 4k EStG auf Leistungsbeziehungen zwischen nahestehenden Personen i. s. d. § 1 Abs. 2 AStG sowie strukturierte Gestaltungen beschränkt.

B Überblick über die Verwaltungsvorschriften 2019

1 Änderungen bei der Einkommensteuer

1.1 Änderungen bei der Gewinn- und Einkunftsermittlung (§§ 2 bis 12 EStG)

1.1.1 BMF ruft Schreiben zu den GoBD zurück und veröffentlicht neues Schreiben

> **BMF, Schreiben v. 28.11.2019, IV A 4 – S 0316/19/10003, BStBl I 2019, S. 1269**
>
> Das BMF hatte sein umfangreiches Schreiben zu den neu gefassten GoBD vom 11.7.2019 wieder von seiner Homepage entfernt, weil noch weiterer Abstimmungsbedarf bestand. Das endgültige Schreiben ist nunmehr veröffentlicht.
>
> **Normen:** §§ 140 bis 148 AO; §§ 4, 5 EStG

Das Schreiben vom 28.11.2019 tritt mit Wirkung vom 1.1.2020 an die Stelle des bisherigen BMF-Schreibens vom 14.11.2014.[101]

Die Grundsätze zur ordnungsmäßigen Führung und Aufbewahrung von Büchern, Aufzeichnungen und Unterlagen in elektronischer Form sowie zum Datenzugriff (GoBD) sehen vor, dass im Rahmen einer Außenprüfung auf Verlangen der Finanzverwaltung – neben den aufzeichnungs- und aufbewahrungspflichtigen Daten – auch alle zur Auswertung der Daten notwendigen Strukturinformationen in maschinell auswertbarer Form durch das geprüfte Unternehmen bereit gestellt werden. Die angeforderten Strukturinformationen sind jedoch vor allem kleineren und mittleren Unternehmen häufig nicht bekannt. Da gerade die Datenträgerüberlassung dem geprüften Unternehmen erhebliche Probleme bereiten kann, wurden zeitgleich ergänzende Informationen zur Datenträgerüberlassung als Hilfe bereitgestellt.

Beide Schreiben können auf der Internetseite des BMF heruntergeladen werden.

Literaturhinweise
Henn, DB 2019, S. 1816 und 2717; *Vetten/Gerster*, nwb 2019, S. 3778

---

101 BStBl I 2014, S. 1450.

1.1.2 Vordrucke zur Einnahmenüberschussrechnung (EÜR) für 2019 bekanntgegeben

> **BMF, Schreiben v. 27.9.2019, IV C 6 – S 2142/19/10001, BStBl I 2019, S. 950**
>
> Die Vordrucke der Anlage EÜR sowie die Vordrucke für die Sonder- und Ergänzungsrechnungen für Mitunternehmerschaften wurden mit den dazugehörigen Anleitungen für das Jahr 2019 bekannt gegeben.
>
> **Normen:** § 60 Abs. 4 EStDV; § 4 Abs. 3 EStG

Der amtlich vorgeschriebene Datensatz, der nach § 60 Abs. 4 S. 1 EStDV i. V. m. § 87a Abs. 6 AO durch Datenfernübertragung authentifiziert zu übermitteln ist, wird nach § 87b Abs. 2 AO im Internet unter www.elster.de zur Verfügung gestellt. Für die authentifizierte Übermittlung ist ein Zertifikat notwendig. Dieses wird nach Registrierung unter www.elster.de ausgestellt. Der Registrierungsvorgang kann bis zu zwei Wochen in Anspruch nehmen.

Die Anlage AVEÜR sowie bei Mitunternehmerschaften die entsprechenden Anlagen sind notwendiger Bestandteil der Einnahmenüberschussrechnung. Übersteigen die im Wirtschaftsjahr angefallenen Schuldzinsen, ohne die Berücksichtigung der Schuldzinsen für Darlehen zur Finanzierung von Anschaffungs- oder Herstellungskosten von Wirtschaftsgütern des Anlagevermögens, den Betrag von 2.050 €, sind bei Einzelunternehmen die in der Anlage SZ (Ermittlung der nicht abziehbaren Schuldzinsen) enthaltenen Angaben ebenfalls an die Finanzverwaltung zu übermitteln.

Auf Antrag kann das FA entsprechend § 150 Abs. 8 der AO in Härtefällen auf die Übermittlung der standardisierten Einnahmenüberschussrechnung nach amtlich vorgeschriebenem Datensatz durch Datenfernübertragung verzichten. Für die Einnahmenüberschussrechnung sind in diesen Fällen Papiervordrucke zur Anlage EÜR zu verwenden.

> **Praxishinweis**
> Vgl. hierzu auch die Verfügung der OFD NRW zu Ausnahmeregelungen in Bezug auf die Nutzung und elektronische Übermittlung der Anlage EÜR ab dem VZ 2017.[102]

1.1.3 E-Bilanz – Veröffentlichung der Taxonomien 6.3

> **BMF, Schreiben v. 2.7.2019, IV C 6 – S 2133 – b/19/10001, BStBl I 2019, S. 887**
>
> Das BMF hat das aktualisierte Datenschema der Taxonomien (Version 6.3) als amtlich vorgeschriebenen Datensatz veröffentlicht.
>
> **Norm:** § 5b EStG

Die Taxonomien sind grds. für die Bilanzen der Wirtschaftsjahre zu verwenden, die nach dem 31.12.2019 beginnen (Wirtschaftsjahr 2020 oder 2020/2021). Sie gelten entsprechend für die in

---

102 OFD NRW, Kurzinformation ESt Nr. 03/1018 v. 20.4.2018, DB 2018, S. 1116.

Rn. 1 des BMF-Schreibens vom 28.9.2011[103] genannten Bilanzen sowie für Eröffnungsbilanzen, sofern diese nach dem 31.12.2019 aufzustellen sind. Es wird nicht beanstandet, wenn diese auch für das Wirtschaftsjahr 2019 oder 2019/2020 verwendet werden.

Die Übermittlungsmöglichkeit mit diesen neuen Taxonomien wird für Testfälle voraussichtlich ab November 2019 und für Echtfälle ab Mai 2020 gegeben sein.

Die aktualisierten Taxonomien (Kern-, Ergänzungs- und Spezialtaxonomien) stehen unter www.esteuer.de zur Ansicht und zum Abruf bereit. Die einzelnen Änderungen in den Taxonomien ergeben sich aus dem ebenfalls unter www.esteuer.de eingestellten Änderungsnachweis.

Die Finanzverwaltung weist in ihrem Schreiben insb. auf zwei Neuerungen hin betreffend die
- Umsetzung InvStG 2018
- Ergebnisverteilung bei Personengesellschaften

1.1.4 Bilanzsteuerrechtliche Beurteilung vereinnahmter und verausgabter Pfandgelder

BMF, Schreiben v. 19.2.2019, IV C 6 – S 2133/13/10002, BStBl I 2019, S. 210

Das BMF hebt sein Schreiben vom 13.6.2005 zur bilanzsteuerrechtlichen Beurteilung vereinnahmter und verausgabter Pfandgelder anlässlich eines BFH-Urteils auf.

Normen: §§ 5 Abs. 1 S. 1, 6 Abs. 1 Nr. 2 und Nr. 3 sowie Nr. 3a Buchst. c und Abs. 2 EStG 1997/2002; § 252 Abs. 1 Nr. 4 Halbs. 2 HGB

Der BFH hat mit Urteil vom 9.1.2013[104] umfassend zur bilanzsteuerrechtlichen Behandlung von Pfandgeldern bei einem Mineralbrunnenbetrieb Stellung genommen und ihm folgende Leitsätze vorangestellt:
- Nehmen Teilnehmer eines Mehrwegsystems mit Brunneneinheitsflaschen und -kästen mehr Leergut von ihren Kunden zurück als sie mit dem Vollgut zuvor an diese ausgegeben hatten (sog. Mehrrücknahmen), sind deshalb weder Anschaffungskosten noch gegen die Kunden gerichtete Forderungen zu aktivieren. In Betracht kommt jedoch die Aktivierung eines Nutzungsrechts, dessen Wert sich danach bemisst, inwieweit in Folge der Mehrrücknahmen die jeweilige Miteigentumsquote des Teilnehmers an dem Leergutpool überschritten wird.
- Für die Verpflichtung, bei Rückgabe des Individualleerguts und der Brunneneinheitsflaschen und -kästen die erhaltenen Pfandgelder an die Kunden zurückzuzahlen, ist eine Verbindlichkeit zu passivieren. Die Verbindlichkeit kann wegen Bruch oder Schwund des Leerguts, bei den Brunneneinheitsflaschen und -kästen darüber hinaus aber auch der Höhe nach zu mindern sein, wenn aufgrund der eigentumsunabhängigen Zirkulation des Leerguts erfahrungsgemäß davon auszugehen ist, dass ein bestimmter Teil an andere Poolmitglieder zurückgegeben wird.

---
103 BMF, Schreiben v. 28.9.2011, IV C 6 – S 2133 – b/11/10009, BStBl I 2011, S. 855.
104 BFH, Urteil v. 9.1.2013, I R 33/11, BStBl II 2019, S. 150.

Das diesen Grundsätzen zum Teil entgegenstehende BMF-Schreiben vom 13.6.2005[105] wird aufgehoben.

1.1.5 Keine Abzinsung von bestimmten Verbindlichkeiten nach § 6 Abs. 1 Nr. 3 EStG bei Null- und Negativzinsen

LfSt Niedersachsen, Verfügung v. 2.5.2019, S 2741 – 436 – St 242, DB 2019, S. 1237

Das LfSt hat sich gegenüber der Deutschen Kreditwirtschaft zur Abzinsungsthematik bei formaler Unverzinslichkeit von Verbindlichkeiten geäußert.

Norm: § 6 Abs. 1 Nr. 3 EStG

Nach dem Wortlaut des § 6 Abs. 1 Nr. 3 EStG müssen unverzinsliche Verbindlichkeiten, deren Laufzeit mindestens 12 Monate beträgt und die nicht auf einer Anzahlung oder Vorausleistung beruhen, abgezinst werden, d. h. ein fiktiver Zinsanteil (Zinssatz 5,5 %) wird zunächst gewinnwirksam ausgebucht und in den Folgejahren als fiktiver Zins über die Laufzeit der Verbindlichkeit aufwandswirksam wieder eingebucht.

Bei den nachfolgenden, aufgrund der derzeitigen Niedrigzinsphase null- oder negativverzinsten Verbindlichkeiten der Banken bestehen nach Auffassung der obersten Finanzbehörden des Bundes und der Länder sog. andere wirtschaftliche Nachteile, die nach dem BMF-Schreiben vom 26.5.2005[106] einer Verzinsung gleichzustellen sind:

- **Kredite, die die Banken von der Zentralbank erhalten**
  Die Kredite der Zentralbank sind für die Banken mit wirtschaftlichen, eine Gleichstellung mit verzinslichen Krediten rechtfertigenden Nachteilen verbunden, u. a. weil die Kreditinstitute Sicherheiten in Form von Wertpapieren stellen müssen, die anderweitig nicht mehr nutzbar sind. Die Nullverzinsung ist auf Beschlüsse der EZB zurückzuführen, denen sich die Banken nicht entziehen können, wenn sie an den sog. Offenmarktgeschäften des Eurosystems teilnehmen wollen. Die Niedrigverzinsung wird an die Kunden weitergeleitet.

- **Weiterleitungsdarlehen, die die Banken für ausgewählte Investitionsvorhaben (z. B. Wohnungsbau) von Förderbanken erhalten**
  Auch bei den Förderdarlehen wird der Zinsvorteil an die Kunden weitergeleitet.

- **Kundeneinlagen**
  Für Kundeneinlagen muss die jeweilige Bank eine sog. Mindestreserve bei der Zentralbank hinterlegen und dafür aktuell einen Negativzins zahlen.

Trotz formaler Unverzinslichkeit sind diese Verbindlichkeiten **nicht** nach § 6 Abs. 1 Nr. 3 EStG abzuzinsen.

---

105 BMF, Schreiben v. 13.6.2005, IV B 2 – S 2137 – 30/05, BStBl I 2005, S. 715.
106 BMF, Schreiben v. 26.5.2005, IV B 2 – S 2175 – 7/05, BStBl I 2005, S. 699.

> **Praxishinweis**
> Die Deutsche Kreditwirtschaft wurde entsprechend unterrichtet. Die Verfügung betrifft wohl ausschließlich Bankinstitute.
> Vgl. hierzu auch C.1.1.9.

1.1.6 Zweifelsfragen zu § 6 Abs. 3 EStG und dessen Verhältnis zu § 6 Abs. 5 EStG

BMF, Schreiben v. 20.11.2019, IV C 6 – S 2241/15/10003, BStBl I 2019, S. 1291

Mit der Überarbeitung seiner bisherigen Schreiben[107] reagiert das BMF auf die umfangreiche Rspr. des BFH zu diesem Themenkomplex unter gleichzeitiger Veröffentlichung von Urteilen aus den Jahren 2012 bis 2017.

Norm: § 6 Abs. 3 und Abs. 5 EStG

Das BMF äußert sich zu Zweifelsfragen zu § 6 Abs. 3 EStG im Zusammenhang mit der unentgeltlichen Übertragung von Mitunternehmeranteilen mit Sonderbetriebsvermögen und von Anteilen an Mitunternehmeranteilen mit Sonderbetriebsvermögen sowie mit der unentgeltlichen Aufnahme in ein Einzelunternehmen sowie zum Verhältnis von § 6 Abs. 3 zu § 6 Abs. 5 EStG. Hintergrund ist die Aufgabe der Gesamtplanbetrachtung bei Anwendung von § 6 Abs. 3 und 5 EStG sowie Beibehaltung der Gesamtplanbetrachtung bei Anwendung der §§ 16 und 34 EStG.

Das ausführliche, mit Beispielsfällen versehene Schreiben gliedert sich in folgende wesentliche Abschnitte:
- Persönlicher Anwendungsbereich
- Sachlicher Anwendungsbereich
  - Übertragung des gesamten Mitunternehmeranteils
  - Übertragung eines Teils des Mitunternehmeranteils
  - Isolierte Übertragung von Sonderbetriebsvermögen
- Unentgeltliche Aufnahme einer natürlichen Person in ein bestehendes Einzelunternehmen
- Fälle der mitunternehmerischen Betriebsaufspaltung
- Aufhebung einzelner Regelungen in anderen Verwaltungsanweisungen
- Zeitliche Anwendung

Das Schreiben ist auf alle noch offenen VZ mit Übertragungsvorgängen gem. § 6 Abs. 3 und Abs. 5 EStG anzuwenden. Aus Vertrauensschutzgründen können die bisherigen BMF-Schreiben zur Anwendung des § 6 Abs. 3 EStG für bereits abgeschlossene Übertragungsvorgänge weiterhin angewendet werden, wenn die Beteiligten auf Antrag hieran einvernehmlich auch weiterhin festhalten möchten.

---

[107] BMF, Schreiben v. 3.3.2005, IV B 2 – S 2241 – 14/05, BStBl I 2005, S. 458; BMF, Schreiben v. 7.12.2006, IV B 2 –S 2241 – 53/06, BStBl I 2006, S. 766.

Literaturhinweise

Geberth, DB 2019, S. 2660; *Kraft*, nwb 2020, S. 20

1.1.7 Zweifelsfragen zur Übertragung und Überführung von einzelnen Wirtschaftsgütern nach § 6 Abs. 5 EStG

> **OFD Frankfurt am Main, Verfügung v. 10.4.2019, S 2241 A –117 – St 213, DStR 2019, S. 1357**
> Die OFD Frankfurt am Main hat seine bisherige Verfügung mit einem Zusatz versehen sowie zwei weitere Zweifelsfragen geregelt.
>
> **Norm:** § 6 Abs. 5 EStG

Die OFD-Verfügung nimmt Bezug auf die BMF-Schreiben vom 8.12.2011[108] und 12.9.2013[109] und hat in der aktuellen Fassung vom 10.4.2019 folgenden Zusatz erhalten (Ergänzung zum BMF-Schreiben vom 12.9.2013 Tz. I.1.a) und II.1.a):

Das Verfahren X R 28/12 sowie die diesbezügliche Vorlage an den Großen Senat des BFH (GrS 1/16) sind zwischenzeitlich ohne Entscheidung der vorgelegten Rechtsfrage beendet worden.[110] Allerdings sind nunmehr zur Thematik zwei neue Verfahren am BFH anhängig geworden (X R 18/18 und X R 19/18)[111], sodass Einspruchsverfahren weiterhin nach § 363 Abs. 2 S. 2 AO ruhen.

Durch Beschluss der Referatsleiter des Bundes und der Länder wurden zwei weitere Zweifelsfragen geregelt und zwar im Zusammenhang mit der:
- Behandlung von Verbindlichkeiten, die mit einem nach § 6 Abs. 5 S. 3 EStG übertragenen Wirtschaftsgut in Zusammenhang stehen, sowie
- Anwendung des § 6b EStG bei Übertragung/Veräußerung von Wirtschaftsgütern zwischen personenidentischen Schwestergesellschaften
- Beide Themen wurden mit einem Sachverhalt und dazugehöriger Lösung dargestellt.

Literaturhinweise

Becker, DB 2019, S. 326; *Dräger/Dorn*, DB 2019, S. 2423 und nwb 2019, S. 17; *Weber-Grellet*, DB 2019, S. 2201

---

108 BMF, Schreiben v. 8.12.2011, IV C 6 – S 2241/10/10002, BStBl I 2011, S. 1279.
109 BMF, Schreiben v. 12.9.2013, IV C 6 – S 2241/10/10002, BStBl I 2013, S. 1164.
110 BFH, Beschluss v. 30.10.2018, GrS 1/16, BStBl II 2019, S. 70.
111 Vorinstanzen: Niedersächsisches FG, Urteil v. 10.4.2018, 12 K 159/16 und Urteil v. 10.4.2018, 12 K 160/16.

1.1.8 Arbeitshilfe zur Aufteilung eines Gesamtkaufpreises für ein bebautes Grundstück

> **BMF online v. 13.5.2019, https://www.bundesfinanzministerium.de**
> Das BMF stellt bereits seit einigen Jahren eine Arbeitshilfe zur Aufteilung eines Gesamtkaufpreises für ein bebautes Grundstück (Kaufpreisaufteilung) auf seiner Internetseite zur Verfügung. Sie wurde zuletzt im Mai 2019 aktualisiert.
>
> **Norm:** § 7 Abs. 4 bis 5a EStG

Zur Ermittlung der Bemessungsgrundlage für die AfA von Gebäuden ist es in der Praxis häufig erforderlich, einen Gesamtkaufpreis für ein bebautes Grundstück auf das Gebäude, das der Abnutzung unterliegt, sowie den nicht abnutzbaren Grund und Boden aufzuteilen. Nach der höchstrichterlichen Rspr. ist ein Gesamtkaufpreis für ein bebautes Grundstück nicht nach der sog. Restwertmethode, sondern nach dem Verhältnis der Verkehrswerte oder Teilwerte auf den Grund und Boden einerseits sowie das Gebäude andererseits aufzuteilen.[112]

Die obersten Finanzbehörden von Bund und Ländern stellen eine Arbeitshilfe als xls-Datei zur Verfügung, die es unter Berücksichtigung der höchstrichterlichen Rspr. ermöglicht, in einem typisierten Verfahren entweder eine Kaufpreisaufteilung selbst vorzunehmen oder die Plausibilität einer vorliegenden Kaufpreisaufteilung zu prüfen. Zusätzlich steht eine Anleitung für die Berechnung zur Aufteilung eines Grundstückskaufpreises zur Verfügung.

> **Praxishinweis**
> In dem Zusammenhang sei auf ein BFH Urteil v. 16.9.2015[113] mit folgendem Leitsatz hingewiesen: Eine vertragliche Kaufpreisaufteilung von Grundstück und Gebäude ist der Berechnung der AfA auf das Gebäude zu Grunde zu legen, sofern sie zum einen nicht nur zum Schein getroffen wurde sowie keinen Gestaltungsmissbrauch darstellt und zum anderen das FG auf der Grundlage einer Gesamtwürdigung von den das Grundstück und das Gebäude betreffenden Einzelumständen nicht zu dem Ergebnis gelangt, dass die vertragliche Kaufpreisaufteilung die realen Wertverhältnisse in grds. Weise verfehlt und wirtschaftlich nicht haltbar erscheint.

---

112 BFH, Urteil v. 10.10.2000, IX R 86/97, BStBl II 2001, S. 183.
113 BFH, Urteil v. 16.9.2015, IX R 12/14, BStBl II 2016, S. 397.

1.1.9 Verwendung von Investitionsabzugsbeträgen nach § 7g EStG im Gesamthandsvermögen einer Mitunternehmerschaft für Investitionen im Sonderbetriebsvermögen eines Mitunternehmers

BMF, Schreiben v. 26.8.2019, IV C 6 – S 2139-b/07/10002, BStBl I 2019, S. 870

Das BMF hat sein Anwendungsschreiben zum § 7g EStG aus März 2017 anlässlich eines BFH-Beschlusses aus November 2017 angepasst.

Norm: § 7g EStG

Der BFH hat mit Beschluss vom 15.11.2017[114] entschieden, dass eine begünstigte Investition i. S. d. § 7g EStG auch dann vorliegt, wenn bei einer Personengesellschaft der Investitionsabzugsbetrag vom Gesamthandsgewinn abgezogen wurde und die geplante Investition innerhalb des dreijährigen Investitionszeitraums von einem ihrer Gesellschafter vorgenommen und in dessen Sonderbetriebsvermögen aktiviert wird. In diesen Fällen sei im Wirtschaftsjahr der Anschaffung der in Anspruch genommene Investitionsabzugsbetrag dem Sonderbetriebsgewinn des investierenden Gesellschafters außerbilanziell hinzuzurechnen.

Nach Abstimmung mit den obersten Finanzbehörden der Länder sind die Grundsätze des BFH-Beschlusses über den entschiedenen Einzelfall hinaus anzuwenden. Die Rn. 4 und 5 des BMF-Schreibens vom 20.3.2017[115] zur Überschrift I.1.c) wurden wie folgt gefasst:

Rn. 4:
Auch Personengesellschaften und Gemeinschaften können unter entsprechender Anwendung der Regelungen dieses Schreibens § 7g EStG in Anspruch nehmen (§ 7g Abs. 7 EStG), wenn es sich um eine Mitunternehmerschaft (§ 13 Abs. 7, § 15 Abs. 1 S. 1 Nr. 2, § 18 Abs. 4 S. 2 EStG) handelt. Investitionsabzugsbeträge können sowohl vom gemeinschaftlichen Gewinn als auch vom Sonderbetriebsgewinn eines Mitunternehmers abgezogen werden. Bei der Prüfung des Größenmerkmals i. S. v. § 7g Ab. 1 S. 2 Nr. 1 Buchst. a EStG (Rn. 11 bis 13) sind das Gesamthandsvermögen und die Sonderbetriebsvermögen unter Berücksichtigung der Korrekturposten in den Ergänzungsbilanzen zusammenzurechnen. Bei der Ermittlung des Höchstbetrags von 200.000 € (§ 7g Abs. 1 S. 4 EStG, vgl. Rn. 10) sind die im Bereich des gemeinschaftlichen Gewinns und die im Bereich der Sonderbetriebsgewinne in Anspruch genommenen und nicht wieder hinzugerechneten oder rückgängig gemachten Investitionsabzugsbeträge zusammenzufassen.

Rn. 5:
Im Bereich des gemeinschaftlichen Gewinns einer Personengesellschaft oder Gemeinschaft in Anspruch genommene Investitionsabzugsbeträge können auch für begünstigte Investitionen (Rn. 6 bis 8) eines ihrer Gesellschafter oder Gemeinschafter im Sonderbe-

---

114 BFH, Beschluss v. 15.11.2017, VI R 44/16, BStBl II 2019, S. 466.
115 BMF, Schreiben v. 20.3.2017, IV C 6 – S 2139-b/07/10002, BStBl I 2017, S. 423.

triebsvermögen verwendet und dem entsprechenden Sonderbetriebsgewinn außerbilanziell hinzugerechnet werden. Entsprechendes gilt für im Bereich des Sonderbetriebsgewinns eines Gesellschafters oder Gemeinschafters beanspruchte Investitionsabzugsbeträge bei begünstigten Investitionen im Gesamthandsvermögen der Personengesellschaft oder Gemeinschaft sowie für im Bereich des Sonderbetriebsgewinns eines Gesellschafters oder Gemeinschafters beanspruchte Investitionsabzugsbeträge bei begünstigten Investitionen eines anderen Gesellschafters oder Gemeinschafters im Sonderbetriebsvermögen der Personengesellschaft oder Gemeinschaft.

Die Anschaffung eines begünstigten Wirtschaftsgutes liegt nicht vor, wenn ein Gesellschafter oder Gemeinschafter ein Wirtschaftsgut von der Personengesellschaft oder Gemeinschaft erwirbt oder die Personengesellschaft oder Gemeinschaft oder ein anderer Gesellschafter oder Gemeinschafter ein Wirtschaftsgut erwirbt, das zuvor zum Sonderbetriebsvermögen eines Gesellschafters oder Gemeinschafters gehörte, da in diesen Fällen das Wirtschaftsgut bereits vor der Anschaffung dem Betriebsvermögen der Mitunternehmerschaft zuzurechnen war.«

> **Praxishinweis**
> Die Neufassung der Rn. 4 und 5 gilt in allen noch offenen Fällen und auch für die, in vor dem 1.1.2016 endenden Wirtschaftsjahren in Anspruch genommene Investitionsabzugsbeträge. Der Bundestag hat am 7.11.2019 dem JStG 2019 i. d. F. der Beschlussempfehlung des Finanzausschusses des Bundestages zugestimmt. Die beabsichtigte Änderung des § 7g EStG gegen den Beschluss des BFH vom 15.11.2017[116] war nicht mehr enthalten. Die Zustimmung des Bundesrats ist am 29.11.2019 erfolgt.[117]

1.1.10 Sonderausgabenabzug bei beschränkt Steuerpflichtigen für Pflichtbeiträge an berufsständische Versorgungseinrichtungen

BMF, Schreiben v. 26.6.2019, IV C 5 – S 2301/19/10004, BStBl I 2019, S. 624

Das BMF hat im Hinblick auf das EuGH-Urteil vom 6.12.2018 in der Rs. *Montag*[118] zum Sonderausgabenabzug bei beschränkt Steuerpflichtigen für Pflichtbeiträge an berufsständische Versorgungseinrichtungen Stellung genommen.

Normen: §§ 10 Abs. 1 Nr. 2 Buchst. a, 50 Abs. 1 S. 3 EStG

Gem. § 50 Abs. 1 S. 3 EStG ist § 10 Abs. 1 Nr. 2 Buchst. a EStG bei der Besteuerung von Einkünften beschränkt Steuerpflichtiger (§ 1 Abs. 4 EStG) nicht anwendbar. Beiträge an berufsständische Versorgungseinrichtungen können daher aufgrund der bisherigen Regelung nicht als Sonderausgaben berücksichtigt werden.

---

116 BFH, Beschluss v. 15.11.2017, VI R 44/16, BStBl II 2019, S. 466.
117 BGBl I 2019, S. 2451.
118 EuGH, Urteil v. 6.12.2018, C–480/17, *Montag*, NJW 2019, S. 651.

Der EuGH sieht hierin einen Verstoß gegen die Niederlassungsfreiheit, soweit Pflichtbeiträge an eine berufsständische Altersversorgungseinrichtung, die einen unmittelbaren Zusammenhang mit der Tätigkeit aufweisen, aus der die in diesem Mitgliedstaat zu versteuernden Einkünfte erzielt wurden, vom Sonderausgabenabzug ausgeschlossen sind.

Bis zu einer gesetzlichen Neuregelung des § 50 Abs. 1 EStG gilt für den Sonderausgabenabzug von Beiträgen an berufsständische Versorgungseinrichtungen i. S. d. § 10 Abs. 1 Nr. 2 Buchst. a EStG bei der Besteuerung beschränkt Steuerpflichtiger das Folgende:

Der Sonderausgabenabzug für Pflichtbeiträge an berufsständische Versorgungseinrichtungen gem. § 10 Abs. 1 Nr. 2 Buchs. a i. V. m. Abs. 2 und 3 EStG ist im Vorgriff auf eine gesetzliche Regelung auch beschränkt Steuerpflichtigen zu gewähren, die Staatsangehörige eines Mitgliedstaats der EU, eines anderen Staates, auf den das Abkommen über den EWR Anwendung findet, oder der Schweizerischen Eidgenossenschaft sind und im Hoheitsgebiet eines dieser Staaten ihren Wohnsitz oder gewöhnlichen Aufenthalt haben. Für Staatsangehörige der Schweizerischen Eidgenossenschaft gilt dies nur, sofern sie ihren Wohnsitz oder gewöhnlichen Aufenthalt entweder im Hoheitsgebiet eines Mitgliedstaats der EU oder in der Schweiz haben.

Voraussetzung für die Berücksichtigung der Pflichtbeiträge im Rahmen des Sonderausgabenabzugs ist, dass die Mitgliedschaft in der berufsständischen Versorgungseinrichtung auf einer für die inländische Berufsausübung erforderlichen Zulassung beruht.

Für die Ermittlung der insoweit abzugsfähigen Sonderausgaben sind die Pflichtbeiträge entsprechend dem Anteil der inländischen Einkünfte gem. § 49 Abs. 1 Nr. 2 bzw. Nr. 3 EStG, die aus der – durch die Zulassung ermöglichten – Berufsausübung erzielt werden, an dem Gesamtbetrag der in- und ausländischen Einkünfte aus der durch die Zulassung ermöglichten Tätigkeit zu berücksichtigen. Der Sonderausgabenabzug ist zur Vermeidung einer doppelten Berücksichtigung ausgeschlossen, soweit die Pflichtbeiträge im Rahmen der Einkommensbesteuerung im Wohnsitzstaat tatsächlich abgezogen worden sind.

> **Praxishinweis**
> Die Grundsätze dieses Schreibens sind in allen offenen Fällen anzuwenden.

1.1.11 Von den Eltern getragene Versicherungsbeiträge eines Kindes

BMF, Schreiben v. 3.4.2019, IV C 3 – S 2221/10/10005, BStBl I 2019, S. 254

Das BMF hat sein Schreiben zum Sonderausgabenabzug für im Rahmen einer Unterhaltsverpflichtung getragene Basiskranken- und Pflegepflichtversicherungsbeiträge eines Kindes bei den Eltern nach § 10 Abs. 1 Nr. 3 S. 2 EStG an ein aus März 2018 angepasst.

Norm: § 10 Abs. 1 Nr. 3 S. 2 EStG

Der BFH hat mit Urteil vom 13.3.2018[119] entschieden, dass die Regelung des § 10 Abs. 1 Nr. 3 S. 2 EStG, nach der Eltern die von ihnen getragenen Basiskranken- und gesetzlichen Pflegeversicherungsbeiträge eines unterhaltsberechtigten Kindes (Kind ist Versicherungsnehmer) im Rahmen des Sonderausgabenabzugs berücksichtigen können, auch dann gelte, wenn das Kind erwerbstätig sei und der Arbeitgeber die Beiträge unmittelbar vom Lohn des Kindes einbehalten habe. Nach Auffassung des BFH ist aber Voraussetzung für den Steuerabzug, dass die Eltern die Beiträge des Kindes tatsächlich gezahlt oder erstattet, d. h. in Form von Barunterhalt getragen haben. Hingegen reiche eine Leistung in Form von Sachunterhalt laut BFH nicht aus. Zum anderen bedürfe es laut Urteilsbegründung im Hinblick auf die Unterhaltsverpflichtung bei volljährigen, in Ausbildung befindlichen Kindern – ggf. unter Anrechnung deren eigener Einkünfte und Bezüge – einer im Einzelfall zu überprüfenden Unterhaltsbedürftigkeit.

Der BFH knüpft damit für die Gewährung des Sonderausgabenabzugs nach § 10 Abs. 1 Nr. 3 S. 2 EStG – der bestehenden Verwaltungsauffassung folgend – entscheidend an eine dem Grunde nach bestehende Unterhaltsverpflichtung der Eltern gegenüber dem als Versicherungsnehmer auftretenden Kind an (§§ 1610 Abs. 2 i. V. m. 1601 BGB). Daneben setzen sowohl die Finanzverwaltung als auch der BFH in seiner o. g. Entscheidung für einen Sonderausgabenabzug bei den unterhaltsverpflichteten Eltern eine durch die Tragung der Beiträge des Kindes entstandene wirtschaftliche Belastung der Eltern voraus, welche jedenfalls nicht allein dadurch, dass die Beiträge im Rahmen eines Dienstverhältnisses vom Lohn des Kindes einbehalten wurden, ausgeschlossen ist.

In Bezug auf die vorstehend genannten Anspruchsvoraussetzungen steht das Urteil des X. Senats damit dem Grunde nach im Einklang mit der bestehenden Verwaltungsauffassung (vgl. Rz. 81 des Bezugsschreibens[120] sowie R 10.4 EStR). Im Hinblick auf die konkrete Beurteilung dieser beiden wesentlichen Anspruchsvoraussetzungen legt der BFH die Vorschrift des § 10 Abs. 1 Nr. 3 S. 2 EStG jedoch deutlich enger als die Finanzverwaltung aus, die ihre Rechtsansicht auf die Regelungen der Rz. 81 des Bezugsschreibens stützt.

---

[119] BFH, Urteil v. 13.3.2018, X R 25/15, BStBl II 2019, S. 191.
[120] BMF, Schreiben v. 24.5.2017, IV C 3 – S 2221/16/10001, BStBl I 2017, S. 820, ergänzt durch BMF, Schreiben v. 6.11.2017, IV C 3 – S 2221/17/10006, BStBl I 2017, S. 1455.

Im Einvernehmen mit den obersten Finanzbehörden der Länder ist das BFH-Urteil vom 13.3.2018 daher lediglich in Bezug auf die in der Entscheidung aufgestellten Grundsätze, nicht aber bezüglich der laut Urteilsbegründung enger ausgestalteten Anforderungen zur Umsetzung dieser Grundsätze über den entschiedenen Einzelfall hinaus anzuwenden.

Damit gilt im Umgang mit dem o. g. Urteil zur steuerlichen Berücksichtigung von im Rahmen einer Unterhaltsverpflichtung getragenen Basiskranken- und Pflegepflichtversicherungsbeiträgen eines Kindes bei den Eltern in Bezug auf den Sonderausgabenabzug nach § 10 Abs. 1 Nr. 3 S. 2 EStG Folgendes: Rz. 81 des BMF-Schreibens zur einkommensteuerrechtlichen Behandlung von Vorsorgeaufwendungen vom 24.5.2017 sowie R 10.4 EStR bleiben von der BFH-Entscheidung vom 13.3.2018 unberührt.

> **Praxishinweis**
> Vgl. hierzu auch die Ausführungen in A.2.8.2.5.1 zur Ergänzung des § 10 Abs. 1 Nr. 3 EStG um einen weiteren Satz 3 durch das JStG 2019.

1.1.12 Steuerliche Behandlung von erstatteten Rentenversicherungsbeiträgen

OFD NRW, Kurzinfo v. 25.9.2019, ESt Nr. 05/2019, DB 2019, S. 2218

Die OFD NRW weist anlässlich eines zu dieser Thematik beim BFH anhängigen Verfahrens darauf hin, dass Einsprüche, die sich darauf berufen, kraft Gesetzes ruhen.

Normen: § 363 Abs. 2 S. 2 AO; §§ 3 Nr. 3 Buchst. b, 10 Abs. 1 Nr. 2 Buchst. a und 4b S. 2 sowie S. 4, 11 Abs. 2, 22 Nr. 1 S. 3 EStG; § 210 Abs. 1a SGB VI

Altersvorsorgeaufwendungen i. S. d. § 10 Abs. 1 Nr. 2 Buchst. a EStG sind in dem Kalenderjahr als Sonderausgaben zu berücksichtigen, in dem sie geleistet worden sind (§ 11 Abs. 2 EStG). Soweit Altersvorsorgeaufwendungen in einem späteren VZ erstattet werden (z. B. Erstattung von Rentenversicherungsbeiträgen einer nachträglich verbeamteten Person), ist der Erstattungsbetrag zunächst mit gleichartigen Sonderausgaben zu verrechnen (§ 10 Abs. 4 b S. 2 EStG). Wenn im Kalenderjahr der Erstattung eine Verrechnung nicht oder nicht in voller Höhe möglich ist, ist der Sonderausgabenabzug des Jahres der ursprünglichen Verausgabung zu korrigieren (H 10.1 »Abzugshöhe/Abzugszeitpunkt« EStH).

Erstattungen von Altersvorsorgeaufwendungen sind der Finanzverwaltung gem. § 10 Abs. 4 b S. 4 EStG elektronisch zu übermitteln (ZUS-Mitteilungen).

Das FG Düsseldorf hat mit Urteil vom 22.11.2018[121] entschieden, dass die Erstattung von Rentenversicherungsbeiträgen nach § 210 Abs. 1 a SGB VI keine Beitragsrückerstattung i. S. d. § 10 Abs. 4 b S. 2 EStG darstelle. In seiner Urteilsbegründung vertritt das FG die Auffassung, dass es sich

---

121 FG Düsseldorf, Urteil v. 22.11.2018, 14 K 1629/18 E, EFG 2019, S. 410.

um steuerfreie Einnahmen gem. § 22 Nr. 1 S. 3 EStG i. V. m. § 3 Nr. 3 Buchst. b EStG handele. Eine Qualifizierung als steuerfreie Einnahme schließe eine Erfassung als negative Sonderausgaben aus. Im Ergebnis seien damit die Altersvorsorgeaufwendungen nicht um die erstatteten Beiträge zu mindern.

> **Praxishinweis**
> Da dieses Urteil der ausdrücklichen gesetzlichen Regelung bzw. der Verwaltungsauffassung widerspricht, hat die Finanzverwaltung gegen das Urteil Revision eingelegt.[122] Einsprüche, die sich auf dieses Verfahren berufen, ruhen kraft Gesetzes nach § 363 Abs. 2 S. 2 AO.

Literaturhinweis
Lemper/Knodt, nwb 2019, S. 1882

1.1.13 Aufteilung eines einheitlichen Sozialversicherungsbeitrags bei den Vorsorgeaufwendungen

BMF, Schreiben v. 15.10.2019, IV C 3 – S 2221/09/10013, BStBl I 2019, S. 985

Das BMF hat die Aufteilungsmaßstäbe hinsichtlich der an ausländische Sozialversicherungsträger geleisteten Globalbeiträge zur Berücksichtigung der Vorsorgeaufwendungen im Rahmen des Sonderausgabenabzugs für den VZ 2020 angepasst.

Norm: § 10 Abs. 1 und Abs. 3 EStG

Die geleisteten einheitlichen Sozialversicherungsbeiträge (Globalbeiträge) sind staatenbezogen aufzuteilen. Das BMF-Schreiben enthält entsprechende Tabellen zur Ermittlung der steuerlich berücksichtigungsfähigen Vorsorgeaufwendungen. Die Tabellen sind für den gesamten VZ 2020 anzuwenden.

Die Aufteilung von Globalbeiträgen, die an Sozialversicherungsträger in Ländern außerhalb Europas geleistet werden, ist nach den Umständen des Einzelfalls vorzunehmen.

Unabhängig davon sind die für das Vereinigte Königreich ausgewiesenen Prozentsätze für den gesamten VZ 2020 – unbeachtlich des beabsichtigten Austritts aus der EU (»Brexit«) – anzuwenden.

---

122 Az. beim BFH, X R 35/18, Vorinstanz: FG Düsseldorf, Urteil v. 22.11.2018, 14 K 1629/18 E, EFG 2019, S. 410.

1.1.14 USt-Vorauszahlungen als regelmäßig wiederkehrende Ausgaben

OFD NRW, Kurzinfo v. 17.1.2019, aktualisierte Kurzinfo ESt 9/2014

Die OFD NRW hat mit der aktualisierten Kurzinfo zur steuerlichen Behandlung von USt-Vorauszahlungen, die lt. BFH-Urteil v. 1.8.2007[123] als regelmäßig wiederkehrende Ausgaben in diesem Sinne anzusehen sind, Stellung genommen.

Norm: § 11 Abs. 2 S. 2 EStG

In der aktualisierten Kurzinfo stellt die OFD NRW u. a. klar, dass die Verwaltungsauffassung, nach der eine USt-Zahlung nicht im Jahr der wirtschaftlichen Zugehörigkeit abgezogen werden darf, wenn sich die gesetzliche Fälligkeit aufgrund von § 108 Abs. 3 AO auf den nachfolgenden Werktag und damit ein Datum nach dem 10.1. verschiebt, durch Veröffentlichung des BFH-Urteils vom 27.6.2018[124] überholt ist. Mit der Entscheidung hatte sich der BFH damals gegen die Auffassung des BMF (Amtliches ESt-Handbuch 2017 § 11 EStG H 11, Stichwort Allgemeines, »Kurze Zeit«) gewandt.

Die Kurzinfo der OFD NRW ist in folgende Abschnitte gegliedert:
- Fälligkeit und Zahlung innerhalb kurzer Zeit
- Keine Verlängerung des 10.Tage-Zeitraums
- Besonderheiten beim Lastschrifteinzug, bei Überweisungen und bei Scheckzahlung
- Änderung bestandskräftiger Bescheide
- Abgleich der Erhebungsdaten zur USt mit der Anlage EÜR

1.2 Änderungen bei den Einkunftsarten (§§ 13 bis 23 EStG)

1.2.1 Realteilung

BMF, Schreiben v. 19.12.2018,[125] IV C 6 – S 2242/07/10002, BStBl I 2019, S. 6

Das BMF hat sein Schreiben zur Realteilung und Anwendung von § 16 Abs. 3 S. 2 bis 4 und Abs. 5 EStG aktualisiert.

Norm: § 16 Abs. 3 S. 2 bis S. 4 und Abs. 5 EStG

Das aktualisierte BMF-Schreiben gliedert sich in folgende Abschnitte:
- Abgrenzung »echte« Realteilung und »unechte« Realteilung
- Gegenstand der Realteilung
- Begünstigte Realteilung

---

123 BFH, Urteil v. 1.8.2007, XI R 48/05, BStBl II, S. 282.
124 BFH Urteil v. 27.6.2018, X R 44/16, BStBl II 2018, S. 781.
125 Erst in 2019 veröffentlicht.

Änderungen bei der Einkommensteuer

- Übertragung in das jeweilige Betriebsvermögen der einzelnen Mitunternehmer
  - Umfang des Betriebsvermögens
  - Betriebsverpachtung im Ganzen
- Sicherstellung der Versteuerung der stillen Reserven
- Realteilung und Spitzen- oder Wertausgleich
- Ansatz des übernommenen Betriebsvermögens
- Sperrfrist
  - Realteilung durch Übertragung von Einzelwirtschaftsgütern
  - Realteilung durch Übertragung von Teilbetrieben
- Folgen bei Veräußerung oder Entnahme während der Sperrfrist
- Zeitliche Anwendung

Das Schreiben berücksichtigt u. a. die in den vergangenen Jahren zur Realteilung ergangene Rspr.[126] Darüber hinaus grenzt es nunmehr die »echte« von der »unechten« Realteilung ab.

Praxishinweise
- Das neue BMF-Schreiben ersetzt das Schreiben vom 20.12.2016.[127] Es ist auf alle offenen Fälle anzuwenden. Die im bisherigen BMF-Schreiben enthaltenen Übergangsregelungen gelten fort. Auf einvernehmlichen Antrag aller Mitunternehmer sind die Grundsätze des neuen Schreibens in den Fällen einer »unechten« Realteilung (Abschn. I) nicht anzuwenden, wenn die »unechte« Realteilung vor dem 1.1.2019 stattgefunden hat.
- Mit BMF-Schreiben vom 27.12.2018[128] wurde Rn. 52 des BMF-Schreibens vom 14.3.2006[129] zur ertragsteuerlichen Behandlung der Erbengemeinschaft und ihrer Auseinandersetzung als Folge des neuen Realteilungsschreibens ebenfalls an die neue Rspr. angepasst (Stichwort: Buchwert- bzw. Sachwertabfindung).

Literaturhinweise
Gläser/Zöller, DB 2019, S. 692; *Gragert*, nwb 2019, S. 476

1.2.2 Nachträgliche Anschaffungskosten bei § 17 EStG

BMF, Schreiben v. 5.4.2019, IV C 6 – S 2244/17/10001, BStBl I 2019, S. 257

Das BMF hat sein Schreiben zu nachträglichen Anschaffungskosten bei § 17 EStG an die aktuelle BFH-Rspr. angepasst.

Norm: § 17 EStG

---

126 BFH, Urteil v. 17.9.2015, III R 49/13, BStBl II 2017, S. 37; BFH, Urteil v. 16.12.2015, IV R 8/12, BStBl II 2017, S. 766; BFH, Urteil v. 16.3.2017, IV R 31/14, BStBl II 2019, S. 24; BFH, Urteil v. 30.3.2017, IV R 11/15, BStBl II 2019, S. 29.
127 BMF, Schreiben v. 20.12.2016, IV C 6 – S 2242/07/10002, BStBl I 2017, S. 36.
128 BMF, Schreiben v. 27.12.2018, IV C 6 – S 2242/07/10004, BStBl I 2019, S. 11.
129 BMF, Schreiben v. 14.3.2006, IV B 2 – S 2242 – 7/06, BStBl I 2006, S. 253.

Überblick über die Verwaltungsvorschriften 2019

Im Einvernehmen mit den obersten Finanzbehörden der Länder gilt zur Anwendung der BFH-Urteile vom 11.7.2017[130], 6.12.2017[131] und 20.7.2018[132] Folgendes:

Das BMF-Schreiben vom 21.10.2010[133] zur Behandlung nachträglicher Anschaffungskosten im Rahmen des § 17 Abs. 2 EStG ist aus Vertrauensschutzgründen weiterhin in allen offenen Fällen anzuwenden, bei denen auf die Behandlung des Darlehens/der Bürgschaft die Vorschriften des MoMiG anzuwenden sind, wenn die bisher als eigenkapitalersetzend angesehene Finanzierungshilfe bis einschließlich 27.9.2017 gewährt wurde oder wenn die Finanzierungshilfe bis einschließlich 27.9.2017 eigenkapitalersetzend geworden ist. Ein Darlehen ist nach den Vorschriften des MoMiG zu behandeln, wenn das Insolvenzverfahren bei einer GmbH nach dem 31.10.2008 eröffnet wurde oder wenn Rechtshandlungen, die nach § 6 AnfG der Anfechtung unterworfen sind, nach dem 31.10.2008 vorgenommen wurden.

In allen übrigen Fällen ist nach den Grundsätzen der o. g. BFH-Entscheidungen § 255 HGB für die Bestimmung der Anschaffungskosten i. S. v. § 17 Abs. 2 EStG maßgeblich. Nachträgliche Anschaffungskosten stellen damit nur noch solche Aufwendungen dar, die nach handels- und bilanzsteuerrechtlichen Grundsätzen zu einer offenen und verdeckten Einlage in das Kapital der Gesellschaft führen. Hierzu zählen insb. Nachschüsse (§§ 26ff GmbHG) und sonstige Zuzahlungen (§ 272 Abs. 2 Nr. 4 HGB) wie Einzahlungen in die Kapitalrücklage, Barzuschüsse oder der Verzicht auf eine werthaltige Forderung. Aufwendungen aus Fremdkapitalhilfen wie der Ausfall eines Darlehens oder der Ausfall mit einer Bürgschaftsregressforderung führen hingegen grds. nicht mehr zu Anschaffungskosten der Beteiligung.

Etwas anderes gilt, wenn die vom Gesellschafter gewährte Fremdkapitalhilfe aufgrund der vertraglichen Abreden mit der Zuführung einer Einlage in das Gesellschaftsvermögen wirtschaftlich vergleichbar ist. Dies kann der Fall sein bei einem Gesellschafterdarlehen, dessen Rückzahlung auf Grundlage der von den Beteiligten getroffenen Vereinbarungen, wie bspw. der Vereinbarung eines Rangrücktritts i. S. d. § 5 Abs. 2a EStG, im Wesentlichen denselben Voraussetzungen unterliegt wie die Rückzahlung von Eigenkapital (vgl. BFH-Urteil v. 30.11.2011[134]). In einem solchen Fall kommt dem Darlehen auch bilanzsteuerrechtlich die Funktion von zusätzlichem Eigenkapital zu (BFH-Urteil v. 15.4.2015[135]). Die rein gesellschaftsintern wirkende Umgliederung einer freien Gewinnrücklage in eine zweckgebundene Rücklage führt gleichfalls nicht zu nachträglichen Anschaffungskosten auf den Geschäftsanteil des veräußernden Gesellschafters.

---

130 BFH, Urteil v. 11.7.2017, IX R 36/15, BStBl II 2019, S. 208.
131 BFH, Urteil v. 6.12.2017, IX R 7/17, BStBl II 2019, S. 213.
132 BFH, Urteil v. 20.7.2018, IX R 5/15, BStBl II 2019, S. 194.
133 BMF, Schreiben v. 21.10.2010, IV C 6 – S 2244/08/10001, BStBl I 2010, S. 832.
134 BFH, Urteil v. 30.11.2011, I R 100/10, BStBl II 2012, S. 332.
135 BFH, Urteil v. 15.4.2015, I R 44/14, BStBl II 2015, S. 769.

Praxishinweise

- Vgl. hierzu auch die vor Veröffentlichung der BFH-Urteile im BStBl und der Bekanntgabe des BMF-Schreibens herausgegebene Verfügung der OFD Frankfurt am Main vom 23.11.2018[136] zu dieser Thematik, sowie die Verfügung des Landesamts für Steuern Niedersachsen vom 20.5.2019.[137]
- Der BFH hat inzwischen auch ein Verfahren entschieden, bei dem es um die Frage ging, inwieweit der mit dem Senatsurteil vom 11.7.2017[138] ausgesprochene Vertrauensschutz hinsichtlich der bisherigen Rspr.-Grundsätze zur Berücksichtigung von nachträglichen Anschaffungskosten aus eigenkapitalersetzenden Finanzierungshilfen Anwendung findet.[139] Vgl. hierzu C.1.2.8.
- Der Bundestag hat am 7.11.2019 dem JStG 2019 i. d. F. der Beschlussempfehlung des Finanzausschusses des Bundestages zugestimmt. Der § 17 EStG wurde in einem neuen Abs. 2a um eine Definition der Anschaffungskosten von Anteilen an Kapitalgesellschaften in Anlehnung an § 255 Abs. 1 HGB ergänzt. Die Zustimmung des Bundesrates ist am 29.11.2019 erfolgt.[140] Vgl. dazu die Ausführungen in A.2.8.2.9.

Literaturhinweise

Deutschländer, nwb 2019, S. 1270; *Dorn*, DB 2019, S. 1930; *Gragert*, nwb 2019, S. 2842; *Neyer*, DB 2019, S. 1640

1.2.3 Ertragsteuerliche Behandlung von Heil- und Heilhilfsberufen

BMF, Schreiben v. 20.11.2019, IV C 6 – S 2246/19/10001, BStBl I 2019, S. 1298

Das BMF äußert sich zur steuerlichen Einordnung von Heil- und Heilhilfsberufen als Einkünfte aus freiberuflicher Tätigkeit (§ 18 Abs. 1 Nr. 1 EStG) oder als Einkünfte aus Gewerbebetrieb (§ 15 EStG)

Normen: §§ 15, 18 EStG

In dem BMF-Schreiben wird definiert, wann ein Heil- oder Heilhilfsberuf vorliegt und unter welchen Voraussetzungen es sich um einen Katalogberuf bzw. einen den Katalogberufen ähnlichen Beruf handelt. Dazu werden u. a. explizit Berufsgruppen aufgelistet, die eine freiberufliche Tätigkeit ausführen.

Das BMF-Schreiben tritt an die Stelle des vorherigen Schreibens vom 22.10.2004[141] und ist auf alle offenen Fälle anzuwenden.

---

136 OFD Fankfurt am Main, Verfügung v. 23.11.2018, S 2244 A – 61 – St 215, DStR 2019, S. 626.
137 LfSt Niedersachsen, Verfügung v. 20.5.2019, S 2244 – 118 – St 244, DB 2019, S. 1238.
138 BFH, Urteil v. 11.7.2017, IX R 36/15, BStBl II 2019, S. 208.
139 BFH, Urteil v. 2.7.2019, IX R 13/18, DB 2019, S. 2720.
140 BGBl 2019, S. 2451.
141 BMF, Schreiben v. 22.10.2004, IV IV B 2 – S 2246 – 3/04, BStBl I 2004, S. 1030.

Praxishinweis
Vgl. hierzu auch das BFH-Urteil vom 20.11.2018[142] zur Tätigkeit eines Heileurythmisten als ähnlicher Beruf i. S. v. § 18 Abs. 1 Nr. 2 S. 2 EStG.

1.2.4 Steuerliche Behandlung sowie Voraussetzungen für die Anerkennung von Zeitwertkonten-Modellen – hier: Organe von Körperschaften

BMF, Schreiben v. 8.8.2019, IV C 5 – S 2332/07/0004, BStBl I 2019, S. 874

Das BMF hat vor dem Hintergrund zweier BFH-Urteile zur steuerlichen Behandlung sowie Voraussetzungen für die steuerliche Anerkennung von Zeitwertkonten-Modellen Stellung genommen.

Normen: §§ 11 Abs. 1 S. 4, 19, 38 Abs. 1 S. 2 EStG

Vor dem Hintergrund der BFH-Urteile vom 11.11.2015[143] und 22.2.2018[144] wird im Einvernehmen mit den obersten Finanzbehörden der Länder Abschn. A. IV. 2. b) des BMF-Schreibens vom 17.6.2009[145] wie folgt gefasst:

»b) Organe von Körperschaften
Vereinbarungen über die Einrichtung von Zeitwertkonten bei Arbeitnehmern, die zugleich als Organ einer Körperschaft bestellt sind – z. B. bei Mitgliedern des Vorstands einer AG oder Geschäftsführern einer GmbH – sind lohn-/einkommensteuerlich grds. anzuerkennen, wenn der Arbeitnehmer nicht an der Körperschaft beteiligt ist (z. B. Fremd-Geschäftsführer); siehe BFH- Urteil vom 22.2.2018).
Ist der Arbeitnehmer an der Körperschaft beteiligt, beherrscht diese aber nicht (z. B. Minderheits-Gesellschafter-Geschäftsführer), ist nach den allgemeinen Grundsätzen zu prüfen, ob eine vGA vorliegt. Liegt danach keine vGA vor, sind Vereinbarungen über die Einrichtung von Zeitwertkonten lohn-/einkommensteuerlich grds. anzuerkennen.
Ist der Arbeitnehmer an der Körperschaft beteiligt und beherrscht diese, liegt eine vGA vor; siehe BFH-Urteil vom 11.11.2015. Vereinbarungen über die Einrichtung von Zeitwertkonten sind lohn-/einkommensteuerlich nicht anzuerkennen.
Der Erwerb einer Organstellung hat keinen Einfluss auf das bis zu diesem Zeitpunkt aufgebaute Guthaben eines Zeitwertkontos. Nach Erwerb der Organstellung ist hinsichtlich der weiteren Zuführungen zu dem Konto eine vGA zu prüfen (s. o.). Nach Beendigung der Organstellung und Fortbestehen des Dienstverhältnisses kann der Arbeitnehmer das Guthaben entsprechend der unter A. I. dargestellten Grundsätze weiter aufbauen oder das aufgebaute Guthaben für Zwecke der Freistellung verwenden.«

---

142 BFH, Urteil v. 20.11.2018, VIII R 26/15, BStBl II 2019, S. 776.
143 BFH, Urteil v. 11.11.2015, I R 26/15, BStBl II 2016, S. 489.
144 BFH, Urteil v. 22.2.2018, VI R 17/16, BStBl II 2019, S. 496.
145 BMF, Schreiben v. 17.6.2009, IV C 5 – S 2332/07/0004, BStBl I 2009, S. 1286.

> **Praxishinweis**
> Die Neufassung ist in allen offenen Fällen anzuwenden.
> Vgl. hierzu auch die Verfügung der OFD Frankfurt am Main vom 1.10.2019.[146]

Literaturhinweis
Weber, DB 2019, S. 2101

1.2.5 Einzelfragen zur Abgeltungsteuer

> **BMF, Schreiben v. 17.1.2019, IV C 1 – S 2252/08/10004, BStBl I 2019, S. 51**
> Das BMF hat sein Anwendungsschreiben zur Abgeltungsteuer vom 18.1.2016[147] in einigen Passagen geändert bzw. ergänzt und damit auch auf drei BFH-Urteile reagiert.
>
> **Normen:** §§ 20, 23, 32d, 43, 43a, 44, 44a, 44b Abs. 5, 45a, 49 Abs. 1 Nr. 5, 52 EStG

Die Änderungen sind in dem BMF-Schreiben durch Fettdruck hervorgehoben.

Explizit Bezug genommen wird nunmehr auf die BFH-Urteile

- zum Termingeschäft i. S. d. § 20 Abs. 2 S. 1 Nr. 3 Buchst. a EStG, nach dem ein auf Differenzausgleich gerichtetes Devisentermingeschäft auch vorliegen kann, wenn das Gegengeschäft dem Eröffnungsgeschäft nachfolgt (entsprechende Verknüpfung vorausgesetzt),[148]
- zur depotübergreifenden Verlustverrechnung gem. § 20 Abs. 6 S. 1 EStG bei Antragsveranlagung nach § 32d Abs. 4 EStG (d. h. zwischen mehreren Depots bei unterschiedlich auszahlenden Stellen),[149]
- zu den Voraussetzungen des Antrags auf Anwendung des Teileinkünfteverfahrens nach § 32d Abs. 2 Nr. 3 S. 1 Buchst. b EStG (erforderliche berufliche Tätigkeit »für« eine Kapitalgesellschaft).[150]

> **Praxishinweise**
> - Anlässlich eines weiteren BFH-Urteils vom 12.6.2018[151] hat das BMF sein Anwendungsschreiben am 10.5.2019 in Rn. 59 wie folgt ergänzt: Eine Veräußerung i. S. d. § 20 Abs. 2 S. 1 Nr. 1 EStG ist weder von der Höhe der Gegenleistung noch von der Höhe der anfallenden Veräußerungskosten abhängig.[152] Denn lt. dem Urteil des VIII. Senats steht es grds. im Belieben des Steuerpflichtigen, ob, wann und mit welchem Ertrag er Wertpapiere erwirbt und wieder veräußert. Dadurch macht der Steuerpflichtige lediglich von gesetzlich vorgesehenen Gestaltungsmöglichkeiten Gebrauch, missbraucht diese aber nicht.

---

146 OFD Frankfurt am Main, Verfügung v. 1.10.2019, S 2742 A – 38 – St 520, DB 2019, S. 2431.
147 BMF, Schreiben v. 18.1.2016, IV C 1 – S 2252/08/10004, BStBl I 2016, S. 85.
148 BFH, Urteil v. 24.10.2017, VIII R 35/15, BStBl II 2018, S. 189.
149 BFH, Urteil v. 29.8.2017, VIII R 23/15, BStBl II 2019, S. 54; zum selben Thema ist beim BFH noch ein Verfahren unter Az. VIII 8/16 anhängig.
150 BFH, Urteil v. 27.3.2018, VIII R 1/15, BStBl II 2019, S. 56.
151 BFH, Urteil v. 12.6.2018, VIII R 32/15, BStBl II 2019, S. 221.
152 BMF, Schreiben v. 10.5.2019, IV C 1 – S 2252/08/10004, BStBl I 2019, S. 464.

- Am 16.9.2019 hat das BMF sein Anwendungsschreiben anlässlich des BFH-Urteils vom 20.11.2018[153] zur steuerlichen Anerkennung von Verlusten aus Knock-Out-Zertifikaten noch einmal angepasst.[154] Vgl. hierzu auch C.1.2.11.
- Zu der Verlustabzugs- bzw. -ausgleichsthematik sind nach wie vor diverse Verfahren anhängig.[155]
- Der Bundestag hat am 7.11.2019 dem JStG 2019 i. d. F. der Beschlussempfehlung des Finanzausschusses des Bundestages zugestimmt. Wie vom Bundesrat zuvor angeregt, sollte eine Ergänzung des § 20 Abs. 2 S. 3 EStG zur Klarstellung erfolgen, dass insb. der, durch den Ausfall einer Kapitalforderung oder die Ausbuchung einer Aktie entstandener Verlust, steuerlich unbeachtlich ist. Hierzu ist es aber nicht gekommen. Vgl. dazu auch die Ausführungen in A.2.8.7.3.

Literaturhinweise

Delp, DB 2019, S. 2148; *Dorn*, DB 2019, S. 1930; *Jordan*, nwb 2019, S. 2702

1.2.6 Leitfaden zur Einkunftserzielung bei Vermietung und Verpachtung

BayLfSt, nwb DokID: EAAAH-07623

Das BayLfSt für Steuern hat seinen Leitfaden zur Einkunftserzielung bei Vermietung und Verpachtung aktualisiert.

Norm: § 21 EStG

Der Leitfaden mit aktualisiertem Stand 1.12.2018 ist für Sachverhalte ab dem VZ 2012 anzuwenden.

Neben allgemeinen Ausführungen geht das BayLfSt auf
- die Merkmale einer auf Dauer angelegten Vermietung,
- die gegen eine Einkunftserzielungsabsicht sprechenden Beweisanzeichen,
- die Übernahme eines Mietvertrags,
- die Behandlung unbebauter Grundstücke,
- Personengesellschaften und -gemeinschaften,
- die Überschussprognose,
- die verbilligte Überlassung von Wohnraum,

---

153 BFH, Urteil v. 20.11.2018, VIII R 37/15, BStBl II 2019, S. 507.
154 BMF, Schreiben v. 16.9.2019, IV C 1 – S 2252/08/10004, BStBl I 2019, S. 889.
155 BFH, anhängige Verfahren unter Az. VIII R 9/17, Erstinstanz: FG München, Urteil v. 17.7.2017, 7 K 1888/16, EFG 2017, S. 1792; VIII R 11/18, Erstinstanz: Schleswig-Holsteinisches FG, Urteil v. 28.2.2018, 5 K 69/15, EFG 2018, S. 948; VIII R 17/18, Erstinstanz: FG Münster, Urteil v. 28.2.2018, 9 K 2117/16 E, EFG 2018, S. 1265; VIII R 20/18, Erstinstanz: FG München, Urteil v. 13.3.2018, 9 K 644/18, EFG 2018, S. 1705; VIII R 43/18, Erstinstanz: Hessisches FG, Urteil v. 10.4.2018, 7 K 440/16, EFG 2019, S. 1597; VIII R 5/19, Erstinstanz: FG Rheinland-Pfalz, Urteil v. 12.12.2018, 2 K 1952/16, EFG 2019, S. 365.

- die Vermietung von Gewerbeobjekten, sowie die
- Feststellungslast

näher ein. Änderungen gegenüber der vorherigen Version sind explizit aufgelistet.

Darüber hinaus hat das BayLfSt dem Leitfaden eine Übersicht von BFH-Urteilen und Verwaltungsanweisungen, ein Prüfschema inkl. Prognoseberechnung sowie ein Prüfschema zur Einkunftserzielungsabsicht angehängt.

1.2.7 Vermietung eines Arbeitszimmers oder einer als Homeoffice genutzten Wohnung an den Arbeitgeber

> **BMF, Schreiben v. 18.4.2019, IV C 1 – S 2211/16/10003, BStBl I 2019, S. 461**
>
> Das BMF hat zur einkommensteuerrechtlichen Beurteilung der Vermietung eines Arbeitszimmers oder einer als Homeoffice genutzten Wohnung durch einen Arbeitnehmer an seinen Arbeitgeber Stellung bezogen und sein bisheriges Schreiben zur Vermietung eines Büroraums an den Arbeitgeber[156] aufgehoben.
>
> **Normen:** §§ 9 Abs. 1, 19 Abs. 1 S. 1 Nr. 1, 21 Abs. 1 S. 1 Nr. 1 EStG

Mit dem Schreiben äußert sich das BMF explizit zur Anwendung der BFH-Urteile vom 16.9.2004[157] und 17.4.2018[158].

Das Urteil aus 2004 hatte folgenden Leitsatz:
> »Leistet der Arbeitgeber Zahlungen für ein im Haus bzw. in der Wohnung des Arbeitnehmers gelegenes Büro, das der Arbeitnehmer für die Erbringung seiner Arbeitsleistung nutzt, so ist die Unterscheidung zwischen Arbeitslohn einerseits und Einkünften aus Vermietung und Verpachtung andererseits danach vorzunehmen, in wessen vorrangigem Interesse die Nutzung des Büros erfolgt.«

Und der Leitsatz des Urteils aus 2018 widersprach der Auffassung des BMF im Schreiben vom 13.12.2005:
> »Bei einer Einliegerwohnung des Steuerpflichtigen, die er zweckfremd als Homeoffice an seinen Arbeitgeber für dessen betriebliche Zwecke vermietet, ist stets im Einzelfall festzustellen, ob er beabsichtigt, auf die voraussichtliche Dauer der Nutzung einen Überschuss der Einnahmen über die Werbungskosten zu erzielen.«

Daraus ergaben sich für das BMF folgende Grundsätze: Die Beurteilung von Leistungen des Arbeitgebers für ein im Haus oder in der Wohnung des Arbeitnehmers gelegenes Arbeitszimmer oder für eine Wohnung des Arbeitnehmers, die dieser zweckfremd als Homeoffice nutzt, als Arbeitslohn

---

156 BMF, Schreiben v. 13.12.2005, IV C 3 – S 2253 – 112/05, BStBl I 2006, S. 4.
157 BFH, Urteil v. 16.9.2004, VI R 25/02, BStBl II 2006, S. 10.
158 BFH, Urteil v. 17.4.2018, IX R 19/17, BStBl II 2019, S. 219.

oder als Einnahmen aus Vermietung und Verpachtung ist daran auszurichten, in wessen vorrangigem Interesse die Nutzung erfolgt.

Das BMF-Schreiben ist in folgende Abschnitte unterteilt und geht dort auf die jeweils maßgebenden gewichtigen Indizien oder Anhaltspunkte ein:
- Einkünfte aus nichtselbstständiger Arbeit
- Einkünfte aus Vermietung und Verpachtung
- Werbungskostenabzug für das Arbeitszimmer oder die als Homeoffice genutzte Wohnung des Arbeitnehmers

Auch wird explizit darauf hingewiesen, dass es sich bei der zweckentfremdeten Vermietung von Wohnraum an den Arbeitgeber zu dessen betrieblichen Zwecken (z. B. Arbeitszimmer, als Homeoffice genutzte Wohnung) um Gewerbeimmobilien handelt, für die die Einkünfteerzielungsabsicht ohne typisierende Vermutung durch objektbezogene Überschussprognose festzustellen ist.

Ist das vorrangige betriebliche Interesse des Arbeitgebers an der Vermietung des Arbeitszimmers oder der als Homeoffice genutzten Wohnung vom Arbeitnehmer an den Arbeitgeber nachgewiesen, mangelt es aber an der Einkünfteerzielungsabsicht nach § 21 Abs. 1 S. 1 Nr. EStG infolge negativer Überschussprognose, handelt es sich um einen steuerlich unbeachtlichen Vorgang auf der privaten Vermögensebene. Eine Zuordnung der Leistungen des Arbeitgebers an den Arbeitnehmer als Arbeitslohn kommt dann im Hinblick auf § 21 Abs. 3 EStG nicht mehr in Betracht.

Sind die Leistungen des Arbeitgebers an den Arbeitnehmer hingegen als Arbeitslohn zu erfassen, unterliegt der Abzug der Aufwendungen für das Arbeitszimmer oder die als Homeoffice genutzte Wohnung ggf. der Abzugsbeschränkung des § 4 Abs. 5 S. 1 Nr. 6b EStG.

> **Praxishinweis**
> Das Schreiben findet auf alle offenen Fälle Anwendung. Es wird für vor dem 1.1.2019 abgeschlossene Mietverträge nicht beanstandet, wenn bei den Einkünften aus Vermietung und Verpachtung nach § 21 Abs. 1 S. 1 Nr. 1 EStG unverändert entsprechend den Grundsätzen des BFH-Urteils vom 16.9.2004 eine Einkünfteerzielungsabsicht typisierend angenommen wird.

Literaturhinweis
Geserich, DB 2019, S. 1810

1.2.8 Alterseinkünfte-Rechner

BayLfSt, online
Das BayLfSt hat am 15.5.2019 seinen Alterseinkünfte-Rechner um das Kalenderjahr 2020 ergänzt.

Normen: §§ 2, 22, 32a EStG

Mit Wirkung ab dem VZ 2005 wurde die Besteuerung von Alterseinkünften neu geregelt und ein schrittweiser Abbau der unterschiedlichen Steuervergünstigungen für Renten und Versorgungsbezüge bis zum Jahr 2040 eingeleitet.

Mit dem Alterseinkünfte-Rechner können Senioren/innen ihre ESt ermitteln und sich so einen Eindruck von ihrer steuerlichen Situation verschaffen. Der Rechner berücksichtigt dabei die gängigen, für Bezieher von Alterseinkünften bedeutsamen Sachverhalte. Im Vordergrund stehen die persönlichen Freibeträge bei Renten und Pensionen, sowie der Abzug von Pauschbeträgen und Aufwendungen. Erläuterungen und Hinweise, sowie Links zu weiteren Informationsquellen helfen beim Ausfüllen des Eingabeformulars. Die Berechnung der einzelnen, für die Einkommensbesteuerung maßgeblichen Beträge wird detailliert dargestellt.

> **Praxishinweis**
> Der Alterseinkünfte-Rechner ist abrufbar unter:
> https://www.finanzamt.bayern.de/Informationen/Steuerinfos/Steuerberechnung/Alterseinkuenfte-Rechner/

1.3 Sonstige Schreiben und Verfügungen

1.3.1 Billigkeitsmaßnahmen aufgrund besonderer Forstschäden 2018

BMF, Schreiben v. 29.4.2019, IV C 7 – S 2291/19/10001, BStBl I 2019, S. 463
Das BMF äußert sich zur Tarifvergünstigung für Einkünfte aus außerordentlichen Holznutzungen in der Forstwirtschaft anlässlich besonderer Forstschäden in 2018.

Norm: § 34b EStG

Nach Abstimmung mit den obersten Finanzbehörden der Länder gilt zur Bewältigung der besonderen Forstschäden des Jahres 2018 für die abweichenden Wirtschaftsjahre 2017/2018 und 2018/2019 bzw. für das mit dem Kalenderjahr 2018 übereinstimmende Wirtschaftsjahr bundeseinheitlich das Folgende:

Überblick über die Verwaltungsvorschriften 2019

B

1. **Bewertung von Holzvorräten aus Kalamitätsnutzungen bei größeren Schadensereignissen**
Bei der Gewinnermittlung durch Betriebsvermögensvergleich kann für Kalamitätsholz, das auf Schadensereignissen beruht, die im Zeitraum vom 1.1.2018 bis 31.12.2018 entstanden sind, von der Aktivierung des eingeschlagenen und unverkauften Kalamitätsholzes ganz oder teilweise abgesehen werden, wenn der Schaden das Doppelte des maßgeblichen Nutzungssatzes übersteigt. Maßgeblich ist der im Zeitpunkt des ersten Schadensereignisses gültige Nutzungssatz oder der nach R 34b.6 Abs. 3 EStR anzuwendende Nutzungssatz.

2. **Steuersatz für Kalamitätsholz bei größeren Schadensereignissen**
Für Kalamitätsholz, das auf Schadensereignissen beruht, die im Zeitraum vom 1.1.2018 bis 31.12.2018 entstanden sind und gem. § 34b Abs. 4 Nr. 2 EStG spätestens bis zum 31.3.2019 der zuständigen Finanzbehörde mitgeteilt wurden, gilt aus sachlichen Billigkeitsgründen einheitlich der Steuersatz von einem Viertel des durchschnittlichen Steuersatzes gem. § 163 Abs. 1 S. 1 und Abs. 2 AO i. V. m. § 34b Abs. 3 Nr. 2 EStG und R 34b.7 Abs. 4 EStR, wenn der Schaden das Doppelte des maßgeblichen Nutzungssatzes übersteigt. Maßgeblich ist der im Zeitpunkt des ersten Schadensereignisses gültige Nutzungssatz oder der nach R 34b.6 Abs. 3 EStR anzuwendende Nutzungssatz. Begünstigt ist die gesamte Schadensmenge, die für diese Schadensereignisse anerkannt wurde (§ 34b Abs. 4 EStG). Für die Gewährung der Tarifvergünstigung ist R 34b.7 Abs. 1 und 2 EStR entsprechend anzuwenden.

> **Praxishinweis**
> Die Verwaltungsanweisungen der vom Sturmtief »Friederike« betroffenen Länder, die diesen Regelungen entgegenstehen, sind aufgrund dieser bundeseinheitlichen Regelung nicht (mehr) anzuwenden.

1.3.2 Steuerermäßigung bei Einkünften aus Gewerbebetrieb gem. § 35 EStG

BMF, Schreiben v. 17.4.2019, IV C 6 – S 2296 – a/17/10004, BStBl I 2019, S. 459

Das BMF hat sein Schreiben aus November 2016 zur Steuerermäßigung bei Einkünften aus Gewerbebetrieb gem. § 35 EStG aktualisiert.

Norm: § 35 EStG

Das BMF hat sein Schreiben vom 3.11.2016[159] zur Steuerermäßigung bei den Einkünften aus Gewerbebetrieb gem. § 35 EStG aktualisiert. Angepasst wurden die
- Rn. 9: Ergänzung um Grundsätze des BFH-Urteils vom 20.3.2017[160] zur betriebsbezogenen Ermittlung des Ermäßigungshöchstbetrags nach § 35 EStG,
- Rn. 25: Neufassung der Rn. 25 zu Besonderheiten bei mehrstöckigen Gesellschaften in Bezug auf die Ermittlung des Ermäßigungshöchstbetrags gem. § 35 Abs. 1 S. 2 EStG, sowie
- Rn. 26: Neufassung des Beispiels.

---
159 BMF, Schreiben v. 3.11.2016, IV C 6 – S 2296-a/08/10002, BStBl I 2016, S. 1187.
160 BFH, Urteil v. 20.3.2017, X R 62/14, BStBl II 2019, S. 244.

Darüber hinaus hat das BMF eine neue Rn 25a zur Begrenzung des Ermäßigungsbetrags auf die tatsächlich zu zahlende GewSt gem. § 35 Abs. 1 S. 5 EStG im Hinblick auf die BFH-Urteile vom 20.3.2017[161] eingefügt. Dort findet sich auch der Hinweis, dass der ggf. auf die tatsächlich zu zahlende GewSt begrenzte Steuerermäßigungsbetrag nach § 35 Abs. 1 S. 5 EStG sowie die gewerblichen Einkünfte i. S. d. § 35 EStG im Verfahren der gesonderten und einheitlichen Feststellung (§ 35 Abs. 2 EStG) stets nachrichtlich mitzuteilen sind.

> **Praxishinweis**
> Das Schreiben ist ab dem VZ 2020 anzuwenden. Auf Antrag des Steuerpflichtigen ist das Schreiben auch für VZ vor 2020 anzuwenden.

1.3.3 Steuerermäßigung für die Inanspruchnahme von Handwerkerleistungen gem. § 35a EStG – Baukindergeld

FinMin Schleswig-Holstein, Erlass v. 18.6.2019, VI 3012 – S 2296b – 025, DB 2019, S. 2102
Das FinMin Schleswig-Holstein antwortet auf die Frage, ob die Gewährung von Baukindergeld eine gleichzeitige Inanspruchnahme der Steuermäßigung von Handwerkerleistungen für Renovierungs-, Erhaltungs- und Modernisierungsmaßnahmen (§ 35a Abs. 3 EStG) ausschließen würde.
Norm: § 35a Abs. 3 EStG

Mit dem Baukindergeld wird ausschließlich der erstmalige Erwerb von Wohneigentum oder die Neuanschaffung von Wohnraum gefördert. Handwerkerleistungen sind hingegen nicht Inhalt der Förderung, die über 10 Jahre ausgezahlt wird.

Im Unterschied zu anderen Förderprogrammen der KfW-Bankengruppe für investive Maßnahmen der Bestandssanierung schließt die Gewährung von Baukindergeld daher eine Inanspruchnahme der Steuermäßigung nach § 35a Abs. 3 EStG nicht aus. Die Regelung des § 35a Abs. 3 S. 2 EStG findet aufgrund der vorstehenden Ausführungen somit keine Anwendung.

> **Praxishinweise**
> - Vgl. hierzu auch die inhaltsgleiche Fach-Info der Finanzbehörde Hamburg vom 26.7.2019.[162]
> - Das Baukindergeld wurde 2018 in Deutschland als staatliche Förderung des Immobilienerwerbs für Familien mit Kindern in Form eines Geldzuschusses eingeführt. Der Deutsche Bundestag traf dazu am 5.7.2018 einen entsprechenden Gesetzesbeschluss. Es trat mit der Verkündung im BGBl[163] rückwirkend zum 1.1.2018 in Kraft. Das Baukindergeld soll nach der Ende 2005 abgeschafften Eigenheimzulage die Eigentumsbildung im Immobiliensektor für Familien mit Kindern erleichtern.

---

161 BFH, Urteil v. 20.3.2017, X R 62/14, BStBl II 2019, S. 244; BFH, Urteil v. 20.3.2017, X R 12/15, BStBl II 2019, S. 249.
162 FinBeh Hamburg, Fach-Info 4/2019 v. 26.7.2019, S 2296b – 2019/003 – 52.
163 Haushaltsgesetz 2018, BGBl I 2018, S. 1126.

- Mit dem Baukindergeld des Bundes bekommen Familien und Alleinerziehende pro Kind und Jahr 1.200 € über 10 Jahre. Der Freistaat Bayern erhöht mit dem Bayerischen Baukindergeld Plus das Baukindergeld des Bundes um zusätzliche 300 € pro Kind und Jahr über einen Zeitraum von 10 Jahren.

1.3.4 Kein Steuerabzug nach § 50a EStG bei Online-Werbemaßnahmen

BMF, Schreiben v. 3.4.2019, IV C 5 – S 2411/11/10002, BStBl I 2019, S. 256
Das BMF hat klargestellt, dass Vergütungen, die ausländische Plattformbetreiber und Internetdienstleister für die Platzierung oder Vermittlung von elektronischer Werbung auf Internetseiten erhalten, nicht dem Steuerabzug nach § 50a Abs. 1 Nr. 3 EStG unterliegen.

Norm: § 50a Abs. 1 Nr. 3 EStG

Vergütungen, die ausländische Plattformbetreiber und Internetdienstleister für die Platzierung oder Vermittlung von elektronischer Werbung auf Internetseiten erhalten, unterliegen nicht dem Steuerabzug nach § 50a Abs. 1 Nr. 3 EStG. Sie werden weder für eine zeitlich begrenzte Rechteüberlassung nach § 49 Abs. 1 Nr. 2 Buchst. f EStG noch für die Nutzung von gewerblichen, technischen, wissenschaftlichen oder ähnlichen Erfahrungen, Kenntnissen und Fertigkeiten nach § 49 Abs. 1 Nr. 9 EStG geleistet. Eine Verpflichtung zur Einbehaltung, Abführung und Anmeldung der Abzugsteuer gem. § 50a Abs. 5 EStG i. V. m. § 73e EStDV besteht für den Schuldner einer solchen Vergütung daher nicht.

Das gilt für Entgelte für Werbung bei Anfragen in Online-Suchmaschinen, über Vermittlungsplattformen, für Social-Media-Werbung, Bannerwerbung und vergleichbare sonstige Onlinewerbung und unabhängig davon, unter welchen Voraussetzungen die Vergütung aufgrund des konkreten Vertragsverhältnisses anfällt (z. B. Cost per Click, Cost per Order oder Cost per Mille, Revenue Share).

Praxishinweis
Damit ist klargestellt, dass die Entgelte des ausländischen Unternehmers weder gem. § 49 Abs. 1 Nr. 2 Buchst. f noch gem. § 49 Abs. 1 Nr. 9 EStG der beschränkten Steuerpflicht unterliegen und somit auch keine 15%ige Quellensteuereinbehaltungspflicht auslösen.

Literaturhinweise
Diffring/Saft, DB 2019, S. 387; *Heil*, DB 2019, Heft 10 M20; *Hruschka*, DStR 2019, S. 88

Änderungen bei der Einkommensteuer

1.3.5 Kindergeld – Familienleistungsausgleich

BZSt online, https://www.bzst.de
Die Fachaufsicht über den Familienleistungsausgleich hat die neuen Kindergeld-Merkblätter für 2019 herausgegeben.

Normen: §§ 62 ff. EStG

Die Merkblätter sollen Eltern einen Überblick über das Kindergeldrecht nach dem EStG geben. Das Merkblatt sowie eine Kurzfassung hiervon sind auf der Homepage des BZSt veröffentlicht.[164]

Praxishinweise
- Vgl. hierzu auch
  - die Neufassung der Dienstanweisung zum Kindergeld nach dem EStG[165]
  - die Liste der Körperschaften, Anstalten und Stiftungen des öffentlichen Rechts, die auf ihre Zuständigkeit nach § 72 Abs. 1 EStG verzichtet haben[166]
  - die Liste der festsetzenden Familienkassen mit Bearbeitungsstand 31.12.2018[167]
  - die Änderungen im EStG durch Art. 9 des Gesetzes gegen illegale Beschäftigung und Sozialleistungsmissbrauch[168]
- Beim Bundesministerium für Familie, Senioren, Frauen und Jugend steht ein Online-Portal für Familien zur Verfügung.[169] Dort sollen Nutzer nicht nur Informationen über sämtliche staatlichen Familienleistungen erhalten. Darüber hinaus sind dort wichtige Hinweise zu weiteren Leistungen wie Ausbildungsförderung, Arbeitslosengeld oder Sozialhilfe veröffentlicht.

1.3.6 Anwendungsschreiben zum Investmentsteuergesetz 2018

BMF, Schreiben v. 21.5.2019, IV C 1 – S 1980 – 1/16/10010, BStBl I 2019, S. 527
Das BMF hat im Mai 2019 ein umfangreiches Schreiben zu Anwendungsfragen zum InvStG in der ab 1.1.2018 geltenden Fassung veröffentlicht.

Normen: InvStG

---

164 Abrufbar unter: https://www.bzst.de.
165 BZSt, Schreiben v. 9.7.2019, St II 2 – S 2280 – DA/19/00002, BStBl I 2019, S. 654.
166 BZSt, Schreiben v. 5.12.2018, St II 2 – S 2479 – PB/18/00003, BStBl I 2019, S. 38; BZSt, Schreiben v. 5.7.2019, St II 2 – S 2479 – PB/18/00003, BStBl I 2019, S. 625; BZSt, Schreiben v. 23.8.2019, St II 2 – S 2479 – PB/19/00002, BStBl I 2019, S. 849; BZSt, Schreiben v. 20.9.2019, St II 2 – S 2479 – PB/19/00002, BStBl I 2019, S. 890; BZSt, Schreiben v. 25.10.2019, St II 2 – S 2479 – PB/19/00002, BStBl I 2019, S. 1024.
167 BZSt, Schreiben v. 11.1.2019, St II 2 – S 2479 – PB/19/00001, BStBl I 2019, S. 123.
168 BZSt, Schreiben v. 15.8.2019, St II 2 – S 2280 – PB/19/00016, BStBl I 2019, S. 846.
169 Zu finden unter: https://familienportal.de.

Seit dem 1.1.2018 hat sich das Besteuerungssystem für Investmentfonds durch das Gesetz zur Reform der Investmentbesteuerung vom 19.7.2016[170] (zuletzt geändert durch das Gesetz zur Vermeidung von USt-Ausfällen beim Handel mit Waren im Internet und zur Änderung weiterer steuerlicher Vorschriften vom 11.12.2018)[171] grundlegend verändert.

In einem umfangreichen Schreiben nimmt das BMF nun zu zahlreichen Anwendungsfragen Stellung. Es gliedert sich im Wesentlichen in folgende Abschnitte:
- Allgemeines
- Zu den Einzelregelungen
  - Anwendungsbereich (§ 1 InvStG)
  - Begriffsbestimmungen (§ 2 InvStG)
  - Gesetzlicher Vertreter eines Investmentfonds (§ 3 InvStG)
  - Zuständige Finanzbehörden, Verordnungsermächtigung (§ 4 InvStG)
  - Prüfung der steuerlichen Verhältnisse (§ 5 InvStG)
  - Körperschaftsteuerpflicht eines Investmentfonds (§ 6 InvStG)
  - Erhebung der KapErtrSt gegenüber Investmentfonds (§ 7 InvStG)
  - Steuerbefreiung aufgrund steuerbegünstigter Anleger (§ 8 InvStG)
  - Nachweis der Steuerbefreiung (§ 9 InvStG)
  - Steuerbefreite Investmentfonds oder Anteilklassen (§ 10 InvStG)
  - Erstattung von KapErtrSt an Investmentfonds durch die Finanzbehörden (§ 11 InvStG)
  - Leistungspflicht gegenüber steuerbegünstigten Anlegern (§ 12 InvStG)
  - GewSt (§ 15 InvStG)
  - Investmenterträge (§ 16 InvStG)
  - Erträge bei Abwicklung eines Investmentfonds (§ 17 InvStG)
  - Vorabpauschale (§ 18 InvStG)
  - Gewinne aus der Veräußerung von Investmentanteilen (§ 19 InvStG)
  - Teilfreistellung (§ 20 InvStG)
  - Anteilige Abzüge aufgrund einer Teilfreistellung (§ 21 InvStG)
  - Änderung des anwendbaren Teilfreistellungssatzes (§ 22 InvStG)
  - Verschmelzung von Investmentfonds (§ 23 InvStG)
  - Kein Wechsel zu den Besteuerungsregelungen für Spezial-Investmentfonds (§ 24 InvStG)
  - KapErtrSt (§ 50 InvStG)
  - Anwendungs- und Übergangsvorschriften (§ 56 InvStG)
- Zeitliche Anwendung
- Abkürzungsverzeichnis

---

170 BGBl I 2016, S. 1730.
171 BGBl I 2018, S. 2338.

Praxishinweise
- Die Regelungen dieses Schreibens sind auf alle offenen Fälle ab dem VZ 2018 anzuwenden. Bei Sachverhalten, die unter die Regelungen dieses Schreibens fallen, sind vorherige BMF-Schreiben sowie Antwortschreiben des BMF an Verbände nicht mehr anzuwenden.
- Vgl. in dem Gesamtzusammenhang auch folgende weitere Schreiben des BMF zur Investmentsteuer:
  - Schreiben des BMF zu Billigkeitsmaßnahmen für Investmenterträge aus bestandsgeschützten Alt-Anteilen an Madoff-Fonds[172]
  - Schreiben des BMF zum Basiszins vom 2.1.2019 zur Berechnung der Vorabpauschale gem. § 18 Abs. 4 InvStG[173]
  - Allgemeinverfügung des FinMin NRW zur Verrechnung von Altverlusten aus Termingeschäften mit Neuerträgen gem. § 3 Abs. 4 InvStG[174]
  - Schreiben des BMF zum Investmentanteil-Bestandsnachweis nach § 9 Abs. 1 Nr. 3 InvStG (Amtliches Muster – Änderung)[175]
  - Ergänzung des BMF betreffend die Rz. 56.2 bis 56.4. seines Schreibens aus Mai 2019[176]
- Vgl. zu diesem Themenbereich auch A.2.8.6.

Literaturhinweis
Ebner, nwb 2019, S. 3218

1.4 Einkommensteuerrichtlinien und -hinweise

1.4.1 Einkommensteuerrichtlinien

Anpassungen an die vorherige Richtlinienfassung 2008, die wegen zwischenzeitlich erfolgter Änderungen im EStG notwendig geworden sind, erfolgten zuletzt durch die EStÄR 2012.[177] Sie beinhalten darüber hinaus Klarstellungen und Gesetzesauslegungen durch die Finanzverwaltung sowie entsprechende Berücksichtigung aktueller BFH-Entscheidungen.

Die EStÄR 2012 sind grds. ab dem VZ 2012 anzuwenden. Soweit sie lediglich eine Erläuterung der bestehenden Rechtslage darstellen, sind sie auch für frühere Zeiträume anzuwenden. Anordnungen, die mit den neuen Richtlinien im Widerspruch stehen, sind nicht mehr anzuwenden. Die Anordnungen, die in den Vorschriften über den Steuerabzug vom Arbeitslohn und in den dazu ergangenen LStR über die Ermittlung der Einkünfte aus nichtselbstständiger Arbeit enthalten sind, gelten entsprechend auch für die Veranlagung zur ESt.

---

172 BMF, Schreiben v. 20.12.2018, IV C 4 – S 1980 – 1/18/10009, BStBl I 2019, S. 14.
173 BMF, Schreiben v. 9.1.2019, IV C 1 – S 1980 – 1/14/10001, BStBl I 2019, S. 58.
174 FinMin NRW, Allgemeinverfügung v. 20.2.2019, S 0625 – 13 – V A 2, DB 2019, S. 881.
175 BMF, Schreiben v. 7.8.2019, IV C 1 – S 1980 – 1/16/10012, BStBl I 2019, S. 871.
176 BMF, Schreiben v. 19.12.2019, IV C 1 – S 1980 – 1/19/10008.
177 Veröffentlichung v. 25.3.2013, BStBl I 2013, S. 276.

1.4.2 Einkommensteuerhinweise

Das BMF gibt die EStH für jedes Jahr i. d. F. des Amtlichen Einkommensteuer-Handbuchs heraus.

Das aktuelle Handbuch enthält die für den VZ 2018 geltenden Vorschriften des EStG, der EStDV und der EStR. Zudem enthält es überarbeitete Hinweise des Bundes und der Länder. Sie machen den Rechtsanwender aufmerksam auf höchstrichterliche Rspr., BMF-Schreiben und Rechtsquellen außerhalb des Einkommensteuerrechts, die in das Einkommensteuerrecht hineinwirken. Das BMF präsentiert das Handbuch in digitaler Version mit vielen neuen Funktionen und Extras. Es ist unter www.bmf-esth.de abrufbar.

2 Änderungen bei der Körperschaftsteuer

2.1 Handhabung der Verlustabzugsbeschränkung bei Kapitalgesellschaften

> **BMF, Schreiben v. 10.1.2019, IV A 3 – S 0338/17/10007, BStBl I 2019, S. 2**
>
> Nachdem im Zuge des sog. »Jahressteuergesetzes 2018« die Streichung von § 8c Abs. 1 S. 1 KStG zum partiellen Verlustuntergang bei schädlichem Beteiligungserwerb erfolgte, bleibt die Regelung zum vollständigen Verlustuntergang nach § 8c Abs. 1 S. 2 KStG vorerst weiter in Kraft, ist jedoch in absehbarer Zeit ebenfalls einer kritischen Betrachtung durch das Bundesverfassungsgericht ausgesetzt. Die Finanzverwaltung trägt der aktuellen Rechtslage in einem eigens herausgegebenen Schreiben zur Vorläufigkeitserklärung und Aussetzung von Steuerfestsetzungen Rechnung.
>
> **Norm:** § 8c Abs. 1 S. 1 KStG

Im Zuge des »Gesetzes zur Vermeidung von USt-Ausfällen beim Handel mit Waren im Internet und zur Änderung weiterer steuerlicher Vorschriften« (vormals »Jahressteuergesetz 2018«) wurde § 8c Abs. 1 S. 1 KStG vollständig und ersatzlos für Anteilsübertragungen nach dem 31.12.2007 aufgehoben und ist damit auch auf Beteiligungserwerbe nach dem 31.12.2015 nicht mehr anzuwenden.

Anzumerken ist, dass der Wegfall des § 8c Abs. 1 S. 1 KStG ausschließlich den partiellen Verlustuntergang bei Beteiligungserwerben von mehr als 25 % bis 50 % betrifft. Nicht eingeschränkt wird der vollständige Verlustuntergang nach dem derzeitigen § 8c Abs. 1 S. 2 KStG bei Beteiligungserwerben von mehr als 50 %. Zur Frage der Verfassungsmäßigkeit dieser Regelung ist derzeit ein weiteres Verfahren unter dem Az. 2 BvL 19/17 beim Bundesverfassungsgericht anhängig (Vorlagebeschluss des FG Hamburg vom 11.4.2018, Az. 2 K 245/17[178]).

Das BMF hat sein Schreiben zur vorläufigen Steuerfestsetzung im Hinblick auf anhängige Musterverfahren, Aussetzung der Steuerfestsetzung, Ruhenlassen von außergerichtlichen Rechtsbehelfsverfahren und AdV entsprechend aktualisiert. Im Hinblick auf die Verlustabzugsbeschränkung bei Beteiligungserwerben von mehr als 50 % ist jedoch zu beachten, dass das FG Hamburg mit Beschluss vom 11.4.2018, Az. 2 V 20/18[179] dem Antrag des Steuerpflichtigen zur AdV der Vollziehung entsprochen hat.

---

[178] EFG 2017, S. 1906.
[179] EFG 2018, S. 1128.

Weiterhin vorzunehmende Vorläufigkeitsvermerke

Nach der aktuellen Verlautbarung der Finanzverwaltung sind Steuerfestsetzungen nur hinsichtlich folgender Punkte im Hinblick auf die Verfassungsmäßigkeit und verfassungskonforme Auslegung der Steuergesetze vorläufig vorzunehmen:

- Abziehbarkeit der Aufwendungen für eine Berufsausbildung oder ein Studium als Werbungskosten oder Betriebsausgaben für die VZ 2004 bis 2014
- Abziehbarkeit der Aufwendungen für eine Berufsausbildung oder ein Studium als Werbungskosten oder Betriebsausgaben für VZ ab 2015
- Höhe der kindbezogenen Freibeträge nach § 32 Abs. 6 Sätze 1 und 2 EStG
- Abzug einer zumutbaren Belastung (§ 33 Abs. 3 EStG) bei der Berücksichtigung von Aufwendungen für Krankheit oder Pflege als außergewöhnliche Belastung.

Ferner sind sämtliche Festsetzungen des SolZ für die VZ ab 2005 hinsichtlich der Verfassungsmäßigkeit des Solidaritätszuschlaggesetzes 1995 vorläufig gem. § 165 Abs. 1 S. 2 Nr. 3 AO vorzunehmen.

2.2 Verlustübernahmeregelung bei Organschaften

BMF, Schreiben v. 3.4.2019, IV C 2 – S 2770/08/10004:001, BStBl I 2019, S. 467

In dem Schreiben nimmt das BMF zu den Voraussetzungen des Vertrauensschutzes bei Anwendung eines früheren Urteils des BFH zur Verlustübernahmeregelung in § 302 AktG Stellung.

Normen: § 302 Abs. 4 AktG; § 17 Abs. 2 KStG

Im Urteil vom 10.5.2017[180] hat der BFH u. a. entschieden, dass Gewinnabführungsverträge von Organschaften i. S. d. § 17 KStG nur dann die Voraussetzungen des § 17 S. 2 Nr. 2 KStG a. F. erfüllen, wenn der Gewinnabführungsvertrag bei wörtlicher Wiedergabe des § 302 AktG auch die Regelung des § 302 Abs. 4 AktG (besondere Verjährungsregelung für Verlustübernahmeansprüche) enthält. In Alt-Fällen wurde ein fehlender Verweis bzw. eine fehlende Wiedergabe des § 302 Abs. 4 AktG im Gewinnabführungsvertrag bisher nicht beanstandet (nach Maßgabe des BMF-Schreibens vom 16.12.2005[181]). Dies galt auch unter Berücksichtigung der Amnestieregelung/Billigkeitsregelung des damaligen § 34 Abs. 10b KStG i. d. F. des AIFM-StAnpG (wonach für VZ bis 2014 eine Amnestie erreicht werden konnte, wenn der Vertrag eine § 17 S. 2 Nr. 2 KStG n. F. gerecht werdende Verlustübernahmevereinbarung erhält und die entsprechende Vertragsanpassung bis zum 31.12.2014 wirksam wurde).

---

180 I R 93/15, BFH/NV 2018, S. 144.
181 IV B 7 – S 2770 – 30/05, BStBl I 2006, S. 12.

Zur Anwendung der Grundsätze des vorgenannten BFH-Urteils aus Gründen des Vertrauensschutzes hat das BMF nun folgende Anweisung erlassen:

> »Gewinnabführungsverträge, die keinen Verweis auf die entsprechende Anwendung von § 302 Abs. 4 AktG enthalten, aber von der Billigkeitsregelung des BMF-Schreibens vom 16.12.2005 umfasst waren, stehen der Anerkennung der Organschaft nicht entgegen, wenn diese bis zum Ablauf des 31.12.2019 an die Regelung des § 17 Abs. 1 S. 2 Nr. 2 KStG (dynamischer Verweis) angepasst werden. In diesen Fällen liegt nach der Anweisung des FinMin kein Neuabschluss vor; die Mindestlaufzeit des § 14 Abs. 1 S. 1 Nr. 3 S. 1 KStG beginnt nicht von neuem zu laufen. Eine Anpassung kann unterbleiben, wenn das Organschaftsverhältnis vor dem 1.1.2020 beendet wird.«

Literaturhinweis
Haberzett, DStR 2019, S. 2294

3 Änderungen bei der Umsatzsteuer

3.1 Zur Steuerbefreiung der Leistungen für die Seeschifffahrt

> **Niedersächsisches LfSt, Verfügung v. 19.11.2018, S 7155 – 83 – St 185, UR 2019, S. 316;**
> **BMF, Schreiben v. 18.6.2019, III C 3 – S 7155/19/10001:001, BStBl I 2019, S. 591**
>
> Das Niedersächsische LfSt äußert sich in einer Verfügung zu Fragen der Steuerbefreiung der Leistungen für die Seeschifffahrt – nicht zuletzt in Hinblick auf die Steuerbefreiung der Leistungen auf den Vorstufen.
> Das BMF erläutert in einem Folgeschreiben zu den BMF-Schreiben vom 6.10.2017[182] und vom 5.9.2018[183], wann ein Wasserfahrzeug i. S. d. Steuerbefreiungsvorschrift als »vorhanden« gilt.
> Die Äußerungen lassen sich grds. auf die Steuerbefreiung der Luftfahrt übertragen.
>
> **Norm:** § 8 Abs. 1 und Abs. 2 UStG

Nach Auffassung der Finanzverwaltung sind Wasserfahrzeuge nur dann nach § 8 Abs. 1 UStG begünstigt, wenn sie bereits »vorhanden« sind. Hier sollte beachtet werden, dass die Ausführungen des Niedersächsischen Landesamts für Steuern in seiner Verfügung zur Frage, wann ein Wasserfahrzeug als »vorhanden« anzusehen ist, im Wesentlichen durch das später ergangene BMF-Schreiben vom 18.6.2019 überholt sind. Das BMF äußert nunmehr die Auffassung, dass ein Wasserfahrzeug erst ab dem Zeitpunkt seiner Abnahme durch den Besteller als »vorhanden« anzusehen ist. Die im genannten BMF-Schreiben getroffene Regelung ist auf alle offenen Fälle anzuwenden, doch wird es für vor dem 1.7.2019 ausgeführte Umsätze nicht beanstandet, wenn die bisher geltende Rechtslage angewendet wird.

Das Landesamt gibt in seiner Verfügung Erläuterungen zu den Voraussetzungen der Steuerbefreiung auf den Vorstufen[184] breiten Raum. Zum Beispiel führt es aus: Voraussetzung für die Vorstufenbefreiung sei zunächst, dass die Leistung auch dann steuerfrei wäre, wenn sie unmittelbar an einen Betreiber eines Seeschiffes erbracht werden würde. Sie beziehe sich auf die in § 8 Abs. 1 UStG bezeichneten Leistungen. In anderen Worten kann mit der Vorstufenbefreiung der Kreis der in § 8 Abs. 1 UStG begünstigen Lieferungen und sonstigen Leistungen nicht weiter gefasst werden, als er bei Direktleistung wäre.

Vorstufenumsätze könnten, so das Landesamt weiter, selbst dann als steuerfreie Vorumsätze behandelt werden, wenn sie nicht identisch mit Leistungen auf einer nachfolgenden Stufe sind, aber ihrem Wesensgehalt nach vollumfänglich in eine Leistung auf der nachfolgenden Stufe eingegangen sind. Entsprechend könne ein Vorumsatz in einer Lieferung, Werklieferung oder Werkleistung bestehen, der nachfolgende Umsatz aber in einer ggf. umfangreicheren Lieferung, Werklieferung oder Werkleistung. Das erläutert das Landesamt anhand mehrerer Beispiele.

---

182 III C 3 – S 7155/16/10002, 2017/0838408, BStBl I 2017, S. 1349.
183 III C 3 – S 7155/16/10002, 2018/0668065, BStBl I 2019, S. 1012.
184 Vgl. insb. Abschn. 8.1 Abs. 1 S. 3 UStAE.

Die Formulierung »ihrem Wesen nach« in Abschn. 8.1 Abs. 1 S. 3 UStAE entspreche den Ausführungen im EuGH-Urteil *A Oy (II)*.[185] Ergibt sich danach bereits aus der betreffenden Lieferung oder sonstigen Leistung selbst, dass diese ihrer Art nach unmittelbar mit dem Bedarf von begünstigten Schiffen verknüpft ist, könnten auch Leistungen auf vorhergehenden Handelsstufen steuerfrei sein, wenn im Zeitpunkt dieser Leistungen deren endgültige Verwendung für den Bedarf des vorhandenen Seeschiffes feststeht. Insb. seien hiermit auch Lieferungen von Gegenständen zur Ausrüstung und Versorgung der Seeschiffe im Reihengeschäft erfasst, an deren Ende der Lieferkette der Betreiber eines Seeschiffes steht. Könnten Leistungen sowohl als Schiffsbedarf als auch in anderen Bereichen verwendet werden, schließe das die grds. Anwendbarkeit der Steuerbefreiung nicht aus, soweit die endgültige Verwendung der Leistungen für den Bedarf eines begünstigten Schiffes feststeht.

Weitere Ausführungen der Verfügung betreffen den Nachweis der Verwendung für den Bedarf eines (bereits vorhandenen) Seeschiffs, einen möglichen Gutglaubensschutz für den leistenden Unternehmer und die umsatzsteuerliche Behandlung von Anzahlungsrechnungen. Besondere Aufmerksamkeit verdienen die Ausführungen des Landesamts in der Frage der Konkurrenz dieser Steuerbefreiung zur Steuerbefreiung der innergemeinschaftlichen Lieferung und Ausfuhrlieferung. Nach Meinung des Landesamts stehen die Vorschriften gleichrangig nebeneinander. Je nachdem, über welchen Nachweis der Unternehmer verfügt, liege die Entscheidungsbefugnis, welche dieser Steuerbefreiungen er in Anspruch nehmen will, bei ihm.

Praxishinweise
- Die Ausführungen darin sollten infolge der Verweisung in Abschn. 8.2 Abs. 1 UStAE entsprechend für die Steuerbefreiung für die Luftfahrt gelten (allerdings sind die begünstigten Luftfahrzeuge nicht wie die Seeschiffe anhand ihrer zolltariflichen Einordnung bestimmt). Es sollte beachtet werden, dass die Auffassung des Landesamts nicht in gleicher Weise autoritativ ist wie ein BMF-Schreiben, insb. nicht außerhalb des Landes Niedersachsen.
- Bei den Ausführungen im BMF-Schreiben zu den »vorhandenen« Seeschiffen sollte der vorangehende S. beachtet werden, wonach die »bereits vorhandenen« Seeschiffe aus zollrechtlicher Sicht zu beurteilen sein sollen. Es ist unklar, inwiefern die genannten Ausführungen des BMF zu bei Abnahme »vorhandenen« Seeschiffen und Luftfahrzeugen mit dieser Auffassung vereinbar sind – d. h. ob sie lediglich die zolltarifliche Einreihung erläutern oder ob sie sie ergänzen sollen. Es mag sich nicht unter allen Umständen von selbst verstehen, dass z. B. ein fertiggestelltes, noch nicht abgenommenes Schiff zolltariflich nicht bereits unter die in § 8 Abs. 1 Nr. 1 UStG aufgezählten Positionen fällt.
- Zur Frage, wann eine Leistung auf den Vorstufen nach § 8 UStG steuerbefreit sein kann, gibt es bereits recht umfangreiche Rspr. des EuGH. Es seien hier für Negativbeispiele die Urteile *Velker*[186] und *Elmeka*[187] genannt, für Positivbeispiele das Urteil *A Oy (I)*[188] und das

---
185 EuGH, Urteil v. 4.5.2017, C–33/16, *A Oy*, UR 2017, S. 468.
186 EuGH, Urteil v. 26.6.1990, C–185/89, HFR 1992, S. 86.
187 EuGH, Urteil v. 14.9.2006, C–181/04 bis C–183/04, UR 2007, S. 268.
188 EuGH, Urteil v. 19.7.2012, C–33/11, UR 2012, S. 873.

schon erwähnte Urteil in der Rs. *A Oy (II)*. Das erratische und soweit ersichtlich wenig rezipierte Urteil *Fast Bunkering Klaipeda*[189], das Vorstufenbefreiungen eine Absage zu erteilen scheint, klingt in anderen Teilen (ohne ausdrücklich Bezug darauf zu nehmen) an die *Auto Lease Holland*[190]-Rspr. an, wonach ein vorgebliches Reihengeschäft über Treibstofflieferungen unter bestimmten Umständen als Direktlieferung verbunden mit einer Finanzierungsleistung zu werten sein kann (vgl. nunmehr auch auch das Urteil *Vega*[191]). Die deutsche Finanzverwaltung wendet diese Rspr. bislang restriktiv an.

Literaturhinweis
Kraeusel, Steuerbefreiung der Umsätze für die Seeschifffahrt, UVR 2019, S. 232 (zum BMF-Schreiben vom 18.6.2019; Anmerkung)

3.2 Änderung des Schreibens des BMF zu § 27 Abs. 19 UStG (Bauträger-Fälle)

BMF, Schreiben v. 24.1.2019, III C 3 – S 7279/19/10001:001 und IV A 3 – S 0354/14/10001:019, BStBl I 2019, S. 117

Nachdem der BFH entschieden hat, dass die Rückzahlung der von Bauträgern irrtümlich abgeführten USt aufgrund eines vermeintlichen Übergangs der Steuerschuldnerschaft nicht von der Verwaltung aufgestellten weiteren Bedingungen abhängig gemacht werden dürfe, hat das BMF nachgezogen.

Norm: § 27 Abs. 19 UStG

Das Schreiben bezieht sich auf Fälle, in denen Bauträger infolge des Urteils des BFH in der Rs. V R 37/10[192] die von ihnen als Leistungsempfänger von Bauleistungen i. S. d. § 13b Abs. 2 Nr. 4 UStG entrichtete, dem BFH zufolge von ihnen nicht geschuldete Steuer vom FA zurückforderten. Einzelheiten hatte das BMF in einem Anwendungsschreiben zu § 27 Abs. 19 UStG vom 26.7.2017[193] geregelt.

In seinem Urteil in der Rs. V R 49/17[194] hatte der BFH eine Verwaltungsregelung zurückgewiesen, die vorsah, dass Erstattungen an Bauträger nur gewährt würden, soweit die betreffenden Bauträger die nachträgliche Zahlung der fraglichen USt an den leistenden Unternehmer nachwiesen oder die Möglichkeit einer Aufrechnung mit dem vom leistenden Unternehmer an das FA abgetretenen Erstattungsanspruch bestand. In einem weiteren Schreiben hat die Finanzverwaltung nun die vom BFH beanstandete Rn. 15a des Schreibens vom 26.7.2017 gestrichen.

---

189 EuGH, Urteil v. 3.9.2015, C–526/13, UR 2015, S. 785, vgl. Anm. *Prätzler*, jurisPR-SteuerR 9/2016 Anm. 6, und Anm. *Tehler*, EU-UStB 2015, S. 69; *Weber*, Steuerbefreiung der Umsätze für die Seeschifffahrt, UVR 2017, S. 338.
190 EuGH, Urteil v. 6.2.2003, C–185/01, UR 2003, S. 137.
191 EuGH, Urteil v. 15.5.2019, C–235/18, UR 2019, S. 461.
192 Urteil v. 22.8.2013, BStBl II 2014, S. 128.
193 III C 3 – S 7279/11/10002 – 09 und IV A 3 – S 0354/07/10002 – 10, BStBl I 2017, S. 1001.
194 BFH, Urteil v. 27.9.2018, V R 49/17, BStBl II 2019, S. 109.

Literaturhinweise

Kraeusel, Steuerschuldnerschaft des Leistungsempfängers bei Bauleistungen; Auswirkungen des BFH-Urteils vom 27.9.2018 auf die Anwendung des § 27 Abs. 19 UStG, UVR 2019, S. 70 (Anmerkung); *Prätzler*, BFH: Korrektur unzutreffender Rechtsanwendung beim Bauträger, MwStR 2019, S. 368 (Anmerkung); *Steiner*, Korrektur unzutreffender Rechtsanwendung in Bauträgerfällen. Anmerkung zum BFH-Urteil vom 27.9.2018, V R 49/17, StuB 2019, S. 118; *Walkenhorst*, Steuerschuldnerschaft des Leistungsempfängers bei Bauleistungen, UStB 2019, S. 38

3.3 BMF zur Haftung der Betreiber elektronischer Marktplätze

BMF, Schreiben v. 28.1.2019, III C 5 – S 7420/19/10002:002, BStBl I 2019, S. 106 (Hauptschreiben);
BMF, Schreiben v. 17.12.2018, III C 5 – S 7420/14/10005 – 06, BStBl I 2018, S. 1432 (Vordruckmuster 1 TJ und 1 TI[195] zur Bescheinigung nach § 22f Abs. 1 S. 2 UStG samt Antragsformular);
BMF, Schreiben v. 21.2.2019, III C 5 – S 7420/19/10002:002, BStBl I 2019, S. 203 (temporäre Nichtbeanstandungsregelung);
BMF, Schreiben v. 7.10.2019, III C 5 – S 7420/19/10002:002, BStBl I 2019, S. 1002 (Vordruckmuster USt 1 TL für die Mitteilung nach § 25e Abs. 4 S. 4 UStG);
BMF, Schreiben v. 7.10.2019, III C 5 – S 7420/19/10002:002, BStBl I 2019, S. 999 (Vordruckmuster USt 1 TK für die Mitteilung nach § 25e Abs. 4 S. 1 bis 3 UStG);
BMF, Schreiben v. 7.10.2019, III C 5 – S 7420/19/10002:002, BStBl I 2019, S. 1005 (Vordruckmuster USt 1 TM für die Ablehnung des Antrags auf Erteilung einer Bescheinigung über die Erfassung als Steuerpflichtiger (Unternehmer) i. S. v. § 22f Abs. 1 S. 2 UStG)

Ab März 2019 wurde (in zwei Stufen) eine zum Jahresbeginn eingeführte Haftung für die Betreiber von Onlinemarktplätzen wirksam, seit dem 1.10.2019 gilt sie auch für inländische sowie in der EU und in EWR-Staaten ansässige Lieferanten. Das BMF erläutert ausführlich die neuen Vorschriften.

Normen: §§ 22f, 25e, 27 Abs. 25 UStG

Allgemeines

Dass ein Sachverhalt nicht nach § 25e UStG der Haftung unterliegt, bedeutet nach Auffassung des BMF alleine noch nicht, dass keine Aufzeichnungspflichten nach § 22f UStG bestehen. Unter den weiteren Voraussetzungen lösen auf dem bereitgestellten Marktplatz rechtlich begründete Lieferungen Aufzeichnungspflichten aus, sofern die Beförderung oder Versendung im Inland beginnt oder endet (Rz. 1 des Hauptschreibens) – auch wenn sie selbst in Deutschland nicht umsatzsteuerbar oder nicht steuerpflichtig sind. Ausdrücklich sind solche Aufzeichnungspflichten ohne Haftung zwar nur für den Fall sog. Direktverkäufe geregelt (Rz. 11 i. V. m. Rz. 6 des Hauptschreibens). In Anbetracht des Wortlauts des § 22f Abs. 1 S. 1 UStG sollten aber auch in anderen Fällen solche Aufzeichnungen geführt werden (z. B. Fälle, in denen nach oder aus Deutschland geliefert wird, aber die Leistungsortsregelungen nach § 3c UStG auf den jeweiligen anderen EU-Mitgliedsstaat verweisen).

Keine Aufzeichnungspflichten und keine Haftung entstehen für die Betreiber von Vermittlungsmarktplätzen, die nach Art eines »Schwarzen Bretts« funktionieren. Allerdings sind die Übergänge

---

195 Neubekanntgabe im BMF-Schreiben v. 5.11.2019, III C 3 – S 7532/18/10001, BStBl I 2019, S. 1041.

Überblick über die Verwaltungsvorschriften 2019

zu Marktplätzen i. S. d. Vorschriften der §§ 22f, 25e UStG in vielen Fällen wohl fließend, die Abgrenzung kann schwierig sein. Eine Aufzeichnungspflicht soll auch im Falle der Rückgabe der Ware (gemeint ist offenbar eine Rückgängigmachung des Umsatzes) nicht vorliegen – auch hier kann es zu Zweifelsfällen kommen, von der Kulanzrücknahme bis zur Gewährleistung, sofern nach Auffassung des FA keine Rückgängigmachung, sondern tatsächlich eine Rücklieferung erfolgt.

Aufzeichnungspflichten
Die Aufzeichnungspflichten unterscheiden zunächst danach, ob ein Lieferant sich als Nichtsteuerpflichtiger am Marktplatz registriert hat oder ob das nicht der Fall ist. Im letzteren Fall – der Unternehmer tritt auf dem elektronischen Marktplatz als solcher auf – wird mit einer von ihm dem Betreiber des elektronischen Marktplatzes (im Weiteren: Betreiber) vorzulegenden Bescheinigung über seine umsatzsteuerliche Erfassung einem wichtigen Teil der Aufzeichnungspflichten des Betreibers Genüge getan (dazu s. unten).

Der Betreiber hat u. a. den Ort des Beginns der Beförderung oder Versendung sowie den Bestimmungsort aufzuzeichnen (vgl. Rz. 1 des Hauptschreibens). Für diese Fälle sollen die allgemeinen Regelungen des UStG gelten. Es sind also jeweils die Orte aufzuzeichnen, an denen der Transport des Gegenstands an den Abnehmer beginnt bzw. endet (im letzteren Falle als vollständige Anschrift). Dasselbe gilt für den Zeitpunkt der Lieferung – normalerweise ist also der Zeitpunkt des Beginns des Transports maßgeblich. Dem Betreiber dürfte allerdings, wenn er nicht auch den Transport übernimmt, i. d. R. nicht bekannt sein, an welchem Ort und zu welcher Zeit der Transport beginnt. Das bedeutet, dass der Verkäufer dem Betreiber (zumindest) diese Informationen gesondert zur Verfügung stellen muss. Auch die Berücksichtigung von Entgeltminderungen wird es in der Regel erforderlich machen, dass der Unternehmer den Betreiber über in Anspruch genommene Rabatte usw. besonders informiert.

Eine zusätzliche Hürde stellt bei nicht als Unternehmer registrierten Verkäufern der Umstand dar, dass als Anschrift die Wohn- bzw. Meldeadresse aufzuzeichnen ist. Besonders im Falle von im Ausland ansässigen Verkäufern wird es oft kaum möglich sein, die bei Anmeldung angegebene Anschrift daraufhin zu überprüfen, ob sie tatsächlich eine Wohn- oder Meldeadresse ist. Das kann potenziell nachteilig sein, weil eine Nichthaftung ggf. voraussetzt, dass der Betreiber seinen Aufzeichnungspflichten nachgekommen ist. Was bei falschen Angaben des Verkäufers gilt, ist unklar. Probleme werfen nichtunternehmerische juristische Personen auf, bei denen noch dazu unklar ist, wie man der Anforderung nachkommt, das Geburtsdatum aufzuzeichnen.[196]

Zum zeitlichen Umfang der Aufzeichnungsverpflichtungen teilt das BMF mit (Rz. 21 des Hauptschreibens), dass die Betreiber elektronischer Marktplätze diesen zwar bereits seit dem 1.1.2019 nachkommen müssten. Aus Vereinfachungsgründen beanstandet es die Finanzverwaltung jedoch nicht, wenn die Aufzeichnungen erst vorgenommen würden, wenn die Haftung der betreffenden Betreiber tatsächlich einsetzt – für Verkäufer, die nicht in Deutschland, der EU oder in einem EWR-

---

196 Dazu vgl. *L'habitant* (s. Literaturverzeichnis).

Staat ihren Sitz, Wohnsitz, gewöhnlichem Aufenthalt oder Geschäftsleitung haben, zum 1.3.2019 und für die übrigen Lieferanten zum 1.10.2019 (§ 27 Abs. 25 S. 4 UStG).

Bescheinigung über die steuerliche Erfassung
Bei Verkäufern, die als Unternehmer handeln, kommen die Betreiber elektronischer Marktplätze Teilen ihrer Aufzeichnungspflichten wie erwähnt bereits dadurch nach, dass sie sich von den Verkäufern eine Bescheinigung über die steuerliche Erfassung grds. nach amtlichem Vordruck (BMF-Schreiben vom 17.12.2018) aushändigen lassen. Wie das BMF mitteilt, ist die Beurteilung der umsatzsteuerlichen Zuverlässigkeit nicht Bestandteil dieser Bescheinigung: Vorliegende Anhaltspunkte, die darauf hinweisen, dass der Antragsteller seinen umsatzsteuerlichen Pflichten nicht oder nicht im wesentlichen Umfang nachkommt, stünden einer Erteilung der Bescheinigung nicht entgegen.

Drittlandsunternehmer, die nicht in einem EWR-Staat ansässig sind, haben dem BMF zufolge spätestens mit Antragstellung auf Erteilung einer Bescheinigung über die umsatzsteuerliche Erfassung beim zuständigen FA nach § 21 AO einen Empfangsbevollmächtigten im Inland zu benennen, andernfalls wird die Bescheinigung nicht erteilt. Auch das Vordruckmuster 1 TM legt nahe, dass ein Nachreichen dieser Angabe offenbar nicht vorgesehen ist, sondern dass ein nicht vollständig ausgefüllter Antrag auch insoweit zur (u. U. zeitverschlingenden) Zurückweisung des Antrags führt. Der Empfangsbevollmächtigte muss, so das BMF, nicht zur unbeschränkten Hilfeleistung in Steuersachen nach § 3 StBerG befugt sein. Es sollte besonders beachtet werden, dass das Vereinigte Königreich mit Austritt aus der EU (Brexit) grds. zu einem Drittland wird.

Bis zur Einrichtung eines elektronischen Verfahrens wird die Bescheinigung übergangsweise in Papierform erteilt. Jeder Verkäufer erhält, so das BMF, unabhängig davon, auf wie vielen elektronischen Marktplätzen er auftritt, ausdrücklich nur eine einzige Bescheinigung seines zuständigen FA, wobei allerdings z. B. ein dem Betreiber elektronisch zur Verfügung gestellter Scan genügen soll. Die Bescheinigung wird dem Schreiben zufolge auch Kleinunternehmern erteilt. Das Hauptschreiben befasst sich ebenfalls mit Ersatz- und Änderungsbescheinigungen.

Sofern der Betreiber begründete Zweifel an der Echtheit der Bescheinigung hat, habe das in der Bescheinigung genannte FA ihm auf Rückfrage Auskunft darüber zu erteilen, ob die Bescheinigung gültig sei. Unterlasse der Betreiber des elektronischen Marktplatzes die Rückfrage, so das BMF, könne er sich der Haftung für die über seinen Marktplatz gehandelten Lieferungen aussetzen. Die Regelung scheint zu implizieren, dass der Betreiber die Bescheinigung von Erscheinungsbild und Inhalt her auf Richtigkeit und Plausibilität überprüfen sollte; sie kontrastiert damit etwas mit der an anderer Stelle niedergelegten Information, dass in Hinblick auf eine mögliche umsatzsteuerliche Pflichtverletzung des Unternehmers ein aktives Ausforschen nicht erforderlich sei.[197]

In den Fällen, in denen keine im Inland steuerbaren Lieferungen ausgeführt werden und es somit keiner steuerlichen Erfassung bedarf, ist dem BMF zufolge auch keine Bescheinigung erforderlich, die erforderlichen Aufzeichnungen und ein Nachweis sind jedoch in anderer Weise zu führen. Das

---

197 So *L'habitant* (s. Literaturverzeichnis).

betrifft laut BMF insb. Fälle aus dem EU-Ausland liefernder Unternehmer, sofern bei ihnen nach den Regelungen über Fernverkäufe (vgl. § 3c UStG) der Leistungsort umsatzabhängig im Ausland liegt,[198] sowie Lieferer, die nach erfolgtem Abschluss des Kaufvertrags unverzollt und unversteuert (also nicht unter den Voraussetzungen des § 3 Abs. 8 UStG) direkt aus dem Drittland liefern. Es ist unklar, ob und in welchem Umfang der Betreiber die umsatzsteuerrechtliche Behandlung der Lieferungen des Verkäufers zu prüfen hat. Für den genannten Fall der Fernverkäufer sieht das BMF jedoch konkrete Prüfpflichten vor, dazu unten.

Dem Hauptschreiben zufolge sind alle Bescheinigungen längstens bis zum 31.12.2021 befristet (Rz. 4). Handlungsbedarf kann aber schon früher entstehen: Nach dem BMF-Schreiben vom 17.12.2018 erlischt die Gültigkeit spätestens sechs Monate nach Veröffentlichung eines BMF-Schreibens über die Einführung eines Datenabrufverfahrens gem. § 27 Abs. 25 S. 1 UStG im BStBl.

Nach dem BMF-Schreiben vom 21.2.2019[199] wurde es bis zum 15.4.2019 nicht beanstandet, wenn einem Betreiber von Verkäufern, die nicht in Deutschland, der EU oder in einem EWR-Staat ihren Sitz, Wohnsitz, gewöhnlichen Aufenthalt oder Geschäftsleitung haben, anstelle der Bescheinigung der bis zum 28.2.2019 gestellte Antrag auf Erteilung der Bescheinigung vorlag.

Die Haftung
Nach dem BMF-Schreiben umfasst der Haftungstatbestand Fälle, in denen die Ware vor Abschluss des Kaufvertrags auf dem elektronischen Marktplatz zwischen dem Lieferer (unabhängig davon, ob dieser im Drittland, in einem anderen Mitgliedstaat der EU oder im Inland ansässig ist) und dem Lieferempfänger im Inland oder im übrigen Gemeinschaftsgebiet lagert, der Ort der Lieferung im Inland liegt und die Lieferung damit im Inland steuerbar und steuerpflichtig ist. Das Schreiben erwähnt an dieser Stelle keine Verkäufe, in denen der Gegenstand direkt aus dem Drittland geliefert wird; diese dürften nach dem Gesetzeswortlaut aber mitumfasst sein, soweit es sich um Direktverkäufe handelt, bei denen die Beförderung oder Versendung im Drittland beginnt und der Ort der Lieferung nach § 3 Abs. 8 UStG im Inland liegt. Dass die Haftung wie ausgeführt die Steuerpflicht der Lieferung voraussetzt und somit keine steuerfreien Lieferungen umfasst, wird in der Praxis selten bedeutsam sein: Einem Betreiber dürfte es i. d. R. schwerfallen oder ganz unmöglich sein zu prüfen, ob für die Lieferung eine Steuerbefreiung zur Anwendung kommt. Die Haftung setzt zudem voraus, dass für die Lieferung von Gegenständen, die auf dem von ihm bereitgestellten Marktplatz rechtlich begründet wurde, die USt nicht entrichtet wurde.

Hier kommt es sehr auf die o. g. Bescheinigung an: sie lässt sich grds. nur mit einer dem Betreiber vorgelegten, gültigen Bescheinigung abwenden; fehlt sie, kommt es nicht darauf an, ob der Betreiber wusste, dass der liefernde Unternehmer seinen umsatzsteuerlichen Pflichten nicht nachkommt. Liegt sie hingegen vor (und war sie im oben ausgeführten Sinne für den Blick des Betreibers nicht ersichtlich gefälscht), ist dadurch alleine die Haftung freilich nicht schon ausgeschlossen. Sie kommt in mehreren Fällen trotz Bescheinigung in Frage: neben dem Fall einer

---

198 Auf Antrag wird jedoch auch in diesen Fällen eine Bescheinigung nach § 22f Abs. 1 S. 2 UStG erteilt, wenn der Unternehmer im Inland steuerlich erfasst ist, Rz. 6 Buchst. a am Ende.
199 III C 5 – S 7420/19/10002:002, BStBl I 2019, S. 203.

Ungültigkeit der Bescheinigung (z. B. durch Zeitablauf) und Passivität bei Benachrichtigung des Betreibers mit Aufforderung durch das FA (dazu unten) auch in Fällen, in denen davon auszugehen ist, dass der Betreiber davon Kenntnis hatte oder nach der Sorgfalt eines ordentlichen Kaufmanns hätte haben müssen, dass der liefernde Unternehmer seinen umsatzsteuerlichen Pflichten nicht oder nicht im vollen Umfang nachkommt. Der Wortlaut dieser Vorschrift erfasst (unter ihren weiteren Voraussetzungen) auch versehentlich nicht abgerechnete Steuer und sogar Insolvenzforderungen des FA gegen den Verkäufer. Nach Meinung von *L'habitant*[200] lässt allerdings der Wortlaut des Hauptschreibens Spielraum für die Annahme, dass die Einfuhrumsatzsteuer und Fälle des § 14c UStG nicht abgedeckt seien.

Von einer Kenntnis oder einem Kennenmüssen ist dem Schreiben zufolge insb. dann auszugehen, wenn der Betreiber des elektronischen Marktplatzes ihm offensichtliche oder bekanntgewordene Tatsachen außer Acht lässt, die auf eine umsatzsteuerliche Pflichtverletzung des auf seinem Marktplatz tätigen Unternehmers schließen lassen. Ein aktives Ausforschen soll dazu nicht erforderlich sein. Das Kennenmüssen beziehe sich hierbei lediglich auf Sachverhalte, die dem Betreiber im Rahmen seines eigenen Unternehmens bekannt werden und auf eine umsatzsteuerliche Pflichtverletzung schlussfolgern lassen. Liegen die Voraussetzungen für die Haftung vor, liege die Darlegungs- und Feststellungslast der Kenntnis oder des Kennenmüssens grds. bei dem für den Erlass des Haftungsbescheids zuständigen FA.

Was das BMF hier mit dem Wort »lediglich« abtut, dürfte für gewöhnlich aber ein weites Feld sein, weil die die Lieferung begründende Kommunikation zwischen Verkäufer und Kunde in den meisten Fällen vollständig über den Marktplatz abgewickelt wird und es genügen dürfte, dass irgendeine Abteilung des Betreibers – nicht unbedingt die Steuerabteilung – von Vorgängen erfährt, aus denen sich ein Verdacht der genannten Art ableiten lässt. Dabei sollte nicht davon ausgegangen werden, dass die Finanzbehörden die Anforderungen an ihre eigene Darlegungs- und Feststellungslast zugunsten des Betreibers auslegen. Aus dem Schreiben ergibt sich übrigens nicht, dass das »Kennenmüssen« der Sachverhalte auf Informationen aus Aktivitäten des Unternehmers auf dem elektronischen Marktplatz beschränkt ist, sondern sich eben auf Sachverhalte erstreckt, die dem Betreiber im Rahmen seines eigenen Unternehmens bekannt werden. Das könnte z. B. im Rahmen einer umsatzsteuerlichen Organschaft bedeutsam sein.

Die Frage ist offen, ob und unter welchen Voraussetzungen hier die EuGH-Rspr. zur Frage des »Kennenmüssens« in Fällen der Steuerbefreiung innergemeinschaftlicher Lieferungen oder den Vorsteuerabzug entsprechende Anwendung finden kann: Die Steuerverwaltung kann demnach (in aller Kürze) von einem Steuerpflichtigen nicht die Prüfung verlangen, ob sein Geschäftspartner Steuerpflichtiger ist und seinen Verpflichtungen hinsichtlich der Erklärung und Abführung der MwSt nachgekommen ist, um sich zu vergewissern, dass auf der Ebene der Wirtschaftsteilnehmer einer vorhergehenden Umsatzstufe keine Unregelmäßigkeiten und Steuerhinterziehung vorliegen. Denn das ist Sache der Steuerbehörden.[201] Freilich gibt es auch Argumente gegen eine entsprechende Anwendung dieser Grundsätze: so steht der Marktplatzbetreiber zum Unternehmer

---

200 Siehe Literaturverzeichnis.
201 EuGH, Urteil v. 21.6.2012, C–80/11 und C–124/11, *Mahagében und Dávid*, UR 2012, S. 591, m. Anm. *Sterzinger*.

in einem anderen Verhältnis als in den bislang vom EuGH entschiedenen Fällen, weil der Betreiber (derzeit noch) nicht Teil der Leistungskette ist.

Sind dem Betreiber im Rahmen seines eigenen Unternehmens Sachverhalte bekannt geworden, die auf eine umsatzsteuerliche Pflichtverletzung schlussfolgern lassen, haftet der Betreiber nicht, wenn er den Unternehmer darauf hinweist und ihn in näher beschriebener Weise mit Fristsetzung auffordert, diese Pflichtverletzung abzustellen, und der Unternehmer dieser Aufforderung nachkommt – anderenfalls vermeidet der Betreiber die Haftung nur, wenn der Account des Unternehmers gesperrt wird (wonach der Betreiber von diesem Vorgängen die Finanzverwaltung informieren »sollte«). Dasselbe soll für die Frage gelten, ob die Umsätze im Rahmen eines Unternehmens erbracht werden, ob die Lieferschwelle i. S. d. § 3c Abs. 3 S. 2 Nr. 1 UStG überschritten ist oder ob eine Steuerpflicht im Inland besteht. Wie es scheint, hat also der Betreiber für alle diese Sachverhalte anhand der ihm verfügbaren Daten eine Plausibilitätsprüfung vorzunehmen und ggf. anscheinend auf die Einhaltung der Pflichten zusamt Vorlage einer Bescheinigung hinzuwirken.

Im Falle, dass die Registrierung auf dem elektronischen Marktplatz des Betreibers nicht als Unternehmer erfolgte, liegt dem Betreiber keine Bescheinigung vor; dann genügt es zur Abwendung der Haftung grds., wenn der Betreiber seinen Aufzeichnungspflichten nachgekommen ist. Auch hier ist eine Ausnahme vorgesehen: Eine Haftung erfolgt in Fällen, in denen der Marktplatzbetreiber nachweislich nach Art, Menge oder Höhe der Umsätze Kenntnis hatte oder nach der Sorgfalt eines ordentlichen Kaufmanns hätte haben müssen, dass die Registrierung als Nichtunternehmer zu Unrecht erfolgt ist. Das betrifft Fälle, in denen Unternehmer verdeckt auf Plattformen handeln, auf denen sonst bestimmungsgem. z. B. Privatleute Gebrauchtgegenstände verkaufen. Auch hier soll grds. nur die Tätigkeit auf dem eigenen Marktplatz maßgebend sein. »Harte« Kriterien werden dem Betreiber (wenig überraschend) nicht an die Hand gegeben. Allerdings soll es laut BMF ein deutliches Anzeichen für eine fälschliche Registrierung auf dem Marktplatz als Nichtunternehmer sein, wenn der auf dem Marktplatz erzielte Umsatz eine Höhe von 17.500 € innerhalb eines Kalenderjahres erreicht. Dasselbe gilt im Falle, dass der Unternehmer mitgeteilt hat, dass nach der Regelung für Fernverkäufe (§ 3c UStG) in Deutschland keine Steuerpflicht bestehe, während aber die Höhe der Umsätze auf dem Marktplatz die Lieferschwelle nach § 3c Abs. 3 S. 1 Nr. 1 UStG erreicht oder dem Marktplatzbetreiber Erkenntnisse vorliegen, dass eine steuerliche Registrierungspflicht in Deutschland aus anderem Grund besteht, ohne dass eine Registrierung erfolgt ist. Im Ergebnis hat der Marktplatzbetreiber anhand der ihm bekannt gewordenen Informationen also auch alle vorgenannten Parameter zu überprüfen und ggf. anscheinend unter anderem auf die Vorlage von Bescheinigungen zu dringen.

Ob nun der Unternehmer auf dem Marktplatz als Nichtunternehmer registriert ist oder nicht: Das FA kann auch den Betreiber über die steuerlichen Verfehlungen (oder den Umstand, dass es sich um einen Steuerpflichtigen handle) eines auf seinem Marktplatz tätigen Unternehmers informieren und ihn auffordern, binnen einer bestimmten Frist auf den Unternehmer einzuwirken, seinen umsatzsteuerlichen Pflichten nachzukommen oder ihn von weiteren Umsätzen auf seinem Marktplatz auszuschließen (Sperrung der Accounts). Ansonsten erfolgt eine Haftung des Betreibers für die nicht entrichtete USt aus Umsätzen auf seinem Marktplatz, bei denen das Rechtsgeschäft nach

Zustellung der Mitteilung vom FA abgeschlossen wurde. Eine Inanspruchnahme des Betreibers wird dem Wortlaut des Schreibens zufolge allerdings (lediglich) durch den Nachweis einer Sperrung des Accounts innerhalb der gesetzten Frist hinfällig; es bleibt etwas unklar, wie weit der Marktplatzbetreiber sich durch erfolgreiche Einwirkung auf den Unternehmer aus der Haftung nehmen können soll, zumal seine Möglichkeit der Prüfung, dass der Unternehmer seinen steuerlichen Pflichten tatsächlich nachkommt, begrenzt sind.

Ausblick
Die Betreiber elektronischer Marktplätze werden schon bald mit weiteren weitgehenden umsatzsteuerlichen Änderungen konfrontiert sein. Nach derzeitigem Stand ist zum 1.1.2021 die Umsetzung der zweiten Stufe des sog. Digitalpakets in nationales Recht vorgesehen. Hierdurch sollen u. a. die Fernverkäufe an Nichtunternehmer z. B. in Hinblick auf den Leistungsort und das anwendbare Besteuerungsverfahren grundlegend reformiert werden. Betreiber elektronischer Marktplätze seien besonders auf den neuen Art. 14a der Richtlinie hingewiesen, wonach sie in bestimmten Fällen mit Drittlandbezug grds. so behandelt werden, als hätten sie die über sie gehandelten Gegenstände selbst erhalten und geliefert. In etwa zu diesem Zeitpunkt soll auch die nationale deutsche Haftungsregelung für Betreiber elektronischer Marktplätze evaluiert werden.[202] Ob die Haftung kombiniert mit den 2021 einzuführenden Regelungen noch verhältnismäßig sind, ist wohl zweifelhaft.

Die EU-Kommission hat gegen Deutschland wegen der Marktplatzregelungen, die Gegenstand des BMF-Schreibens sind, ein Vertragsverletzungsverfahren eingeleitet und ein förmliches Mahnschreiben an Deutschland übersendet. Die Maßnahme – genauer offenbar der Umstand, dass die Haftung nur durch eine Bescheinigung des Verkäufers abgewendet werden kann, die diese auf Papier von der Steuerbehörde erhält – ist nach Auffassung der Kommission ineffizient und unverhältnismäßig und behindere außerdem den Zugang europäischer Unternehmen zum deutschen Markt, was einen Verstoß gegen das EU-Recht darstelle. Darüber hinaus hätten sich die EU-Mitgliedstaaten bereits auf (o. g.) gemeinsame und effizientere Maßnahmen zur Bekämpfung von MwSt-Betrug geeinigt. Die den Betreibern digitaler Marktplätze zur Vermeidung der gesamtschuldnerischen Haftung auferlegte Verpflichtung gehe über das in den EU-Vorschriften vorgesehene Maß hinaus und stehe im Widerspruch zu den Zielen der Strategie für einen digitalen Binnenmarkt.[203]

---

202 Gesetzesbegründung A/VII, Drs. 19/4455, Gesetzentwurf der Bundesregierung v. 24.9.2018.
203 EU-Kommission, Entscheidungen in Vertragsverletzungsverfahren v. 10.10.2019, Nr. des Verfahrens: 20194080; vgl. https://ec.europa.eu/commission/presscorner/detail/de/inf_19_5950.

Literaturhinweise

Baumgartner, Das neue BMF-Schreiben zur Umsatzsteuerhaftung elektronischer Marktplätze, nwb 2019, S. 536; *Hammerl/Baumgartner*, Das neue BMF-Schreiben zur Umsatzsteuerhaftung elektronischer Marktplatzbetreiber. Geklärte und offene Anwendungsfragen, nwb 2019, S. 706; *L'habitant*, Das BMF-Schreiben vom 28.1.2019 zur Haftung für USt beim Handel mit Waren im Internet. Eine kritische Würdigung, StuB 2019, S. 177; *Oldiges*, Vertragsverletzungsverfahren gegen Deutschland wegen Neuregelungen zur Online-Marktplatz-Haftung, MwStR 2019, S. 853; *Vobbe/Dietsch*, Umsatzbesteuerung des E-Commerce im Jahr 2019 und ab 2021, BB 2019, S. 535

3.4 Veräußerung von Miteigentumsanteilen als Lieferung

BMF, Schreiben v. 23.5.2019, III C 2 – S 7100/19/10002:002, BStBl I 2019, S. 511

Das BMF setzt die Rspr. des BFH zur umsatzsteuerlichen Behandlung der Veräußerung von Miteigentumsanteilen um.

Norm: § 3 Abs. 1 und Abs. 9 UStG

Der BFH hatte im Jahr 2016 in einer Entscheidung[204] seine Auffassung zur umsatzsteuerlichen Behandlung der Veräußerung eines Miteigentumsanteils an einer Sache dahin geändert, dass es sich dabei nicht um eine sonstige Leistung, sondern um eine Lieferung von Gegenständen handle. Weil ihm der Sachverhalt im Streitfall dazu Anlass gab, stellte er die innergemeinschaftliche Lieferung eines solchen Miteigentumsanteils auch steuerfrei – freilich im Wege eines »Irgendwie«-Nachweises, weil die Voraussetzungen für die Steuerbefreiung im Streitfall auch ohne Nachweis objektiv feststanden. Seither wurde besonders für grenzüberschreitende Sachverhalte eine Reihe von Fragen aufgeworfen, z. B., wie die innergemeinschaftliche Verbringung eines in Miteigentum stehenden Gegenstands zur Verfügung nur eines der Miteigentümer in Hinblick auf die anderen Miteigentümer zu werten ist.

Nun hat das BMF mit einiger Verzögerung den UStAE an einigen Stellen entsprechend geändert. Es geht allerdings nicht auf weiterführende Fragen ein, sieht man davon ab, dass es z. B. einige vorhandene Regelungen zur Gewährung von Gegenständen als Sicherheit explizit auf die Übertragung von Miteigentumsanteilen anwendet.

Die Grundsätze des Schreibens sind in allen offenen Fällen anzuwenden. Eine Nichtbeanstandungsregelung zur bisherigen Behandlung der Übertragung des Miteigentumsanteils auch für Zwecke des Vorsteuerabzugs wird gewährt: Es wird nicht beanstandet, wenn zwischen den Beteiligten entsprechend der bisherigen Verwaltungsauffassung übereinstimmend von sonstigen Leistungen ausgegangen wird. Die Nichtbeanstandungsregelung gilt für Leistungen, die vor dem Datum der Veröffentlichung des Schreibens im Bundessteuerblatt ausgeführt wurden. Diese Veröffentlichung ist in der Ausgabe Nr. 9 vom 18.6.2019 erfolgt (s. o.).

---

204 BFH, Urteil v. 18.2.2016, V R 53/14, BStBl II 2019, S. 333.

3.5 Wettbewerbsverzerrungen durch entgeltliche Kooperationen öffentlich-rechtlicher Körperschaften

BMF-Schreiben v. 14.11.2019, III C 2 – S 7107/19/10005 :011, BStBl I 2019, S. 1140

Das BMF legt § 2b Abs. 3 Nr. 2 UStG richtlinienkonform aus – und macht die Vorschrift damit de facto gegenstandslos.

Norm: § 2b Abs. 3 UStG

Bislang ordnete § 2b Abs. 3 Nr. 2 UStG an, dass unter bestimmten weiteren, dort aufgezählten Voraussetzungen im Falle entgeltlicher Kooperationen unter juristischen Personen des öffentlichen Rechts kategorisch keine »größeren Wettbewerbsverzerrungen« i. S. d. Vorschrift vorlägen. Die Vorschrift sei jedoch, wie das BMF nun mitteilt, lediglich als »Regelbeispiel« anzusehen. Sind die Voraussetzungen erfüllt, bestehe zwar eine Vermutung, dass keine größeren Wettbewerbsverzerrungen vorlägen, doch verlange eine unionsrechtskonforme Anwendung der Vorschrift des § 2b UStG, dass auch dann in eine gesonderte Prüfung auf mögliche schädliche Wettbewerbsverzerrungen nach § 2b Abs. 1 S. 2 UStG einzutreten sei.

Praxishinweis

Was das Schreiben anordnet, entspricht im Ergebnis der allgemeinen Regelung des § 2b Abs. 1 UStG. Demnach gelten (in aller Kürze) juristische Personen des öffentlichen Rechts nicht als Unternehmer, soweit sie Tätigkeiten ausüben, die ihnen im Rahmen der öffentlichen Gewalt obliegen. Das gilt nicht, sofern eine Behandlung als Nichtunternehmer zu größeren Wettbewerbsverzerrungen führen würde. Abs. 3 der Vorschrift sollte nach dessen Wortlaut die Prüfung größerer Wettbewerbsverzerrungen bislang überflüssig machen – nun aber soll dieser Frage im Rahmen einer Prüfung eben doch nachzugehen sein, und zwar ausweislich des Verweises auf die relevanten Passagen des BMF-Schreibens vom 16.12.2016 offenbar nach denselben Maßstäben wie in allgemeinen Fällen. Somit scheint § 2b Abs. 3 Nr. 2 UStG nunmehr keinen eigenen Regelungsgehalt mehr zu haben.

Literaturhinweis

Rust, Faktische Abschaffung von § 2b Abs. 3 Nr. 2 UStG durch das BMF-Schreiben v. 14.11.2019?, MwStR 2019, S. 986

4 Änderungen bei der Erbschafts- und Schenkungsteuer

4.1 Wertsteigerungen infolge des Kaufkraftschwunds

> **BMF, Schreiben v. 9.4.2019, IV C 7 – S 3804/08/10001, BStBl I 2019, S. 259**
> Das BMF-Schreiben hat die Zusammenstellung der Verbraucherpreizindizes für Deutschland aktualisiert.
>
> **Norm:** § 5 Abs. 1 ErbStG

Bei der Berechnung der Zugewinnausgleichsforderung nach § 5 Abs. 1 ErbStG ist der auf der Geldentwertung beruhende unechte Zuwachs des Anfangsvermögens zu eliminieren.

Das Statistische Bundesamt hat den Verbraucherpreisindex vom bisherigen Basisjahr 2010 auf das neue Basisjahr 2015 umgestellt.

Auf das BMF Schreiben vom 5.3.2018[205] wird Bezug genommen.

4.2 Ermittlung des Gebäudesachwerts nach § 190 BewG; Baupreisindizes zur Anpassung der Regelherstellungskosten im Kalenderjahr 2019

> **BMF, Schreiben v. 22.2.2019, IV C 7 – S 3225/16/10001, BStBl I 2019, S. 207**
> Der jeweilige Baupreisindex (2010 = 100) zur Anpassung der Regelherstellungskosten aus der Anlage 24, Teil II., BewG für Bewertungsstichtage im Kalenderjahr 2019 beträgt für Gebäudearten 1.01. bis 5.1. Anlage 24, Teil II., BewG: 122,0 und für Gebäudearten 5.2. bis 18.2. Anlage 24, Teil II., BewG: 122,7.
>
> **Norm:** § 190 Abs. 2 S. 4 BewG

Die jährliche Anpassung der Regelherstellungskosten erfolgt für Bewertungsstichtage nach dem 31.12.2015 gem. § 205 Abs. 10 BewG.

---

205 BStBl I 2018, S. 311.

4.3 Bewertung einer lebenslänglichen Nutzung oder Leistung; Vervielfältiger für Bewertungsstichtage ab 1.1.2019

> **BMF, Schreiben v. 22.11.2018, IV C 7 – S 3104/09/10001, ZEV 2019, S. 112**
>
> Das BMF hat gem. § 14 Abs. 1 S. 4 BewG die Vervielfältiger zur Berechnung des Kapitalwerts lebenslänglicher Nutzungen und Leistungen bekannt gegeben, die nach der am 18.10.2018 veröffentlichten Sterbetafel 2015/2017 des Statistischen Bundesamtes ermittelt wurden und für Bewertungsstichtage ab dem 1.1.2019 anzuwenden sind.
>
> **Norm:** § 14 Abs. 1 S. 2 und S. 4 BewG

> **Praxishinweis**
> Wegen der frühen Veröffentlichung auch in der 17. Auflage, B.5.8 enthalten.

4.4 Bewertung einer lebenslänglichen Nutzung oder Leistung; Vervielfältiger für Bewertungsstichtage ab 1.1.2020

> **BMF, Schreiben v. 2.12.2019, IV C 7 – S 3104/09/10001:003, BB 2019, S. 3030**
>
> Das BMF hat gem. § 14 Abs. 1 S. 4 BewG die Vervielfältiger zur Berechnung des Kapitalwerts lebenslänglicher Nutzungen und Leistungen bekannt gegeben, die nach der am 5.11.2019 veröffentlichten Sterbetafel 2016/2018 des Statistischen Bundesamtes ermittelt wurden und für Bewertungsstichtage ab dem 1.1.2020 anzuwenden sind.
>
> **Norm:** § 14 Abs. 1 S. 2 und S. 4 BewG

4.5 Erbschaft- und schenkungsteuerliche Behandlung von Kryptowährungen

> **LfSt Bayern, Verfügung v. 14.1.2019, 3812b.1.1 – 16/12 St 34 Karte 7, ZEV 2019, S. 112**
>
> Virtuelle Währungen, sog. »Kryptowährungen« wie bspw. Bitcoins, sind als Finanzinstrumente i. S. v. § 1 Abs. 11 S. 1 KWG zu qualifizieren und daher als Finanzmittel i. S. v. § 13b Abs. 4 Nr. 5 ErbStG bzw. § 13b Abs. 2 S. 2 Nr. 4a ErbStG a. F. einzustufen.
> Die Bewertung virtueller Währungen richtet sich nach dem gemeinen Wert nach § 9 BewG.
>
> **Normen:** § 9 BewG; § 13b Abs. 4 Nr. 5 ErbStG; § 13b Abs. 2 S. 2 Nr. 4a ErbStG a. F.

Aufgrund der Verfügung sind »Kryptowährungen«, wenn sie im betrieblichen Vermögen gehalten werden, als Finanzmittel i. S. d. § 13b Abs. 4 Nr. 5 ErbStG zu qualifizieren. Die bisherige Unsicherheit dahingehend, wie Kryptowährungen für erbschaft-/schenkungsteuerliche Zwecke nach Auffassung der Finanzverwaltung einzustufen sind, ist zumindest vorerst beseitigt. In der Literatur werden jedoch durchaus auch abweichende Auffassungen vertreten.

Literaturhinweise

Amend-Traut/Hergenröder, ZEV 2019, S. 113; *Troll/Gebel/Jülicher/Gottschalk/Jülicher*, 57. EL April 2019, ErbStG § 13b Rn. 328

4.6 Stand der Doppelbesteuerungsabkommen und anderer Abkommen auf dem Gebiet der Erbschaft- und Schenkungsteuern (Stand: 1.1.2019)

OFD Frankfurt am Main, Verfügung v. 28.1.2019, S 3832 A-015-St 119, BeckVerw 447097

Bezugnehmend auf das BMF Schreiben vom 17.1.2019,[206] worin der Stand der DBA und anderer Abkommen im Steuerbereich sowie der Abkommensverhandlungen am 1.1.2019 veröffentlicht wurde, enthält die Verfügung eine tabellarische Aufstellung der auf dem Gebiet der Erbschaft- und Schenkungsteuer existierenden DBA.

Norm: § 2 AO

Auf dem Gebiet der Erbschaft- und Schenkungsteuern existieren zu diesem Stichtag Abkommen mit Dänemark,[207] Frankreich,[208] Griechenland,[209] Schweden,[210] der Schweiz[211] und den Vereinigten Staaten.[212]

4.7 Übertragung von Vermögen auf eine nichtrechtsfähige Stiftung – Erlöschen der Erbschaftsteuer nach § 29 Abs. 1 Nr. 4 ErbStG

LfSt Bayern, Verfügung v. 18.9.2019, S 3840.1.1 – 3/8 St 34, DB 2019, S. 2268

Die Verfügung beantwortet die Frage, ob die Übertragung von Vermögensgegenständen, die der Übertragende zuvor durch Erbschaft oder Schenkung erworben hat, zum Erlöschen der hierfür zu entrichtenden Erbschaft- oder Schenkungsteuer nach § 29 Abs. 1 Nr. 4 ErbStG führt, wenn die Vermögensgegenstände innerhalb der Zweijahresfrist an eine nichtrechtsfähige Stiftung übertragen werden, die gemeinnützigen Zwecken i. S. d. §§ 52–54 AO – mit Ausnahme der Zwecke nach § 52 Abs. 2 Nr. 23 AO – dient.

Norm: § 29 Abs. 1 Nr. 4 ErbStG

---

[206] BStBl I 2019, S. 31.
[207] BGBl II 1996, S. 2565; BStBl I 1996, S. 1219.
[208] BGBl II 2007, S. 1402; BStBl I 2009, S. 1258.
[209] BGBl II 1912, S. 173.
[210] BGBl II 1994, S. 686; BStBl I 1994, S. 422. In Schweden wurde die Erbschaft- und Schenkungsteuer mit Ablauf des Jahres 2004 abgeschafft.
[211] BGBl II 1980, S. 594; BStBl I 1980, S. 243.
[212] BGBl II 2000, S. 1170; BStBl I 2001, S. 110.

§ 29 Abs. 1 Nr. 4 ErbStG begünstigt zwar nicht die Übertragung an jede Körperschaft i. S. d. KStG, sondern (neben Gebietskörperschaften) nur an Stiftungen. Es ist kein Grund ersichtlich, weshalb der Gesetzgeber dies nur hinsichtlich rechtsfähiger Stiftungen gelten lassen wollte, zumal er zur allgemeinen Voraussetzung die Erfüllung der Vorschriften des Gemeinnützigkeitsrechts gemacht hat, die auch durch eine nichtrechtsfähige Stiftung erbracht werden kann.

Die Verfügung befasst sich mit den Vorteilen einer nichtrechtsfähigen Stiftung und den zivilrechtlichen Grundlagen.

Die Übertragung von Vermögen i. S. d. § 29 Abs. 1 Nr. 4 ErbStG ist nicht nur Tatbestand für das Erlöschen der Erbschaft- oder Schenkungsteuer aus der ursprünglichen Zuwendung an den Übertragenden, sondern eine weitere steuerbare Schenkung unter Lebenden zwischen diesem und der empfangenen Körperschaft.

Soweit die Voraussetzungen des § 29 Abs. 1 Nr. 4 ErbStG erfüllt sind, liegt jedoch regelmäßig auch der Steuerbefreiungstatbestand nach § 13 Nr. 15 oder Nr. 16 Buchst. b ErbStG vor. Umgekehrt ist diese Steuerbefreiung aber nicht schon deshalb ausgeschlossen, weil § 29 Abs. 1 Nr. 4 ErbStG nicht zur Anwendung kommt.

An der Anwendbarkeit des § 29 Abs. 1 Nr. 4 ErbStG bei nichtrechtsfähigen Stiftungen und an den voranstehenden Ausführungen wird auch vor dem Hintergrund des Urteils des BFH v. 25.1.2017, II R 26/16, BStBl II 2018, S. 199, weiterfestgehalten.[213] Darin hatte der BFH entschieden, dass die Ersatzerbschaftsteuer bei nichtrechtsfähigen Familienstiftungen nicht einschlägig ist.

Die Verfügung ersetzt die Verfügung der OFD München v.9.1.2019.[214]

4.8 Berechnung des Ablösungsbetrags nach § 25 Abs. 1 S. 3 ErbStG a. F.

> **Oberste Finanzbehörden der Länder, gleich lautende Erlasse v. 30.11.2018, BStBl I 2018, S. 1309; OFD Frankfurt am Main, Rundverfügung v. 10.12.2018, S 3837 A – 008 – St 119, DStR 2019, S. 165**
>
> Nach § 25 Abs. 1 S. 3 ErbStG a. F. kann die gestundete Steuer auf Antrag des Erwerbers jederzeit mit ihrem Barwert nach § 12 Abs. 3 BewG abgelöst werden. Zur Berechnung der Laufzeit ist von der mittleren Lebenserwartung der betreffenden Person auszugehen, die sich aus der Sterbetafel des Statistischen Bundesamtes ergibt, deren EZ dem Bewertungsstichtag vorangeht.
>
> **Norm:** § 25 Abs. 1 S. 3 ErbStG a. F.

---

213 BFH, Urteil v. 25.1.2017, II R 26/16, BStBl II 2018, S. 199; vgl. 16.Auflage, C.7.2.
214 S 3840.1.1 – 3/5 St 34, DStR 2019, S. 166.

§ 25 ErbStG wurde durch das Gesetz zur Reform des Erbschaftsteuer- und Bewertungsrechts v. 24.12.2008[215] aufgehoben. Nach § 37 Abs. 2 S. 2 ErbStG ist in Erbfällen, die vor dem 1.1.2009 eingetreten sind, und für Schenkungen, die vor diesem Zeitpunkt ausgeführt worden sind, weiterhin § 25 Abs. 1 S. 3 ErbStG i. d. F. der Bekanntmachung v. 27.1.1997[216] anzuwenden.

Die OFD Frankfurt am Main hat mit Verfügung vom 10.12.2018 für die einzelnen Bewertungsstichtage die maßgeblichen Sterbetafeln und deren Fundstellen zusammengefasst. Gleichzeitig enthält die Verfügung Hinweise dazu, wie mit nicht bestandskräftigen und bestandskräftigen Ablösungsbescheiden zu verfahren ist.

Die Rundverfügung der OFD Frankfurt am Main vom 10.1.2018 ersetzt die Verfügung der OFD Frankfurt am Main vom 14.3.2018[217].

4.9 Verwaltungsanweisungen zu Trusts

Zu Trusts sind in 2019 die folgenden Verwaltungsanweisungen veröffentlicht worden:

4.9.1 Vermögensrückfluss von Trustvermögen an den Errichter

LfSt Bayern, Verfügung v. 10.4.2019, S 3806.2.1 – 110/7 St 34, DStR 2019, S. 929

Der Erwerb des Trusterrichters bei der späteren Auflösung eines Trusts, welcher als selbstständige Vermögensmasse, die auf die Bindung von Vermögen ausgerichtet ist, anzusehen ist, unterliegt dem Tatbestand des § 7 Abs. 1 Nr. 9 S. 2 ErbStG.

Norm: § 7 Abs. 1 Nr. 9 S. 2 ErbStG

Zwar ist das Steuerklassenprivileg des § 15 Abs. 2 S. 2 ErbStG insoweit grds. anwendbar, jedoch wird in der Literatur teilweise vertreten, dass das Steuerklassenprivileg faktisch ins Leere läuft, da der Vermögensanfall beim Trusterrichter mangels Verwandtschaftsverhältnisses mit sich selbst nur der Steuerklasse III unterliegen könne.[218]

> **Praxishinweis**
> Der Trusterrichter sollte sich ein Widerrufsrecht vorbehalten, sodass gem. § 29 ErbStG durch Ausübung des Widerrufs die Steuer mit Wirkung für die Vergangenheit erlischt.

---

215 BGBl I 2008, S. 3018.
216 BGBl I 1997, S. 378.
217 StEd 2018, S. 382; vgl. 17. Auflage, B.5.9.
218 *Troll/Gebel/Jülicher/Gottschalk/Jülicher*, 57. EL April 2019, ErbStG § 2 Rn. 121, 138; *Jülicher*, ZErb 2007, S. 361.

4.9.2 Unwiderruflichkeit des Trusts mit Todesfall des Trusterrichter (settlors)

LfSt Bayern, Verfügung v. 21.6.2019, S 3806.1.1 – 9/9 St 34, DStR 2019, S. 1408

Die Überführung von Vermögensgegenständen durch einen Errichter auf einen Trust unterliegt dann nicht der Schenkungsteuer nach § 7 Abs. 1 Nr. 8 S. 2 ErbStG, wenn die Rechtsstellung des Errichters so stark ist, dass eine tatsächlich und rechtlich freie Verfügungsbefugnis des Trusts über die Vermögensgegenstände ausgeschlossen ist.
Der Eintritt der Unwiderruflichkeit des Trusts im Zeitpunkt des Todes des Trusterrichters löst den besonderen Erbschaftsteuertatbestand des § 3 Abs. 2 Nr. 1 ErbStG aus.

Normen: §§ 3 Abs. 2 Nr. 1, 7 Abs. 1 Nr. 8 S. 2 ErbStG

Grundsätzlich kann der Errichter eines Trusts dem Verwalter Weisungen für seine Tätigkeiten, bspw. Höhe und Zeitpunkt der Ausschüttungen oder hinsichtlich der Vermögensverteilung, erteilen. Er kann sich außerdem vorbehalten, diese Weisungen zu ändern oder den Verwalter abzuberufen. Der Verwalter des Trusts ist dann lediglich ein verlängerter Arm des Errichters. In einem solchen Fall spricht man von einem »revocable trust«, dessen Errichtung und Ausstattung noch nicht zu einem schenkungsteuerbaren Vermögensübergang führt, wenn der Trust bzw. Trustee nicht rechtlich und tatsächlich frei über das Vermögen verfügen kann.

Literaturhinweis
Habammer, DStR 2002, S. 425

4.9.3 Erlass betreffend fiktive Ausschüttungen an Zwischenberechtigte während des Bestehens des Trusts nach § 7 Abs. 1 Nr. 9 S. 2 ErbStG i. V. m. einem Antrag nach Art. 12 Abs. 3 DBA USA/Deutschland für Zwecke der Erbschaft- und Schenkungsteuer

FinMin Brandenburg, Erlass v. 6.3.2019, 36-S 3806-2018#003, ZEV 2019, S. 375

Ausschüttungen an Zwischenberechtigte sind während des Fortbestehens eines US-Trusts gem. § 7 Abs. 1 Nr. 9 S. 2 Halbs. 2 ErbStG auch dann zu besteuern, wenn eine fiktive Besteuerung nach § 7 Abs. 1 Nr. 9 S. 2 Halbs. 1 ErbStG i. V. m. Art. 12 Abs. 3 DBA USA-ErbSt stattgefunden hat.

Normen: Art. 12 Abs. 3 DBA USA-ErbSt; § 7 Abs. 1 Nr. 9 S. 2 ErbStG

Der Erlass vom 6.3.2019 erging aufgrund einer länderübergreifenden Abstimmung. Sinn und Zweck des Art. 12 Abs. 3 DBA USA-ErbSt ist die Gewährleistung der Anrechnung der ausländischen Erbschaft-/Schenkungsteuer innerhalb der 5-Jahresfrist des § 21 Abs. 1 S. 4 ErbStG durch die Möglichkeit des Antrags auf eine vorverlegte Heranziehung zur deutschen Erbschaft-/Schenkungsteuer. Da die Option jedoch nicht zeitraum-, sondern zeitpunktbezogen wirkt, bleiben Zuwendungen, die der Steuerpflichtige während des Bestehens des Trusts erhält, erbschaft- und schenkungsteuerpflichtig.[219]

Das BFH-Urteil v. 3.7.2019[220] ist auch in diesem Kontext zu berücksichtigen, da es die maßgeblichen Kriterien des Tatbestandsmerkmals »Zwischenberechtigte« konkretisiert.

Literaturhinweis
Habammer, DStR 2002, S. 425

4.10 Gemeiner Wert von Erfindungen und Urheberrechten (R B 9.2 ErbStR 2011)

LfSt Bayern, Verfügung v. 5.2.2019, S 3101.1.1 – 9/12 St 34, DStR 2019, S. 741
Für Erwerbe mit Steuerentstehung in 2018 ergibt sich ein Kapitalisierungszinssatz von 5,37 %.[221]
Für Erwerbe mit Steuerentstehung 2019 ergibt sich ein Kapitalisierungszinssatz von 5.02 %.

Normen: §§ 9, 203 Abs. 1 BewG

Nach R B 9.2 ErbStR 2011 ist der gemeine Wert von Erfindungen und Urheberrechten, die in Lizenz vergeben oder in sonstiger Weise gegen Entgelt einem Dritten zur Ausnutzung überlassen sind, in der Weise zu ermitteln, dass der Anspruch auf die in wiederkehrenden Zahlungen bestehende Gegenleistung kapitalisiert wird, soweit keine anderen geeigneten Bewertungsgrundlagen vorhanden sind.

Der Kapitalisierung ist der marktübliche Zinssatz zugrunde zu legen.

Mit Schreiben vom 9.1.2019[222] hat das BMF für das Jahr 2019 einen Basiszinssatz von 0,52 % bekanntgegeben. Unter Einbeziehung des Zuschlags von 4,5 % ergibt sich damit ein Kapitalisierungszinssatz von 5,02 %.

Die Verfügung ersetzt die Verfügung des LfSt Bayern v. 12.3.2018, S 3101.1.1, 9/8 St 34.[223]

---

219 *Habammer*, DStR 2002, S. 425.
220 Vgl. C.6.4 im vorliegenden Werk.
221 DStR 2018, S. 1127; vgl. 17. Auflage, B.5.2.
222 BStBl I 2019, S. 58.
223 DStR 2018, S. 1127; vgl. 17. Auflage, B.5.2.

4.11 Berücksichtigung einer Abbruchsverpflichtung beim Erbbaurecht sowie bei Gebäuden auf fremdem Grund und Boden; Einheitsbewertung

> **OFD Frankfurt am Main, Verfügung v. 3.7.2019, S 3215 A – 003 – St 72, DB 2019, S. 1652**
>
> Die Verpflichtung des Erbbaurechts (muss wohl »Erbbauberechtigten« heißen), das Gebäude bei Beendigung des Erbbaurechts abzubrechen, ist durch einen Abschlag zu berücksichtigen.
>
> **Normen:** §§ 92 Abs. 3 S. 5, Abs. 4, 94 Abs. 3 S. 3 BewG

Bei Bewertungen im Ertragswertverfahren ist die Höhe des Abschlags der Anlage 9 der RL für die Bewertung von Grundbesitz (BewRGr) zu entnehmen (Abschn. 48 Abs. 5, 50 Abs. 3 BewRGr zu § 92 BewG). Diese Tabelle endet bei einer restlichen Lebensdauer des Gebäudes von 30 Jahren.

Ein Abschlag unterbleibt jedoch auch bei einer restlichen Lebensdauer von mehr als 30 Jahren nicht. Dem Erbbauberechtigten wird nach § 92 Abs. 3 S. 5 BewG i. V. m. der Tabelle in S. 2 ein Anteil am Gebäudewert zugerechnet, wenn das Erbbaurecht noch mehr als 30 Jahre, aber weniger als 50 Jahre dauert und das Gebäude bei seinem Ablauf entschädigungslos an den Eigentümer des belasteten Grundstücks fällt.

Bei einem Gebäude auf fremdem Grund und Boden ist entsprechend zu entscheiden.

Der Abschlag wegen Abbruchsverpflichtung hat zu unterbleiben, wenn in Bezug auf den Bewertungsgegenstand konkret voraussehbar ist, dass es trotz Abbruchsverpflichtung nicht zum Abbruch der Gebäude kommen wird. Nach den BFH Urteilen v. 16.1.2019[224] sowie vom 30.1.2019[225] ist die Frage, ob der Nichtabbruch eines Gebäudes trotz Abbruchverpflichtung voraussehbar ist, anhand des Verhaltens der am konkreten Miet- und Pachtvertragsverhältnis Beteiligten zu beurteilen.

Bei der Prognoseentscheidung kann auch das Verhalten des Rechtsvorgängers oder der Beteiligten vergleichbarer Miet- und Pachtverhältnisse berücksichtigt werden.

Die Feststellungslast für die Tatsachen, die für einen Nichtabbruch bei Vertragsende sprechen, trägt die Finanzbehörde.

Lassen sich solche Tatsachen nicht hinreichend sicher feststellen, ist der Abschlag zu gewähren.

---

[224] BFH, Urteil v. 16.1.2019, II R 19/16, BFH/NV 2019, S. 852.
[225] BFH, Urteil v. 30.1.2019, II R 26/17, DStRE 2019, S. 821.

4.12 Grundstücksbewertung für das Bundesland Berlin

Die Senatsverwaltung für Finanzen in Berlin hat hinsichtlich der Bewertung von Grundbesitz die beiden Erlasse für die anzuwendenden Liegenschaftszinssätze sowie Bewertungsverfahren veröffentlicht.

4.12.1 Erlasse betr. Bedarfsbewertung ab 2009 für Zwecke der Erbschaft-, Schenkung- und Grunderwerbsteuer

4.12.1.1 Liegenschaftszinssätze des Gutachterausschusses für Grundstückswerte Berlin (GAA) ab 12.4.2019 (nach BewG für Berliner Finanzämter); Aktualisierung: Stand 30.7.2019

> **FSen Berlin, Erlass v. 21.5.2019, III D S 3015 – 2/2019 – 1, BeckVerw 453276**
>
> Der Gutachterausschuss für Grundstückswerte in Berlin (GAA) veröffentlichte am 12.4.2019 Liegenschaftszinssätze 2018 (Abl. Berlin 2019 Nr. 5 vom 12.4.2019, S. 2246 ff.), die modellkonform gem. §§ 184–188 BewG ermittelt wurden.
>
> **Normen:** §§ 184–188 BewG

Die Liegenschaftszinssätze gelten für in Berlin belegene Mietwohngrundstücke (§ 181 Abs. 1 Nr. 2 und Abs. 3 BewG) und gemischt genutzte Grundstücke (§ 181 Abs. 1 Nr. 5 und Abs. 7 BewG) mit einem gewerblichen Mietanteil bis zu 70 % und mit mindestens vier Mieteinheiten.

4.12.1.2 Anzuwendende Bewertungsverfahren in Abhängigkeit von vorliegenden Daten des Berliner Gutachterausschusses für Grundstückswerte (GAA); Aktualisierung: Stand 1. 8. 2019

> **FSen Berlin, Erlass, v. 1.8.2019, III D S 3015 – 3/2019 – 1, BeckVerw 456651**
>
> Das für Berliner Grundstücke jeweils anzuwendende Bewertungsverfahren und die dafür zu verwendenden Bewertungsansätze ergeben sich abhängig vom Bewertungsstichtag aus der »Übersicht für Berliner Grundstücke«, die auf den Stand vom 1.8.2019 aktualisiert wurde.
>
> **Normen:** §§ 151–157, 176–198 BewG

Der Erlass enthält zu den Eigenschaften »vermietet« oder »bezugsfertig« Beispiele im Falle eines Erbfalls und Erläuterungen im Falle einer Schenkung.

4.13 Aktuelles zu den Erbschaftsteuerrichtlinien 2019

Mit den ErbStR 2019 werden die koordinierten Ländererlasse v. 22.6.2017[226] abgelöst. Daneben werden auch die ErbStR 2011 ersetzt.

Am 11.10.2019[227] haben die RL ohne Änderungen den Bundesrat durchlaufen, sodass mit der Veröffentlichung Anfang 2020 zu rechnen ist. Am 16.12.2019[228] hat das BMF eine Leseversion der Allgemeinen Verwaltungsvorschrift zur Anwendung des Erbschaftsteuer- und Schenkungsteuerrechts (Erbschaftsteuer-Richtlinien 2019 – ErbStR 2019) vom 16.12.2019 veröffentlicht. Hinweise zu den Richtlinien sind in dieser Leseversion nicht enthalten. Es bleibt abzuwarten, ob in den Hinweisen Einschränkungen hinsichtlich des Richtlinientexts erfolgen.

Leider ist der Bundesrat der Stellungnahme des federführenden Finanzausschusses und des Wirtschaftsausschusses nicht gefolgt.

Die Empfehlung betraf u. a. aufgrund des ergangenen BFH-Urteils vom 20.2.2019[229] die Streichung der Notwendigkeit einer »schriftlichen« Poolvereinbarung unter R E 13b.6 Abs. 6 ErbStR 2019. Daneben sollte die Problematik der Mehrfacherfassung von jungen Finanzmitteln im Konzern, die aus R E 13b.29 Abs. 3 ErbStR 2019 folgt, vermieden werden. Ferner wurden Änderungen im Rahmen der Verschonungsbedarfsprüfung gem. § 28a ErbStG angeregt.

Einzelne Aspekte werden nachfolgend näher beleuchtet:

4.13.1 Problematik der Mehrfacherfassung von jungen Finanzmitteln im Konzern

Der Finanzausschuss und Wirtschaftsausschuss hatte angeregt, R E 13b.29 Abs. 3 ErbStR 2019 dahingehend anzupassen, dass, sofern innerhalb eines Verbundes Finanzmittel weitergereicht werden, diese nicht zu jungen Finanzmitteln führen sollten. Junge Finanzmittel sollten somit nur entstehen, wenn eine Einlage von außerhalb des Verbundes erfolgt, bspw. durch die Einlage eines Gesellschafters oder Einzelunternehmers in das übertragene Unternehmen.

Junge Finanzmittel sind vollständig aus der Begünstigung ausgenommen. Durch die neu eigeführte Rechentechnik, der sog. Verbundvermögensaufstellung nach § 13b Abs. 9 ErbStG, sind auf Ebene der einzelnen Beteiligungsstufen das Verwaltungsvermögen, das junge Verwaltungsvermögen, die Finanzmittel und die jungen Finanzmittel sowie die Schulden gesondert festzustellen.

---

226 Vgl. 16. Auflage, B.7.6.
227 BR-Drs. 387/19.
228 S. unter: https://www.bundesfinanzministerium.de/Content/DE/Standardartikel/Themen/Steuern/Steuerarten/Erbschaft_und_Schenkungsteuer/2019-12-16-ErbStR-2019.html, Aufruf 3.1.2020 um 11:11 Uhr.
229 Vgl. C.6.7 im vorliegenden Werk.

Eine Begrenzung der jungen Finanzmittel findet allerdings nicht auf jeder Beteiligungsstufe statt, sondern erst auf der obersten Feststellungsebene (R E 13b.29 Abs. 3 S. 5 ErbStR 2019).

> **BEISPIEL**
>
> Damit findet nach dem reinen Wortlaut der RL eine Mehrfacherfassung statt, sofern zunächst die Muttergesellschaft 100 Finanzmittel in die Tochtergesellschaft tätigt und die Tochtergesellschaft die erhaltenen 100 Finanzmittel weiter in eine Enkelgesellschaft einlegt.
>
> Im Ergebnis führt die Einlage der Muttergesellschaft zu 100 jungen Finanzmitteln auf Ebene der Tochtergesellschaft, die wieder bis auf die Ebene der Muttergesellschaft hochgerechnet werden. Auch die weitere Einlage der Tochtergesellschaft in die Enkelgesellschaft, führt auf Ebene der Enkelgesellschaft zu 100 jungen Finanzmitteln, die ebenfalls auf die Ebene der Muttergesellschaft hochgerechnet werden.

4.13.2 Steuer auf nicht begünstigtes Vermögen im Rahmen der Verschonungsbedarfsprüfung nach § 28a ErbStG

Mit der Verschonungsbedarfsprüfung in § 28a ErbStG wurde ein neues Begünstigungsinstitut in das Gesetz aufgenommen.

Im Rahmen der Verschonungsbedarfsprüfung wird die auf das begünstigte Vermögen entfallende Steuer erlassen, soweit sie nicht aus dem verfügbaren Vermögen gezahlt werden kann. Zum verfügbaren Vermögen gehören nach § 28a Abs. 2 Nr. 1 ErbStG u. a. 50 % des miterworbenen nicht begünstigten Vermögens.

In R E 28a.4 Abs. 2 S. 8 ErbStR 2019 ist geregelt, dass die auf den Hinzuerwerb (nicht begünstigtes Vermögen durch Erbschaft oder Schenkung nach dem Besteuerungszeitpunkt) entfallende Steuer den Wert des verfügbaren Vermögens nicht mindert.

Damit kommt es wirtschaftlich betrachtet zu einer Besteuerung einer bereits geleisteten Steuer. Im Ergebnis kann das einzusetzende Vermögen damit höher sein, als tatsächlich nach der Besteuerung zur Verfügung steht. Unter Berücksichtigung etwaiger ertragsteuerlicher Belastungen aus der Veräußerung des Vermögens zur Finanzierung der ErbSt können sich Steuerbelastungen von über 100 % ergeben.

> **BEISPIEL**
>
> Unternehmer U hat seinen Sohn S als Alleinerben eingesetzt. Zum Nachlass gehört eine 100%ige Beteiligung an der A-GmbH mit einem Wert i. H. v. 100.000.000 € sowie steuerverstrickte Wertpapiere/Aktien i. S. v. § 20 Abs. 1 Nr. 1 EStG im Wert von 30.000.000 € (gemeiner Wert; Anschaffungskosten 10.000.000 €). Der Anteil der A-GmbH stellt vollumfänglich begünstigtes Vermögen dar.

S verfügt über eigenes Vermögen i. H. v. 3.000.000 €. Auf das nicht begünstigte Vermögen i. H. v. 30.000.000 € entfällt eine ErbSt von **30 %**, sodass abzgl. der Steuer i. H. v. 9.000.000 €, 21.000.000 € verbleiben.

Basis für das Erlassmodell sind 50 % des übergehenden nicht begünstigten Vermögens i. H. v. 50 %, somit 15.000.000 €. Nach Abzug der Steuern verbleibt vom übergehenden nicht begünstigten Vermögen 6.000.000 €. Die Steuern insgesamt belaufen sich auf 24.000.000 €, was einer Steuerbelastung von 80 % auf das nicht begünstigte Vermögen entspricht.

Die zu erlassende Steuer berechnet sich wie folgt:

- Das begünstigte Vermögen beträgt 100.000.000 € (A-GmbH). Das nicht begünstigte Vermögen beträgt 30.000.000 €, sodass der gesamte Vermögensanfall 130.000.000 € beträgt. Den persönlichen Freibetrag und die Erbfallkostenpauschale der Einfachheit halber nicht beachtend, liegt der steuerpflichtige Erwerb ebenfalls bei 130.000.000 €.
- Für den steuerpflichtigen Erwerb würde die Steuer (Steuerklasse I: 30 %) 39.000.000 € betragen. Auf das begünstigte Vermögen entfällt eine Steuer von 30.000.000 € (30 % von 100.000.000 €).
- Miterworben wurden die Wertpapiere/Aktien i. H. v. 30.000.000 €; davon 50 % sind 15.000.000 €. S verfügt über eigenes Vermögen i. H. v. 3.000.000 €, davon 50 % sind 1.500.000 €, sodass S ein verfügbares Vermögen i. H. v. 16.500.000 € zur Verfügung steht. Die zu erlassende Steuer beträgt demnach 13.500.000 €.

Um die ErbSt begleichen zu können, veräußert S die ebenfalls durch Erbfall erhaltenen Wertpapieren und Aktien.

Es ergibt sich ein Veräußerungsgewinn gem. § 20 Abs. 2 Nr. 1 i. V. m. § 20 Abs. 4 S. 1 EStG von 20.000.000 €, der bei S der Abgeltungsteuer i. H. v. 25 % unterliegt.

Fünf Jahre nach dem Erbfall erhält S im Wege der Schenkung eine Barschenkung mit einem steuerpflichtigen Wert i. H. v. 2.000.000 € (Hinzuerwerb).

Den persönlichen Freibetrag der Einfachheit halber außer Acht gelassen beträgt die Schenkungsteuer für die Barschenkung bei einem Steuersatz von 19 % (Steuerklasse I) 380.000 €.

R E 28.4 Abs. 2 S. 4 ErbStR 2019 bestimmt, dass die zunächst erloschene Steuer wieder vollständig auflebt. Nach S. 5 kann S als Erwerber einen erneuten Antrag nach § 28a Abs. 1 ErbStG stellen. Im Rahmen dieser erneuten Verschonungsbedarfsprüfung ist das zum Besteuerungszeitpunkt des Erwerbs, für den der Erlass gewährt wurde, ermittelte verfügbare Vermögen um 50 % des gemeinen Werts des hinzuerworbenen Vermögens zu erhöhen.

Das verfügbare Vermögen des S aus der Erbschaft erhöht sich um 1.000.000 € (50 %) auf 17.500.000 €. Die zu erlassende Steuer verringert sich damit auf 12.500.000 €.

Aufgrund der Barschenkung i. H. v. 2.000.000 € entsteht somit nochmals eine Steuernachforderung von insgesamt 1.380.000 € (= 69 %).

Literaturhinweis
Troll/Gebel/Jülicher/Gottschalk/Jülicher, 57. EL April 2019, ErbStG § 28a Rn. 14

4.13.3 Obligatorisches Rechtsgeschäft als maßgeblicher Anknüpfungspunkt in den Behaltens- und Reinvestitionsregelungen des § 13a Abs. 6 ErbStG

Die Finanzverwaltung stellt in den ErbStR 2019 nunmehr auf den Abschluss des obligatorischen Rechtsgeschäfts, z. B. den Kaufvertrag, ab, wenn es um die Beurteilung der Behaltensregelungen bzw. der Reinvestitionsklausel des § 13a Abs. 6 ErbStG geht.

Diese Regelung ist für die Praxis äußerst problematisch, führt doch der Abschluss eines obligatorischen Rechtsgeschäfts nicht zwingend in allen Fällen zu einer tatsächlichen Veräußerung i. S. d. Übertragung des rechtlichen und/oder wirtschaftlichen Eigentums.

Bei wörtlicher Auslegung der neuen ErbStR 2019 würde bspw. bereits der Abschluss eines Vertrags über den Verkauf einer wesentlichen Betriebsgrundlage einen Verstoß gegen die Behaltensregelungen darstellen, wenn der Abschluss innerhalb der Behaltensfrist erfolgt, die Veräußerung, also die Übertragung des wirtschaft-/rechtlichen Eigentums jedoch erst nach Ablauf der Behaltensfrist oder sogar gar nicht erfolgt, wenn z. B. der Rücktritt vom Vertrag erfolgt. Ebenso würde danach eine wirksame Reinvestition bereits im Abschluss eines entsprechenden Kaufvertrags vorliegen, ohne dass es auf den rechtlichen/wirtschaftlichen Erwerb des konkreten Vermögensgegenstands ankäme.

Es bleibt abzuwarten, ob die Finanzverwaltung diese undifferenzierte Auffassung aufrechterhalten wird. Das vollständige außer Betracht lassen der Übertragung des wirtschaft- /rechtlichen Eigentums wird dem gesetzgeberisch beabsichtigten Sinn und Zweck der Behaltensregelungen nach der hier vertretenen Auffassung nicht gerecht.

Literaturhinweis
Weber/Schwind, ZEV 2019, S. 56

C Überblick über die Rechtsprechung 2019

1 Im Bereich der Einkommensteuer

1.1 Entscheidungen zur Gewinn- und Einkunftsermittlung (§§ 2 bis 12 EStG)

1.1.1 Verluste aus nebenberuflicher Tätigkeit als Übungsleiter sind steuerlich grundsätzlich abziehbar

> BFH, Urteil v. 20.11.2018,[230] VIII R 17/16, BStBl II 2019, S. 422;
> Vorinstanz: FG Mecklenburg-Vorpommern, Urteil v. 16.6.2015, 3 K 368/14
>
> Erzielt ein Übungsleiter steuerfreie Einnahmen unterhalb des sog. Übungsleiterfreibetrags nach § 3 Nr. 26 EStG, kann er die damit zusammenhängenden Aufwendungen insoweit abziehen, als sie die Einnahmen übersteigen, wenn hinsichtlich der Tätigkeit eine Einkünfteerzielungsabsicht vorliegt.[231]
>
> **Normen:** §§ 3 Nr. 16, 3c Abs. 1 EStG

Der BFH hat entschieden, dass Verluste aus einer nebenberuflichen Tätigkeit als Übungsleiter auch dann steuerlich berücksichtigt werden können, wenn die Einnahmen den sog. Übungsleiterfreibetrag nach § 3 Nr. 26 EStG i. H. v. 2.400 € pro Jahr nicht übersteigen.

Sachverhalt

Im Streitfall hatte der Kläger als Übungsleiter Einnahmen i. H. v. 108 € erzielt. Dem standen Ausgaben i. H. v. 608,60 € gegenüber. Die Differenz von 500,60 € machte der Kläger in seiner ESt-Erklärung 2013 als Verlust aus selbstständiger Tätigkeit geltend. Das FA berücksichtigte den Verlust jedoch nicht. Es vertrat die Auffassung, Betriebsausgaben oder Werbungskosten aus der Tätigkeit als Übungsleiter könnten steuerlich nur dann berücksichtigt werden, wenn sowohl die Einnahmen als auch die Ausgaben den Übungsleiterfreibetrag übersteigen. Das FG gab der dagegen erhobenen Klage statt.

Entscheidung

Der BFH bestätigte die Auffassung des FG, dass ein Übungsleiter, der steuerfreie Einnahmen unterhalb des Übungsleiterfreibetrags erzielt, die damit zusammenhängenden Aufwendungen steuerlich geltend machen kann, soweit sie die Einnahmen übersteigen. Andernfalls würde der vom

---

230 Erst in 2019 veröffentlicht; vgl. auch BFH, PM Nr. 24 v. 2.5.2019.
231 Anschluss an BFH-Urteil v. 20.12.2017, III R 23/15, BStBl II 2019, S. 469.

Gesetzgeber bezweckte Steuervorteil für nebenberufliche Übungsleiter in einen Steuernachteil umschlagen.

Die Sache wurde allerdings zur nochmaligen Verhandlung und Entscheidung an das FG zurückverwiesen. Das FG wird nunmehr prüfen müssen, ob der Kläger die Übungsleitertätigkeit mit der Absicht der Gewinnerzielung ausgeübt hat. Diese Frage stellt sich, weil die Einnahmen des Klägers im Streitjahr nicht einmal annähernd die Ausgaben gedeckt haben. Sollte das FG zu der Überzeugung gelangen, dass keine Gewinnerzielungsabsicht vorlag, wären die Verluste steuerlich nicht zu berücksichtigen.

Literaturhinweis
  Nacke, nwb 2019, S. 2378

1.1.2 Teilabzugsverbot für Finanzierungskosten der Beteiligung an einer späteren Organgesellschaft bei vororganschaftlicher Gewinnausschüttung

BFH, Urteil v. 25.7.2019, IV R 61/16, DB 2019, S. 2270;
Vorinstanz: FG des Saarlandes, Urteil v. 1.2.2016, 1 K 1145/12, EFG 2016, S. 1013

Hängen Schuldzinsen mit dem Erwerb von Anteilen an einer Kapitalgesellschaft zusammen, mit der in einem späteren VZ ein Organschaftsverhältnis begründet wird, unterliegen die Schuldzinsen insoweit anteilig dem Teilabzugsverbot des § 3c Abs. 2 EStG, als die Kapitalgesellschaft während des Bestehens der Organschaft Gewinne aus vororganschaftlicher Zeit ausschüttet. Der dem Teilabzugsverbot unterliegende Teil der Schuldzinsen ergibt sich aus dem Verhältnis der Gewinnausschüttung zu dem in demselben Jahr zugerechneten Organeinkommen.

Normen: §§ 3 Nr. 40 S. 1 Buchst. d, 3c Abs. 2, 20 Abs. 1 Nr. 1 und Abs. 3 EStG; § 14 Abs. 1 KStG

Sachverhalt

Die Kläger sind ehemalige Gesellschafter einer KG und waren ebenfalls Gesellschafter (mit der Mehrheit der Stimmrechte) an einer AG. Im Streitjahr 2002 bestand, nach Abschluss eines Ergebnisabführungsvertrags im Dezember 2001, eine Organschaft i. S. d. § 14 KStG mit der KG als Organträgerin und der AG als Organgesellschaft.

Die Gesellschafterversammlung der AG beschloss im November 2002 eine offene Gewinnausschüttung für das Wirtschaftsjahr 2001. Die Ausschüttung wurde als Sonderbetriebseinnahme der Gesellschafter bei der KG behandelt und zur Hälfte als steuerpflichtige Erträge im Rahmen der einheitlichen und gesonderten Feststellung erklärt. Die Zinsen für die Darlehen zur Finanzierung der Beteiligungen wurden in voller Höhe als Sonderbetriebsausgaben erfasst.

Im Rahmen einer Außenprüfung für die Jahre 2002 bis 2004 vertrat der Prüfer die Auffassung, die Finanzierungskosten der Beteiligungen an der AG seien insoweit nach § 3c Abs. 2 EStG nur zur Hälfte abziehbar, als sie wirtschaftlich im Zusammenhang mit der Gewinnausschüttung der AG stünden. Soweit ein Zusammenhang mit der Organschaft bestehe, komme eine Kürzung nicht in Betracht, weil § 3 Nr. 40 EStG auf das Organeinkommen nicht anzuwenden sei. Daraufhin begrenzte der Betriebsprüfer den Abzug der Schuldzinsen der Höhe nach auf den Anteil, der auf die offene Gewinnausschüttung entfiel.

Die Kläger begehrten die ungekürzte Berücksichtigung der Zinsaufwendungen. Die Klage vor dem FG wurde abgewiesen.

Entscheidung
Der BFH bestätigte die Entscheidung der Vorinstanz und wies die Revision als unbegründet zurück. Die vorgenommene Kürzung der Sonderbetriebsausgaben sei dem Grunde und der Höhe nach revisionsrechtlich nicht zu beanstanden.

Nach § 3c Abs. 2 S. 1 Halbs. 1 EStG dürfen Betriebsausgaben, die mit den dem § 3 Nr. 40 EStG zugrunde liegenden Betriebsvermögensmehrungen oder Einnahmen in wirtschaftlichem Zusammenhang stehen, unabhängig davon, in welchem VZ die Betriebsvermögensmehrungen oder Einnahmen anfallen, bei der Ermittlung der Einkünfte nur zur Hälfte abgezogen werden.

Hängen Schuldzinsen mit dem Erwerb von Anteilen an einer Kapitalgesellschaft zusammen, mit der in einem späteren VZ ein Organschaftsverhältnis begründet wird, unterliegen die Schuldzinsen insoweit anteilig dem Teilabzugsverbot des § 3c Abs. 2 EStG, als die Kapitalgesellschaft während des Bestehens der Organschaft Gewinne aus vororganschaftlicher Zeit ausschüttet.

Nach Auffassung des BFH ist es naheliegend, als Maßstab für die Aufteilung der Aufwendungen auf das Verhältnis der Einnahmen im Streitjahr abzustellen. Ein zeitlicher Maßstab zur Aufteilung der Finanzierungsaufwendungen komme nicht in Betracht, weil die Einkünfte in demselben VZ bezogen wurden. Einzig möglicher Aufteilungsmaßstab sei daher das Verhältnis der Einnahmen zueinander.

1.1.3 Beteiligung an einer Kapitalgesellschaft als notwendiges Betriebsvermögen

BFH, Urteil v. 10.4.2019, X R 28/16, BStBl II 2019, S. 474;
Vorinstanz: FG Nürnberg, Urteil v. 3.12.2015, 6 K 891/13

Bei einem Einzelgewerbetreibenden gehört eine Beteiligung an einer Kapitalgesellschaft zum notwendigen Betriebsvermögen, wenn sie dazu bestimmt ist, die gewerbliche (branchengleiche) Betätigung des Steuerpflichtigen entscheidend zu fördern oder wenn sie dazu dient, den Absatz von Produkten oder Dienstleistungen des Steuerpflichtigen zu gewährleisten.

Maßgebend für die Zuordnung einer Beteiligung zum notwendigen Betriebsvermögen ist deren Bedeutung für das Einzelunternehmen.

Der Zuordnung einer Beteiligung zum notwendigen Betriebsvermögen steht nicht entgegen, wenn die dauerhaften und intensiven Geschäftsbeziehungen nicht unmittelbar zu der Beteiligungsgesellschaft bestehen, sondern zu einer Gesellschaft, die von der Beteiligungsgesellschaft beherrscht wird.

Norm: § 4 Abs. 1 S. 1 EStG

Sachverhalt

Der Kläger ist Alleingesellschafter der B-GmbH, die wiederum Alleingesellschafterin der A-GmbH und der C-GmbH ist. Die C-GmbH wurde im Jahr 2005 aus der Muttergesellschaft ausgegliedert. Weiterhin betrieb der Kläger auch ein Einzelunternehmen.

Ab 2005 übernahm die B-GmbH gegen Entgelt bestimmte Verwaltungsaufgaben für das Einzelunternehmen des Klägers. Die Aufträge des Einzelunternehmens stammen fast ausschließlich von der B-GmbH und ihren Tochtergesellschaften.

Während der Kläger die Beteiligung an der B-GmbH als Privatvermögen behandelte und die Ausschüttungen den Einkünften aus Kapitalvermögen zuordnen wollte, vertrat das FA die Auffassung, dass die Beteiligung zum notwendigen Betriebsvermögen des Klägers gehöre und die Ausschüttungen folglich zu den Einkünften aus Gewerbebetrieb zu zählen seien.

Das FG gab der Klage statt und führte dabei aus, dass regelmäßig nicht angenommen werden könne, dass der Einzelunternehmer seine Einflussmöglichkeiten auf die Kapitalgesellschaft im wirtschaftlichen Interesse seines Einzelunternehmens ausübe, wenn die Kapitalgesellschaft neben ihren Beziehungen zum Einzelunternehmen einen erheblichen eigenen Geschäftsbetrieb unterhalte. Der BFH wie die Klage ab und hob das Urteil des FG auf.

Entscheidung

Nach Auffassung des BFH gehört eine Beteiligung an einer Kapitalgesellschaft zum notwendigen Betriebsvermögen eines Einzelgewerbetreibenden, wenn sie dazu bestimmt ist, die gewerbliche (branchengleiche) Betätigung des Steuerpflichtigen entscheidend zu fördern oder wenn sie dazu dient, den Absatz von Produkten oder Dienstleistungen des Steuerpflichtigen zu gewährleisten.

Für die Zuordnung einer Beteiligung zum notwendigen Betriebsvermögen ist deren Bedeutung für das Einzelunternehmen maßgebend. Das Einzelunternehmen des Klägers war auf die Geschäftsbeziehung mit den drei Beteiligungsgesellschaften existenziell angewiesen. Aufgrund der überragenden Bedeutung der Beteiligung für das Einzelunternehmen kann diese nach Auffassung des X. Senats nicht als bloße Kapitalanlage angesehen werden.

Der BFH führt weiter aus, dass es der Zuordnung einer Beteiligung zum notwendigen Betriebsvermögen nicht entgegensteht, wenn die dauerhaften und intensiven Geschäftsbeziehungen nicht unmittelbar zu der Beteiligungsgesellschaft bestehen, sondern zu einer Gesellschaft, die von der Beteiligungsgesellschaft beherrscht wird.

> **Praxishinweis**
> Seine Entscheidung bezüglich der Zuordnung von Kapitalgesellschaftsbeteiligungen zum notwendigen Betriebsvermögen eines Einzelunternehmens untermauert der BFH in seiner Urteilsbegründung mit ausführlichen Branchen- und Beispielsfällen. Zwei Monate später folgte ein weiteres Urteil zu dieser Thematik,[232] sodass nunmehr mit beiden Urteilen eine umfassende Darstellung der Rechtslage aus Sicht des X. Senats des BFH vorliegt.

Literaturhinweis
Kanzler, nwb 2019, S. 2186 und S. 2328

1.1.4 Konkretisierung des steuerlichen Abzugsverbots für (Kartell)Geldbußen

> **BFH, Urteil v. 22.5.2019,[233] XI R 40/17, BStBl II 2019, S. 663;**
> **Vorinstanz: FG Köln, Urteil v. 24.11.2016, 10 K 659/16, EFG 2017, S. 377**
> Die bloße Heranziehung des tatbezogenen Umsatzes zur Ermittlung der Höhe einer am maßgeblichen Bilanzstichtag angedrohten und nachfolgend auch festgesetzten Kartellgeldbuße bewirkt keine Abschöpfung des unrechtmäßig erlangten wirtschaftlichen Vorteils i. S. d. § 4 Abs. 5 S. 1 Nr. 8 S. 4 Halbs. 1 EStG.
>
> **Norm:** § 4 Abs. 5 S. 1 Nr. 8 S. 1 und S. 4 Halbs. 1 EStG

Der BFH hat entschieden, dass eine bei einer Bußgeldfestsetzung gewinnmindernd zu berücksichtigende »Abschöpfung« der aus der Tat erlangten Vorteile nicht bereits dann vorliegt, wenn die Geldbuße lediglich unter Heranziehung des tatbezogenen Umsatzes ermittelt wird und sich nicht auf einen konkreten Mehrerlös bezieht.

Nach § 4 Abs. 5 S. 1 Nr. 8 S. 1 EStG darf eine von einer inländischen Behörde festgesetzte Geldbuße den Gewinn nicht mindern. Dieses Abzugsverbot gilt nach S. 4 Halbs. 1 dieser Regelung allerdings

---

232 BFH, Urteil v. 12.6.2019, X R 38/17, BStBl II 2019, S. 518.
233 Vgl. auch BFH, PM Nr. 60 v. 26.9.2019.

nicht, soweit der wirtschaftliche Vorteil, der durch den Gesetzesverstoß erlangt wurde, abgeschöpft worden ist, wenn die Steuern vom Einkommen und Ertrag, die auf den wirtschaftlichen Vorteil entfallen, nicht abgezogen worden sind. Daher ist das Abzugsverbot bei einer sog. Bruttoabschöpfung nicht bzw. insoweit nicht anzuwenden, um eine doppelte Steuerbelastung auszuschließen.

Sachverhalt
Im Streitfall wurde gegen die Klägerin durch das Bundeskartellamt wegen unerlaubter Kartellabsprachen ermittelt. Im Rahmen eines Angebots zur einvernehmlichen Verfahrensbeendigung (»Settlement-Schreiben«) teilte die Behörde im Juli 2013 die Absicht mit, ein Bußgeld in genau bezifferter Höhe festzusetzen. Im Februar 2014 verhängte das Bundeskartellamt das Bußgeld in der angedrohten Höhe. Die Klägerin bildete in ihrer Bilanz auf den 31.12.2013 wegen des angedrohten Bußgeldes eine handelsrechtliche Rückstellung. Einen Teilbetrag davon berücksichtigte sie unter Hinweis auf § 4 Abs. 5 S. 1 Nr. 8 S. 4 Halbs. 1 EStG einkommensmindernd, da sie (insoweit) von einer sog. Bruttoabschöpfung ausging. Dem folgte weder das FA noch das FG.

Entscheidung
Der BFH wies die Revision der Klägerin als unbegründet zurück. Zwar sei die Bildung einer steuerwirksamen Rückstellung im Hinblick auf eine am maßgeblichen Bilanzstichtag noch nicht verhängte (aber angedrohte) Kartellgeldbuße möglich. Nach dem Urteil des BFH enthielt die angedrohte und dann auch festgesetzte Geldbuße aber überhaupt keinen Abschöpfungsteil. Hierfür reiche die Liquiditätsbelastung aufgrund des Bußgelds nicht aus. Die Geldbuße müsse vielmehr auf die Abschöpfung eines konkreten Mehrerlöses bezogen sein. Demgegenüber sei im Streitfall ein »kartellbedingter« Gewinn nicht ermittelt worden. Die nur pauschale Berücksichtigung eines tatbezogenen Umsatzes (im Streitfall 10 %) reiche für die Annahme einer Abschöpfung nicht aus, denn der im konkreten Fall durch die Kartelltat erzielte Gewinn bzw. verursachte Schaden könne höher oder niedriger liegen.

> **Praxishinweis**
> Vgl. zur Neufassung des § 4 Abs. 5 S. 1 Nr. 8 S. 1 EStG auch die Ausführungen in A.2.8.2.3.1.

Literaturhinweis
Werth, DB 2019, S. 2716

1.1.5 Häusliches Arbeitszimmer – Kein Abzug für Umbau des privat genutzten Badezimmers

BFH, Urteil v. 14.5.2019,[234] VIII R 16/15, BStBl II 2019, S. 510;
Vorinstanz: FG Münster, Urteil v. 18.3.2015, 11 K 829/14 E, EFG 2015, S. 1073

Renovierungs- und Umbaukosten, die für einen Raum anfallen, der ausschließlich oder mehr als in nur untergeordnetem Umfang privaten Wohnzwecken dient, erhöhen nicht die gem. § 4 Abs. 5 S. 1 Nr. 6b S. 2 und 3 EStG abziehbaren Aufwendungen für ein häusliches Arbeitszimmer. Sie sind auch nicht als allgemeine Gebäudekosten über den Flächenanteil des Arbeitszimmers bei den Betriebsausgaben zu berücksichtigen.

Norm: § 4 Abs. 5 S. 1 Nr. 6b S. 2 und S. 3 EStG

Sachverhalt

Im Streitfall hatten die zusammen veranlagten Kläger im Jahr 2011 das Badezimmer und den vorgelagerten Flur in ihrem Eigenheim umfassend umgebaut. In dem Eigenheim nutzte der Kläger ein häusliches Arbeitszimmer für seine selbstständige Tätigkeit als Steuerberater, das 8,43 % der Gesamtfläche ausmachte. Der Kläger machte für das Streitjahr 8,43 % der entstandenen Umbaukosten gem. § 4 Abs. 5 S. 1 Nr. 6b S. 2 und 3 EStG als Betriebsausgaben im Zusammenhang mit seinem häuslichen Arbeitszimmer geltend. Diese Aufwendungen i. H. v. rund 4.000 € berücksichtigte das FA – mit Ausnahme der Kosten für den Austausch der Tür zum Arbeitszimmer – nicht. Das hat der BFH als dem Grunde nach zutreffend angesehen.

Entscheidung

Nach dem Urteil des VIII. Senats sind Renovierungs- oder Reparaturaufwendungen, die wie z. B. Schuldzinsen, Gebäude-AfA oder Müllabfuhrgebühren für das gesamte Gebäude anfallen, zwar nach dem Flächenverhältnis aufzuteilen und damit anteilig zu berücksichtigen. Nicht anteilig abzugsfähig sind jedoch Kosten für einen Raum, der wie im Streitfall das Badezimmer und der Flur der Kläger ausschließlich – oder mehr als in nur untergeordnetem Umfang – privaten Wohnzwecken dient. Erfolgen Baumaßnahmen in Bezug auf einen privat genutzten Raum, fehlt es an Gebäudekosten, die nach dem Flächenverhältnis aufzuteilen und anteilig abzugsfähig sind.

Da das FG keine hinreichenden Feststellungen zu ebenfalls streitigen Aufwendungen für Arbeiten an Rollläden des Hauses der Kläger getroffen hatte, konnte der BFH allerdings in der Sache nicht abschließend entscheiden und verwies die Sache an das FG zurück. Sollte es dabei um die Rollladenanlage des Wohnzimmers gegangen sein, lägen auch insoweit keine abziehbaren Aufwendungen vor.

Literaturhinweise

Geserich, DB 2019, S. 1810; *Hilbert*, nwb 2019, S. 2542; *Intemann*, NZA 2019, S. 1630; *Kanzler*, nwb 2019, S. 2402

---

234 Vgl. auch BFH, PM Nr. 65 v. 10.10.2019.

1.1.6 Keine Rückstellung für Aufbewahrungsverpflichtungen

BFH, Urteil v. 13.2.2019,[235] **XI R 42/17, DB 2019, S. 1769;**
Vorinstanz: Thüringer FG, Urteil v. 1.12.2016, 1 K 533/15, EFG 2018, S. 28

Eine Rückstellung für die Kosten der 10-jährigen Aufbewahrung von Mandantendaten im DATEV-Rechenzentrum bei einer Wirtschaftsprüfungs- und Steuerberatungsgesellschaft setzt eine öffentlich-rechtliche oder eine zivilrechtliche Verpflichtung zur Aufbewahrung dieser Daten voraus. Eine öffentlich-rechtliche Verpflichtung folgt weder aus § 66 Abs. 1 StBerG noch aus einer eigenständigen öffentlich-rechtlichen Aufbewahrungsverpflichtung des Mandanten bei tatsächlicher Aufbewahrung durch den Berater. Eine zivilrechtliche Verpflichtung für die Dauer der Mandatsbindung reicht nicht aus.
Eine Rückstellung für die Kosten der 10-jährigen Aufbewahrung von Handakten im DATEV-Rechenzentrum kann wegen der Abwendungsmöglichkeit (§ 66 Abs. 1 S. 2 StBerG) nicht allgemein mit einer Aufbewahrungsverpflichtung aus § 66 Abs. 1 S. 1 StBerG begründet werden.

Normen: § 147 AO; § 5 Abs. 1 EStG; §§ 249 Abs. 1, 257 HGB; § 66 Abs. 1 und Abs. 3 sowie Abs. 4 StBerG

Die Kosten einer 10-jährigen Aufbewahrung von Mandantendaten und Handakten im DATEV-Rechenzentrum sind bei einer Wirtschaftsprüfungs- und Steuerberatungsgesellschaft nicht rückstellungsfähig. Nach dem Urteil des BFH fehlt es an einer öffentlich-rechtlichen wie auch an einer zivilrechtlichen Verpflichtung zur Datenaufbewahrung.

Sachverhalt

Die klagende GmbH hatte in ihrem Jahresabschluss zum 31.12.2010 eine Rückstellung für Aufbewahrungsverpflichtungen angesetzt. Diese bezogen sich auf Aufwendungen im Zusammenhang mit der Aufbewahrung von sog. Mandantendaten im DATEV-Rechenzentrum. Für die »Mandantendatenarchivierung« legte sie je Mandant das pauschal an die DATEV eG zu zahlende Entgelt zugrunde. Bei der Ermittlung berücksichtigte sie Abschläge für Mandanten, die ihre Daten auf einer Speicher-DVD sichern ließen, wie auch für Mandatsbeendigungen innerhalb des 10-jährigen Aufbewahrungszeitraums. Die Klägerin machte geltend, dass die zu zahlenden Beträge mit den Mandantenhonoraren für die laufende Buchführung oder für die Erstellung des Jahresabschlusses abgegolten seien. Sie könnten nach der StBVV nicht gesondert berechnet werden.

Entscheidung

Der BFH folgte dem – ebenso wie das zuvor angerufene FG – nicht. Nach dem Urteil des XI. Senats ist eine Rückstellung für eine ungewisse Verbindlichkeit nicht einkommensmindernd anzusetzen. Für sog. Arbeitsergebnisse, die die Klägerin im Rahmen ihrer vertraglichen Verpflichtung als Steuerberaterin erstellt hat und die mit der Bezahlung der dafür vereinbarten Vergütung Eigentum des jeweiligen Mandanten geworden sind, folgt aus § 66 StBerG keine (öffentlich-rechtliche) Verpflichtung zur Aufbewahrung durch den Berufsträger. Sollte die Klägerin eine öffentlich-rechtliche Verpflichtung des jeweiligen Mandanten erfüllt haben, erlaubt auch dies keine Rückstellungsbildung. Darüber hinaus hatte sich die Klägerin nach den Feststellungen des FG auch nicht zivilrechtlich gegenüber ihren Mandanten zur Aufbewahrung verpflichtet.

---

235 Vgl. auch BFH, PM Nr. 49 v. 8.8.2019.

Das Urteil berührt die Frage der Abzugsfähigkeit der Archivierungsaufwendungen als Betriebsausgaben nicht. Der BFH versagt vielmehr die Möglichkeit, die Aufwendungen in einem Betrag (als Summe eines 10 Jahre betreffenden Aufwands) über den Weg der Rückstellung wegen einer ungewissen Verbindlichkeit sofort einkommensmindernd geltend zu machen.

Literaturhinweis
Kanzler, nwb 2019, S. 2474

1.1.7 Gewinnrealisierung von Vergütungsvorschüssen des Insolvenzverwalters

BFH, Urteil v. 7.11.2018,[236] IV R 20/16, BStBl II 2019, S. 224;
Vorinstanz: FG Düsseldorf, Urteil v. 28.1.2016, 16 K 647/15 F, EFG 2016, S. 1086

Bei dem Anspruch des Insolvenzverwalters nach § 9 InsVV handelt es sich um einen Anspruch auf Vorschuss auf die (endgültige) Vergütung, der bei einem bilanzierenden Insolvenzverwalter noch nicht zur Gewinnrealisierung führt.
Die Berücksichtigung von Gewinnanteilen eines Unterbeteiligten als Sonderbetriebsausgaben des Hauptbeteiligten setzt voraus, dass der Unterbeteiligte eine Einlage leistet.

Normen: §§ 4 Abs. 4, 5 Abs. 1 S. 1 EStG; § 252 Abs. 1 Nr. 4 HGB; §§ 63, 64 InsO; § 9 InsVV

Sachverhalt
Streitig war zum einen, ob ein Vergütungsvorschuss nach § 9 InsVV bei einem bilanzierenden Insolvenzverwalter zum Zeitpunkt des Zuflusses als erfolgsneutrale Abschlagszahlung zu passivieren ist oder ob bereits Gewinnrealisierung eingetreten ist, und des Weiteren, ob eine stille Unterbeteiligung steuerlich anzuerkennen ist.

Die Kläger sind als Insolvenzverwalter tätig. Das Amtsgericht bewilligte ihnen für ihre bisherigen Leistungen in einem Insolvenzverfahren einen Vergütungsvorschuss. Diesen bilanzierten sie erfolgsneutral als erhaltene Anzahlungen. Der Vorschuss sei vorläufiger Natur. Es handele sich lediglich um eine Abschlagszahlung auf die später festzusetzende endgültige Verwaltervergütung. Dem folgte das FA nicht. Es vertrat die Auffassung, dass bereits mit dem Zufluss des Vorschusses eine Gewinnrealisierung eingetreten sei. Die hiergegen gerichtete Klage hatte in erster Instanz keinen Erfolg. Der BFH dagegen gab der Klage in dieser Hinsicht statt.

Entscheidung
Von einer (Teil-)Gewinnrealisierung kann nicht ausgegangen werden, wenn es sich bei dem für die (Teil-)Leistung entstandenen Anspruch lediglich um einen solchen auf Zahlung eines Abschlags oder eines Vorschusses handelt.

---

236 Erst in 2019 veröffentlicht.

Anzahlungen in diesem Sinne sind Vorleistungen eines Vertragsteils auf schwebende Geschäfte. Sie liegen im Allgemeinen nur dann vor, wenn es sich um Vorleistungen auf eine noch zu erbringende Lieferung oder Leistung handelt.[237]

Zwar erbringt der Insolvenzverwalter seine Leistung nicht aufgrund eines Werk- oder Dienstvertrags oder eines sonstigen gegenseitigen schuldrechtlichen Vertrags. Allerdings erbringt er eine Leistung (Geschäftsführung), für die er durch eine Vergütung entlohnt wird. Insoweit ist es gerechtfertigt, die dargestellten Grundsätze zur Gewinnrealisierung entsprechend auch auf den Insolvenzverwalter anzuwenden.

Aus dem BFH-Urteil vom 14.5.2014[238] zur Gewinnrealisierung bei Planungsleistungen eines Ingenieurs ergibt sich nichts anderes. Denn der Vergütungsvorschuss nach § 9 InsVV ist wegen der Unwägbarkeit der Höhe der endgültig festzusetzenden Vergütung – im Gegensatz zur Abschlagszahlung nach § 8 Abs. 2 HOAI – dem leistenden Insolvenzverwalter gerade noch nicht so gut wie sicher.

Hinsichtlich der Frage, ob eine stille Unterbeteiligung im Streitfall steuerlich anzuerkennen war, wiesen die Richter die Klage ab. Die Berücksichtigung von Gewinnanteilen eines Unterbeteiligten als Sonderbetriebsausgaben des Hauptbeteiligten setzt voraus, dass der Unterbeteiligte dem Betrieb Mittel zuführt, er also eine Einlage leistet, was hier nicht der Fall war.

> **Praxishinweis**
> Die Finanzverwaltung wendet die geänderte Rechtsauffassung in allen offenen Fällen an. Ruhende Einspruchsverfahren sollten wieder aufgenommen und entsprechend der BFH-Entscheidung erledigt werden.[239]

Literaturhinweis
Löbe, nwb 2019, S. 384

---

237 BFH, Urteil v. 29.11.2007, IV R 62/05, BStBl II 2008, S. 557.
238 BFH, Urteil v. 14.5.2014, VIII R 25/11, BStBl II 2014, S. 968.
239 OFD NRW, Kurzinfo v. 16.4.2019, S 2133 – 2016/0008 – St 143, DB 2010, S. 1058; BayLfSt, Verfügung v. 3.6.2019, S 2134.1.1 – 10/5 St 32, DB 2019, S. 1652.

1.1.8 Passivierung von Filmförderdarlehen

BFH, Urteil v. 10.7.2019,[240] XI R 53/17, BB 2019, S. 2805;
Vorinstanz: FG München, Urteil v. 25.9.2017, 7 K 1436/15, EFG 2018, S. 282

Ist ein gewährtes Filmförderdarlehen nur aus zukünftigen Verwertungserlösen zu bedienen, erstrecken sich die Rückzahlungsverpflichtungen aus diesem Darlehen nur auf künftiges Vermögen. Das Darlehen unterfällt dann dem Anwendungsbereich des § 5 Abs. 2a EStG (Ansatzverbot).
Die Regelung des § 5 Abs. 2a EStG betrifft auch den (weiteren) Ansatz »der Höhe nach«, nachdem tilgungspflichtige Erlöse angefallen sind.

Norm: § 5 Abs. 2a EStG

Ist ein Filmförderdarlehen nur aus in einem bestimmten Zeitraum erzielten (zukünftigen) Verwertungserlösen zu tilgen, beschränkt sich die Passivierung des Darlehens dem Grunde und der Höhe nach auf den tilgungspflichtigen Anteil der Erlöse.

Sachverhalt

Im Streitfall erhielt eine GmbH (Filmproduzentin) ein Filmförderdarlehen. Es war innerhalb einer bestimmten Zeit nach dem Datum der Erstaufführung des Films aus (künftigen) Verwertungserlösen zu tilgen. Soweit die Erlöse innerhalb von 10 Jahren nach diesem Zeitpunkt nicht zur Darlehenstilgung ausreichen würden, sollte die GmbH aus der Verpflichtung zur Rückzahlung des Darlehensrestbetrags nebst Zinsen entlassen werden. Das FA ging davon aus, dass das Darlehen mit 0 € zu passivieren und jede tatsächliche Tilgung des Darlehens als Aufwand zu erfassen sei. Der BFH bestätigte diese Auffassung.

Entscheidung

Nach dem im Streitfall entscheidungserheblichen § 5 Abs. 2a EStG besteht ein steuerrechtliches Passivierungsverbot für Verpflichtungen, wenn sich der Rückforderungsanspruch des Gläubigers nur auf künftiges und damit nicht auch auf bereits vorhandenes Vermögen des Schuldners am Bilanzstichtag erstreckt. Es fehlt beim Schuldner dann an einer (steuerrechtlich maßgebenden) wirtschaftlichen Belastung aus dieser Verpflichtung.

Nach dem Urteil des XI. Senats führt dies dazu, dass das Passivierungsverbot auch für Folgejahre gilt, in denen bereits tilgungspflichtige Verwertungserlöse erzielt wurden, aber noch ein Restdarlehensbetrag »offen« war. Insoweit wirkt das Verbot daher auch »der Höhe nach«. Der Darlehensbetrag stellt danach nur insoweit eine wirtschaftliche Belastung des Schuldners dar, als zu den einzelnen Bilanzstichtagen jeweils tilgungspflichtige Verwertungserlöse erzielt worden waren. Das erste Erzielen von tilgungspflichtigen Verwertungserlösen führt daher nicht dazu, nunmehr die Darlehensverbindlichkeit im vollen Umfang als steuerrechtliche Belastung anzuerkennen.

Literaturhinweis
Kanzler, nwb 2019, S. 3192

---

240 Vgl. auch BFH, PM Nr. 68 v. 17.10.2019.

1.1.9 Abzinsung von unverzinslichen Langfristdarlehen im Jahr 2010 noch verfassungsgemäß

BFH, Urteil v. 22.5.2019,[241] X R 19/17, DB 2019, S. 2326;
Vorinstanz: FG Köln, Urteil v. 1.9.2016, 12 K 3383/14, EFG 2017, S. 1412

Vertragsbeziehungen zwischen verschwägerten Personen unterliegen als Angehörigenverträge einer Fremdvergleichskontrolle.
Eine rückwirkend auf den Vertragsbeginn vereinbarte Verzinsung eines zunächst unverzinslich gewährten Darlehens ist (bilanz-)steuerrechtlich unbeachtlich, sofern diese Vereinbarung erst nach dem Bilanzstichtag getroffen wird.
Gegen die Höhe des Abzinsungssatzes für unverzinsliche Verbindlichkeiten gem. § 6 Abs. 1 Nr. 3 S. 1 EStG bestehen für das Jahr 2010 keine verfassungsrechtlichen Bedenken.

Normen: § 6 Abs. 1 Nr. 3 S. 1 EStG; Art. 3 Abs. 1, 12 Abs. 1, 14 Abs. 1 GG

Der BFH sieht die Verpflichtung, unverzinsliche Betriebsschulden mit 5,5 % abzuzinsen, für Wirtschaftsjahre bis einschließlich 2010 als verfassungsgemäß an. In seinem Urteil vom 22.5.2019 hat er zudem einer nachträglich vereinbarten Verzinsung die steuerliche Anerkennung versagt.

Sachverhalt

Die Klägerin erhielt im Jahr 2010 für ihren Gewerbebetrieb von einem Bekannten ein langfristiges und zunächst nicht zu verzinsendes Darlehen über ca. 250.000 €. Während einer Außenprüfung, in der es um eine bilanzielle Gewinnerhöhung aufgrund der fehlenden Verzinsung ging, legten die Vertragspartner eine ab dem 1.1.2012 beginnende Verzinsung von jährlich 2 % fest. Später hoben sie den ursprünglichen Darlehensvertrag auf und vereinbarten rückwirkend ab 2010 eine Darlehensgewährung zu 1 % Zins. Das FG, das das Darlehen steuerlich dem Grunde nach anerkannte, ließ die nachträglich getroffenen Verzinsungsabreden bilanziell unberücksichtigt, sodass sich für das Streitjahr ein einkommen- und gewerbesteuerpflichtiger Abzinsungsgewinn ergab.

Entscheidung

Der BFH bestätigte im Revisionsverfahren insoweit die Entscheidung der Vorinstanz. Durch das Abzinsungsgebot für unverzinsliche Verbindlichkeiten gem. § 6 Abs. 1 Nr. 3 S. 1 EStG werde steuerlich berücksichtigt, dass eine erst in Zukunft zu erfüllende Verpflichtung weniger belaste als eine sofortige Leistungspflicht und mangels Gegenleistung für den Zahlungsaufschub nicht mit dem Nenn-, sondern dem geringeren Barwert zu passivieren sei. Zeitlich nach dem jeweiligen Bilanzstichtag getroffene Zinsabreden könnten – selbst wenn sie zivilrechtlich rückwirkend erfolgten – wegen des bilanzsteuerrechtlichen Stichtagsprinzips sowie des allgemeinen steuerlichen Rückwirkungsverbots erst für künftige Wirtschaftsjahre berücksichtigt werden.

Die von den Klägern gerügte Verfassungswidrigkeit des § 6 Abs. 1 Nr. 3 EStG teilte der BFH für das Streitjahr nicht. Jedenfalls im Jahr 2010 habe sich das niedrigere Marktzinsniveau noch nicht derart strukturell verfestigt, dass es dem Gesetzgeber nicht noch zuzubilligen gewesen wäre, aus Ver-

---

241 Vgl. auch BFH, PM Nr. 35 v. 6.6.2019.

einfachungsgründen an dem statischen Abzinsungssatz von 5,5 % festzuhalten. Der vergleichsweise heranzuziehende Zins am Fremdkapitalmarkt habe Ende des Jahres 2010 noch knapp unter 4 % gelegen.

Der X. Senat konnte in der Sache nicht abschließend selbst entscheiden und hat daher den Rechtsstreit an die Vorinstanz zurückverwiesen. Zu einem weiteren, von einem Schwager der Klägerin gewährten Darlehen hat das FG im zweiten Rechtsgang festzustellen, ob dieses im Hinblick auf die Anforderungen an Angehörigenverträge überhaupt dem Betriebsvermögen zuzuordnen ist.

Praxishinweise

- Vgl. in dem Zusammenhang auch das Urteil des XI. Senats des BFH vom 18.9.2018[242] mit folgendem Leitsatz: Wird ein bisher bedingt verzinstes Darlehen ohne Bedingungseintritt in ein die Restlaufzeit umfassendes unbedingt verzinstes Darlehen mit einem Zinssatz, der dem effektiven Zinssatz eines bei einer Landesbank refinanzierten Darlehens entspricht, umgewandelt, so liegt auch dann ein verzinsliches Darlehen i. S. d. § 6 Abs. 1 Nr. 3 S. 2 EStG vor, wenn die Verzinsungsabrede zwar vor dem Bilanzstichtag erfolgte, der Zinslauf aber erst danach begann.
- Nach Ansicht des FG Hamburg[243] bestehen an der Verfassungsmäßigkeit des gesetzlichen Zinssatzes von 5,5 % vor dem Hintergrund der beim BVerfG anhängigen Verfahren[244] ernstliche Zweifel. Aus diesem Grund wurde im Streitfall AdV gewährt und damit dem Interesse des Steuerpflichtigen an der Gewährung vorläufigen Rechtsschutzes den Vorrang vor dem öffentlichen Interesse am Vollzug des Gesetzes eingeräumt. Gleichwohl hat der II. Senat des FG die Beschwerde an den BFH zugelassen. Über die Einlegung ist noch nichts bekannt.

Literaturhinweise

Mirbach/Mirbach, nwb 2019, S. 396; *Weiss*, nwb 2019, S. 3190; *Weiss/Holle*, nwb 2019, S. 696 zum AdV-Beschluss des FG Hamburg

---

242 BFH, Urteil v. 18.9.2018, XI R 30/16, BStBl II 2019, S. 67.
243 FG Hamburg, Beschluss v. 31.1.2019, 2 V 112/18, EFG 2019, S, 525.
244 BVerfG, anhängige Verfahren mit den Az. 2 BvR 2706/17, 2 BvL 22/17, 1 BvR 2237/14, 1 BvR 2422/17; vgl. in dem Zusammenhang auch BFH, Beschluss v. 25.4.2018, IX B 21/18, BStBl II 2018, S. 415 zu FA-Zinsen und BFH, Beschluss v. 3.9.2018, VIII B 15/18, BFH/NV 2018, S. 1279 sowie BFH, Beschluss v. 4.7.2019, VIII B 128/18, BFH/NV 2019 S. 1060 zu AdV-Zinsen.

1.1.10 Teilwertabschreibung auf Anteile an offenen Immobilienfonds

BFH, Urteil v. 13.2.2019, XI R 41/17, DB 2019, S. 939;
Vorinstanz: FG Münster, Urteil v. 28.10.2016, 9 K 2393/14 K, EFG 2017, S. 379

Der Teilwert von Anteilen an offenen Immobilienfonds, deren Ausgabe und Rücknahme endgültig eingestellt ist, ist der Börsenkurs der Anteile im Handel im Freiverkehr.

Eine voraussichtlich dauernde Wertminderung von Anteilen an offenen Immobilienfonds, deren Ausgabe und Rücknahme endgültig eingestellt ist, liegt vor, wenn der Börsenwert zum Bilanzstichtag unter denjenigen im Zeitpunkt des Erwerbs der Anteile gesunken ist und der Kursverlust die Bagatellgrenze von 5 % der Anschaffungskosten bei Erwerb überschreitet.

Eine zum Widerruf der Erklärung, auf mündliche Verhandlung zu verzichten, berechtigende wesentliche Änderung der Prozesslage liegt nicht vor, wenn der zur Entscheidung berufene Spruchkörper wechselt.

Normen: § 6 Abs. 1 Nr. 1 S. 3 und Nr. 2 S. 1 sowie S. 2 EStG; § 8 Abs. 1 KStG; §§ 4 Abs. 1, 8 Abs. 2 und Abs. 3 InvStG a. F.

Sachverhalt

Die Klägerin ist eine Bank, die Anteile an offenen Immobilienfonds in ihrem Umlaufvermögen hielt. Die Fonds befanden sich zum Bilanzstichtag in Liquidation und nahmen keine Ausgaben und Rücknahmen mehr vor. Dies führte dazu, dass ein Handel mit den Anteilen nur noch im Freiverkehr an verschiedenen Börsen zu einem niedrigeren Preis (dem sog. Zweitmarktwert) möglich war. Aus diesem Grund nahm die Klägerin eine Teilwert-AfA auf den Zweitmarktwert vor.

Dies erkannten das FA und folgend auch das FG nicht an. Der BFH sah die Sache anders und gab der Revision statt. Das FG habe zu Unrecht angenommen, dass im Streitjahr die Voraussetzungen einer Teilwert-AfA nicht vorliegen.

Entscheidung

Der Teilwert von im Umlaufvermögen gehaltenen Anteilen an offenen Immobilienfonds ist grds. der Rücknahmepreis. Ist jedoch die Ausgabe von Anteilen durch die Fondsgesellschaft endgültig ausgesetzt, sind laut BFH für jedermann ein Erwerb von der Fondsgesellschaft und eine Rückgabe dorthin ausgeschlossen. Ein gedachter Erwerber des Betriebs müsse daher für gedachte Erwerbe bzw. Veräußerungen andere Möglichkeiten nutzen. Im Streitfall seien dies der Erwerb und die Veräußerung an der Börse (Zweitmarkt). Der Veräußerungserlös, den der gedachte Erwerber hätte erzielen können, wenn er das Wirtschaftsgut am Stichtag einzeln ohne Rücksicht auf die Betriebszugehörigkeit veräußert hätte, ist der Börsenkurs an einer Börse, an der die Fondsanteile gehandelt werden.

Ebenso bejahte der XI. Senat eine voraussichtlich dauernde Wertminderung der Anteile. Das FG hatte angenommen, es existierten zwei miteinander konkurrierende Werte, nämlich der Rücknahmewert und der Zweitmarktwert; es sei aber nicht verifizierbar, dass der Zweitmarktwert der zutreffendere Wert sei. Laut BFH konnte ein Anteilseigner aber aufgrund der endgültigen Aussetzung der Anteilsrücknahme nicht erwarten, dass der Fonds wieder geöffnet wird und er seine Anteile zum Rücknahmepreis zurückgeben kann oder dass eine Verwertung des Sondervermögens zu den ermittelten Verkehrswerten erfolgen kann.

Zwar stand bei den endgültig von der Rücknahme ausgesetzten offenen Immobilienfonds, anders als bei Aktien, ein Rücknahmewert (Substanzwert) zur Verfügung. Doch war dieser Wert lediglich ein Schätzwert, der den Schwankungen des Marktes unterliegt. Von einem gesicherten Recht, am Ende der Laufzeit einen bestimmten Wert zu erhalten, konnte mithin nicht ausgegangen werden. Da objektiv ungewiss war, ob eine Verwertung des Sondervermögens zu den ermittelten Verkehrswerten erfolgen kann, konnte vom Steuerpflichtigen auch nicht erwartet werden, dass er über bessere prognostische Fähigkeiten verfügt als der Markt.

1.1.11 Steuerliches Aus für bedingungslose Firmenwagennutzung bei »Minijob« im Ehegattenbetrieb

BFH, Urteil v. 10.10.2018,[245] X R 44–45/17,[246] DB 2019, S. 464;
Vorinstanzen: FG Köln, Urteil v. 27.9.2017, 3 K 2546/16, EFG 2018, S. 750;
FG Köln, Urteil v. 27.9.2017, 3 K 2547/16, EFG 2018, S. 755

Die Überlassung eines Dienstwagens zur unbeschränkten und selbstbeteiligungsfreien Privatnutzung des Arbeitnehmers ist im Rahmen eines geringfügigen – zwischen Ehegatten geschlossenen – Beschäftigungsverhältnisses (§ 8 Abs. 1 Nr. 1 SGB IV) fremdunüblich.
Ein Arbeitgeber wird bei lebensnaher und die unternehmerische Gewinnerwartung einzubeziehender Betrachtungsweise typischerweise nur dann bereit sein, einem Arbeitnehmer ein Firmenfahrzeug zur Privatnutzung zur Verfügung zu stellen, wenn nach einer überschlägigen, allerdings vorsichtigen Kalkulation der sich für ihn hieraus ergebende tatsächliche Kostenaufwand zzgl. des vertraglich vereinbarten Barlohns als wertangemessene Gegenleistung für die Zurverfügungstellung der Arbeitskraft anzusehen ist.
Je geringer der Gesamtvergütungsanspruch des Arbeitnehmers ist, desto eher erreicht der Arbeitgeber die Risikoschwelle, nach der sich wegen einer nicht abschätzbaren intensiven Privatnutzung die Fahrzeugüberlassung als nicht mehr wirtschaftlich erweist.

Normen: §§ 4 Abs. 4, 6 Abs. 1 Nr. 4 S. 2, 8 Abs. 2 S. 2, 12 Nr. 1 und 2, 40a Abs. 2 EStG

Die Überlassung eines Firmen-Pkw zur uneingeschränkten Privatnutzung ohne Selbstbeteiligung ist bei einem »Minijob«-Beschäftigungsverhältnis unter Ehegatten fremdunüblich. Der Arbeitsvertrag ist daher steuerlich nicht anzuerkennen.

Sachverhalt

Im Streitfall beschäftigte der gewerblich tätige Kläger seine Ehefrau als Büro- und Kurierkraft mit einer wöchentlichen Arbeitszeit von neun Stunden mit einem Monatslohn von 400 €. Im Rahmen des Arbeitsvertrags überließ er ihr einen Pkw zur uneingeschränkten Privatnutzung. Den darin liegenden geldwerten Vorteil, der nach der sog. 1 %-Methode ermittelt wurde, rechnete der Kläger auf den monatlichen Lohnanspruch von 400 € an und zog seinerseits den vereinbarten Arbeitslohn als Betriebsausgabe bei seinen Einkünften aus Gewerbebetrieb ab. Das FA erkannte das Arbeitsverhältnis steuerlich jedoch nicht an, da die Entlohnung in Gestalt einer Pkw-Überlassung im

---

245 Erst in 2019 veröffentlicht; vgl. auch BFH, PM Nr. 8 v. 26.2.2019.
246 Die beiden Verfahren wurden zur gemeinsamen Entscheidung verbunden.

Rahmen eines »Minijobs« einem Fremdvergleich nicht standhalte. Das FG gab der Klage dagegen statt.

Entscheidung
Auf die Revision des FA hob der BFH die FG-Entscheidung auf und ging von einer fremdunüblichen Ausgestaltung des Arbeitsverhältnisses aus. Arbeitsverträge zwischen nahen Angehörigen müssen für die steuerrechtliche Beurteilung sowohl hinsichtlich der wesentlichen Vereinbarungen als auch der Durchführung denjenigen Maßstäben entsprechen, die fremde Dritte vereinbaren würden. Nach diesen Grundsätzen hielt der X. Senat jedenfalls eine uneingeschränkte und zudem selbstbeteiligungsfreie Nutzungsüberlassung eines Firmenwagens für Privatfahrten an einen familienfremden »Minijobber« für ausgeschlossen. Denn ein Arbeitgeber werde im Regelfall nur dann bereit sein, einem Arbeitnehmer die private Nutzung eines Dienstfahrzeugs zu gestatten, wenn die hierfür kalkulierten Kosten (u. a. Kraftstoff für Privatfahrten) zzgl. des Barlohns in einem angemessenen Verhältnis zum Wert der erwarteten Arbeitsleistung stünden. Bei einer lediglich geringfügig entlohnten Arbeitsleistung steige das Risiko des Arbeitgebers, dass sich die Überlassung eines Firmenfahrzeugs für ihn wegen einer nicht abschätzbaren Intensivnutzung durch den Arbeitnehmer nicht mehr wirtschaftlich lohne. Unerheblich war insoweit für den BFH, dass die Ehefrau für ihre dienstlichen Aufgaben im Betrieb auf die Nutzung eines PKW angewiesen war.

Praxishinweise
- In dieser Sache ist beim V. Senat des BFH noch die Frage anhängig, ob das FA zu Recht den Vorsteuerabzug für die Anschaffungs- und Betriebskosten des der Ehefrau betrieblich überlassenen Autos verweigert hat.[247]
- Vgl. hierzu auch ein Urteil des FG Münster vom 20.11.2018, das ein Ehegatten-Arbeitsverhältnis nicht anerkannt hat, bei dem die Ehefrau als Bürokraft geringfügig beschäftigt war und ihr als Teil des Arbeitslohns ein Fahrzeug zur Privatnutzung überlassen wurde.[248]

Literaturhinweis
L'habitant, nwb 2019, S. 928

1.1.12 Private Pkw-Nutzung im Taxigewerbe – Definition des Listenpreises

BFH, Urteil v. 8.11.2018,[249] III R 13/16, BStBl II 2019, S. 229;
Vorinstanz: FG Düsseldorf, Urteil v. 23.10.2015, 14 K 2436/14 E,G,U

Auch die Privatnutzung von Taxen unterfällt dem Anwendungsbereich des § 6 Abs. 1 Nr. 4 S. 2 EStG. Listenpreis i. S. d. § 6 Abs. 1 Nr. 4 S. 2 EStG ist nur der Preis, zu dem der Steuerpflichtige das Fahrzeug als Privatkunde erwerben könnte.

Norm: § 6 Abs. 1 Nr. 4 S. 2 EStG

---

247 BFH, anhängiges Verfahren V R 31/18, Vorinstanz: FG Köln, Urteil v. 27.9.2017, 3 K 2546/16, EFG 2018, S. 750.
248 FG Münster, Urteil v. 20.11.2018, 2 K 156/18 E, EFG 2019, S. 253.
249 Erst in 2019 veröffentlicht; vgl. auch BFH, PM Nr. 10 v. 6.3.2019.

Die Besteuerung der Privatnutzung von Taxen erfolgt auf der Grundlage des allgemeinen Listenpreises, nicht aber nach besonderen Herstellerpreislisten für Taxen und Mietwagen. Der BFH hat zur Anwendung der sog. 1%-Regelung entschieden, dass Listenpreis dabei nur der Preis ist, zu dem ein Steuerpflichtiger das Fahrzeug als Privatkunde erwerben könnte.

Sachverhalt
In dem vom BFH beurteilten Fall nutzte der Kläger sein Taxi nicht nur für sein Taxiunternehmen, sondern auch privat. Einkommensteuerrechtlich entschied er sich für die sog. 1%-Regelung, d. h. er versteuerte für die Privatnutzung monatlich 1 % des Listenpreises gem. § 6 Abs. 1 Nr. 4 S. 2 EStG. Maßgeblich ist dabei der inländische Listenpreis im Zeitpunkt der Erstzulassung zzgl. der Kosten für Sonderausstattung einschließlich USt. Im Streitfall legte der Kläger den Bruttolistenpreis aus einer vom Hersteller herausgegebenen Preisliste für Taxen und Mietwagen zugrunde. Das FA war jedoch der Ansicht, dass der höhere, mit Hilfe der Fahrzeug-ID-Nr. abgefragte Listenpreis heranzuziehen sei. Im finanzgerichtlichen Verfahren hatte der Kläger zunächst Erfolg.

Entscheidung
Der BFH hob das Urteil des FG auf und entschied, dass der für die 1%-Regelung maßgebliche Listenpreis derjenige ist, zu dem ein Steuerpflichtiger das Fahrzeug als Privatkunde erwerben könnte. Denn der im Gesetz erwähnte Listenpreis soll nicht die Neuanschaffungskosten und auch nicht den gegenwärtigen Wert des Fahrzeugs abbilden, vielmehr handelt es sich um eine generalisierende Bemessungsgrundlage für die Bewertung der Privatnutzung eines Betriebs-Pkw.

Praxishinweise
- Das Urteil betrifft einen Taxiunternehmer. Es hat darüber hinaus auch Bedeutung für alle Sonderpreislisten mit Sonderrabatten, die ein Fahrzeughersteller bestimmten Berufsgruppen gewährt.
- Nach § 6 Abs. 1 Nr. 4 S. 3 EStG ist der Nachweis eines gegenüber der Typisierung geringeren Privatanteils an den Aufwendungen für das Kfz und damit höherer Betriebsausgaben durch Vorlage der Belege über die insgesamt für das Kfz entstandenen Aufwendungen und ein ordnungsgemäß geführtes Fahrtenbuch zu führen. Der Gesetzgeber verlangt mit dem Nachweis durch ein ordnungsgemäß geführtes Fahrtenbuch nichts Unmögliches oder Unzumutbares vom Steuerpflichtigen. Die sog. 1%-Regelung kommt daher auch nicht einer unwiderlegbaren Typisierung gleich, für die strengere verfassungsrechtliche Maßstäbe gelten würden.[250]

---

250 BFH, Urteil v. 24.2.2000, III R 59/98, BStBl II 2000, S. 271.

1.1.13 Zum Ausweis der Pensionsrückstellung im Jahr der Zusage unter Berücksichtigung neuer »Heubeck-Richttafeln«

> **BFH, Beschluss v. 13.2.2019, XI R 34/16, DB 2019, S. 1359;**
> **Vorinstanz: Thüringer FG, Urteil v. 17.8.2016, 3 K 228/14, EFG 2017, S. 978**
>
> Wird im Jahr der Erteilung einer Pensionszusage eine Pensionsrückstellung gebildet und erfolgt dies im Jahr der Veröffentlichung neuer »Heubeck-Richttafeln«, existiert kein »Unterschiedsbetrag« i. S. d. § 6a Abs. 4 S. 2 EStG, der auf drei Jahre verteilt werden müsste.
>
> **Normen:** § 6a Abs. 4 S. 2 und S. 3 sowie S. 6 EStG; § 8 Abs. 1 KStG

Sachverhalt

Streitig ist der Ausweis einer Pensionsrückstellung im Jahr der Zusage unter Berücksichtigung neuer Heubeck-Richttafeln. Die Klägerin, eine GmbH, erteilte ihrem zu einem Drittel beteiligten Gesellschafter-Geschäftsführer am 18.11.2005 eine Pensionszusage. Der Ausweis zum 31.12.2005 erfolgte ohne einen Mehrbetrag aufgrund der Änderungen der erstmalig im Wirtschaftsjahr 2005 anwendbaren sog. Heubeck-Richttafeln 2005 zu den Heubeck-Richttafeln 1998.

Das FA ging davon aus, dass ein Unterschiedsbetrag, der auf der erstmaligen Anwendung der Richttafeln 2005 beruhe, gem. § 8 Abs. 1 KStG i. V .m. § 6a Abs. 4 S. 2 und 3 EStG auf drei Jahre zu verteilen sei. Nach deren Meinung gelte die Verteilungsregelung auch im Jahr der erstmaligen Zusage.[251] Das FG gab der Klage statt.

Der BFH hat die Revision des FA als unbegründet zurückgewiesen.

Entscheidung

Eine Verteilung entsprechend § 6a Abs. 4 S. 2 EStG ist nicht vorzunehmen. Weder aus dem Wortlaut noch aus dem Zweck des § 6a Abs. 4 S. 6 EStG lässt sich entnehmen, dass generell in allen Fällen der erstmaligen Bildung einer Pensionsrückstellung § 6a Abs. 4 S. 2 EStG zur Anwendung kommt.

Die in § 6a Abs. 4 S. 6 EStG angeordnete entsprechende Anwendung des § 6a Abs. 4 S. 2 EStG setzt nach seinem Wortlaut voraus, dass ein Unterschiedsbetrag zwischen dem Teilwert der Pensionsverpflichtung am Schluss des Wirtschaftsjahres und am Schluss des vorangegangenen Wirtschaftsjahres besteht.

Bei einem VZ, in dem eine Pensionszusage erteilt wird, kommt eine Verteilung des Unterschiedsbetrags zwischen dem Teilwert der Pensionsrückstellung nach den bisherigen Heubeck-Richttafeln und den neuen erstmalig im Jahr der Pensionszusage veröffentlichten Heubeck-Richttafeln auf das Erstjahr i. S. d. § 6a Abs. 4 S. 3 EStG und die beiden folgenden Wirtschaftsjahre nicht in

---

[251] BMF, Schreiben v. 16.12.2005, IV B 2 – S 2176 – 106/05, BStBl I 2005, S. 1054; BMF, Schreiben v. 19.10.2018, IV C 6 – S 2176/07/10004, BStBl I 2018, S. 1107.

Betracht. Denn bei einer erstmaligen Bildung einer Pensionsrückstellung existiert kein »Unterschiedsbetrag« i. S. d. § 6a Abs. 4 S. 2 EStG.

> **Praxishinweis**
> Die Entscheidung wurde nachträglich zur amtlichen Veröffentlichung bestimmt; sie war seit dem 10.4.2019 als NV-Entscheidung abrufbar. Danach blieb abzuwarten, ob das BMF seine bisherige Auffassung, dass die Verteilungsregelung auch für Versorgungszusagen gilt, die im Übergangsjahr erteilt werden, aufgeben wird. Dies erfolgte mit Schreiben vom 17.12.2019. [252]

Literaturhinweis
Kanzler, nwb 2019, S. 1874

1.1.14 Beginn der Herstellung nach § 6b Abs. 3 EStG – Verfassungsmäßigkeit der Höhe des Gewinnzuschlags bis 2009

> **BFH, Urteil v. 9.7.2019, X R 7/17, DB 2019, S. 2495;**
> **Vorinstanz: FG München, Urteil v. 14.2.2017, 6 K 2143/16, EFG 2017, S. 643**
>
> Der Herstellungsbeginn i. S. d. § 6b Abs. 3 S. 3 EStG ist anzunehmen, wenn das Investitionsvorhaben »ins Werk gesetzt« wird. Dies kann vor den eigentlichen Bauarbeiten liegen.
> Reine Vorbereitungsarbeiten in der Entwurfsphase reichen nicht aus, um von dem Beginn der Herstellung nach § 6b Abs. 3 S. 3 EStG ausgehen zu können.
> Die Höhe des Gewinnzuschlags nach § 6b Abs. 7 EStG ist jedenfalls bis zum Jahr 2009 nicht verfassungswidrig.
>
> **Norm:** § 6b Abs. 3 und Abs. 7 EStG

Sachverhalt
Der Kläger erzielte u. a. gewerbliche Einkünfte und ermittelte den Gewinn durch Betriebsvermögensvergleich gem. § 4 Abs. 1 und § 5 EStG. Der Gewerbebetrieb hat ein abweichendes Wirtschaftsjahr, das auf den 30.6. endet. Der Kläger hatte für das Jahr 2005 eine Rücklage nach § 6b EStG gebildet, die auf ein in einem späteren Jahr fertiggestelltes Betriebsgebäude übertragen werden sollte.

Der Bauantrag für das Betriebsgebäude wurde am 15.6.2010 gestellt, also nach Ablauf der vierjährigen Investitionsfrist gem. § 6b Abs. 3 S. 2 EStG am 30.6.2009. Der Kläger erklärte, er sei bereits im Frühjahr 2009 zu dem Ergebnis gekommen, ein neues Betriebsgebäude zu benötigen. Nach internen Vorbesprechungen habe er dem Architekten am 14.5.2009 mündlich den Planungsauftrag erteilt und ging daher von einer Verlängerung des Investitionszeitraums auf sechs Jahre aus. Der Architekt stellte am 20.7.2010 insgesamt 192 Arbeitsstunden für die Zeit vom 19.5.2009 bis zum 30.6.2010 in Rechnung. Davon betrafen 66,5 Stunden die Vor- und Entwurfsplanung in der Zeit bis zum 30.6.2009.

---

252 BMF, Schreiben v. 17.12.2019, IV C 6 – S 2176/19/10001:0001, DStR 2019, S. 2700.

Das FA vertrat die Auffassung, dass die §-6b-Rücklage nicht auf das Gebäude übertragen werden könne, da der Bauantrag nicht zum Ende der vierjährigen Investitionsfrist am 30.6.2009 eingereicht worden sei. Somit sei mit der Herstellung zu diesem Zeitpunkt nicht begonnen worden. Die Investitionsfrist könne deshalb nicht über diesen Bilanzstichtag hinaus verlängert werden. Die hiergegen erhobene Klage blieb ohne Erfolg. Der BFH hat sich der Auffassung der Vorinstanz angeschlossen und die Revision als unbegründet zurückgewiesen.

Entscheidung
§ 6b EStG dient dem Zweck, die aufgrund bestimmter Veräußerungsvorgänge freiwerdenden stillen Reserven steuerrechtlich nicht sofort zu erfassen, sondern sie auf ein Reinvestitionsgut zu übertragen. Die Übertragung muss dabei innerhalb der in § 6b Abs. 3 S. 2 und S. 3 EStG genannten Fristen geschehen. Mit der in S. 3 vorgesehenen Verlängerung der grds. vierjährigen Reinvestitionsfrist auf sechs Jahre wird berücksichtigt, dass die Herstellung von Gebäuden erfahrungsgemäß eine längere Planungs- und Bauzeit erfordert. Die Verlängerung der Reinvestitionsfrist ist allerdings von der weiteren Voraussetzung abhängig, dass innerhalb der allgemein geltenden Vierjahresfrist bereits mit der Herstellung des Reinvestitionsobjekts begonnen worden ist. Deshalb kann der Steuerpflichtige die Verlängerung der Reinvestitionsfrist nicht mit der Behauptung erreichen, er beabsichtige, die Rücklage auf ein Gebäude zu übertragen. Vielmehr muss er diese Absicht durch den Beginn der Herstellung dokumentieren.

Der Herstellungsbeginn ist anzunehmen, wenn das konkrete Investitionsvorhaben »ins Werk gesetzt« wurde. Dieser Zeitpunkt kann vor den eigentlichen Bauarbeiten liegen. Ein sicheres Indiz für einen Herstellungsbeginn ist die Stellung des Bauantrags, es sei denn, das hergestellte Gebäude stimmt nicht mit dem genehmigten Gebäude überein, was sich schon aus dem Wortlaut des § 6b Abs. 3 S. 3 EStG ergibt.

Das »Ins-Werk-Setzen« und damit der Beginn der Herstellung im Zusammenhang mit § 6b EStG muss aber nicht zwingend mit der Stellung eines Bauantrags verbunden sein. Auch Handlungen in dessen Vorfeld können ausreichen. Nach § 4 Abs. 2 S. 5 InvZulG 2010 gilt als Beginn der Herstellung bei Gebäuden der Abschluss eines der Ausführung zuzurechnenden Lieferungs- oder Leistungsvertrags oder die Aufnahme von Bauarbeiten. Auch wenn diese Regelung zur Bestimmung des Herstellungsbeginns gem. § 6b Abs. 3 S. 3 EStG herangezogen würde, führte dies im Streitfall nicht zur Verlängerung der Investitionsfrist, da ein nur der (bloßen) Entwurfsphase zuzurechnender Vertrag nicht ausreicht.

Unter Beachtung der bilanzsteuerlichen Grundsätze könnte auch die Planung als Teil der Herstellung zu berücksichtigen sein. Schließlich gehören Planungsaufwendungen zu den Herstellungskosten des Gebäudes und sind selbst dann zu aktivieren, wenn die Bauarbeiten noch nicht begonnen haben. Planung und Errichtung des Bauwerks bilden nach st. Rspr. einen einheitlichen Vorgang. Anders als von der Klägerseite angenommen, genügt es im Rahmen des § 6b EStG allerdings nicht, dass (erste) Herstellungskosten im Zusammenhang mit dem späteren Objekt entstehen, die zu aktivieren sind. Denn die Begriffe »Herstellungskosten i. S. d. § 6 EStG« und »Herstellungsbeginn i. S. d. § 6b EStG« sind nicht deckungsgleich, da sie unterschiedliche Ziele verfolgen.

Das FG hat die Planungen des Klägers zum 30.6.2009 nicht als so konkret und verbindlich angesehen, dass es diese der Ausführungsphase und damit dem Beginn der Herstellung gleichstellen konnte. Vielmehr hat das FG auf die fehlende (eigentliche) Entwurfsplanung abgestellt und die bereits zu diesem Zeitpunkt vorgenommenen, vom Kläger allerdings lediglich vorgetragenen Tätigkeiten (Aufmaß des Gebäudebestands, Vorplanungen, Vorbesprechungen über das weitere Vorgehen) als (reine) Vorbereitungsarbeiten beurteilt. Die bereits im Rahmen der Entwurfsplanung angefallenen Arbeitsstunden von lediglich 66,5 Stunden sah das FG als zu gering an, um bereits deshalb die fehlende Konkretisierung annehmen zu können. Diese Würdigung des Sachverhalts durch das FG war nach Auffassung des BFH revisionsrechtlich nicht zu beanstanden.

> **Praxishinweis**
>
> Soweit eine nach § 6b Abs. 3 S. 1 EStG gebildete Rücklage gewinnerhöhend aufgelöst wird, ohne dass ein entsprechender Betrag nach Abs. 3 abgezogen wird, ist gem. § 6b Abs. 7 EStG der Gewinn des Wirtschaftsjahres, in dem die Rücklage aufgelöst wird, für jedes volle Wirtschaftsjahr, in dem die Rücklage bestanden hat, um 6 % des aufgelösten Rücklagebetrags zu erhöhen. Die vom Kläger erhobenen Einwendungen gegen die Höhe des Gewinnzuschlags teilt der BFH jedenfalls für die hier relevanten Jahre nicht.
>
> Vgl. hierzu auch die Ausführungen im Praxishinweis zu C.1.1.9 betreffend ernstliche Zweifel an der Höhe verschiedener Zinssätze.

Literaturhinweise

Kanzler, nwb 2019, S. 3330; *Weiss*, nwb 2019, S. 3392

1.1.15 BFH bestätigt neues Reisekostenrecht

BFH, Urteil v. 4.4.2019, VI R 27/17, DB 2019, S. 1604;
Vorinstanz: Niedersächsisches FG, Urteil v. 24.4.2017, 2 K 168/16, EFG 2017 S. 980;
BFH, Urteil v. 10.4.2019, VI R 6/17, DB 2019, S. 1601;
Vorinstanz: Niedersächsisches FG, Urteil v. 30.11.2016, 9 K 130/16, EFG 2017 S. 202;
BFH, Urteil v. 11.4.2019, VI R 36/16, DB 2019, S. 1659;
Vorinstanz: FG Hamburg, Urteil v. 30.8.2016, 2 K 218/15, EFG 2016, S. 1937;
BFH, Urteil v. 11.4.2019, VI R 40/16, DB 2019, S. 1605;
Vorinstanz: FG Hamburg, Urteil v. 13.10.2016, 6 K 20/16, EFG 2017, S. 27;
BFH, Urteil v. 11.4.2019, VI R 12/17, DB 2019, S. 1604;
Vorinstanz: FG München, Urteil v. 9.2.2017, 11 K 2508/16, EFG 2017, S. 1427

Der VI. Senat des BFH hat in fünf Urteilen das seit dem Jahr 2014 geltende Reisekostenrecht bestätigt und insb. zur »ersten Tätigkeitsstätte« bei nicht ortsfest eingesetzten Arbeitnehmern und Beamten Stellung bezogen.[253]

Norm: § 9 Abs. 1 S. 3 Nr. 4 S. 1 und Abs. 4 S. 1 bis 3 sowie Abs. 4a EStG

---

253 Vgl. auch BFH, PM Nr. 43 v. 18.7.2019.

Überblick über die Rechtsprechung 2019

C

Das steuerliche Reisekostenrecht, das seit dem Jahr 2014 den Werbungskostenabzug für nicht ortsfest eingesetzte Arbeitnehmer und Beamte – wie z. B. Streifenpolizisten – einschränkt, ist verfassungsgemäß, wie der BFH mit Urteil vom 4.4.2019 entschieden hat. Zeitgleich hat der BFH vier weitere Urteile aus April 2019 veröffentlicht, die die Folgen der geänderten Rechtslage für andere Berufsgruppen – wie etwa Piloten, Luftsicherheitskontrollkräfte oder befristet Beschäftigte – verdeutlichen.

Steuerrechtlich sind beruflich veranlasste Fahrtkosten von nicht selbstständig Beschäftigten grds. i. H. d. tatsächlichen Aufwands als Werbungskosten abziehbar. Abzugsbeschränkungen bestehen allerdings für den Weg zwischen der Wohnung und dem Arbeits- oder Dienstort. Werbungskosten liegen hier nur im Rahmen der sog. Pkw-Entfernungspauschale i. H. v. 0,30 € je Entfernungskilometer vor. Dabei definiert das neue Recht den Arbeits- oder Dienstort als »erste Tätigkeitsstätte« (bisher: »regelmäßige Arbeitsstätte«). Nach dem neuen Recht bestimmt sich die erste Tätigkeitsstätte anhand der arbeitsvertraglichen oder dienstrechtlichen Zuordnung durch den Arbeitgeber (§ 9 Abs. 4 EStG). Demgegenüber kam es zuvor auf den qualitativen Schwerpunkt der Tätigkeit des Arbeitnehmers an. Diese Änderung ist für die Bestimmung des Anwendungsbereichs der Entfernungspauschale (§ 9 Abs. 1 S. 3 Nr. 4 S. 1 und 2 EStG) sowie der Verpflegungspauschalen (§ 9 Abs. 4a S. 1 EStG) von Bedeutung.

Der Streitfall VI R 27/17 betraf einen Polizisten, der arbeitstäglich zunächst seine Dienststelle aufsuchte und von dort seinen Einsatz- und Streifendienst antrat. Die Tätigkeiten in der Dienststelle beschränkten sich im Wesentlichen auf die Vor- und Nachbereitung des Einsatz- und Streifendienstes. In seiner ESt-Erklärung für 2015 machte er Fahrtkosten von seiner Wohnung zu der Polizeidienststelle sowie Verpflegungsmehraufwendungen entsprechend der bisherigen höchstrichterlichen Rspr. nach Dienstreisegrundsätzen geltend. Er ging davon aus, dass keine erste Tätigkeitsstätte vorliege, da er schwerpunktmäßig außerhalb der Polizeidienststelle im Außendienst tätig sei. Das FA berücksichtigte Fahrtkosten lediglich i. H. d. Entfernungspauschale. Mehraufwendungen für Verpflegung setzte es nicht an. Das FG wies die Klage ab.

Der BFH hat die Vorinstanz bestätigt. Nach neuem Recht ist entscheidend, ob der Arbeitnehmer oder Beamte einer ersten Tätigkeitsstätte durch arbeits- oder dienstrechtliche Festlegungen sowie diese ausfüllende Absprachen und Weisungen des Arbeitgebers (Dienstherrn) dauerhaft zugeordnet ist. Ist dies der Fall, kommt es auf den qualitativen Schwerpunkt der Tätigkeit des Arbeitnehmers entgegen der bis 2013 geltenden Rechtslage nicht an. Ausreichend ist, dass der Arbeitnehmer (Beamte) am Ort der ersten Tätigkeitsstätte zumindest in geringem Umfang Tätigkeiten zu erbringen hat. Dies war nach den Feststellungen des FG bei dem Streifenpolizisten im Hinblick auf Schreibarbeiten und Dienstantrittsbesprechungen der Fall.

Verfassungsrechtliche Bedenken gegen die Neuregelung verneint der BFH. Der Gesetzgeber habe sein Regelungsermessen nicht überschritten, da sich Arbeitnehmer in unterschiedlicher Weise auf die immer gleichen Wege einstellen und so auf eine Minderung der Wegekosten hinwirken könnten.

Der Streitfall VI R 40/16 betraf eine Pilotin. Auch sie machte die Fahrtkosten zwischen Wohnung und Flughafen sowie Verpflegungsmehraufwendungen entsprechend der bisherigen höchstrichterlichen Rspr. nach Dienstreisegrundsätzen erfolglos gegenüber FA und FG geltend. Der BFH hat auch in diesem Fall das FG-Urteil bestätigt. Fliegendes Personal – wie Piloten oder Flugbegleiter –, das von seinem Arbeitgeber arbeitsrechtlich einem Flughafen dauerhaft zugeordnet ist und auf dem Flughafengelände zumindest in geringem Umfang Tätigkeiten erbringt, die arbeitsvertraglich geschuldet sind, hat nach dem Urteil des BFH dort seine erste Tätigkeitsstätte. Da die Pilotin in den auf dem Flughafengelände gelegenen Räumen der Airline in gewissem Umfang auch Tätigkeiten im Zusammenhang mit der Flugvor- und Flugnachbereitung zu erbringen hatte, verfügte sie dort über eine erste Tätigkeitsstätte. Unerheblich war somit, dass sie überwiegend im internationalen Flugverkehr tätig war. Der BFH wies zudem darauf hin, dass auch ein großflächiges und entsprechend infrastrukturell erschlossenes Gebiet (z. B. Werksanlage, Betriebsgelände, Bahnhof oder Flughafen) als (großräumige) erste Tätigkeitsstätte in Betracht kommt.

Ebenso hat der BFH in der Sache VI R 12/17 den Ansatz der Fahrtkosten nach Dienstreisegrundsätzen bei einer Luftsicherheitskontrollkraft verneint, die auf dem gesamten Flughafengelände eingesetzt wurde.

Mit zwei weiteren Urteilen (VI R 36/16 und VI R 6/17) hat der VI. Senat bei befristeten Arbeitsverhältnissen entschieden, dass eine erste Tätigkeitsstätte vorliegt, wenn der Arbeitnehmer für die Dauer des befristeten Dienst- oder Arbeitsverhältnisses an einer ortsfesten betrieblichen Einrichtung tätig werden soll. Erfolgt während der Befristung eine Zuordnung zu einer anderen Tätigkeitsstätte, stellt letztere keine erste Tätigkeitsstätte mehr dar, weshalb ab diesem Zeitpunkt wieder die Dienstreisegrundsätze Anwendung finden. Damit war der Kläger in der Sache VI R 6/17 erfolgreich. Der BFH bestätigte hier die Klagestattgabe durch das FG, sodass dem Kläger Reisekosten im Rahmen einer Auswärtstätigkeit mit 0,30 € je gefahrenen Kilometer zustehen. Im Fall VI R 36/16 kam es zu einer Zurückverweisung an das FG, damit geprüft wird, ob überhaupt ortsfeste Einrichtungen vorliegen.

> **Praxishinweis**
> Vgl. zu der Thematik auch die Ausführungen in C.3.3 und C.3.4.

Literaturhinweise
Geserich, nwb 2019, S. 2925; *Hilbert*, nwb 2019, S. 2254; *Intemann*, NZA 2019, S. 1630; *Korn*, nwb 2019, S. 2256; *Krüger*, DB 2019, S. 2143; *Seifert*, StuB 2019; S. 774

1.1.16 Sky-Bundesliga-Abo als Werbungskosten

BFH, Urteil v. 16.1.2019,[254] VI R 24/16, BStBl II 2019, S. 376;
Vorinstanz: FG Düsseldorf, Urteil v. 14.9.2015, 15 K 1712/15 E, EFG 2016, S. 1416

Die Aufwendungen eines Fußballtrainers für ein Sky-Bundesliga-Abo können Werbungskosten bei den Einkünften aus nichtselbstständiger Arbeit sein, wenn tatsächlich eine berufliche Verwendung vorliegt.

Norm: § 9 Abs. 1 S. 1 EStG

Sachverhalt

Der Kläger bezieht als hauptamtlicher Torwarttrainer eines Lizenzfußballvereins Einkünfte aus nichtselbstständiger Tätigkeit. Er schloss beim Pay-TV-Sender »Sky« ein Abonnement ab, das sich aus den Paketen »Fußball Bundesliga«, »Sport« und »Sky Welt« zusammensetzte. Den Aufwand für das Paket »Bundesliga« machte er als Werbungskosten mit der Begründung geltend, dass er die Bundesligaspiele ganz überwiegend nur zum Kenntnisgewinn im Zusammenhang mit seiner Trainertätigkeit schaue. FA und FG lehnten den Werbungskostenabzug ab. Das Sky-Bundesliga-Abonnement sei immer privat und nicht beruflich veranlasst, da der Inhalt des Pakets nicht vergleichbar einer Fachzeitschrift auf ein Fachpublikum, hier einen hauptamtlichen Fußballtrainer, zugeschnitten sei.

Entscheidung

Auf die Revision des Klägers hat der BFH die Vorentscheidung aufgehoben und die Sache an das FG zurückverwiesen. Werbungskosten sind u. a. Aufwendungen für (immaterielle) Wirtschaftsgüter, die unmittelbar der Erledigung beruflicher Aufgaben dienen. Die Güter müssen ausschließlich oder zumindest weitaus überwiegend beruflich genutzt werden. Eine geringfügige private Mitbenutzung ist unschädlich. Das Vorliegen dieser Voraussetzungen ist unter Würdigung aller Umstände nach der Funktion des Wirtschaftsguts im Einzelfall festzustellen. Bei einem (Torwart)Trainer eines Lizenzfußballvereins hielt der BFH eine weitaus überwiegende berufliche Nutzung des Pakets »Bundesliga« jedenfalls nicht für ausgeschlossen. Da das FG dies, ohne weitere Feststellungen zu treffen, anders gesehen hatte, muss es diese nachholen. Zur Feststellung der tatsächlichen Verwendung des Sky-Bundesliga-Abonnements durch den Kläger hat der BFH die Vernehmung von Trainerkollegen und von den Spielern angeregt.

> **Praxishinweis**
>
> Im zweiten Rechtsgang gab das FG Düsseldorf der Klage nach umfassender Beweiswürdigung statt.[255]

Literaturhinweis

Weiss, nwb 2019, S. 1576

---

254 Vgl. auch BFH, PM Nr. 27 v. 8.5.2019.
255 FG Düsseldorf, PM v. 18.12.2019.

1.1.17 Doppelte Haushaltsführung – Kosten für Einrichtungsgegenstände voll abziehbar

**BFH, Urteil v. 4.4.2019,[256] VI R 18/17, BStBl II 2019, S. 449;
Vorinstanz: FG Düsseldorf, Urteil v. 14.3.2017, 13 K 1216/16 E, EFG 2017, S. 721**

Kosten für Einrichtungsgegenstände und Hausrat gehören nicht zu den Aufwendungen für die Nutzung der Unterkunft, die nach § 9 Abs. 1 S. 3 Nr. 5 S. 4 EStG i. d. F. des Gesetzes zur Änderung und Vereinfachung der Unternehmensbesteuerung und des steuerlichen Reisekostenrechts v. 20.2.2013[257] mit höchstens 1.000 € im Monat angesetzt werden können.
Es handelt sich vielmehr um sonstige Mehraufwendungen einer doppelten Haushaltsführung, die unter den allgemeinen Voraussetzungen des § 9 Abs. 1 S. 3 Nr. 5 EStG als Werbungskosten abziehbar sind.

Norm: § 9 Abs. 1 S. 3 Nr. 5 EStG

Aufwendungen für Einrichtungsgegenstände und Hausrat für eine im Rahmen einer doppelten Haushaltsführung genutzten Wohnung fallen laut Ansicht des BFH nicht unter die Höchstbetragsbegrenzung von 1.000 € und sind daher grds. in vollem Umfang als Werbungskosten abziehbar.

Sachverhalt
Im Streitfall hatte der Kläger eine beruflich veranlasste doppelte Haushaltsführung begründet. Aufwendungen für die Miete nebst Nebenkosten sowie Anschaffungskosten für die Einrichtung machte er als Werbungskosten geltend. Das FA erkannte die Aufwendungen nur i. H. v. 1.000 € je Monat an, da die Abzugsfähigkeit der Kosten für die Unterkunft nach der Neufassung des § 9 Abs. 1 S. 3 Nr. 5 EStG ab dem VZ 2014 auf diesen Höchstbetrag begrenzt sei. Dem widersprach das FG. Die Kosten der Einrichtung (AfA auf angeschaffte Einrichtungsgegenstände und Aufwendungen für GWG) seien keine Kosten der Unterkunft und seien daher nicht mit dem Höchstbetrag abgegolten. Da die übrigen Kosten den Höchstbetrag nicht überschritten hätten, seien die Aufwendungen in voller Höhe abzugsfähig.

Entscheidung
Der BFH bestätigte die FG-Entscheidung. Gem. § 9 Abs. 1 S. 3 Nr. 5 EStG sind nur die Kosten der Unterkunft auf den Höchstabzugsbetrag von 1.000 € gedeckelt. Davon sind aber Aufwendungen für Haushaltsartikel und Einrichtungsgegenstände nicht umfasst, da diese nur für deren Nutzung und nicht für die Nutzung der Unterkunft getätigt werden. Die Nutzung der Einrichtungsgegenstände ist nicht mit der Nutzung der Unterkunft als solcher gleichzusetzen. Derartige Aufwendungen sind daher – soweit sie notwendig sind – ohne Begrenzung der Höhe nach abzugsfähig.

> **Praxishinweis**
> Das Urteil widerspricht der bisherigen Auffassung des BMF, das Aufwendungen für die Möblierung der Unterkunft sowie für den Hausrat den nur beschränkt abziehbaren Unterkunftskosten zugerechnet hat.[258]

---

256 Vgl. auch BFH, PM Nr. 35 v. 6.6.2019.
257 BGBl I 2013, S. 285.
258 BMF, Schreiben v. 24.10.2014, IV C 5 – S 2353/14/10002, BStBl I 2014, S. 1412, Rz. 104.

Literaturhinweis
Geserich, nwb 2019, S. 1792

1.1.18 Spendenabzug bei Schenkung unter Ehegatten mit Spendenauflage

> **BFH, Urteil v. 15.1.2019,[259] X R 6/17, BStBl II 2019, S. 318;**
> **Vorinstanz: FG Düsseldorf, Urteil v. 26.1.2017, 9 K 2395/15 E, EFG 2017, S. 460**
>
> Der Begriff der »Spende« erfordert ein freiwilliges Handeln des Steuerpflichtigen. Hierfür genügt es grds. wenn die Zuwendung aufgrund einer freiwillig eingegangenen rechtlichen Verpflichtung geleistet wird. Diese Voraussetzung ist noch erfüllt, wenn ein Steuerpflichtiger in einem mit seinem Ehegatten geschlossenen Schenkungsvertrag die Auflage übernimmt, einen Teil des geschenkten Geldbetrags einer steuerbegünstigten Körperschaft zuzuwenden.
> Ferner setzt der Begriff der »Spende« unentgeltliches Handeln voraus. Daran fehlt es, wenn der Steuerpflichtige eine Gegenleistung des Zuwendungsempfängers erhält; darüber hinaus aber auch dann, wenn die Zuwendung unmittelbar und ursächlich mit einem von einem Dritten gewährten Vorteil zusammenhängt. Das Behaltendürfen eines Teilbetrags einer Schenkung ist aber kein Vorteil, der ursächlich mit der Weiterleitungsverpflichtung aus einer im Schenkungsvertrag enthaltenen Auflage in Zusammenhang steht.
> Wer einen Geldbetrag als Schenkung mit der Auflage erhält, ihn einer steuerbegünstigten Körperschaft zuzuwenden, ist mit diesem Betrag grds. nicht wirtschaftlich belastet und daher nicht spendenabzugsberechtigt. Etwas anderes gilt aufgrund von § 26b EStG, wenn es sich bei den Parteien des zugrunde liegenden Schenkungsvertrags um zusammenveranlagte Eheleute handelt. In diesen Fällen ist die wirtschaftliche Belastung des Schenkers dem mit ihm zusammenveranlagten zuwendenden Ehegatten zuzurechnen.
>
> **Normen:** § 518 Abs. 2 BGB; §§ 10 Abs. 5 Nr. 2, 29 Abs. 1 Nr. 4 ErbStG; §§ 10b Abs. 1 S. 1, 26b EStG

Ein Ehegatte kann eine Spende auch dann einkommensteuerlich abziehen, wenn ihm der Geldbetrag zunächst von dem anderen Ehegatten geschenkt wird. Voraussetzung ist hierfür nach dem Urteil des BFH, dass die Ehegatten zusammenveranlagt werden und dass aufgrund einer Auflage im Schenkungsvertrag die Verpflichtung besteht, den Geldbetrag an einen gemeinnützigen Verein weiterzuleiten.

Sachverhalt

Im entschiedenen Fall hatte der – kurz darauf verstorbene – Ehemann seiner Ehefrau einen Geldbetrag von 400.000 € geschenkt. Die Ehefrau (Klägerin) gab Teilbeträge von insgesamt 130.000 € an zwei gemeinnützige Vereine weiter. Hierzu war sie möglicherweise aufgrund einer Auflage des Schenkers verpflichtet. Die Vereine stellten Zuwendungsbestätigungen auf den Namen der Klägerin aus.

---

[259] Vgl. auch BFH, PM Nr. 15 v. 20.3.2019.

Das FA versagte den Spendenabzug mit der Begründung, die Ehefrau habe nicht freiwillig gehandelt, sondern aufgrund einer Verpflichtung, die der Ehemann ihr auferlegt habe. Dem schloss sich das FG an.

Entscheidung
Auf die Revision der Klägerin hob der BFH dieses Urteil auf und verwies die Sache an die Vorinstanz zurück. Das FG muss aufklären, ob der Ehemann der Klägerin den Geldbetrag mit der Auflage geschenkt hat, einen Teilbetrag an die Vereine weiterzugeben. Dann wäre ihr der Spendenabzug zu gewähren. Die erforderliche Freiwilligkeit sei auch dann zu bejahen, wenn die Klägerin als Spenderin zu der Zuwendung zwar rechtlich verpflichtet gewesen sei, diese Verpflichtung – wie hier im Schenkungsvertrag – aber ihrerseits freiwillig eingegangen sei. Auch komme es bei zusammenveranlagten Eheleuten nicht darauf an, welcher der Eheleute mit einer Zuwendung wirtschaftlich belastet sei. Dies folge bereits aus dem Wortlaut des § 26b EStG.

Der X. Senat wies zum Schluss auch noch darauf hin, dass es sich für den Fall, dass sich im zweiten Rechtsgang die an sich abzugsschädliche Variante »Treuhandabrede« bestätigen sollte, anbieten könnte, den Klägern Gelegenheit zu geben, auf den Namen des Ehemannes lautende Zuwendungsbestätigungen nachzureichen.

> **Praxishinweis**
> In seinem Urteil äußert sich der BFH in grds. Weise zu den Merkmalen des Spendenbegriffs wie etwa der Unentgeltlichkeit, der Freiwilligkeit und der wirtschaftlichen Belastung. Die Entscheidung wird daher die weitere Rspr. maßgeblich beeinflussen.

Literaturhinweis
Blusz, nwb 2019, S. 1000

1.1.19 Kein Verlustausgleich mit Kirchensteuer-Erstattungsüberhang

BFH, Urteil v. 12.3.2019,[260] IX R 34/17, BStBl II 2019, S. 658;
Vorinstanz: FG Baden-Württemberg, Urteil v. 2.2.2017, 3 K 834/15, EFG 2017, S. 826
Der Hinzurechnungsbetrag nach § 10 Abs. 4b S. 3 EStG erhöht nicht den Gesamtbetrag der Einkünfte (§ 2 Abs. 3 EStG).
Die Hinzurechnung nach § 10 Abs. 4b S. 3 EStG findet auch statt, wenn sich die erstattete Zahlung im Zahlungsjahr nicht steuermindernd ausgewirkt hat.
Normen: §§ 2 Abs. 3, 10 Abs. 4b S. 3, 10d Abs. 1 S. 1 und Abs. 2 S. 1 EStG

Der BFH hat entschieden, dass ein Erstattungsüberhang aus zurückgezahlter KiSt nicht mit Verlustvorträgen ausgeglichen werden kann und daher als Einkommen zu versteuern ist.

---
260 Vgl. auch BFH, PM Nr. 45 v. 25.7.2019.

Sachverhalt

Im Streitfall wurde den Klägern für das Streitjahr 2012 in den Vorjahren gezahlte KiSt erstattet, da sich aufgrund einer für diese Jahre durchgeführten Außenprüfung das zu versteuernde Einkommen gemindert hatte. Die Kläger gingen davon aus, dass der sich hieraus ergebende Erstattungsüberhang aus KiSt i. H. v. 166.744 € mit einem Verlustvortrag aus den Vorjahren zu verrechnen sei. FA, FG und schließlich auch der BFH lehnten dies ab.

Entscheidung

Einkommensteuerrechtlich ist die gezahlte KiSt als Sonderausgabe abzugsfähig (§ 10 Abs. 1 Nr. 4 EStG). Sonderausgaben mindern nicht bereits den Gesamtbetrag der Einkünfte, sondern erst das Einkommen (§ 2 Abs. 4 EStG). Die Erstattung von in Vorjahren gezahlter KiSt wird vorrangig mit KiSt-Zahlungen desselben Jahres verrechnet. Entsteht dabei ein KiSt-Erstattungsüberhang, führt dies nach einer seit 2012 geltenden Neuregelung zu einem »Hinzurechnungsbetrag« (§ 10 Abs. 4b EStG). Bislang ungeklärt war, ob der Hinzurechnungsbetrag – vergleichbar mit einer Einkunftsart – den Gesamtbetrag der Einkünfte erhöht und folglich dann durch einen Verlustvortrag, der nach der einschlägigen gesetzlichen Regelung (§ 10d Abs. 2 EStG) vom Gesamtbetrag der Einkünfte abzuziehen ist, ausgeglichen werden kann.

Der BFH begründet die Ablehnung einer dahin gehenden Verlustverrechnung damit, dass der KiSt-Erstattungsüberhang wie die ursprüngliche gezahlte KiSt als negative Sonderausgabe zu berücksichtigen ist. Durch die Hinzurechnung kann es daher – wie im Streitfall – dazu kommen, dass ESt gezahlt werden muss, obwohl der Gesamtbetrag der Einkünfte nach Verlustausgleich 0 € beträgt. Es kommt dann zu einer Besteuerung allein des Vorteils aus der Erstattung von (früheren) Abzugsbeträgen. Dies gilt auch dann, wenn sich die erstatteten KiSt im Zahlungsjahr letztlich nicht steuermindernd ausgewirkt haben, da der mit § 10 Abs. 4b EStG verfolgte Vereinfachungszweck verfehlt würde, wenn dies in jedem Einzelfall ermittelt werden müsste.

> **Praxishinweis**
> Vgl. hierzu auch die Verfügung der OFD Frankfurt am Main vom 18.11.2019 mit verfahrensrechtlichen Hinweisen.[261]

Literaturhinweise

Kanzler, nwb 2019, S. 2329; *Weiss*, nwb 2019, S. 2400

---

261 OFD Frankfurt am Main, Verfügung v. 18.11.2019, S 2225 A – 019 – St 29, DB 2019, S. 2841.

1.1.20 Besondere Ergebnisbeteiligung beim Eintritt in eine vermögensverwaltende Personengesellschaft

**BFH, Urteil v. 25.9.2018,[262] IX R 35/17, BStBl II 2019, S. 167;
Vorinstanz: FG Rheinland-Pfalz, Urteil v. 24.10.2017, 3 K 1565/15, EFG 2017, S. 1927**

Eine Änderung des bisher gültigen Ergebnisverteilungsschlüssels einer vermögensverwaltenden GbR dahin, dass dem während des Geschäftsjahres der GbR eintretenden Gesellschafter der auf den Geschäftsanteil fallende Einnahmen- oder Werbungskostenüberschuss für das gesamte Geschäftsjahr zugerechnet werden soll, ist steuerrechtlich anzuerkennen, wenn diese vom Beteiligungsverhältnis abweichende Ergebnisverteilung für die Zukunft getroffen worden ist und alle Gesellschafter zustimmen. Die abweichende Ergebnisverteilung muss ihren Grund im Gesellschaftsverhältnis haben und darf nicht rechtsmissbräuchlich sein.

Normen: §§ 157 Abs. 2, 180 Abs. 1 S. 1 Nr. 2 Buchst. a, 182 Abs. 1 AO; § 2 Abs. 1 S. 1 Nr. 6 und Abs. 2 S. 1 Nr. 2, 8, 9, 11 und 21 EStG

Einem Gesellschafter, der unterjährig in eine vermögensverwaltende GbR eintritt, kann der auf ihn entfallende Einnahmen- oder Werbungskostenüberschuss für das gesamte Geschäftsjahr zuzurechnen sein. Allerdings muss dies mit Zustimmung aller Gesellschafter bereits im Vorjahr vereinbart worden sein.

Sachverhalt

Im Streitfall waren an einer GbR mit Einkünften aus Vermietung und Verpachtung drei Gesellschafter zu jeweils einem Drittel beteiligt. Einer der Gesellschafter veräußerte seinen Anteil an einen neu eintretenden Gesellschafter. Nach dem im Oktober 1997 geschlossenen notariellen Vertrag sollte die Übertragung der Gesellschafterrechte mit Kaufpreiszahlung noch in diesem Jahr erfolgen. Der Kaufpreis wurde aber erst am 30.6.1998 gezahlt. Deshalb kam es erst zu diesem Zeitpunkt zum Gesellschafterwechsel.

Im Jahr 1998 entstand bei der GbR ein Verlust i. H. v. ca. 0,6 Mio €. Das FA verteilte diesen Verlust zu jeweils einem Drittel auf die verbleibenden Gesellschafter und zu je einem Sechstel auf den ausgeschiedenen und den neu eingetretenen Gesellschafter. Die vom neu eingetretenen Gesellschafter beim FG erhobene Klage, mit der dieser eine Zurechnung eines Drittels des Verlusts des gesamten Geschäftsjahres begehrte, hatte Erfolg.

Entscheidung

Der BFH hat die Entscheidung des FG bestätigt und dem neu eingetretenen Gesellschafter den seiner Beteiligungsquote entsprechenden Verlust des gesamten Geschäftsjahres 1998 zugesprochen. Grds. richtet sich die Verteilung des Ergebnisses bei einer vermögensverwaltenden GbR nach den Beteiligungsverhältnissen. Danach wäre der Kläger nur zu einem Sechstel beteiligt gewesen, weil seine Beteiligung von einem Drittel nur für ein halbes Jahr bestand.

---

[262] Erst in 2019 veröffentlicht; vgl. auch BFH, PM Nr. 2 v. 16.1.2019.

Von dieser gesetzlichen Regelung können die Gesellschafter jedoch in engen Grenzen auf vertraglicher Grundlage abweichen. Voraussetzung ist, dass die von den Beteiligungsverhältnissen abweichende Verteilung für zukünftige Geschäftsjahre getroffen wird und dass ihr alle Gesellschafter zustimmen. Schließlich liege es im Interesse der vermögensverwaltenden Gesellschaft, dass Altgesellschafter auf Verlustzuweisungen zugunsten neuer Gesellschafter verzichten, um hierdurch einen Anreiz für den Beitritt neuer Gesellschafter und damit einen Anreiz zur Zuführung neuen Kapitals zu schaffen. Die abweichende Ergebnisverteilung muss zudem ihren Grund im Gesellschaftsverhältnis haben und darf nicht rechtsmissbräuchlich sein. Werden diese Voraussetzungen eingehalten, können auch während des Geschäftsjahres eintretende Gesellschafter an dem vor ihrem Eintritt erwirtschafteten Ergebnis beteiligt werden. Der BFH hat seine bisherige Rechtsauffassung insoweit gelockert.

Nicht entschieden hat der BFH, ob bei einer vermögensverwaltenden Personengesellschaft eine Änderung der Ergebnisverteilung auch während des laufenden Geschäftsjahres mit schuldrechtlicher Rückbeziehung auf dessen Beginn steuerrechtlich anzuerkennen ist.

1.2 Entscheidungen zu den Einkunftsarten (§§ 13 bis 23 EStG)

1.2.1 Eingeschränkte Abfärbewirkung bei Beteiligungseinkünften einer Personengesellschaft

> **BFH, Urteil v. 6.6.2019,**[263] **IV R 30/16, DB 2019, S. 1992;**
> **Vorinstanz: FG Baden-Württemberg, Urteil v. 22.4.2016, 13 K 3651/13, EFG 2016, S. 1246**
>
> § 15 Abs. 3 Nr. 1 Alt. 2 EStG ist in einkommensteuerrechtlicher Hinsicht auch ohne Berücksichtigung einer Geringfügigkeitsgrenze, bis zu deren Erreichen die gewerblichen Beteiligungseinkünfte nicht auf die übrigen Einkünfte abfärben, verfassungsgemäß.
> § 2 Abs. 1 S. 2 GewStG ist verfassungskonform dahin auszulegen, dass ein gewerbliches Unternehmen i. S. d. § 15 Abs. 3 Nr. 1 Alt. 2 EStG nicht als nach § 2 Abs. 1 S. 1 GewStG der GewSt unterliegender Gewerbebetrieb gilt.
>
> **Normen:** § 15 Abs. 3 Nr. 1 Alt. 1 und Alt. 2 EStG; § 2 Abs. 1 S. 1 und S. 2 GewStG; Art. 3 Abs. 1 GG

Nach der Entscheidung des BFH werden Einkünfte einer Personengesellschaft aus Vermietung und Verpachtung oder Kapitalvermögen aufgrund zusätzlicher gewerblicher Beteiligungseinkünfte bei der ESt in gewerbliche Einkünfte zwar umqualifiziert, sie unterliegen aber nicht der GewSt. § 2 Abs. 1 S. 2 GewStG sei verfassungskonform dahin auszulegen, dass ein gewerbliches Unternehmen i. S. d. § 15 Abs. 3 Nr. 1 Alt. 2 des EStG nicht als der GewSt unterliegender Gewerbebetrieb gilt.

---

263 Vgl. auch BFH, PM Nr. 46 v. 1.8.2019.

Sachverhalt

Im Streitfall erzielte eine KG hauptsächlich Einkünfte aus Vermietung und Verpachtung und aus Kapitalvermögen. Daneben wurden ihr in geringem Umfang (negative) gewerbliche Einkünfte aus Beteiligungen an anderen Personengesellschaften zugerechnet.

Einkommensteuerrechtlich gelten die Einkünfte einer Personengesellschaft nach § 15 Abs. 3 Nr. 1 EStG in zwei Fällen insgesamt als gewerblich. Diese sog. Abfärbewirkung greift ein, wenn zu den Einkünften einer Personengesellschaft auch Einkünfte aus originär gewerblicher Tätigkeit (§ 15 Abs. 3 Nr. 1 Alt. 1 EStG) oder aus der Beteiligung an einer anderen gewerblichen Personengesellschaft (§ 15 Abs. 3 Nr. 1 Alt. 2 EStG) gehören.

Für Gesellschaften, die neben nicht gewerblichen Einkünften auch solche aus einer originär gewerblichen Tätigkeit (§ 15 Abs. 3 Nr. 1 Alt. 1 EStG) erzielen, hatte der BFH bereits entschieden, dass geringfügige gewerbliche Einkünfte nicht zur Abfärbung führen. Auf eine solche Geringfügigkeitsgrenze berief sich im Streitfall auch die KG in Bezug auf ihre gewerblichen Beteiligungseinkünfte. Sie machte geltend, dass eine Abfärbung der gewerblichen Beteiligungseinkünfte nach § 15 Abs. 3 Nr. 1 Alt. 2 EStG angesichts deren Geringfügigkeit unverhältnismäßig sei.

Entscheidung

Dem folgte der BFH nicht. Einkommensteuerrechtlich führen nach seinem Urteil gewerbliche Beteiligungseinkünfte unabhängig von ihrem Umfang immer zur Umqualifizierung nicht gewerblicher Einkünfte. Es handele sich insoweit um eine grds. zulässige Typisierung, mit der Einkünfte einer Einkunftsart insgesamt einer anderen Einkunftsart zugeordnet werden. Nach den Umständen des jeweiligen Einzelfalles könne diese Umqualifizierung für den Steuerpflichtigen auch zu steuerrechtlichen Vorteilen wie etwa bei einer Verlustberücksichtigung oder einer Rücklagenbildung führen.

Im Hinblick auf die GewSt sei die Abfärbewirkung aufgrund gewerblicher Beteiligungseinkünfte (§ 15 Abs. 3 Nr. 1 Alt. 2 EStG) – anders als die Abfärbewirkung bei originär gewerblicher Tätigkeit (§ 15 Abs. 3 Nr. 1 Alt. 1 EStG) – aber nur dann verfassungsgemäß, wenn die infolge der Abfärbung gewerblichen Einkünfte nicht gewerbesteuerbar seien. Nur so werde eine verfassungswidrige Schlechterstellung von Personengesellschaften gegenüber Einzelunternehmern vermieden.

In seiner Begründung bezog sich der IV. Senat auf den Schutz des GewSt-Aufkommens als Gesetzeszweck. Die Abfärbewirkung aufgrund originär gewerblicher Tätigkeit verhindere, dass infolge unzureichender Abgrenzungsmöglichkeiten zwischen verschiedenen Tätigkeiten einer Gesellschaft gewerbliche Einkünfte der GewSt entzogen werden. Diese Gefahr bestehe bei gewerblichen Beteiligungseinkünften nicht, sodass es insoweit keiner Abfärbewirkung bedürfe. Zudem seien die gewerblichen Beteiligungseinkünfte, die bei der Obergesellschaft (im Streitfall: KG) einkommensteuerrechtlich zur Gewerblichkeit der weiteren Einkünfte führen, bei ihr im Hinblick auf die gewerbesteuerrechtliche Kürzung ohnehin nicht mit GewSt belastet.

Praxishinweis

§ 15 Abs. 3 Nr. 1 EStG wird durch das JStG 2019 um einen S. 2 ergänzt. Dadurch soll erreicht werden, dass eine gewerbliche Abfärbung unabhängig davon eintritt, ob aus der gewerblichen Tätigkeit ein Gewinn oder Verlust erzielt wird bzw. die gewerblichen Einkünfte positiv oder negativ sind. Als Gewerbebetrieb soll daher auch eine land- und forstwirtschaftlich, freiberuflich oder vermögensverwaltend tätige Personengesellschaft gelten, wenn sie daneben nur negative gewerbliche (Beteiligungs-)Einkünfte erzielt. Dies hatte der BFH mit Urteil vom 12.4.2018 verneint.[264]

Vgl. dazu die Ausführungen in A.2.8.2.8.

Literaturhinweise

Kanzler, nwb 2019, S. 2403; *Nürnberg*, nwb 2019, S. 2472; *Weiss*, DB 2019, S. 2316

1.2.2 Betrieb eines Blockheizkraftwerks durch Wohnungseigentümergemeinschaft

BFH, Urteil v. 20.9.2018,[265] IV R 6/16, BStBl II 2019, S. 160;
Vorinstanz: FG Rheinland-Pfalz, Urteil v. 15.1.2015, 4 K 1102/14, EFG 2016, S. 587

Die Wohnungseigentümergemeinschaft als Rechtssubjekt i. S. d. § 10 Abs. 6 S. 1 WoEigG kann eine gewerbliche Mitunternehmerschaft i. S. d. § 15 Abs. 1 S. 1 Nr. 2 EStG begründen, für die ein Feststellungsverfahren nach § 180 Abs. 1 S. 1 Nr. 2 Buchst. a AO durchzuführen ist.

Es bedarf nicht der Annahme einer konkludent errichteten GbR, wenn die gewerbliche Tätigkeit der Wohnungseigentümergemeinschaft innerhalb des in § 10 Abs. 6 S. 1 WoEigG vorgegebenen Verbandszwecks liegt (hier bei dem Betrieb eines Blockheizkraftwerks).

Normen: § 180 Abs. 1 S. 1 Nr. 2 Buchst. a und Abs. 3 S. 1 Nr. 2 AO; §§ 4 Abs. 4, 9b Abs. 1, 15 Abs. 1 S. 1 Nr. 2 und Abs. 2 EStG; §§ 10 Abs. 6, 15, 16 Abs. 1 WoEigG

Eine Wohnungseigentümergemeinschaft kann beim Betrieb eines Blockheizkraftwerks, mit dem Strom an einen außenstehenden Abnehmer geliefert wird, selbst gewerblich tätig sein. Daher begründet sie selbst ertragsteuerrechtlich eine Mitunternehmerschaft, für die das erforderliche Feststellungsverfahren durchzuführen ist. Der Annahme einer von den Wohnungseigentümern zusätzlich konkludent gegründeten GbR bedarf es nicht.

Sachverhalt

Im vom BFH entschiedenen Fall war eine Wohnanlage errichtet worden, zu der ein Blockheizkraftwerk gehörte, mit dem der eigene Wärmeenergiebedarf gedeckt werden sollte. Der außerdem erzeugte und nicht von den Wohnungseigentümern verbrauchte Strom wurde gegen Erhalt einer Vergütung in das Netz eines Energieversorgers eingespeist. Das FA war der Meinung, die Wohnungseigentümergemeinschaft unterhalte mit der Stromeinspeisung einen Gewerbebetrieb, und

---

264 BFH, Urteil v. 12.4.2018, IV R 5/15, DB 2018, S. S. 1768.
265 Erst in 2019 veröffentlicht; vgl. auch BFH, PM Nr. 1 v. 9.1.2019.

erließ gegenüber der Gemeinschaft einen Bescheid, mit dem gewerbliche Einkünfte festgestellt wurden.

Hiergegen setzten sich die klagenden Eigentümer einer Wohnung zur Wehr. Sie meinten, der Bescheid sei rechtswidrig, weil nicht die Wohnungseigentümergemeinschaft, sondern allenfalls eine zusätzlich von den Eigentümern gegründete GbR gewerblich hätte tätig sein können. Im Übrigen sei der Gewinn auch zu hoch festgestellt worden, u. a. weil nicht die richtigen Folgen aus der Nutzung der selbst erzeugten Energie durch die Wohnungseigentümer gezogen worden seien.

Entscheidung
Der nach Klageabweisung durch das FG angerufene BFH bestätigte das FG darin, dass die Wohnungseigentümergemeinschaft infolge ihrer zivilrechtlichen Verselbstständigung ähnlich einer Personengesellschaft steuerrechtlich als Mitunternehmerschaft anzusehen sein könne, soweit sie innerhalb ihres Verbandszwecks tätig werde. Die Lieferung von Strom halte sich jedenfalls dann innerhalb dieses Zwecks, wenn der Strom von einem eigenen Blockheizkraftwerk erzeugt werde, das vornehmlich der Erzeugung von Wärme für das Wohnungseigentum diene. Damit folgte der BFH nicht der zum Teil vertretenen Auffassung, eine Wohnungseigentümergemeinschaft könne nicht selbst eine Mitunternehmerschaft sein, sondern nur eine von den Wohnungseigentümern zusätzlich gegründete GbR. Daher sind die gewerblichen Einkünfte aus der Stromlieferung in einem eigenständigen Verfahren gegenüber der Wohnungseigentümergemeinschaft, nicht aber gegenüber einer daneben bestehen GbR gesondert festzustellen. Die betreffende Steuererklärung habe der Hausverwalter abzugeben.

Ungeklärt blieb, von welchen Anschaffungskosten des Blockheizkraftwerks bei der Ermittlung des Gewinns Abschreibungen vorzunehmen waren. Dies hängt u. a. davon ab, in welchem Umfang die bei der Lieferung in Rechnung gestellte USt als Vorsteuer vom FA erstattet werden konnte. Zur Ermittlung des richtigen Aufteilungsschlüssels verwies der BFH deshalb das Verfahren an das FG zurück.

Literaturhinweis
Schmidt, nwb 2019, S. 232

1.2.3 Keine Umqualifizierung eines Gewinnanteils aus einer gewerblich geprägten Fondsgesellschaft in eine Tätigkeitsvergütung

BFH, Urteil v. 11.12.2018,[266] VIII R 11/16, DB 2019, S. 1305;
Vorinstanz: Hessisches FG Urteil v. 7.12.2015, 7 K 2482/10, EFG 2018, S. 569

Der BFH hat zur Besteuerung eines überproportionalen Gewinnanteils bei Beteiligung an ausländischen Fondspersonengesellschaften Stellung genommen. Insb. geht es um die Umqualifizierung eines Gewinnanteils aus einer gewerblich geprägten Fondsgesellschaft in eine (verdeckte) Tätigkeitsvergütung.

Normen: §§ 3 Nr. 40 S. 1 Buchst. a und Buchst. d sowie Nr. 40a, 15 Abs. 1 S. 1 Nr. 2, 18 Abs. 1 Nr. 4 EStG

---

266 Erst in 2019 veröffentlicht.

Sachverhalt

Die Kläger waren Gesellschafter einer ausländischen Limited Partnership (S-LP). Deren Unternehmensgegenstand war es, sich an Personengesellschaften zu beteiligen, die als Fondsgesellschaften agierten. Die Anlageberatung und die Geschäftsführung für die jeweiligen Fondsgesellschaften wurden von einer ausländischen Management–Kapitalgesellschaft erledigt. Die Kläger waren als sog. »Schlüsselpersonen« in dieser Management-Gesellschaft tätig.

Im Kern geht es um die Frage, ob die Initiatoren im Hinblick auf den Ihnen aufgrund zusätzlich erbrachter Leistungen zustehenden überproportionalen Gewinnanteil einen Veräußerungsgewinn erzielen oder eine Tätigkeitsvergütung erhalten. Das FG hatte sich der Auffassung des FA angeschlossen und ging – ungeachtet der gewerblichen Prägung der Fondsgesellschaften – von einer Tätigkeitsvergütung i. S. d. § 18 Abs. 1 Nr. 4 EStG aus.

Entscheidung

Der BFH vertritt hingegen eine andere Auffassung. Er gab der Revision der Kläger statt und hat den Fall an das FG zurückverwiesen. Neben verfahrenstechnischen Erwägungen erteilte der VIII. Senat in der Sache selbst folgende Hinweise zum zweiten Rechtsgang:

Eine Umqualifizierung der aus den gewerblich geprägten Fondsgesellschaften von der S-LP bezogenen gewerblichen Gewinnanteile in Tätigkeitsvergütungen gem. § 18 Abs. 1 Nr. 4 EStG, die gesetzlich den Einkünften aus selbstständiger Arbeit zuzuordnen sind, scheidet aus.

Gem. § 18 Abs. 1 Nr. 4 EStG sind Einkünfte aus selbstständiger Arbeit solche, die ein Beteiligter an einer vermögensverwaltenden Gesellschaft oder Gemeinschaft, deren Zweck im Erwerb, Halten und in der Veräußerung von Anteilen an Kapitalgesellschaften besteht, als Vergütung für Leistungen zur Förderung des Gesellschafts- oder Gemeinschaftszwecks erzielt, wenn der Anspruch auf die Vergütung unter der Voraussetzung eingeräumt worden ist, dass die Gesellschafter oder Gemeinschafter ihr eingezahltes Kapital vollständig zurückerhalten haben. Zu diesen »vermögensverwaltenden Gesellschaften« gehören nach Auffassung des VIII. Senats aber weder originär gewerbliche noch aufgrund einer Abfärbung gewerbliche Einkünfte erzielende noch gewerblich geprägte Fondsgesellschaften.

Werden außerhalb der Gesellschaft, die Einkünfteerzielungssubjekt ist (hier: die Fondsgesellschaften), beim Mitunternehmer (hier: der S-LP) im Zusammenhang mit der Einkünfteerzielung besondere Umstände verwirklicht, könne dies zwar eine abweichende Qualifizierung der bezogenen Gewinnanteile beim Mitunternehmer zur Folge haben. Jedoch selbst dann scheide eine Feststellung dieser Einkünfte als Einkünfte aus selbstständiger Arbeit aus. Anlageberater erzielen nach st. Rspr. des BFH unabhängig von ihrer Ausbildung und der näheren Ausgestaltung der Tätigkeit keine freiberuflichen, sondern gewerbliche Einkünfte.

Auch die Einordnung der von der S-LP bezogenen Einnahmen als gewerbliche Tätigkeitsvergütung kommt nach Auffassung der BFH-Richter nicht in Betracht. Weder war die S-LP zu Dienstleistungen gegenüber den Fondsgesellschaften verpflichtet, noch stand ihr eine gewinnunabhängige

Vergütung zu. Sie war aufgrund der erbrachten Gesellschaftereinlagen auf Ebene der Fondsgesellschaften lediglich zur Teilnahme an deren Gewinnverteilung berechtigt.

1.2.4 Rentenberater sind gewerblich tätig

BFH, Urteil v. 7.5.2019,[267] VIII R 2/16, BStBl II 2019, S. 528;
Vorinstanz: FG Berlin-Brandenburg, Urteil v. 26.11.2015, 15 K 1183/13, EFG 2016, S. 1622

Der Rentenberater übt keine Tätigkeit aus, die einem der in § 18 Abs. 1 Nr. 1 S. 2 EStG genannten Katalogberufe – insb. dem des Rechtsanwalts bzw. Steuerberaters – ähnlich ist. Es fehlt an einer Vergleichbarkeit von Ausbildung und ausgeübter Tätigkeit.
Der Rentenberater erzielt auch keine Einkünfte aus sonstiger selbstständiger Tätigkeit gem. § 18 Abs. 1 Nr. 3 EStG, denn seine Tätigkeit ist im Schwerpunkt beratender Natur und – anders als die gesetzlichen Regelbeispiele – nicht berufsbildtypisch durch eine selbstständige fremdnützige Tätigkeit in einem fremden Geschäftskreis sowie durch Aufgaben der Vermögensverwaltung geprägt.
Normen: §§ 15 Abs. 2, 18 Abs. 1 Nr. 1 und Nr. 3 EStG; § 2 Abs. 1 GewStG

Rentenberater sind nicht freiberuflich i. S. d. § 18 EStG tätig, sondern erzielen gewerbliche Einkünfte, wie der BFH mit zwei Urteilen entschieden hat. Danach üben Rentenberater weder einen dem Beruf des Rechtsanwalts oder Steuerberaters ähnlichen Beruf gem. § 18 Abs. 1 Nr. 1 S. 2 EStG aus noch erzielen sie Einkünfte aus selbstständiger Arbeit gem. § 18 Abs. 1 Nr. 3 EStG.

Sachverhalt
In den Streitfällen waren die Klägerinnen als Rentenberaterinnen tätig. Sie waren als solche im Rechtsdienstleistungsregister registriert, verfügten aber nicht über eine Zulassung als Rechtsanwältin oder Steuerberaterin. Die zuständigen FA sahen die Tätigkeit der Klägerinnen als gewerblich an und setzten GewSt fest. Die hiergegen gerichteten Klagen blieben ohne Erfolg.

Entscheidung
Der BFH hat die Vorentscheidungen bestätigt. Es fehle an den Voraussetzungen für die Annahme einer selbstständigen Tätigkeit gem. § 18 EStG, sodass gewerbliche Einkünfte i. S. d. § 15 EStG vorliegen.

Nach den Urteilen des VIII. Senats ist die Tätigkeit der Klägerinnen keinem der in § 18 Abs. 1 Nr. 1 S. 2 EStG genannten Katalogberufe ähnlich. Bei der Prüfung, ob eine Berufstätigkeit der eines Katalogberufs ähnlich ist, sei auf die Ähnlichkeit mit einem der genannten Katalogberufe, z. B. dem des Rechtsanwalts oder Steuerberaters, abzustellen. In den Streitfällen fehlte es an der für die Annahme einer solchen Ähnlichkeit notwendigen Vergleichbarkeit von Ausbildung und ausgeübter Tätigkeit. Der Umstand, dass die Klägerinnen eine Tätigkeit ausübten, die auch von Rechtsanwälten wahrgenommen werde, begründe keine Ähnlichkeit zu diesem Beruf.

---

267 Vgl. auch BFH, PM Nr. 52 v. 16.8.2019 sowie das im Wesentlichen inhaltsgleiche Urteil, BFH, Urteil v. 7.5.2019, VIII R 26/16, BStBl II 2019, S. 532.

Darüber hinaus erzielten die Klägerinnen auch keine Einkünfte aus sonstiger selbstständiger Arbeit gem. § 18 Abs. 1 Nr. 3 EStG. Ihre Tätigkeiten waren im Schwerpunkt beratender Natur. Sie übten keine selbstständige fremdnützige Tätigkeit in einem fremden Geschäftskreis aus, wie es für die gesetzlichen Regelbeispiele der Testamentsvollstrecker, Vermögensverwalter oder Aufsichtsratsmitglied prägend ist.

Literaturhinweis
Kanzler, nwb 2019, S. 2544

1.2.5 Prüfingenieure üben eine freiberufliche Tätigkeit aus

BFH, Urteil v. 14.5.2019,[268] VIII R 35/16, BStBl II 2019, S. 580;
Vorinstanz: Sächsisches FG, Urteil v. 24.2.2016, 2 K 1479/15, EFG 2016, S. 1341

Prüfingenieure, die Hauptuntersuchungen und Sicherheitsprüfungen durchführen, üben eine freiberufliche Tätigkeit i. S. d. § 18 EStG aus.
Der Freiberuflichkeit der Tätigkeit eines Prüfingenieurs steht die Mithilfe fachlich vorgebildeter Arbeitskräfte nicht entgegen, wenn er weiterhin leitend und eigenverantwortlich i. S. d. § 18 Abs. 1 Nr. 1 S. 3 EStG tätig ist. An einer eigenverantwortlichen Tätigkeit fehlt es jedoch, wenn angestellte Prüfingenieure eigenständig Hauptuntersuchungen durchführen und dabei lediglich stichprobenartig überwacht werden.

Normen: §§ 15 Abs. 3 Nr. 1, 18 Abs. 1 Nr. 1 S. 3 EStG; §§ 2 Abs. 1 und 5 Abs. 1 S. 3 GewStG

Prüfingenieure, die Hauptuntersuchungen und Sicherheitsprüfungen durchführen, erzielen Einkünfte aus selbstständiger Arbeit. Voraussetzung ist allerdings, dass sie insoweit leitend und eigenverantwortlich tätig werden. Hieran fehlt es bei einer Personengesellschaft, deren Gesellschafter zwar Prüfingenieure sind, die jedoch den überwiegenden Teil der Prüftätigkeiten durch angestellte Prüfingenieure durchführen lässt und sie dabei nur stichprobenartig überwacht.

Sachverhalt
Im Streitfall führte die Klägerin, eine GbR, u. a. Haupt- und Abgasuntersuchungen durch. Ihre Gesellschafter waren selbst Prüfingenieure. Den überwiegenden Teil der im Streitjahr 2009 durchgeführten Haupt- und Abgasuntersuchungen hatten allerdings die drei bei der Klägerin angestellten Prüfingenieure übernommen. Das FA war der Meinung, die Klägerin erziele gewerbliche Einkünfte und setzte dementsprechend auch GewSt fest. Dies hat der BFH in seiner aktuellen Entscheidung als zutreffend bestätigt.

Entscheidung
Der VIII. Senat hat zwar die Tätigkeit der Gesellschafter der Klägerin als freiberuflich beurteilt, soweit sie selbst Hauptuntersuchungen durchgeführt hatten. Soweit die Klägerin den überwiegenden Teil der Prüftätigkeiten durch angestellte Prüfingenieure habe durchführen lassen, fehle es jedoch an einer eigenverantwortlichen Tätigkeit der Gesellschafter. Die angestellten

---
268 Vgl. auch BFH, PM Nr. 54 v. 22.8.2019.

Prüfingenieure hätten die Hauptuntersuchungen eigenständig durchgeführt und seien dabei lediglich stichprobenartig von den Gesellschaftern der Klägerin überwacht worden. Die Klägerin erziele daher insgesamt gewerbliche Einkünfte i. S. d. § 15 Abs. 3 Nr. 1 EStG.

Der BFH betont, dass eine gem. § 18 Abs. 1 Nr. 1 S. 3 EStG unschädliche Mithilfe fachlich vorgebildeter Arbeitskräfte auch für technische Berufe wie den des Ingenieurs voraussetzt, dass die Leistung als solche des Berufsträgers erkennbar und ihm damit persönlich zurechenbar ist. § 18 Abs. 1 Nr. 1 S. 3 EStG ermächtige weder dazu, Routineaufgaben vollständig auf einen angestellten Berufsträger zu delegieren, noch dem Berufsträger eine Tätigkeit als eigene zuzurechnen, die tatsächlich ein anderer, angestellter Berufsträger eigenständig ausführe und zu verantworten habe. Dies gelte auch für Prüfingenieure, obwohl deren Tätigkeit weitgehend gesetzlich geregelt sei und daher umfassende Kontrollmaßnahmen ebenso ausgeschlossen seien wie die Festlegung von Untersuchungsmethoden oder -inhalten.

Die Tätigkeit der Klägerin war insgesamt als gewerblich zu qualifizieren. Hinreichende Anhaltspunkte dafür, dass eine Umqualifizierung der Einkünfte ausnahmsweise nach dem Grundsatz der Verhältnismäßigkeit ausgeschlossen sein könnte, weil die gewerblichen Einkünfte der Klägerin lediglich ein äußerst geringes Ausmaß hatten (sog. Bagatellgrenze), fehlten.

Literaturhinweis
Hamminger, nwb 2019, S. 3704

1.2.6 Veräußerungskosten als dem Veräußerungsvorgang zuzuordnende Betriebsausgaben – Kein Abzug von gesellschaftsvertraglich veranlasster Übernahme von GewSt

BFH, Urteil v. 7.3.2019, IV R 18/17, BStBl II 2019, S. 696;
Vorinstanz: FG des Saarlandes, Urteil v. 16.11.2017, 1 K 1441/15, EFG 2018, S. 201

Veräußerungskosten i. S. d. § 16 Abs. 2 EStG sind Betriebsausgaben i. S. d. § 4 Abs. 4 EStG, die durch den Veräußerungsvorgang veranlasst sind.
§ 4 Abs. 5b EStG steht dem Abzug der GewSt als Betriebsausgabe nur bei dem Schuldner der GewSt entgegen, nicht auch bei demjenigen, der sich vertraglich zur Übernahme der GewSt-Belastung verpflichtet.

Normen: §§ 4 Abs. 4 und Abs. 5b, 16 Abs. 2 EStG

Sachverhalt

An der Klägerin, einer KG, waren die natürlichen Personen A und B als Kommanditisten zu jeweils 50 % ebenso beteiligt wie im gleichen Verhältnis an der Komplementär-GmbH. A und B waren, ebenfalls zu gleichen Teilen, an einer weiteren GmbH beteiligt, die im Jahr 2012 auf die Klägerin verschmolzen wurde. In der Folge veräußerte A sowohl seinen Mitunternehmeranteil an der Klägerin als auch seinen Anteil an der Komplementärin. A übernahm die Hälfte der GewSt, die aufgrund dieser Veräußerung nach § 18 Abs. 3 UmwStG anfiel. Die von A übernommene GewSt wurde von der Klägerin bei der Ermittlung des Gewinns aus der Veräußerung des Kommanditanteils als Veräußerungskosten angesetzt.

Das lehnte das FA mit Verweis auf die Regelung zur Nichtabzugsfähigkeit der GewSt in § 4 Abs. 5b EStG ab. Das FG hatte sich in seinem Urteil der Auffassung der Klägerin angeschlossen. Der BFH hat dieses Urteil aufgehoben und zur anderweitigen Verhandlung und Entscheidung an das FG zurückverwiesen.

Entscheidung
Nach Auffassung des BFH ist Kernpunkt des Streitfalls nicht – wie es das FG gesehen hatte – die Frage, ob § 4 Abs. 5b EStG einem Abzug der GewSt als Veräußerungskosten i. S. d. § 16 Abs. 2 EStG entgegensteht. Das Abzugsverbot kann nur bei dem Steuerpflichtigen den Abzug von Aufwendungen verhindern, der die entsprechenden Aufwendungen auch geltend machen kann, also nur der Schuldner der GewSt. Denn nur beim Schuldner der GewSt kann diese i. S. d. § 4 Abs. 4 EStG betrieblich veranlasst sein. Kommt es zu einer nach § 18 Abs. 3 UmwStG durch eine Anteilsveräußerung entstandenen GewSt, ist nach st. Rspr. des BFH die Personengesellschaft nach § 5 Abs. 1 S. 3 GewStG Schuldner der GewSt. Somit kann sich das Abzugsverbot des § 4 Abs. 5b EStG nur im Rahmen der Gesamthand auswirken.

Das Abzugsverbot kann der Berücksichtigung von Aufwendungen als Veräußerungskosten, die dem veräußernden Mitunternehmer durch seine vertragliche Verpflichtung zur Übernahme der GewSt-Belastung entstehen, folglich nicht entgegenstehen. Nach der Rückverweisung durch den BFH muss nun das FG klären, ob im Streitfall die Aufwendungen des veräußernden Mitunternehmers, die ihm infolge der vertraglichen Übernahmeverpflichtung entstanden sind, den Gewinn des Mitunternehmers aus der Anteilsveräußerung mindern. Entscheidend für die Abzugsfähigkeit ist dabei, ob die Übernahme der GewSt durch A betrieblich oder außerbetrieblich, gesellschaftsrechtlich oder kaufvertraglich veranlasst ist. Dabei ist zu ermitteln, was die Vertragsparteien geäußert und subjektiv gewollt haben.

Literaturhinweis
Dräger/Dorn, nwb 2019, S. 3281

1.2.7 Verpächterwahlrecht bei Beendigung unechter Betriebsaufspaltung

BFH, Urteil v. 17.4.2019, IV R 12/16, BStBl II 2019, S. 745;
Vorinstanz: FG Baden-Württemberg, Urteil v. 10.2.2016, 12 K 2840/13, EFG 2016, S. 1167

Die Grundsätze über das Verpächterwahlrecht gelten nicht nur bei Beendigung einer »echten Betriebsaufspaltung«, sondern auch dann, wenn eine »unechte Betriebsaufspaltung« beendet wird (Anschluss an BFH, Urteil vom 17.4.2002,[269] unter B.II.3.c bb (1)).

Für die Einbringung des ganzen Mitunternehmeranteils nach § 24 Abs. 1 UmwStG reicht es aus, wenn wesentliche Betriebsgrundlagen im Sonderbetriebsvermögen der Ausgangsgesellschaft in das Sonderbetriebsvermögen der Zielgesellschaft überführt werden; eine Übertragung in das Gesamthandsvermögen ist nicht erforderlich.

Normen: §§ 6 Abs. 5 S. 3 Nr. 2 und Nr. 3, 15 Abs. 1 S. 1 Nr. 1 und Abs. 2, 16 Abs. 3 und Abs. 3b EStG; § 24 UmwStG

Sachverhalt

Die Kläger waren Gesellschafter einer Besitz-GbR, die im Rahmen einer Betriebsaufspaltung ein Grundstück an eine Betriebs-GmbH (deren Gesellschafter ebenfalls die Kläger waren) vermietete. Nachdem durch unentgeltliche Übertragung alle Anteile an der Betriebsgesellschaft nur noch von einem Besitzgesellschafter gehalten wurden, endeten die personelle Verflechtung und damit auch die Betriebsaufspaltung.

Nach Auffassung des FA war es dadurch zu einer Betriebsaufgabe der Besitzgesellschaft gekommen, die die Aufdeckung und Versteuerung der stillen Reserven zur Folge hatte. Die hiergegen gerichtete Klage blieb ohne Erfolg. Der BFH hat die Entscheidung des FG aufgehoben.

Entscheidung

Die Grundsätze über das Verpächterwahlrecht gelten nach Auffassung des BFH nicht nur bei Beendigung einer »echten Betriebsaufspaltung«, sondern auch dann, wenn eine »unechte Betriebsaufspaltung« beendet wird.

Nach st. Rspr. werden beide Arten der Betriebsaufspaltung steuerrechtlich gleich behandelt. Dies gilt auch für die Anwendung der Grundsätze zur Betriebsverpachtung und dem daraus folgenden Recht, den Betrieb ungeachtet der Einstellung der gewerblichen Tätigkeit fortzuführen und es zu einer Betriebsaufgabe nur bei ausdrücklicher Erklärung kommen zu lassen. Es wäre vor dem Gleichheitssatz nicht zu rechtfertigen, das sog. Verpächterwahlrecht bei Wegfall der Voraussetzungen der echten Betriebsaufspaltung zu gewähren und es dagegen nur deshalb zu versagen, weil die Voraussetzungen einer unechten Betriebsaufspaltung entfallen sind.

Wie der IV. Senat weiter ausführt, scheidet die Annahme einer Betriebsverpachtung durch das Besitzunternehmen nach Beendigung einer unechten Betriebsaufspaltung – entgegen der Auffassung des FA – auch nicht deshalb aus, weil das Besitzunternehmen keinen Betrieb unterhalten

---

[269] BFH, Urteil v.17.4.2002, X R 8/00, BStBl II 2002, S. 527.

habe, den es verpachten könnte. Denn die Betriebsaufspaltung hat zur Folge, dass die Tätigkeit des Besitzunternehmens, die über das Betriebsunternehmen auf Ausübung einer gewerblichen Tätigkeit gerichtet ist, ihrerseits als eigenständige gewerbliche Tätigkeit beurteilt wird.

Für die Einbringung des ganzen Mitunternehmeranteils nach § 24 Abs. 1 UmwStG reicht nach Ansicht des BFH aus, wenn wesentliche Betriebsgrundlagen im Sonderbetriebsvermögen der Ausgangsgesellschaft in das Sonderbetriebsvermögen der Zielgesellschaft überführt werden. Eine Übertragung in das Gesamthandsvermögen ist nicht erforderlich.

> **Praxishinweis**
> Der BFH hat explizit darauf hingewiesen, dass die gesetzliche Regelung zur Betriebsverpachtung in § 16 Abs. 3b EStG i. d. F. des StVereinfG 2011 vom 1.11.2011[270] im Streitfall keine Anwendung findet, da sie gem. § 52 Abs. 34 S. 9 EStG i. d. F. des StVereinfG 2011 erstmals für Betriebsaufgaben nach dem 4.11.2011 gilt. Die Beurteilung dürfte aber auch unter der neuen Vorschrift nicht anders ausfallen. Die Anerkennung der Buchwertfortführung nach § 24 Abs. 1 UmwStG unter den vorliegenden Verhältnissen entspricht herrschender Ansicht.

1.2.8 Vertrauensschutz bei nachträglichen Anschaffungskosten – Nachweis von Gesellschafterforderungen

BFH, Urteil v. 2.7.2019,[271] **IX R 13/18, DB 2019, S. 2720;**
Vorinstanz: FG Berlin-Brandenburg, Urteil v. 18.4.2018, 3 K 3138/15, EFG 2018, S. 1366

Die bis zum Senatsurteil vom 11.7.2017[272] anerkannten Grundsätze zur Berücksichtigung von nachträglichen Anschaffungskosten aus eigenkapitalersetzenden Finanzierungshilfen sind weiter anzuwenden, wenn der Gesellschafter eine eigenkapitalersetzende Finanzierungshilfe bis zum 27.9.2017 geleistet hatte oder wenn eine Finanzierungshilfe des Gesellschafters bis zu diesem Tag eigenkapitalersetzend geworden war (Bestätigung der Rspr.).
Haben die Gesellschafter einer GmbH durch Feststellung des Jahresabschlusses untereinander und im Verhältnis zur Gesellschaft rechtsverbindlich bestätigt, dass eine im Jahresabschluss ausgewiesene Verbindlichkeit der Gesellschaft gegenüber einem Gesellschafter in der ausgewiesenen Höhe besteht, ist dies auch für die Besteuerung des Gesellschafters von Bedeutung. Die Feststellung des Jahresabschlusses spricht dann zumindest indiziell für das Bestehen der Forderung des Gesellschafters gegen die Gesellschaft dem Grunde und der Höhe nach.

Norm: § 17 Abs. 2 S. 1 EStG

Steuerpflichtige, die ihrer GmbH als Gesellschafter bis zum 27.9.2017 eine (ehemals) eigenkapitalersetzende Finanzierungshilfe geleistet haben, können den Ausfall ihrer Rückzahlungs- oder Regressansprüche im Fall der Veräußerung oder Auflösung der Gesellschaft als nachträgliche Anschaffungskosten geltend machen. Dies hat der BFH nunmehr bekräftigt. Bestreitet das FA, dass eine in der Bilanz der Gesellschaft ausgewiesene Verbindlichkeit gegenüber dem Gesellschafter

---
270 BGBl I 201, S. 2131.
271 Vgl. auch BFH, PM Nr. 75 v. 14.11.2019.
272 BFH, Urteil v. 11.7.2017, IX R 36/15, BStBl II 2019, S. 208.

bestand, spricht die Feststellung des Jahresabschlusses indiziell dafür, dass dem Gesellschafter eine Forderung in der ausgewiesenen Höhe zustand.

Mit Urteil vom 11.7.2017[273] hat der BFH seine langjährige Rspr. zu nachträglichen Anschaffungskosten bei der Veräußerung von Anteilen an Kapitalgesellschaften (§ 17 EStG) geändert. Obwohl der Grund für die Änderung der Rspr. schon seit 2008 bestand (Aufhebung des Eigenkapitalersatzrechts durch das Gesetz zur Modernisierung des GmbH-Rechts und zur Bekämpfung von Missbräuchen bzw. MoMiG), hat der BFH in jener Entscheidung angekündigt, die bisherigen Grundsätze in allen Fällen weiter anzuwenden, in denen der Sachverhalt am 27.9.2017 bereits verwirklicht war. Im Streitfall ist das FG dieser Rspr. entgegen getreten.

Der BFH hat die Sichtweise der Vorinstanz zurückgewiesen. Nach dem Urteil des BFH hat der Gesetzgeber des MoMiG die Folgen der Aufhebung des Eigenkapitalersatzrechts für das Steuerrecht weder bedacht noch geregelt. Demzufolge ergeben sich aus dem MoMiG auch keine verbindlichen gesetzlichen Vorgaben für die Anwendung von § 17 Abs. 2 S. 1 EStG. Ändert der BFH bei im Übrigen unverändertem Wortlaut der anzuwendenden Norm seine langjährige Rspr. verschärfend, kann er typisierenden Vertrauensschutz gewähren.

Im Streitfall war der Kläger Alleingesellschafter und -geschäftsführer einer GmbH. In einem Darlehensrahmenvertrag war seit 1999 vereinbart, dass Auslagen und sonstige Einlagen des Klägers bei der GmbH auf einem Darlehenskonto erfasst werden sollten. Das Darlehen sollte in der Krise der Gesellschaft stehen bleiben. Seit 2009 liquidierte der Kläger die GmbH. Die letzte Bilanz weist nur noch das gezeichnete Kapital und die verbliebene Verbindlichkeit gegenüber dem Kläger aus. Das FA bestritt den Bestand der Forderung und machte, soweit Unterlagen noch zur Verfügung standen, Mängel der Buchführung geltend. Das FG hat die Klage abgewiesen und u. a. ausgeführt, der Kläger müsse den Endbestand des Darlehens über den gesamten Zeitraum seiner Entstehung lückenlos nachweisen. Das sei ihm nicht gelungen.

Demgegenüber konnte das FG nach dem Urteil des BFH im Streitfall nicht nach der Feststellungslast (zulasten des Klägers) entscheiden. Denn der Bestand der (ausgefallenen) Gesellschafterforderung ergab sich indiziell dem Grunde und der Höhe nach aus dem festgestellten Jahresabschluss der GmbH. Mit der förmlichen Feststellung des Jahresabschlusses bestätigten die Gesellschafter zugleich die darin abgebildeten Rechtsverhältnisse untereinander und im Verhältnis zur Gesellschaft. Steuerrechtlich ergab sich daraus zumindest ein Indiz für das Bestehen der Gesellschafterforderung. Im Streitfall reichte dem BFH dieses Indiz, um das Urteil der Vorinstanz aufzuheben und der Klage stattzugeben.

Welche Anforderungen an die Darlegung und den Nachweis einer Gesellschafterforderung zu stellen sind, wenn der Jahresabschluss der GmbH nicht förmlich festgestellt ist (z. B. weil sich die Gesellschafter nicht einigen können), war im Streitfall nicht zu entscheiden,

---

273 BFH, Urteil v. 11.7.2017, IX R 36/15, BStBl II 2019, S. 208.

Überblick über die Rechtsprechung 2019

Praxishinweise
- Vgl. hierzu das anlässlich der BFH-Rspr. am 5.4.2019 vom BMF veröffentlichte, angepasste Schreiben zu nachträglichen Anschaffungskosten bei § 17 EStG[274] und B.1.2.2 sowie auch die Ausführungen in A.2.8.2.9 zum durch das JStG 2019 neu eingefügten § 17 Abs. 2a EStG.
- Der BFH hat in einem Urteil zur Behandlung eines Konfusionsgewinns nach dem UmwStG im Fall der Verschmelzung einer Kapitalgesellschaft auf ihren Gesellschafter auch ausführlich zu Bewertungs- und Einlagethemen vor dem Hintergrund des § 17 EStG Stellung bezogen.[275]

Literaturhinweise
Crezelius, DB 2018, S. 2401 (zur Vorinstanz); *Dorn*, DB 2019, S. 1930

1.2.9 Berücksichtigung des Forderungsverzichts eines Gesellschafters nach Einführung der Abgeltungsteuer

BFH, Urteil v. 6.8.2019,[276] VIII R 18/16, DB 2019, S. 2559;
Vorinstanz: FG Berlin-Brandenburg, Urteil v. 20.1.2016, 14 K 14040/13, BB 2016, S. 2405

Ein durch das Gesellschaftsverhältnis veranlasster, unbedingter Verzicht eines Gesellschafters auf einen Teil der ihm gegen die Kapitalgesellschaft zustehenden Darlehensforderung führt zu einer Einlage i. S. d. § 20 Abs. 2 S. 2 EStG, soweit der Gesellschafter auf den werthaltigen Teil der Forderung verzichtet.[277] Dies setzt voraus, dass der Verzichtsbetrag den Nennwert des nicht werthaltigen Teils der Forderung übersteigt. Stehen dem durch die Einlage bewirkten Zufluss Anschaffungskosten in gleicher Höhe gegenüber, fällt kein Gewinn i. S. d. § 20 Abs. 4 EStG an.

Der Verzicht des Gesellschafters auf den nicht werthaltigen Teil seiner Forderung gegen die Kapitalgesellschaft steht einer Abtretung gleich und führt nach Einführung der Abgeltungsteuer zu einem gem. § 20 Abs. 2 S. 2 EStG steuerlich zu berücksichtigenden Forderungsausfall. Steuerliche Auswirkungen hat der Forderungsverzicht jedoch nur, wenn der Steuerpflichtige für den nicht werthaltigen Teil der Forderung Anschaffungskosten getragen hat.

Normen: §§ 20 Abs. 2 S. 1 Nr. 7 und S. 2 sowie Abs. 4 und Abs. 6, 32d Abs. 2 Nr. 1 S. 1 Buchst. b und S. 2 EStG

Der Verzicht eines Gesellschafters auf eine Darlehensforderung gegen die Gesellschaft kann nach Einführung der Abgeltungsteuer zu einem steuerlich zu berücksichtigenden Verlust bei den Einkünften aus Kapitalvermögen führen.

Sachverhalt
Im Streitfall war der Kläger zu mehr als 10 % an einer GmbH beteiligt. Er hatte Forderungen gegen die GmbH im Nennwert von 801.768,78 € für einen Kaufpreis von 364.154,60 € erworben. Der Kläger verzichtete gegenüber der GmbH auf einen Teilbetrag seiner Darlehensforderung i. H. v.

---

274 BMF, Schreiben v. 5.4.2019, IV C 6 – S 2244/17/10001, BStBl I 2019, S. 257.
275 BFH, Urteil v. 9.4.2019, X R 23/16, BStBl II 2019, S. 483.
276 Vgl. auch BFH, PM Nr. 74 v. 14.11.2019.
277 Anschluss an Beschluss des Großen Senats des BFH v. 9.6.1997, GrS 1/94, BStBl II 1998, S. 307, unter C.II.4.

275.000 €. Im Hinblick auf einen teilentgeltlichen Erwerb zu 43,5 % ging er davon aus, dass er einen Veräußerungsverlust i. H. v. 119.625 € erlitten habe. Dem folgten FA und FG nicht.

Entscheidung
Demgegenüber steht nach dem Urteil des BFH der Verzicht des Gesellschafters auf den nicht werthaltigen Teil seiner Forderung gegen die Kapitalgesellschaft einer Abtretung gleich und führt nach Einführung der Abgeltungsteuer zu einem gem. § 20 Abs. 2 S. 2 EStG steuerlich zu berücksichtigenden Forderungsausfall. Es liegt insoweit auch keine Einlage vor. Ein durch das Gesellschaftsverhältnis veranlasster, unbedingter Verzicht eines Gesellschafters auf einen Teil der ihm gegen die Kapitalgesellschaft zustehende Darlehensforderung führt nur insoweit zu einer Einlage i. S. d. § 20 Abs. 2 S. 2 EStG, als der Gesellschafter auf den werthaltigen Teil der Forderung verzichtet. Die Einlage setzt dabei voraus, dass der Verzichtsbetrag den Nennwert des nicht werthaltigen Teils der Forderung übersteigt. Stehen dem durch die Einlage bewirkten Zufluss Anschaffungskosten in gleicher Höhe gegenüber, fällt somit kein Gewinn i. S. d. § 20 Abs. 4 EStG an.

Gleichwohl erwies sich die Klageabweisung durch das FG im Ergebnis als zutreffend. Denn steuerliche Auswirkungen hätte der Forderungsverzicht nur gehabt, wenn der Steuerpflichtige für den nicht werthaltigen Teil der Forderung Anschaffungskosten getragen hätte. Hieran fehlte es im Streitfall. Der Kläger hatte die Forderung im Nennwert von 801.768 € zum Kaufpreis von 364.154 € erworben. Der Kaufpreis wurde bei wirtschaftlicher Betrachtung für den werthaltigen Teil der Forderung aufgewandt. Der Verzicht i. H. v. 275.000 € bezog sich somit auf den nicht werthaltigen Teil der Forderung, für den dem Kläger keine Anschaffungskosten entstanden waren. Seine Leistungsfähigkeit wurde durch den Verzicht auf den nicht werthaltigen Teil der Forderung folglich nicht gemindert.

> **Praxishinweise**
> - Mit seinem Urteil setzt der VIII. Senat seine Rspr. fort, nach der seit Einführung der Abgeltungsteuer grds. sämtliche Wertveränderungen im Zusammenhang mit Kapitalanlagen zu erfassen sind und dies gleichermaßen für Gewinne und Verluste gilt. Vgl. hierzu das Urteil des BFH vom 24.10.2017[278] zum insolvenzbedingten Ausfall einer privaten Darlehensforderung.
> - Vgl. hierzu auch die Ausführungen in A.2.8.2.9 und B.1.2.2.

Literaturhinweise
Delp, DB 2019, S. 2148; *Dorn*, DB 2019, S. 1930 und nwb 2019, S. 3532

---

278 BFH, Urteil v. 24.10.2017, VIII R 13/15, DB 2017, S. 3035.

1.2.10 Gesonderte und einheitliche Feststellung von Kapitaleinkünften in sog. Mischfällen

BFH, Urteil v. 20.11.2018,[279] **VIII R 39/15, BStBl II 2019, S. 239;**
Vorinstanz: FG Münster, Urteil v. 6.11.2015, 4 K 1109/14 F, EFG 2016, S. 30

Kapitaleinkünfte gem. § 20 Abs. 2 EStG, die nach Anschaffung einer Kapitalanlage durch eine vermögensverwaltende GbR aufgrund einer Anteilsveräußerung durch einen Gesellschafter gem. § 20 Abs. 2 S. 3 EStG entstehen, werden nicht gem. §§ 179 Abs. 1, 180 Abs. 1 S. 1 Nr. 2 Buchst. a AO gemeinschaftlich erzielt.

Kapitaleinkünfte, die aufgrund einer Anteilsveräußerung gem. § 20 Abs. 2 S. 3 EStG entstehen und keinem abgeltenden KapErtrSt-Abzug gem. § 43 Abs. 5 S. 1 EStG unterliegen, sind gem. § 32d Abs. 3 S. 1 EStG vom Gesellschafter zu erklären; über das Vorliegen und die Höhe dieser Einkünfte ist abschließend im Rahmen der Veranlagung zu entscheiden.

Normen: §§ 179 Abs. 1, 180 Abs. 1 S. 1 Nr. 2 Buchst. a AO; §§ 20 Abs. 2 S. 1 Nr. 6 und S. 3, 32d Abs. 3, 43 Abs. 5 S. 1 EStG

Sachverhalt

Die Kläger waren im Streitjahr 2011 Gesellschafter einer GbR. Zur Finanzierung von Wohneinheiten schloss die GbR im Dezember 1995 Darlehensverträge bei einer Bank ab. Außerdem schloss sie noch Kapitallebensversicherungen ab, die sie zur Sicherung der Darlehensrückzahlungen an die Bank abtrat. 2011 übertrugen die Kläger sämtliche Anteile an der GbR auf eine zuvor gegründete gewerblich geprägte GmbH & Co. KG (im Folgenden: KG). Zum Gesamthandsvermögen der GbR, das auf die KG überging, gehörten auch die Ansprüche aus den Lebensversicherungen. Zum Ablauftermin am 1.12.2011 wurden die Versicherungssummen an die KG als Gesamtrechtsnachfolgerin der GbR unter Einbehalt von KapErtSt für die rechnungs- und außerrechnungsmäßigen Zinsen ausgezahlt. In der Erklärung zur gesonderten und einheitlichen Feststellung erfasste die GbR keine Gewinne der Gesellschafter aufgrund der Anteilsveräußerungen an die KG. Das FA setzte hingegen Einkünfte aus Kapitalvermögen gem. § 20 Abs. 2 S. 1 Nr. 6 EStG als »Kapitalerträge i. S. d. § 32d Abs. 1 EStG, die nicht dem Steuerabzug unterlegen haben« fest. Das FG wies die hiergegen erhobene Klage ab.

Entscheidung

Der BFH hat der Revision der Kläger stattgegeben. Die Voraussetzungen für Anteilsveräußerungen der Kläger gem. § 20 Abs. 2 S. 3 EStG sind zwar erfüllt. Über das Vorliegen und die Höhe von Kapitaleinkünften gem. § 20 Abs. 2 S. 1 Nr. 6 i. V. m. § 20 Abs. 2 S. 3 EStG ist jedoch auf Ebene der ESt-Bescheide der Kläger zu entscheiden.

Der Tatbestand der Einkünfteerzielung wird »in der Einheit der vermögensverwaltenden Gesellschaft« gem. §§ 179 Abs. 1, 180 Abs. 1 S. 1 Nr. 2 Buchst. a AO verwirklicht, wenn Anschaffung und Veräußerung auf Ebene der vermögensverwaltenden Gesellschaft **gemeinschaftlich** verwirklicht werden. An der notwendigen gemeinschaftlichen Tatbestandsverwirklichung fehlt es bei einem

---

[279] Erst in 2019 veröffentlicht.

Veräußerungsgewinn gem. § 20 Abs. 2 EStG allerdings, wenn er – wie im Streitfall – nach Anschaffung der Kapitalanlage auf Ebene der Gesellschaft gem. § 20 Abs. 2 S. 3 EStG durch eine Anteilsveräußerung vom Gesellschafter persönlich erzielt wird.

Gestützt wird diese Auslegung zur Abgrenzung der Kompetenzordnung im Grundlagen- und Folgebescheidsverhältnis auch durch die Besonderheiten der Besteuerung von Kapitaleinkünften im System der abgeltenden Besteuerung.

Bei der Veräußerung eines Anteils an einer vermögensverwaltenden Gesellschaft durch einen Gesellschafter gem. § 20 Abs. 2 S. 3 EStG findet grds. kein gem. § 43 Abs. 5 S. 1 EStG abgeltender KapErtrSt-Abzug statt. Der Gesellschafter hat den Veräußerungsgewinn i. S. d. § 20 Abs. 2 S. 3 EStG daher gem. § 32d Abs. 3 S. 1 EStG in der ESt-Erklärung anzugeben. Über dessen Ansatz und Höhe ist abschließend im Rahmen der ESt-Veranlagung des Gesellschafters zu entscheiden.

Praxishinweis
Das Feststellungsfinanzamt soll dem Wohnsitzfinanzamt des Gesellschafters die Besteuerungsgrundlagen aus der Veräußerung des Anteils nur »nachrichtlich« ohne Bindungswirkung gem. § 182 Abs. 1 AO mitteilen.

1.2.11 Steuerliche Anerkennung von Verlusten aus Knock-Out-Zertifikaten

BFH, Urteil v. 20.11.2018,[280] VIII R 37/15, BStBl II 2019, S. 507;
Vorinstanz: FG Düsseldorf, Urteil v. 6.10.2015, 9 K 4203/13 E, EFG 2015, S. 2173

Kommt es bei Knock-out-Zertifikaten zum Eintritt des Knock-out-Ereignisses, können die Anschaffungskosten dieser Zertifikate nach der ab 1.1.2009 geltenden Rechtslage im Rahmen der Einkünfte aus Kapitalvermögen als Verlust berücksichtigt werden, ohne dass es auf die Einordnung als Termingeschäft ankommt.

Norm: § 20 Abs. 2 S. 1 Nr. 3 Buchst. a und Nr. 7 sowie S. 2 weiter Abs. 4 S. 1 und S. 5 sowie Abs. 6 weiter Abs. 9 EStG

Hat ein Steuerpflichtiger in Knock-Out-Zertifikate investiert, die durch Erreichen der Knock-Out-Schwelle verfallen, kann er den daraus resultierenden Verlust nach der seit 1.1.2009 unverändert geltenden Rechtslage im Rahmen seiner Einkünfte aus Kapitalvermögen abziehen. Damit wendet sich der BFH mit seinem Urteil vom 20.11.2018 gegen die Auffassung der Finanzverwaltung.

Sachverhalt
Im Streitfall hatte der Kläger im Streitjahr 2011 verschiedene Knock-Out-Zertifikate erworben, die je nach Kursverlauf der Basiswerte auf Zahlung eines Differenzausgleichs gerichtet waren. Noch während des Streitjahrs wurde die sog. Knock-Out-Schwelle erreicht. Dies führte zur Ausbuchung

---

[280] Erst in 2019 veröffentlicht; vgl. auch BFH, PM Nr. 14 v. 13.3.2019.

der Kapitalanlagen ohne jeglichen Differenzausgleich bzw. Restwert. Das FA erkannte die daraus resultierenden Verluste nicht an. Die dagegen gerichtete Klage hatte Erfolg.

Entscheidung
Der BFH bestätigte die Entscheidung des FG. Unabhängig davon, ob im Streitfall die Voraussetzungen eines Termingeschäfts vorgelegen hätten, seien die i. H. d. Anschaffungskosten angefallenen Verluste steuerlich zu berücksichtigen. Liege ein Termingeschäft vor, folge dies aus dem neuen § 20 Abs. 2 S. 1 Nr. 3 Buchst. a EStG, der jeden Ausgang eines Termingeschäfts erfasst. Die gegenteilige Auffassung zur alten Rechtslage sei überholt. Liege kein Termingeschäft vor, sei ein Fall der »Einlösung« i. S. d. § 20 Abs. 2 S. 1 Nr. 7 i. V. m. Abs. 2 S. 2 EStG gegeben.

Diese Auslegung sei aus verfassungsrechtlichen Gründen geboten, um die Steuerlast am Prinzip der finanziellen Leistungsfähigkeit und dem Gebot der Folgerichtigkeit auszurichten. Darüber hinaus kann der geltend gemachte Verlust auch gem. § 20 Abs. 6 EStG mit den positiven Einkünften aus Kapitalvermögen verrechnet werden. Das Abzugsverbot gem. § 20 Abs. 9 EStG steht dem schon deshalb nicht entgegen, weil § 20 Abs. 4 S. 5 EStG hierzu eine Sondervorschrift enthält.

Praxishinweise
- Das Urteil ist eine Fortsetzung der Rspr. des BFH, nach der seit Einführung der Abgeltungsteuer grds. sämtliche Wertveränderungen im Zusammenhang mit Kapitalanlagen zu erfassen sind, und dies gleichermaßen für Gewinne und Verluste gilt.[281]
- Das BMF hat auf das Urteil reagiert und die Rz. 8a in seinem Schreiben »Einzelfragen zur Abgeltungsteuer« vom 18.1.2016[282] entsprechend geändert. Für die KapErtrSt-Erhebung ist die Änderung erstmals auf Kapitalerträge anzuwenden, die ab dem 1.1.2020 zufließen.[283]
- Vgl. hierzu auch die Ausführungen in A.2.8.7.2 und A.2.8.7.3 sowie B.1.2.5.

Literaturhinweise
Delp, DB 2019, S. 2148; *Dorn*, DB 2019, S. 1930

---

281 BFH, Urteil v. 24.10.2017, VIII R 13/15, DB 2017, S. 3035 zum insolvenzbedingten Ausfall einer privaten Darlehensforderung.
282 BMF, Schreiben v. 18.1.2016, IV C 1 – S 2252/08/10004, BStBl I 2016, S. 85.
283 BMF, Schreiben v. 16.9.2019, IV C 1 – S 2252/08/10004, BStBl I 2019, S. 889.

1.2.12 Stückzinsen nach Einführung der Abgeltungsteuer

> **BFH, Urteil v. 7.5.2019,**[284] **VIII R 31/15, BStBl II 2019, S. 577;**
> Vorinstanz: FG Münster, Urteil v. 24.7.2015, 4 K 1494/13 F, EFG 2015, S. 1806
> **BFH, Urteil v. 7.5.2019,**[285] **VIII R 22/15, BStBl II 2019, S. 576;**
> Vorinstanz: Schleswig-Holsteinisches FG, Urteil v. 30.4.2015, 4 K 39/13, EFG 2015, S. 1367
>
> Stückzinsen sind als Teil des Gewinns aus der Veräußerung sonstiger Kapitalforderungen gem. § 20 Abs. 2 S. 1 Nr. 7 EStG nach der Einführung der Abgeltungsteuer auch dann zu besteuern, wenn die der Veräußerung zugrunde liegende Forderung vor dem 1.1.2009 erworben wurde.
>
> Die Übergangsregelung des § 52a Abs. 10 S. 7 Halbs. 2 EStG i. d. F. des JStG 2010 (nunmehr § 52 Abs. 28 S. 16 Halbs. 2 EStG) führt nicht zu einer echten Rückwirkung hinsichtlich der Besteuerung von Stückzinsen im VZ 2009, da sie lediglich die bereits bestehende Rechtslage klarstellt.
>
> **Normen:** §§ 20 Abs. 2 S. 1 Nr. 7, 52a Abs. 10 S. 7 Halbs. 1 EStG i. d. F. des JStG 2009; §52a Abs. 10 S. 7 Halbs. 2 EStG i. d. F. des JStG 2010

Stückzinsen sind nach Einführung der Abgeltungsteuer ab dem VZ 2009 als Teil des Gewinns aus der Veräußerung einer sonstigen Kapitalforderung gem. § 20 Abs. 2 S. 1 Nr. 7 EStG steuerpflichtig. Dies gilt auch, wenn die veräußerte Kapitalforderung vor dem 1.1.2009 erworben wurde. Dies hat der BFH mit zwei Urteilen vom 7.5.2019 entschieden.

Stückzinsen sind das vom Erwerber an den Veräußerer der Kapitalforderung gezahlte Entgelt für die auf den Zeitraum bis zur Veräußerung entfallenden Zinsen des laufenden Zinszahlungszeitraums. Im Streitfall VIII R 31/15 vereinnahmte die Klägerin, eine GbR, im Streitjahr 2009 bei der Veräußerung einer Kapitalforderung offen ausgewiesene Stückzinsen. Sie hatte die veräußerte Kapitalforderung vor dem 1.1.2009 erworben. Die Klägerin war der Auffassung, die Stückzinsen seien aufgrund der Übergangsregelung in § 52a Abs. 10 S. 7 Halbs. 1 EStG i. d. F. des JStG 2009 vom 19.12.2008[286] nicht steuerbar. Die erst durch das JStG 2010 vom 8.12.2010[287] eingeführte Regelung in § 52a Abs. 10 S. 7 Halbs. 2 EStG, nach der Stückzinsen, die nach dem 31.12.2008 zufließen, der Besteuerung unterliegen, führe zu einer verfassungswidrigen echten Rückwirkung.

Der BFH trat dem entgegen. Nach seinem Urteil ist § 52a Abs. 10 S. 7 Halbs. 2 EStG i. d. F. des JStG 2010 keine verfassungswidrige rückwirkende, sondern eine verfassungsgemäße klarstellende Regelung.

Der BFH ordnet Stückzinsen, die nach dem 31.12. 2008 zufließen, als Teil des Gewinns aus der Veräußerung einer Kapitalforderung gem. § 20 Abs. 2 S. 1 Nr. 7 EStG ein. Die spätere Festschreibung der Steuerpflicht der Stückzinsen durch das JStG 2010 habe lediglich die bestehende

---

284 Vgl. auch BFH, PM Nr. 57 v. 12.9.2019.
285 Vgl. auch BFH, PM Nr. 57 v. 12.9.2019.
286 BGBl I 2008, S. 2794.
287 BGBl I 2010, S. 1768.

Rechtslage klargestellt. Die Stückzinsen seien bis zum Ende des VZ 2008 und auch ohne die Regelung in § 52a Abs. 10 S. 7 Halbs. 2 EStG i. d. F. des JStG 2010 nach Einführung der Abgeltungsteuer und damit ab dem VZ 2009 steuerpflichtige Kapitaleinkünfte gewesen.

Im Fall VIII R 22/15 war die Steuerpflicht von Stückzinsen im Streitjahr 2010 streitig, die vor der Einführung des § 52a Abs. 10 S. 7 Halbs. 2 EStG durch das JStG 2010 vereinnahmt worden waren. Der BFH sieht in der Neuregelung für diesen VZ ebenfalls keine verfassungswirkende rückwirkende, sondern eine verfassungsgemäße Vorschrift, die die bestehende Rechtslage klarstellt.

Literaturhinweis
Steinhauff, nwb 2019, S. 3485

1.2.13 Unzulässigkeit des steuerlichen Querverbunds wirkt auch bei Beteiligung einer Gebietskörperschaft an einer Mitunternehmerschaft

BFH, Urteil v. 26.6.2019,[288] VIII R 43/15, DB 2019, S. 2667;
Vorinstanz: FG München, Urteil v. 21.7.2015, 6 K 3113/11, EFG 2015, S. 1950

Werden einzelne dauerdefizitäre Tätigkeitsfelder einer gewerblich tätigen Personengesellschaft, an der eine Trägerkörperschaft als Mitunternehmerin beteiligt ist, sowohl im Rahmen der Einkünfteermittlung der Mitunternehmerschaft als auch für Zwecke der KSt als eigenständige Betriebe gewerblicher Art (Regiebetriebe) behandelt, kann zur Ermittlung des Gewinns i. S. d. § 20 Abs. 1 Nr. 10 Buchst. b EStG nicht ohne weiteres an den entnommenen Gewinnanteil angeknüpft werden, wenn dieser auf den Erträgen aus sämtlichen Tätigkeitsfeldern beruht. Die ertragsteuerliche Einkünfteermittlung bei der Mitunternehmerschaft und die Einkommensermittlung für die verschiedenen Betriebe gewerblicher Art ist für die Ermittlung der kapitalertragsteuerpflichtigen Bemessungsgrundlage zu berücksichtigen.

Norm: § 20 Abs. 1 Nr. 10 Buchst. b EStG

Unterhält eine kommunale Gebietskörperschaft aufgrund einer Beteiligung an einer Personenhandelsgesellschaft (KG) mehrere Betriebe gewerblicher Art (BgA), deren Ergebnisse im Rahmen der handelsrechtlichen Gewinnermittlung der KG saldiert werden, die aber körperschaftsteuerrechtlich mangels zulässigen Querverbunds nicht zusammengefasst werden dürfen, kann eine modifizierende Ermittlung des kapitalertragsteuerpflichtigen Gewinns geboten sein. Daher sind dem aus der KG entnommenen Gewinnanteil nach dem Urteil des BFH die Erträge zuzurechnen, die auf Ebene der KG mit Verlusten aus einer dauerdefizitären Sparte verrechnet wurden.

Sachverhalt
Die Klägerin, eine kommunale Gebietskörperschaft, war als alleinige Kommanditistin an der Stadtwerke I-GmbH & Co. KG (KG) beteiligt. Die Tätigkeit der KG bestand aus den Sparten Strom- und Wasserversorgung, Fernwärme, einem Fährbetrieb, Freibad, Hallenbad und Eisstadion. Die KG erstellte für die Streitzeiträume 2003 bis 2005 handelsrechtliche Jahresabschlüsse mit Bilanz, Gewinn- und Verlustrechnung sowie Lageberichten, in die die Erträge und Aufwendungen aus

---
288 Vgl. auch BFH, PM Nr. 61 v. 4.10.2019.

sämtlichen Tätigkeiten eingingen. Bei Feststellung der handelsrechtlichen Jahresabschlüsse der KG wurden aufgrund von Gesellschafterbeschlüssen Teile des Gewinns (sog. Mindestgewinne) den Rücklagen der KG zugeführt, der verbleibende Betrag wurde von der Klägerin entnommen.

Ertragsteuerlich war der dauerdefizitäre Betrieb des Eisstadions ein eigenständiger BgA. Die übrigen Tätigkeitsfelder der KG bildeten einen weiteren BgA (BgA Beteiligung). Die Verluste aus dem Betrieb des dauerdefizitären Eisstadions wurden in der körperschaftsteuerlichen Einkommensermittlung des BgA Beteiligung nicht erfasst, sondern eigenständig im BgA Eisstadion veranlagt. Eine Zusammenfassung dieser beiden BgA für Zwecke der KSt war unzulässig, weil die Voraussetzungen für einen zulässigen Querverbund nicht vorlagen. Im Rahmen der gesonderten und einheitlichen Feststellung der Einkünfte der KG wurden die Erträge und Aufwendungen, die auf den Betrieb des Eisstadions entfielen, ebenfalls von den Erträgen und Aufwendungen aus den übrigen Sparten separiert.

Entscheidung
Der BFH entschied, die Höhe des kapitalertragsteuerpflichtigen Gewinns des BgA Beteiligung entspreche zwar grds. dem von der Klägerin aus der KG entnommenen Gewinnanteil. Der entnommene Gewinnanteil sei im Streitfall zur Ermittlung des kapitalertragsteuerpflichtigen Gewinnanteils des BgA Beteiligung aber um diejenigen Erträge zu erhöhen, die bei der Gewinnermittlung auf Ebene der KG die Verluste aus dem Betrieb des Eisstadion ausgeglichen hätten. Wären auf Ebene der KG die Erträge aus den übrigen Sparten der KG nicht mit dem Verlust aus dem Betrieb des Eisstadions verrechnet worden, wären die zur Verlustdeckung verwendeten Beträge von der Klägerin zusätzlich aus der KG entnommen worden und in den kapitalertragsteuerpflichtigen Gewinn eingegangen. Allein aufgrund der Zusammenfassung sämtlicher Tätigkeiten auf Ebene der KG dürfe zulasten der kapitalertragsteuerpflichtigen Bemessungsgrundlage kein Querverbund angenommen werden, der für Zwecke der KSt unzulässig sei. Nicht beanstandet hat der VIII. Senat, dass in die kapitalertragsteuerpflichtige Bemessungsgrundlage des BgA Beteiligung nur der um die auf Ebene der KG thesaurierten Mindestgewinne verminderte Gewinnanteil einging, da es sich insoweit um eine zulässige Rücklagenbildung handele.

1.2.14 Sachverständigengutachten zur Bestimmung der ortsüblichen Marktmiete

BFH, Urteil v. 10.10.2018,[289] IX R 30/17, BStBl II 2019, S. 200;
Vorinstanz: Sächsisches FG, Urteil v. 13.10.2016, 8 K 1569/14

Die ortsübliche Vergleichsmiete kann nicht auf der Grundlage statistischer Annahmen mit der sog. EOP-Methode bestimmt werden (Anschluss an BGH-Rspr.).
Lassen sich vergleichbare Objekte nicht finden, muss das Gericht einen erfahrenen und mit der konkreten örtlichen Marktsituation vertrauten Sachverständigen, z. B. einen erfahrenen Makler, beurteilen lassen, welchen Miet- oder Pachtzins er für angemessen hält.

Norm: § 21 Abs. 1 und Abs. 2 EStG

---

[289] Erst in 2019 veröffentlicht; vgl. auch BFH, PM Nr. 6 v. 20.2.2019.

Die ortsübliche Vergleichsmiete zur Feststellung einer nur verbilligten Vermietung darf nicht durch ein Sachverständigengutachten auf der Grundlage statistischer Annahmen nach der sog. EOP-Methode bestimmt werden. Mit der EOP-Methode wird aufgrund statistischer Annahmen die von einem normal qualifizierten Betreiber zu erwirtschaftende Pacht ermittelt.

Sachverhalt
Die Klägerin erwarb ein Grundstück mit historischem Altbestand, der als Gaststätte genutzt wird. Nach umfangreicher und kostspieliger Sanierung des Gebäudes verpachtete sie das Grundstück zum Betrieb einer Gaststätte u. a. an ihren Ehemann. Das FA nahm auf der Grundlage von Internet-Recherchen eine verbilligte Verpachtung an und kürzte die Werbungskosten entsprechend. Das FG beauftragte einen Sachverständigen mit der Ermittlung der ortsüblichen Marktpacht. Die Beteiligten gingen übereinstimmend davon aus, dass sich aufgrund der Besonderheiten des Objekts keine vergleichbaren Objekte finden lassen, sodass die Marktpacht nicht nach der sog. Vergleichsmethode bestimmt werden kann. Der Sachverständige ermittelte deshalb im Wesentlichen auf der Grundlage der EOP-Methode einen Vergleichswert, der zur Abweisung der Klage führte.

Entscheidung
Auf die Revision der Klägerin hat der BFH das Urteil aufgehoben und die Sache an das FG zurückverwiesen. Für die verbilligte Überlassung von Gewerbeobjekten gilt als allgemeiner Grundsatz ein Aufteilungsgebot. Die anteilig auf die unentgeltliche Überlassung entfallenden Aufwendungen können nicht abgezogen werden. Ob eine verbilligte Vermietung oder Verpachtung vorliegt, ist im Wesentlichen Tatfrage. Das FG muss die vereinbarte Miete oder Pacht der ortsüblichen Marktmiete oder -pacht gegenüberstellen. Letztere muss es von Amts wegen ermitteln. Dazu kann das Gericht ein Sachverständigengutachten einholen.

Grds. gibt es keine rechtlichen Vorgaben, nach welcher Methode der Sachverständige vorgehen muss. Eine Grenze ist aber überschritten, wenn der Sachverständige aufgrund der von ihm gewählten Methode letztlich etwas anderes ermittelt als die ortsübliche Marktmiete oder -pacht. Das ist der Fall, wenn er im Wesentlichen darauf abstellt, welche Miete oder Pacht auf der Grundlage statistischer Annahmen nach betriebswirtschaftlichen Grundsätzen vom Mieter oder Pächter im Durchschnitt erwirtschaftet werden kann (sog. EOP-Methode). Mit solchen Erwägungen kann der Markt allenfalls global abgebildet werden. Das Gesetz verlangt aber, auf den örtlichen Markt zu blicken.

Das FG muss nun die ortsübliche Marktpacht noch einmal feststellen. Dafür genügt eine Schätzung unter Mitwirkung eines ortskundigen, erfahrenen Sachverständigen oder Maklers. Die damit verbundene höhere Unsicherheit ist hinzunehmen. Kann sich das FG auf der Grundlage der Ausführungen des Sachverständigen nicht die für eine Schätzung erforderliche Überzeugung bilden, geht dies zulasten des FA, das die objektive Beweislast zu tragen hat.

Praxishinweis
Da es im Streitfall um die Verpachtung von Gewerbeflächen ging, war die Begünstigung des § 21 Abs. 2 EStG (voller Kostenabzug bei teilentgeltlicher Nutzungsüberlassung) nicht anzuwenden. Dennoch beruft sich der BFH auf diese Vorschrift, um auch im Anwendungsbereich des § 21 Abs. 1 EStG bei der Frage nach der Angemessenheit eines Pachtzinses die Bestimmung des ortsüblichen Pachtzinses für maßgeblich zu erachten.

Literaturhinweis
Trossen, nwb 2019, S. 776

1.2.15 Grundstücksenteignung kein privates Veräußerungsgeschäft

BFH, Urteil v. 23.7.2019,[290] IX R 28/18, BStBl II 2019, S. 701;
Vorinstanz: FG Münster, Urteil v. 28.11.2018, 1 K 71/16 E, EFG 2019, S. 98

Eine Anschaffung bzw. Veräußerung i. S. d. § 23 EStG liegt nicht vor, wenn der Verlust des Eigentums am Grundstück ohne maßgeblichen Einfluss des Steuerpflichtigen stattfindet. Ein Entzug des Eigentums durch Sonderungsbescheid nach dem Bodensonderungsgesetz[291] ist danach keine Veräußerung i. S. d. § 23 Abs. 1 S. 1 Nr. 1 EStG.

Norm: § 23 Abs. 1 S. 1 Nr. 1 und Abs. 3 S. 1 und S. 7 sowie S. 8 EStG

Sachverhalt
Im Streitfall hatte der Kläger an einem unbebauten Grundstück im Jahr 2005 einen zusätzlichen Miteigentumsanteil durch Zuschlag in der Zwangsversteigerung erworben. Hierdurch wurde er Alleineigentümer des Grundstücks. Im Jahr 2008 führte die Stadt, in der das Grundstück belegen war, ein Bodensonderungsverfahren durch und erließ einen dieses Grundstück betreffenden und an den Kläger gerichteten Sonderungsbescheid nach dem Bodensonderungsgesetz, mit dem das Eigentum an dem Grundstück auf die Stadt überging. Der Kläger erhielt eine Entschädigung i. H. v. 600.000 € für das gesamte Grundstück.

Das FA sah in der Enteignung in Bezug auf den in der Zwangsversteigerung erworbenen Miteigentumsanteil ein Veräußerungsgeschäft i. S. d. § 23 EStG und setzte entsprechend dem Zufluss der Entschädigungszahlungen – nach mehreren Änderungen – in den ESt-Bescheiden des Klägers für die Streitjahre 2009 und 2012 einen Veräußerungsgewinn von 175.244,97 € (2009) und von 43.500 € (2012) fest. Das FG gab der Klage statt. Die hoheitliche Übertragung des Eigentums an einem Grundstück führe nicht zu einem steuerbaren Gewinn aus einem privaten Veräußerungsgeschäft.

---

290 Vgl. auch BFH, PM Nr. 59 v. 19.9.2019.
291 BoSoG v. 20.12.1993, BGBl I 1993, S. 2182.

Entscheidung

Der BFH hat die Entscheidung des FG bestätigt. Private Veräußerungsgeschäfte sind gem. § 23 Abs. 1 S. 1 Nr. 1 EStG u. a. Veräußerungsgeschäfte bei Grundstücken, soweit der Zeitraum zwischen Anschaffung und Veräußerung nicht mehr als 10 Jahre beträgt. Die Begriffe »Anschaffung« und »Veräußerung« erfassen entgeltliche Erwerbs- und Übertragungsvorgänge, die wesentlich vom Willen des Steuerpflichtigen abhängen. Sie müssen Ausdruck einer wirtschaftlichen Betätigung sein.

An einer willentlichen Übertragung auf eine andere Person fehlt es, wenn – wie im Falle einer Enteignung – der Verlust des Eigentums am Grundstück ohne maßgeblichen Einfluss des Steuerpflichtigen (und ggf. auch gegen seinen Willen) stattfindet. Diese am Wortlaut orientierte Gesetzesauslegung entspricht, wie der BFH in seinem Urteil betonte, dem historischen Willen des Gesetzgebers. Sie sei auch vor dem Hintergrund eines systematischen Auslegungsansatzes folgerichtig.

Literaturhinweise

Dorn, nwb 2019, S. 167; *Dorn/Barg*, nwb 2019, S. 3767; *Kanzler*, nwb 2019, S. 2907; *Trossen*, nwb 2019, S. 2974

1.3 Sonstige Entscheidungen

1.3.1 Frist für Antrag auf Regelbesteuerung gilt auch bei nachträglich erkannter verdeckter Gewinnausschüttung

BFH, Urteil v. 14.5.2019,[292] **VIII R 20/16, BStBl II 2019, S. 586;**
Vorinstanz: FG München, Urteil v. 15.6.2016, 9 K 190/16, EFG 2016, S. 1503

Der Antrag auf Besteuerung der Kapitaleinkünfte aus einer unternehmerischen Beteiligung an einer Kapitalgesellschaft nach der tariflichen ESt unter Anwendung des Teileinkünfteverfahrens ist spätestens zusammen mit der ESt-Erklärung für den jeweiligen VZ zu stellen (§ 32d Abs. 2 Nr. 3 S. 4 EStG). Ein entsprechender Antrag kann auch vorsorglich gestellt werden.[293]

Die Antragsfrist des § 32d Abs. 2 Nr. 3 S. 4 EStG gilt auch, wenn Kapitalerträge in Gestalt verdeckter Gewinnausschüttungen aus einer unternehmerischen Beteiligung erst durch die Außenprüfung festgestellt werden und der Steuerpflichtige in der unzutreffenden Annahme, keine Kapitalerträge aus der Beteiligung erzielt zu haben, in seiner ESt-Erklärung keinen Antrag gem. § 32d Abs. 2 Nr. 3 EStG gestellt hat.

Kennt der Steuerpflichtige das Antragsrecht gem. § 32d Abs. 2 Nr. 3 S. 1 Buchst. a EStG, stellt aber gleichwohl keinen entsprechenden Antrag, weil er wegen eines Irrtums über die zutreffende Qualifikation seiner Einkünfte annimmt, keine Kapitalerträge in Gestalt verdeckter Gewinnausschüttungen aus der Beteiligung zu erzielen, liegt darin kein Fall höherer Gewalt i. S. v. § 110 Abs. 3 AO.

Normen: § 110 Abs. 3 AO; § 32d Abs. 2 Nr. 3 EStG

---

292 Vgl. auch BFH, PM Nr. 53 v. 22.8.2019.
293 Anschluss an das Senatsurteil v. 28.7.2015, VIII R 50/14, BStBl II 2015, S. 894.

Steuerpflichtige mit Kapitalerträgen aus einer unternehmerischen Beteiligung müssen den Antrag auf Regelbesteuerung anstelle der Abgeltungsteuer spätestens zusammen mit der ESt-Erklärung stellen, um so die anteilige Steuerfreistellung im Rahmen des sog. Teileinkünfteverfahrens zu erlangen. Die Antragsfrist gilt auch, wenn sich das Vorliegen von Kapitalerträgen erst durch die Annahme einer vGA im Rahmen einer Außenprüfung ergibt. Hat der Steuerpflichtige keinen vorsorglichen Antrag auf Regelbesteuerung gestellt, besteht dann auch nicht die Möglichkeit einer Wiedereinsetzung gem. § 110 AO.

Sachverhalt
Im Streitfall war der Kläger Alleingesellschafter der A-GmbH und Geschäftsführer der B-GmbH, einer 100%igen Tochtergesellschaft der A-GmbH. Er bezog in den Streitjahren 2009 bis 2011 von der B-GmbH Gehalts- und Tantiemezahlungen sowie Honorare für Beratungsleistungen. Diese erklärte er bei seinen Einkünften aus selbstständiger bzw. nichtselbstständiger Arbeit. Einkünfte aus seiner Beteiligung an der A-GmbH erklärte er nicht. Der Kläger stellte jeweils Anträge auf sog. Günstigerprüfung, jedoch keine Anträge auf Regelbesteuerung gem. § 32d Abs. 2 Nr. 3 EStG. Hierfür hatte er bei der Abgabe seiner ESt-Erklärungen keinen Anlass gesehen, da er von Einkünften aus nichtselbstständiger oder selbstständiger Arbeit ausging.

Erst nachdem sich im Rahmen einer Außenprüfung ergeben hatte, dass ein Teil des Geschäftsführergehalts, der Entgelte für Beratungsleistungen und der Tantieme als vGA anzusehen waren, stellte der Kläger Anträge auf Regelbesteuerung. In den geänderten ESt-Bescheiden erhöhte das FA die Kapitaleinkünfte des Klägers um die vGA. Es unterwarf diese nach Günstigerprüfung zwar der tariflichen ESt, wendete jedoch das Teileinkünfteverfahren nicht zugunsten des Klägers an.

Entscheidung
Dies hat der BFH als zutreffend angesehen. Nach dem Urteil des VIII. Senats findet das Teileinkünfteverfahren keine Anwendung. Allein der vom Kläger gestellte Antrag auf Günstigerprüfung führe nicht zu der begehrten anteiligen Steuerfreistellung der Einkünfte aus der A-GmbH. Den für eine solche anteilige Freistellung erforderlichen Antrag gem. § 32d Abs. 2 Nr. 3 EStG habe der Kläger erst nach der Abgabe der ESt-Erklärungen und damit nicht fristgerecht gestellt. Die in den Steuererklärungen enthaltenen Anträge auf Günstigerprüfung könnten nicht als fristgerechte konkludente Anträge gem. § 32d Abs. 2 Nr. 3 EStG angesehen werden. Eine teleologische Reduktion der gesetzlichen Fristenregelung, wie sie das FG angenommen habe, scheide aus. Das Gesetz, das dem Steuerpflichtigen ausdrücklich nur ein fristgebundenes Wahlrecht gewähre, sei nicht planwidrig unvollständig. Der Steuerpflichtige könne sein Antragsrecht auch vorsorglich ausüben. Verzichte er auf einen solchen vorsorglichen Antrag, trage er das Risiko einer unzutreffenden Beurteilung von Einkünften im Rahmen seiner Steuererklärung.

Eine Wiedereinsetzung in die versäumte Antragsfrist lehnte der BFH ebenfalls ab, weil im Zeitpunkt der Antragsnachholung durch den Kläger die Jahresfrist des § 110 Abs. 3 AO bereits verstrichen und auch kein Fall höherer Gewalt anzunehmen war.

Praxishinweis

Auch wenn im betreffenden Jahr keine offene Gewinnausschüttung erfolgt ist und keine Werbungskosten (wie z. B. Schuldzinsen aus der Finanzierung der Beteiligung) angefallen sind, könnte im Falle einer Beteiligung i. S. d. § 32 Abs. 2 Nr. 3 EStG bei Abgabe der ESt-Erklärung ein Antrag auf Anwendung des Teileinkünfteverfahrens dann sinnvoll sein, wenn ein latentes Risiko besteht, dass es nachträglich zur Annahme verdeckter Gewinnausschüttungen kommen könnte, die wegen § 32d Abs. 2 Nr. 1 EStG dann nicht unter den Abgeltungsteuersatz fallen würden.

Literaturhinweise

Korn, nwb 2019, S. 2616; *Nürnberg*, nwb 2019, S. 2688; *Schmitz-Herscheidt*, nwb 2019, S. 3831

1.3.2 Keine Steuersatzermäßigung für Aufstockungsbeträge zum Transferkurzarbeitergeld

BFH, Urteil v. 12.3.2019,[294] IX R 44/17, BStBl II 2019, S. 574;
Vorinstanz: FG Münster, Urteil v. 15.11.2017, 7 K 2635/16 E, EFG 2018, S. 120

Aufstockungsbeträge zum Transferkurzarbeitergeld, die auf der Grundlage eines Transfer-Arbeitsverhältnisses und mit Rücksicht auf dieses von der Transfergesellschaft geleistet werden, sind regelmäßig keine Entschädigung i. S. v. § 24 Nr. 1 Buchst. a und § 34 Abs. 2 Nr. 2 EStG, sondern laufender Arbeitslohn i. S. d. § 19 EStG.

Normen: §§ 19 Abs. 1 S. 1 Nr. 1, 24 Nr. 1 Buchst. a, 34 Abs. 1 und Abs. 2 Nr. 2 EStG; § 111 SGB III

Sachverhalt

Im Streitfall wechselte der Kläger – nach mehr als 24 Jahren Beschäftigungszeit – wegen der Stilllegung eines Werkes des Arbeitgebers zu einer Transfergesellschaft. Für die einvernehmliche Aufhebung des langjährigen Beschäftigungsverhältnisses zahlte der bisherige Arbeitgeber dem Kläger eine Abfindung. Gleichzeitig schloss der Kläger mit der Transfergesellschaft ein befristetes Arbeitsverhältnis für die Dauer von zwei Jahren mit dem Ziel ab, dem Kläger Qualifizierungsmöglichkeiten zu eröffnen und seine Arbeitsmarktchancen zu verbessern. Den Kläger trafen arbeitsvertraglich geregelte Mitwirkungs- und Teilnahmepflichten. Er hatte den Weisungen der Transfergesellschaft zu folgen. Ein Beschäftigungsanspruch bestand nicht.

Grundlage für das neue Arbeitsverhältnis mit der Transfergesellschaft war die Gewährung von Transferkurzarbeitergeld gem. § 111 SGB III. Die Transfergesellschaft verpflichtete sich zur Zahlung eines Zuschusses zum Transferkurzarbeitergeld. Das FA behandelte die Aufstockungsbeträge als laufenden, der normalen Tarifbelastung unterliegenden Arbeitslohn nach § 19 EStG. Der

---

[294] Vgl. auch BFH, PM Nr. 36 v. 13.6.2019.

Kläger war demgegenüber der Auffassung, es handele sich um eine ermäßigt zu besteuernde Entschädigung i. S. v. § 24 Nr. 1 Buchst. a EStG i. V. m. § 34 Abs. 2 Nr. 2 EStG für den Verlust seines früheren Arbeitsplatzes.

Entscheidung
Der BFH bestätigte die Auffassung des FA. Die Aufstockungsbeträge seien dem Kläger aus dem mit der Transfergesellschaft geschlossenen Arbeitsverhältnis zugeflossen und durch dieses unmittelbar veranlasst. Daher stellten sie eine Gegenleistung für die vom Kläger aus dem Arbeitsverhältnis geschuldeten Arbeitnehmerpflichten dar. Der Annahme von Einkünften aus nichtselbstständiger Arbeit stehe nicht entgegen, dass der Kläger weder einen Anspruch auf Beschäftigung gegenüber der Transfergesellschaft hatte noch diese zur tatsächlichen Beschäftigung des Klägers verpflichtet war. Der BFH begründete dies damit, dass ein Arbeitgeber auf die Arbeitsleistung eines Mitarbeiters auch ganz verzichten könne, ohne dass dies Einfluss auf den Bestand des Arbeitsverhältnisses habe.

Literaturhinweise
Hilbert, nwb 2019, S. 1952; *Kanzler*, nwb 2019; S. 1875; *Krüger*, DB 2019, S. 1476

1.3.3 Keine Tarifbegünstigung bei Realteilung mit Verwertung in Nachfolgegesellschaft

BFH, Urteil v. 15.1.2019,[295] VIII R 24/15, DB 2019, S. 1540;
Vorinstanz: FG Köln, Urteil v. 25.6.2013, 12 K 2008/11, EFG 2015, S. 1603

Die tarifbegünstigte Besteuerung eines durch eine echte Realteilung einer Sozietät ausgelösten Aufgabegewinns gem. § 34 Abs. 2 Nr. 1 EStG setzt voraus, dass der Steuerpflichtige die wesentlichen vermögensmäßigen Grundlagen seiner bisherigen freiberuflichen Tätigkeit aufgibt. Hieran fehlt es, wenn er den ihm im Rahmen der Realteilung zugewiesenen Mandantenstamm dergestalt verwertet, dass dieser geplant auf eine GbR, an der der Steuerpflichtige beteiligt ist, übergeht und er in einem zweiten Schritt gegen Abfindung aus dieser GbR ausscheidet. Dass der Realteiler im Ergebnis die freiberufliche Tätigkeit im bisherigen örtlichen Wirkungskreis zeitnah einstellt, genügt in diesem Fall nicht für die Gewährung der Tarifbegünstigung.[296]

Normen: §§ 16, 18, 34 Abs. 2 Nr. 1 EStG

Verwertet der bei der Realteilung einer Sozietät ausscheidende Sozius den ihm im Rahmen der Realteilung zugewiesenen und zum gemeinen Wert entnommenen Mandantenstamm dadurch, dass er diesen in eine Nachfolgegesellschaft einlegt und anschließend auch aus dieser gegen Abfindung ausscheidet, liegt nach dem Urteil des BFH kein tarifbegünstigter Aufgabegewinn vor. Denn es werden dann nicht bereits mit der Realteilung der Sozietät die wesentlichen vermögensmäßigen Grundlagen der bisherigen freiberuflichen Tätigkeit aufgegeben.

---

295 Vgl. auch BFH, PM Nr. 40 v. 11.7.2019.
296 Fortentwicklung des Senatsurteils v. 21.8.2018, VIII R 2/15, BStBl II 2019, S. 64.

Sachverhalt

Der Kläger war Gesellschafter einer Rechtsanwaltssozietät, die in mehreren Großstädten Standorte unterhalten hatte. Die Sozietät wurde im Jahr 2001 durch Realteilung aufgelöst, was zu einer Betriebsaufgabe führte. Ihr Vermögen wurde auf Nachfolgegesellschaften, die die Partner der einzelnen Standorte gegründet hatten, übertragen. Auch der Kläger wurde zunächst Gesellschafter einer solchen Nachfolgegesellschaft, schied jedoch unmittelbar nach deren Gründung gegen Zahlung einer Abfindung aus dieser Gesellschaft aus. Er war der Meinung, der im Zusammenhang mit der Auflösung der Sozietät entstandene anteilige Aufgabegewinn sei tarifbegünstigt zu besteuern, da er wirtschaftlich betrachtet aus der Sozietät ausgeschieden sei. Daneben habe er auf Ebene der Nachfolgegesellschaft einen Veräußerungsverlust erlitten.

Entscheidung

Der BFH gewährte dem Kläger die streitige Tarifbegünstigung gem. §§ 18 Abs. 3, 16 Abs. 4, 34 Abs. 2 Nr. 1 EStG für den anteiligen Aufgabegewinn aus der Sozietät nicht. Die Tarifbegünstigung setze im Fall einer Betriebsaufgabe durch Realteilung voraus, dass die anteiligen vermögensmäßigen Grundlagen der freiberuflichen Tätigkeit des Realteilers in der Sozietät aufgegeben werden. Hieran fehle es, wenn der Kläger die wesentlichen vermögensmäßigen Grundlagen seiner beruflichen Tätigkeit in der Sozietät in Gestalt des anteiligen Mandantenstamms erst mit seinem Ausscheiden aus der Nachfolgegesellschaft endgültig aus der Hand gebe.

Der Kläger hat nicht bereits mit der Realteilung der Sozietät die wesentlichen vermögensmäßigen Grundlagen seiner bisherigen freiberuflichen Tätigkeit aufgegeben. Vielmehr hat er diese geplant auf die GbR übergeleitet und dort verwertet. Er hat den ihm im Zuge der Realteilung zugewiesenen Mandantenstamm in der GbR verwertet, indem er – in einem zweiten Schritt – gegen Zahlung einer Abfindung aus der GbR ausgeschieden ist.

Der VIII. Senat wendet sich auch gegen die Ansicht des Klägers, das die Realteilung der Sozietät und sein Ausscheiden aus der Nachfolgegesellschaft als einheitlicher (wirtschaftlicher) Vorgang anzusehen sei. Die Beteiligten haben sich bewusst für eine mehraktige Gestaltung entschieden, die darauf basiert, dass der Kläger unter Verwertung der im Rahmen der Realteilung der Sozietät zugewiesenen Mandate erst aus der GbR ausscheidet. Dass die Realteilung – anders als ursprünglich beabsichtigt – nicht buchwertneutral erfolgt ist, rechtfertige keine andere Betrachtung.

> **Praxishinweis**
> Vgl. zum Themenbereich Realteilung auch das aktualisierte Schreiben des BMF vom 19.12.2018.[297]

Literaturhinweise

Haunhorst, DB 2019, S. 1711; *Kanzler*, nwb 2019, S. 2187; *Nürnberg*, nwb 2019, S. 2184; *Paus*, nwb 2019, S. 1978

---

297 BMF, Schreiben v. 19.12.2018, IV C 6 – S 2242/07/10002, BStBl I 2019, S. 6; vgl. hierzu auch B.1.2.1.

1.3.4 Thesaurierungsbegünstigung bei Übertragung eines Mitunternehmeranteils aus eine Stiftung

BFH, Urteil v. 17.1.2019, III R 49/17, BStBl II 2019, S. 655;
Vorinstanz: FG Münster, Urteil v. 27.1.2017, 4 K 56/16 F, EFG 2017, S. 477

Die unentgeltliche Übertragung eines Mitunternehmeranteils auf eine Stiftung löst keine Nachversteuerung von in der Vergangenheit nach § 34a EStG begünstigt besteuerten thesaurierten Gewinnen aus. Eine analoge Anwendung des § 34a Abs. 6 S. 1 Nr. 2 EStG kommt nicht in Betracht.

Normen: § 16 EStG; § 34a EStG i. d. F. bis 4.7.2017

Klärungsbedürftig war die Frage, ob die Übertragung einer Kommanditbeteiligung auf eine neu gegründete Stiftung für den Übertragenden/Stifter eine Nachversteuerung vormals tariflich nach § 34a EStG begünstigt besteuerter Gewinnanteile zur Folge hatte.

Sachverhalt

Der Kläger war alleiniger Kommanditist einer GmbH & Co. KG. Gewinnanteile aus der Vergangenheit beließ er in erheblichem Umfang in der Gesellschaft und nahm insoweit die Thesaurierungsbegünstigung nach § 34a EStG in Anspruch, versteuerte diese begünstigten Gewinne somit lediglich mit einem S. von 28,25 %. Die Begünstigung nach § 34a EStG wird allerdings nur »unter Vorbehalt« gewährt. Voraussetzung für eine Beibehaltung des Steuervorteils ist u. a., dass zwecks Stärkung der Eigenkapitalbasis der Unternehmen die thesaurierten Gewinne auch dort verbleiben. Aus diesem Grund erfolgt eine Nachversteuerung z. B. dann, wenn der Steuerpflichtige/Gesellschafter die Gewinne in einem späteren Jahr doch entnimmt. Der sog. nachversteuerungspflichtige Betrag wird vom FA jedes Jahr gesondert festgestellt.

Aber nicht nur die Entnahme thesaurierter Gewinne wird nachversteuert, sondern auch die im Gesetz in § 34a Abs. 6 EStG – grds. abschließend – bezeichneten Vorgänge, nämlich u. a. (im Streitfall relevant: § 34a Abs. 6 S. 1 Nr. 2 EStG) die Einbringung eines Betriebs oder Mitunternehmeranteils in eine Kapitalgesellschaft oder eine Genossenschaft (§ 20 UmwStG) sowie der Formwechsel einer Personengesellschaft in eine Kapitalgesellschaft oder Genossenschaft.

Da die Übertragung der Kommanditbeteiligung auf die Beteiligungsträgerstiftung jedoch nicht vom Gesetzeswortlaut des (einzig in Betracht kommenden) Nachversteuerungstatbestands des § 34a Abs. 6 S. 1 Nr. 2 EStG erfasst wird, musste geklärt werden, ob diese Vorschrift bei Übertragungen eines Betriebs/Mitunternehmeranteils auf eine Stiftung oder – allgemein betrachtet – bei unentgeltlichen Übertragungen auf eine Körperschaft analog anwendbar ist. Sowohl das FG als auch der BFH verneinen dies und gaben insofern dem Kläger Recht.

Entscheidung

Eine analoge Anwendung des § 34a Abs. 6 S. 1 Nr. 2 EStG kommt laut Urteil des BFH nicht in Betracht. Der Wortlaut des § 34a EStG sei hinsichtlich der Kapitalgesellschaften und Genossenschaften abschließend. Er enthalte keine Hinweise auf Stiftungen oder andere Gebilde. Eine erweiternde Auslegung – von Kapitalgesellschaften und Genossenschaften auf andere juristische

Personen wie Stiftungen – widerspricht nach dem Verständnis der obersten Richter dem Gesetzeswortlaut.

Sollte eine Regelungslücke bestehen, wäre diese nicht planwidrig, so der III. Senat des BFH. Das Gesetzgebungsverfahren habe gezeigt, dass der Gesetzgeber die Reichweite der Nachversteuerungstatbestände gründlich durchdacht hat. Wenn der Gesetzgeber nämlich alle Fälle eines Wechsels von der transparenten Besteuerung zum KSt-System erfassen wollte, hätte er sämtliche Einbringungen und Übertragungen auf ein KSt-Subjekt in § 34a Abs. 6 EStG aufnehmen können. Eine derart weite Begriffsfassung sei dem Gesetzgeber auch an anderer Stelle des EStG nicht fremd gewesen: So z. B. in § 6 Abs. 5 S. 5 und 6 EStG zum Ansatz des Teilwerts bei Übertragung von Wirtschaftsgütern, wo ausdrücklich Übertragungen auf »Körperschaften, Personenvereinigungen oder Vermögensmassen« genannt werden.

> **Praxishinweis**
> Der BFH widerspricht damit der Verwaltungsauffassung, die eine analoge Anwendung des § 34a Abs. 6 S. 1 Nr. 2 EStG befürwortet (z. B. OFD Frankfurt am Main[298]) Inzwischen wurde durch das Gesetz gegen schädliche Steuerpraktiken im Zusammenhang mit Rechteüberlassungen[299] die Nr. 3 in § 34a Abs. 6 S. 1 EStG eingefügt. Danach löst nun – über die Fälle der Einbringungen nach § 34a Abs. 6 S. 1 Nr. 2 EStG hinaus – auch die unentgeltliche Übertragung eines Betriebs oder Mitunternehmeranteils an eine Körperschaft, Personenvereinigung oder Vermögensmasse i. S. v. § 1 Abs. 1 KStG – also auch Stiftungen – die Nachversteuerung aus. Die Neuregelung gilt erstmals für unentgeltliche Übertragungen nach dem 5.7.2017.

Literaturhinweis
Dürr, Haufe News v. 24.6.2019

1.3.5 Thesaurierungsbegünstigung für Übernahmegewinn

BFH, Urteil v. 9.5.2019, IV R 13/17, BStBl II 2019, S. 754;
Vorinstanz: FG Münster, Urteil v. 28.8.2017, 3 K 1256/15 F, EFG 2018, S. 371

Der nach § 4 Abs. 1 S. 1 oder § 5 EStG ermittelte Gewinn i. S. d. § 34a Abs. 2 EStG ist der Unterschiedsbetrag zwischen dem Betriebsvermögen am Schluss des Wirtschaftsjahrs und dem Betriebsvermögen am Schluss des vorangegangenen Wirtschaftsjahrs, vermehrt um den Wert der Entnahmen und vermindert um den Wert der Einlagen. Danach ansetzende außerbilanzielle Gewinnkorrekturen sind hierbei nicht zu berücksichtigen. Der Übernahmegewinn i. S. d. § 4 Abs. 4 S. 1 UmwStG ist hingegen Bestandteil dieses Gewinns. Nach § 34a Abs. 10 S. 1 EStG ist nicht der nicht entnommene Gewinn i. S. d. Abs. 2 als individuelle (mitunternehmeranteilsbezogene) Saldogröße, sondern es sind die für die Ermittlung dieser Saldogröße erforderlichen individuellen Berechnungsfaktoren gesondert festzustellen.

Normen: §§ 4 Abs. 1 S. 1, 5, 34a Abs. 1 und Abs. 2 sowie Abs. 6 S. 1 Nr. 2 und Abs. 10 EStG; § 4 Abs. 4 und Abs. 5 S. 2 sowie Abs. 7 S. 2 UmwStG

---

298 OFD Frankfurt am Main, Verfügung v. 15.2.2019, S 2290a A – 002 – St 213, DB 2019, S. 640.
299 Gesetz gegen schädliche Steuerpraktiken im Zusammenhang mit Rechteüberlassungen v. 27.6.2017, BGBl I 2017, S. 2074.

Sachverhalt

Die Kläger sind je zur Hälfte als Kommanditisten am Kapital einer GmbH & Co. KG beteiligt. Nachdem ein Teilbetrieb einer 100%igen Enkel-GmbH abgespalten worden war, wurde dieser im weiteren Verlauf auf die KG verschmolzen. In der Folge erhöhte sich der steuerliche Gewinn der KG um einen Übernahmegewinn nach § 4 Abs. 4 UmwStG und Einnahmen nach § 7 UmwStG.

Diese Erhöhungsbeträge wurden vom FA für die Ermittlung des thesaurierungsbegünstigten Gewinns gem. § 34a EStG nicht berücksichtigt. Die hiergegen gerichtete Klage hatte vor dem FG keinen Erfolg. Der BFH hat der Revision stattgegeben und das Urteil des FG aufgehoben.

Entscheidung

Der nach § 4 Abs. 1 S. 1 oder § 5 EStG ermittelte Gewinn i. S. d. § 34a Abs. 2 EStG ist der Unterschiedsbetrag zwischen dem Betriebsvermögen am Schluss des Wirtschaftsjahrs und dem Betriebsvermögen am Schluss des vorangegangenen Wirtschaftsjahrs, vermehrt um den Wert der Entnahmen und vermindert um den Wert der Einlagen. Danach ansetzende, außerbilanziell vorzunehmende Gewinnkorrekturen sind nach Auffassung des BFH – in diesem Punkt der Auffassung der Finanzverwaltung und des FG folgend – hierbei nicht zu berücksichtigen.

Zu diesen außerbilanziellen Gewinnkorrekturen gehören auch die bei der Verschmelzung nach § 7 UmwStG anzusetzenden Einnahmen und die nach § 4 Abs. 5 S. 2 UmwStG angeordnete Abrechnung dieser Einnahmen vom Übernahmegewinn i. S. d. § 4 Abs. 4 UmwStG. Jedoch ist der Übernahmegewinn i. S. d. § 4 Abs. 4 S. 1 UmwStG nach Ansicht des IV. Senats – entgegen der Auffassung des FG – Bestandteil des nach § 4 Abs. 1 S. 1 oder § 5 EStG ermittelten Gewinns der KG.

Bei den in § 34a Abs. 10 S. 1 EStG exemplarisch genannten Besteuerungsgrundlagen – den Entnahmen und Einlagen – handelt es sich um individuelle (Berechnungs-) Faktoren, die für die Tarifermittlung nach den Abs. 1 bis 7 erforderlich sind. Vor diesem Hintergrund versteht der IV. Senat den Wortlaut der Vorschrift, wonach neben den Entnahmen und Einlagen »weitere für die Tarifermittlung ... erforderliche Besteuerungsgrundlagen gesondert festgestellt werden« können, dahin, dass Gegenstand der gesonderten Feststellung nicht der nicht entnommene Gewinn i. S. d. § 34a Abs. 2 EStG als individuelle (mitunternehmeranteilsbezogene) Saldogröße ist, sondern die für die Ermittlung dieser Saldogröße erforderlichen individuellen Berechnungsfaktoren sind.

1.3.6 Steuerermäßigung wegen Unterbringung in einem Pflegeheim

BFH, Urteil v. 3.4.2019,[300] VI R 19/17, BStBl II 2019, S. 445;
Vorinstanz: Hessisches FG, Urteil v. 28.2.2017, 9 K 400/16, EFG 2017, S. 1349

Die Steuerermäßigung nach § 35a Abs. 2 S. 2 Halbs. 2 EStG kann nur von dem Steuerpflichtigen in Anspruch genommen werden, dem Aufwendungen aufgrund seiner eigenen Unterbringung in einem Heim oder zu seiner eigenen dauernden Pflege erwachsen.

Norm: § 35a Abs. 2 S. 2 Halbs. 2 EStG

---

[300] Vgl. auch BFH, PM Nr. 33 v. 29.5.2019.

Sachverhalt

Im Streitfall hatte der Kläger die Aufwendungen seiner Mutter für deren Aufenthalt in einem Seniorenheim übernommen. Er machte diese Kosten, soweit sie auf Pflege und Verpflegung seiner Mutter entfielen, gem. § 35a EStG steuermindernd geltend. Nach § 35a Abs. 2 S. 1 EStG ermäßigt sich die tarifliche ESt für haushaltsnahe Beschäftigungsverhältnisse oder für die Inanspruchnahme von haushaltsnahen Dienstleistungen auf Antrag um 20 %, höchstens 4.000 €, der Aufwendungen des Steuerpflichtigen. Dies gilt auch für die Inanspruchnahme von Pflege- und Betreuungsleistungen sowie für Aufwendungen, die einem Steuerpflichtigen wegen der Unterbringung in einem Heim oder zur dauernden Pflege erwachsen, soweit darin Kosten für Dienstleistungen enthalten sind, die mit denen einer Hilfe im Haushalt vergleichbar sind (§ 35a Abs. 2 S. 2 EStG). FA und FG gewährten die beantragte Steuerermäßigung jedoch nicht.

Entscheidung

Der BFH bestätigte die FG-Entscheidung. Ein Abzug der geltend gemachten Aufwendungen gem. § 35a Abs. 2 S. 2 Halbs. 2 EStG kam nicht in Betracht, weil es sich nicht um Kosten handelte, die dem Kläger aufgrund seiner eigenen Unterbringung in einem Heim oder zu seiner eigenen Pflege erwachsen sind. Für Aufwendungen, die die Unterbringung oder Pflege einer anderer Personen betreffen, scheidet die Steuerermäßigung dagegen aus.

Die Frage, ob die Mutter Aufwendungen des Klägers für ihre Unterbringung in dem Heim als Drittaufwand unter dem Gesichtspunkt des abgekürzten Zahlungswegs abziehen könnte, musste der Senat im vorliegenden Fall nicht entscheiden.

Literaturhinweis

Seifert, nwb 2019, S. 1872

1.3.7 Steuerabzug nach § 50a Abs. 1 Nr. 3 EStG bei »total buy out«-Vertrag

BFH, Urteil v. 24.10.2018,[301] I R 69/16, BStBl II 2019, S. 401;
Vorinstanz: FG Köln, Urteil v. 25.8.2016, 13 K 2205/13, EFG 2017, S. 311

Eine Steuerabzugsverpflichtung nach § 50a Abs. 1 Nr. 3 EStG besteht auch dann, wenn der beschränkt steuerpflichtige Vergütungsgläubiger dem Vergütungsschuldner ein umfassendes Nutzungsrecht an einem urheberrechtlich geschützten Werk i. S. eines »total buy out« gegen eine einmalige Pauschalvergütung einräumt.

Normen: § 50a Abs. 1 Nr. 3 EStG; §§ 2 Nr. 1, 8 Abs. 1 KStG; §§ 29, 32a UrhG

Bei »total buy out«-Verträgen handelt es sich um Vereinbarungen über die Veräußerung aller Rechte auf unbestimmte Zeit und gegen ein pauschales Honorar. Betroffen von solchen Verträgen sind v. a. Bereiche in der Medienproduktion.

---

[301] Erst in 2019 veröffentlicht.

Sachverhalt

Im Streitfall hatte sich die Klägerin von einer in Großbritannien ansässigen Ltd. das uneingeschränkte, unwiderrufliche und zeitlich nicht begrenzte Recht an einem urheberrechtlich geschützten Werk (hier: Drehbuch – Recht zu Film-/Fernsehzwecken und Verwertung) einräumt. Es wurden weitere Vereinbarungen getroffen, die darauf abzielten, die Verwertung durch zwingende gesetzliche Beschränkungen nicht zu beeinflussen. Die Klägerin war der Meinung, sie habe das wirtschaftliche Eigentum an den, ihr eingeräumten Rechten erlangt und sei deswegen nicht zum Steuerabzug verpflichtet. Denn, so die Klägerin, trotz der Unübertragbarkeit des Urheberrechts nach deutschem Recht hätte sie aufgrund des »buy-out«-Charakters der geschlossenen Verträge gegenüber den jeweiligen Urhebern eine derart starke Position erlangt, dass sie wirtschaftliches Eigentum erworben hätte.

Das FG hatte die Klage abgewiesen. Es war zu dem Ergebnis gelangt, dass die aus einem Urheberrecht stammenden Verwertungsrechte mangels disponibler wirtschaftlicher Teilhaberechte (Vergütungs- und Beteiligungsrechte) nicht (wirtschaftlich) übertragen werden können, sondern stets nur eine zeitlich beschränkte Nutzungsüberlassung gegeben sei. Der BFH zog letztinstanzlich nach und wies die Revision der Klägerin ab.

Entscheidung

Die Ltd. habe Vergütungen für die Überlassung der Nutzung eines Urheberrechts bezogen, die dem Steuerabzug nach § 50a Abs. 1 Nr. 3 EStG unterliegen. Bei der Überlassung eines Urheberrechts könne kein wirtschaftliches Eigentum an einem Urheber-Verwertungsrecht erlangt werden. § 29 UrhG sehe eine Unveräußerlichkeit des Urheberrechts an sich vor, sodass eine Trennung des Urheberpersönlichkeitsrechts von den Einzelverwertungsrechten nicht möglich ist. Der Urheber verfüge über ein gesetzliches Rückrufrecht und daher sei ungewiss, ob und wann ein Rückfall des Einzelrechts gegeben ist. Eine zeitlich begrenzte Überlassung von Rechte – und damit eine Nutzungsüberlassung – ist bei Einräumung eines unbeschränkten Verfügungsrechts auch dann zu bejahen, wenn bei Abschluss des Vertrags ungewiss ist, ob und wann die Überlassung zur Nutzung endet.

Der BFH sieht sich letztlich auch im Hinblick auf den fortdauernden Eventualanspruch des Urhebers auf weitere Erfolgsbeteiligung nach § 32a UrhG in seiner Auffassung bestätigt.

> ### Praxishinweis
> In dem nahezu inhaltsgleichen Urteil mit dem Az. I R 83/16 vom selben Tag hatte sich eine in Australien ansässige natürliche Person verpflichtet, einer inländischen GmbH »sämtliche […] urheberrechtliche Nutzungs- und Leistungsschutz- sowie sonstige Rechte inhaltlich, zeitlich und örtlich uneingeschränkt auf die Klägerin« gegen eine entsprechende Vergütung zu übertragen.[302]

---

302 BFH, Urteil v. 24.10.2018, I R 83/16, BFH/NV 2019, S. 522.

1.3.8 Kindergeld bei neben der Ausbildung ausgeübter Erwerbstätigkeit

BFH, Urteil v. 11.12.2018,[303] III R 26/18, BStBl II 2019, S. 765;
Vorinstanz: FG Baden-Württemberg, Urteil v. 16.1.2018, 6 K 3796/16

Nimmt ein volljähriges Kind nach Erlangung eines ersten Abschlusses in einem öffentlich-rechtlich geordneten Ausbildungsgang eine nicht unter § 32 Abs. 4 S. 3 EStG fallende Berufstätigkeit auf, erfordert § 32 Abs. 4 S. 2 EStG, zwischen einer mehraktigen einheitlichen Erstausbildung mit daneben ausgeübter Erwerbstätigkeit und einer berufsbegleitend durchgeführten Weiterbildung (Zweitausbildung) abzugrenzen.

Eine einheitliche Erstausbildung ist nicht mehr anzunehmen, wenn die von dem Kind aufgenommene Erwerbstätigkeit bei einer Gesamtwürdigung der Verhältnisse bereits die hauptsächliche Tätigkeit bildet und sich die weiteren Ausbildungsmaßnahmen als eine auf Weiterbildung und/oder Aufstieg in dem bereits aufgenommenen Berufszweig gerichtete Nebensache darstellen.

Im Rahmen der Gesamtwürdigung der Verhältnisse kommt es insb. darauf an, auf welche Dauer das Kind das Beschäftigungsverhältnis vereinbart hat, in welchem Umfang die vereinbarte Arbeitszeit die 20-Stundengrenze überschreitet, in welchem zeitlichen Verhältnis die Arbeitstätigkeit und die Ausbildungsmaßnahmen zueinander stehen, ob die ausgeübte Berufstätigkeit die durch den ersten Abschluss erlangte Qualifikation erfordert und inwieweit die Ausbildungsmaßnahmen und die Berufstätigkeit im Hinblick auf den Zeitpunkt ihrer Durchführung und auf ihren Inhalt aufeinander abgestimmt sind.

Der für die Annahme einer einheitlichen Erstausbildung notwendige sachliche Zusammenhang zwischen den einzelnen Ausbildungsabschnitten entfällt nicht notwendigerweise dadurch, dass der nachfolgende Ausbildungsabschnitt für die Zulassung zur Abschlussprüfung oder für deren Bestehen eine Berufstätigkeit voraussetzt.

Normen: §§ 32, 62 ff. EStG

Bei volljährigen Kindern, die bereits einen ersten Abschluss in einem öffentlich-rechtlich geordneten Ausbildungsgang erlangt haben, setzt der Kindergeldanspruch voraus, dass der weitere Ausbildungsgang noch Teil einer einheitlichen Erstausbildung ist und die Ausbildung die hauptsächliche Tätigkeit des Kindes bildet. Es wird dagegen kein Kindergeldanspruch begründet, wenn von einer berufsbegleitenden Weiterbildung auszugehen ist, da bereits die Berufstätigkeit im Vordergrund steht und der weitere Ausbildungsgang nur neben dieser durchgeführt wird.

Sachverhalt

Die Klägerin ist die Mutter einer im Juni 1993 geborenen Tochter. Die Tochter nahm nach dem Abitur an einer Dualen Hochschule ein Bachelorstudium im Fach BWL auf. Hierzu gehörte auch eine praktische Ausbildung in einem Betrieb, die in einem für den Zeitraum Oktober 2012 bis September 2015 abgeschlossenen Ausbildungsvertrag geregelt wurde. Im September 2015 beendete die Tochter das Studium erfolgreich mit dem Abschluss Bachelor of Arts. Aufgrund eines im August 2015 geschlossenen Arbeitsvertrags vereinbarte die Tochter mit ihrem bisherigen Ausbildungsbetrieb ein ab Oktober 2015 beginnendes Vollzeitarbeitsverhältnis. Im September 2015 begann die Tochter ein fünfsemestriges Masterstudium im Studiengang Wirtschaftspsychologie. Die Vorlesungen fanden abends und teilweise auch am Samstag statt.

---

[303] Erst in 2019 veröffentlicht; vgl. auch BFH, PM Nr. 13 v. 13.3.2019.

Die Familienkasse lehnte eine weitere Kindergeldfestsetzung ab Oktober 2015 ab. Zur Begründung verwies sie darauf, dass die Tochter mit dem Bachelorabschluss bereits ihre Erstausbildung abgeschlossen habe und während des Masterstudiums einer zu umfangreichen und damit den Kindergeldanspruch ausschließenden Erwerbstätigkeit nachgegangen sei.

Das FG gab der dagegen gerichteten Klage statt, weil es davon ausging, dass das Masterstudium noch Teil einer einheitlichen Erstausbildung sei und es deshalb nicht auf den Umfang der daneben ausgebübten Erwerbstätigkeit ankomme.

Entscheidung
Dagegen hielt der BFH die Revision der Familienkasse für begründet. Für in Ausbildung befindliche volljährige Kinder, die das 25. Lebensjahr noch nicht vollendet haben, besteht nach Abschluss einer erstmaligen Berufsausbildung oder eines Erststudiums nur dann ein Kindergeldanspruch, wenn sie keiner Erwerbstätigkeit nachgehen, die regelmäßig mehr als 20 Wochenstunden umfasst. Zwar können auch mehrere Ausbildungsabschnitte zu einer einheitlichen Erstausbildung zusammen zu fassen sein, wenn sie in einem engen sachlichen Zusammenhang (z. B. dieselbe Berufssparte) zueinander stehen und in engem zeitlichen Zusammenhang durchgeführt werden. Eine solche einheitliche Erstausbildung muss jedoch von einer berufsbegleitend durchgeführten Weiterbildung abgegrenzt werden.

Für diese Abgrenzung kommt es darauf an, ob nach Erlangung des ersten Abschlusses weiterhin die Ausbildung die hauptsächliche Tätigkeit des Kindes darstellt oder ob bereits die aufgenommene Berufstätigkeit im Vordergrund steht. Als Anzeichen für eine bloß berufsbegleitend durchgeführte Weiterbildung kann sprechen, dass das Arbeitsverhältnis zeitlich unbefristet oder auf mehr als 26 Wochen befristet abgeschlossen wird und auf eine vollzeitige oder nahezu vollzeitige Beschäftigung gerichtet ist.

Ebenso deutet der Umstand, dass das Arbeitsverhältnis den erlangten ersten Abschluss erfordert, auf eine Weiterbildung im bereits aufgenommenen Beruf hin. Zudem spielt auch eine Rolle, ob sich die Durchführung des Ausbildungsgangs an den Erfordernissen der Berufstätigkeit orientiert (z. B. Abend- oder Wochenendunterricht). Da insoweit noch weitere Feststellungen erforderlich waren, wies der BFH die Sache zur erneuten Prüfung an das FG zurück.

> **Praxishinweis**
> Vgl. in dem Zusammenhang weitere, zum Teil inhaltsgleiche Urteile des BFH vom 20.2.2019[304], 21.3.2019[305] und 22.5.2019[306] und anhängige Revisionsverfahren[307] sowie eine anhängige Nichtzulassungsbeschwerde[308] zum Abgrenzungsthema mehraktige Erstausbildung versus Weiterbildung.

Literaturhinweise
Krönauer/Kießling, nwb 2019, S. 3056; *Selting/Heidemann*, nwb 2019, S. 1887

---

[304] BFH, Urteil v. 20.2.2019, III R 42/18, BStBl II 2019, S. 769; BFH, Urteil v. 20.2.2019, III R 44/18, BFH/NV 2019, S. 913; BFH, Urteil v. 20.2.2019, III R 52/18, BFH/NV 2019, S. 829.
[305] BFH, Urteil v. 21.3.2019, III R 17/18, BStBl II 2019, S. 772.
[306] BFH, Urteil v. 22.5.2019, III R 54/18, BFH/NV 2019, S. 347; vgl. hierzu auch im vorliegenden Werk C.3.2.
[307] Az. beim BFH III R 62/18, Vorinstanz: FG Düsseldorf, Urteil v. 26.9.2018, 7 K 1149/18 Kg; Az. beim BFH III R 72/18, Vorinstanz: FG Düsseldorf, Urteil v. 7.11.2018, 7 K 1532/18 Kg; Az. beim BFH III R 14/19, Vorinstanz: FG Münster, Urteil v. 13.12.2018, 3 K 577/18 Kg; Az. beim BFH III R 21/19, Vorinstanz: FG Düsseldorf, Urteil v. 8.3.2019, 15 K 1820/18 Kg; Az.beim BFH, III R 28/19, Vorinstanz: FG Düsseldorf, Urteil v. 22.3.2019, 7 K 2386/18 Kg; Az.beim BFH, III R 32/19, Vorinstanz: FG Münster, Urteil v. 7.3.2019, 8 K 1903/18 Kg.
[308] Az. beim BFH, III B 145/19, Vorinstanz: FG Münster, Urteil v. 8.8.2019, 4 K 3925/17 Kg.

2 Im Bereich der Körperschaftsteuer

2.1 Beteiligungen an anderen Körperschaften

2.1.1 Ertrag aus Währungskurssicherungsgeschäft erhöht steuerfreien Veräußerungsgewinn aus Anteilsverkauf

> BFH, Urteil v. 10.4.2019, I R 20/16, DStRE 2019, S. 1362 (Ls.);
> Vorinstanz: FG Berlin-Brandenburg, Urteil v. 10.2.2016, 11 K 12212/13, DStRE 2018, S. 144
>
> Der BFH hat entschieden, dass bei der Bemessung des steuerfreien Veräußerungsgewinns aus einem in Fremdwährung abgewickelten Anteilsverkauf der Ertrag aus einem Devisentermingeschäft, das der Veräußerer vor der Veräußerung zum Zweck der Minimierung des Währungskursrisikos in Bezug auf den Veräußerungserlös abgeschlossen hat, als Bestandteil des Veräußerungspreises gewinnerhöhend zu berücksichtigen ist.
>
> **Norm:** § 8b Abs. 2 S. 1 und S. 2 KStG

Sachverhalt

Klägerin ist eine AG, die im Jahr 2002 auf US-Dollar-Basis Anteile an einer US-amerikanischen Kapitalgesellschaft erwarb. Bereits zum Zeitpunkt des Anteilserwerbs bestand nach Angabe der Klägerin die Absicht, die erworbenen Anteile wieder zu veräußern. Zur Kurssicherung schloss die Klägerin mit einer Bank mehrere Devisentermingeschäfte ab. In ihrer Handels- sowie in ihrer Steuerbilanz behandelte die Klägerin das Grundgeschäft (Aktienbestand) und das jeweilige Sicherungsgeschäft als Bewertungseinheit.

In den Jahren 2004 und 2005 (Streitjahre) veräußerte die Klägerin die Anteile in mehreren Tranchen. Aus den Anteilsveräußerungen des Jahres 2004 erzielte die Klägerin einen Buchgewinn, während sich aus jenen des Jahres 2005 ein Buchverlust ergab. Die im Jahr 2002 abgeschlossenen und zwischenzeitlich mehrmals verlängerten (revolvierenden) Kurssicherungsgeschäfte ermöglichten es der Klägerin, den in US-Dollar vereinnahmten Kaufpreis zu den in den Devisentermingeschäften vorab festgelegten Umtauschkursen in Euro zu tauschen. Hierbei realisierte die Klägerin jeweils Kursgewinne.

In ihren handelsrechtlichen Jahresabschlüssen der Streitjahre wies die X-AG den Gewinn aus der Veräußerung der Anteile unter Einbeziehung der Ergebnisse (Kursgewinne) aus den Devisentermingeschäften (»brutto«) aus. In ihren Steuererklärungen behandelte sie diese Gesamtgewinne als nach § 8b Abs. 2 S. 1 des KStG in der in den Streitjahren geltenden Fassung steuerfrei und setzte nach Maßgabe von § 8b Abs. 3 S. 1 KStG einen Anteil von 5 % dieser Gesamtgewinne als nichtabziehbare Betriebsausgaben an.

Das FA lehnte eine Begünstigung der aus den Kurssicherungsgeschäften erzielten Erträge nach § 8b Abs. 2 S. 1 KStG ab.

Die dagegen erhobene Klage vor dem FG Berlin-Brandenburg blieb ohne Erfolg.

Entscheidung
Der BFH hat der Revision stattgegeben und die Entscheidung der Vorinstanz aufgehoben.

Die Erträge der Klägerin aus den Devisentermingeschäften sind bei der Berechnung des nach § 8b Abs. 2 S. 1 KStG steuerfreien Veräußerungsgewinns aus dem Verkauf der Anteile zu berücksichtigen, wenn und soweit die Devisentermingeschäfte tatsächlich zur Abwendung des Währungskursrisikos in Bezug auf die zu erwartenden Verkaufserlöse abgeschlossen und deshalb hierdurch veranlasst gewesen sind (Abgrenzung zum BFH-Urteil vom 2.4.2008, IX R 73/04[309]).

Zur Begründung der Berücksichtigung der Kurssicherungsgeschäfte führt der BFH aus, dass eine »symmetrische« Handhabung von Wechselkursverlusten und -gewinnen geboten sei. Da Verluste aus Devisentermingeschäften, die ausschließlich zum Ausschluss bzw. zur Minderung des Währungskursrisikos einer konkret geplanten, in Fremdwährung abzuwickelnden Anteilsveräußerung abgeschlossen worden sind, als Bestandteil der Veräußerungskosten i. S. v. § 8b Abs. 2 S. 2 KStG den Veräußerungsgewinn mindern, müsse Entsprechendes auch für Erträge aus Sicherungsgeschäften gelten.

Praxishinweis
Der BFH wies in seinem Urteil darauf hin, dass das FG es zu Recht abgelehnt habe, eine Einbeziehung des Ertrags aus den Devisentermingeschäften in das nach § 8b Abs. 2 S. 2 KStG zu ermittelnde (steuerfreie) Veräußerungsergebnis daraus abzuleiten, dass die Klägerin in ihren Handels- und Steuerbilanzen den Aktienbestand und die Sicherungsgeschäfte als Bewertungseinheiten erfasst hat. Die Regelungen des § 8b Abs. 2 KStG seien jeweils isoliert auf die in die Bewertungseinheit einbezogenen Wirtschaftsgüter anzuwenden.

2.1.2 Keine Teilwertzuschreibung auf Verpflichtung aus Umtauschanleihe bei Deckungsbestand

BFH, Urteil v. 27.3.2019, I R 20/17, BFH/NV 2019, S. 1291;
Vorinstanz: FG Köln, Urteil v. 18.1.2017, 10 K 3615/14, EFG 2017, S. 1012

Der BFH hat entschieden, dass bei der Ermittlung des Veräußerungsgewinns die Anleiheverbindlichkeit nicht mit einem über dem Nennwert liegenden Teilwert berücksichtigt werden kann, wenn in der Handelsbilanz eine Bewertungseinheit zwischen der Anleiheverbindlichkeit und im Bestand der Anleiheschuldnerin gehaltenen Aktien gebildet wurde.

Normen: § 5 Abs. 1a EStG; § 8b Abs. 2 KStG; § 2 Abs. 1 S. 1 UmwStG 2006

---

309 BFH, Urteil v. 2.4.2008, IX R 73/04, BFH/NV 2008, S. 1658.

Sachverhalt
Zwischen den Beteiligten ist die seitens der Klägerin, einer AG, vorgenommene fortlaufende steuerbilanzielle Behandlung einer Umtauschanleihe streitig. Uneinigkeit besteht insb. darüber, ob und in welcher Höhe die Klägerin bei der Kündigung der Umtauschanleihe und Lieferung der Referenzaktien im Streitjahr 2006 ein nach § 8b KStG begünstigter Veräußerungsgewinn erzielt wurde.

Die Klage vor dem FG Köln hatte keinen Erfolg.

Entscheidung
Der BFH hat sich im Ergebnis der Auffassung der Vorinstanz angeschlossen und die Revision als unbegründet zurückgewiesen.

Wird bei Umtauschanleihen die Option auf Aktienlieferung durch den Anleihegläubiger ausgeübt, ist die Anleiheverbindlichkeit gegen den Buchwert der abgegebenen Aktien auszubuchen. Sofern der Ansatz der Anleiheverbindlichkeit den Buchwert der Aktien übersteigt, entsteht ein Gewinn, der § 8b Abs. 2 KStG unterfällt.

Bei der Ermittlung des Veräußerungsgewinns nach § 8b Abs. 2 KStG kann die Anleiheverbindlichkeit wegen § 5 Abs. 1a EStG nicht mit einem über dem Nennwert liegenden Teilwert berücksichtigt werden, wenn in der Handelsbilanz eine Bewertungseinheit zwischen der Anleiheverbindlichkeit und im Bestand der Anleiheschuldnerin gehaltenen Aktien gebildet wurde.

Literaturhinweis
Oletic, DStRK 2019, S. 296

2.1.3 Keine zeitliche Verrechnungsreihenfolge in § 8b Abs. 8 S. 2 KStG

> **BFH, Urteil v. 13.2.2019, I R 21/17, BStBl II 2019, S. 567;**
> **Vorinstanz: FG Münster, Urteil v. 23.1.2017, 9 K 3180/14 K,F, EFG 2017, S. 756**
>
> Der BFH hat entschieden, dass Wertaufholungen, denen in früheren Jahren sowohl steuerwirksame als auch steuerunwirksame Anteilsabschreibungen auf den niedrigeren Teilwert vorangegangen sind, nach § 8b Abs. 8 S. 2 KStG vorrangig mit dem Gesamtvolumen früherer steuerunwirksamer Teilwertabschreibungen zu verrechnen sind.
>
> **Normen:** § 6 Abs. 1 Nr. 2 S. 3 EStG; § 8 Abs. 1 InvStG; §§ 8b Abs. 8 S. 2, 34 Abs. 7 S. 8 Nr. 2 KStG

Sachverhalt
Die Klägerin ist eine körperschaftsteuerpflichtige Pensionskasse und hält Anteile an verschiedenen Aktienfonds. In den Jahren 2002 bis 2004 hatte die Klägerin Teilwertabschreibungen auf die Fonds vorgenommen, von denen sich jedoch aufgrund der Einführung des § 8b KStG nur diejenigen des Jahres 2004 mindernd auf den steuerlichen Gewinn ausgewirkt hatten. Im Streitjahr 2005

nahm die Klägerin Teilwertaufholungen auf die Fonds vor, die sie – mit Ausnahme von nicht abziehbaren Betriebsausgaben i. H. v. 5 % – als steuerfrei ansah. Dies begründete sie damit, dass die Teilwertabschreibungen in den Jahren 2002 und 2003 steuerlich ebenfalls nicht berücksichtigt wurden. Das FA beurteilte die Teilwertaufholungen in vollem Umfang als steuerpflichtig, weil sie zunächst mit den zuletzt vorgenommenen und damit steuerwirksamen Teilwertabschreibungen des Jahres 2004 zu verrechnen seien.

Die Klage vor dem FG Münster hatte nur teilweise Erfolg. Das FG hatte die Auffassung vertreten, dass sich die Verrechnungsreihenfolge an einer Zeitenreihenfolge orientieren und dabei die zuletzt eingetretene Wertminderung als zuerst ausgeglichen angesehen werden muss (»Last In- First Out«).

Im Streitfall seien die Wertaufholungen damit zunächst von den zuletzt vorgenommenen (steuerwirksamen) Teilwertabschreibungen des Jahres 2004 vorzunehmen. Diese Verrechnungsreihenfolge »Last In – First Out« sei sachgerecht und korrespondiere mit dem Zweck der Neuregelung. Es sei folgerichtig, eine Verrechnung zuerst innerhalb des neuen Regelungssystems vorzunehmen. Erst wenn der jeweilige »Zwischen«-Buchwert erreicht sei, seien die steuerfreien Teilwertabschreibungen rückgängig zu machen.

Diese Berechnungen seien allerdings für jeden Fonds getrennt vorzunehmen. Da das FA dies nicht vollständig beachtet hatte, hatte das FG der Klage teilweise stattgegeben.

Entscheidung
Der BFH hat der Revision stattgegeben und das Urteil des FG Münster aufgehoben.

Nach Auffassung des BFH ist das FG zu Unrecht davon ausgegangen, dass steuerpflichtige Wertaufholungen nach § 6 Abs. 1 Nr. 2 S. 3 des EStG in der im Streitjahr geltenden Fassung (EStG) i. V. m. § 8 Abs. 1, § 8b Abs. 8 S. 1 KStG, denen in früheren Jahren sowohl steuerwirksame als auch steuerunwirksame Anteilsabschreibungen auf den niedrigeren Teilwert vorangegangen sind, nach § 8b Abs. 8 S. 2 KStG zunächst mit der letzten Teilwertabschreibung und danach erst mit den jeweils vorhergehenden Teilwertabschreibungen zu verrechnen seien. Vielmehr ist eine (vorrangige) Verrechnung mit dem Gesamtvolumen früherer steuerunwirksamer Teilwertabschreibungen geboten.

Dies ergibt sich Ansicht des BFH nicht nur aus dem Wortlaut der Vorschrift, sondern auch aus der Gesetzesgeschichte und dem Normzweck. Das Gesetz verlange mit der Formulierung in § 8b Abs. 8 S. 2 KStG lediglich, dass eine Teilwertabschreibung in früheren Jahren, d. h. in irgendeinem der früheren Jahre, nach § 8 Abs. 3 KStG unberücksichtigt geblieben und diese Minderung nicht durch den Ansatz eines höheren Werts ausgeglichen worden ist. Mit dem Wort »soweit« beschreibe es dabei keinen zeitlichen, sondern einen quantitativ-sachlichen Zusammenhang.

Durch die Regelung in § 8b Abs. 8 S. 2 KStG solle nicht nur eine korrespondierende Steuerbefreiung gewährleistet werden, soweit, i. S. eines quantitativen Zusammenhangs, frühere Teilwertabschreibungen gem. § 8b Abs. 3 S. 3 KStG nicht wirksam waren. Folge dieses Verständnisses ist nach Auffassung des BFH darüber hinaus, dass die Rechtsfolgen vor dem Systemwechsel des § 8b Abs. 8 KStG möglichst zeitnah im Wege einer korrespondierenden Korrektur bereinigt werden. Auch diesem Verständnis der Übergangsbestimmung des § 8b Abs. 8 S. 2 KStG widerspräche es, die Wertaufholungen zunächst mit Teilwertabschreibungen innerhalb des neuen Systems des § 8b Abs. 8 KStG zu verrechnen, d. h. die Verrechnung an einer zeitlichen Reihenfolge zu orientieren und dabei die zuletzt eingetretene Wertminderung als zuerst ausgeglichen anzusehen.

Die streitbefangenen Wertaufholungen sind somit nach § 8b Abs. 8 S. 2 KStG steuerfrei zu lassen. Entgegen der Auffassung der Klägerin seien allerdings nach § 8b Abs. 3 S. 1 KStG 5 % der betroffenen Beträge als nicht abziehbare Betriebsausgabe anzusehen.

Literaturhinweis
Kleinmanns, BB 2019, S. 1904

2.1.4 Steuerfreistellung bei gewinn- und umsatzabhängigen Kaufpreisforderungen

BFH, Urteil v. 19.12.2018, I R 71/16, BStBl II 2019, S. 493;
Vorinstanz: FG Hamburg, Urteil v. 19.9.2016, 6 K 67/15, EFG 2016, S. 1987

Die Rspr., nach der gewinn- oder umsatzabhängige Kaufpreisforderungen erst im Zeitpunkt ihrer Realisation zu einem Veräußerungsgewinn führen, gilt nach Entscheidung des BFH auch für Veräußerungsgewinne nach § 8b Abs. 2 KStG.

Normen: § 60 Abs. 3 EStG i. d. F des JStG 2010; §§ 10d Abs. 4 S. 4, 5, 52 Abs. 25 S. 5 FGO; §§ 35b Abs. 2 S. 2, 36 Abs. 10 S. 1 GewStG i. d. F. des JStG 2010; §§ 8b Abs. 2 und Abs. 3, 34 Abs. 7 S. 1 Nr. 2 KStG

Sachverhalt
Die Klägerin, eine GmbH, hat im Jahr 1999 eine Beteiligung von 75 % an einer Tochter-GmbH veräußert. Bei der Veräußerung war ein teils fixer und teils variabler Kaufpreis vereinbart worden. Der variable Anteil war zu einem Sockelbetrag garantiert und richtete sich nach der Anzahl bestimmter bis zum Jahr 2025 verkaufter Produkte. Der variable Kaufpreis wurde teilweise in Form einer Anzahlung bereits bei Veräußerung 1999 vereinnahmt. Ab März 2003 erfolgten eine Überzahlung des garantierten variablen Kaufpreises und eine ertragswirksame Erfassung der weiteren Kaufpreiszahlungen.

Das FG Hamburg hatte dazu entschieden, dass in Fällen der gewinn- oder umsatzabhängigen Kaufpreisforderungen keine stichtagsbezogene Betrachtung auf den Veräußerungszeitpunkt vorzunehmen ist. In diesen Fällen sei vielmehr die Realisation des Veräußerungsentgelts maßgeblich, weil der Veräußerer die Gewinne erst im Zuflusszeitpunkt erzielt. Dies gelte auch für die Beurteilung der Veräußerungsgewinne im Rahmen von § 8b Abs. 2 KStG.

Entscheidung
Der BFH hat die Auffassung des FG bestätigt und die von der Finanzverwaltung eingelegte Revision als unbegründet zurückgewiesen.

Der Veräußerungsgewinn entsteht nach st. Rspr. des BFH zwar grds. im Veräußerungszeitpunkt, und zwar unabhängig davon, ob der vereinbarte Kaufpreis sofort fällig, in Raten zahlbar oder langfristig gestundet ist und wann der Verkaufserlös dem Veräußerer tatsächlich zufließt. Der Veräußerungsgewinn ist damit regelmäßig stichtagsbezogen auf den Veräußerungszeitpunkt zu ermitteln.

Für Fälle der gewinn- oder umsatzabhängigen Kaufpreisforderungen ist hingegen nach st. Rspr. auf die Realisation des Veräußerungsentgelts abzustellen, da der Veräußerer die Gewinne erst im Zuflusszeitpunkt erzielt. Diese zu den Veräußerungsgewinnen nach §§ 16, 17 EStG ergangene Rspr. ist nach Auffassung des BFH auch für Veräußerungsgewinne nach § 8b Abs. 2 S. 1 und 2 KStG zu beachten.

Dem steht auch nicht entgegen, dass gem. § 34 Abs. 7 S. 1 Nr. 2 KStG die Vorschrift des § 8b KStG bezogen auf den Streitfall erstmals für Gewinne und Gewinnminderungen der Klägerin ab dem 1.1.2002 anzuwenden ist. Der Kaufvertrag wurde zwar vor diesem Zeitpunkt geschlossen, die streitigen Zahlungen sind nach Auffassung des BFH aber erst im Streitjahr zugeflossen und der Gewinn der Klägerin damit erst zu diesem Zeitpunkt entstanden.

Literaturhinweis
Roßmann, DStRK 2019, S. 224

2.2 Organschaft

Teilabzugsverbot bei vororganschaftlicher Gewinnausschüttung

> **BFH, Urteil v. 25.7.2019, IV R 61/16, DStRE 2019, S. 1361 (Ls.);**
> **Vorinstanz: FG des Saarlandes, Urteil v. 1.2.2016, 1 K 1145/12, DStRE 2017, S. 1**
>
> Hängen Schuldzinsen mit dem Erwerb von Anteilen an einer Kapitalgesellschaft zusammen, mit der in einem späteren VZ ein Organschaftsverhältnis begründet wird, unterliegen die Schuldzinsen insoweit anteilig dem Teilabzugsverbot, als die Kapitalgesellschaft während des Bestehens der Organschaft Gewinne aus vororganschaftlicher Zeit ausschüttet. Dies hat der BFH in einem Urteil entschieden. Der dem Teilabzugsverbot unterliegende Teil der Schuldzinsen ergibt sich aus dem Verhältnis der Gewinnausschüttung zu dem in demselben Jahr zugerechneten Organeinkommen.
>
> **Normen:** § 180 Abs. 1 S. 1 Nr. 2 Buchst. a AO; §§ 3 Nr. 40 S. 1 Buchst. d, 3c Abs. 2, 20 Abs. 1 Nr. 1 und Abs. 3 EStG; § 48 Abs. 1 Nr. 1 FGO; § 14 Abs. 1 S. 1 Nr. 1 S. 1 KStG

Sachverhalt

Die Kläger sind ehemalige Gesellschafter einer KG und waren ebenfalls Gesellschafter (mit der Mehrheit der Stimmrechte) an einer AG. Im Streitjahr 2002 bestand, nach Abschluss eines Ergebnisabführungsvertrags im Dezember 2001, eine Organschaft i. S. d. § 14 KStG mit der KG als Organträgerin und der AG als Organgesellschaft.

Die Gesellschafterversammlung der AG beschloss im November 2002 eine offene Gewinnausschüttung für das Wirtschaftsjahr 2001. Die Ausschüttung wurde als Sonderbetriebseinnahme der Gesellschafter bei der KG behandelt und zur Hälfte als steuerpflichtige Erträge im Rahmen der einheitlichen und gesonderten Feststellung erklärt. Die Zinsen für die Darlehen zur Finanzierung der Beteiligungen wurden in voller Höhe als Sonderbetriebsausgaben erfasst.

Im Rahmen einer Außenprüfung für die Jahre 2002 bis 2004 vertrat der Prüfer die Auffassung, die Finanzierungskosten der Beteiligungen an der AG seien insoweit nach § 3c Abs. 2 EStG nur zur Hälfte abziehbar, als sie wirtschaftlich im Zusammenhang mit der Gewinnausschüttung der AG stünden. Soweit ein Zusammenhang mit der Organschaft bestehe, komme eine Kürzung nicht in Betracht, weil § 3 Nr. 40 EStG auf das Organeinkommen nicht anzuwenden sei. Daraufhin begrenzte der Betriebsprüfer den Abzug der Schuldzinsen der Höhe nach auf den Anteil, der auf die offene Gewinnausschüttung entfiel.

Die Kläger begehrten die ungekürzte Berücksichtigung der Zinsaufwendungen. Die Klage vor dem FG des Saarlandes wurde abgewiesen.

Entscheidung

Der BFH bestätigte die Entscheidung der Vorinstanz und wies die Revision als unbegründet zurück. Die vorgenommene Kürzung der Sonderbetriebsausgaben sei dem Grunde und der Höhe nach revisionsrechtlich nicht zu beanstanden.

Nach § 3c Abs. 2 S. 1 Halbs. 1 EStG dürfen Betriebsausgaben, die mit den dem § 3 Nr. 40 EStG zugrunde liegenden Betriebsvermögensmehrungen oder Einnahmen in wirtschaftlichem Zusammenhang stehen, unabhängig davon, in welchem VZ die Betriebsvermögensmehrungen oder Einnahmen anfallen, bei der Ermittlung der Einkünfte nur zur Hälfte abgezogen werden.

Hängen Schuldzinsen mit dem Erwerb von Anteilen an einer Kapitalgesellschaft zusammen, mit der in einem späteren VZ ein Organschaftsverhältnis begründet wird, unterliegen die Schuldzinsen insoweit anteilig dem Teilabzugsverbot des § 3c Abs. 2 EStG, als die Kapitalgesellschaft während des Bestehens der Organschaft Gewinne aus vororganschaftlicher Zeit ausschüttet.

Praxishinweis

Nach Auffassung des BFH ist es naheliegend, als Maßstab für die Aufteilung der Aufwendungen auf das Verhältnis der Einnahmen im Streitjahr abzustellen. Ein zeitlicher Maßstab zur Aufteilung der Finanzierungsaufwendungen komme nicht in Betracht, weil die Einkünfte in demselben VZ bezogen wurden. Einzig möglicher Aufteilungsmaßstab sei daher das Verhältnis der Einnahmen zueinander.

Literaturhinweis

Bisle, DStRK 2019, S. 291

2.3 Allgemein

2.3.1 EuGH soll über Beihilfecharakter der Steuerbegünstigung für dauerdefizitäre Tätigkeiten kommunaler Eigengesellschaften entscheiden

BFH, Beschluss v. 13.3.2019, I R 18/19, DB 2019, S. 2438;
Vorinstanz: FG Mecklenburg-Vorpommern, Urteil v. 22.6.2016, 3 K 199/13, DB 2017, S. 3023

Der BFH bittet den EuGH um Klärung, ob die Steuerbegünstigung für dauerdefizitäre Tätigkeiten kommunaler Eigengesellschaften gegen die Beihilferegelung des Unionsrechts verstößt.

Normen: Art. 107 Abs. 1, 108 Abs. 3 AEUV; §§ 8 Abs. 3 S. 2 und Abs. 7 S. 1 Nr. 2 sowie S. 2 weiter Abs. 9, 34 Abs. 6 S. 4 und S. 5 KStG i. d. F. des JStG 2009

Sachverhalt

Die Klägerin, eine GmbH, betreibt ein Energieversorgungsunternehmen. Bei der Klägerin handelt es sich um eine sog. kommunale Eigengesellschaft, da ihre Anteile zu 100 % von einer Stadt gehalten werden. Die Klägerin erwirtschaftete in den Streitjahren 2002 und 2003 (dauerhaft) Verluste aus dem Betrieb einer Schwimmhalle. Das FA erkannte diese Verluste nicht als steuermindernd an.

Die Klage gegen diese Beurteilung vor dem FG Mecklenburg-Vorpommern hatte keinen Erfolg.

Vorlagebeschluss

Der BFH hatte bereits in der Vergangenheit entschieden, dass die Hinnahme von Dauerverlusten im Interesse von Städten und Gemeinden bei kommunalen Eigengesellschaften regelmäßig zu einer vGA führt.[310]

Dementsprechend sieht der BFH auch in der Hinnahme der Dauerverluste durch die Eigengesellschaft im Streitfall eine vGA an die Stadt, mit der Folge, dass das Einkommen der Gesellschaft

---

[310] BFH, Urteil v. 22.8.2007, I R 32/06, BFH/NV 2007, S. 2424.

entsprechend zu erhöhen ist. Dieser Rechtsfolge steht jedoch die durch das Jahressteuergesetz 2009 auch mit Wirkung für die Vergangenheit geschaffene Regelung des § 8 Abs. 7 S.1 Nr. 2 KStG entgegen, wonach die Rechtsfolgen einer vGA bei kommunalen Eigengesellschaften nicht zu ziehen sind, wenn sie ein sog. Dauerverlustgeschäft, wie z. B. beim Betrieb von Schwimmbädern aus gesundheitspolitischen Gründen, unterhalten.

Fraglich ist aber, ob die Steuerbegünstigung nach § 8 Abs. 7 S. 1 Nr. 2 KStG eine staatliche Beihilfe i. S. v. Art. 107 Abs. 1 i. V. m. Art. 108 Abs. 3 des Vertrages über die Arbeitsweise der Europäischen Union (AEUV) ist. Genehmigungspflichtig sind danach selektive Beihilfen für bestimmte Unternehmen oder Produktionszweige.

Der BFH ist der Auffassung, dass § 8 Abs. 7 S. 1 Nr. 2 KStG den kommunalen Eigengesellschaften einen selektiven Vorteil dadurch verschafft, dass die Rechtsfolgen einer vGA nicht zu ziehen sind, während bei den übrigen Steuerpflichtigen, die ebenfalls im Interesse ihrer Gesellschafter verlustreiche Tätigkeiten durchführen, diese Rechtsfolgen eintreten. In seinem Vorlagebeschluss geht der BFH von einem grds. Vorliegen einer Beihilfe nach Art. 107 Abs. 1 AEUV aus, überantwortet aber dem EuGH die verbindliche Klärung der im Streitfall bestehenden Auslegungsfrage.

> **Praxishinweise**
> - Sollte der EuGH das Vorliegen einer Beihilfe nach Art. 107 Abs. 1 AEUV bejahen, wäre § 8 Abs. 7 S. 1 Nr. 2 KStG bis zu einer Entscheidung der Europäischen Kommission über die Vereinbarkeit der Steuerbegünstigung mit dem Binnenmarkt nicht anwendbar. Der Streitfall wie auch die weitere Anwendung dieser Vorschrift müssten bis zu einer Entscheidung durch die Kommission ausgesetzt werden.
> - Im Übrigen ist in Bezug auf die Besteuerungszeiträume ab 2009 – anders als im Streitfall – auch die sog. Spartenrechnung des § 8 Abs. 9 KStG zu beachten. Diese ändert aber nichts am Entfallen der vGA, mit dem der BFH sein Vorabentscheidungsersuchen maßgeblich begründet hat. Ein vom EuGH auf dieser Grundlage bejahter Beihilfetatbestand könnte sich daher auch auf die heute bestehende Rechtslage auswirken.

2.3.2 Kapitalertragsteuer bei dauerdefizitärer kommunaler Eigengesellschaft

BFH, Urteil v. 11.12.2018, VIII R 44/15, BFH/NV 2019, S. 773;
Vorinstanz: FG Münster, Urteil v. 18.8.2015, 10 K 1712/11 Kap, EFG 2015, S. 2076

Bei einer Gebietskörperschaft, die mehrheitlich an einer Verlustkapitalgesellschaft beteiligt ist, entsteht nach Auffassung des BFH keine KapErtrSt für vGA, die sich aus einem begünstigten Dauerverlustgeschäft ergeben, wenn sie die Dauerverluste wirtschaftlich trägt.

Normen: §§ 20 Abs. 1 Nr. 1 S. 2 und S. 3, 43 Abs. 1 S. 1 Nr. 1, 44 Abs. 1 und Abs. 2 sowie Abs. 5 S. 2 EStG; § 8 Abs. 3 S. 2 KStG; §§ 8 Abs. 7 S. 1 Nr. 2 und S. 2, 34 Abs. 6 S. 5 KStG i. d. F. des JStG 2009

Sachverhalt

Die Klägerin, eine kommunale Gebietskörperschaft, war vor dem Jahr 2003 direkt an der A-, B-, und C-GmbH beteiligt. Diese Gesellschaften führten im Interesse der Klägerin Tätigkeiten aus, aus denen sie dauerhafte Verluste erzielten, die von der Klägerin jeweils ausgeglichen wurden. Im Jahr 2003 wurde die Beteiligungsstruktur geändert. Die Beteiligungen der Klägerin an der A-, B- und C-GmbH wurden auf die Z-GmbH übertragen, an der sie über eine Tochtergesellschaft, die Y-GmbH, beteiligt war.

Ab dem Streitjahr 2003 übernahm dann die Z-GmbH den Ausgleich der Dauerverluste. Hierzu war sie in der Lage, weil die Klägerin mit Wirkung zum 1.1.2003 auf die Z-GmbH auch zwei Aktienpakete übertragen hatte, aus denen diese Dividendenausschüttungen vereinnahmte. Das FA sah in den Ausgleichszahlungen der Z-GmbH vGA, die über die Y-GmbH an die Klägerin gelangt seien und forderte hierfür von der Klägerin KapErtrSt nach. Die Revision des FA richtete sich gegen die Aufhebung der Nachforderungsbescheide durch das FG Münster.

Entscheidung

Der BFH schloss sich der Auffassung des FA teilweise an. Die Klägerin erzielte nach Ansicht des BFH in den Streitjahren über die Beteiligungskette aus der A-, B- und C-GmbH zwar jeweils Einnahmen aus vGA, da sämtliche Gesellschaften auf Veranlassung der Z-GmbH dauerdefizitäre Tätigkeiten nachgingen.

Für die vGA aus der B-GmbH war jedoch keine KapErtrSt nachzufordern. Nach der Entscheidung des BFH entsteht für die Einkünfte einer juristischen Person des öffentlichen Rechts, die mehrheitlich unmittelbar oder mittelbar an einer Verlustkapitalgesellschaft beteiligt ist, keine KapErtrSt für vGA, die aus dem Betrieb eines gesetzlich begünstigten Dauerverlustgeschäfts resultieren, wenn die juristische Person des öffentlichen Rechts die Dauerverluste wirtschaftlich trägt.

Ein begünstigtes Dauerverlustgeschäft liegt vor, soweit von einer Kapitalgesellschaft aus verkehrs-, umwelt-, sozial-, kultur-, bildungs- oder gesundheitspolitischen Gründen eine wirtschaftliche Betätigung ohne kostendeckendes Entgelt unterhalten wird oder das Geschäft Ausfluss einer Tätigkeit ist, die bei juristischen Personen des öffentlichen Rechts zu einem Hoheitsbetrieb gehört, § 8 Abs. 7 S. 1 Nr. 2 KStG.

Für die vGA aus den Dauerverlustgeschäften der A- und der C-GmbH griff diese Begünstigung nach Ansicht des BFH jedoch nicht ein, da deren Dauerverluste nicht auf einer gesetzlich begünstigten Tätigkeit beruhten. Der Erhebung von KapErtrSt stand insoweit auch kein gesetzlicher Bestandsschutz entgegen.

Literaturhinweis
Werth, HFR 2019, S. 676

3 Im Bereich der Lohnsteuer

3.1 Beteiligung eines Arbeitnehmers an einem künftigen Veräußerungserlös als Arbeitslohn

BFH, Urteil v. 3.7.2019, VI R 12/16; BFH/NV 2020, S. 12
Vorinstanz: FG Hamburg, Urteil v. 8.12.2014, 1 K 232/11, DStRE 2016, S. 1477

Soll ein Arbeitnehmer an einem künftigen Veräußerungserlös des Unternehmens, für das er tätig ist, beteiligt werden, so stellt die Zahlung im Zeitpunkt des Zuflusses Arbeitslohn dar.

Norm: § 19 Abs. 1 S. 1 Nr. 1 EStG

Sachverhalt

Die Kläger wurden für die Streitjahre (2001 und 2002) zur ESt zusammen veranlagt.

Der Kläger war ab dem 1.1.1999 und in den Streitjahren leitender Angestellter der A. Zuvor war er Geschäftsführer der … GmbH, die im Jahr 1998 auf die A verschmolzen wurde. Mehrheitsgesellschafter der A war W, der vom Stammkapital i. H. v. insgesamt … DM Geschäftsanteile i. H. v. … DM unmittelbar und i. H. v. … DM mittelbar über die … (C) hielt. Mit notariellem Vertrag von November 2000 brachte W seine Anteile an der A in die … (D) ein. Alleingesellschafter der D war W.

Im Januar 2002 übersandte W dem Kläger eine »Schlussrechnung für die Unterbeteiligung an der … GmbH«. Hierin nahm er Bezug auf eine Anfang 1999 dem Kläger persönlich im Rahmen des »… Beteiligungsprogramms« eingeräumte Beteiligung und erwähnte die zwischenzeitliche Übertragung der Anteile der A an die D sowie den Umstand, dass der bei »Zusage der Unterbeteiligung geplante Börsengang« nicht realisiert worden sei. Die Schlussrechnung enthält u. a. Angaben zu einer »Unterbeteiligung« des Klägers i. H. v. … %, einen Kaufpreis von … DM zzgl. Zinsen sowie einen anteiligen Veräußerungspreis von … DM zzgl. Habenzinsen i. H. v. … DM für den Zeitraum Juli 2001 bis Dezember 2001.

Unter Berücksichtigung eines bereits gezahlten Betrags von … DM ergab sich danach ein restlicher Zahlungsanspruch des Klägers i. H. v. … DM (… €).

Die D überwies dem Kläger im Jahr 2001 … DM und im Jahr 2002 … € auf dessen Konto.

In den ESt-Erklärungen für die Streitjahre erklärten die Kläger lediglich Zinsen i. H. v. … DM. Das FA veranlagte die Kläger zunächst erklärungsgemäß. Im Rahmen einer Betriebs- und Steuerfahndungsprüfung erlangte das FA dann Kenntnis von den Zahlungen der D.

Die Kläger legten im Laufe der Prüfung einen auf Dezember 2000 datierten »Letter of Understanding« zwischen W und dem Kläger vor, in dem u. a. ausgeführt wird, dass durch die Veränderung der Mehrheitsverhältnisse bei der A deren Börsengang entfalle und die ab 1998 zugesagten

Unterbeteiligungen nicht in Aktien umgewandelt werden könnten. Die Anteile an der A halte nun die D. Der Unterbeteiligungsanteil des Klägers betrage weiterhin ... %. Der Kaufpreis sei damals auf der Basis des Gesamtfirmenwerts von ... DM mit ... DM vereinbart und bis zur ersten Wertschöpfung (Dividenden und eventuelle Veräußerungserlöse) verzinslich gestundet worden. Daneben legten die Kläger einen auf Januar 2001 datierten Unterbeteiligungsvertrag zwischen dem Kläger, der D und W vor.

Das FA erfasste die Zahlungen der D entsprechend ihres Zuflusses als Einnahmen des Klägers aus nichtselbstständiger Arbeit und erließ nach § 173 Abs. 1 Nr. 1 AO geänderte ESt-Bescheide für die Streitjahre.

Nach erfolglosem Einspruch wies das FG Hamburg mit Urteil v. 8.12.2014[311] die Klage ab.

Entscheidung
Der BFH hat die Revision des Klägers als unbegründet zurückgewiesen.

Das FG hat die streitigen Zahlungen an den Kläger zu Recht dessen Einkünften aus nichtselbstständiger Arbeit in den Streitjahren zugeordnet.

- Zu den Einkünften aus nichtselbstständiger Arbeit gehören gem. § 19 Abs. 1 S. 1 Nr. 1 EStG – neben Gehältern und Löhnen – auch andere Bezüge und Vorteile, die »für« eine Beschäftigung im öffentlichen oder privaten Dienst gewährt werden.
- Dabei ist gleichgültig, ob ein Rechtsanspruch auf sie besteht (§ 19 Abs. 1 S. 2 EStG) oder unter welcher Bezeichnung oder in welcher Form sie gewährt werden (§ 2 Abs. 1 S. 2 LStDV).
- Bezüge oder Vorteile werden für eine Beschäftigung gewährt, wenn sie durch das individuelle Dienstverhältnis veranlasst worden sind. Erforderlich ist nicht, dass sie eine Gegenleistung für eine konkrete (einzelne) Dienstleistung des Arbeitnehmers sind. Eine Veranlassung durch das individuelle Dienstverhältnis ist vielmehr zu bejahen, wenn die Einnahmen dem Empfänger mit Rücksicht auf das Dienstverhältnis zufließen und sich als Ertrag der nichtselbstständigen Arbeit darstellen, d. h. wenn sich die Leistung des Arbeitgebers im weitesten Sinne als Gegenleistung für die Zurverfügungstellung der individuellen Arbeitskraft des Arbeitnehmers erweist.
- Arbeitslohn kann auch bei Zuwendung eines Dritten anzunehmen sein, wenn diese ein Entgelt »für« eine Leistung ist, die der Arbeitnehmer im Rahmen des Dienstverhältnisses für seinen Arbeitgeber erbringt, erbracht hat oder erbringen soll. Voraussetzung ist, dass sie sich für den Arbeitnehmer als Frucht seiner Arbeit für den Arbeitgeber darstellt und im Zusammenhang mit dem Dienstverhältnis steht.
- Kein Arbeitslohn liegt vor, wenn die Zuwendung wegen anderer Rechtsbeziehungen oder wegen sonstiger, nicht auf dem Dienstverhältnis beruhender Beziehungen zwischen Arbeitnehmer und Arbeitgeber gewährt wird. Vorteile sind durch vom Arbeitsverhältnis unabhängige und eigenständige Sonderrechtsbeziehungen veranlasst, wenn ihnen andere Erwerbsgrundlagen als die Nutzung der eigenen Arbeitskraft des Arbeitnehmers zugrunde liegen. In Betracht

---
311 1 K 232/11.

kommen hier bspw. entgeltlich übertragene oder auf Zeit überlassene Sachen oder Rechte oder auch Kapitalbeteiligungen.
- Die Beantwortung der Frage, ob eine Zuwendung durch das Dienstverhältnis veranlasst ist oder aufgrund einer Sonderrechtsbeziehung einer anderen Einkunftsart oder dem nicht einkommensteuerbaren Bereich zuzurechnen ist, obliegt in erster Linie der tatrichterlichen Würdigung durch das FG. Ob ein Leistungsaustausch zwischen Arbeitgeber und Arbeitnehmer den Einkünften aus nichtselbstständiger Arbeit oder aufgrund einer Sonderrechtsbeziehung einer anderen Einkunftsart oder dem nicht einkommensteuerbaren Bereich zuzurechnen ist, kann nur aufgrund einer Würdigung aller wesentlichen Umstände des Einzelfalls entschieden werden.

Das FG ist ohne Verstoß gegen Denkgesetze oder Erfahrungssätze zu dem Schluss gelangt, dass W dem Kläger im Jahr 1999 nur ein schuldrechtliches Versprechen auf Teilhabe am Erlös aus einer späteren Veräußerung der ihm gehörenden Geschäftsanteile der A und keine Unterbeteiligung an diesen Geschäftsanteilen eingeräumt hat. Daher hat es zu Recht die Zahlungen der D an den Kläger in den Jahren der Zuflüsse als Arbeitslohn des Klägers behandelt.

- Das FG hat sich dabei auf das Vorbringen des Klägers und die Zeugeneinvernahme des W gestützt, wonach W und der Kläger im Jahr 1999 vereinbart hatten, dass der Kläger am künftigen Erlös aus der Veräußerung der A mit ... % gegen eine verzinslich gestundete sog. Kaufpreisverpflichtung von ... DM teilhaben werde. Gegen eine Unterbeteiligung des Klägers an den Geschäftsanteilen des A spricht u. a., dass
  - W ohne die Mitwirkung des Klägers über seinen Geschäftsanteil der A verfügen und diesen zunächst in die D einbringen und später veräußern konnte;
  - für das im Jahr 1999 angedachte Mitarbeiter-Beteiligungsmodell und damit auch für eine evtl. beabsichtigte Unterbeteiligung der Geschäftsanteil an der A i. H. v. ... DM verwendet werden sollte, der von der C treuhänderisch für den W bis September 2000 gehalten wurde; auch heißt es in dem Vertrag ausdrücklich, dass die mit dem Treuhandvertrag ursprünglich beabsichtigte Beteiligung von Mitarbeitern der A und der mit ihr verbundenen Unternehmen nunmehr über eine anderweitige Gestaltung in gesonderten Vereinbarungen geregelt werde;
  - der Umfang des Geschäftsanteils, an dem dem Kläger eine Unterbeteiligung eingeräumt worden sein soll, zu keiner Zeit näher konkretisiert wurde. Zwar habe der Kläger mit ... % an dem Unternehmenswert der A, der unter Anwendung des Stuttgarter Verfahrens im Jahr 1999 ... DM betragen haben soll, beteiligt werden sollen. Durch diese Rechengröße wird aber kein Geschäftsanteil bezeichnet, an dem eine Unterbeteiligung eingeräumt wurde.
- Nach den weiteren Feststellungen des FG wollte W den Kläger ebenso wie die anderen Mitarbeiter mit dem Versprechen, an den künftigen Wertsteigerungen des Unternehmens teilzuhaben, an die A binden, sie zur Fortsetzung der erfolgreichen Tätigkeit bewegen und damit den Wert des Unternehmens nachhaltig sichern. Daher ist auch die Würdigung des FG, die Erlösbeteiligung des Klägers sei ausschließlich vor dem Hintergrund seines Arbeitsverhältnisses und des Interesses der A selbst an der Bindung der Führungskräfte an das Unternehmen verständlich, naheliegend und nachvollziehbar.

- Der Einordnung der Zahlungen als Arbeitslohn steht auch nicht entgegen, dass der Kläger sie nicht von seinem Arbeitgeber, sondern von einem Dritten –der D – erhalten hatte. Denn die zuvor dargelegten, mit den Zahlungen verfolgten Ziele stehen im Zusammenhang mit dem Dienstverhältnis des Klägers, sodass sich die Zahlungen für ihn als Frucht seiner Arbeit für den Arbeitgeber darstellten. Zudem war W Alleingesellschafter der D.
- Folgerichtig wurden die streitigen Zahlungen, in den Streitjahren zugeflossen, als Arbeitslohn erfasst.

3.2 Kindergeld – Zur Abgrenzung zwischen mehraktiger einheitlicher Erst- und Zweitausbildung

BFH, Urteil v. 22.5.2019, III R 54/18, BFH/NV 2019, S. 1347;
Vorinstanz: FG Münster, Urteil v. 2.8.2018, 10 K 819/18 Kg, NWB 2018, S. 3434

Für die Frage, ob bereits der erste (objektiv) berufsqualifizierende Abschluss in einem öffentlich-rechtlich geordneten Ausbildungsgang zum Verbrauch der Erstausbildung führt oder ob bei einer mehraktigen Ausbildung auch ein nachfolgender Abschluss in einem öffentlich-rechtlich geordneten Ausbildungsgang Teil der Erstausbildung sein kann, ist darauf abzustellen, ob sich der erste Abschluss als integrativer Bestandteil eines einheitlichen Ausbildungsgangs darstellt.

Insoweit kommt es vor allem darauf an, ob die Ausbildungsabschnitte in einem engen sachlichen Zusammenhang (z. B. dieselbe Berufssparte, derselbe fachliche Bereich) zueinander stehen und in engem zeitlichen Zusammenhang durchgeführt werden. Hierfür ist auch erforderlich, dass aufgrund objektiver Beweisanzeichen erkennbar wird, dass das Kind die für sein angestrebtes Berufsziel erforderliche Ausbildung nicht bereits mit dem ersten erlangten Abschluss beendet.

Des Weiteren ist eine einheitliche Erstausbildung i. S. d. § 32 Abs. 4 S. 2 EStG nicht mehr anzunehmen, wenn ein Kind nach der ersten abgeschlossenen Berufsausbildung eine Erwerbstätigkeit aufnimmt, die im Vergleich zu einer gleichzeitigen weiteren Ausbildung als »Hauptsache« anzusehen ist.

Norm: § 32 Abs. 4 S. 2 EStG

Sachverhalt

Der Kläger ist Vater der am 10.12.1993 geborenen Tochter (T). T absolvierte nach ihrem Realschulabschluss eine Ausbildung als Bankkauffrau bei der Sparkasse M, die sie im Januar 2013 erfolgreich beendete. Seit dem 18.1.2013 war sie bei M mit einer wöchentlichen Arbeitszeit von über 20 Stunden beschäftigt.

Seit dem 1.10.2013 studierte T an der Fernuniversität X im Rahmen eines Teilzeitstudiums als Akademiestudentin. Das Akademiestudium entspricht dem Gasthörerstudium an Präsenzhochschulen.

Seit dem Wintersemester 2016/2017 war T als ordentliche Studierende im Bachelorstudiengang Wirtschaftswissenschaften mit dem angestrebten Bachelor of Science an der Fernuniversität X eingeschrieben. Die Zulassung zu diesem Studium setzt grds. die allgemeine oder eine einschlägige fachgebundene Hochschulreife voraus. Beruflich Qualifizierte mit fachlicher Eignung für ihren gewünschten Bachelorstudiengang können das Studium an der Fernuniversität X auch ohne

Abitur beginnen. Für die Aufnahme des fachlich entsprechenden Bachelorstudiengangs setzt dies aber eine abgeschlossene mindestens zweijährige Berufsausbildung sowie eine anschließende mindestens dreijährige Berufspraxis im Ausbildungsberuf (Vollzeit- bzw. Teilzeittätigkeit wird anteilig berücksichtigt) voraus.

Im November 2017 beantragte der Kläger rückwirkend ab Oktober 2013 Kindergeld für T. Die Familienkasse lehnte den Antrag ab. Der Einspruch blieb erfolglos.

Das FG Münster wies die Klage mit Gerichtsbescheid v. 2.8.2018[312] ab.

Entscheidung
Der BFH hat die Revision des Klägers als unbegründet zurückgewiesen.

Die Voraussetzungen für eine kindergeldrechtliche Berücksichtigung der Tochter des Klägers waren nicht gegeben, weil T eine erstmalige Berufsausbildung abgeschlossen hatte und während ihrer nachfolgenden (Zweit-)Ausbildung mehr als 20 Stunden arbeitete.

Akademiestudium und der Bachelorstudiengang sind nicht mehr als Erstausbildung i. S. d. § 32 Abs. 4 S. 2 EStG anzusehen.

- Die kaufmännische Ausbildung und das Bachelor-Studium sind im Streitfall keine notwendige Ausbildungseinheit, weil sich erst nach einer Berufstätigkeit der zweite Ausbildungsabschnitt anschließen konnte. Die Aufnahme des Bachelorstudiengangs setzte im konkreten Fall eine dreijährige Berufstätigkeit als Ersatz für die fehlende Fachhochschulreife voraus. Dies führt somit zu einem Einschnitt (Zäsur), der den notwendigen engen Zusammenhang zum ersten Ausbildungsabschnitt (Ausbildung zur Bankkauffrau) entfallen lässt. Daran ändert auch der Umstand nichts, dass T erst durch die Ausbildung zur Bankkauffrau und der anschließenden Berufstätigkeit die Zugangsvoraussetzungen für den Bachelorstudiengang erfüllen konnte.
- Auch das vorgeschaltete Akademiestudium bildet im Streitfall keine Ausbildungseinheit mit der Ausbildung zur Bankkauffrau. Es kann schon deshalb nicht mehr der Erstausbildung zur Bankkauffrau, sondern allenfalls dem Bachelorstudiengang und damit der weiteren (Zweit-)Ausbildung zugerechnet werden, weil durch das Akademiestudium selbst kein weiterer (Berufs-)Abschluss erreicht werden konnte.

---

[312] 10 K 891/18 Kg.

3.3 Erste Tätigkeitsstätte einer Luftsicherheitskontrollkraft nach neuem Reisekostenrecht

BFH, Urteil v. 11.4.2019, VI R 12/17, BFH/NV 2019, S. 963;
Vorinstanz: FG München, Urteil v. 9.2.2017, 11 K 2508/16, EFG 2017, S. 1427

Ein Arbeitnehmer, der auf einem Flughafen an wechselnden Kontrollstellen zur Durchführung von Sicherheitskontrollen eingesetzt wird, hat auf dem Flughafengelände seine erste (großräumige) Tätigkeitsstätte.

Norm: § 9 Abs. 4 EStG

Sachverhalt

Der Steuerpflichtige war in 2014 Arbeitnehmer der X GmbH. Diese führte in den Bereichen Terminal 1 und Terminal 2 des Flughafens X im Auftrag der FX GmbH die Absicherung der beiden Terminals und der Baustelle ... sowie Beschäftigtenkontrollen durch. Im Außenbereich nahm die X GmbH an den Kontrollstellen des Flughafens X Personal-, Waren- und Kfz-Kontrollen vor und erledigte auch die Sicherheitsabfertigung sowie Frachtkontrollen für Fluggesellschaften und Absicherungsaufgaben nach dem Luftsicherheitsgesetz etc.

Der Steuerpflichtige war als Luftsicherheitskontrollkraft im Streitjahr nach einem Dienstplan an täglich wechselnden Einsatzorten ohne festes Schema auf dem Flughafen X, der eine Fläche von ca. 1 500 ha umfasst, beschäftigt. Bei den – kurzfristig zugeteilten – Einsatzorten handelte es sich um von der X GmbH betreute Kontrollstellen auf dem Gelände des Flughafens X. Der Steuerpflichtige fuhr die jeweiligen Einsatzstellen, an denen er Sicherheitskontrollen durchführen musste und die sich in einer Entfernung von wenigen hundert Metern bis zu etwa 2,5 km von dem Sitz der X GmbH befanden, im Streitjahr mit seinem privaten Pkw an.

In der ESt-Erklärung für den VZ 2014 machte der Steuerpflichtige Reisekosten im Zusammenhang mit einer Einsatzwechseltätigkeit für 211 Fahrten zu 0,30 € (insgesamt 4.685 €) und Verpflegungsmehraufwendungen bei einer Abwesenheit von über 8 Stunden an 211 Tagen von 2.532 € als Werbungskosten bei den Einkünften aus nichtselbstständiger Arbeit geltend.

Das FA berücksichtigte die Verpflegungsmehraufwendungen nicht, und erkannte die Fahrtkosten lediglich i. H. d. Entfernungspauschale.an. Der Einspruch blieb erfolglos.

Das FG München hat die Klage am 9.2.2017[313] als unbegründet abgewiesen und argumentiert, dass der Steuerpflichtige im Streitfall nicht außerhalb seiner ersten Tätigkeitsstätte und nicht an ständig wechselnden Tätigkeitsstätten im Streitjahr tätig geworden ist, und daher der Abzug von Verpflegungsmehraufwendungen ausscheidet. Die Fahrten des Steuerpflichtigen zu seinen Einsatzstellen am Flughafen X sind lt. FG München nach § 9 Abs. 1 Nr. 4 S. 1 und 2 EStG in der für das

---
313 11 K 2508/16, EFG 2017, S. 1427.

Streitjahr 2014 geltenden Fassung nur i. H. d. vom FA berücksichtigten Entfernungspauschale als Werbungskosten abziehbar.

Entscheidung
Das BMF ist dem Rechtsstreit beigetreten. Einen Antrag hat es nicht gestellt. Der BFH hat die Revision als unbegründet zurückgewiesen und die Auffassung des FG vollumfänglich bestätigt.

Erste Tätigkeitsstätte ist nach der Legaldefinition in § 9 Abs. 4 S. 1 EStG u. a. die ortsfeste betriebliche Einrichtung des Arbeitgebers, der der Arbeitnehmer dauerhaft zugeordnet ist. Die Zuordnung zu einer solchen Einrichtung wird gem. § 9 Abs. 4 S. 2 EStG vorrangig durch die dienst- oder arbeitsrechtlichen Festlegungen sowie die diese ausfüllenden Absprachen und Weisungen bestimmt. Von einer dauerhaften Zuordnung ist ausweislich der in § 9 Abs. 4 S. 3 EStG aufgeführten Regelbeispiele insb. auszugehen, wenn der Arbeitnehmer unbefristet für die Dauer des Dienstverhältnisses an einer solchen Tätigkeitsstätte tätig werden soll.

Ortsfeste betriebliche Einrichtungen sind räumlich zusammengefasste Sachmittel, die der Tätigkeit des Arbeitgebers, eines verbundenen Unternehmens oder eines vom Arbeitgeber bestimmten Dritten dienen und mit dem Erdboden verbunden oder dazu bestimmt sind, überwiegend standortgebunden genutzt zu werden.

Eine (großräumige) erste Tätigkeitsstätte liegt auch vor, wenn eine Vielzahl solcher Mittel, die für sich betrachtet selbstständige betriebliche Einrichtungen darstellen können (z. B. Werkstätten und Werkshallen, Bürogebäude und -etagen sowie Verkaufs- und andere Wirtschaftsbauten), räumlich abgrenzbar in einem organisatorischen, technischen oder wirtschaftlichen Zusammenhang mit der betrieblichen Tätigkeit des Arbeitgebers, oder eines verbundenen Unternehmens stehen. Daher kommt als eine solche erste Tätigkeitsstätte auch ein großflächiges und entsprechend infrastrukturell erschlossenes Gebiet wie im Streitfall der Flughafen X in Betracht.

Beim Flughafen X handelt es sich um ein – wenn auch großflächiges –, so doch räumlich abgegrenztes infrastrukturell erschlossenes Betriebsgelände eines mit dem Arbeitgeber des Steuerpflichtigen (X GmbH) verbundenen Unternehmens i. S. d. § 15 AktG (FX GmbH). Mit dem Schutz ihres gesamten Betriebsgeländes hat die FX GmbH die X GmbH als Sicherheitsunternehmen betraut.

3.4 Fahrtkosten eines Gesamthafenarbeiters nach neuem Reisekostenrecht

BFH, Urteil v. 11.4.2019, VI R 36/16, BFH/NV 2019, S. 956;
Vorinstanz: FG Hamburg, Urteil v. 30.8.2016, 2 K 218/15, EFG 2016, S. 1937

Lohnsteuerrechtlicher Arbeitgeber eines Gesamthafenarbeiters, der sowohl in einem unbefristeten Arbeitsverhältnis zur Gesamthafen-Betriebsgesellschaft steht als auch durch die arbeitstägliche Arbeitsaufnahme ein weiteres befristetes Arbeitsverhältnis bei einem Hafeneinzelbetrieb begründet, ist der Hafeneinzelbetrieb.

Norm: § 9 Abs. 1 S. 3 Nr. 4a S. 3 EStG

Sachverhalt

Der Steuerpflichtige ist seit 2010 für den Gesamthafenbetrieb Hamburg als sog. Gesamthafenarbeiter im Bereich der Logistik tätig. Laut Arbeitsvertrag übernimmt der Gesamthafenbetrieb gegenüber dem Steuerpflichtigen insoweit die Funktion eines Arbeitgebers, als diese nicht von den Logistikbetrieben auszuüben ist. Der Steuerpflichtige muss sich nach näherer Bestimmung der Gesamthafenbetriebs-Gesellschaft m. b. H. (GHBG) zur Arbeitseinteilung an den dafür vorgesehenen Stellen einfinden, wobei er nach Maßgabe der vorhandenen Beschäftigungsmöglichkeiten Anspruch auf Einteilung zur Logistikarbeit hat. Während der Arbeit bei den Logistikbetrieben gehört der Steuerpflichtige mit allen Rechten und Pflichten auch zur Belegschaft des jeweiligen Logistikbetriebs. Die Auszahlung des Lohns erfolgt durch die GHBG.

Der Gesamthafenbetrieb Hamburg ist durch Vereinbarung über die Schaffung eines besonderen Arbeitgebers für Hafenarbeiter in Hamburg vom 9.2.1951 zwischen der Arbeitsgemeinschaft Hamburger Hafen-Fachvereine und der Gewerkschaft Öffentliche Dienste, Transport und Verkehr auf der Grundlage des Gesetzes über die Schaffung eines besonderen Arbeitgebers für Hafenarbeiter (Gesamthafenbetrieb) vom 3.8.1950 (BGBl I 1950, S. 352) gegründet worden.

In der Satzung des Gesamthafenbetriebs Hamburg ist folgendes geregelt:
- Gesamthafenarbeiter gehören während der Arbeit bei den Hafeneinzelbetrieben mit allen Rechten und Pflichten auch zu deren Belegschaft.
- Der Lohnanspruch der Gesamthafenarbeiter richtet sich gegen den Hafeneinzelbetrieb, bei dem sie beschäftigt waren.
- Die GHBG übernimmt im Fall der Zahlungsunfähigkeit des Hafeneinzelbetriebs die Ausfallbürgschaft für den Lohnanspruch der von ihr dem Hafeneinzelbetrieb zugeteilten Gesamthafenarbeiter.
- Die Auszahlung des Lohns für die Gesamthafenarbeiter erfolgt durch die GHBG.
- Die Hafeneinzelbetriebe müssen dafür zu sorgen, dass auf dem für sie bei der GHBG geführten Konto ein ausreichendes Guthaben zur Abdeckung der durch die Beschäftigung der Gesamthafenarbeiter entstehenden Kosten vorhanden ist.

Der Steuerpflichtige war im Streitjahr 2014 nach arbeitstäglicher Zuteilung durch die GHBG bei insgesamt 5 verschiedenen Hafeneinzelbetrieben tätig, und ist zu diesen Betrieben, die im Gebiet des Hamburger Hafens ansässig sind und dort über ein eigenes Betriebsgelände verfügen, jeweils von seiner Wohnung aus mit dem Pkw gefahren.

In seiner ESt-Erklärung 2014 machte der Steuerpflichtige auf Grundlage einer Einsatzwechseltätigkeit Fahrtkosten i. H. v. 3.612 € geltend. Das FA setzte die ESt unter Berücksichtigung von Fahrtkosten i. H. v. lediglich 1.877 € fest, weil es davon ausging, dass der Steuerpflichtige als Hafenarbeiter gem. § 9 Abs. 1 S. 3 Nr. 4a S. 3 EStG in der im Streitjahr geltenden Fassung in einem weiträumigen Tätigkeitsgebiet beschäftigt und deshalb für die Fahrten von der Wohnung zum nächstgelegenen Zugang zum Tätigkeitsgebiet und auch innerhalb des Tätigkeitsgebiets nur die Entfernungspauschale von 0,30 € pro Entfernungskilometer anzuwenden sei.

Auf den Einspruch des Steuerpflichtigen berücksichtigte das FA alle Fahrten innerhalb des Hamburger Hafengeländes mit 0,30 € je gefahrenen Kilometer. Die Fahrtkosten erhöhten sich dadurch auf 2.944 €. Gegen den Änderungsbescheid legte der Steuerpflichtige wiederum Einspruch ein, den das FA als unbegründet zurückwies.

Das FG Hamburg hat die Klage am 30.8.2016[314] als unbegründet abgewiesen und argumentiert, dass der Hafen Hamburg für Gesamthafenarbeiter ein weiträumiges Tätigkeitsgebiet gem. § 9 Abs. 1 S. 3 Nr. 4a S. 3 EStG ist.

Entscheidung
Der BFH hat auf die Revision des Steuerpflichtigen das Urteil des FG Hamburg aufgehoben und die Sache zurückverwiesen.

Der BFH hat darüber entschieden, dass lohnsteuerrechtlicher Arbeitgeber des Steuerpflichtigen im Streitjahr 2014 die Hafeneinzelbetriebe waren. Im Streitfall besteht die Besonderheit, dass der Steuerpflichtige als Gesamthafenarbeiter nicht nur in einem Arbeitsverhältnis zur GHBG stand, sondern an den Tagen, an denen er für einen Hafeneinzelbetrieb tätig wurde, auch ein Arbeitsverhältnis zu diesem begründete. Insoweit kommt für die Dauer des jeweiligen Einsatzes im Hafeneinzelbetrieb ein (weiteres) Arbeitsverhältnis zwischen dem Inhaber des Hafeneinzelbetriebs und dem Gesamthafenarbeiter dadurch zustande, dass der Gesamthafenarbeiter bei dem Hafeneinzelbetrieb, dem er zugeteilt ist, zur Arbeit antritt. Daraus folgt:
- In Bezug auf das jeweilige Arbeitsverhältnis zu den Hafeneinzelbetrieben lagen aufgrund des insoweit bestehenden Weisungsrechts dauerhafte Zuordnungen i. S. d. § 9 Abs. 4 S. 3 2. Alt. EStG vor, da sie jeweils die Dauer des gesamten Arbeitsverhältnisses zum Hafeneinzelbetrieb umfassten.
- Das Arbeitsverhältnis des Steuerpflichtigen mit dem jeweiligen Hafeneinzelbetrieb dauerte, so lange, wie der Steuerpflichtige für den Hafeneinzelbetrieb aufgrund der Einteilung durch die GHBG tätig wurde, im Streitfall folglich jeweils einen Tag. Dies stand bereits aus der Sicht ex ante fest.
- Es ist unerheblich, dass das jeweilige Arbeitsverhältnis nur einen Tag bestand.

---

314 2 K 218/15, EFG 2016, S. 1937.

Der BFH konnte allerdings nicht beurteilen, ob die dauerhaften Zuordnungen jeweils auch zu ortsfesten betrieblichen Einrichtungen i. S. d. § 9 Abs. 4 S. 1 EStG erfolgt sind.

Das FG hat lediglich festgestellt, dass die Hafeneinzelbetriebe, bei denen der Steuerpflichtige im Streitjahr tätig war, im Gebiet des Hamburger Hafens ansässig waren und dort über eigene Betriebsgelände verfügten. Es hat jedoch – keine Feststellungen darüber getroffen, ob diese auf ihrem jeweiligen Gelände über eine ortsfeste betriebliche Einrichtung verfügten, an der der Steuerpflichtige tätig werden sollte (§ 9 Abs. 4 S. 1 i. V. m. S. 3 EStG). Dies muss das FG im zweiten Rechtsgang nachholen.

Mögliche Folge: Sollte es im Einzelfall an einer ersten Tätigkeitsstätte i. S. d. § 9 Abs. 4 EStG fehlen, wären die Fahrten des Steuerpflichtigen insoweit nach § 9 Abs. 1 S. 3 Nr. 4a S. 1 und 2 EStG mit den tatsächlichen Aufwendungen oder alternativ mit 0,30 € je gefahrenen Kilometer anzusetzen.

Da es im Streitfall auf die Beschäftigung durch die Hafeneinzelbetriebe ankommt, ist § 9 Abs. 1 S. 3 Nr. 4a S. 3 EStG nicht einschlägig.

3.5 Bereitstellung trockener Brötchen nebst Heißgetränk ist kein lohnsteuerpflichtiges Frühstück

BFH, Urteil v. 3.7.2019, VI R 36/17, BFH/NV 2019, S. 1295;
Vorinstanz: FG Münster, Urteil v. 31.5.2017, 11 K 4108/14, EFG 2017, S. 1673

Stellt der Arbeitgeber seinen Arbeitnehmern unbelegte Backwaren wie Brötchen und Rosinenbrot nebst Heißgetränken zum sofortigen Verzehr im Betrieb bereit, handelt es sich bei den zugewandten Vorteilen grds. nicht um Arbeitslohn, sondern um nicht steuerbare Aufmerksamkeiten. Für die Annahme eines (einfachen) Frühstücks muss jedenfalls ein Aufstrich oder Belag hinzutreten.

Normen: § 8 Abs. 2 S. 6 EStG i. V. m. § 2 Abs. 1 und Abs. 6 S. 1 SvEV

Sachverhalt

Die Steuerpflichtige – eine EDV Dienstleistungs-AG – stellte arbeitstäglich Backwaren wie Laugen-, Käse-, Schokobrötchen etc. in der Kantine den gesamten Tag für Mitarbeiter sowie für Kunden und Gäste der Steuerpflichtigen zum unentgeltlichen Verzehr zur Verfügung. Einen Belag (wie z. B. Butter, Konfitüre, Käse oder Aufschnitt) für die Backwaren stellte die Steuerpflichtige nicht bereit. Die Mitarbeiter, Kunden und Gäste der Steuerpflichtigen konnten sich zudem ganztägig unentgeltlich aus einem Heißgetränkeautomaten bedienen.

Im Rahmen einer bei der Steuerpflichtigen für den Streitzeitraum (2008–2011) durchgeführten LSt- -Außenprüfung vertrat der Prüfer die Auffassung, dass es sich bei der unentgeltlichen Überlassung der Backwaren und der Möglichkeit, Heißgetränke zu sich zu nehmen, um ein Frühstück handele, das mit den amtlichen Sachbezugswerten zu versteuern sei. Die Steuerpflichtige beantragte daraufhin die Pauschalierung der LSt gem. § 40 Abs. 2 S. 1 Nr. EStG. In der Sache war sie allerdings der Meinung, die Backwaren ohne Belag und ein Heißgetränk seien kein Frühstück.

Das FA folgte der Auffassung des Prüfers und forderte von der Steuerpflichtigen für den Streitzeitraum LSt und Nebenabgaben (SolZ und KiSt) nach.

Das FG Münster gab mit Urteil v. 31.5.2017[315] der nach erfolglosem Vorverfahren erhobenen Klage statt.

Entscheidung
Der BFH hat die Revision des FA als unbegründet zurückgewiesen.

Die kostenlose Überlassung der Backwaren und Heißgetränke im Streitzeitraum stellte zwar für die Arbeitnehmer der Steuerpflichtigen einen Vorteil dar. Dieser war jedoch keine Gegenleistung der Steuerpflichtigen für die Zurverfügungstellung der Arbeitskraft.

- Die Steuerpflichtige hat die Backwaren und Heißgetränke nur zum sofortigen Verzehr im Betrieb bereitstellte.
- Sie wurden allen Arbeitnehmern ohne Unterschied gewährt.
- Der Verzehr fand i. d. R. außerdem nicht während echter Pausen, sondern in der (bezahlten) Arbeitszeit statt.
- Die Arbeitnehmer sollten beim Verzehr der Backwaren und Heißgetränke in der Kantine zusammen kommen und sich über berufliche Angelegenheiten untereinander sowie mit der »Führungsetage« austauschen.

Bei dieser Sachlage war lt. BFH die Überlassung der Backwaren nebst Heißgetränk mit Aufwendungen des Arbeitgebers zur Ausgestaltung des Arbeitsplatzes und zur Schaffung günstiger betrieblicher Arbeitsbedingungen vergleichbar, denen keine Entlohnungsfunktion zukommt.

Bei den von der Steuerpflichtigen zur Verfügung gestellten Backwaren und Heißgetränken handelte es sich insb. auch nicht um eine Mahlzeit, wie sie ein Frühstück, Mittag- oder Abendessen gem. § 2 Abs. 1 S. 2 Nr. 1 bis 3 SvEV darstellt, die grds. zu Arbeitslohn führt und dann gem. § 8 Abs. 2 S. 6 EStG i. V. m. § 2 Abs. 1, Abs. 6 S. 1 SvEV zu bewerten ist.

Praxishinweis
- Ein Heißgetränk mit unbelegten Backwaren ist kein Frühstück.
- Nach der Verkehrsanschauung muss für die Annahme eines (einfachen) Frühstücks jedenfalls ein Aufstrich oder Belag hinzutreten. Dabei ist die Art der Brötchen ohne Bedeutung.
- Es würde auch der Praktikabilität der Rechtsanwendung im Massenfallrecht der LSt widersprechen, wollte man für die Anforderungen, die an ein Frühstück zu stellen sind, nach der Art der dargereichten Brötchen differenzieren.
- Trotz veränderter Essgewohnheiten kann ein Kaffee (to go) und ein unterwegs verzehrtes unbelegtes Brötchen nicht als Frühstück angesehen werden. Es handelt sich hierbei vielmehr um einzelne Lebensmittel, die erst durch Kombination mit weiteren Lebensmitteln (z. B. Butter, Aufschnitt, Käse oder Marmelade) zu einem Frühstück werden.

---
315 11 K 4108/14, EFG 2017, S. 1673.

4 Im Bereich der Umsatzsteuer

4.1 Steuerhinterziehung: Vorsteuerabzug und Kompensationsverbot

> BGH, Urteil v. 13.9.2018, 1 StR 642/17, UR 2019, S. 148 m. Anm. *Hartman*;
> Vorinstanz: LG Darmstadt, Urteil v, 28.8.2017, 700 Js 27331/14
>
> Vorsteuern können dann bei der Ermittlung des Verkürzungsumfangs unmittelbar mindernd angesetzt werden, wenn ein wirtschaftlicher Zusammenhang zwischen Ein- und Ausgangsumsatz besteht.
>
> **Norm:** § 370 Abs. 4 S. 3 AO

Sachverhalt

Der Angeklagte war Gesellschafter-Geschäftsführer zweier GmbHs. Er handelte mit gebrauchten Fahrzeugen, die er von Unternehmern und Privatpersonen erwarb, um sie weiter zu veräußern. Außerdem stellte er Rechnungen auf den Namen beider GmbHs mit offen ausgewiesener Steuer aus, ohne dass diesen Rechnungen ein tatsächlicher Umsatz zugrunde lag. Was die von privat gekauften Pkws anging, so ging er davon aus, dass diese der Differenzbesteuerung unterfielen. Ihm war dabei bewusst, dass für eine Differenzbesteuerung eine ordnungsgemäße Dokumentation des Einkaufs erforderlich war und ihm in den allermeisten Fällen (abgesehen von einer handschriftlich geführten Liste) die erforderlichen Belege fehlten. Mit Ausnahme der USt-Voranmeldungen während eines Kalenderjahres für eine der GmbHs reichte er für keine der Gesellschaften USt-Erklärungen ein. Das LG beurteilte die Berechnung des jeweiligen USt-Schadens in Hinblick auf die drei unterschiedlichen Geschäftsvorgänge wie folgt: Zum einen wurde für reale Handelsgeschäfte mit Unternehmern die USt ohne Berücksichtigung der Vorsteuer in Ansatz gebracht, sodann wurde bei den Käufen von privat bei der Differenzbesteuerung mangels Eingangsrechnungen der gesamte Verkaufspreis als Besteuerungsgrundlage zugrunde gelegt und schließlich wurde in Bezug auf die Scheinrechnungen die offen ausgewiesene Steuer als Schaden zugrunde gelegt.

Entscheidung

Soweit es einen Zeitraum im Oktober 2010 angeht, in dem keine Scheinrechnungen ausgestellt wurden, mochte der urteilende Senat des BGH jedoch nicht ausschließen, dass die Verrechnung mit – durch Rechnungen belegten – Vorsteueransprüchen aus dem Einkauf von Fahrzeugen eine Steuerverkürzung entfallen lassen könnte. Dem stehe das Kompensationsverbot nicht entgegen. Demnach seien dem Täter nur derartige Steuervorteile anzurechnen, die sich aus der unrichtigen Erklärung selbst ergeben oder die – im Falle des Unterlassens – ihm bei richtigen Angaben zugestanden hätten. Dies gelte jedenfalls, wenn diese mit den verschleierten steuererhöhenden Tatsachen in einem unmittelbaren wirtschaftlichen Zusammenhang stehen und dem Täter ohne Weiteres von Rechts wegen zugestanden hätten. Jedenfalls zu den abzugsfähigen Vorsteuern aus dem Bezugsgeschäft bestehe ein solcher wirtschaftlicher Zusammenhang. Der Senat halte

»jedenfalls in der vorliegenden Fallgestaltung« nicht mehr daran fest, dass kein innerer Zusammenhang zwischen der auf die eigenen Umsätze entfallenden USt und den abziehbaren Vorsteuerbeträgen besteht. Soweit eine nicht erklärte steuerpflichtige Ausgangsleistung eine tatsächlich durchgeführte Lieferung gewesen ist und die hierbei verwendeten Wirtschaftsgüter unter den Voraussetzungen des § 15 UStG erworben wurden, habe eine Verrechnung von Vorsteuer und USt stattzufinden. Maßgeblich sei allerdings, dass auch die übrigen Voraussetzungen aus § 15 UStG – insb. die Vorlage einer Rechnung – im maßgeblichen Besteuerungszeitraum gegeben sind. Die tatbestandliche Handlung, die USt auf den steuerpflichtigen Ausgangsumsatz nicht zu erklären, ziehe die Nichtgeltendmachung des an sich bestehenden Vorsteueranspruchs regelmäßig nach sich. Es bestehe daher ein wirtschaftlicher Zusammenhang zwischen Ein- und Ausgangsumsatz, der zur Folge habe, dass der Vorsteuervergütungsanspruch im Rahmen der Verkürzungsberechnung von Rechts wegen zu berücksichtigen ist.

Das Urteil verdient besonderes Interesse, weil der BGH bislang im Rahmen der hinterzogenen USt die Vorsteuer infolge des in § 370 Abs. 4 S. 3 AO verankerten Kompensationsverbots nicht berücksichtigte. Kompensationsverbot bedeutet: Eine Steuerverkürzung liegt grds. auch dann vor, wenn die Steuer, auf die sich die Tat bezieht, aus anderen Gründen hätte ermäßigt oder der Steuervorteil aus anderen Gründen hätte beansprucht werden können. Die Höhe des Hinterziehungsbetrags ist in mehrfacher Hinsicht sehr bedeutsam.[316] Abgesehen davon, dass er Einfluss auf die Frage, ob ein besonders schwerer Fall vorliegt (§ 370 Abs. 3 Nr. 1 AO), und auf die Höhe der Strafzumessung hat, hat er z. B. auch Bedeutung für die Frage, ob eine Selbstanzeige ohne weiteres möglich war (vgl. § 371 Abs. 2 Nr. 3 AO) und wie hoch ggf. die Zahlung ausfällt, die unter den weiteren Voraussetzungen ein Absehen von Verfolgung ermöglicht (§ 398a AO). U. U. könnte die Anwendung dieser Rspr. zu einer Einstellung des Verfahrens wegen Geringfügigkeit führen (§ 398 AO).

Der BGH teilt mit, dass er »jedenfalls in der vorliegenden Fallgestaltung« die Vorsteuer zu berücksichtigen gesonnen ist – was für andere Fallgestaltungen gilt, wird wohl abzuwarten bleiben. In zwei Beschlüssen vom 24.6.2019[317] hat der BGH eine Bestätigung dieser Rechtsprechung wie folgt ausgesprochen: er nahm auf Ausführungen des Generalbundesanwalt Bezug, in denen dieser seinerseits auf das hier gegenständliche Urteil Bezug nimmt. Der BGH gibt an, dass er sich diesen Ausführungen anschließe.

Literaturhinweise

Binnewies/Bertrand, Rechtsprechungsänderung zum Kompensationsverbot bei der Umsatzsteuer, AG 2019, S. 560; *Ebner*, Rechtsprechungsänderung zur Kompensation von USt-Verkürzungen durch unmittelbar korrespondierende Vorsteuern (Anmerkung zum Urteil), HFR 2019, S. 323; *Hoffmann*, Vorsteueransatz zur Minderung des Verkürzungsumfangs bei Umsatzsteuerhinterziehung (Anmerkung zum Urteil), MwStR 2019, S. 164; *Spatscheck/Wimmer*, Änderung der BGH-Rechtsprechung zum Kompensationsverbot bei der Umsatzsteuerhinterziehung, DStR 2019, S. 777; *von der Meden*, Kein Kompensationsverbot für die Anrechnung der

---

316 Vgl. im Einzelnen *Spatscheck/Wimmer* (s. Literaturverzeichnis).
317 1 StR 44/19 und 1 StR 59/19.

Vorsteuer, DStR 2019, S. 600; *Wenzel*, Das Kompensationsverbot bei der Umsatzsteuerhinterziehung. Anwendbarkeit und Reichweite nach der neuen BGH-Rechtsprechung, nwb 2019, S. 879; *Wulf/Hinz*, Neue Vorgaben des BGH zur Reichweite von § 370 Abs. 4 S. 3 AO (»Kompensationsverbot«) in Fällen der Umsatzsteuerhinterziehung, Stbg 2019, S. 320

4.2 Vorsteuerabzug bei Haupt- und Zweigniederlassung in unterschiedlichen EU-Mitgliedsstaaten

EuGH, Urteil v. 24.1.2019, C–165/17, *Morgan Stanley*, UR 2019, S. 232

Art. 17 Abs. 2, Abs. 3 und Abs. 5 sowie Art. 19 Abs. 1 der 6. EG-Richtlinie sowie die Art. 168, 169 und 173 bis 175 MwStSystRL sind dahin auszulegen, dass auf Ausgaben einer in einem Mitgliedstaat registrierten Zweigniederlassung, die – ausschließlich – sowohl für mehrwertsteuerpflichtige als auch für mehrwertsteuerfreie Umsätze bestimmt sind, die jeweils von der in einem anderen Mitgliedstaat befindlichen Hauptniederlassung, der diese Zweigniederlassung zugeordnet ist, bewirkt werden, ein Pro-rata-S. des Vorsteuerabzugs anzuwenden ist, der sich aus einem Bruch ergibt, wobei im Nenner der allein aus diesen Umsätzen bestehende Umsatz – ohne MwSt – und im Zähler die besteuerten Umsätze, für die das Recht auf Vorsteuerabzug auch dann bestünde, wenn sie im Mitgliedstaat der Registrierung der Zweigniederlassung bewirkt worden wären, zu stehen haben; dies gilt auch dann, wenn das Recht auf Vorsteuerabzug deshalb besteht, weil die Zweigniederlassung für die Mehrwertsteuerpflicht der im Staat ihrer Registrierung bewirkten Umsätze optiert hat.

Art. 17 Abs. 2, Abs. 3 und Abs. 5 sowie Art. 19 Abs. 1 der 6. EG-Richtlinie sowie die Art. 168, 169 und 173 bis 175 MwStSystRL sind dahin auszulegen, dass für die Bestimmung des Pro-rata-Satzes des Vorsteuerabzugs, der auf die von einer in einem Mitgliedstaat registrierten Zweigniederlassung getragenen allgemeinen Kosten anwendbar ist, die zur Bewirkung sowohl der Umsätze der Zweigniederlassung in diesem Staat als auch der Umsätze der in einem anderen Mitgliedstaat befindlichen Hauptniederlassung beitragen, im Nenner des den Pro-rata-S. des Vorsteuerabzugs bildenden Bruchs sowohl von der Zweigniederlassung als auch von der Hauptniederlassung bewirkte Umsätze zu berücksichtigen sind, wobei im Zähler des Bruchs neben den von der Zweigniederlassung getätigten besteuerten Umsätzen nur diejenigen von der Hauptniederlassung bewirkten besteuerten Umsätze zu stehen haben, für die das Recht auf Vorsteuerabzug auch dann bestünde, wenn sie im Staat der Registrierung der Zweigniederlassung bewirkt worden wären.

Normen: Art. 168, 169, 173 bis 175 MwStSystRL; § 15 Abs. 4 UStG

Dieses Urteil hat die Höhe des Vorsteuerabzugs in einem Fall zum Gegenstand, in dem eine Zweigniederlassung Leistungen bezog, die (auch) für eine in einem anderen Mitgliedsstaat ansässige Hauptniederlassung Verwendung fanden.

Sachverhalt

Ein mit seiner Hauptniederlassung in Großbritannien ansässiger Unternehmer, der über eine Zweigniederlassung in Frankreich verfügte, bezog in Frankreich Leistungen (auch) für die englische Hauptniederlassung, die diese sowohl für vorsteuerschädliche als auch vorsteuerunschädliche Ausgangsleistungen verwendete. Einige der Leistungen wurden ausschließlich durch die Hauptniederlassung, andere sowohl für die (infolge Option steuerpflichtigen) Ausgangsleistungen der Zweigniederlassung als auch für Ausgangsleistungen der Hauptniederlassung verwendet.

Die in Frankreich bezogenen Leistungen wurden, soweit sie für die Hauptniederlassung bestimmt waren, jeweils als entgeltliche Innenleistungen von der Zweigniederlassung an die Hauptniederlassung weiterberechnet.

Die französische Zweigniederlassung machte aus Eingangsleistungen, die im Zusammenhang mit beiden Umsatzarten (d. h. ihren eigenen Finanzumsätzen und den Innenleistungen) standen, den vollen Vorsteuerabzug geltend. Die französische Finanzverwaltung gewährte aber nur einen anteiligen Vorsteuerabzug, für den sie einen speziellen Vorsteuerschlüssel unter Berücksichtigung korrigierter Umsätze anwandte.

Entscheidung
Haupt- und Zweigniederlassung bildeten nach Auffassung des EuGH ein einziges Unternehmen. Die durch die französische Betriebsstätte abziehbare Vorsteuer war daher nicht ausschließlich auf Grundlage der von ihr erbrachten Ausgangsumsätze zu ermitteln. Vielmehr waren auch die Umsätze der Hauptniederlassung zu berücksichtigen, in welche die von der Zweigniederlassung erbrachten Innenleistungen einflossen.

Der Abzug der Vorsteuer in Frankreich erforderte nach Auffassung des EuGH für beide Fälle darum eine eigene Berechnung des Pro-Rata-Satzes. Im ersten Fall bezog sich die Berechnung auf die Ausgangsumsätze der Hauptniederlassung, im anderen Fall spielten auch die Ausgangsumsätze der Zweigniederlassung hinein. Für die Ermittlung der abziehbaren Vorsteuer aus Eingangsleistungen, die ausschließlich zur Erbringung von Innenleistungen an die Hauptniederlassung verwendet wurden, waren nur die Ausgangsumsätze der britischen Hauptniederlassung entscheidend. Für die Ermittlung des Vorsteuerschlüssels waren dabei im Nenner ausschließlich solche Ausgangsumsätze der Hauptniederlassung anzusetzen, für die Innenleistungen der französischen Zweigniederlassungen bezogen wurden. Der Zähler entsprach dabei dem Nenner abzüglich solcher Ausgangsumsätze der Hauptniederlassung, die nicht zum Vorsteuerabzug berechtigen. Hierbei war für die zum Vorsteuerabzug berechtigenden Ausgangsumsätze eine doppelte Prüfung vorzunehmen, das heißt, diese mussten sowohl nach britischem als auch nach französischem Recht umsatzsteuerpflichtig sein. (Wo der EuGH in seinem Urteil von »besteuerten« Ausgangsumsätzen spricht, meint er offenbar »zum Vorsteuerabzug berechtigende« Ausgangsumsätze.)

In entsprechender Weise entschied der EuGH auch zur Frage des Vorsteuerabzug aus Eingangsleistungen, die sowohl für die umsatzsteuerpflichtigen Finanzdienstleistungen an französische Kunden als auch für Innenleistungen an die Hauptniederlassung verwendet wurden: Hier seien neben den zuvor dargestellten Ausgangsumsätzen der Hauptniederlassung zusätzlich die Ausgangsumsätze der französischen Zweigniederlassung zu berücksichtigen, die in entsprechender Methodik für den Zähler und den Nenner ermittelt würden.

Praxishinweise

- Dieses Urteil des EuGH kann weitreichende Folgen für Finanzdienstleister oder andere Unternehmen mit eingeschränktem Recht auf Vorsteuerabzug haben, die in anderen Ländern als dem Stammsitz des Unternehmens Betriebsstätten unterhalten. Zwar weicht der EuGH mit diesem Urteil nicht von seiner Rspr. im Urteil in der Rs. C–388/11, *Le Crédit Lyonnais*[318] ab. In dieser Rs. hatte der EuGH – in aller Kürze – entschieden, dass ein Unternehmen mit Stammhaus in einem Mitgliedstaat für die Bestimmung der abziehbaren Vorsteuer neben den Ausgangsumsätzen des Stammhauses nicht auch sämtliche Ausgangsumsätze berücksichtigen darf, die von in anderen Mitgliedsstaaten gelegenen Betriebstätten erzielt werden. Dies wurde manchmal so verstanden, dass die Betriebsstätten ihren Vorsteuerabzug alleine zu ermitteln hätten; diese Auffassung hat der EuGH jetzt zurückgewiesen.

- Das Urteil kann wegen der besagten Doppelprüfung – bei Vergleich mit dem Bezug derselben Leistungen im Inland – mitunter zu nachteiligen Ergebnissen führen, im Einzelfall kann sich darum die Prüfung lohnen, ob Leistungen nicht z. B. lieber unmittelbar durch die Hauptniederlassung bezogen werden sollten. Die unterschiedliche Behandlung von Umsätzen, die aus anderen Mitgliedsstaaten bezogen wurden, wird in der Literatur kritisier.t[319] Der Grundsatz der Unternehmenseinheit legt nahe, dass die Umsätze mehrerer Betriebsstätten innerhalb eines Landes grds zusammenzufassen, die Betriebsstätten also mit ihren Umsätzen nicht einzeln zu betrachten sind.[320]

- Die Ermittlung der für den Bruch relevanten Ausgangsumsätze wird sich nicht in allen Fällen einfach ins Werk setzen lassen können. Denn es sind für die hier gegenständlichen Fälle nur Ausgangsumsätze des Stammhauses zu berücksichtigen, für die Innenleistungen von der in einem anderen Mitgliedsstaat gelegenen Betriebsstätte bezogen werden. Gleichzeitig dürfte das Urteil es aber nicht ausschließen, die von der Betriebsstätte erzielten Innenumsätze als Bemessungsgrundlage zur Ermittlung des Vorsteuerschlüssels auf Ebene der Betriebsstätte heranzuziehen oder mittels einer anderen Berechnungsmethode den Anteil der Vorsteuer zu bestimmen, der den Innenumsätzen zugeordnet werden kann. Dies gilt in besonderer Weise in Anbetracht des Umstands, dass nach deutschem Recht das Prinzip der wirtschaftlichen Zurechnung als präzisere Berechnungsmethode Vorrang vor einem reinen Umsatzschlüssel hat.

- Nach Auffassung des EuGH ist für den Vorsteuerabzug der Betriebsstätte eine doppelte Prüfung vorzunehmen: Die betreffenden Umsätze des Stammhauses müssen sowohl im Mitgliedstaat des Stammhauses als auch im Mitgliedstaat der Betriebsstätte zum Vorsteuerabzug berechtigen. Dies geht wohl über die bisherige deutsche Auffassung hinaus, wonach die Vorsteuerabzugsberechtigung grds. allein unter dem Gesichtspunkt deutschen Rechts zu prüfen ist. Lediglich für Optionsumsätze ist schon bisher nach deutscher Rspr. eine doppelte Prüfung vorzunehmen. Dem Sachverhalt des vorliegenden Urteils lässt sich freilich nicht entnehmen, dass es sich bei den von dem Stammhaus erbrachten Umsätzen um Optionsumsätze handelte.

---

318 Urteil v. 12.9.2013, UR 2014, S. 623.
319 So etwa durch *Prätzler* (vgl. Literaturverzeichnis).
320 Vgl. dazu EuGH, Urteil v. 7.8.2018, C–16/17, *TGE Gas Engineering*, UR 2018, S. 766.

- Auch die unterschiedliche Ermittlung des Vorsteuerschlüssels in den verschiedenen Mitgliedsstaaten könnte in der Praxis zu erheblichen Problemen führen. Zudem enthält das vorliegende Urteil keine Aussage dazu, wie verfahren wird, wenn zur Ermittlung der abziehbaren Vorsteuer ein anderer Vorsteuerschlüssel als der Umsatzschlüssel verwendet wird. Weiterhin bleibt auch nach dem Urteil ungeklärt, wie eine Aufteilung der Vorsteuer zu erfolgen hat, wenn die Innenleistungen an ein im Drittland ansässiges Stammhaus erbracht werden; diese Frage wird aber möglicherweise in einem inzwischen am EuGH anhängig gemachten Verfahren einer Klärung zugeführt werden.[321] Weitere Probleme können sich ergeben, wenn die im Mitgliedstaat A eingekaufte Leistung nicht nur der Hauptniederlassung im Mitgliedstaat B, sondern auch der Zweigniederlassung im Mitgliedstaat C (D, E, …) zugutekommt. Schließlich könnten auch die Auswirkungen des EuGH-Urteils vom 17.9.2014 in der Rs. C–7/13, *Skandia*[322] die Betrachtungsweise erschweren, da nach diesem Urteil Innenleistungen teilweise auch als steuerbare und steuerpflichtige Umsätze anzusehen sind. Es bleibt abzuwarten, wie die deutsche Finanzverwaltung auf dieses Urteil reagiert.

Literaturhinweise

de Weerth, Vorsteueraufteilung bei Ausgaben einer Zweigniederlassung für von der Hauptniederlassung in – anderem Mitgliedsstaat bewirkte Umsätze – Morgan Stanley, DStR 2019, S. 275 (Anmerkung zum Urteil); *Heinrichshofen*, Eingangsleistungen bei Zweigniederlassung, die auch für Innenumsätze mit ausländischem Stammhaus verwendet werden (Anmerkung zum Urteil), EU-UStB 2019, S. 10; *Korf*, Vorsteueraufteilung bei Ausgaben einer Zweigniederlassung für von der Hauptniederlassung in anderem Mitgliedstaat bewirkte Umsätze – Morgan Stanley (Anmerkung zum Urteil), MwStR 2019, S. 267; *Prätzler*, Aufteilung der Vorsteuer bei Betriebsstättensachverhalten. Eine Bestandsaufnahme nach der »Morgan Stanley«-Entscheidung des EuGH, UStB 2019, S. 243

4.3 Zum Begriff der »vollständigen Anschrift« als Rechnungsmerkmal

BFH, Urteil v. 5.12.2018, XI R 22/14, UR 2019, S. 194

Für die Ausübung des Rechts auf Vorsteuerabzug ist erforderlich, dass der Leistungsempfänger eine Rechnung besitzt, in der eine Anschrift des Leistenden genannt ist, unter der jener postalisch erreichbar ist.

Für die Prüfung des Rechnungsmerkmals »vollständige Anschrift« ist der Zeitpunkt der Rechnungsausstellung maßgeblich.

Die Feststellungslast für die postalische Erreichbarkeit zu diesem Zeitpunkt trifft den den Vorsteuerabzug begehrenden Leistungsempfänger.

Normen: §§ 14 Abs. 4 Nr. 1, 15 Abs. 1 Nr. 1 UStG

---

321 EuGH C–737/19, *Bank of China*.
322 MwStR 2014, S. 728.

Der BFH hat die Auffassung des EuGH in seiner Entscheidung *Geissel und Butin*[323] übernommen: Für eine zum Vorsteuerabzug berechtigende Rechnung ist es nicht erforderlich, dass die wirtschaftliche Tätigkeit des leistenden Unternehmers unter der Anschrift ausgeübt wird, die in der von ihm ausgestellten Rechnung angegeben ist. Dennoch bedürfe es einer Anschrift, unter der er postalisch erreichbar ist. Maßgeblich hierfür ist nach Meinung des BFH der Zeitpunkt der Rechnungsausstellung. Die Pflichtangaben in den Rechnungen müssten es den Steuerverwaltungen ermöglichen, die Entrichtung der geschuldeten Steuer und ggf. das Bestehen des Vorsteuerabzugsrechts zu kontrollieren und eine Verbindung zwischen einer bestimmten wirtschaftlichen Transaktion und einem konkreten Wirtschaftsteilnehmer, dem Rechnungsaussteller, herzustellen. Diese Kontrollmöglichkeit bestehe für das FA aber erst mit der Erstellung der Rechnung sowie deren Kenntnisnahme und nicht zum Zeitpunkt der Leistungserbringung. Lasse sich eine Erreichbarkeit zu diesem Zeitpunkt nicht ermitteln, treffe die Feststellungslast den Leistungsempfänger. Der Unternehmer, der den Vorsteuerabzug geltend macht, habe die Darlegungs- und Feststellungslast für alle Tatsachen, die den Vorsteuerabzug begründen.

> **Praxishinweis**
> Kann der Unternehmer nicht selbst die Situation vor Ort in Augenschein nehmen und in geeigneter Weise dokumentieren, sollte besonders in Risikofällen und betrugsanfälligen Branchen überlegt werden, wie ein geeigneter Nachweis postalischer Erreichbarkeit des Vertragspartners beschafft werden kann. Hierbei sollte darauf geachtet werden, dass es für den Nachweis postalischer Erreichbarkeit weder auf das Datum der Vertragsanbahnung noch auf das Leistungsdatum, sondern auf das Rechnungsdatum ankommt. Der Begriff der »postalischen Erreichbarkeit« ist noch nicht völlig klar, z. B. könnte sie auch dann schon nicht mehr vorliegen, wenn ein betrügerischer Vertragspartner sich bereits abgesetzt hat und nicht mehr damit zu rechnen ist, dass er seinen Briefkasten noch leeren wird.
> Gegen die Auffassung des BFH, dass die Feststellungslast für die Erreichbarkeit beim Unternehmer liege, könnte jedoch ein Vergleich mit der Rechnung (als formeller Voraussetzung des Vorsteuerabzugs) mit dem Belegnachweis für steuerfreie Ausfuhrlieferungen oder innergemeinschaftliche Lieferungen (als formeller Voraussetzung für die Steuerbefreiung) sprechen: Der Unternehmer hat mit der Rechnung grds. das Seine für den Vorsteuerabzug getan und dazu auch den nötigen Nachweis geliefert, im Übrigen ist es Sache des FA, Feststellungen über Gegebenheiten zu treffen, die dem Vorsteuerabzugsrecht entgegenstehen. Die EuGH-Rspr. hat die Rechnung dem Belegnachweis für die Steuerbefreiung zuletzt immer weiter angenähert, seit dem Urteil in der Rs. *Vădan*[324] scheint sogar ein »Irgendwie-Nachweis« der Voraussetzungen des Vorsteuerabzugs im Bereich des Möglichen.
> Gegen eine solche Argumentation spricht allerdings, dass nach dem Urteil des EuGH in der Rs. *Mahagében und Dávid*[325] diedie Steuerverwaltung von dem Steuerpflichtigen, der sein Recht auf Vorsteuerabzug ausüben möchte, bestimmte genauer ausgeführte Prüfungen nicht verlangen kann: nämlich ob der Aussteller der Rechnung über die Gegenstände und Dienstleistungen, für die dieses Recht geltend gemacht wird, Steuerpflichtiger ist, ob er über

---

323 EuGH, Urteil v. 15.11.2017, C–374/16, C–375/16, UR 2017, S. 970, m. Anm. *Jacobs/Zitzl*.
324 EuGH, Urteil v. 21.11.2018, C–664/16, UR 2018, S. 962 m. Anm. *Nücken*.
325 EuGH, Urteil v. 21.6.2012, C–80/11, C–142/11, UR 2012, S. 591, m. Anmerkungen von *Maunz* sowie *Sterzinger*.

die fraglichen Gegenstände verfügte und sie liefern konnte und ob er seinen Verpflichtungen hinsichtlich der Erklärung und Abführung der MwSt nachgekommen ist. Diese Prüfungen kann die Finanzverwaltung, so der EuGH aaO, nicht auf den Steuerpflichtigen abwälzen, weil sie zu ihren eigenen Aufgaben gehören. Die Prüfung der Rechnungsanschrift ist hier aber nicht genannt – sie dürfte im Gegenteil zu den Informationen gehören, die die Finanzverwaltung erst in die Lage versetzen sollen, solche Prüfungen aufzunehmen.

Wie allerdings der EuGH – ebenfalls im Urteil *Geissel und Butin* – ausgeführt hat, soll die Angabe der Anschrift, des Namens und der MwSt-ID-Nr. des Rechnungsausstellers es ermöglichen, eine Verbindung zwischen einer bestimmten wirtschaftlichen Transaktion und einem konkreten Wirtschaftsteilnehmer, dem Rechnungsaussteller, herzustellen. Die Identifizierung des Rechnungsausstellers erlaube es der Steuerverwaltung, zu prüfen, ob der MwSt-Betrag, der für einen Steuerabzug in Betracht kommt, Gegenstand einer Steuererklärung war und entrichtet wurde. Jedoch stelle die MwSt-ID-Nr. des Unternehmers, der die Gegenstände oder Dienstleistungen geliefert bzw. erbracht hat, die wesentliche Informationsquelle für diese Identifikation dar. Die Nr. sei leicht zugänglich und von der Verwaltung überprüfbar, außerdem habe der Unternehmer, dem die Nr. erteilt wurde, bereits ein Registrierungsverfahren durchlaufen. Eine solche Identifizierung des leistenden Unternehmers muss nicht notwendig davon abhängen, dass der leistende Unternehmer zzt. der Rechnungstellung unter einer bestimmten Anschrift erreichbar war; ist das FA sich trotz nicht mehr aktueller Anschrift über die Identität des leistenden Unternehmers im Klaren, fragt sich demnach, ob nicht im Einzelfall in Anwendung der Grundsätze des Urteils *Barlis 06*[326] der Vorsteuerabzug unter den weiteren Voraussetzungen zu gewähren sein müsste.

Literaturhinweise

Nacke, Zum Rechnungsmerkmal »vollständige Anschrift« bei der Ausübung des Rechts auf Vorsteuerabzug (Anmerkung zum Urteil), HFR 2019, S. 214; *Seifert*, Vorsteuerabzug und Billigkeitsmaßnahmen, StuB 2019, S. 370; *Sterzinger*, Rechnungsmerkmal »vollständige Anschrift« bei der Ausübung des Rechts auf Vorsteuerabzug (Anmerkung zum Urteil), UStB 2019, S. 63; *Weymüller*, Zum Rechnungsmerkmal »vollständige Anschrift« bei der Ausübung des Rechts auf Vorsteuerabzug (Anmerkung zum Urteil), MwStR 2019, S. 281

4.4 Können Bruchteilsgemeinschaften keine Unternehmer sein?

BFH, Urteil v. 22.11.2018, V R 65/17, UR 2019, S. 179 m. Anm. *Heinrichshofen*

Eine Bruchteilsgemeinschaft kann nicht Unternehmer sein. Es liegen vielmehr zivil- und umsatzsteuerrechtlich durch die Gemeinschafter als jeweiliger Unternehmer anteilig erbrachte Leistungen vor (Änderung der Rspr.).

Norm: § 2 Abs. 1 UStG

---

326 EuGH, Urteil v. 15.9.2016, C–516/14, *Barlis 06*, UR 2016, S. 795.

Sachverhalt

Der Kläger hatte zusammen mit weiteren Personen (alle im Weiteren: Erfinder) Systeme zur Früherkennung von Tumoren entwickelt und hierauf Patente erhalten. Eine GmbH & Co. KG schloss mit den Erfindern Lizenzverträge für die Vermarktung dieser Erfindungen gegen eine Lizenzgebühr ab. Dabei richtete sie in der Auffassung, dass leistende Unternehmer die einzelnen Erfinder seien, als Leistungsempfängerin jährliche Gutschriften an die Erfinder. Diese Abrechnungen waren an die einzelnen Erfinder adressiert, führten jeweils den Anteil des betreffenden Erfinders an den Lizenzgebühren an, nahmen auf den Lizenzvertrag Bezug und wiesen USt nach dem Regelsteuersatz aus. Der Kläger erklärte die Lizenzgebühren als Einzelunternehmer, allerdings zum ermäßigten Steuersatz. Als Art des Unternehmens gab er eine »Überlassung von Lizenzrechten« an.

Entscheidung

Der BFH entschied, dass der Kläger – und nicht die Bruchteilsgemeinschaft der Erfinder – ein Unternehmer sei, der dem Regelsteuersatz unterliegende Leistungen erbracht habe. Die Gemeinschaft sei unfähig, Trägerin von Rechten und Pflichten zu sein. Sie nehme weder selbst noch durch Vertreter am Rechtsverkehr teil. Folgerichtig könne eine Bruchteilsgemeinschaft kein Unternehmer sein. Es lägen vielmehr zivil- und umsatzsteuerrechtlich anteilig erbrachte Leistungen durch die Gemeinschafter als jeweilige Unternehmer vor. Ebenso seien bei einer gemeinschaftlich bezogenen Leistung die Gemeinschafter entsprechend der zivilrechtlichen Rechtslage als Leistungsempfänger zum Vorsteuerabzug berechtigt, wenn nur die Gemeinschafter im Rahmen ihrer Einzelunternehmen unternehmerisch tätig seien. Im vorliegenden Fall hatten die Erfinder (mangels einer besonderen Vereinbarung und mangels der Bildung eines Gesamthandvermögens) aufgrund der bloßen Tatsache der gemeinsamen erfinderischen Tätigkeit ein Gemeinschaftsverhältnis nach §§ 741 ff. BGB begründet. Eine Gesellschaft bürgerlichen Rechts lag nicht vor.

Verfahrensrechtliche Schwierigkeiten ergäben sich, so der BFH, weder bei der Leistungserbringung noch beim Leistungsbezug, da die verbindliche Aufteilung auf die Gemeinschafter durch § 1 Abs. 2 der Verordnung über die gesonderte Feststellung von Besteuerungsgrundlagen nach § 180 Abs. 2 AO erreicht werden könne. Dies setze für die USt voraus, dass mehrere Unternehmer im Rahmen eines Gesamtobjekts Umsätze ausführen oder empfangen. Für das Vorliegen gleichartiger Rechtsbeziehungen zu demselben Dritten reichten dabei entsprechende Beziehungen auf der Eingangs- oder Ausgangsseite aus.

Der BFH macht ferner im Urteil Ausführungen dazu, wann lizenzierte Rechte unter das Urheberrechtsgesetz fallen und dem ermäßigten Steuersatz unterliegen, wobei er die Anwendung des ermäßigten Steuersatzes auf die Leistungen des Klägers ablehnt. Schließlich äußert er sich zur Frage einer Steuerhinterziehung bei Versteuerung von Ausgangsumsätzen mit dem ermäßigten Steuersatz anstelle des Regelsteuersatzes u. U. wie im vorliegenden Fall.

Praxishinweise
- In der Praxis hat das Urteil einige Beunruhigung ausgelöst und ist vielfach auf Ablehnung gestoßen, auch verbunden mit Forderung nach einem klarstellenden Eingreifen des Gesetzgebers. Das verwundert nicht, ist die Entscheidung doch von großer praktischer Bedeutung: die wohl unzähligen Bruchteilsgemeinschaften – z. B. Ehegattengemeinschaften, die Grundstücke vermieten oder gemeinschaftlich ein Gebäude errichten und teilunternehmerisch nutzen – sind alltägliche Phänomene. Ob die Finanzverwaltung auf das Urteil hin ihre Auffassung ändert, muss sich weisen. Noch ist unbekannt, ob das BMF sich dem BFH in der Sache anschließt oder nicht. Die Folgen einer Umsetzung des BFH-Urteils wären immens: wo Gemeinschafter Leistungen ausführen oder beziehen, müssten sie dem Urteil zufolge, sofern sie umsatzsteuerlich als Unternehmer gelten, allesamt eine umsatzsteuerliche Registrierung in Anspruch nehmen und würden für ihre anteilig erbrachten und bezogenen Leistungen selbst erklärungspflichtig. Dem entspricht ein entsprechender Aufwand auf der Seite der Finanzämter. Legt man die neue Rspr. zugrunde, wonach eine Bruchteilsgemeinschaft kein Unternehmer ist, so weisen alle von einer nicht unternehmerfähigen Gemeinschaft ausgegebene Rechnungen mit Steuerausweis unberechtigte Steuer i. S. d. § 14c Abs. 2 UStG aus, die vom »Leistungsempfänger« nicht als Vorsteuer abgezogen werden kann, und jeder von einer nicht unternehmerfähigen Gemeinschaft in Anspruch genommene Vorsteuerabzug wäre unrechtmäßig. Darüber hinaus sind noch viele Fragen offen, das Konfliktpotenzial entsprechend hoch – z. B. in Hinblick auf die Ausgestaltung von Vorsteuerrechnungen und damit den formellen Voraussetzungen des Vorsteuerabzugs. Hier könnte allerdings die Entscheidung des BFH in der Rs. BFH V R 40/01[327] zu beachten sein; dem BFH genügte nach Vorlage an den EuGH[328] für die Ausübung des Rechts auf Vorsteuerabzug eines unternehmerisch tätigen Ehegatten eine an beide Ehegatten ausgestellte Rechnung. Weitere Komplikationen können z. B. bei Ausgangsumsätzen dann entstehen, wenn nicht alle Gemeinschafter i. S. d. § 9 UStG gegen eine Steuerbefreiung optieren oder einige der Gemeinschafter als Kleinunternehmer i. S. d. § 19 UStG gelten, ohne zur allgemeinen Regelung zu optieren.[329] Verschiedentlich wurde vor einer Dynamik wie im Fall der Bauträgerfälle infolge eines Urteils des BFH aus dem Jahr 2013[330] gewarnt,[331] als die Aufhebung des Übergangs der Steuerschuldnerschaft bei Bauleistungen zu zahlreichen USt-Rückforderungen und zu einem umstrittenen gesetzgeberischen Eingriff führte. Die sog. »Bauträgerfälle« beschäftigten sowohl die Zivil- als auch die Finanzgerichtsbarkeit auf Jahre hinaus.[332]

Der Umstand, dass der BFH seine Entscheidung vornehmlich anhand des deutschen Zivilrechts – präziser: vor allem anhand der mangelnden zivilrechtlichen Rechtsfähigkeit – begründet hat, ist in der Literatur auf erhebliche Kritik gestoßen.[333] So ist bei der Auslegung

---

327 BFH, Urteil v. 6.10.2005, V R 40/01, BStBl I 2007, S. 13.
328 EuGH, Urteil v. 21.4.2005, C–25/03, *HE*, UR 2005, S. 324, m. Anm. *Widmann*.
329 Vgl. hierzu *Heinrichshofen* (s. Literaturverzeichnis).
330 BFH, Urteil v. 22.8.2013, V R 37/10, BStBl II 2014 S. 128.
331 So etwa durch *Heinrichshofen* (s. Literaturverzeichnis).
332 Eine kurze Zusammenfassung der hier angesprochenen Vorfälle kann der 17. Auflage, S. 271 f. entnommen werden.
333 So etwa durch *Sterzinger* (vgl. Literaturhinweis).

der RL das nationale Zivilrecht gewöhnlich nicht maßgeblich, weil das zu Wertungsunterschieden zwischen den einzelnen Mitgliedsstaaten führt; zum anderen werden tatsächliche Leistungshandlungen besteuert.[334]

- Nicht von dieser Rspr. betroffen dürften Wohneigentümergemeinschaften sein, da sie rechtsfähig sind (§ 10 Abs. 6 WEG).
- Zur Rechtsunsicherheit trägt schließlich der Umstand bei, dass eine Abgrenzung der Bruchteilsgemeinschaft besonders zur BGB-Gesellschaft diffizil sein kann: abgesehen davon, dass auch eine Innengesellschaft, die nicht nach außen auftritt, umsatzsteuerlich kein Unternehmer ist, ist es oft Fallfrage und damit auch nicht immer völlig klar, ob ein gemeinsamer Zweck i. S. d. § 705 BGB verfolgt wird. Schon im Ausgangsverfahren war man sich lange uneins, was eigentlich die Rechtsnatur der Gesamtheit der Erfinder bzw. ihres Anteils an dem Recht war: Setzte das FA zeitweise USt zum Regelsteuersatz gegen eine vermeintliche Gesellschaft bürgerlichen Rechts fest, wurde im gerichtlichen Verfahren – das vorliegende Urteil erging im zweiten Rechtszug – erörtert, ob die Gemeinschaft oder die Gemeinschafter als leistende Unternehmer anzusehen seien.

Literaturhinweise

Brill, Bruchteilsgemeinschaft kann kein umsatzsteuerlicher Unternehmer sein (Änderung der Rspr.) (Anmerkung zum Urteil), DStZ 2019, S. 595; *Esskandari/Bick*, Bruchteilsgemeinschaft kein Unternehmen i. S. d. UStG (Anmerkung zum Urteil), AO-StB 2019, S. 108; *Heinrichshofen*, Bruchteilsgemeinschaft bzw. deren Ende – ein neuer Bauträgerfall?; UVR 2019, S. 178; *Heinrichshofen*, Bruchteilsgemeinschaft in der Umsatzsteuer (Anmerkung zum Urteil), UR 2019, S. 179; *Kirchinger/Küffner*, BFH zur fehlenden Unternehmereigenschaft der Bruchteilsgemeinschaft (Anmerkung zum Urteil), UStB 2019, S. 93; *Köster/Jungen*, Bruchteilsgemeinschaft kein umsatzsteuerlicher Unternehmer (mehr). Erste Implikationen für die Praxis nach Änderung der BFH-Rechtsprechung, BBK 2019, S. 594; *Müller/Dorn*, BFH ändert Rspr. zur Bruchteilsgemeinschaft: Gemeinschaft keine Unternehmerin i. S. d. UStG, nwb 2019, S. 464; *Stadie*, Nichtanrufung des Großen Senats des BFH und Nichtvorlage beim EuGH zur Nichtunternehmereigenschaft einer Bruchteilsgemeinschaft, UR 2019, S. 529; *Sterzinger*, Unternehmereigenschaft einer Bruchteilsgemeinschaft und Zurechnung von Umsätzen, MwStR 2019, S. 298; *Tausch*, Keine Unternehmerfähigkeit von Bruchteilsgemeinschaften (Anmerkung zum Urteil), UVR 2019, S. 98; *Widmann*, Bruchteilsgemeinschaft kein Unternehmer (Anmerkung zum Urteil), MwStR 2019, S. 236

---

334 Vgl. dazu *Sterzinger* (s. Literaturhinweis).

4.5 Billigkeitserlass zu Unrecht ausgewiesener Steuer bei abweichender rechtlicher Würdigung

BFH, Urteil v. 27.9.2018, V R 32/16, UR 2019, S. 191

Ein Billigkeitserlass kann gerechtfertigt sein, wenn sich zwei Unternehmer ausgehend von den zivilrechtlichen Vereinbarungen aufgrund eines gemeinsamen Irrtums über die zutreffende steuerrechtliche Beurteilung vor höchstrichterlicher Klärung einer Streitfrage ohne Missbrauchs- oder Hinterziehungsabsicht gegenseitig Rechnungen mit unzutreffendem Steuerausweis erteilen und aufgrund der Versteuerung der jeweils zu Unrecht gesondert ausgewiesenen Steuerbeträge bei einer Gesamtbetrachtung keine Gefährdung des Steueraufkommens vorliegt.

Normen: § 163 AO; § 14c Abs. 2 UStG

Der BFH hält für einen Fall, in dem die Rechtslage nicht höchstrichterlich geklärt war, den Erlass unberechtigt ausgewiesener Steuer auch ohne Berichtigungsverfahren für gerechtfertigt – und bringt dabei erneut eine Gesamtbetrachtung ins Spiel.

Sachverhalt

Die Klägerin (genauer: eine Gesellschaft, deren Gesamtrechtsnachfolgerin die Klägerin war) hatte mit ihren Kunden einen Vertrag über Sale-and-Mietkauf-back-Geschäfte abgeschlossen. Dabei war sie der Auffassung, von ihren Kunden steuerpflichtig Ware erworben und sie ihnen steuerpflichtig zurückgeliefert zu haben. Das FA meinte, basierend auf später erst ergangener Rspr. des BFH, dass umsatzsteuerrechtlich nur eine Darlehensgewährung durch die Klägerin vorgelegen habe. Die Klägerin sei somit in Hinblick auf die Eingangsleistung nicht vorsteuerabzugsberechtigt und schulde in Hinblick auf die Ausgangsleistung die Steuer wegen unzutreffenden Steuerausweises. Daher beantragte die Klägerin einen Steuererlass aus Billigkeitsgründen, den das erstinstanzliche FG zwar bejahte, das FA aber weiterhin ablehnte und Revision einlegte.

Entscheidung

Der BFH stellte sich in Hinblick auf den Billigkeitserlass auf die Seite der Klägerin. Entsprechend ihrer Vorstellung einer Lieferung mit Rücklieferung hatten die Klägerin und ihre Kunden sich gegenseitig Rechnungen mit Steuerausweis erteilt. Da es sich wie vom FA vorgetragen tatsächlich um eine Darlehensgewährung der Klägerin gehandelt hat, hatten beide Seiten aufgrund von Fehlvorstellungen zu Rechtsfragen gehandelt, die seinerzeit noch nicht höchstrichterlich entschieden waren. Die Beteiligten waren von ihren zivilrechtlich getroffenen Vereinbarungen ausgegangen. Auch einen Hinweis auf Missbrauch oder Steuerhinterziehung gab es nicht.

Ein Billigkeitserlass i. S. d. § 163 AO lässt zu, dass Steuern niedriger festgesetzt werden und einzelne die Steuer erhöhende Besteuerungsgrundlagen unberücksichtigt bleiben, wenn die Erhebung der Steuer nach Lage des einzelnen Falls aus sachlichen oder aus persönlichen Gründen unbillig wäre. Ein solcher Fall lag nach Meinung des BFH hier vor. Zwar hätte eine Änderung der Festsetzung unter anderen Umständen einer Rechnungsberichtigung bedurft. Diesem Rechnungsberichtigungsverfahren komme, so der BFH, grds. auch Vorrang zu. Allerdings stehe dieses Verfahren, bei dem die unzutreffende Besteuerung zweier Vertragsparteien ausschließlich auf der irrtümlichen Annahme beruht, dass das Zivilrecht für die umsatzsteuerrechtliche Beurteilung maßgeblich ist, »in völlig atypisch gelagerten Ausnahmefällen« nicht entgegen.

Der besonders gelagerte Fall lässt sich nicht ohne Weiteres verallgemeinern, worauf der BFH mit seiner Formulierung, der Fall sei »völlig atypisch gelagert«, auch besonders hinweist. Allerdings verdient der Umstand Aufmerksamkeit, dass ein Billigkeitserlass offenkundig geeignet sein kann, gewisse formelle Erfordernisse aus dem Weg zu räumen – und dass der BFH sich ein weiteres Mal nicht auf die isolierte Betrachtung eines Rechtsverhältnisses beschränkt, sondern eine Gesamtbetrachtung anstellt.

> **Praxishinweis**
> Der vorliegende Fall betrifft den Erlass falsch ausgewiesener Steuer. Für den Fall des Erlasses von Zinsen hat der BFH sich schon kurz darauf in einem weiteren Urteil weniger zurückhaltend geäußert. Ein solcher Erlass komme unter einigen weiteren Voraussetzungen demnach nicht lediglich für höchstrichterlich noch nicht entschiedene Fälle, sondern grds. bereits dann in Frage, wenn die einschlägigen Regelungen »komplex und vielschichtig« sind.[335]

Literaturhinweise
Maunz, Billigkeitserlass bei fehlerhaften Rechnungen (Anmerkung zum Urteil), MwStR 2019, S. 416; *Tausch*, Billigkeitserlass bei § 14c-Rechnungen möglich (Anmerkung zum Urteil), UVR 2019, S. 130; *Weigel*, Billigkeitserlass fehlerhafter Rechnungen bei »Sale-and-Mietkauf-Back«-Geschäften und bei Eintritt des Leasingunternehmens in bestehende Vertragsbeziehungen (Anmerkung zum Urteil), UStB 2019, S. 64

4.6 Garantiezusage eines Kfz-Händlers als Versicherungsleistung

BFH, Urteil v. 14.11.2018, XI R 16/17, UR 2019, S. 227
Die entgeltliche Garantiezusage des Kfz-Händlers ist keine unselbstständige Nebenleistung zur Fahrzeuglieferung, sondern eine eigenständige Leistung.
Mit einer Garantiezusage, durch die der Kfz-Verkäufer als Garantiegeber im Garantiefall eine Geldleistung verspricht, liegt eine Leistung aufgrund eines Versicherungsverhältnisses i. S. d. VersStG vor, die nach § 4 Nr. 10 Buchst. a UStG steuerfrei ist.

Norm: § 4 Nr. 10 Buchst. a UStG

Sachverhalt
Die Klägerin betrieb ein Autohaus. Beim Verkauf von Kfz bot sie den Käufern eine erweiterte Gebrauchtwagengarantie gegen gesondert berechnetes Entgelt an. Diese Garantiezusage war über eine Versicherungsgesellschaft rückversichert. Sowohl das Garantiezertifikat als auch die Garan-

---

335 Vgl. im vorliegenden Werk den Beitrag C.4.30.

tievereinbarung wiesen die Klägerin als Garantiegeberin und den Käufer des Kfz als Garantienehmer aus. Der Vertrag sah vor, dass im Garantiefall (in Grenzen) Ersatz für die erforderlichen Kosten einer Reparatur geleistet werde. Die Reparatur konnte vom Garantiegeber oder einem anderen Kfz-Meisterbetrieb durchgeführt werden. Die Klägerin stellte diese Leistung ohne USt und mit 19 % Versicherungssteuer in Rechnung. Das FA war der Auffassung, die Garantiezusage gewähre dem Kunden ein Wahlrecht zwischen einer Reparatur durch die Klägerin und einem Reparaturkostenersatz und stelle eine unselbstständige Nebenleistung zum Gebrauchtwagenkauf dar. Die Voraussetzungen für eine USt-Befreiung waren seiner Auffassung nach daher nicht gegeben.

Entscheidung

Der BFH war anderer Auffassung: Seiner Meinung nach handle es sich bei der Garantieleistung um eine eigenständige und im Übrigen steuerfreie Leistung. Sie verfolge neben der Fahrzeuglieferung einen eigenen Zweck. Es handle sich hierbei lediglich um das Versprechen der Kostenübernahme im Garantiefall, denn es werde lediglich Ersatz für die erforderlichen Kosten einer Reparatur geleistet und im Weiteren die Höhe der Kostenerstattung eingeschränkt. Eine Sachleistungspflicht des Händlers ergebe sich hieraus nicht. Vielmehr werde bei Abwicklung über den Händler der Zahlungsanspruch des Händlers aufgrund der Reparatur grds. mit dem Kostenerstattungsanspruch des Versicherungsnehmers aufgerechnet. Inhalt der Garantie sei somit ausschließlich die Leistung von Kostenersatz durch den Garantiegeber. Diese Leistung war nach Auffassung des BFH (zumindest) nach § 4 Nr. 10 Buchst. a UStG steuerfrei. Dass die Klägerin als Gebrauchtwagenhändlerin kein der Versicherungsaufsicht unterliegendes Versicherungsunternehmen war, sah der BFH nicht als relevant an.

Praxishinweis

Dieser Sachverhalt muss sorgfältig von dem im Urteil des BFH mit dem Az. XI R 49/07[336] entschiedenen Fall unterschieden werden. Hier hatte dem Garantienehmer ein andersgeartetes Wahlrecht zugestanden: Im Garantiefall hatte er nämlich nicht zwischen zwei Modalitäten einer Geldleistung der Versicherung zu wählen gehabt, sondern zwischen einer Sachleistung (Reparatur durch den Händler) und einer Geldleistung der Versicherung. Die Verpflichtung zur Eigenreparatur und die Verschaffung des Versicherungsschutzes waren nach Auffassung des BFH eine einheitliche untrennbare Leistung. Sie konnte nach den vom Europäischen Gerichtshof in der Rs. *Velvet & Steel*[337] entwickelten Grundsätzen nicht steuerfrei gestellt werden, weil sich die Steuerbefreiung nach § 4 Nr. 8 Buchst. g UStG nicht auf eine Sachleistung beziehen kann. Ebenso wenig war seinerzeit die Gesamtleistung insgesamt als »Verschaffung von Versicherungsschutz« i. S. v. § 4 Nr. 10 Buchst. b UStG anzusehen.

---

336 BFH, Urteil v. 10.2.2010, BStBl II 2010, S. 1109.
337 EuGH, Urteil v. 19.4.2007, C–455/05, UR 2007, S. 379.

Literaturhinweise

Möser, Garantiezusage eines Kfz-Händlers als Versicherungsleistung (Anmerkung zum Urteil), MwStR 2019, S. 276; *Suabedissen*, Garantiezusage eines Kfz-Händlers als Versicherungsleistung (Anmerkung zum Urteil), HFR 2019, S. 297; *Tausch*, Garantiezusage eines Kfz-Händlers als Versicherungsleistung (Anmerkung zum Urteil), UVR 2019, S. 163

4.7 Margenbesteuerung und unentgeltliche Reiseleistungen

BFH, Urteil v. 13.12.2018, V R 52/17, BStBl II 2019, S. 345

§ 25 Abs. 4 S. 1 UStG steht dem Vorsteuerabzug bei unentgeltlich erbrachten Reiseleistungen nicht entgegen.

Das Vorsteuerabzugsverbot aufgrund der Verletzung einkommensteuerrechtlicher Aufzeichnungspflichten bei Geschenken gem. § 15 Abs. 1a Nr. 1 UStG in seiner bis 18.12.2006 geltenden Fassung war wegen Verstoßes gegen Art. 17 Abs. 2 und 6 der Richtlinie 77/388/EWG unionsrechtswidrig (Fortführung des BFH-Urteils vom 12.8.2004, V R 49/02, BFHE 207, S. 71, BStBl II 2004, S. 1090).

Normen: Art. 17 Abs. 2 und Abs. 6, 26 der Richtlinie 77/388/EWG; §§ 15 Abs. 1a Nr. 1, 25 UStG; § 12 Abs. 2 Nr. 1 UStG i. V. m. Nr. 33 der Anlage

Die Klägerin veranstaltete Ende der 1990er-Jahre – zunächst gegen ein geringes Entgelt (ca. 10 bis 20 DM), später unentgeltlich – Busfahrten mit dem Ziel des Warenabsatzes (»Kaffeefahrten«). Das FA meinte, dass es sich bei den Kaffeefahrten um Reiseleistungen nach § 25 UStG gehandelt habe, und versagte darum den Vorsteuerabzug.

Der BFH gab dagegen der Klägerin Recht. Seiner Auffassung nach steht § 25 Abs. 4 UStG dem Vorsteuerabzug bei unentgeltlich erbrachten Reiseleistungen nicht entgegen. Dabei teilt er im Ergebnis die Rechtsauffassung des Europäischen Gerichtshofs in dessen (wenngleich zum Entscheidungsdatum des BFH noch nicht veröffentlichten) Urteil in der Rs. *Skarpa Trave,I*[338] wonach die Sonderregelung für Reisebüros nicht als »Sonderumsatzsteuer« aufzufassen ist, sondern aus einer Ansammlung von Spezialvorschriften besteht. Soweit diese Spezialvorschriften keine besondere Regelung treffen, gelangen die allgemeinen Regelungen zur Anwendung. Da sich nach Auffassung des BFH die Sondervorschriften nach § 25 UStG nur auf entgeltliche Leistungen beziehen, kommen bei unentgeltlich erbrachten Leistungen die allgemeinen Vorschriften zur Anwendung. Dass die Vorschrift nur auf gegen Entgelt erbrachte Reiseleistungen anwendbar sei, schloss der BFH daraus, dass die Bemessungsgrundlage der Reiseleistungen sich nach den Aufwendungen des Leistungsempfängers abzüglich derjenigen des Reisebüros bemisst. Aus dem Erfordernis der Marge folge, dass es sich sowohl auf der Eingangs- als auch auf der Ausgangsseite um gegen Entgelt erbrachte Leistungen handeln müsse.

---

[338] EuGH, Urteil v. 19.12.2018, C-422/17, UR 2019, S. 144.

Praxishinweise
- Das Gericht äußert sich nicht abschließend dazu, ob und in welcher Höhe der Veranstalter der Kaffeefahrten im Falle der Unentgeltlichkeit tatsächlich den Vorsteuerabzug geltend machen konnte, es räumte nur einige Hindernisse aus dem Weg: das angebliche Vorsteuerabzugsverbot bei Reiseleistungen und die seinerzeitigen Einschränkungen wegen Verletzung der einkommensteuerlichen Aufzeichnungspflichten. Im Übrigen lässt der BFH offen, ob die Kaffeefahrten dem Grunde nach als Geschenk i. S. d. § 4 Abs. 5 Nr. 1 EStG anzusehen sein könnten (vgl. Rz. 37).
- Soweit (was dem BFH zufolge im zweiten Rechtszug noch dem Grund und der Höhe nach festzustellen war) Fahrtgelder entrichtet wurden, sei – so der BFH – zu entscheiden, ob sie anteilig den Busfahrten« und den an die Teilnehmer abgegebenen »Zugabeartikeln« zugeordnet werden können; der BFH neigt hier eher dazu, die Fahrtgelder vollständig in die Marge für die (entgeltliche) Reiseleistung einzubeziehen, weil die Aufteilung offenbar eher den Zweck verfolgte, die Annahme eines Geschenks nach § 4 Nr. 5 Abs. 1 EStG zu vermeiden. Die Fahrtgelder dürften damit vollständig in die Margenbesteuerung eingehen, für die Zugabeartikel sei dann ein Vorsteuerausschluss als Geschenk (oder, nach alter Rechtslage, als Eigenverbrauch) zu prüfen. Sollte sich hierbei dennoch eine negative Marge ergeben (Aufwendungen für die Reiseleistung übersteigen die Einnahmen), sei zu überlegen, ob diese Aufwendungen nur in i. H. d. Fahrtgelder in die Margenbesteuerung einzubeziehen sind, sodass weitergehende Aufwendungen aufgrund eines unmittelbaren und direkten Zusammenhangs mit der steuerpflichtigen Liefertätigkeit der Klägerin zum Vorsteuerabzug berechtigen.
- In seinem Urteil geht der BFH auch auf die Versagung des Vorsteuerabzugs auf Geschenke (bzw. auf die Versteuerung als Eigenverbrauch) wegen der Verletzung einkommensteuerlicher Aufzeichnungspflichten nach früherer Rechtslage (bis März 1999 bzw. bis 2006) ein. Es enthält überdies Ausführungen zum Steuersatz von im Rahmen der Kaffeefahrten verkauften Ampullen, bei denen der Anteil an Zitronensäure und infolgedessen die Frage streitig war, ob sie unmittelbar (ohne Verdünnung usw.) trinkbar waren.
- Die Frage, ob eine unentgeltliche Busfahrt als Geschenk anzusehen ist, das den Vorsteuerabzug ausschließt, steht freilich in einem gewissen Spannungsverhältnis zur Frage, inwiefern sie zu den allgemeinen wirtschaftlichen Aufwendungen des Unternehmers gehören könnte. Die Busfahrt erscheint z. B. mit dem im EuGH-Urteil *Sveda*[339] gegenständlichen Sachverhalt durchaus vergleichbar:[340] Hier bestand das Geschäftsmodell des Unternehmers u. a. im Verkauf von Souvenirs, Verpflegung und Getränken, wogegen der »Freizeit- und Entdeckungsweg zur baltischen Mythologie« selbst, auf dessen Herstellung die streitigen Aufwendungen sich bezogen, kostenfrei nutzbar war. In diesem Verfahren gewährte der EuGH den Vorsteuerabzug.

---

339 Urteil v. 22.10.2015, C–126/14, UR 2015, S. 910, m. Anm. *Sterzinger*.
340 Dazu vgl. die Ausführungen von *Weymüller* (s. Literaturverzeichnis).

Literaturhinweise

Fritsch, Vorsteuerabzug und Margenbesteuerung bei Kaffeefahrten (Anmerkung zum Urteil), UStB 2019, S. 94; *Tausch*, Vorsteuerabzug bei unentgeltlich erbrachten Reiseleistungen (Anmerkung zum Urteil), UVR 2019, S. 193; *Weymüller*, Vorsteuerabzug und Margenbesteuerung bei Kaffeefahrten (Anmerkung zum Urteil), MwStR 2019, S. 372

4.8 Unrichtiger Steuerausweis auch bei Leistungen an Nichtunternehmer

BFH, Urteil v. 13.12.2018, V R 4/18, UR 2019, S. 303
Die Steuerschuld nach § 14c Abs. 1 UStG entsteht auch bei einer Rechnungserteilung an Nichtunternehmer.
Im Rechtsstreit über die Anwendung einer Steuersatzermäßigung ergibt sich die Zulässigkeit einer Feststellungsklage nicht daraus, dass der Steuerpflichtige für die streitige Leistung eine Rechnung mit einem höheren Steuerausweis erteilt hat und die Anfechtungsklage dann aufgrund einer nach § 14c Abs. 1 S. 1 UStG bestehenden Steuerschuld unbegründet ist.

Norm: § 14c Abs. 1 UStG

Der Kläger, ein gemeinnütziger Verein, erbrachte im Zusammenhang mit seinem steuerbegünstigten Satzungszweck auch Leistungen gegen gesondertes Entgelt bei der Beratung einzelner Verbraucher. Das FA war der Auffassung, dass diese Leistungen nicht dem ermäßigten Steuersatz unterlagen. Fortan berechnete der Kläger seinen Kunden den Regelsteuersatz, ging zugleich aber gegen die Festsetzung der USt zum Regelsteuersatz vor.

In dem Verfahren um den Steuersatz seiner Leistungen war der Kläger vor dem FG erfolgreich. Jedoch wies der BFH seine Klage ab: er sei Steuerschuldner nach § 14c Abs. 1 UStG (unrichtiger Steuerausweis), ohne dass diese Steuerschuld entfallen sei. Über eine Steuerentstehung in geringerer Höhe wäre erst bei Rechnungsberichtigung zu entscheiden gewesen. Eine Steuerschuld nach § 14c UStG entstehe auch dann, wenn die Rechnungen an Nichtunternehmer erteilt wurden. Denn auch eine Person, die in Hinblick auf ihre persönlichen Lebensumstände als Verbraucher handelt, könne in anderer Hinsicht Unternehmer sein (z. B. als Vermieter oder Betreiber eine Photovoltaikanlage) und die fragliche Rechnung dort zum Vorsteuerabzug verwenden.

Der BFH spricht im Urteil die Frage an, ob im vorliegenden Falle eine Steuerschuld nach § 14c Abs. 1 UStG in einem Berichtigungsverfahren (§ 14c Abs. 1 S. 3 i. V. m. § 14c Abs. 2 S. 3 bis 5 UStG) entfallen konnte. Für den Fall des Widerrufs einer Option zur Steuerpflicht sowie für Geschäftsveräußerungen im Ganzen schreibt das UStG auch im Fall eines unrichtigen Steuerausweises vor, dass die Gefährdung des Steueraufkommens beseitigt sein muss. Diese Gefährdung ist u. a. dann beseitigt, wenn der Rechnungsempfänger keinen Vorsteuerabzug durchgeführt hat. Der BFH schloss nicht ausdrücklich aus, dass ein solches Vorgehen in anderen als den genannten Fällen alternativ zur Rechnungsberichtigung möglich ist, konnte das aber als nicht entscheidungserheblich offenlassen, weil ein entsprechender Antrag ohnehin weder gestellt noch beschieden worden war.

Praxishinweise
- Daneben hält das Urteil noch ein prozessuales Lehrstück bereit. Die Klage wurde vom Kläger zunächst als Anfechtungsklage erhoben, die er später auf eine Feststellungsklage umstellte. Eine Feststellungsklage (wie der Kläger sie erhoben hatte) ist jedoch gegenüber einer Gestaltungs- oder Leistungsklage subsidiär, sie ist also unzulässig, soweit der Kläger seine Rechte durch diese Klagearten verfolgen kann oder hätte verfolgen können (§ 41 Abs. 2 S. 1 FGO). Wie der BFH ausführt, hätte der Kläger sich einer anderen Klageart bedienen können, hätte er davon abgesehen, Rechnungen mit dem Regelsteuersatz auszustellen – im vorliegenden Falle war er zur Rechnungserteilung gesetzlich nicht verpflichtet gewesen.
- Für den Kläger habe die Möglichkeit bestanden, Rechnungen ohne Steuerausweis zu erteilen oder sogar die Umsätze aus der individuellen Verbraucherberatung mit dem ermäßigten Steuersatz zu versteuern und das FA über die eigene Rechtsansicht im Widerspruch zur Rechtsauffassung des FA zu informieren. Im Hinblick auf eine derartige Offenlegung habe für den Steuerpflichtigen auch nicht die Gefahr bestanden, den Tatbestand der Steuerhinterziehung nach § 370 AO zu verwirklichen. Dass das FA den Kläger unter Androhung des Entzugs der Gemeinnützigkeit dazu »gedrängt« habe, fand der BFH unzutreffend.
- Durch die Erteilung von Rechnungen mit offen ausgewiesener Steuer zum Regelsteuersatz hatte der Kläger sich nach Meinung des BFH selbst der effektiven Rechtsschutzmöglichkeit durch Anfechtungsklage begeben. Für die betreffenden Leistungen stand angesichts der bereits ausgestellten Rechnungen mit Steuerausweis zum Regelsatz mit oder ohne ermäßigten Steuersatz eine höhere Steuerschuld fest. Außerdem war nach Meinung des BFH eine Feststellungsklage in Hinblick auf eine Gesamtwürdigung untauglich, wie die Anwendung des ermäßigten Steuersatzes sie im vorliegenden Fall erfordere. Eine Gesamtwürdigung könne nur für konkrete Leistungen in konkreten Streitzeiträumen erfolgen und sei einer abstrakten Feststellung, die nach Art eines Grundlagenbescheids für eine Vielzahl von Leistungsbeziehungen gelten soll, nicht zugänglich.

Literaturhinweise
Raab, Steuerschuld nach § 14c Abs. 1 UStG und Unzulässigkeit der Feststellungsklage (Anmerkung zum Urteil), MwStR 2019, S. 329; *Weigel*, § 14c UStG bei Rechnungen an Nichtunternehmer (Anmerkung zum Urteil), UStB 2019, S. 132

4.9 Zum Leistungsort der Einräumung von Eintrittsberechtigungen für unterrichtende Leistungen

EuGH, Urteil v. 13.3.2019, C-647/17, *Srf konsulterna*, UR 2019, S. 344

Art. 53 der MwStSystRL in der durch die RL 2008/8/EG des Rates vom 12.2.2008 geänderten Fassung ist dahin auszulegen, dass der Begriff »Dienstleistung ... betreffend die Eintrittsberechtigung ... für Veranstaltungen« i. S. d. Bestimmung eine Dienstleistung wie die im Ausgangsverfahren in Rede stehende in Form eines fünftägigen Buchhaltungslehrgangs, der ausschließlich an Steuerpflichtige erbracht wird und voraussetzt, dass Anmeldung und Bezahlung im Voraus erfolgen, erfasst.

Normen: Art. 32, 33 MwStDVO; Art. 44, 53 MwStSystRL

Die Klägerin war eine in Schweden ansässige Tochtergesellschaft eines Berufsverbands für Buchhaltungs- und Lohnbuchhaltungsberater. Sie bot Fortbildungen in Buchhaltungsfragen in Form unabhängiger Kurse für Mitglieder des Verbands und andere an. Diese Lehrgänge wurden ausschließlich an Steuerpflichtige erbracht, die in Schweden ansässig waren. Zumeist wurden diese Lehrgänge in Schweden abgehalten, einige fanden aber in anderen EU-Mitgliedstaaten statt. Sie wurden jeweils in einem Konferenzgebäude abgehalten und dauerten 30 Stunden, verteilt auf fünf Tage und unterbrochen durch einen Tag Pause. Der Inhalt der Lehrgänge war im Voraus festgelegt, wurde jedoch vor Ort nach den Wünschen der Teilnehmer, die Kenntnisse in Buchhaltungsfragen und Erfahrung in der Arbeit mit solchen Fragen haben mussten, angepasst. Die Teilnahme an den Lehrgängen setzte eine Anmeldung und Zulassung vor Beginn des Lehrgangs voraus. Auch die Bezahlung erfolgte im Voraus.

Hier kamen die allgemeine Leistungsortsregelung des Art. 44 MwStSystRL (in Deutschland vgl. § 3a Abs. 2 UStG) sowie die besondere Regelung des Art. 53 MwStSystRL (in Deutschland vgl. § 3a Abs. 3 Nr. 5 UStG) in Frage. Im ersten Fall wären die Leistungen dort zu besteuern gewesen, wo die Leistungsempfänger den Sitz ihrer wirtschaftlichen Tätigkeit hatten, grds. also stets in Schweden. Im anderen Fall wäre es auf den Ort angekommen, an dem die jeweilige Veranstaltung tatsächlich stattfand – der u. U. außerhalb Schwedens liegen konnte. Die schwedischen Finanzbehörden waren der Meinung, dass der in Art. 53 genannte Begriff »Eintrittsberechtigung ... für Veranstaltungen« nur das Recht bezeichne, einen Ort zu betreten. Demgegenüber sollte das Recht, an einem bestimmten Unterricht teilzunehmen, unter Art. 44 fallen. Der EuGH war anderer Auffassung und entschied, dass die Leistungen der Klägerin unter Art. 53 fielen. U. a. bezog er sich dabei auf eine Regelung in der Durchführungsverordnung zur Mehrwertsteuer-Systemrichtlinie (MwStVO), die dies für »das Recht auf Eintritt zu Veranstaltungen auf dem Gebiet des Unterrichts und der Wissenschaft, wie bspw. Konferenzen und Seminare«, vorsah. Die Eintrittsberechtigung für die Seminare enthalte zwangsläufig die Möglichkeit, ihnen beizuwohnen und an ihnen teilzunehmen.

Praxishinweis

Die deutsche Finanzverwaltung wendet die deutsche Regelung, die Art. 53 MwStSystRL entspricht, auf »der Allgemeinheit offenstehende Veranstaltungen« an.[341] In dem hierzu von ihr gewählten Beispielsachverhalt stammen die Teilnehmer aus mehreren Staaten, Teilnahmebeschränkungen sind in diesem Beispiel ausdrücklich nicht vorgesehen (faktische Teilnahmebeschränkungen auf Fachleute wegen anspruchsvoller, hochabstrakter Vortragsthemen, die nicht auf das Interesse eines breiten Publikum stoßen dürften, spielen offensichtlich keine Rolle). An derselben Stelle im UStAE sieht das Gegenbeispiel ein Inhouseseminar vor, zu dem nur die Arbeitnehmer des Leistungsempfängers zugelassen sind (Leistung ist am Empfängerort steuerbar). Was für Fälle gelten soll, die sich zwischen diesen beiden Extremen bewegen, war nicht immer klar. Nach diesem Urteil ist es möglich, dass Eintrittsberechtigungen zu Seminaren usw., für die bisher ein Leistungsort i. S. d. Empfängerortsprinzips angenommen wurde, künftig nach Art. 53 MwStSystRL (also § 3a Abs. 3 Nr. 5 UStG, d. h. nach dem Veranstaltungsort) zu beurteilen sein könnten. Ein Leistungsort im Ausland nach dieser Vorschrift kann – abhängig vor allem davon, ob der Zielstaat für solche Leistungen das Reverse-Charge-Verfahren vorsieht oder nicht (in Deutschland siehe § 13b Abs. 6 Nr. 4 UStG) – zur Registrierungspflicht des leistenden Unternehmers oder aber des Leistungsempfängers führen. Dass der Verwaltungsaufwand für bestimmte Wirtschaftsteilnehmer sich erhöht, sieht der EuGH nicht als Hinderungsgrund für die Anwendung des Art. 53 MwStSystRL an.

Eine solche weitere Auslegung erscheint auch angezeigt, weil der EuGH ausdrücklich der Auffassung ist, dass eine Anmeldung und Zahlung im Voraus für die Anwendung des Art. 53 MwStSystRL unerheblich seien. Das Gericht lässt nicht zu, die Vorschrift als subsidiäre »Vereinfachungsvorschrift« aufzufassen: Art. 53 MwStSystRL ist keineswegs lediglich Fällen vorbehalten, in denen eine sichere Unterscheidung zwischen Steuerpflichtigen und Nichtsteuerpflichtigen an der Abendkasse tatsächlich so gut wie unmöglich ist. Auch die Generalanwältin vermag »dem Vorbringen der Kommission nicht zu folgen, dass Art. 53 lediglich auf Veranstaltungen anzuwenden sei, bei denen dem Veranstalter wenigstens einige der Teilnehmer im Voraus *nicht* bekannt seien« (Rz. 63 der Schlussanträge).

Dem Urteil lässt sich nicht unbedingt entnehmen, dass die Durchführung von Seminaren unter allen Umständen der Leistungsortsregelung des Art. 53 MwStSystRL unterfällt. So befürwortet die Generalanwältin in ihren Schlussanträgen eine Besteuerung nach Art. 44 MwStSystRL u. a. dann, wenn der Veranstalter eines Seminars die Dienstleistung der Durchführung als Ganzes einem Dritten verkauft. Das soll auch Leistungen an einen Arbeitgeber umfassen, der seinen Mitarbeitern interne Fortbildungen anbieten möchte. .Es bleibt zu hoffen, dass zumindest die deutsche Finanzverwaltung ihre Auffassung präzisiert, nach welchen Kriterien die beiden infrage kommenden Leistungsorte voneinander abzugrenzen sind - zumal eine Beibehaltung der bisherigen Verwaltungsauffassung, die danach unterscheidet, ob die Veranstaltung der Allgemeinheit offen steht, in grenzüberschreitenden Fällen zur Doppel- bzw. Nichtbesteuerung führen kann.

---

341 Abschn. 3a.6 Abs. 13 S. 3 Nr. 3 UStAE.

Literaturhinweise

Buge, Ort der Leistung bei Lehrgängen (Anmerkung zum Urteil), EU-UStB 2019, S. 40; *Grambeck*, Seminarleistung ist am Veranstaltungsort zu versteuern – Srf konsulterna AB (Anmerkung zum Urteil), MwStR 2019, S. 359; *Grambeck*, Umsatzsteuer auf Veranstaltungsleistungen und Eintrittskarten, nwb 2019, S. 1665; *Heinrichshofen*, Die aktuelle Rspr. des EuGH zum Ort von Veranstaltungsleistungen: Deutschland als Niedrigsteuerland für bestimmte Veranstaltungen?, UVR 2019, S. 285; *Langer*, EuGH: Seminarleistung wird am Veranstaltungsort erbracht – Srf konsulterna (Anmerkung zum Urteil), DStR 2019, 617; *Müller*, Die Steuerbefreiung für gewerbliche Bildungsleistungen nach der neuen Unterrichtsdefinition des EuGH – zugleich ein Ausblick auf mögliche Konsequenzen für betroffene Anbieter und den Ausgang aktueller Verfahren, MwStR 2019, S. 615; *Tausch*, Leistungsort bei Veranstaltungsleistungen (Anmerkung zum Urteil), UVR 2019, S. 167

4.10 Vorsteuerabzug bei unterbliebener Lieferung

BFH, Urteil v. 5.12.2018, XI R 44/14, UR 2019, S. 255 m. Anm. Widmann

Der Vorsteuerabzug aus einer geleisteten Vorauszahlung ist dem Erwerber eines Blockheizkraftwerks nicht zu versagen, wenn zum Zeitpunkt seiner Zahlung die Lieferung sicher erschien, weil alle maßgeblichen Elemente der zukünftigen Lieferung als ihm bekannt angesehen werden konnten, und anhand objektiver Umstände nicht erwiesen ist, dass er zu diesem Zeitpunkt wusste oder vernünftigerweise hätte wissen müssen, dass die Bewirkung dieser Lieferung unsicher war.

Die Vorsteuerberichtigung nach § 17 Abs. 2 Nr. 2 UStG setzt die Rückzahlung der geleisteten Vorauszahlung voraus; sie ist offenkundig unangemessen und daher ausgeschlossen, wenn der Erwerber anschließend von der Steuerbehörde die Erstattung der auf die Vorauszahlung entrichteten Steuer beanspruchen kann.

Normen: §§ 15 Abs. 1 Nr. 1, 17 Abs. 2 Nr. 2 UStG

Sachverhalt

Der Kläger bestellte bei der A ein Blockheizkraftwerk, dessen Lieferung etwa 14 Wochen nach Geldeingang vorgesehen war. Nachdem der Kläger die angeforderte Vorauszahlung geleistet hatte, erhielt er von A eine Rechnung über die Lieferung. A schloss mit dem Kläger einen »Pachtvertrag« über das Blockheizkraftwerk ab, der A dazu berechtigte, das Blockheizkraftwerk zur Energieerzeugung zu nutzen. Der Kläger machte in seiner USt-Voranmeldung den Vorsteuerabzug aus der Vorauszahlung geltend und zeigte dem FA gegenüber an, dass er beabsichtige, das angeschaffte Blockheizkraftwerk an A zu verpachten. Für von A zunächst erhaltene Pachtzahlungen stellte der Kläger der A Rechnungen mit Steuerausweis aus, er erklärte diese Zahlungen jeweils in den USt-Voranmeldungen und führte die Steuer ab. Zur Lieferung, Verpachtung und zum Betrieb des Blockheizkraftwerks kam es nicht. Stattdessen kam es zur Insolvenz der A, sowie einige Jahre später zu Schuldsprüchen gegen für A tätige Personen wegen gewerbs- und bandenmäßigen Betrugs. Das FA ließ den Vorsteuerabzug aus der Rechnung der A nicht zu, behielt aber die Ausgangsumsatzsteuer auf den Rechnungen des Klägers ein, weil sie fälschlich auf der Rechnung ausgewiesen sei.

Entscheidung

Nach Auffassung des BFH war der Kläger als Unternehmer zum Vorsteuerabzug berechtigt: Unternehmer sei bereits, wer die durch objektive Anhaltspunkte belegte Absicht hat, eine unternehmerische Tätigkeit auszuüben, und erste Investitionsausgaben (einschließlich einer Anzahlung auf einen Kaufpreis) für diesen Zweck tätigt. Die Voraussetzungen des Vorsteuerabzugs aus der Vorauszahlungsrechnung lagen vor. Anzeichen, dass die in allen maßgeblichen Punkten klar bezeichnete künftige Leistungserbringung unsicher gewesen sei oder dem Kläger als unsicher hätte erscheinen müssen, sah der BFH nicht. Es kam nicht darauf an, ob der Zahlungsempfänger das Kraftwerk liefern wollte oder konnte. Für den Vorsteuerabzug war nur entscheidend, ob der Vorauszahlende zum Zahlungszeitpunkt wusste oder vernünftigerweise hätte wissen müssen, dass die Bewirkung der Lieferung oder Erbringung der Dienstleistung ungewiss war. Dabei reiche es aus, wenn dies anhand objektiver Umstände nicht erwiesen sei. Später bekannt gewordene Tatsachen seien nicht zu berücksichtigen. Auch der Umstand, dass offenbar die in Aussicht gestellte Rentabilität des Blockheizkraftwerks unrealistisch war, was sich leicht im Internet hätte überprüfen lassen, bewog den BFH nicht zu einer anderen Auffassung: Dass der Kläger davon hätte vernünftigerweise wissen müssen, bedeute nur, dass die erwartete Rendite nicht hätte erzielt werden können – nicht jedoch, dass die Lieferung nicht bewirkt werden würde.

Eine Berichtigung der einmal abgezogenen Vorsteuer aus dem Grund, dass die Leistung nicht ausgeführt wurde, komme jedenfalls für das Streitjahr nicht in Betracht. Im Streitfall habe spätestens im Dezember 2010 objektiv festgestanden, dass die Lieferung des Blockheizkraftwerks, für das der Kläger eine Vorauszahlung geleistet hatte, nicht bewirkt werden würde, sodass der in Rede stehende Vorsteuerabzug grds. in diesem Jahr berichtigt werden konnte.

Nach Meinung des BFH scheitert eine Berichtigung an der jedenfalls im Streitjahr unstreitig ausgebliebenen Rückzahlung der vom Kläger geleisteten Vorauszahlung. Dafür zieht der BFH den Tenor des EuGH-Urteils in der Rs. *Kollroß und Wirtl*[342] wörtlich heran: Die einschlägigen Richtlinienbestimmungen seien dahin auszulegen, dass sie jedenfalls u. U. wie denen des Streitfalls nationalen Rechtsvorschriften oder Gepflogenheiten nicht entgegenstünden, die die Berichtigung des Vorsteuerabzugs von einer Rückzahlung der Anzahlung oder Vorauszahlung abhängig machen. Er zieht also aus dem Urteil (erfreulicherweise) nicht den Schluss, dass ein durchsetzbarer Anspruch gegen den Zahlungsempfänger genüge und es zur Wahrung der Anforderungen des Neutralitätsgrundsatzes der effektiven Rückzahlung somit nicht bedürfe.

Darüber hinaus wäre die Verpflichtung des Klägers, den in Rede stehenden Vorsteuerabzug im Streitjahr zu berichtigen, offenkundig unangemessen gewesen, weil es für ihn im Falle der Zahlungsunfähigkeit schwierig oder unmöglich gewesen wäre, die Rückzahlung der von ihm gutgläubig geleisteten Vorauszahlung zu erwirken. Denn hätte er die Vorsteuer zu berichtigen gehabt, hätte er mangels einer Erstattung durch den »Lieferer« gegen die Steuerbehörden eine Forderung (einen sog. »Reemtsma-Anspruch«) i. H. d. Berichtigungsbetrags gehabt, die er nach Berichtigung

---

342 Urteil v. 31.5.2018, C-660/16, C-661/16, UR 2018, S. 519.

der Vorsteuer von den Finanzbehörden hätte einklagen müssen. Für die von ihm selbst in Rechnung gestellten Verpachtungsleistungen schuldete der Kläger allerdings die Steuer nach § 14c Abs. 2 UStG, da die Verpachtungsleistung tatsächlich nicht ausgeführt wurde.

Praxishinweise

- Das vorstehende Urteil wurde (abgesehen von dem im Wesentlichen inhaltsgleichen BFH-Urteil vom 5.12.2018, XI R 8/14)[343] bislang in drei weiteren Urteilen bestätigt: BFH, Urteil vom 27.3.2019, V R 6/19[344], BFH, Urteil vom 17.7.2019, V R 9/19[345] sowie das Urteil des BFH vom 27.3.2019, V R 11/19[346] (letzteres ist im Wesentlichen inhaltsgleich mit dem Urteil in der Rs. V R 6/19). Im Urteil in der Rs. V R 9/19 äußerte sich der BFH auch zu einigen Stimmen aus der Literatur,[347] die das Urteil des XI. Senats teils heftig kritisiert hatten. Zum einen führt der BFH aus, dass die Empfängersicht auch für die Frage maßgeblich sei, ob der Anzahlungsempfänger als Unternehmer handelt, weshalb es sich, soweit es die Lieferung des Kraftwerks betraf, auch nicht um einen unberechtigten Steuerausweis i. S. v. § 14c Abs. 2 S. 2 UStG handle. Zum anderen bekräftigt der BFH im selben Urteil in Hinblick auf die sichere oder unsichere spätere Leistungserbringung, dass »davon auszugehen [ist], dass sich Unternehmer nicht wissentlich betrügen lassen« und dass »unrealistische Rentabilitätsberechnungen nichts darüber aussagen, ob bestellte Blockheizkraftwerke später mit einem verminderten Leistungsgrund geliefert und genutzt werden, zumal auch wirtschaftlich unvernünftige Entscheidungen immer wieder im Rahmen einer wirtschaftlichen Tätigkeit getroffen werden«.
- Beachtlich erscheint, dass der BFH im vorliegenden Urteil – wenngleich nur implizit – die Trennung zwischen Festsetzungsverfahren und Billigkeitsverfahren durchstößt. Wie er sich vernehmen lässt, sei es offenkundig unangemessen, den Kläger als Erwerber zu verpflichten, die Vorsteuerabzüge zu berichtigen und anschließend von den Steuerbehörden die Erstattung der auf die fraglichen Anzahlungen entrichteten MwSt einzuklagen. Bislang galt, dass Gutglaubensfälle (wenngleich nicht unangefochten und sogar vom BFH selbst angezweifelt[348]) eine Korrektur der im Festsetzungsverfahren festgesetzten Steuer bzw. nicht zum Abzug zugelassenen Vorsteuer im Billigkeitsverfahren nach § 163 AO erforderten, in anderen Worten: dass über die Berichtigung des Vorsteuerabzugs und die Erstattung durch die Steuerbehörden in zwei verschiedenen Verfahren zu entscheiden war. Diese Aussage fällt im Kontext der Ausführungen zu einem möglichen *Reemtsma*-Anspruch[349] gegen das FA, sie legt dabei nahe, dass der BFH sich hierbei insgesamt auf das Veranlagungsverfahren bezieht. Das Vorgehen des BFH erinnert dabei an eine bestimmte Ausprägung des zivilrechtlichen Rechtssatzes der unzulässigen Rechtsausübung – das sog.

---

343 BFH/NV 2019, S. 426.
344 BFH/NV 2019, S. 1254.
345 BFH/NV 2019, S. 1466.
346 NWB 2020, S. 74.
347 Namentlich zu Aufsätzen von *Reiß* und *Mayer*, s. im Literaturverzeichnis.
348 So etwa im Vorlagebeschluss in der Rs. XI R 20/14 an den EuGH v. 6.4.2016; siehe auch das in anderer Hinsicht von der EuGH-Rspr. bereits überholte BFH-Urteil v. 22.7.2015, V R 23/14, Rz. 31 f. BStBl II 2015, S. 914.
349 EuGH, Urteil v. 15.3.2007, C–35/05, *Reemtsma*, UR 2007, S. 343, m. Anm. *Burgmaier*.

»dolo agit«, wonach es gegen Treu und Glauben verstößt, etwas zu fordern, das man sofort danach wieder zurückgeben müsste.[350]

Sollte dieser Rechtsgedanke implizit oder explizit auch für das Besteuerungsverfahren fruchtbar gemacht werden können, dann könnte es möglich sein, diesen Umstand den Finanzbehörden in geeigneter Weise auch in anderen Zusammenhängen entgegenzuhalten, in denen der Vorsteuerabzug im Veranlagungsverfahren versagt, im Billigkeitsverfahren aus Gründen des Vertrauensschutzes aber zu gewähren ist. Möglicherweise wird der BFH sich im anhängigen Verfahren (Az, V R 12/17)[351] näher zu dieser Frage äußern.

Literaturhinweise

Heinrichshofen, Nachfolgeentscheidung »Wirtl«: Keine Vorsteuerkorrektur in Bezug auf Vorauszahlungsrechnung bei betrügerischem Schneeballsystem (Anmerkung zum Urteil), UStB 2019, S. 96; *Mayer*, Vorsteuerabzug aus verlorenen Anzahlungen: »Weil nicht sein kann, was nicht sein … soll?«, MwStR 2019, S. 400; *Reiß*, Umsatzbesteuerung und Vorsteuerabzug/-vergütung ohne Umsätze und ohne Unternehmer. Höchstrichterliche Rspr. sine lege und contra legem, MwStR 2019, S. 392; *Schiffers*, Vorsteuerabzug beim Anlagebetrug mit nicht existierenden Blockheizkraftwerken (Anmerkung zum Urteil), DStZ 2019, S. 246; *Tausch*, Gutglaubensschutz beim Vorsteuerabzug aus Anzahlungen für letztlich nicht erbrachte Lieferungen (Anmerkung zum Urteil), UVR 2019, S. 165; *Widmann*, Vorsteuerabzug und -korrektur bei Vorauszahlung für nicht geliefertes Blockheizkraftwerk in einem betrügerischen Schneeballsystem (Anmerkung zum Urteil), UR 2019, S. 255

4.11 Vorsteuerabzug bei Steuerausweis trotz Übergang der Steuerschuldnerschaft

EuGH, Urteil v. 11.4.2019, C–691/17, *PORR*, UR 2019, S. 502

Die MwStSystRL in der durch die RL 2010/45/EU des Rates vom 13.7.2010 geänderten Fassung sowie der Grundsatz der Steuerneutralität und der Effektivitätsgrundsatz sind dahin auszulegen, dass sie einer Praxis der Steuerbehörde nicht entgegenstehen, wonach diese, ohne dass ein Betrugsverdacht vorliegt, einem Unternehmen das Recht auf Abzug der MwSt verweigert, die dieses als Empfänger von Dienstleistungen deren Erbringer rechtsgrundlos aufgrund einer Rechnung gezahlt hat, die der Erbringer gem. der gewöhnlichen Mehrwertsteuerregelung ausgestellt hat, obwohl der betreffende Umsatz dem Mechanismus der Verlagerung der Steuerschuldnerschaft auf den Leistungsempfänger unterlag, ohne dass die Steuerbehörde

- vor der Verweigerung des Rechts auf Vorsteuerabzug prüft, ob der Aussteller dieser falschen Rechnung ihrem Empfänger die rechtsgrundlos gezahlte MwSt erstatten und die betreffende Rechnung im Wege der Eigenrevision gem. der einschlägigen nationalen Regelung berichtigen konnte, um die von ihm rechtsgrundlos an den Fiskus abgeführte Steuer zurückzuerlangen, oder
- beschließt, selbst dem Empfänger der betreffenden Rechnung die Steuer zu erstatten, die dieser rechtsgrundlos an deren Aussteller gezahlt und dieser anschließend rechtsgrundlos an den Fiskus abgeführt hat.

---

350 *Westermann,* in *Erman*, BGB, 2017, § 242 BGB Rz. 111.
351 Vorinstanz: Niedersächsisches FG, Urteil v. 26.5.2016, 11 K 10147/15, EFG 2017, S. 1133.

> Die genannten Grundsätze erfordern allerdings, dass der Dienstleistungsempfänger seinen Anspruch auf Erstattung der zu Unrecht in Rechnung gestellten MwSt unmittelbar an die Steuerbehörde richten kann, falls sich die Rückzahlung durch den Erbringer der Dienstleistungen an ihren Empfänger – insb. im Fall der Zahlungsunfähigkeit des Erbringers – als unmöglich oder übermäßig schwierig erweist.
>
> **Normen:** Art. 167, 168 Buchst. a, 178 Buchst. f, 199 Abs. 1 Buchst. a , 226 Nr. 11a MwStSystRL

Die (ungarische) Klägerin bezog Bauleistungen von drei anderen Unternehmern; einer dieser drei wurde später insolvent. Obgleich die Leistungen dem Reverse-Charge-Verfahren unterlagen, rechneten die Unternehmer unter Ausweis von Steuer ab, die sie auch an die Finanzbehörden entrichteten, während die Klägerin die entsprechende Vorsteuer aus den Rechnungen abzog. Die ungarischen Behörden kamen zur Auffassung, dass der Klägerin aus den Rechnungen kein Vorsteuerabzug zustehe.

Der EuGH bestätigte grds. die Auffassung der Finanzbehörden: Die in den Rechnungen ausgewiesene Steuer sei nicht geschuldet gewesen, sodass insoweit kein Recht auf Vorsteuerabzug bestand. Indessen könne der Leistungsempfänger den Anspruch auf Erstattung der Steuer (im Rahmen eines sog. »Reemtsma«-Anspruchs) anstatt gegen den leistenden Unternehmer u. U. unmittelbar an die Steuerbehörden richten. Ein solcher Direktanspruch komme in Betracht, wenn sich eine Erstattung durch den leistenden Unternehmer an den Leistungsempfänger (insb. im Fall der Zahlungsunfähigkeit des leistenden Unternehmers) als unmöglich oder übermäßig schwierig erweist. Ein anhängiges Insolvenzverfahren könne dafür ein Indiz darstellen. Hierbei deutete der EuGH an, dass ein »Reemtsma«-Anspruch auch (und offenbar gerade dann) ohne Berichtigung der Rechnungen zuzusprechen sein könnte, wenn eine solche Berichtigung nicht möglich ist.

> **Praxishinweis**
>
> Der *Reemtsma*-Anspruch[352] gegen das FA ist im deutschen Recht noch ohne (oder zumindest ohne klare) gesetzliche Grundlage, wurde aber bereits einige Male durch den BFH anerkannt. Auf § 37 Abs. 2 AO kann nach Auffassung des VII. Senats des BFH ein *Reemtsma*-Anspruch nicht gestützt werden.[353] Es ist bislang unklar, wie er verfahrenstechnisch zu behandeln ist: mögliche (Not-)Lösungen über einen Billigkeitserlass nach § 163 AO in einem Parallelverfahren wurden vom BFH im Urteil in der Rs. XI R 44/14 (siehe dort[354]) selbst implizit in Frage gestellt. Anstelle des Steuerschuldverhältnisses wird hier der Gesamtsachverhalt in den Blick genommen, was besonders in Fällen, in denen unterm Strich das Steueraufkommen (und letzten Endes darum auch die Neutralität der USt) nicht beeinträchtigt ist und daher eigentlich kein Bedürfnis nach einer Verzinsung der Steuerschuld besteht, nicht nur wünschenswert, sondern auch sachgerecht erscheint (siehe bereits oben C.4.5 zu V R 32/16, ferner C.4.30 zu V R 13/18).

---

352 EuGH, Urteil v. 15.3.2007, C–35/05, *Reemtsma*, UR 2007, S. 430, m. Anm. *Stadie*.
353 BFH, Urteil v. 30.6.2015, VII R 30/14, DStRE 2015, S. 1318, m. Anm *Krüger*; vgl. dazu auch *Reiß*: Anspruch ohne Rechtsgrundlage: Der Reemtsma-Erstattungsanspruch des EuGH bei unrichtiger/ungerechtfertigter Berechnung von gesetzlich nicht geschuldeter Mehrwertsteuer, MwStR 2019, S. 526.
354 C.4.10.

Literaturhinweise

Klenk, Folgen der Nichtbeachtung des Reverse-Charge-Verfahrens beim Leistungsempfänger (Anmerkung zum Urteil), HFR 2019, S. 545; *Pickelmann*, Rechtsgrundlose Zahlung der Umsatzsteuer durch den Leistungsempfänger an den Leistungserbringer aufgrund irrtümlich mit Umsatzsteuer ausgestellter Rechnungen – PORR Építési Kft. (Anmerkung zum Urteil), MwStR 2019, S. 540; *Reiß*, Anspruch ohne Rechtsgrundlage: Der Reemtsma-Erstattungsanspruch des EuGH bei unrichtiger/ungerechtfertigter Berechnung von gesetzlich nicht geschuldeter Mehrwertsteuer, MwStR 2019, S. 526; *Röhrbein/Duderstadt*, Direkter Rückzahlungsanspruch des Leistungsempfängers gegen die Steuerverwaltung bei Nichtbeachtung des Reverse-Charge-Verfahrens?, UVR 2019, S. 250; *von Streit*, Versagung des Vorsteuerabzugs und Direktanspruch des Leistungsempfängers gegen die Finanzbehörden (Anmerkung zum Urteil), EU-UStB 2019, S. 60

4.12 Anforderungen an Leistungsbeschreibung bei Waren im Niedrigpreissegment

BFH, Beschluss v. 14.3.2019, V B 3/19, UR 2019, S. 393

Ernstlich zweifelhaft ist, ob der Vorsteuerabzug aus Rechnungen im Niedrigpreissegment hinsichtlich der Leistungsbeschreibung voraussetzt, dass die Art der gelieferten Gegenstände mit ihrer handelsüblichen Bezeichnung angegeben wird oder ob insoweit die Angabe der Warengattung (»Hosen«, »Blusen«, »Pulli«) ausreicht.

Norm: § 14 Abs. 4 S. 1 Nr. 5 UStG

Sachverhalt

Die Antragstellerin war in den Streitjahren im Großhandel mit Textilien und Modeaccessoires tätig, für welche die Preise im einstelligen und gelegentlich im untersten zweistelligen Eurobereich lagen. In ihren USt-Erklärungen machte sie Vorsteuerabzugsbeträge aus den Rechnungen mehrerer Firmen geltend, in denen die gelieferten Artikel lediglich mit Angaben wie »Tunika«, »Hosen«, »Blusen«, »Top«, »Kleider«, »T-Shirt«, »Pulli«, »Bolero«, teilweise auch »Da-Pullover (langärmlig in 3 Farben)« oder »Da-Tops (langärmlig in 4 Farben)« bezeichnet waren. Das erstinstanzliche FG war der Auffassung, dass die Rechnungen keine hinreichenden Leistungsbeschreibungen enthalten hätten. Die bloße Angabe einer Gattung stelle keine »handelsübliche Bezeichnung« dar und genüge daher nicht den Anforderungen an eine ordnungsgemäße Rechnung. So bestehe die Gefahr einer willentlichen oder unwillentlichen Mehrfachabrechnung der Leistung in einer anderen Rechnung. Auch den Lieferscheinen zu den Rechnungen einiger Lieferanten waren keine genaueren Angaben zu entnehmen.

Entscheidung

Der BFH jedoch hielt es für ernstlich zweifelhaft, ob der Vorsteuerabzug aus Rechnungen für Waren im Niedrigpreissegment hinsichtlich der Leistungsbeschreibung tatsächlich voraussetzt, dass die Art der gelieferten Gegenstände mit ihrer handelsüblichen Bezeichnung angegeben wird, oder ob insoweit nicht die Angabe der Warengattung (»Hosen«, »Blusen«, »Pulli«) genügt. Zu den Anforderungen an Rechnungen für Waren im Niedrigpreissegment liege noch keine höchstrichterliche Rspr. vor, und von der finanzgerichtlichen Rspr. werde die Frage unterschiedlich beantwortet. Überdies bestünden ernstliche Zweifel in Hinblick auf die Bedeutung und Reichweite eines Senatsbeschlusses aus dem Jahr 2002 über Uhren und Armbänder im Hochpreissegment (die seinerzeit zu einem Preis von 5.000 DM oder mehr abgerechnet wurden), in dem der BFH auf der handelsüblichen Bezeichnung bestanden hatte. Schließlich äußerte der BFH ernsthafte Zweifel, ob die nationale Vorschrift mit dem Unionsrecht in Einklang steht. Fordere die nationale Regelung eine »handelsübliche Bezeichnung«, so begnüge sich das Unionsrecht mit der »Art der gelieferten Gegenstände« – und das könnte einen Unterschied ergeben.

Praxishinweise
- Ähnlich gelagerte Fälle sollten offengehalten und eine AdV in Betracht gezogen werden. Allerdings sollten die Hoffnungen auf eine Liberalisierung der Leistungsbeschreibung nicht zu hoch fliegen. Der EuGH hat zwar im Urteil *Barlis 06*[355] den Art. 226 Nr. 6 MwStSystRL so ausgelegt, dass die nach dem Sachverhalt des seinerzeitigen Verfahrens erbrachten Dienstleistungen nicht erschöpfend beschrieben werden mussten. Allerdings kann diese Auslegung nicht so weit gehen, dass die Kontrollmöglichkeit vom Leistungsempfänger und dem FA nur noch mit Abstrichen oder auch gar nicht mehr wahrgenommen werden kann. In diesem Lichte sind – abgesehen von der Verhütung von Steuerhinterziehungen, die ebenfalls zu den Zielen der Richtlinie gehört – Erwägungen, dass hinreichend detaillierte Leistungsbeschreibungen beabsichtigten und unbeabsichtigten Doppelberechnungen vorbeugen, nicht ganz von der Hand zu weisen. Jedoch darf der nationale Gesetzgeber, wenn er nach Art. 273 MwStSystRL zusätzliche Maßnahmen ergreift, um eine genaue Erhebung der Steuer sicherzustellen und Steuerhinterziehungen zu vermeiden, gerade keine weiteren Pflichten in Bezug auf die Rechnungstellung festlegen – was vermutlich auch bedeutet, dass er keine bestehenden derartigen Pflichten verschärfen darf. Im Hauptverfahren scheint nach alldem eine Vorlage beim EuGH nicht ausgeschlossen.
- Mit der Frage der Rechnungsvoraussetzungen im Niedrigpreissegment wird der BFH sich in weiteren anhängigen Verfahren –mit den Az. XI R 2/18,[356] XI R 27/18[357] und XI R 28/18[358] – befassen. Im Verfahren V R 44/16[359] geht es um eine andere Rechnungsvoraussetzung, nämlich um die Frage des Leistungsdatums im Falle, dass dieses mit dem Rechnungsdatum nicht übereinstimmt. Interessant erscheint auch die Frage der Berichtigung einer im Jahr 2005 als E-Mail versandten Gutschrift, der die damals noch erforderliche elektronische Signatur fehlte (V R 48/17[360]).
- Es sei auch darauf hingewiesen, dass der BFH in einem anderen Verfahren zu klären haben wird, ob eine Rechnungskorrektur bis zum Schluss der letzten mündlichen Verhandlung

---

355 EuGH, Urteil v. 15.9.2016, C–516/14, UR 2016, S. 795.
356 Vorinstanz: Hessisches FG, Urteil v. 12.10.2017, 1 K 2402/14, EFG 2018, S. 335, m. Anm. *Knauf*.
357 Vorinstanz: Hessisches FG, Urteil v. 19.6.2018, 1 K 28/14, EFG 2019, S. 826 m. Anm. *Kessens*.
358 Vorinstanz: Hessisches FG, Urteil v. 19.6.2018, 1 K 1828/17.
359 Vorinstanz: FG Berlin-Brandenburg, Urteil v. 24.11.2915, 5 K 5187/15, UStB 2017, S. 15, m. Anm. *Esskandari/Bick*. Es sollte beachtet werden, dass dieses Verfahren durch Ruhen erledigt ist und bei Wiederaufnahme ein – bei Redaktionsschluss noch nicht bekanntes – neues Aktenzeichen erhält.
360 Vorinstanz: FG Baden-Württemberg, Urteil v. 24.5.2017, 1 K 605/17, EFG 2018, S. 244, m Anm. *Kessens*.

möglich ist, und ob der Vorsteuerabzug bei gutem Glauben daran, dass die Voraussetzungen für den Vorsteuerabzug vorlagen, bereits im Festsetzungsverfahren oder erst in einem zweiten Verfahren zu klären ist (V R 12/17).[361]

Literaturhinweise

Brill, Rechnungsangaben im Niedrigpreissegment: Müssen die handelsüblichen Bezeichnungen enthalten sein oder reicht die Angabe der Warengattung für einen Vorsteuerabzug? (Anmerkung zum Urteil), DStZ 2019, S. 405; *Prätzler,* Vorsteuerabzug bei Warenlieferung im Niedrigpreissegment, StuB 2019, S. 664; *Tausch*, Rechnungsanforderung »Leistungsbeschreibung« bei Waren im Niedrigpreissegment (Anmerkung zum Urteil), UVR 2019, S. 229; *Zawatson*, Leistungsbeschreibung in Rechnungen für Waren im Niedrigpreissegment (Anmerkung zum Urteil), MwStR 2019, S. 597

4.13 Zur wirtschaftlichen Eingliederung in das Unternehmen eines Organträgers

FG des Landes Sachsen-Anhalt, Urteil v. 20.6.2018, 3 K 660/14, rkr., DATEV Dok.-Nr. 5021965

Das FG des Landes Sachsen-Anhalt bekräftigt, dass die wirtschaftliche Eingliederung durch Verflechtung zweier Organgesellschaften Leistungen von einem gewissen wirtschaftlichen Gewicht erfordert. Durch Geschäftsführungsleistungen der Muttergesellschaft soll sie aber nicht herbeigeführt werden können.

Norm: § 2 Abs. 2 Nr. 2 UStG

Der Kläger kontrollierte zwei Gesellschaften, die B und die H. Die H war unstreitig eine Organgesellschaft des Klägers als Organträger. Gegenstand des Verfahrens war die Frage, ob auch die B in das Unternehmen des Klägers eingegliedert war: Während eine finanzielle und organisatorische Eingliederung unzweifelhaft vorlag, wurde eine wirtschaftliche Eingliederung in Zweifel gezogen.

Unternehmensgegenstand der B war insb. die Bereitstellung und Förderung aller Maßnahmen und Einrichtungen, die einer wirksamen Lebenshilfe von Menschen mit geistiger, psychischer und körperlicher Behinderung sowie deren Angehöriger dienten. Dazu gehörte auch der Betrieb von Werkstätten für Menschen mit Behinderung sowie weitere Maßnahmen zur Eingliederung Menschen mit Behinderung in das Arbeitsleben. Durch die Tätigkeiten der Menschen mit Behinderung erbrachte B entgeltliche Dienstleistungen an den Kläger in vielen Bereichen, von der Druckerei bis zur Aktenvernichtung. H war demgegenüber mit der Durchführung von Krankentransporten und Sonderfahrdiensten mit Krankenwagen befasst. Sie beförderte im Auftrag der B Menschen mit Behinderung zwischen ihrer Wohnstätte und der von der B betriebenen Werkstatt, was nach Meinung des Klägers die notwendige Verflechtung zwischen beiden Gesellschaften begründete. Wesentliche Bedeutung hatten nach Meinung des Klägers auch die von der B an ihn selbst vom Jahr 2010 an – dem Jahr nach dem Streitzeitraum – erbrachten Wäschereidienstleistungen: Die maß-

---

361 Vorinstanz: Niedersächsisches FG, Urteil v. 26.5.2016, 11 K 10147/15, EFG 2017, S. 1133, m. Anm. *Büchter-Hole*.

geblichen Gesellschafterbeschlüsse datierten aus dem Jahr 2007. (Weshalb die genannten Umsätze der B an die Klägerin aus der Druckerei etc. nicht von wesentlicher Bedeutung waren, ergibt sich aus dem Urteil nicht.)

Für eine wirtschaftliche Eingliederung sei es charakteristisch, dass die Organgesellschaft im Gefüge des übergeordneten Organträgers als dessen Bestandteil erscheint. Hierfür komme es nicht auf eine wirtschaftliche Zweckabhängigkeit der Organgesellschaft an. Vielmehr könne eine das Unternehmen der Untergesellschaft fördernde Tätigkeit der Obergesellschaft ausreichen. Eine wirtschaftliche Eingliederung sei jedoch nur dann gegeben, wenn die fördernde Tätigkeit von einem gewissen wirtschaftlichen Gewicht und nicht nur von geringer Bedeutung ist. Eine wirtschaftliche Eingliederung folgte nach Auffassung des Gerichts nicht aus dem Umstand, dass der Kläger Geschäftsführungsleistungen und Buchhaltungstätigkeiten erbrachte: Beide sah das Gericht als »administrative Aufgaben« an.

Die Eingliederung ergab sich nach Meinung des Gerichts aber auch nicht aus der Verflechtung der beiden Tochtergesellschaften untereinander. Daran änderten auch die Beförderungsleistungen nichts: Zwar sei dem Kläger zuzugestehen, dass die Anwesenheit der Arbeitskräfte an ihrem Arbeitsplatz existenziell für den Betrieb des Unternehmens ist – dies sei jedoch bei jedem Unternehmen so. Es sei zunächst Sache der Arbeitnehmer selbst, wie sie zu der B gelangten, sodass die Fahrt von der Wohnung zum Arbeitsplatz grds. auch von ihnen bzw. einem Betreuer oder dem jeweiligen Wohnheim zu organisieren ist. Der Fahrdienst führe insb. nicht zu einer bedeutenden Entlastung der eigentlichen wirtschaftlichen Tätigkeit der B, die auch in der Beschäftigung und der Betreuung der Menschen mit Behinderung besteht.

Eine wirtschaftliche Eingliederung aufgrund der Wäschereileistungen der B an den Kläger kam ebenfalls nicht infrage, weil diese Leistungen erst nach den Streitjahren erbracht wurden. Der Erwerb von Betriebsvermögen als Vorbereitungshandlung könne zwar den Anfang der wirtschaftlichen Verflechtung begründen, aber der Gesellschafterbeschluss genügte dem Gericht nicht als Vorbereitungshandlung.

> **Praxishinweis**
> Aus der Entscheidung des FG des Landes Sachsen-Anhalt geht zunächst hervor, dass nicht jede wirtschaftliche Betätigung (wie Buchführungsleistungen oder Geschäftsführungsleistungen), die bewirkt, dass die Anteile einer Tochtergesellschaft im Unternehmensvermögen gehalten werden, auch zu einer wirtschaftlichen Eingliederung führen soll. Nach Ansicht der Finanzverwaltung ist die Tatsache, dass die Anteile im Unternehmensvermögen gehalten werden, für eine wirtschaftliche Eingliederung eine notwendige,[362] aber nicht hinreichende Voraussetzung. Eine Gestaltung, die vorsieht, dass zwischen dem Organträger und der Organgesellschaft aufgrund gegenseitiger Förderung und Ergänzung mehr als nur unerhebliche wirtschaftliche Beziehungen bestehen, soll einer entsprechend deutlichen Ausprägung der finanziellen und organisatorischen Eingliederung bedürfen.[363] Das impliziert, dass solche

---

362 Abschn. 2.8 Abs. 6 S. 2 UStAE.
363 Abschn. 2.8 Abs. 6 S. 3 UStAE.

nicht nur unerheblichen wirtschaftlichen Beziehungen die wirtschaftliche Eingliederung zwar dem Grunde nach, aber nicht besonders ausgeprägt herbeiführen, was eventuell zum Problem werden kann, wenn auch die organisatorische Eingliederung nicht besonders ausgeprägt ist (so etwa, wenn sie ohne personelle Verflechtung in den Leitungsgremien herbeigeführt wird, was laut Finanzverwaltung »die schwächste Form der organisatorischen Eingliederung« ist[364]). Denn aus Abschn. 2.8 Abs. 1 S. 2 f. UStAE ergibt sich zwar, dass nicht alle drei Eingliederungsmerkmale gleichermaßen ausgeprägt sein müssen – dass also eine Organschaft deshalb auch gegeben sein könne, wenn die Eingliederung auf einem dieser drei Gebiete nicht vollständig, dafür aber auf den anderen Gebieten umso eindeutiger ist, sodass sich die Eingliederung aus dem Gesamtbild der tatsächlichen Verhältnisse ergebe. Eine »schwache« Ausprägung gleich auf zwei Gebieten könnte die Organschaft darum in Frage stellen.

Sodann wirft das Urteil die interessante Frage auf, wie das Gericht wohl entschieden hätte, wenn der durch den Fahrdienst befriedigte private Bedarf der Arbeitnehmer aus besonderen Gründen hinter dem unternehmerischen Interesse der Klägerin zurückgetreten wäre, sodass es sich um eine überwiegend durch das betriebliche Interesse veranlasste Leistung des Arbeitgebers i. S. d. Abschn. 1.8 Abs. 4 UStAE gehandelt hätte. So liegt der Fall z. B. bei Sammelbeförderungen an ständig wechselnde Tätigkeitsstätten (vgl. Abschn. 1.8 Abs. 15 S. 2 UStAE). Sollte es zutreffen, dass in einem solchen Falle eine »wesentliche«, die wirtschaftliche Eingliederung begründende Leistung vorliegt, stellt sich im nächsten Schritt die Frage, ob auch anderen derartigen Leistungen – wie etwa die die Zurverfügungstellung von Betriebskindergärten – diese Eigenschaft zukommt. Der mögliche Einwand, dass auch Betriebsveranstaltungen unter diese Kategorie fallen, überzeugt nicht völlig: es ist nicht von vorneherein ausgeschlossen, dass eine Gesellschaft, deren Leistung an andere Konzerngesellschaften darin besteht, Betriebsveranstaltungen für die Arbeitnehmer dieser Gesellschaften auszurichten, mit diesen Leistungen i. S. einer wirtschaftlichen Eingliederung durchaus »mehr als nur unerhebliche wirtschaftliche Beziehungen« aufgrund gegenseitiger Förderung und Ergänzung begründet.

Das FG äußert allerdings auch die Auffassung, dass Geschäftsführungsleistungen des Organträgers an die Tochtergesellschaft für sich genommen keine wirtschaftliche Eingliederung begründeten. Hier bezieht sich das Gericht offenkundig auf eine vom BFH in seinem Urteil vom 20.8.2009 in der Rs. V R 30/06[365] geäußerte Auffassung, wonach Verwaltungsaufgaben in den Bereichen Buchführung und laufende Personalverwaltung nur unwesentliche Bedeutung zukomme. Leider begründet das Gericht seine Auffassung nicht weiter, obwohl die beiden Leistungen sich qualitativ kaum entsprechen. Die Geschäftsführung ist eine Tätigkeit, die der wirtschaftlichen Tätigkeit nicht nur vorausgeht, sondern sie ihrem Umfang, ihrem Gegenstand und ihrer Ausführung nach bestimmt. Dagegen folgt eine Tätigkeit wie die Buchführung der wirtschaftlichen Tätigkeit nach und nimmt nur wenig Einfluss auf sie. Das vorliegende Urteil ist rechtskräftig; es bleibt zu hoffen, dass ein anderes FG oder der BFH dieser Auffassung entgegentritt.

---

364 Abschn. 2.8 Abs. 10 S. 1 und 2 UStAE.
365 UR 2009, S. 800.

> Weitere Fragen zur wirtschaftlichen Eingliederung einer Organgesellschaft in das Unternehmen des Organträgers wird der BFH in seiner Entscheidung im Verfahren mit dem Az. V R 30/18[366] zu klären haben, wo u. a. die Frage zu behandeln ist, ob und unter welchen Umständen die Übernahme von Bürgschaften eine wirtschaftliche Eingliederung begründen kann. Mit weiteren Organschaftsfragen wird sich der BFH in verschiedenen anderen Verfahren befassen – so etwa in der Rs. XI R 16/18,[367] in der die Vorinstanz anhand von EuGH-Rspr. am bisherigen Verständnis der Voraussetzungen der umsatzsteuerlichen Organschaft rüttelte und eine finanzielle Eingliederung für einem Fall bejahte, in dem ein Gesellschafter zwar nur hälftig an der Gesellschaft beteiligt, jedoch alleiniger Geschäftsführer beider Gesellschaften war.

4.14 Abmahnungen bei Urheberrechtsverletzungen

BFH, Urteil v. 13.2.2019, XI R 1/17, UR 2019, S. 413

Zahlungen, die an einen Unternehmer als Aufwendungsersatz aufgrund von urheberrechtlichen Abmahnungen zur Durchsetzung seines Unterlassungsanspruchs geleistet werden, sind umsatzsteuerrechtlich als Entgelt im Rahmen eines umsatzsteuerbaren Leistungsaustauschs zwischen dem Unternehmer und den von ihm abgemahnten Rechtsverletzer zu qualifizieren. Auf welche nationale zivilrechtliche Grundlage der Zahlungsanspruch gestützt wird, spielt für die Frage, ob ein Leistungsaustausch im umsatzsteuerrechtlichen Sinne vorliegt, keine Rolle.

Geht es – wie bei Abmahnungen – nicht um die Teilnahme an einem Wettbewerb und erfolgen die Zahlungen nicht für die Erzielung eines bestimmten Wettbewerbsergebnisses, ist die mögliche Ungewissheit einer Zahlung nicht geeignet, den unmittelbaren Zusammenhang zwischen der dem Leistungsempfänger erbrachten Dienstleistung und der ggf. erhaltenen Zahlung aufzuheben.

Norm: § 1 Abs. 1 Nr. 1 UStG

Sachverhalt

Die Klägerin hielt Verwertungsrechte an Tonaufnahmen. Sie beauftragte eine Rechtsanwaltskanzlei, gegen die rechtswidrige Verbreitung dieser Tonaufnahmen im Internet vorzugehen. Die Kanzlei richtete Schreiben an die Rechtsverletzer, in denen sie in Hinblick auf die Rechtsverletzung Ausführungen zur Rechtslage machte und anbot, gegen die Unterzeichnung einer strafbewehrten Unterlassungs- und Verpflichtungserklärung sowie eine Zahlung von pauschal 450 € (netto) von der gerichtlichen Verfolgung dieser Ansprüche abzusehen. Für ihre Tätigkeit und die von ihr zur Verfügung gestellte Infrastruktur erhielt die Kanzlei vereinbarungsgemäß ein Honorar i. H. v. drei Viertel aller von Rechtsverletzern geleisteten Zahlungen zzgl. USt. Die Finanzbehörden sahen allerdings auch im Verhältnis der Rechtsverletzer zur Klägerin einen umsatzsteuerlichen Leistungsaustausch.

Entscheidung

Der BFH stimmte dem FA zu. Zweck der Abmahnung sei in erster Linie die Beseitigung und Unterlassung der Verletzungshandlung. Sie habe eine Warnfunktion, weil sie den Verletzer vor einem

---
[366] Vorinstanz: FG München, Urteil v. 13.9.2018, 3 K 949/16, EFG 2018, S. 2077, m. Anm. *Henningfeld*.
[367] Vorinstanz: Schleswig-Holsteinisches FG, Urteil v. 6.2.2018, 4 K 35/17, EFG 2018, S. 1138, m. Anm. *Paetsch*.

drohenden Verfahren gegen ihn warnt, eine Streitbeilegungsfunktion, weil sie auf eine außergerichtliche Beilegung hinwirkt, statt sofort einen Rechtsstreit einzuleiten, und eine Kostenvermeidungsfunktion, weil so ein kostspieliger Prozess vermieden werden kann. Eine berechtigte Abmahnung, in der die konkreten Verletzungshandlungen und die Sachbefugnis des Abmahnenden dargelegt werden, diene insofern dem objektiven Interesse und mutmaßlichen Willen des Verletzers. Darin liege ein konkreter Vorteil, der zu einem Verbrauch i. S. d. gemeinsamen Mehrwertsteuerrechts führe. Dem stehe nicht entgegen, dass auch der Verletzte insb. mit Blick auf das Prozesskostenrisiko ein Interesse an der Abmahnung hat.

Die Frage, ob eine Zahlung eine Gegenleistung für eine Leistung ist, beurteile sich nach dem Unionsrecht. Der BFH verweist in diesem Zusammenhang auf die Rspr. des EuGH, wonach es in dieser Hinsicht irrelevant sei, ob der vom Verletzer gezahlte Betrag nach nationalem Recht als Schadensersatzanspruch oder als Konventionalstrafe bezeichnet wird.

> **Praxishinweise**
> - Der BFH wendet hier im Ergebnis die bereits in einer Entscheidung des Jahres 2016 entwickelten Grundsätze aus seiner Rspr. zu wettbewerbsrechtlichen Abmahnungen auch auf das Gebiet des Urheberrechts an. Da es sich um eine steuerbare Leistung handelt, sollte darauf geachtet werden, dass die vom Verletzer entrichteten Beträge mit allen Konsequenzen nach den jeweils einschlägigen Vorschriften der USt zu unterwerfen sind. Das schließt z. B. eine Verbuchung mit korrektem Steuerkennzeichen sowie – besonders gegenüber anderen Unternehmern – die Erstellung einer Rechnung ein. Es sollte auch besonders darauf geachtet werden, dass der Betrag, den der Unternehmer bzw. sein Rechtsanwalt vom Rechtsverletzer einfordert, grds. ein Bruttobetrag ist.
> - Für das zur Steuerbarkeit grds. erforderliche Rechtsverhältnis i. S. d. EuGH-Urteils *Tolsma*[368] genügt dem BFH – wie in Rz. 19 des Urteils vermerkt – eine Geschäftsführung ohne Auftrag, für die der »Geschäftsführer« nach § 683 des Bürgerlichen Gesetzbuchs (BGB) den Ersatz seiner Aufwendungen verlangen kann. Das gibt Anlass zu Überlegungen, inwiefern auch andere Sachverhalte, denen eine in diesem Sinne »entgeltliche« Geschäftsführung ohne Auftrag zugrunde liegt, der Besteuerung unterliegen können.[369]
> - Indessen soll einer Literaturauffassung zufolge in bestimmten Sachverhalten neben einem steuerbaren Entgelt auch ein Ersatz für einen entstandenen Schaden in Frage kommen können; ob und in welcher Höhe ein nicht steuerbarer Schadensersatz vorliegt, sei Gegenstand einer tatsächlichen Würdigung.[370] Eine andere Auffassung[371] möchte nur die Aufwendungen für die Abmahnung selbst mit einem Vorteil des Abgemahnten in Zusammenhang bringen, nicht aber die für ihn nachteiligen Maßnahmen zu seiner Identifizierung. Allerdings erwähnt der BFH in Rz. 29, wo er ausführt, dass (in aller Kürze) eine Unterscheidung zwischen Aufwendungs- und Schadenersatz keine Rolle spiele, u. a. auch Aufwendungserstattungen an den Provider gem. § 101 Abs. 2 S. 3 UrhG.

---

368 EuGH, Urteil v. 3.3.1994, C–16/93, *Tolsma*, NJW 1994, S. 1941.
369 Dazu näher *Weigel*, UStB 2019, S. 197.
370 *Suabedissen*, HFR 2019, S. 603.
371 *Oelmaier*, MwStR 2019, S. 630.

- Schließlich macht der BFH in diesem Urteil nähere Ausführungen zur Nichtsteuerbarkeit von Preisgeldern, die von einer erfolgreichen Platzierung abhängen. Abgesehen davon, dass zwischen gezahltem Entgelt und der Abmahnleistung ein unmittelbarer Zusammenhang bestehe, erfolge die Zahlung durch die zu Recht abgemahnten Rechtsverletzer weder aus freien Stücken noch zufallsabhängig.

Literaturhinweise

Oelmaier, Zur umsatzsteuerrechtlichen Behandlung von Abmahnungen bei Urheberrechtsverletzungen (Anmerkung zum Urteil), MwStR 2019, S. 630; *Suabedissen*, Zur umsatzsteuerrechtlichen Behandlung von Abmahnungen bei Urheberrechtsverletzungen (Anmerkung zum Urteil), HFR 2019, S. 603; *Tausch*, Umsatzsteuerpflicht für Abmahnungen wegen Urheberrechtsverletzung (Anmerkung zum Urteil), UVR 2019, S. 226; *Weigel*, USt-Pflicht bei Abmahnungen wegen Urheberrechtsverletzungen (Anmerkung zum Urteil), UStB 2019, S. 197

4.15 Zur Steuerfreiheit für Heilbehandlungsleistungen und zum ermäßigten Steuersatz für Arzneimittel

EuGH, Urteil v. 27.6.2019, C–597/17, *Belgisch Syndicaat van Chiropraxie*, UR 2019, S. 541

Art. 132 Abs. 1 Buchst. c MwStSystRL ist dahin auszulegen, dass er die Anwendung der in dieser Bestimmung vorgesehenen Steuerbefreiung nicht auf Leistungen beschränkt, die von Angehörigen eines durch das Recht des betreffenden Mitgliedstaats reglementierten ärztlichen oder arztähnlichen Berufs erbracht werden.

Art. 98 MwStSystRL i. V. m. Anhang III Nr. 3 und 4 MwStSystRL ist dahin auszulegen, dass er einer nationalen Regelung, die eine Ungleichbehandlung zwischen einerseits Arzneimitteln und Medizinprodukten, die im Rahmen von Eingriffen oder Behandlungen zu therapeutischen Zwecken geliefert werden, und andererseits Arzneimitteln und Medizinprodukten, die im Rahmen von Eingriffen oder Behandlungen zu ästhetischen Zwecken geliefert werden, vorsieht, indem sie letztere Arzneimittel und Medizinprodukte von dem für erstere geltenden ermäßigten Mehrwertsteuersatz ausschließt, nicht entgegensteht.

U. U. wie denen des Ausgangsverfahrens hat ein nationales Gericht nicht das Recht, eine nationale Vorschrift anzuwenden, die es dazu ermächtigt, bestimmte Wirkungen eines für nichtig erklärten Rechtsakts aufrechtzuerhalten, um die Wirkung nationaler Vorschriften, die es für mit der MwStSystRL unvereinbar erklärt hat, bis zur Herstellung ihrer Vereinbarkeit mit dieser Richtlinie vorläufig bestehen zu lassen, um zum einen die sich aus der Rückwirkung dieser Nichtigerklärung ergebenden Risiken der Rechtsunsicherheit zu beschränken und zum anderen zu verhindern, dass wieder eine diesen Vorschriften vorausgehende nationale Regelung gilt, die mit dieser Richtlinie unvereinbar ist.

Normen: Art. 96, 98, 132 Abs. 1 Buchst. b und Buchst. c sowie Buchst. e, 134, Anhang III Nr. 3 und Nr. 4 MwStSystRL

Die Klägerin des Ausgangsverfahrens richtete zusammen mit anderen Klägern eine Klage zur Nichtigerklärung eines Gesetzes zur Änderung des belgischen Mehrwertsteuergesetzbuchs gegen den belgischen Ministerrat. Ihrer Auffassung nach war dieses Gesetz, das die belgische Entsprechung der Steuerbefreiung nach Art. 132 Abs. 1 Buchst. c der MwStSystRL neufasste, mit der Richtlinie nicht zu vereinbaren, soweit die darin vorgesehene Befreiung von der MwSt ohne vernünftigen

Grund den Angehörigen eines reglementierten ärztlichen oder arztähnlichen Berufs vorbehalten bleibe – was die Berufe des Chiropraktikers und Osteopathen von der Steuerbefreiung ausschloss.

Andere Kläger – plastische Chirurgen – wandten sich in weiteren Klagen dagegen, dass nach belgischem Recht Arzneimittel oder Medizinprodukte, die im Rahmen von Eingriffen und Behandlungen zu ästhetischen Zwecken geliefert würden, und solche, die im Rahmen von Eingriffen und Behandlungen zu therapeutischen Zwecken geliefert würden, ohne Rechtfertigung ungleich behandelt würden, da nur Letztere einem ermäßigten MwSt-Satz unterlägen.

Nach der bisherigen Rspr. des EuGH steht es im Ermessen, über das die Mitgliedsstaaten bei der Definition der arztähnlichen Berufe verfügen, einen bestimmten Beruf nicht als einen arztähnlichen Beruf anzusehen und ihn von der Steuerbefreiung nach Art. 132 Abs. 1 Buchst. c MwStSystRL auszunehmen, und zwar ungeachtet des Umstands, dass dieser Beruf hinsichtlich bestimmter Aspekte im nationalen Recht besonders geregelt ist. Dieser Ausschluss muss gleichwohl durch sachliche Gründe gerechtfertigt sein, die sich auf die beruflichen Qualifikationen der Behandelnden und damit auf Erwägungen im Zusammenhang mit der Qualität der erbrachten Leistungen beziehen. Die Steuerbefreiung solle nur für Heilbehandlungen im Bereich der Humanmedizin gelten, die eine ausreichende Qualität aufweisen. Andererseits ist der Grundsatz der steuerlichen Neutralität zu beachten.

Eine Prüfung der beruflichen Qualifikationen impliziere aber nicht zwangsläufig, dass diese Anbieter einen durch das Recht des betreffenden Mitgliedstaats reglementierten Beruf ausüben. Es kämen auch andere wirksame Mittel zur Kontrolle ihrer beruflichen Qualifikationen in Betracht, je nachdem, wie die ärztlichen und arztähnlichen Berufe in diesem Mitgliedstaat ausgestaltet sind.

Auch der Grundsatz der steuerlichen Neutralität bedeute nicht zwingend, dass die Steuerbefreiung zwangsläufig auf Angehörige eines durch das Recht des betreffenden Mitgliedstaats reglementierten Berufs beschränkt bleibt. Dieser Grundsatz verbiete es, gleichartige und deshalb miteinander in Wettbewerb stehende Dienstleistungen hinsichtlich der MwSt unterschiedlich zu behandeln. Es könne nicht generell und absolut ausgeschlossen werden, dass Personen, die keinen reglementierten Beruf ausüben, über die erforderlichen Qualifikationen verfügen, um Heilbehandlungen von gleichartiger Qualität wie die Heilbehandlungen solcher Berufe anzubieten – insb., wenn sie an einer von diesem Mitgliedstaat anerkannten Lehranstalt ausgebildet worden sind.

Überdies sei der regulatorische Rahmen des betreffenden Mitgliedstaats nur einer von mehreren Gesichtspunkten, die zu berücksichtigen sind, um zu ermitteln, ob ein Steuerpflichtiger die erforderlichen beruflichen Qualifikationen besitzt, um in den Genuss dieser Steuerbefreiung zu kommen, und schon insofern keine zwangsläufige Voraussetzung.

Was den ermäßigtem MwSt-Satz anging, so könnten sich die Mitgliedsstaaten dafür entscheiden, auf einige der in Anhang III Nrn. 3 und 4 dieser Richtlinie aufgeführten spezifischen Arzneimittel oder Medizinprodukte einen ermäßigten MwSt-Satz anzuwenden und auf andere dieser Arzneimittel oder Medizinprodukte den normalen Steuersatz. Wenn sich ein Mitgliedstaat dafür entscheide, den ermäßigten MwSt-Satz selektiv auf bestimmte Dienstleistungen oder Lieferungen anzuwenden, müsse er jedoch den Grundsatz der steuerlichen Neutralität beachten. Die unterschiedlich behandelten Warengruppen dürften nicht in Wettbewerb zueinander stehen. Die Verwendung zu therapeutischen Zwecken und die Verwendung zu ästhetischen Zwecken seien aber zwei klar getrennte Arten konkreter Verwendungen, die aus der Sicht des Durchschnittsverbrauchers nicht demselben Bedürfnis dienen. Damit differenziere die in Rede stehende Regelung zwischen zwei Kategorien von Arzneimitteln, die für die Zwecke der Anwendung des Grundsatzes der steuerlichen Neutralität nicht gleichartig erscheinen. Die Differenzierung war also nach Auffassung des EuGH zulässig.

Praxishinweise
- Nach den Regelungen des Abschn. 4.14.4 Abs. 6 ff. UStAE sind die Leistungen von Chiropraktikern und Osteopathen – anders als nach belgischer Rechtslage – nicht generell vom Anwendungsbereich der Steuerbefreiung für Heilbehandlungen ausgeschlossen; es gibt ein differenziertes System mehrerer Kriterien, die eine Steuerbefreiung zulassen, so etwa die Zulassung einer Berufsgruppe durch die gesetzliche Krankenkasse oder der Abschluss gewisser sozialrechtlicher Versorgungsverträge. Gleichwohl ist die vorliegende Entscheidung auch für Deutschland relevant, da es klarstellt, dass das den Mitgliedsstaaten eingeräumte Ermessen nicht unbegrenzt ist.
- Von der Möglichkeit eines ermäßigten Steuersatzes für Arzneimittel nach Art. 98 i. V. m. Anhang III Nr. 3 MwStSystRL hat Deutschland bisher keinen Gebrauch gemacht.
- Eine Vorlage des BFH an den EuGH[372] befasst sich gleichfalls mit der Reichweite der Steuerbefreiung für Heilbehandlungen – und zwar in Hinblick darauf, ob eine telefonische Beratung Versicherter zu medizinischen Themen i. S. d. Art. 132 Abs. 1 Buchst. c MwStSystRL steuerbefreit sein kann. Hierbei wird aufgrund der Vorlagefragen auch auf den Umstand einzugehen sein, dass hier sog. »Gesundheitscoaches« tätig wurden und nur in der Minderzahl der Fälle ein Arzt hinzugezogen wurde.
- Ebenfalls am EuGH ist ein portugiesisches Verfahren anhängig, bei es u. a. um die Frage geht, ob die Steuerbefreiungsvorschrift nach Art. 132 Abs. 1 Buchst. c MwStSystRL davon abhängt, dass einschlägige Leistungen tatsächlich erbracht werden oder ob gewissermaßen eine Leistungsbereitschaft genügt.[373]

---

372 Beschluss v. 18.9.2018, XI R 19/15, BFH/NV 2019, S. 252 (erhält nach Entscheidung durch den EuGH ein neues Az.), am EuGH geführt unter dem Az. 48/19, *X*; dazu *Vellen*, Steuerbefreiung für medizinische Telefonberatung?, UStB 2019, S. 61.
373 C–581/19, *Frenetikexito*.

Literaturhinweise
Klaßmann, Keine Beschränkung der Steuerbefreiung auf Leistungen, die von Angehörigen eines durch nationales Recht reglementierten ärztlichen oder arztähnlichen Berufs erbracht werden – Belgisch Syndicaat van Chiropraxie und Bart Vandendries (Anmerkung zum Urteil), MwStR 2019, S. 698; *Tehler*, Zeitliche Weitergeltung einer mit dem Unionsrecht unvereinbaren nationalen Regelung (Anmerkung zum Urteil), EU-UStB 2019, S. 94

4.16 Steuerbarkeit der Tätigkeit von Aufsichtsratsmitgliedern

EuGH, Urteil v. 13.6.2019, C–420/18, *IO*, UR 2019, S. 576

Die Art. 9 und 10 MwStSystRL sind dahin auszulegen, dass ein Mitglied des Aufsichtsrats einer Stiftung wie der Kläger des Ausgangsverfahrens, der zwar hinsichtlich der Ausübung seiner Tätigkeit als Aufsichtsratsmitglied weder dem Vorstand noch dem Aufsichtsrat dieser Stiftung hierarchisch untergeordnet ist, jedoch nicht in eigenem Namen, für eigene Rechnung und in eigener Verantwortung, sondern für Rechnung und unter Verantwortung des Aufsichtsrats handelt und auch nicht das wirtschaftliche Risiko seiner Tätigkeit trägt, da er eine feste Vergütung erhält, die weder von der Teilnahme an Sitzungen noch von seinen tatsächlich geleisteten Arbeitsstunden abhängt, nichtselbstständig eine wirtschaftliche Tätigkeit ausübt.

Normen: Art. 9 Abs. 1, 10 MwStSystRL

Der Kläger des Ausgangsverfahrens war Mitglied des Aufsichtsrats einer niederländischen Stiftung. Die Satzung dieser Stiftung sah eine Mindest- und eine Höchstzahl der Aufsichtsratsmitglieder vor, die auf vier Jahre ernannt wurden. Personen, die mit der Stiftung einen Arbeitsvertrag eingegangen waren, kamen als Mitglieder nicht infrage. Die Befugnisse des Aufsichtsrats umfassten insb. die Ernennung, Suspendierung und Entlassung der Mitglieder des Vorstands, die Festlegung ihrer Arbeitsbedingungen, die Aussetzung des Vollzugs der Entscheidungen des Vorstands, die Beratung des Vorstands, die Feststellung der Jahresabschlüsse, die Ernennung, Suspendierung und Entlassung der Mitglieder des Aufsichtsrats und die Bestimmung ihrer festen Vergütung. Im Fall bestimmter Interessenskonflikte des Vorstands oder bei Ausscheiden sämtlicher Vorstandsmitglieder vertrat der Aufsichtsrat anstelle des Vorstands die Stiftung. Der Kläger erhielt für seine Tätigkeit als Mitglied des Aufsichtsrats eine Bruttovergütung, von der LSt einbehalten wurde und deren Betrag sich nach einem niederländischen Gesetz richtete. Die Vergütung hing weder von der Teilnahme des Klägers an Sitzungen noch von seinen tatsächlich geleisteten Arbeitsstunden ab.

Die Tätigkeit des Klägers sei nach Auffassung des EuGH zwar als wirtschaftliche Tätigkeit anzusehen, da sie nachhaltig und gegen Entgelt ausgeübt wird, aber sie sei nichtselbstständig ausgeübt worden. Eine Unselbstständigkeit nach Art. 10 der Richtlinie läge dabei nicht vor, denn der Kläger sei kein Lohn- oder Gehaltsempfänger, wenn lediglich aufgrund einer Gesetzesfiktion die Einstufung als ein Arbeitsverhältnis erfolge, und er übe seine Tätigkeit auch nicht auf Grundlage eines Arbeitsvertrags, sondern auf Grundlage eines Dienstleistungsvertrags aus. Zudem würde im Hinblick auf die Arbeitsbedingungen kein Unterordnungsverhältnis bestehen, da die Aufsichtsratsmitglieder keinen Weisungen des Vorstands der Stiftung unterliegen, sondern vielmehr die Strategie des Vorstands und den allgemeinen Geschäftsgang der Stiftung auf unabhängige Weise kontrollieren. Andererseits war der Kläger nach Meinung des EuGH auch nicht i. S. d. Art. 9 der Richtlinie selbstständig, weil der Kläger in der Ausübung seiner Aufgaben weder in eigenem Namen noch für eigene Rechnung oder in eigener Verantwortung handelte. Zudem beziehe ein solches Aufsichtsratsmitglied eine feste Vergütung, die weder von seiner Teilnahme an Sitzungen noch von seinen tatsächlich geleisteten Arbeitsstunden abhängt, und trage daher keinerlei wirtschaftliches Risiko.

Praxishinweise
- Bislang stand die Unternehmereigenschaft der Aufsichtsratsmitglieder in Deutschland soweit ersichtlich außer Frage, nicht zuletzt aufgrund der (in der Richtlinie nicht vorgesehenen) ausdrücklichen Erwähnung in § 3a Abs. 4 Nr. 3 UStG. Das Urteil des EuGH könnte auch auf deutsche Aufsichtsräte übertragbar sein – sie könnten also künftig u. U. aus der USt-Pflicht herausfallen. Dass es sich im Streitfall um das Aufsichtsratsmitglied einer Stiftung handelte, dürfte keinen Unterschied ergeben, weil nicht ersichtlich scheint, weshalb sich das Urteil und seine Grundsätze nicht auch auf die Aufsichtsräte anderer Körperschaften anwenden lassen sollte. Sollten Aufsichtsratsmitglieder wenigstens in bestimmten Gestaltungen mit ihren Tätigkeiten nicht der USt unterliegen, wäre das besonders für Unternehmer interessant, die kein (oder kein volles) Vorsteuerabzugsrecht genießen, wie etwa Unternehmen der Finanzbranche oder des medizinischen Sektors.
- Zumindest in Hessen gilt schon gegenwärtig die Tätigkeit eines Beamten oder anderen Bediensteten einer Gebietskörperschaft, aber auch eines Ministers oder Staatssekretärs, der von seinem Dienstherrn bzw. im Zusammenhang mit ihrer Regierungszugehörigkeit in den Aufsichtsrat entsendet wird und dienstrechtlich o. Ä. verpflichtet ist, seine Vergütung an den Dienstherrn abzuführen, im Ergebnis nicht als steuerbar.[374]
- Der BFH dürfte schon in Kürze Gelegenheit haben, sich mit diesem Thema zu befassen (anhängiges Verfahren in der Rs. V R 23/19[375]); hierbei geht es um einen in den Aufsichtsrat entsandten Arbeitnehmer der Konzernmutter, der seine Aufsichtsratsvergütung dem Arbeitgeber zu melden hatte und sie an ihn abführen musste. Ein BMF-Schreiben ist angeblich bereits in Vorbereitung, Einzelheiten waren zuletzt noch nicht bekannt.

Literaturhinweise
de Weerth, Aufsichtsratsmitglied einer Stiftung kein umsatzsteuerlicher Unternehmer – IO (Anmerkung zum Urteil), MwStR 2019, S. 663; *Nieskens*, Tätigkeit als Aufsichtsratsmitglied als nicht selbstständig ausgeübte wirtschaftliche Tätigkeit (Anmerkung zum Urteil), EU-UStB 2019, S. 90; *Scholz/Jacobs*, Aufsichtsratsmitglied einer niederländischen Stiftung nicht selbstständig i. S. d. Mehrwertsteuerrichtlinie (Anmerkung zum Urteil), GmbHR 2019, S. 894; *Streit/Salewski*, Keine Umsatzbesteuerung von Aufsichtsratsmitgliedern, DB 2019, S. 1485

---

374 OFD Frankfurt am Main, Verfügung v. 4.4.2014, S 7100 A – 287 – St 110, DStR 2014, S. 428.
375 Vorinstanz; FG Münster, Urteil v. 26.1.2017, 5 K 1419/16 U, EFG 2018, S. 323, m. Anm. *Kossack*, vormals Az. beim BFH V R 62/17 – mit Aussetzung/Ruhen des Verfahrens erledigt und unter dem neuen Az. wiederaufgenommen.

4.17 Steuerbefreiung für die Seeschifffahrt bei stationären Bohreinheiten

EuGH, Urteil v. 20.6.2019, C–291/18, *Grup Servicii Petroliere*, MwStR 2019, S. 695

Art. 148 Buchst. a und c MwStSystRL ist dahin auszulegen, dass der Ausdruck »Schiffe, die auf hoher See eingesetzt sind« auf die Lieferung von schwimmenden Konstruktionen von der Art der im Ausgangsverfahren in Rede stehenden selbsthebenden Offshore-Bohreinheiten, die überwiegend stationär für die Offshore-Förderung von Kohlenwasserstoffvorkommen verwendet werden, nicht anwendbar ist.

Normen: Art. 131, 148 Buchst. a und Buchst. c MwStSystRL; Art. 15 Nr. 4 Buchst. a und Buchst. b sowie Nr. 5 der RL 77/388/EWG

Die rumänische Klägerin verkaufte selbsthebende Offshore-Bohreinheiten und stellte hierfür Rechnungen aus, bei denen sie die in Art. 148 Buchst. c der MwStSystRL vorgesehene Steuerbefreiung anwandte. Die rumänischen Finanzbehörden erließen in der Folge einen Nacherhebungsbescheid über nicht entrichtete MwSt und führten als Begründung u. a. an, dass die Bohreinheiten tatsächlich und überwiegend nicht auf hoher See fahren, sondern in Parkposition für Bohrtätigkeiten verwendet würden.

Der EuGH bestätigte grds. die Auffassung der Finanzbehörden. Der Ausdruck »Schiffe, die auf hoher See eingesetzt sind« beinhalte notwendigerweise, dass die fraglichen schwimmenden Konstruktionen zur Fortbewegung eingesetzt werden. Ziel der Steuerbefreiung sei die Förderung der grenzüberschreitenden Beförderung, was einen zumindest hauptsächlichen oder überwiegenden Einsatz für die Fortbewegung im Meeresraum voraussetze. Der Ausdruck »Schiffe, die auf hoher See eingesetzt sind« sei daher nicht auf die Lieferung von selbsthebenden Offshore-Bohreinheiten anwendbar, wenn diese überwiegend stationär für die Offshore-Förderung von Kohlenwasserstoffvorkommen verwendet werden.

Literaturhinweise

Buge, Keine Steuerbefreiung der Lieferung von Ölbohrinseln (Anmerkung zum Urteil), EU-UStB 2019, S. 89; *Vobbe*, Lieferung selbsthebender Offshore-Bohreinheit kein befreiter Umsatz für die Seeschifffahrt – Grup Servicii Petroliere SA (Anmerkung zum Urteil), MwStR 2019, S. 695

4.18 Zur Besteuerung der bei Prepaid-Verträgen vom Provider eingezogenen Restguthaben

BFH, Urteil v. 10.4.2019, XI R 4/17, BStBl II 2019, S. 635[376]

Die dem Provider bei Prepaid-Verträgen endgültig verbliebenen Restguthaben sind nachträgliches Entgelt für die eröffnete Nutzung der von ihm zur Verfügung gestellten Infrastruktur, die insb. die mobile Erreichbarkeit der Prepaid-Kunden ermöglichte.

Norm: § 17 Abs. 1 S. 1 UStG

Sachverhalt

Die Klägerin erbrachte im Jahr 2007 (Streitjahr) u. a. Telekommunikationsdienstleistungen auf der Grundlage sog. Prepaid-Verträge, die im Zugang zu ihrem Mobilfunknetz bestanden. Nach Aktivierung des Mobilfunkanschlusses konnte der Kunde sein – jederzeit wiederaufladbares – Prepaid-Guthaben für Leistungen der Klägerin (z. B. Telefonie, mobiles Internet) oder von Drittanbietern (z. B. Klingeltöne, Erwerb von Fahrkarten) einsetzen. Der Klägerin stand ein Sonderkündigungsrecht (offenbar) für den Fall zu, dass die Aktivität des Kunden auf Basis des Prepaid-Vertrags zu wünschen übrig ließ. Übte sie dieses Sonderkündigungsrecht aus, konnte sich der Kunde das Restguthaben erstatten lassen oder es auf eine neue SIM-Karte übertragen. Andernfalls buchte die Klägerin dieses Guthaben des Kunden in ihrer Handels- und Steuerbilanz erfolgswirksam aus, ohne es der USt zu unterwerfen.

Entscheidung

Der BFH war der Auffassung, dass die von der Klägerin eingezogenen Guthaben der Besteuerung zu unterwerfen waren. Insoweit liege ein nachträgliches Entgelt für die von der Klägerin erbrachte Möglichkeit zur Nutzung ihrer technischen Infrastruktur (Plattformleistung) vor. Die Klägerin habe ihren Kunden im Rahmen der Prepaid-Verträge u. a. eine technische Infrastruktur (insb. in Gestalt eines Mobilfunkanschlusses und einer Rufnummer) zur Verfügung gestellt, den Kunden damit einen wirtschaftlichen Vorteil gewährt und mithin eine Leistung erbracht. Insb. seien die Kunden der Klägerin hierdurch mobil erreichbar gewesen. Diese Leistung, so der BFH, sei Teil des aus einem Leistungsbündel bestehenden Prepaid-Vertrags gewesen.

Dieser Leistungsbestandteil wurde freilich zunächst nicht gegen Entgelt erbracht, weil er nicht wie die einzelnen (aktiven) Telekommunikationsleistungen (z. B. Telefonie und SMS) besonders bepreist war – schon weil die Kunden (anders als im Falle sog. Postpaid-Verträge) nur für die konkret in Anspruch genommenen, bepreisten Leistungen zahlen wollten. Die eingezogenen Guthaben waren auch nicht als Vorauszahlungen zu versteuern, weil es bei sog. Multifunktionskarten an einer bereits genau bestimmten, erst noch zu erbringenden Leistung, eines bestimmten Anbieters fehlte. Bis eine konkrete Leistung in Anspruch genommen wurde, erfolgte lediglich ein nicht steuerbarer Zahlungsmitteltausch.

---

376 Vgl. auch BMF, Schreiben v. 19.12.2019, III C 3 – S 7015/19/10002:001, Abschn. I Nr.32 Buchst. a.

Nach Auffassung des BFH führten die endgültig nicht zurückgeforderten Restguthaben aus den Prepaid-Verträgen zu einem nachträglichen Entgelt für die Nutzung der von der Klägerin zur Verfügung gestellten Infrastruktur, die insb. die mobile Erreichbarkeit der Prepaid-Kunden ermöglichte. Das sah das Gericht als Erhöhung der Bemessungsgrundlage – offenbar – einer Leistung an, die bis dahin ohne gesondertes Entgelt erbracht worden war; die Einziehung des Restguthabens verglich der BFH mit einer Über- und Doppelzahlung, die gleichfalls zum Entgelt gehören. Im vorliegenden Fall sei die »Überzahlung« der Infrastrukturleistung zuzuordnen, weil ein anderer Rechtsgrund für die Überzahlung nicht ersichtlich sei.

Praxishinweise
- Das Urteil äußert sich nicht zu allen Aspekten des Falls. So bleiben einige Fragen offen, etwa zur (offenbaren) Einstufung der Infrastrukturleistung als unentgeltliche Wertabgabe, die grds. ebenfalls der Besteuerung unterliegen. Dass eine Versteuerung während der Laufzeit gleichwohl hier anscheinend unterbleibt, kann unterschiedliche Gründe haben, auf die der BFH aber nicht eingeht. So wäre es denkbar, dass in der Plattformleistung vor Ausbuchung des Restguthabens eine unentgeltliche Wertabgabe aus unternehmerischen Gründen liegt, die nicht steuerbar ist. Sie würde dann durch Erhöhung der Bemessungsgrundlage nach § 17 Abs. 1 UStG entgeltlich. Die Umqualifizierung erfolgt dabei allerdings nicht nur ggf. in Hinblick auf die Steuerbarkeit, sondern – was denn doch gewagt erscheint – außerdem auf die Qualifizierung der Leistung als Haupt- oder Nebenleistung: sofern zu Beginn noch Leistungen in Anspruch genommen wurden, wurde die Infrastrukturleistung zunächst als unselbstständige Nebenleistung eingestuft, die aber später mangels einer an den (inaktiven) Nutzer erbrachten Hauptleistung selbst zur Hauptleistung wurde.
- Der BFH äußert sich auch nicht zu den genauen Voraussetzungen des Sonderkündigungsrechts, das er »aktivitätsorientiertes Deaktivierungsverfahren« nennt, offenbar hält er sie nicht für entscheidungserheblich. Es sollte ferner beachtet werden, dass der BFH eine Anzahlungsversteuerung ausschließt, weil es sich um Multifunktionskarten handelte. Daher könnte die rechtliche Beurteilung bei Einzweckguthabenkarten abweichen. Bei der Anwendung des Urteils sollte zudem der Umstand beachtet werden, dass mit Beginn des Jahres 2019 die Besteuerung von Leistungen aufgrund von Gutscheinen eine besondere Regelung erfahren hat.
- In einem ähnlichen Fall zu Kundenbindungsrabatten hat der V. Senat eine ähnliche Lösung gewählt (s. im vorliegenden Werk C.4.20). Im Verfahren in der Rs. C-43/19, *Vodafone Portugal* wird sich der EuGH mit der thematisch ähnlichen Frage zu befassen haben, ob ein Anbieter elektronischer Kommunikation, der von seinen Kunden u. a. eine »Infrastrukturabgabe« verlangt, wenn sie die Mindestvertragslaufzeit nicht einhalten, damit eine Vergütung für eine Dienstleistung erhält – selbst obgleich der Anbieter an den betreffenden Kunden nach diesem Zeitpunkt keine Dienstleistungen mehr erbringt.

Literaturhinweise

Kratz/Krogoll, Umsatzsteuerliche Behandlung von dem Provider bei Kündigung von Prepaid-Verträgen verbleibenden Restguthaben – Systematische Erwägungen zu dem BFH-Urteil vom 10.4.2019 – XI R 4/17, BB 2019, S. 2593; *Rauch,* Zur Besteuerung der dem Provider bei Prepaid-Verträgen endgültig verbliebenen Restguthaben, HFR 2019, S. 803 (Anmerkung zum Urteil); *Tausch,* Besteuerung der dem Provider bei Prepaid-Verträgen verbliebenen Restguthaben, UVR 2019, S. 294 (Anmerkung zum Urteil); *Treiber,* BFH: Zur Besteuerung der dem Provider bei Prepaid-Verträgen endgültig verbliebenen Restguthaben, DStR 2019, S. 1636 (Anmerkung zum Urteil); *Weigel,* Besteuerung des verbleibenden Restguthabens bei multifunktionalem Prepaid-Vertrag (Anmerkung zum Urteil), UStB 2019, S. 263

4.19 Steuerentstehung bei einer ratenweise zu bezahlenden Vermittlungsleistung

BFH, Urteil v. 26.6.2019, V R 8/19, UR 2019, S. 660

Unternehmer können sich bei ratenweise vergüteten Vermittlungsleistungen auf eine unmittelbare Anwendung von Art. 64 Abs. 1 MwStSystRL berufen.

Normen: Art. 64 Abs. 1 MwStSystRL; § 13 Abs. 1 Nr. 1 Buchst. a S. 2 und S. 3 UStG

Die Klägerin des Ausgangsverfahrens erbrachte als Spielervermittlerin Dienstleistungen im Bereich des bezahlten Fußballs. Bei erfolgreicher Vermittlung eines Spielers an einen Verein erhielt sie vom aufnehmenden Verein eine Provision, die ratierlich an sie ausgezahlt wurde, solange der Spieler bei dem betreffenden Verein unter Vertrag blieb. Das FA war der Auffassung, dass die Klägerin Provisionen, die befristete Spielerverträge betreffen, insgesamt bereits im Jahr der Vermittlung der Spieler der USt hätte unterwerfen müssen.

Der BFH war (nach Vorlageentscheidung des EuGH[377]) der Auffassung, dass sich die Klägerin unmittelbar auf die relevante Richtlinienvorschrift – Art. 64 Abs. 1 MwStSystRL – berufen könne. Denn die bestehende nationale Regelung zur Besteuerung von Teilleistungen bleibe hinter der Vorgabe der Richtlinie zurück und lasse sich auch nicht richtlinienkonform auslegen, weil sich nach dem ausdrücklichen Wortlaut dieser Vorschrift das Erfordernis der Teilbarkeit auf die Leistung und nicht auf das Entgelt beziehe. Für die zahlungs- und damit vereinnahmungsbezogene Steuerentstehung nach Art. 64 Abs. 1 MwStSystRL komme es aber nicht auf eine wirtschaftlich teilbare Leistung an.

---

[377] EuGH, Urteil v. 29.11.2018, C–548/17, *baumgarten sports & more,* UR 2019, S. 70, m. Anm. *Stadie.*

Praxishinweis
- Nach dem BFH ist die Richtlinienvorschrift ausdrücklich auch dann anwendbar, wenn keine Dauerleistung vorliegt, sondern mit dem Eintritt des vermittelten Erfolgs von einer einmaligen Leistungshandlung auszugehen ist. Das Gericht verwendet wie oben erwähnt die Formulierung »zahlungs- und damit vereinnahmungsbezogene Steuerentstehung«. Dass die Steuerentstehung von der Vereinnahmung abhängen soll, entspricht aber nicht dem Wortlaut der Richtlinienvorschrift, die besagt, dass die Lieferungen und Dienstleistungen jeweils als mit Ablauf des Zeitraums als bewirkt gelten, auf den sich die aufeinanderfolgenden Abrechnungen oder Zahlungen beziehen. Auch dem vorgängigen Urteil des EuGH lässt sich nicht entnehmen, dass dieser sich für eine Ist-Besteuerung ausgesprochen hätte. Die damit verbundene Differenzierung ist vor allem in Fällen bedeutsam, in denen ratierliche Zahlungen nicht zu den vereinbarten Terminen, sondern mit Verspätung getätigt werden. Es bleibt abzuwarten, welche Haltung die Finanzverwaltung und ggf. der Gesetzgeber in dieser Frage einnimmt – mit einer Anpassung der bisherigen Regelung zur Steuerentstehung bei Teilleistungen dürfte zu rechnen sein.
- Das Urteil ist von erheblicher praktischer Bedeutung – allerdings mit wichtigen Einschränkungen. Denn Art. 64 Abs. 1 der Richtlinie dürfte im Falle des Finanzierungsleasings (d. h. bei umsatzsteuerlicher Lieferung des Leasinggegenstands) zumindest in den meisten Fällen nicht anwendbar sein. Ein Verweis auf Art. 14 Abs. 2 Buchst. b der Richtlinie schließt Lieferungen aus, die »die Übergabe eines Gegenstands aufgrund eines Vertrags« vorsehen, der »die Vermietung eines Gegenstands während eines bestimmten Zeitraums oder den Ratenverkauf eines Gegenstands vorsieht, der die Klausel enthält, dass das Eigentum unter normalen Umständen spätestens mit Zahlung der letzten fälligen Rate erworben wird«. Der EuGH ist vor allem in seinem Urteil »Mercedes- Benz Financial Services UK« ausführlich auf diese zitierte Bestimmung eingegangen. Eine Anwendung des jetzt veröffentlichten BFH-Urteils in Leasinggestaltungen, die dem Tatbestand des Art. 14 Abs. 2 Buchst. b der Richtlinie aus dem Weg zu gehen versuchen, sollte ggf. durch eine verbindliche Auskunft abgesichert werden. Zur Anwendung des Urteils »Mercedes Benz Financial Services« ist angeblich ein BMF-Schreiben in Vorbereitung.
- Von Sachverhalten wie im vorliegenden Fall der Spielervermittlung sind in Hinblick auf die rechtliche Einordnung möglicherweise auch weiterhin Sachverhalte zu unterscheiden, in denen zwar ebenfalls die Leistung bereits erbracht ist, aber der Leistungsempfänger in Teilen erst zu einem späteren Zeitpunkt zahlt – allerdings aus dem Grund, dass er so über zwei bis fünf Jahre seine Gewährleistungsansprüche besichern will. Der BFH[378] hatte damals die Entscheidung, weshalb die auf die spätere Zahlung entfallende USt im Ergebnis erst zum Zeitpunkt der Restzahlung fällig werden soll, anders hergeleitet und begründet, nämlich über § 17 Abs. 2 Nr. 1 UStG (Uneinbringlichkeit). Der Wortlaut des Art. 64 Abs. 1 MwStSystRL legt demgegenüber eher nahe, dass sich die Zahlungen auf bestimmte Zeiträume zu beziehen hätten. Ob der BFH geneigt ist, auch diese Einbehaltsfälle unter den Anwendungsbereich des Art. 64 Abs. 1 der Richtlinie zu fassen, muss sich weisen.
- Der BFH hat die Anwendung der Richtlinienregelung bereits in einem weiteren Fall thematisiert, in dem ein Landwirt nach Aufhebung eines Bahnübergangs mehrere (als steuerbar

---

378 BFH, Urteil v. 24.10.2013, V R 31/12, UR 2014, S. 238.

eingestufte) Entschädigungszahlungen erhalten hatte. Weil allerdings der Wortlaut des UStG sich in erwähnter Weise nicht richtlinienkonform auslegen lässt und der Kläger sich nicht direkt auf die RL berufen hatte, sah der BFH sich im Ergebnis aber außerstande, zur Sache zu entscheiden.[379]

Literaturhinweis

Sterzinger, Steuerentstehung bei ratenweise vergüteten Vermittlungsleistungen, UStB 2019, S. 291 (Anmerkung zum Urteil)

4.20 Nachträgliche Entgelterhöhung bei Punkteverfall im Kundenbindungssystem

BFH, Urteil v. 26.6.2019, V R 64/17, BStBl II 2019, S. 640

Erbringt der Programmmanager eines Kundenbindungssystems entgeltliche Verwaltungsleistungen an Partnerunternehmen, an die er auch Prämienpunkte verkauft, die die Partnerunternehmer an ihre Kunden zur Einlösung beim Programmmanager ausgeben, führt der vergütungslose Verfall von Prämienpunkten dazu, dass sich das Entgelt für die Verwaltungsleistungen des Programmmanagers an die Partnerunternehmen nachträglich erhöht.

Norm: § 17 Abs. 1 S. 1 UStG

Sachverhalt

Die Klägerin war Organträgerin einer GmbH, die ein Kundenbindungssystem für den Internethandel anbot. Ihre Geschäftspartner – die Partnerunternehmen – konnten ihren Kunden Prämienpunkte beim Erwerb von Gegenständen oder Dienstleistungen gewähren. Diese Prämienpunkte konnten die Kunden nur bei der GmbH, nicht aber beim Partnerunternehmen zum Erwerb von Prämien (Sach- und Dienstleistungen) einlösen. Die GmbH war dabei auf eigene Rechnung tätig.

Jedes Partnerunternehmen hatte an die GmbH eine Vergütung zu zahlen, die sich aus einem gleich hohen Festbetrag (als Einlösewert der Prämienpunkte) und einer variablen »Servicefee« zusammensetzte. Der Einlösewert entsprach offenbar dem Gegenwert, den der Kunde bei (hypothetischer) Einlösung aller Prämienpunkte als Sach- oder Dienstleistungsprämie erhielt, während mit der »Servicefee« die organisatorische Abwicklung des Kundenbindungssystems und somit Service- und Managementleistungen vergütet wurde.

Nach den allgemeinen Geschäftsbedingungen der GmbH verfielen die Prämienpunkte nach Ablauf von drei Jahren, sodass sie dann nicht mehr in Prämien umgetauscht werden konnten. Einen Erstattungsanspruch gab es für das Partnerunternehmen nicht.

---

379 BFH, Urteil v. 22.8.2019, V R 47/17, UR 2020, S. 34.

Wie es scheint, bestand das Geschäftsmodell der GmbH (auch) darin, dass ihr alle Prämienpunkte zum Einlösewert vergütet, aber nicht alle Prämienpunkte in der Folge auch von den Kunden eingelöst wurden – das FA sprach von einer Einlösequote von 65 %. Dieser Umstand war offenbar auch den Partnerunternehmen bewusst.

Die Klägerin versteuerte die an die Partnerunternehmen ausgegebenen Prämienpunkte nur insoweit, als die Kunden die ihnen von den Partnerunternehmen gewährten Prämienpunkte einlösten und die GmbH aufgrund der Einlösung Sach- oder Dienstleistungsprämien an die Kunden ausgab. Der Steuersatz richtete sich nach der ausgegebenen Prämie. Hinzu kam unter den üblichen Voraussetzungen die Versteuerung der »Servicefee«. Das FA ging davon aus, dass auch im Umfang des Verfalls von Prämienpunkten ein Entgelt für eine steuerpflichtige Leistung vorliege. Es sei hierbei ein zusätzliches steuerpflichtiges Entgelt für die Service- und Managementleistung gegeben.

Entscheidung

Der BFH kam zur selben Schlussfolgerung. Erbringt der Programmmanager eines Kundenbindungssystems (hier die GmbH) entgeltliche Verwaltungsleistungen an Partnerunternehmen, an die er auch Prämienpunkte verkauft, die die Partnerunternehmer an ihre Kunden zur Einlösung beim Programmmanager ausgeben, führe der vergütungslose Verfall von Prämienpunkten dazu, dass sich das Entgelt für die Verwaltungsleistungen des Programmmanagers an die Partnerunternehmen nachträglich erhöht. Der Verkauf der Prämienpunkte durch die GmbH an die Partnerunternehmen habe noch nicht zu einer steuerbaren Leistung geführt. Erst mit der Prämiengewährung sei es zu steuerpflichtigen Leistungen durch die GmbH an die Kunden gekommen, die durch die Zahlungen der Partnerunternehmen beim Erwerb der Prämienpunkte als Entgelt von dritter Seite vergütet wurden.

Praxishinweis

Das Urteil ähnelt einem nur wenig früher veröffentlichten Urteil des XI. Senats in der Rs. XI R 4/17:[380] In diesem Urteil wurden von den Kunden nicht mehr in Anspruch genommene Prepaid-Guthaben als Entgelt auf eine ähnliche sonstige Leistung des Providers angerechnet – nämlich auf die Möglichkeit zur Nutzung der vom Provider bereitgestellten technischen Infrastruktur. Daraus könnte man schließen, dass es in der Frage der Beurteilung vergleichbarer Sachverhalte zwischen beiden Umsatzsteuersenaten des BFH offenbar keine tief greifenden Differenzen gibt – allerdings könnte dieser Eindruck trügen, weil es zwischen beiden Entscheidungen auch Unterschiede gibt, so geht der XI. Senat etwas robuster an die rechtliche Wertung heran, indem er z. B. eine Nebenleistung rückwirkend zu einer Hauptleistung umqualifiziert.

---

380 Vgl. C.4.18 im vorliegenden Werk.

Literaturhinweise

Fey, BFH: Nachträgliche Entgelterhöhung im Kundenbindungssystem, BB 2019, S. 2917 (Anmerkung zum Urteil); *Fritsch*, Nachträgliche Entgelterhöhung im Kundenbindungssystem, UStB 2019, S. 294 (Anmerkung zum Urteil); *Pickelmann*, Nachträgliche Entgelterhöhung bei Nichteinlösung von Prämienpunkten, MwStR 2019, S. 779

4.21 Steuerbefreiung der Heilbehandlungen setzt kein Vertrauensverhältnis zwischen Arzt und Patient voraus

EuGH, Urteil v. 18.9.2019, C–700/17, *Peters*, UR 2019, S. 775, m. Anm. *Sterzinger*

Art. 132 Abs. 1 Buchst. b MwStSystRL ist dahin auszulegen, dass Heilbehandlungsleistungen wie die im Ausgangsverfahren in Rede stehenden, die von einem Facharzt für klinische Chemie und Laboratoriumsdiagnostik erbracht werden, unter die in Art. 132 Abs. 1 Buchst. c MwStSystRL vorgesehene Befreiung von der MwSt fallen können, wenn sie nicht alle Tatbestandsvoraussetzungen der Befreiung nach Art. 132 Abs. 1 Buchst. b MwStSystRL erfüllen.

Art. 132 Abs. 1 Buchst. c MwStSystRL ist dahin auszulegen, dass die darin vorgesehene Befreiung von der MwSt nicht von der Voraussetzung abhängt, dass die betreffende Heilbehandlungsleistung im Rahmen eines Vertrauensverhältnisses zwischen dem Patienten und dem Behandelnden erbracht wird.

Normen: Art. 132 Abs. 1 Buchst. b und Buchst. c MwStSystRL; Abschn. 4.14.1 Abs. 1 S. 2, 4.14.5 Abs. 8f. UStAE; § 4 Nr. 14 Buchst. a UStG

Der Kläger des Ausgangsverfahrens war Facharzt für klinische Chemie und Laboratoriumsdiagnostik. Er erbrachte Heilbehandlungsleistungen (insb. Befunderhebungen mit dem Ziel konkreter laborärztlicher Diagnosen sowie ärztliche Hilfestellungen bei transfusionsmedizinischen Maßnahmen für konkrete Behandlungsverhältnisse) für ein Laborunternehmen, das Laborleistungen an niedergelassene Ärzte, Rehakliniken, Gesundheitsämter und Krankenhäuser erbrachte. Seiner Auffassung nach waren seine Leistungen nach § 4 Nr. 14 Buchst. a S. 1 UStG steuerbefreit.

Der vom BFH um Vorabentscheidung ersuchte EuGH stimmte dem Kläger zu. Zunächst äußerte er sich zu der ihm vom BFH vorgelegten Frage, in welchem Verhältnis die beiden Steuerbefreiungsvorschriften des Art. 132 Abs. 1 Buchst. b und Buchst. c der Richtlinie zueinander stehen, soweit es Heilbehandlungen eines Facharztes für klinische Chemie und Laboratoriumsdiagnostik im Bereich der Humanmedizin betrifft. Die erste Vorschrift befreit (vereinfacht ausgedrückt) Heilbehandlungen in Krankenhäusern von der Steuer, die zweite befreit Heilbehandlungen an anderen Orten, insb. in den Praxisräumen des Behandelnden. Beide Steuerbefreiungen sehen im Einzelnen unterschiedliche Voraussetzungen vor, wobei der Kläger die Voraussetzungen nach Art. 132 Abs. 1 Buchst. b der Richtlinie nicht erfüllte. Dies habe aber keinen Einfluss auf eine mögliche Anwendung der Steuerbefreiung nach Art. 132 Abs. 1 Buchst. c der Richtlinie. Denn aus dem Wortlaut dieser Vorschrift gehe nicht hervor, dass Heilbehandlungen wie diejenige des Ausgangsverfahrens, die außerhalb der unter Art. 132 Abs. 1 Buchst. b der Richtlinie fallenden Strukturen erbracht werden, deswegen nicht nach Art. 132 Abs. 1 Buchst. c steuerfrei sein können.

Mit der zweiten Frage des BFH sollte geklärt werden, ob die Steuerbefreiung einer Heilbehandlung nach Art. 132 Abs. 1 Buchst. c der Richtlinie voraussetzt, dass die Leistung im Rahmen eines Vertrauensverhältnisses zwischen dem Patienten und dem Behandelnden erbracht wird. Der EuGH lehnte das ab: Aus dem Wortlaut ergebe sich eine solche Anforderung in keiner Weise, und sie sei auch in Ansehung des mit dieser Bestimmung verfolgten Zwecks, die Kosten von Heilbehandlungen zu senken und diese für den Einzelnen leichter zugänglich zu machen, nicht gerechtfertigt. Entsprechende frühere Äußerungen, in denen der EuGH dieses Vertrauensverhältnis erörtert hatte, seien nicht so aufzufassen, dass er damit den Bereich der in Rede stehenden Steuerbefreiung habe einschränken wollen.

Praxishinweis

Es ist davon auszugehen, dass der BFH sich in seiner noch ausstehenden Folgeentscheidung gegen die Anforderungen der Finanzverwaltung an die Steuerbefreiung von Heilbehandlungen außerhalb von Krankenhäusern wenden wird. Gegenwärtig sehen diese Anforderungen vor, dass diese Leistungen im Rahmen eines persönlichen Vertrauensverhältnisses zwischen Patienten und Behandelndem zu erfolgen hätten. Was klinische Chemiker und Laborärzte angeht, schließt die Finanzverwaltung aus diesem Grund die Anwendung der Steuerbefreiung zumindest nach der Vorschrift des § 4 Nr. 14 Buchst. a UStG derzeit noch aus.[381]

4.22 Steuerabzug von Drittlandsunternehmern im allgemeinen Besteuerungsverfahren

BFH, Urteil v. 22.5.2019, XI R 1/18, UR 2019, S. 744

Die im Vorsteuer-Vergütungsverfahren geltende Einschränkung des § 18 Abs. 9 S. 6 UStG (jetzt: § 18 Abs. 9 S. 4 UStG) zur Gegenseitigkeit findet gem. § 15 Abs. 4b UStG unter den dort genannten Voraussetzungen auch im allgemeinen Besteuerungsverfahren Anwendung. Fehlt es in den dort genannten Fällen an der für eine Vorsteuer-Vergütung erforderlichen Gegenseitigkeit, ist auch im allgemeinen Besteuerungsverfahren der Vorsteuerabzug des nicht im Gemeinschaftsgebiet ansässigen Unternehmers für sämtliche Eingangsleistungen ausgeschlossen.
§ 18 Abs. 9 S. 6 UStG (jetzt: § 18 Abs. 9 S. 4 UStG) und § 15 Abs. 4b UStG verstoßen weder gegen Verfassungsrecht noch gegen Unionsrecht.

Normen: §§ 15 Abs. 4b; § 18 Abs. 9 UStG

Sachverhalt

Die Klägerin war in einem Drittland ansässig. Sie betrieb dort sowie in einigen weiteren Ländern und Territorien außerhalb der EU Hotels und Resorts. In Deutschland unterhielt sie ein Verbindungsbüro mit einigen Mitarbeitern, das sich u. a. zwar der Vertragsanbahnung und Kundenpflege widmete, selbst aber keine in Deutschland steuerbaren Leistungen, sondern lediglich Innenleistungen an das Stammhaus erbrachte. Die Überlassung der Hotelzimmer und Resorts an die Kunden erfolgte durch die Klägerin selbst. Das Verbindungsbüro erhielt eine Anzahl von Rechnungen

---

381 Vgl. Abschn. 4.14.5 Abs. 8 f. UStAE.

mit Steuerausweis, ferner einige Nettorechnungen über Werbeleistungen ausländischer Unternehmer. Die Klägerin machte geltend, einen Anspruch auf Vorsteuerabzug im allgemeinen Veranlagungsverfahren zu haben: Die Steuerschuld aus den Werbeleistungen sei auf sie übergegangen, weil ihr Verbindungsbüro als »passive« Betriebsstätte i. S. d. Art. 11 der Mehrwertsteuer-Durchführungsverordnung (MwStDVO) gelte. Dass das Büro keine Ausgangsumsätze erbringe, sei unerheblich.

Entscheidung

Wie der BFH ausführt, ist ein Unternehmer (auch) dann nicht im Inland ansässig, wenn er dort keine »feste Niederlassung« gehabt hat, »von wo aus die Umsätze bewirkt worden sind«. Die Klägerin sei insofern eine nicht im Gemeinschaftsgebiet ansässige Unternehmerin und daher an sich vom allgemeinen Besteuerungsverfahren ausgeschlossen. Das allgemeine Besteuerungsverfahren sei aber anzuwenden, sofern die Klägerin USt wegen Übergangs der Steuerschuldnerschaft auf sie schulde. Doch selbst in diesem Fall wäre die Klägerin vom Vorsteuerabzug ausgeschlossen.

Im Vergütungsverfahren für Drittlandsunternehmer werde die Vorsteuer nur vergütet, wenn in dem Land, in dem der Unternehmer seinen Sitz hat, keine USt oder ähnliche Steuer erhoben oder im Fall der Erhebung im Inland ansässigen Unternehmern vergütet wird (Gegenseitigkeit). Nach § 15 Abs. 4b UStG gelte dasselbe im Fall, dass der Unternehmer die Steuer wegen Übergangs der Steuerschuldnerschaft schuldet. Damit werde weder gegen Verfassungsrecht noch Unionsrecht verstoßen. Für den Ansässigkeitsstaat der Klägerin war keine Gegenseitigkeit anerkannt. Der BFH ließ im Ergebnis offen, ob die Klägerin die Steuer infolge Übergangs der Steuerschuldnerschaft schuldete, was entscheidend davon abhänge, ob eine feste Niederlassung steuerbare Umsätze ausführen muss oder nicht – wozu er sich aber weiter nicht äußerte.

> **Praxishinweis**
>
> Das »Gesetz zur weiteren steuerlichen Förderung der Elektromobilität und zur Änderung weiterer steuerlicher Vorschriften«[382] (zumeist »JStG 2019« genannt) dehnt das Vergütungsverfahren – in Anbetracht der Ausführungen des BFH im Urteil eher nur in klarstellender Weise – auch auf Sachverhalte aus, in denen ein im Ausland ansässiger Unternehmer im Inland (inkl. Helgoland und Freihäfen) keine Betriebsstätte hat, von der aus im Inland steuerbare Umsätze ausgeführt werden. Außerdem wird der erwähnte § 15 Abs. 4b UStG um Sachverhalte ergänzt, in denen der im Drittland ansässige Antragsteller neben der auf ihn übergegangenen Steuerschuld außerdem falsch ausgewiesene Steuer schuldet. Besteht eine Steuerschuld des Unternehmers jedoch ausschließlich aufgrund falschen Steuerausweises, soll die Vorsteuer – auch soweit es EU-Unternehmer betrifft – nur im Vergütungsverfahren abziehbar sein (so § 18 Abs. 9 S. 3 UStG n. F.).

---

382 JStG 2019 v. 12.12.2019, BGBl I 2019, S. 2451

Literaturhinweise

Jacobs, Kein Vorsteuerabzug für »Drittlandsunternehmer« im allgemeinen Besteuerungsverfahren?, UStB 2019, S. 304; *Tausch*, Steuerabzug von Drittlands-Unternehmern auch im allgemeinen Besteuerungsverfahren nur bei Gegenseitigkeit (Anmerkung zum Urteil), UVR 2019, S. 328; *Wischermann*, Die Betriebsstätte in der Umsatzsteuer – Anmerkungen zu dem Urteil in der Rs. XI R 1/18, UR 2019, S. 917

4.23 Rechnungsberichtigung bei Steuerbefreiung unter Berufung auf das Unionsrecht

> **BFH, Beschluss v. 31.7.2019, XI B 15/19, UR 2019, S. 786, m. Anm.** *Trinks*
>
> Es ist nicht ernstlich zweifelhaft, dass ein Steuerausweis in einer Rechnung nicht i. S. v. § 14c Abs. 1 S. 1 UStG »unrichtig« ist, wenn der betreffende Umsatz zwar nach dem Unionsrecht steuerbefreit ist, der Steuerpflichtige sich jedoch nicht mit Erfolg darauf beruft.
>
> Es ist nicht ernstlich zweifelhaft, dass ein Berufen auf die Steuerbefreiung nach dem Unionsrecht nicht mehr möglich ist, wenn eine Änderung der betreffenden Steuerfestsetzung nach den §§ 172 ff. AO ausscheidet.
>
> **Normen:** § 14c Abs. 1 i. V. m. § 17 Abs. 1 UStG

Der Antragsteller erbrachte im Besteuerungszeitraum 2007 Leistungen als privater Arbeitsvermittler, die er unter gesondertem Ausweis der USt in Rechnung stellte. Nachdem der BFH im Jahr 2015 für einen ähnlichen Sachverhalt entschied, dass in derartigen Fällen eine direkte Berufung auf eine Steuerbefreiungsvorschrift der MwStSystRL möglich ist, berichtigte der Antragsteller im Jahr 2017 seine 10 Jahre zuvor gestellten Rechnungen und machte den sich aus den Rechnungsberichtigungen ergebenden Erstattungsbetrag steuermindernd geltend. Das FA war damit nicht einverstanden.

Der BFH hielt den Antrag des Antragstellers für unbegründet. Wenn ein Unternehmer USt für steuerfreie Umsätze gesondert ausgewiesen hat, werde diese Steuer zwar nach § 14c Abs. 1 UStG geschuldet. Die Berichtigung des Steuerbetrags gegenüber dem Leistungsempfänger sei für den Zeitraum der Berichtigung vorzunehmen. Allerdings sah der BFH im vorliegenden Fall eine Berichtigung als nicht möglich an, weil der Steuerausweis seiner Auffassung nach korrekt war – er sei auf der Grundlage nationalen Rechts entstanden. Eine direkt anwendbare Richtlinienbestimmung komme nicht automatisch zur Anwendung, der Unternehmer müsse sich vielmehr auf die Steuerbefreiung nach dem Unionsrecht berufen. Das sei nach Meinung des BFH hier nicht mehr möglich: Die USt für das Jahr 2007 sei bestandskräftig festgesetzt und darüber hinaus sei für diesen Besteuerungszeitraum bereits die Festsetzungsverjährung eingetreten. Das Vorbringen des Klägers, zur Durchsetzung des Anspruchs bedürfe es keiner Änderung der USt-Festsetzung für das Jahr 2007, ließ der BFH nicht gelten.

Praxishinweis

Häufig lässt der BFH es in seinen Entscheidungen zu, dass sich Steuerpflichtige für die Steuerbefreiung der von ihnen erbrachten Leistungen direkt auf hinreichend bestimmte Richtlinienvorschriften berufen. In Fällen, in denen der leistende Unternehmer zunächst Rechnungen mit Steuerausweis ausgestellt hatte, herrschte bislang jedoch Unklarheit über die rechtliche Beurteilung, wenn sich der Unternehmer erst nachträglich auf eine direkte Anwendung der Steuerbefreiung berief, der Besteuerungszeitraum der zugrunde liegenden Leistung aber bereits festsetzungsverjährt war. Denn für die Korrektur einer Rechnung nach § 14c Abs. 1 UStG gibt es gleich zwei Zeitpunkte, auf die sich eine direkte Berufung auf die Richtlinie beziehen könnte: zum einen den zugrunde liegenden Steuertatbestand (die Leistung), zum anderen die Korrektur der Steuer, die infolge des Verweises auf § 17 Abs. 1 UStG keine Rückwirkung entfaltet. Der BFH hat im vorliegenden Fall (wenngleich in einem Verfahren im vorläufigen Rechtsschutz) entschieden, dass es (nur) auf den Steuertatbestand ankommt.

Um hier die Möglichkeit zu wahren, von künftiger Rspr. zu profitieren, führt also fast kein Weg daran vorbei, sich nach Möglichkeit in geeigneter Weise noch vor Bestandskraft des Steuerbescheids auf die direkte Anwendung der Richtlinienvorschrift zu berufen und ggf. die betreffenden Besteuerungszeiträume in geeigneter Weise offen zu halten. Dabei sollte beachtet werden, dass in solchen Fällen eine erfolgreiche Berufung auf eine »unechte« Steuerbefreiung ohne Vorsteuerabzugsrecht nicht nur Auswirkungen auf den eigenen Vorsteuerabzug, sondern auch auf den Vorsteuerabzug der Kunden haben könnte, weil der Steuerausweis nachträglich als unrichtiger Steuerausweis umqualifiziert werden könnte.

4.24 Zur umsatzsteuerlichen Behandlung von Umzugskosten

BFH, Urteil v. 6.6.2019, V R 18/18, UR 2019, S. 812;
Vorinstanz: Hessisches FG, Urteil v. 22.2.2018, 6 K 2033/15, EFG 2018, S. 1496, m. Anm. *Ziegler*

Beauftragt eine Konzerngesellschaft Makler für die Wohnungssuche von Angestellten, die aufgrund einer konzerninternen Funktionsverlagerung aus dem Ausland an den Standort der Konzerngesellschaft in das Inland versetzt werden und trägt die Konzerngesellschaft die Kosten hierfür, liegt im Verhältnis zu den zu ihr versetzten Arbeitnehmern weder ein tauschähnlicher Umsatz noch eine Entnahme vor.

In einem solchen Fall ist die Konzerngesellschaft aus den von ihr bezogenen Maklerleistungen entsprechend ihrer Unternehmenstätigkeit zum Vorsteuerabzug berechtigt.

Normen: §§ 1 Abs. 1, 3 Abs. 9a Nr. 2, Abs. 12, 15 Abs. 1 Nr. 1 UStG

Sachverhalt

Der inländischen Klägerin wurde eine zentrale Führungsposition im Konzern in Hinblick auf die Gruppenstrategie und die internen Richtlinien übertragen. Damit sie diesen Aufgaben nachkommen konnte, wurden Zuständigkeiten und Funktionen vom Hauptsitz und anderen Standorten auf die Klägerin in das Inland verlagert. Erfahrene Mitarbeiter, die bis dahin am Hauptsitz und an anderen Standorten tätig waren, sollten dazu an den Standort der Klägerin versetzt werden. Mit Mitarbeitern, die bislang im Ausland tätig waren und daher erst in das Inland umziehen mussten, wurde dabei vereinbart, dass verschiedene dabei entstehende Kosten übernommen werden würden. Insbesondere sollten diese Mitarbeiter bei der Suche nach einer Wohnung oder einem Haus unterstützt werden. Darum zahlte die Klägerin Maklerprovisionen aus ihr erteilten Rechnungen. Das FA meinte, dass es sich hierbei um einen tauschähnlichen Umsatz gehandelt habe (das heißt um eine Sachzuwendung neben dem Barlohn als Vergütung für die Arbeitsleistung des jeweiligen Mitarbeiters), und erhob entsprechend USt nach.

Entscheidung

Der BFH war anderer Auffassung: Die Voraussetzungen für eine entgeltliche Leistung im Rahmen eines tauschähnlichen Umsatzes hätten nicht vorgelegen. Entscheidend war für den BFH letztlich, ob die Übernahme der Kosten bei Würdigung der Umstände des Einzelfalls als (üblicher) Vergütungsbestandteil anzusehen war. Der bloße Zusammenhang mit dem Dienstverhältnis genüge nicht. Im Streitfall sollte die Kostenübernahme Konzernangestellte veranlassen, unter erheblichen persönlichen Veränderungen Aufgaben bei der Klägerin zu übernehmen. Die einmalige Vorteilsgewährung sollte die Voraussetzungen dafür schaffen, dass Arbeitsleistungen erbracht werden konnten, und sei nicht als Gegenleistung für die spätere Arbeitsleistung anzusehen. Zudem habe die Höhe der übernommenen Umzugskosten keinen Einfluss auf die Höhe des Gehalts gehabt. Wie der BFH ausführt, könnten einmalige Leistungen anlässlich der Begründung eines Arbeitsverhältnisses anders zu behandeln sein als Dauerleistungen während des Arbeitsverhältnisses.

Ebenso wenig lag nach Auffassung des BFH eine Entnahme (unentgeltliche Wertabgabe) vor. Eine solche Entnahme verlange, dass die Leistung für Zwecke erfolgt, die außerhalb des Unternehmens liegen, oder für den privaten Bedarf des Personals, sofern es sich nicht um Aufmerksamkeiten handelt. Leistungen an Arbeitnehmer, die aus dessen Sicht seinen privaten Zwecken dienen, wie z. B. die Beförderung von der Wohnung zum Arbeitsplatz und die Abgabe von Mahlzeiten, könnten nur dann nicht als Entnahme zu berücksichtigen sein, wenn ausnahmsweise der persönliche Vorteil, den die Arbeitnehmer daraus ziehen, gegenüber den Bedürfnissen des Unternehmens als nur untergeordnet erscheint. Doch das sei hier infolge des Interesses der Klägerin, erfahrene Mitarbeiter des Konzerns unabhängig von deren bisherigem Arbeits- und Wohnort für den Aufbau der Klägerin rasch zu sich zu holen, der Fall gewesen. Da somit eine Entnahme ausschied, stand der Klägerin im Streitfall entsprechend ihrer Unternehmenstätigkeit der Vorsteuerabzug aus den Maklerrechnungen zu.

> **Praxishinweis**
>
> Wie der BFH nicht ausdrücklich sagt, aber durch Wendungen wie das »vorrangige Unternehmensinteresse« und seine Begründung mit einem Urteil des EuGH zu einem Sonderfall der unentgeltlichen Sammelbeförderung von Arbeitnehmern zu verstehen gibt, handelt es sich offenbar um »überwiegend durch das betriebliche Interesse veranlasste Leistungen« i. S. d. Abschn. 1.8 Abs. 4 UStAE. Solche Leistungen sind nicht steuerbar, erlauben aber grds. den Vorsteuerabzug aus den Eingangsleistungen. Zwar war Gegenstand des Urteils der Umzug

von Mitarbeitern aus dem Ausland, es ist aber kein grundlegendes Hindernis für eine Anwendung der vom BFH formulierten Grundsätze auch auf Umzüge im Inland ersichtlich.

Literaturhinweis
Seifert, Vorsteuerabzug aus Umzugskosten, StuB 2019, S. 926

4.25 Übertragung des Betriebsgrundstücks auf bisherige Organgesellschaft als Geschäftsveräußerung

BFH, Urteil v. 19.12.2018, XI R 3/17, UR 2019, S. 803,
Vorinstanz: FG Rheinland-Pfalz, Urteil v. 8.12.2016, 6 K 2486/13, EFG 2017, S. 343, m. Anm. *Büchter-Hole*

Überträgt die frühere Organträgerin ein ihr gehörendes Grundstück im Rahmen der Beendigung der Organschaft auf die frühere Organgesellschaft als Erwerberin, liegt eine nicht steuerbare Geschäftsveräußerung vor, wenn die Erwerberin die unternehmerische Tätigkeit des Organkreises fortführt und das übertragene Grundstück ein Teilvermögen i. S d. Art. 5 Abs. 8 der RL 77/388/EWG (nunmehr Art. 19 Abs. 1 MwStSystRL) ist.
Unschädlich ist, dass die Organschaft einen oder mehrere Tage vor der Übertragung des Grundstücks geendet hat und daher die Fortführung der unternehmerischen Tätigkeit durch die Erwerberin vor der Übertragung des Grundstücks auf die Erwerberin erfolgt ist.

Norm: § 1 Abs. 1a UStG

Sachverhalt
Die Organträgerin einer umsatzsteuerlichen Organschaft (eine Gesellschaft bürgerlichen Rechts, GbR) verpachtete ein Grundstück, das sich in ihrem Gesamthandvermögen befand, an ihre Organgesellschaft namens H-GmbH (im Weiteren auch »Erwerberin«), die in der Produktion tätig war. Im Zuge einer komplexen mehrstufigen Veräußerung an einen österreichischen Übernehmer wurden u. a. die Anteile an der Erwerberin mehrheitlich in ein Beteiligungsvehikel übertragen, was zunächst offenbar an ihrer organschaftlichen Eingliederung nichts änderte; danach wurde die H-GmbH in eine H-GmbH & Co. KG umgewandelt. Am Tage nach der Übertragung des Beteiligungsvehikels auf die Übernehmerin wurde die Übertragung des Betriebsgrundstücks von der Klägerin an ihre frühere Organgesellschaft wirksam.

Entscheidung
Der BFH sah die Übertragung des Betriebsgrundstücks vom früheren Organträger auf die Erwerberin als Geschäftsveräußerung im Ganzen an, und zwar ungeachtet des Umstands, dass die Organschaft bei Übertragung des Grundstücks bereits beendet worden war. Je nachdem, ob die Beendigung bereits mit der Umwandlung in eine GmbH & Co. KG oder erst mit der Übertragung der Anteile an dem Beteiligungsvehikel auf den Übernehmer erfolgt war, hatte die Organschaft bei Übertragung des Grundstücks bereits für einen Zeitraum zwischen einem Tag und (wie das erstinstanzliche FG meinte) etwa anderthalb Wochen keinen Bestand mehr gehabt.

Im Bereich der Umsatzsteuer

Bis zum Wegfall der Organschaft habe die Klägerin ein Produktionsunternehmen, nicht ein Verpachtungsunternehmen betrieben, denn der Organträger mit seiner Organgesellschaft sei als ein (1) Unternehmen zu behandeln. Aus früherer Rechtsprechung des BFH gehe hervor, dass ein Organträger, der ein an seine Organgesellschaft vermietetes Gebäude erwirbt, das Gebäude umsatzsteuerrechtlich nicht an die Organgesellschaft vermietet, sondern es durch die Organgesellschaft eigenunternehmerisch als Teil seines Unternehmens nutzt. Die Erwerberin habe mit dem Betriebsgrundstück einen unselbstständigen Teil eines einheitlichen Produktionsunternehmens erworben.

Im Streitfall habe die Erwerberin die unternehmerische Tätigkeit der Klägerin fortgeführt, und zwar absichtsgemäß völlig unverändert (ob nun völlig selbstständig oder im Rahmen einer neuen inländischen Organschaft im Gefüge des österreichischen Erwerbers, blieb offen). Das Betriebsgrundstück habe ein für die Fortführung der Tätigkeit ausreichendes Teilvermögen gebildet. Denn die Klägerin habe ihre bisherige unternehmerische Tätigkeit in wesentlichen Teilen mithilfe der Erwerberin ausgeübt. Diese habe während des Bestehens der Organschaft – mit Ausnahme des Betriebsgrundstücks – ohnehin schon zivilrechtlich über sämtliche für die Fortführung der unternehmerischen Tätigkeit erforderliche Gegenstände verfügt. Einzig das Betriebsgrundstück sei ihr von der Klägerin zur Nutzung überlassen worden und habe im Streitfall zur Fortführung von ihr hinzuerworben werden müssen. In einer solchen Situation (Übertragung des Betriebsgrundstücks von der bisherigen Organträgerin auf die bisherige Organgesellschaft bei Beendigung der Organschaft) bilde das Betriebsgrundstück ein hinreichendes Ganzes, mit dem die bisherige Organgesellschaft nach Beendigung der Organschaft die unternehmerische Tätigkeit als selbstständige Unternehmerin unverändert fortführen kann.

Dass zwischenzeitlich die Organschaft geendet hatte, änderte nach Meinung des BFH daran nichts. Spätestens mit Übertragung der Anteile am Vehikel auf die Übernehmerin habe die Erwerberin das Produktionsunternehmen tatsächlich fortgeführt. Das Gericht konnte sogar offenlassen, wann genau im Streitfall die Organschaft geendet hatte: Der Umstand, dass bei Übertragung des Grundstücks die Organschaft und damit die Produktionstätigkeit der Klägerin schon beendet war, sei unschädlich, weil die Klägerin in der Zwischenzeit kein Vermietungsunternehmen betrieben hatte. Denn eine Vermietung für allenfalls wenige Tage sei nicht nachhaltig.

Wie der BFH auch in diesem Fall betonte, sei bei einer Geschäftsveräußerung im Ganzen jeder Vorgang getrennt zu beurteilen. Daher seien die weiteren Transaktionen des Übertragungsvorgangs unter den zahlreichen weiteren an dem Vorgang beteiligten Personen nicht in Betracht zu ziehen, und Erwerbe von mehreren Personen dürften nicht zusammengerechnet werden.

Praxishinweise

- Der vorliegende Sachverhalt ist von ausgeprägter Eigenart, sodass die vom BFH formulierten Grundsätze mit Vorsicht verallgemeinert werden sollten. So erwähnt der BFH in Zusammenhang mit seinen Ausführungen zur mangelnden Nachhaltigkeit kurzfristiger Vermietungen, dass die Übertragung des Betriebsgrundstücks von vornherein feststand. Dennoch ist das Urteil über den Streitfall hinaus von Interesse. Der BFH grenzt den vorliegenden Sachverhalt sorgfältig von einem anderen von ihm entschiedenen Sachverhalt ab, in dem die Erwerberin eines Verpachtungsunternehmens das erworbene Gesamt- oder Teilvermögen eigenunternehmerisch nutzte: Damals hatte er sich gegen eine Geschäftsveräußerung im Ganzen entschieden. Das war hier nicht der Fall gewesen, denn auch nach Ende der Organschaft hatte die Klägerin mangels Nachhaltigkeit kein Verpachtungsunternehmen geführt. Der BFH schließt sich in seinem Urteil auch neuerer Rechtsprechung des EuGH im Urteil zu der Rs. »*Mailat*«[383] an, dem die Verpachtung eines gesamten Restaurants zugrunde gelegen hatte: Wenn es an einer Übereignung oder Einbringung von Gegenständen des Unternehmens gänzlich fehlt, scheide eine Geschäftsveräußerung aus.

- Es sollte beachtet werden, dass der Sachverhalt im Hinblick auf die Frage der Voraussetzungen einer Organschaft nach einigen Änderungen der Rspr. heute anders zu beurteilen wäre. Die Klägerin konnte jedoch Vertrauensschutz beanspruchen, sodass zwischenzeitlich erfolgte Rspr.-Änderungen sich nicht zu ihren Lasten auswirken durften. Aus diesem Grund sind die Ausführungen des BFH zu den Voraussetzungen der Organschaft zwischen Klägerin und Erwerberin mit Vorsicht zu genießen, weil sie – wie der BFH selbst erläutert – in wesentlichen Teilen überholt sind.

- Mit einer weiteren Frage zur Geschäftsveräußerung im Ganzen wird sich der BFH im Verfahren in der Rs. XI R 33/18[384] auseinandersetzen müssen – und zwar, ob die Übertragung von 100 % der Anteile an einer GmbH als Geschäftsveräußerung im Ganzen anzusehen ist. Dabei war es nicht zu einer Übertragung des zugrundeliegenden Unternehmens gekommen, d. h. die Übernehmerin war nicht in einem Mietvertrag eingetreten, den die übertragende Seite mit der betreffenden Gesellschaft unterhalten hatte. Hier wird der BFH sich mit der Frage auseinanderzusetzen haben, ob er an der in seinem Urteil in der Rs. V R 38/09[385] vertretenen Auffassung festhalten kann und will. Dabei wird er sich u. a. mit den Urteilen des EuGH in den Rs. C–29/08, *SKF*[386] und (besonders) C–651/11, *X*[387] auseinandersetzen müssen.

Literaturhinweis

L'habitant, Geschäftsveräußerung (§ 1 Abs. 1a UStG) im Zusammenhang mit einer umsatzsteuerlichen Organschaft (§ 2 Abs. 2 Nr. 2 UStG), UStB 2019, S. 335

---

383 EuGH, Urteil v. 19.12.2018, C–17/18, UR 2019, S. 97.
384 Vorinstanz: FG Nürnberg, Urteil v. 2.5.2018, 2 K 309/16, EFG 2018, S. 1833, m Anm. *Reichelt*.
385 Urteil v. 27.1.2011, BStBl II 2012, S. 68.
386 Urteil v. 29.10.2009, UR 2010, S. 107.
387 Urteil v. 30.5.2013, UR 2013, S. 582 m. Anm. *Marchal*.

4.26 Zur Verzinsung von Vorsteuer-Vergütungsansprüchen von EU-Unternehmern

BFH, Urteil v. 17.7.2019, V R 7/17, UR 2019, S. 830;
Vorinstanz: FG Köln, Urteil v. 7.12.2016, 2 K 2863/14, EFG 2017, S. 790

Der Antragsteller im Vorsteuervergütungsverfahren verletzt keine Mitwirkungspflichten i. S. v. § 61 Abs. 6 UStDV, wenn er die Einspruchsbegründung und die vom BZSt angeforderten Unterlagen zwar nicht innerhalb der Monatsfrist des § 61 Abs. 6 UStDV, aber innerhalb der ihm vom BZSt verlängerten Frist vorlegt.

Normen: § 61 Abs. 6 UStDV; § 18 Abs. 9 UStG

Sachverhalt

Die luxemburgische Klägerin stellte im März 2011 beim BZSt einen Antrag auf Vorsteuervergütung, ein weiterer Antrag folgte im September desselben Jahres. Beide Anträge wies das BZSt im Juni 2012 vollständig bzw. teilweise zurück. Gegen beide Bescheide legte die Klägerin jeweils Einspruch ein, zunächst ohne diese Einsprüche zu begründen. Erst mit Schreiben vom Mai 2013 forderte das BZSt die Klägerin zu einer Begründung auf. Nach einer von der Klägerin beantragten, ihr gewährten Fristverlängerung begründete die sie ihre Einsprüche im Rahmen der verlängerten Frist. Daraufhin forderte das BZSt die Übersendung von Ausgangsrechnungen an, die die Klägerin wiederum nach beantragter und gewährter Fristverlängerung einreichte. Die Einsprüche hatten weitgehenden Erfolg, die Vergütung eines Großteils der Vorsteuer wurde im September und Oktober 2013 festgesetzt. Der Vergütungsbetrag gelangte im Oktober 2013 zur Auszahlung. Nun stellte die Klägerin einen Antrag auf die Festsetzung von Zinsen auf die nachträglich gewährte Vergütungssumme, den das BZSt zurückwies. Seiner Meinung nach war der Zinsanspruch der Klägerin wegen ihrer im Einspruchsverfahren nicht erfüllten Mitwirkungspflichten ausgeschlossen. § 61 Abs. 5 und Abs. 6 UStDV bezögen sich auch auf das Einspruchsverfahren.

Entscheidung

Der BFH war anderer Auffassung. Seiner Auffassung nach hatte die Klägerin ihre Mitwirkungspflicht nicht verletzt. Eine solche Verletzung lag auch nicht im Umstand, dass sie ihre Einsprüche gegen die Festsetzungen zunächst nicht begründet hatte. Den einschlägigen Vorschriften zufolge solle bei der Einlegung des Einspruchs zwar angegeben werden, inwieweit der Verwaltungsakt angefochten und seine Aufhebung beantragt wird, und es sollten die Tatsachen, die zur Begründung dienen, angeführt werden. Es würden dadurch aber keine zwingenden Anforderungen an den Einspruch gestellt; aus einem Verstoß gegen eine bloße Sollvorschrift könne keine zu einem Rechtsverlust führende Pflichtverletzung hergeleitet werden. Hinzu komme hier, dass das BZSt der Klägerin eine Frist zur Einspruchsbegründung gesetzt hatte, der die Klägerin nachgekommen war.

Zu einer Verletzung der Mitwirkungspflicht sei es auch nicht bei der Vorlage der Ausgangsrechnungen gekommen, sodass offen bleiben konnte, ob § 61 Abs. 6 UStDV im Einspruchsverfahren zur Anwendung kommt. Die Klägerin sei der Aufforderung durch das BZSt zwar nicht binnen der vorgesehenen Monatsfrist nachgekommen, aber das BZSt hatte der Klägerin auf deren Antrag eine Fristverlängerung gewährt, die diese auch eingehalten hatte. Die in § 61 Abs. 6 UStDV vorgesehene Frist sei jedenfalls keine nicht verlängerbare Ausschlussfrist. Es sei auch nicht einsichtig, weshalb eine erst durch eine Handlung einer Finanzbehörde in Lauf gesetzte Frist nicht von ebendieser Finanzbehörde verlängert werden können sollte. Der BFH stützt diese Auffassung zudem auf den Wortlaut der Richtlinie und auf hierzu ergangene EuGH-Rspr.

> **Praxishinweis**
> So vorteilhaft sich dieses Urteil im Einzelfall auch auf die Verzinsung auswirken kann, so negativ könnte es sich auf die Bereitschaft des BZSt zumindest im EU-Vergütungsverfahren auswirken, noch Fristverlängerungen zu gewähren. Noch weniger als schon bislang sollte man es daher darauf ankommen lassen, auf Fristverlängerungen angewiesen zu sein. Daher sollten Anfragen des BZSt möglichst ohne vermeidbaren Zeitverlust bearbeitet werden, auch professioneller Rat sollte bei Bedarf zeitnah eingeholt werden.
>
> In diesem Zusammenhang sei auf ein gegen Deutschland eingeleitetes Vertragsverletzungsverfahren[388] verwiesen. Nach Auffassung der Kommission weigert sich Deutschland systematisch, die in einem Antrag auf Mehrwertsteuer-Erstattung fehlenden Angaben anzufordern. Stattdessen weise Deutschland die Erstattungsanträge in diesen Fällen unmittelbar ab, wenn solche Angaben nur noch nach der Ausschlussfrist des 30. September nachgereicht werden könnten. Damit meint die Kommission offenbar den Umstand, dass bestimmte Angaben, die im Antrag selbst zu machen sind, nach Ablauf der Ausschlussfrist nur unter besonderen, engen Umständen noch wirksam nachgereicht oder richtiggestellt werden können, während ihr Fehlen oder ihre unzureichende Aussagekraft im Übrigen aber zu einer Abweisung des Antrags führen können. Ob auch Drittlandsanträge von der Klage erfasst sind, ist unklar; die Frist, auf die die Kommission sich bezieht, entspricht aber derjenigen für EU-Vergütungsanträge (Art. 15 Abs. 1 der RL 2008/9/EG). Das Urteil könnte auch im Hinblick auf die in dem vorliegenden BFH-Urteil aufgegriffenen Fragen von Interesse sein.

4.27 Rechnung und Steuerschuld i. S. d. § 14c Abs. 2 UStG

> **BFH, Urteil vom 26.6.2019, XI R 5/18, UR 2019, S. 857**
> **Vorinstanz: FG Baden-Württemberg, Urteil v. 11.12.2017, 9 K 2646/16, EFG 2018, S. 513**
> Bei der Prüfung, ob ein als »Belastung« bezeichnetes Dokument (nur) über Leistungen oder (auch) über Entgeltminderungen abrechnet, ist der Inhalt einer dem FA vorliegenden Konditionsvereinbarung jedenfalls dann ergänzend heranzuziehen, wenn in dem Dokument auf die Vereinbarung verwiesen wird. Ein negativer Betrag, der in einer Rechnung unrichtig oder unberechtigt ausgewiesen wird, wird nicht i. S. d. § 14c Abs. 1 S. 1, Abs. 2 S. 1 UStG geschuldet.
>
> **Norm:** § 14c Abs. 1 S. 1 und Abs. 2 S. 1 UStG

---

388 Am EuGH unter dem Az. C–371/19, *Kommission gegen Deutschland*, geführt.

Sachverhalt

Der Kläger war Insolvenzverwalter einer Firma X, die mit ihrem Lieferanten – einer Firma Y – eine »Jahres-Konditionsvereinbarung 2006« abgeschlossen hatte, die u. a. Angaben zu »Bonuszahlungen« und darauf zu leistende Abschlagszahlungen enthielt. Gegen Jahresende erfolgte eine Vergütung gem. hochgerechnetem Umsatz abzüglich unterjähriger Abschlagszahlungen, nach dem Jahreswechsel erfolgte eine Endabrechnung. Hinzu kamen Werbeleistungen von X an Y, für die Y »Werbekostenzuschüsse« gem. Vereinbarung entrichtete. Die Abrechnungen wurden von X erstellt und Y zugeleitet. Die Beträge wiesen jeweils ein Minuszeichen auf. Die Firma Y zog die in den oben genannten »Belastungen« genannten Beträge als Vorsteuer ab. X meldete die in den »Belastungen« genannten Beträge in seiner USt-Erklärung für das Jahr 2006 an und führte die Beträge an das FA ab.

Bei Y kam es im Jahr 2014 zu einer Sonderprüfung; das FA der Y war der Auffassung, dass die »Belastungen« sowohl Werbeleistungen als auch Entgeltsminderungen beträfen. Da X jedoch in den »Belastungen« USt gesondert ausgewiesen habe, schulde X für den Besteuerungszeitraum 2006 (offenbar, soweit es Entgeltsminderungen betraf) Steuer nach § 14c Abs. 2 UStG. Das FA der X war aber anderer Meinung: Die »Belastungen« seien keine Rechnungen i. S. v. § 14c UStG, da sie nicht der Abrechnung von Leistungen dienten, sondern weiter nichts als kaufmännische Gutschriften seien. Darum weigerte sich das FA auch, einem Antrag der X auf Berichtigung eines Steuerbetrags nach § 14c Abs. 2 UStG zuzustimmen.

Das erstinstanzliche FG hielt dagegen: Es sei zwar über Werbeleistungen von X an Y abgerechnet worden, aber – entgegen dem Eindruck, den die »Belastung« erwecke – nicht im abgerechneten Umfang. Dem FG genügte im Ergebnis für eine Steuerschuld nach § 14c Abs. 2 UStG eine Leistungsbeschreibung, die es als widersprüchlich ansah, sodass im Hinblick auf den überschießenden Betrag, dem keine Leistung zugrunde liege, die ausgewiesene Steuer nach § 14c Abs. 2 UStG geschuldet werde.

Entscheidung

Der BFH war mit der Entscheidung des FG nicht einverstanden. Die in den »Belastungen« ausgewiesenen Steuerbeträge lösten seiner Meinung keine Steuerschuld nach § 14c Abs. 2 UStG aus. Das FG habe es unterlassen, zur Auslegung der »Belastungen« insgesamt die Jahreskonditionsvereinbarung heranzuziehen. Anhand dieser Vereinbarung, so der BFH, hätte dem FG auffallen müssen, dass der Inhalt der »Belastung« sowohl Werbeleistungen von X an Y als auch ein (von Y an X zu zahlender) »Bonus« (Rückvergütungen, Rabatte u. Ä.) waren. Bei den Letzteren handelte es sich um kaufmännische Gutschriften und somit nicht um Rechnungen nach § 14c Abs. 2 UStG.

Unabhängig davon habe das FG zu Unrecht angenommen, dass X in Teilen zunächst USt nach § 14c Abs. 2 UStG geschuldet habe, weil X in den Belastungen keine positiven, sondern – ausweislich der Minuszeichen – negative Beträge offen ausgewiesen habe. Einen offen ausgewiesenen negativen Betrag könne X weder als unrichtigen noch als unberechtigten Steuerausweis schulden. Was im Fall einer Gutschrift hätte gelten können, war im Streitfall nicht zu entscheiden.

C

Praxishinweis

Der Sachverhalt bietet zunächst ein überzeugendes Beispiel, dass Abrechnungspapiere aller Art in einer Weise gestaltet werden sollten, die der Interpretation möglichst wenig Raum lassen.

Der BFH stützt sich für seine Auslegung auf die Jahreskonditionsvereinbarung, die er nicht zuletzt unter Verweis auf die EuGH-Rspr., *Barlis 06*[389], in seine Entscheidung einführt. Nach der EuGH-Rspr. im Urteil *Barlis 06* darf sich die Steuerverwaltung nicht auf die Prüfung der Rechnung selbst beschränken, sondern hat auch die vom Steuerpflichtigen beigebrachten zusätzlichen Informationen zu berücksichtigen. Dass der BFH sich insofern nicht auf den aus der »Belastung« ersichtlichen Verweis auf die Vereinbarung beschränkt, ist ermutigend – wenngleich auch noch nicht völlig feststeht, dass der BFH diese Rechtsprechung auch bei fehlendem Verweis heranziehen würde.

4.28 Zur Steuerbefreiung selbstständiger Zusammenschlüsse

EuGH, Urteil v 20.11.2019, C–400/18, *Infohos*, UR 2019, S. 932

Art. 13 Teil A Abs. 1 Buchst. f der Sechsten Richtlinie 77/388/EWG des Rates vom 17.5.1977 zur Harmonisierung der Rechtsvorschriften der Mitgliedstaaten über die Umsatzsteuern – Gemeinsames Mehrwertsteuersystem: einheitliche steuerpflichtige Bemessungsgrundlage ist dahin auszulegen, dass er einer nationalen Bestimmung wie der im Ausgangsverfahren fraglichen entgegensteht, die die Gewährung der Mehrwertsteuerbefreiung davon abhängig macht, dass die selbstständigen Zusammenschlüsse von Personen Dienstleistungen ausschließlich an ihre Mitglieder erbringen, was zur Folge hat, dass solche Zusammenschlüsse, die auch Dienstleistungen an Nichtmitglieder erbringen, in vollem Umfang mehrwertsteuerpflichtig sind, und zwar auch für die gegenüber ihren Mitgliedern erbrachten Dienstleistungen.

Normen: Art. 132 Abs. 1 Buchst. f MwStSystRL; § 4 Nr. 29 UStG

Die Klägerin des Ausgangsverfahrens war eine Vereinigung für Krankenhausinformationstechnologie. Sie erbrachte Krankenhaus-IT-Dienstleistungen für die als ihre Mitglieder angeschlossenen Krankenhäuser. Weil sie zudem Dienstleistungen an Nichtmitglieder erbrachte, fand die Finanzbehörde, dass auch die Umsätze, die sie an ihre Mitglieder bewirkte, der MwSt unterlägen.

Der EuGH teilte diese Auffassung nicht. Eine solche Rechtsfolge lasse sich aus dem Wortlaut der Richtlinienvorschrift nicht ableiten. Der Zweck der Gesamtheit der Bestimmungen des Art. 13 Teil A Abs. 1 der Sechsten RL (Art. 132 Abs. 1 MwStSystRL) bestehe darin, bestimmte dem Gemeinwohl dienende Tätigkeiten von der MwSt zu befreien, um höhere Kosten zu vermeiden und so den Zugang zu ihnen zu erleichtern. Eine Besteuerung der Leistungen der selbstständigen Zusammenschlüsse an ihre Mitglieder alleine aus dem Grund, dass auch Dienstleistungen an Nichtmitglieder erbracht werden, stünde diesem Zweck entgegen, zumal Dienstleistungen an Nichtmitglieder nichts daran änderten, dass die Leistungen des Zusammenschlusses unmittelbar zu dem Gemein-

---

389 Urteil v. 15.9.2016, C–516/14, UR 2016, S. 795, m. Anm. *Maunz*.

wohl dienenden Tätigkeiten seiner Mitglieder beitrügen. Zwar dürfe – wie sich aus der Richtlinienvorschrift ergebe – die Befreiung von der MwSt als solche nicht geeignet sein, Wettbewerbsverzerrungen hervorzurufen. Diese Bestimmung erlaube es aber nicht, den Anwendungsbereich dieser Steuerbefreiung allgemein zu beschränken. Sinngemäß dasselbe gelte für die Vermeidung von Steuerhinterziehungen, Steuerumgehungen und etwaige Missbräuche: Diese Bedingungen dürften sich nicht auf die Definition des Inhalts der vorgesehenen Befreiungen erstrecken.

> **Praxishinweis**
> Die Steuerbefreiung selbstständiger Zusammenschlüsse an ihre Mitglieder wurde mit dem JStG (siehe unten) als § 4 Nr. 29 in das Umsatzsteuergesetz eingefügt. Zwar nicht die Vorschrift selbst, wohl aber die Gesetzesbegründung der Bundesregierung[390] sah offenbar vor, dass Leistungen des Zusammenschlusses an Dritte der Steuerbefreiung der Leistungen an die Mitglieder entgegenstünden. Eine solche Auffassung dürfte mit dem vorliegenden EuGH-Urteil gegenstandslos geworden sein.

4.29 Kein »*Reemtsma*«-Anspruch ohne zugrunde liegende Leistung

BFH, Urteil v. 22.8.2019, V R 50/16, UR 2020, S. 28;
Vorinstanz: FG Berlin-Brandenburg, Urteil v. 17.8.2016, 7 K 7246/14, EFG 2016, S. 1829

Ein sich aus dem Unionsrecht entsprechend dem EuGH-Urteil vom 15.3.2007, C–35/05, *Reemtsma*, EU:C:2007:167 ergebender Direktanspruch setzt voraus, dass der Rechnungsaussteller eine Leistung an den Rechnungsempfänger erbracht hat, für die er USt in der Rechnung zu Unrecht ausgewiesen hat.

Normen: § 163 Abs. 1 AO; § 14c Abs. 2 UStG

Sachverhalt

Die Klägerin machte die Vorsteuer aus den Rechnungen eines Einzelunternehmens für Leistungen geltend, die sich im Zuge steuerstrafrechtlicher Ermittlungen jedoch als Leistungen eines Arbeitnehmers der Klägerin (des Ehemanns der Inhaberin des Einzelunternehmens) herausstellten. Das FA, das die Vorsteuer von der Klägerin zurückforderte, verwies diese auf zivilrechtliche Ansprüche gegen die Inhaberin des Einzelunternehmens; ein direkt gegen das FA gerichteter *Reemtsma*-Anspruch[391] komme nicht infrage, weil er nur bei Zahlungsunfähigkeit in Betracht komme. Nachdem die Inhaberin des Einzelunternehmens in einem Zivilrechtsstreit unterlag, berichtigte sie ihre Rechnungen und trat die Berichtigungsansprüche gegenüber dem FA an die Klägerin ab. Die Klägerin beantragte später gleichwohl, den Vorsteuerabzug im Billigkeitswege nach den *Reemtsma*-Grundsätzen zuzulassen und zu verzinsen, wobei sie nun die Zahlungsunfähigkeit der Inhaberin des Einzelunternehmens behauptete.

---

390 BT-Drs. 19/13436 v. 23.9.2019.
391 EuGH, Urteil v. 15.3.2007, C–35/05, *Reemtsma*, UR 2007, S. 343 m. Anm. *Burgmaier*.

Entscheidung

Der BFH lehnte einen *Reemtsma*-Anspruch ab. Ein Direktanspruch setze voraus, dass der Rechnungsaussteller die in der Rechnung als steuerpflichtig abgerechnete Leistung auch erbracht habe. Denn der EuGH habe in verschiedenen Urteilen auf eine Rechnungserteilung mit Steuerausweis jeweils durch einen »Dienstleistungserbringer«, »Veräußerer«, »Verkäufer eines Gegenstands« oder durch einen »Lieferer« abgestellt. Der bloße Steuerausweis in einer Rechnung genüge also nicht. Erforderlich sei vielmehr, dass der Rechnungsaussteller auch eine Leistung erbracht hat, für die mangels Steuerbarkeit oder aufgrund einer Steuerfreiheit oder Steuersatzermäßigung die in der Rechnung ausgewiesene Steuer nicht gesetzlich entstanden ist.

Praxishinweis

Unter einem »*Reemtsma*-Anspruch« versteht man einen Direktanspruch des Leistungsempfängers gegen die Finanzverwaltung. Er kommt – vereinfacht ausgedrückt – in Fällen in Betracht, in denen der Leistungsempfänger zunächst zu Unrecht in Rechnung gestellte USt an den leistenden Unternehmer gezahlt hat und sie später direkt vom FA zurückfordert, weil eine Durchsetzung des Rückzahlungsanspruchs gegen den leistenden Unternehmer unmöglich oder übermäßig erschwert ist. Wenngleich auch die nationale Rspr. inzwischen dem Grunde nach anerkannt hat, dass einem Steuerpflichtigen ein solcher Direktanspruch zustehen kann, sind noch nicht alle Fragen in Zusammenhang mit einem solchen Anspruch geklärt. Nach Auffassung des BFH steht nun fest, dass im Falle einer Steuerschuld nach § 14c Abs. 2 UStG in Fällen, in denen keine Leistung erbracht wurde, ein *Reemtsma*-Anspruch ausgeschlossen ist.

4.30 Billigkeitserlass von Zinsen bei Rechtsirrtum

> BFH, Urteil v. 26.9.2019, V R 13/18, DStR 2019, S. 2531;
> Vorinstanz: FG Baden-Württemberg, Urteil v. 15.3.2018, 1 K 2616/17, EFG 2018, S. 1851
>
> Gehen der Leistende und Leistungsempfänger rechtsfehlerhaft davon aus, dass der Leistende Steuerschuldner ist, obwohl der Leistungsempfänger die Steuer schuldet (§ 13b UStG), sind die sich aus der Versagung des Vorsteuerabzugs beim Leistungsempfänger entstehenden Zinsen aus sachlichen Billigkeitsgründen zu erlassen, wenn das FA die für die Leistung geschuldete Steuer vom vermeintlichen statt vom wirklichen Steuerschuldner vereinnahmt hatte, der Leistende seine Rechnungen mit Steuerausweis berichtigt und den sich hieraus ergebenden Vergütungsanspruch an den Leistungsempfänger abtritt.
>
> **Normen:** §§ 163, 227 AO

Sachverhalt

Der Kläger bezog Bauleistungen. Seine leistenden Unternehmer erteilten ihm Rechnungen mit gesondertem Ausweis der USt, aus denen der Kläger den Vorsteuerabzug geltend machte. Das FA kam zum Schluss, dass die Steuerschuld für die Leistungen nach § 13b UStG auf den Kläger übergegangen war. Weil somit die auf den Rechnungen ausgewiesene Steuer gesetzlich nicht geschuldet war, versagte es dem Kläger den Vorsteuerabzug aus den ihm erteilten Rechnungen und gewährte den Vorsteuerabzug nur im Hinblick auf die beim Kläger nach § 13b UStG vorzunehmende Besteuerung. Die leistenden Unternehmer berichtigten die an den Kläger erteilten Rechnungen und traten die sich hieraus ergebenden Ansprüche an den Kläger ab, sodass die Nachforderung gegen den Kläger hiermit verrechnet wurde. Der Kläger beantragte den Erlass der Zinsen, den das FA aber nicht gewährte.

Entscheidung

Der BFH hingegen war der Auffassung, dass das FA zum beantragten Billigkeitserlass zu verpflichten sei. Zinsen nach § 233a AO seien grds. rechtmäßig, wenn der Schuldner einer Steuernachforderung Liquiditätsvorteile gehabt habe. Die Verzinsung nachträglich festgesetzter USt beim Leistenden sei jedoch nicht schon deshalb unbillig, weil sich per Saldo ein Ausgleich mit den vom Leistungsempfänger abgezogenen Vorsteuerbeträgen ergibt. § 233a AO stelle auf einen Vorteil nicht des FA, sondern des Steuerpflichtigen ab. Auch eine sogenannte »Nullsituation« (keine USt-Versteuerung beim Leistenden, keine Möglichkeit des Vorsteuerabzugs für den Leistungsempfänger) rechtfertige nach der Rspr. auf der Grundlage einer wirtschaftlichen Betrachtungsweise keinen Billigkeitserlass zugunsten des leistenden Unternehmers, der seine Umsätze zu Unrecht nicht versteuert hat.

Demgegenüber war im Streitfall aber zu berücksichtigen, dass die vom Kläger als Leistungsempfänger vorzunehmende, aber zunächst unterbliebene Versteuerung für ihn zu keinem Liquiditätsvorteil führen konnte. Weil er zum Vorsteuerabzug berechtigt war, hoben sich die von ihm nach § 13b UStG geschuldete Ausgangssteuer und die hieraus abziehbare Vorsteuer gegenseitig auf. Ein Liquiditätsvorteil ergab sich auch nicht aufgrund des nicht statthaften Vorsteuerabzugs aus den Rechnungen – und zwar weder für den Kläger noch für seine Bauleister. Der Kläger hatte die Rechnungen vollständig bezahlt, die Bauunternehmer hatten die Steuer ordnungsgemäß abgeführt. Damit lag, wie der BFH meinte, im Streitfall keine Nullsituation im oben geschilderten Sinne mit einem nur hypothetischen Nullsaldo beim FA vor. Stattdessen sei ein gesetzlich nicht bedachter Ausnahmefall eingetreten. Aufgrund der Besonderheit eines gemeinsamen Rechtsirrtums von Leistenden und Leistungsempfänger bei der Anwendung von § 13b UStG und eine auf dieser Grundlage fehlerhafte, aber folgerichtige Versteuerung durch beide Beteiligte komme es hier nicht in Betracht, für die Liquiditätsbeurteilung ausschließlich auf das zwischen dem Kläger und seinem FA bestehende Steuerschuldverhältnis abzustellen. Im Rahmen der Billigkeitsprüfung seien auch die Schwierigkeiten zu berücksichtigen, die sich für die Unternehmer aus der Anwendung der komplexen und vielschichtigen Regelungen des § 13b UStG ergeben. Schließlich hätten der Kläger wie auch die Bauunternehmer nach Aufdeckung des Irrtums für eine zutreffende Behandlung durch Nachversteuerung beim Kläger und Rechnungsberichtigung beim Bauunternehmer gesorgt. Dass den Rechnungsberichtigungen der Bauunternehmer keine Rückwirkung zukam, sei dann bei einer liquiditätsmäßigen Betrachtung für Zwecke des Billigkeitserlasses unerheblich.

Praxishinweis

Das BFH-Urteil ist nicht einfach verständlich: Zwar soll es für die Beurteilung eines Liquiditätsvorteils nicht auf einen Vorteil des FA (und damit nicht auf eine Gesamtbetrachtung durch Einbeziehung der Verhältnisse weiterer Steuerpflichtiger) ankommen. In Fällen wie dem hier gegenständlichen soll für die Liquiditätsbeurteilung dennoch nicht ausschließlich auf das zwischen dem Kläger und seinem FA bestehende Steuerschuldverhältnis abzustellen sein – es ist also offenbar doch eine Gesamtbetrachtung vorzunehmen. So oder so ist das Urteil in Fällen interessant, in denen beide Seiten einem Rechtsirrtum in Bezug auf eine komplexere umsatzsteuerliche Materie erlegen sind, dem nicht wie beschrieben die irrtümliche Annahme einer Steuerbefreiung zugrunde lag, wonach auf dieser Basis allseits die »richtigen« Konsequenzen gezogen wurden.

Der Sachverhalt ist mit dem BFH-Urteil in der Rs. V R 32/16[392] nur eingeschränkt zu vergleichen. Damals hatte das Gericht für den Fall eines Sale-and-Mietkauf-back-Sachverhalts ebenfalls einen Billigkeitserlass befürwortet. Hier war die Rechtslage zwar nicht nur schwierig, sondern sogar höchstrichterlich noch ungeklärt, wobei die Parteien sich nach dem durchaus nicht falschen Prinzip gerichtet hatten, dass grds. das USt-Recht dem Zivilrecht folgt. Der erstrebte Billigkeitserlass bezog sich aber in diesem Falle (den der BFH ausdrücklich als völlig atypisch gelagerten Ausnahmefall bezeichnete) nicht auf die Zinsen, sondern auf die gesetzlich nicht geschuldete Steuer; er bewirkte zudem – eine weitere Besonderheit – , dass es auf eine Rechnungsberichtigung nicht ankam.

4.31 Zur Rechnung im Vorsteuer-Vergütungsverfahren

BFH, Urteil v. 15.10.2019, V R 19/18, DStR 2019, S. 2698;
Vorinstanz: FG Köln, Urteil v. 15.2.2018, 2 K 1386/17, EFG 2918, S. 1840

Im Vergütungsverfahren genügt der Antragsteller seiner Verpflichtung zur Vorlage der Rechnung in Kopie, wenn er innerhalb der Antragsfrist seinem Antrag ein Rechnungsdokument in Kopie beifügt, das den Mindestanforderungen entspricht, die an eine berichtigungsfähige Rechnung zu stellen sind (Fortführung BFH-Urteil vom 20.10.2016.[393])

Normen: § 61 UStDV; §§ 15 Abs. 1 Nr. 1, 18 Abs. 9 UStG

Sachverhalt

Die Klägerin war eine in den Niederlanden ansässige Gesellschaft, die im Verfahren nach der Richtlinie 2008/9/EG einen elektronischen Vorsteuer-Vergütungsantrag in Deutschland einreichte. Dazu gehörten insbesondere zwei Rechnungen in Zusammenhang mit einem Bauvorhaben.

Die erste Rechnung war eine Nachberechnung der USt für drei anhand ihrer Rechnungsnummer identifizierte Rechnungen. Sie enthielt Angaben zum Namen und zur Anschrift von Rechnungsaussteller und Rechnungsempfänger, zum Rechnungsdatum, zur Rechnungsnummer sowie zum Entgelt und wies Steuer aus. Zum Leistungsgegenstand wies die Rechnung auf ein Bauvorhaben

---

392 Vgl. C.4.5 im vorliegenden Werk.
393 BFH, Urteil v. 20.10.2016, V R 26/15, BFHE 255, S. 348.

X-Straße hin. Dem Vorsteuervergütungsantrag war nur dieses Dokument in elektronischer Form, nicht aber auch die in Bezug genommenen Rechnungen beigefügt. Was die andere Rechnung anging, so war dem Antrag lediglich die letzte von vier Seiten beigefügt, auf der Teile des Liefergegenstandes (nach Baustelle, Liefertag und Menge) sowie Rechnungsnummer, Rechnungsdatum, Entgelt und Steuerausweis sowie Angaben zum Namen und zur Anschrift von Rechnungsaussteller und Rechnungsempfänger aufgeführt waren. Das BZSt war jedoch der Auffassung, dass das Vergütungsverfahren mit der Pflicht zur Rechnungsvorlage vom allgemeinen Besteuerungsverfahren abweiche. Nur im allgemeinen Besteuerungsverfahren sei eine Bezugnahme in der Rechnung auf andere Dokumente möglich, und es sei erforderlich, die vollständige Rechnung beizulegen.

Entscheidung

Der BFH teilte die Auffassung des BZSt nicht. Das Verfahren nach § 18 Abs. 9 UStG diene (mit einigen hier nicht relevanten Ausnahmen) lediglich dazu, die Vergütung von Vorsteuerbeträgen abweichend vom Regelbesteuerungsverfahren einem besonderen Verfahren zu unterwerfen, ohne aber den Anspruch auf Vorsteuerabzug inhaltlich auszugestalten. Das Gericht zog seine Rspr. zur Rechnungsberichtigung heran: Eine berichtigungsfähige Rechnung liege jedenfalls dann vor, wenn sie Angaben zum Rechnungsaussteller, zum Leistungsempfänger, zur Leistungsbeschreibung, zum Entgelt und zur gesondert ausgewiesenen USt enthalte, sodass sie bis zum Schluss der letzten mündlichen Verhandlung vor dem FG berichtigt werden könne. Für das Vergütungsverfahren folge daraus, dass der Antragsteller seiner Verpflichtung zur Rechnungsvorlage in Kopie genüge, wenn er innerhalb der Antragsfrist seinem Antrag ein Rechnungsdokument in Kopie beifügt, das den Mindestanforderungen entspricht, die an eine berichtigungsfähige Rechnung zu stellen seien. Berechtige eine solche Rechnung rückwirkend auf den Zeitpunkt ihrer Erteilung zum Vorsteuerabzug, dann genüge die Vorlage einer derartigen Rechnung in Kopie mangels weiterer Besonderheiten im Vergütungsverfahren auch zur Wahrung der Antragsfrist im Vergütungsverfahren. Dann könne das BZSt vom Vorliegen des für Rechnungen erforderlichen Mindestinhalts Kenntnis nehmen und sei in der Lage, zusätzliche Informationen, wie etwa Berichtigungsdokumente, anzufordern, wenn es dies für erforderlich halte.

Praxishinweise
- Nicht nur die Antragstellung, sondern auch eine Ergänzung um weitere Dokumente sowie die Zurückweisung des Antrags waren innerhalb der Vergütungsfrist erfolgt. Soweit der BFH in Rz. 20 seines Urteils eine Auslegung als unverhältnismäßig kritisiert, wonach bereits jegliche Vorlagemängel zu einem endgültigen Ausschluss von der Vorsteuervergütung führen würden, bezieht er sich ausdrücklich auf Mängel innerhalb der Antragsfrist. Zu erst nach Ende der Frist behobenen Mängeln äußert er sich nicht.
- Es sollte beachtet werden, dass § 61 Abs. 2 S. 3 UStDV in seiner derzeitigen Fassung verlangt, dass die Rechnungen und Einfuhrbelege als eingescannte Originale »vollständig« beizufügen sind. Das Wort »vollständig« wurde erst zum 20.7.2017[394] in die Vorschrift eingefügt, um sicherzustellen, dass »die entsprechenden Unterlagen bei Antragstellung vollständig vorliegen«[395]; da der Vergütungsantrag das Jahr 2012 betraf, hatte der BFH sich damit nicht auseinanderzusetzen. Die Argumentation des BFH könnte aber dahin verstanden werden, dass er eine Verpflichtung zur vollständigen Vorlage der Rechnungen (einschließlich relevanter Bezugsdokumente) als inhaltliche Ausgestaltung des Vergütungsverfahrens ansieht. Ob er § 61 Abs. 2 S. 3 UStDV in seiner gegenwärtigen Fassung als richtlinienwidrig ansehen würde, ergibt sich aus dem Urteil nicht, weil der BFH seine in Rz. 15 aufgestellte Behauptung nicht näher belegt, dass das Vergütungsverfahren den Anspruch auf Vorsteuerabzug inhaltlich nicht ausgestalte; so ließe sich aber wohl der EuGH z. B. in »Reemtsma«[396] Rz. 25, verstehen: »…die Achte Richtlinie […] bezweckt [nicht], das durch die Sechste Richtlinie geschaffene System in Frage zu stellen«.
- Mit einer ähnlichen Frage zu den Auswirkungen nicht formgerechter Vergütungsanträge – in einem Fall, in dem nicht die Rechnungsnummer, sondern eine »Referenznummer« in einen EU-Vergütungsantrag aufgenommen wurde – wird sich der BFH im Verfahren in der Rs. XI R 13/17[397] auseinanderzusetzen haben, das inzwischen dem EuGH zur Vorabentscheidung vorgelegt wurde.

---

394 Vierte Verordnung zur Änderung steuerlicher Verordnungen vom 12.7.2017, BGBl I 2017, S. 2360.
395 Begründung im Referentenentwurf des BMF. Stand 31.3.2017, S. 26.
396 Urteil v. 15.3.2007, C–35/05, UR 2007, S. 430, m. Anm. *Burgmaier*.
397 Beschluss v. 13.2.2019, am EuGH anhängig unter C–346/19, *Y-GmbH*, Vorinstanz: FG Köln, Urteil v. 14.9.2016, 2 K 195/14, EFG 2016, S. 2098; vgl. *Sterzinger*, EuGH-Vorlage zur »Nummer der Rechnung« im Vorsteuervergütungsantrag, UStB 2019, S. 161.

5 Im Bereich der Gewerbesteuer

5.1 Gewerbesteuerliche Hinzurechnungen

5.1.1 Gewerbesteuerliche Hinzurechnung der Schuldzinsen bei Cash-Pooling

BFH, Urteil v. 11.10.2018, III R 37/17, BStBl II 2019, S. 275;
Vorinstanz: Niedersächsisches FG, Urteil v. 14.9.2017, 6 K 243/14, DStRE 2018, S. 1432

Soll- und Habenzinsen, die aus wechselseitig gewährten Darlehen innerhalb eines Cash-Pools entstehen, sind bei der gewerbesteuerrechtlichen Hinzurechnung der Schuldzinsen in begrenztem Umfang miteinander verrechenbar. Nach dem Urteil des BFH sind die vielfältigen wechselseitigen Schuldverhältnisse innerhalb eines Cash-Pools bankarbeitstäglich zusammenzufassen und fortzuschreiben. Nur der Zins, der für einen ggf. verbleibenden Schuldsaldo entsteht, ist hinzurechnungsfähig.

Normen: § 488 BGB; § 8 Nr. 1 Buchst. a S. 1 GewStG; § 355 Abs. 2 HGB

Sachverhalt

Im Streitfall ging es um ein Cash-Pooling-System, in das die Klägerin eingebunden war. Beim Cash-Pooling im Rahmen eines Konzerns erhalten die Konzernunternehmen zwecks Zins- und Finanzierungsoptimierung jeweils nach Bedarf Liquidität; »überschüssige« Liquidität wird hingegen abgezogen. Die Klägerin und die anderen Tochterunternehmen unterhielten bei verschiedenen Kreditinstituten Quellkonten und die Muttergesellschaft zu jedem dieser Quellkonten ein paralleles Zielkonto. Die Konten wurden in unterschiedlichen Währungen geführt. Der Saldo jedes Quellkontos der Klägerin wurde bankarbeitstäglich auf Null gestellt (Zero-Balancing), indem ein etwaiges Guthaben auf das Zielkonto der Muttergesellschaft überwiesen wurde oder ein etwaiger Negativsaldo durch eine Überweisung vom Zielkonto der Muttergesellschaft ausgeglichen wurde. Die dadurch entstehenden wechselseitigen Verbindlichkeiten zwischen Klägerin und Muttergesellschaft wurden mit 5,5 % p.a. verzinst. In ihrem auf dem 31.12.2010 aufgestellten Jahresabschluss nahm die Klägerin eine Saldierung von Zinsaufwendungen und -erträgen vor und erfasste im Ergebnis keine Zinsaufwendungen. Entsprechend erklärte sie in ihrer GewSt-Erklärung für 2010 keine Zinsaufwendungen aus dem Cash-Pool. Das FA war hingegen der Auffassung, dass eine Saldierung der Zinsaufwendungen und -erträge aus dem Cash-Pool unzulässig sei. Dieser Auffassung schloss sich auch das FG an und hatte die Klage abgewiesen.

Entscheidung

Im Gegensatz zur Vorinstanz sieht der BFH eine Verrechnung der Zinsaufwendungen und -erträge als möglich an.

Nach Auffassung des BFH gilt hinsichtlich der gewerbesteuerlichen Hinzurechnung von Schuldzinsen zwar grds. ein Saldierungsverbot. Ausnahmsweise können wechselseitig zwischen zwei

Personen gegebene Darlehen gewerbesteuerlich aber als einheitliches Darlehensverhältnis beurteilt werden, wenn sie gleichartig sind, derselben Zweckbestimmung dienen und regelmäßig tatsächlich miteinander verrechnet werden. Diese Voraussetzungen hat der BFH im vorliegenden Fall bejaht. Deshalb können sämtliche in den Cash-Pool einbezogenen Quellkonten bankarbeitstäglich miteinander verrechnet werden. Der dann entstehende Saldo ist fortzuschreiben, indem er mit dem Saldo verrechnet wird, der sich am jeweiligen Folgetag ergibt. Nur soweit danach am jeweiligen Tag ein Schuldsaldo zulasten der Klägerin verbleibt, ist der darauf entfallende Zins ein hinzurechnungsfähiges Entgelt i. S. d. GewSt-Rechts. Ein solcher Schuldsaldo entfällt auch nicht dadurch, dass an einem späteren Tag ein Guthabensaldo zugunsten der Klägerin entsteht. Da das FG für die insoweit notwendigen Berechnungen noch keine hinreichenden tatsächlichen Feststellungen getroffen hatte, wies der BFH die Sache zur erneuten Prüfung nach dort zurück.

Literaturhinweise

Crezelius, NZI 2019, S. 614; *Roser*, WPg 2019, S. 745; *Wendl*, DStRK 2019, S. 117; *Roth*, EWiR 2019, S. 491

5.1.2 Leasing: Gewerbesteuerliche Hinzurechnung auch in Weitervermietungsfällen

BFH, Urteil v. 11.12.2018, III R 23/16, BFH/NV 2019, S. 640;
Vorinstanz: FG Baden-Württemberg, Urteil v. 12.4.2016, 6 K 3007/15, DStRE 2017, S. 1512

Lt. BFH muss auch bei einer Betriebs-Leasinggesellschaft, die im sog. Doppelstockmodell als Finanzierungsgesellschaft zwischengeschaltet ist, eine gewerbesteuerliche Hinzurechnung der in den Leasingraten enthaltenen fiktiven Zinsanteile erfolgen.

Normen: § 19 Abs. 4 GewStDV; §§ 8 Nr. 1 Buchst. a und Buchst. d, 35b Abs. 2 S. 2 GewStG

Sachverhalt

Die Klägerin, eine Betriebs-Leasinggesellschaft mbH, die ein Finanzdienstleistungsinstitut i. S. d. § 1 Abs. 1a KWG ist und sich auf das operative Leasinggeschäft mit Endkunden spezialisiert hat, veräußerte die Leasinggüter zum Zwecke der Refinanzierung an eine weitere Leasinggesellschaft (Besitz-Leasinggesellschaft) und leaste diese dann zurück, um sie an die Endkunden weiter zu vermieten (Doppelstockmodell).

Das FA hatte eine Hinzurechnung beim Gewerbeertrag gem. § 8 Nr. 1 Buchst. d GewStG vorgenommen, das FG hat die Klage als unbegründet abgewiesen.

Entscheidung

Auch der BFH wies die Revision der Klägerin ab.

Nach § 8 Nr. 1 Buchst. d GewStG wird dem Gewinn aus Gewerbebetrieb hinzugerechnet ein Viertel der Summe aus einem Fünftel der Miet- und Pachtzinsen (einschließlich der Leasingraten) für die

Benutzung von beweglichen Wirtschaftsgütern des Anlagevermögens, die im Eigentum eines anderen stehen. Dazu führt der BFH in seinem Urteil aus, dass auf das Leasing und die Benutzung beim ersten Leasingnehmer abzustellen ist, das weitere Schicksal der geleasten Sache sei nicht von Bedeutung.

Leasingraten sind nach dem Unternehmensteuerreformgesetz 2008 (UntStRefG 2008) ausdrücklich in die Hinzurechnung in § 8 Nr. 1 Buchst. d GewStG bei der Ermittlung des Gewerbeertrags einbezogen worden. Sie sind nach dem Gesetzeswortlaut dann hinzuzurechnen, wenn das Wirtschaftsgut, für das die Leasingraten gezahlt werden, im Eigentum eines Dritten steht. In diesen Fällen ist das Leasing mit der Pacht oder Miete vergleichbar. Letzteres lag im Streitfall vor. Hätte der Gesetzgeber auch für »durchgeleitete« Leasinggüter eine Ausnahme von der Hinzurechnung nach § 8 Nr. 1 Buchst. d GewStG machen wollen, hätte es nahegelegen, sie in der Gesetzesbegründung mit aufzuzählen und diese Ausnahme ausdrücklich in den Gesetzeswortlaut aufzunehmen.

Auch die in § 19 Abs. 4 GewStDV geregelte Ausnahme für Finanzdienstleistungsunternehmen greift nach Dafürhalten des BFH nicht. Zwar sei die Klägerin ein Finanzdienstleistungsunternehmen i. S. d. KWG. Bei der Hinzurechnung der Leasingraten nach § 8 Nr. 1 Buchst. d GewStG handelt es sich aber weder um Entgelte für Schulden nach § 8 Nr. 1 Buchst. a GewStG noch ihnen gleichgestellte Beträge. Die Vorschrift des § 19 Abs. 4 GewStDV sei nicht erweiternd auszulegen, indem das GewSt-Privileg alle Finanzierungsbestandteile der in § 8 Nr. 1 GewStG geregelten Hinzurechnungsvorschriften umfassen soll. Mit der Einfügung von § 19 Abs. 4 GewStDV im Kontext mit § 8 Nr. 1 Buchst. a GewStG sollten Leasinggeber bei ihrer Refinanzierung nicht schlechter gestellt werden als Kreditinstitute. Bei Kreditinstituten ist aber eine Hinzurechnung nur hinsichtlich der Entgelte für Schulden und ihnen gleichgestellter Beträge nach § 8 Nr. 1 Buchst. a GewStG ausgeschlossen. t wurde.

> **Praxishinweis**
> Fazit des BFH: Wenn sich das GewSt-Privileg (§ 19 Abs. 4 GewStDV) bei Leasing im sog. Doppelstockmodell letztlich nur für die (Besitz-)Leasinggesellschaft als vorteilhaft erweist und nicht auch für die von der (Betriebs-)Leasinggesellschaft gezahlten Leasingraten gilt, liege dies an der von ihr selbst gewählten Gestaltung.

Literaturhinweis
   Pohl, DStRK 2019, S. 170

5.1.3 Hinzurechnung von Zinsen bei durchlaufenden Krediten

BFH, Urteil v. 17.7.2019, III R 24/16, DStR 2019, S. 2251;
Vorinstanz: FG Hamburg, Urteil v. 15.4.2016, 3 K 145/15, DStRE 2017, S. 552

Besteht der Geschäftszweck eines Unternehmens darin, Darlehen aufzunehmen und an eine Tochtergesellschaft weiterzureichen, handelt es sich auch dann nicht um durchlaufende Kredite, wenn die Kredite ohne Gewinnaufschlag an die Tochtergesellschaft weitergegeben werden. Dies hat der BFH in einem aktuellen Urteil entschieden.

Norm: § 8 Nr. 1 Buchst. a GewStG

Sachverhalt

Eine Klägerin, eine Holding, hatte Darlehen an ihre Tochtergesellschaft zu gleichen Konditionen weitergereicht, wie diejenigen Kredite, die von ihr bei einer Bank aufgenommen worden waren. Die wirtschaftliche Tätigkeit der Holding bestand im Wesentlichen in der Aufnahme und Weitergabe der Darlehen. Die Klägerin meinte, die betreffenden Durchlaufzinsen seien nicht hinzuzurechnen, da sie aus der Kreditaufnahme keinen Nutzen gezogen habe.

Das FA lehnte eine Saldierung von Zinsaufwendungen und Zinserträgen ab und rechnete die Zinsen als »Entgelte für Schulden« dem Gewerbeertrag gem. § 8 Nr. 1 Buchst. a GewStG hinzu.

Das FG Hamburg hatte die Klage abgewiesen.

Entscheidung

Auch die Revision beim BFH blieb ohne Erfolg.

Wie der BFH ausführt, sind nach der noch zur Vorgängerfassung des § 8 Nr. 1 GewStG ergangenen Rspr. von der Hinzurechnung jedoch Zinsen für durchlaufende Kredite auszunehmen, da es sich insoweit um keine Dauerschulden i. S. d. Vorschrift handelt. Für das Vorliegen eines durchlaufenden Kredites müssen mehrere Voraussetzungen erfüllt sein:

- Der aufgenommene Kredit muss nach dem Willen der Vertragschließenden zu einem außerhalb des Betriebs des Darlehensnehmers liegenden Zweck verwendet werden. Der Steuerpflichtige muss demnach den Kredit nicht im eigenen, sondern im fremden Interesse aufgenommen haben.
- Der Darlehensnehmer muss auf eine ihm genau vorgeschriebene Weitervermittlung des Kredits und auf dessen Verwaltung beschränkt bleiben.
- Dem Darlehensnehmer darf aus dem Vorgang kein über die bloßen Verwaltungskosten hinausgehender Nutzen erwachsen. Dabei sind auch mittelbar mit der Darlehensaufnahme in Zusammenhang stehende Vorteile schädlich.

Bei Anwendung dieser Rechtsgrundsätze lagen im Streitfall keine durchlaufenden Kredite vor. Denn auch wenn die Klägerin nach den Feststellungen des FG die Darlehensaufnahme für ihre Tochtergesellschaft offengelegt hat, erfolgte die Kreditaufnahme zumindest auch im eigenen Interesse der Klägerin.

Der betriebliche Zweck der Klägerin bestand gerade darin, das Darlehen und den Betriebsmittelkredit aufzunehmen und an ihre Tochtergesellschaft weiterzureichen. Mit der Weiterreichung der Darlehen verfolgte die Klägerin damit nicht nur ein fremdes Interesse, sondern erfüllte zugleich ihren eigenen Geschäftszweck.

Zudem hielt die Klägerin 100 % der Anteile an ihrer Tochtergesellschaft, sodass mit der zweckentsprechenden Verwendung des Darlehens nicht nur das Betriebsvermögen der Tochtergesellschaft gemehrt, sondern auch der Wert, der von der Klägerin an der Tochtergesellschaft gehaltenen Anteile erhöht wurde.

Eine Saldierung der Zinsaufwendungen der Klägerin mit den von der Tochtergesellschaft erhaltenen Zinserträgen scheidet nach Auffassung des BFH aus, da bei der Prüfung, ob die Voraussetzungen des § 8 Nr. 1 Buchst. a S. 1 GewStG vorliegen, grds. jedes Schuldverhältnis für sich betrachtet werden muss. Die Zusammenfassung mehrerer Schuldverhältnisse ist grds. nicht möglich.

5.1.4 Keine gewerbesteuerrechtliche Hinzurechnung bei der Überlassung von Hotelzimmern an Reiseveranstalter

BFH, Urteil v. 25.7.2019, III R 22/16, DStR 2019, S. 2358;
Vorinstanz: FG Münster, Urteil v. 4.2.2016, 9 K 1472/13 G, EFG 2016, S. 925

Der BFH hat in einem aktuellen Urteil entschieden, dass Entgelte, die ein Reiseveranstalter an Hoteliers für die Überlassung von Hotelzimmern bezahlt, nicht der gewerbesteuerrechtlichen Hinzurechnung unterliegen.

Norm: § 8 Nr. 1 Buchst. d GewStG

Sachverhalt

Die Klägerin, eine GmbH, organisiert als Reiseveranstalterin Pauschalreisen. In Ausübung dieser Tätigkeit schloss sie mit anderen Unternehmern im Inland und im europäischen Ausland Verträge über typische Reisevorleistungen. Diese umfassten u. a. Übernachtungen, Personenbeförderungen, Verköstigungen, Betreuungen und Aktivitäten im Zielgebiet.

Die Klägerin nahm im Rahmen ihrer GewSt-Erklärung für 2008 nur Hinzurechnungen hinsichtlich der von ihr angemieteten Geschäftsräume vor. Die Entgelte, die sie an die Hoteliers gezahlt hatte, blieben jedoch bei den Hinzurechnungen nach § 8 Nr. 1 Buchst. d und Buchst. e GewStG unberücksichtigt.

Nach Durchführung einer Betriebsprüfung vertrat das FA dagegen die Auffassung, dass nicht insgesamt eine Hotelleistung »eingekauft« werde, sondern ein Teil des an die Hoteliers bezahlten Entgelts auf die »Anmietung« von Hotelzimmern entfalle. Entsprechend rechnete das FA den Teil des Entgelts, den es als Mietzins ansah, dem gewerblichen Gewinn wieder hinzu.

Im Rahmen eines Zwischenurteils hatte das FG Münster zunächst über mehrere Rechtsfragen entschieden. Dabei kam es u. a. zu dem Ergebnis, dass in den von der Klägerin an die Hoteliers gezahlten Entgelten Mietzinsen enthalten seien und der betreffende Anteil dem gewerblichen Gewinn hinzuzurechnen sei.

Entscheidung
Der BFH hat der Revision stattgegeben und das Zwischenurteil der Vorinstanz aufgehoben.

Voraussetzung für die Hinzurechnung sei neben dem Vorliegen eines Miet- oder Pachtvertrags, dass die gemieteten oder gepachteten Wirtschaftsgüter bei fiktiver Betrachtung Anlagevermögen des Steuerpflichtigen wären, wenn sie in seinem Eigentum stünden. Da bei einer nur kurzfristigen Überlassung der Hotelzimmer auch nur eine entsprechend kurzfristige Eigentümerstellung der Klägerin zu unterstellen sei, vertrat der BFH die Auffassung, dass dies einer (fiktiven) Einordnung als Anlagevermögen entgegenstehe. Für die Zuordnung von Wirtschaftsgütern zum Anlage- oder dem Umlaufvermögen sei, zum Einen, der konkrete Geschäftsgegenstand des Unternehmens zu berücksichtigen und zum Anderen, soweit wie möglich, auf die betrieblichen Verhältnisse des Steuerpflichtigen abzustellen.

Entscheidend ist nach Ansicht des BFH, dass für das Geschäftsmodell eines Reiseveranstalters wie der Klägerin üblicherweise keine langfristige Nutzung der von den Hoteliers überlassenen Wirtschaftsgüter notwendig sei. Die nur zeitlich begrenzte Nutzung der Wirtschaftsgüter diene vielmehr dem Bedürfnis des Reiseveranstalters, sich an Markterfordernisse, die ständig dem Wandel unterliegen (wie z. B. veränderte Kundenwünsche oder veränderte Verhältnisse am Zielort der Reise), anpassen zu können.

Der BFH verwies die Sache an die Vorinstanz zurück, da das FG bislang nur durch Zwischenurteil über Einzelfragen entschieden hatte.

5.2 Gewerbesteuerliche Kürzungen

5.2.1 Erweiterte Gewerbesteuerkürzung auch bei Beteiligung an grundstücksverwaltender Gesellschaft möglich

BFH, Beschluss v. 25.9.2018, GrS 2/16, BStBl II 2019, S. 262;
Vorinstanz: FG Berlin-Brandenburg, Urteil v. 6.5.2014, 6 K 6322/13, EFG 2014, S. 1420

Unterliegt eine grundstücksverwaltende Gesellschaft nur kraft ihrer Rechtsform der GewSt, kann sie nach einem heute veröffentlichten Beschluss des Großen Senats des BFH die erweiterte Kürzung bei der GewSt auch dann in Anspruch nehmen, wenn sie an einer rein grundstücksverwaltenden, nicht gewerblich geprägten Personengesellschaft beteiligt ist.

Normen: § 39 Abs. 2 Nr. 2 AO; § 9 Nr. 1 S. 2 GewStG

Hintergrund
Gewerblich tätige Personen- und Kapitalgesellschaften unterliegen der GewSt. Soweit sich allerdings solche Gesellschaften auf die Verwaltung ihres eigenen Grundbesitzes beschränken, ist der daraus erwirtschaftete Gewinn durch den Tatbestand der erweiterten Kürzung nach § 9 Nr. 1 S. 2 GewStG in diesem Umfang vollständig von der GewSt ausgenommen. Der IV. Senat des BFH hatte mit Beschluss vom 21.7.2016[398] dem Großen Senat die Frage zur abschließenden Entscheidung vorgelegt, ob eine grundstücksverwaltende Gesellschaft, die nur kraft Rechtsform gewerbliche Einkünfte erzielt, Anspruch auf die erweiterte Kürzung hat, wenn sie an einer ebenfalls grundstücksverwaltenden, aber nicht gewerblich geprägten Personengesellschaft beteiligt ist. Es bestanden hierzu unterschiedliche Ansichten des I. und des IV. Senats.

Sachverhalt
Klägerin war eine gewerblich geprägte GmbH & Co. KG, die an einer rein vermögensverwaltenden GbR beteiligt war. Diese GbR war wiederum Eigentümerin einer Immobilie. Die Klägerin machte für ihre aus der Beteiligung an der GbR bezogenen anteiligen Mieterträge die erweiterte Kürzung geltend. Das FA lehnte dies ab, weil die Beteiligung an der GbR i. S. d. § 9 Nr. 1 S. 2 GewStG kein eigener Grundbesitz der Klägerin sei, sondern Grundbesitz der GbR.

Das FG Berlin-Brandenburg hatte der Klage stattgegeben. Diese Entscheidung stand allerdings schon damals in Kontrast zur Rspr. des BFH: Während der vorlegende IV. Senat der Auffassung des FA ebenfalls nicht folgen wollte, war der I. Senat in seinem Urteil vom 19.10.2010[399] davon ausgegangen, dass »eigener Grundbesitz« nur gegeben sei, wenn das Grundstücksunternehmen auch zivilrechtlich Eigentümer des Grundbesitzes sei.

Der IV. Senat war der Ansicht, dass steuerrechtlich das Eigentum einer vermögensverwaltenden Personengesellschaft den hinter ihr stehenden Gesellschaftern anteilig zuzurechnen sei. Ein im zivilrechtlichen Eigentum der Personengesellschaft stehendes Grundstück sei daher eigener Grundbesitz der Gesellschafter der GbR.

Entscheidung
Der Auffassung des IV. Senats folgte nun der Große Senat.

Ob eigener Grundbesitz i. S. d. gewerbesteuerrechtlichen Kürzung vorliegt, richtet sich nach den allgemeinen ertragsteuerrechtlichen Grundsätzen. Nach der Systematik und dem Regelungszweck der erweiterten Kürzung sowie unter Berücksichtigung des gewerbesteuerrechtlichen Belastungsgrundes ist unter eigenem Grundbesitz i. S. d. § 9 Nr. 1 S. 2 GewStG der zum Betriebsvermögen des Unternehmers gehörende Grundbesitz zu verstehen. Auch aus dem historischen Regelungskontext und der Entstehungsgeschichte der Norm sah sich der Große Senat bei dieser Auslegung, die zugunsten der Steuerpflichtigen wirkt, bestätigt.

---

398 BFH, Beschluss v. 21.7.2016, IV R 26/14, BFH/NV 2016, S. 1844.
399 BFH, Urteil v. 19.10.2010, I R 67/09, BFH/NV 2011, S. 703.

Im Hinblick auf die nach § 39 Abs. 2 AO zu treffende Bruchteilsbetrachtung liege beim Gesellschafter der rein vermögensverwaltenden Personengesellschaft anteilig jeweils ein eigenes Wirtschaftsgut vor, im Streitfall somit anteilig eigener Grundbesitz. Es komme auch nicht darauf an, ob dieser Gesellschafter diesen Anteil im Privatvermögen oder im Betriebsvermögen hält. Denn in beiden Fällen liege anteilig entsprechend dem Umfang des Anteils am Gesellschaftsvermögen ein eigenes Wirtschaftsgut vor.

Literaturhinweise
Binder/Korff, DStR 2019, S. 1120; *Schiefer*, DStRK 2019, S. 126

5.2.2 Keine erweiterte Kürzung des Gewerbeertrags einer grundbesitzverwaltenden Kapitalgesellschaft bei Mitvermietung von Betriebsvorrichtungen

> **BFH, Urteil v. 11.4.2019, III R 36/15, BFH/NV 2019, S. 1309;**
> **Vorinstanz: FG Köln, Urteil v. 29.4.2015, 13 K 2407/11, EFG 2015, S. 1552**
>
> Nach einer Entscheidung des BFH scheidet eine erweiterte Kürzung des Gewerbeertrags aus, wenn eine grundbesitzverwaltende GmbH neben einem Hotelgebäude auch Ausstattungsgegenstände (Bierkellerkühlanlage, Kühlräume, Kühlmöbel für Theken- und Büfettanlagen) mitvermietet, die als Betriebsvorrichtungen zu qualifizieren sind.
>
> **Normen:** § 68 BewG; § 9 Nr. 1 S. 1 und S. 2 GewStG

Sachverhalt

Die Klägerin ist eine GmbH, die seit Beginn des Streitjahres 2005 neben Immobilien (Wohngebäude und Sport- und Gewerbepark mit Hotel) nur noch die zur Ausstattung des Hotels gehörenden Wirtschaftsgüter vermietete. Bei den mitvermieteten Wirtschaftsgütern handelte es sich u. a. um eine Bierkellerkühlanlage, um Kühlräume und Kühlmöbel für Theken- und Büfettanlagen. Der Anteil der Anschaffungskosten der mitvermieteten Wirtschaftsgüter belief sich auf 1,14 % der Gebäudeanschaffungs- und -herstellungskosten.

Die Klägerin machte in ihren GewSt-Erklärungen jeweils Kürzungsbeträge nach § 9 Nr. 1 S. 2 GewStG geltend. Das FA versagte der Klägerin wegen der mitvermieteten Betriebsvorrichtungen die erweiterte Kürzung des Gewerbeertrags und gewährte stattdessen nur die Kürzung nach § 9 Nr. 1 S. 1 GewStG mit 1,2 % des Einheitswerts der zum Betriebsvermögen gehörenden Grundstücke.

Die gegen diese Entscheidung gerichtete Klage blieb vor dem FG Köln ohne Erfolg.

Entscheidung

Der BFH hat das Urteil des FG bestätigt und die Revision als unbegründet zurückgewiesen.

Unternehmen, die ausschließlich eigenen Grundbesitz oder neben eigenem Grundbesitz eigenes Kapitalvermögen verwalten und nutzen oder daneben Wohnungsbauten betreuen oder Kaufeigenheime, Kleinsiedlungen und Eigentumswohnungen errichten und veräußern, können gem. § 9 Nr. 1 S. 2 GewStG auf Antrag die Summe des Gewinns und der Hinzurechnungen um den Teil des Gewerbeertrags kürzen, der auf die Verwaltung und Nutzung des eigenen Grundbesitzes entfällt.

Das FG ist nach Auffassung des BFH zu Recht davon ausgegangen, dass die Klägerin auch Erträge erzielte, die nicht auf die Nutzung und Verwaltung von Grundbesitz im bewertungsrechtlichen Sinne zurückzuführen sind. Der Umfang des Grundvermögens ergibt sich aus § 68 BewG. Danach gehören zum Grundvermögen u. a. der Grund und Boden, die Gebäude, die sonstigen Bestandteile und das Zubehör (§ 68 Abs. 1 Nr. 1 BewG), nicht aber Maschinen und sonstige Vorrichtungen aller Art, die zu einer Betriebsanlage gehören (Betriebsvorrichtungen), auch wenn sie wesentliche Bestandteile sind.

Das FG ist nach Ansicht des BFH auch zu Recht davon ausgegangen, dass die Mitvermietung der Betriebsvorrichtungen der erweiterten Kürzung entgegensteht und im Streitfall insb. keine der von der Rspr. entwickelten Ausnahmen vom Ausschluss einer erweiterten Kürzung vorliegt.

Wie der BFH ausführt, kommt eine allgemeine Geringfügigkeitsgrenze, wonach die Überlassung von Betriebsvorrichtungen der erweiterten Kürzung nicht entgegensteht, wenn die Betriebsvorrichtungen gegenüber dem Grundvermögen von geringem Wert sind oder auf sie nur ein geringer Teil der Miete oder Pacht entfällt, aufgrund des dem Gesetzeswortlaut zu entnehmenden strengen Ausschließlichkeitsgebotes nicht in Betracht.

Literaturhinweis
Wendl, DStRK 2019, S. 271

6 Im Bereich der Erb- und Schenkungsteuer

6.1 Staffeltarif bei der Erbschaftsteuer

BFH, Beschluss v. 20.2.2019, II B 83/18, ZEV 2019, S. 298;
Vorinstanz: FG Baden-Württemberg, Urteil v. 18.7.2018, 7 K 1351/18, DStRE 2019, S. 568

NV: Die Prozenttarife der ErbSt sind auf den gesamten Erwerb anzusetzen. Eine Aufspaltung des steuerpflichtigen Erwerbs in Teilbeträge mit unterschiedlichen Steuertarifen findet nicht statt.
NV: Der Härteausgleich kompensiert Nachteile durch Progressionssprünge abschließend.

Normen: § 33 EStG; § 19 ErbStG

Sachverhalt

Der Kläger und Beschwerdeführer (K) erhielt im Wege der Schenkung 2015 von seinem Vater einen Miteigentumsanteil an zwei Grundstücken. Das FA setzte unter Berücksichtigung eines Vorerwerbs bei einer Bemessungsgrundlage von insgesamt 246.800 € Schenkungsteuer i. H. v. 27.146 € mit einem Steuersatz von 11 % fest.

Mit Einspruch und Klage begehrte der K in Anlehnung an das BFH Urteil v. 19.1.2017[400] zu § 33 Abs. 3 EStG die Steuer in der Weise zu berechnen, dass für einen Teilbetrag von 75.000 € ein Steuersatz von 7 % und nur für den übersteigenden Betrag von 171.800 € ein Steuersatz von 11 % zur Anwendung komme. Insgesamt ergebe sich dann eine Steuerbelastung von 24.148 €.

Das FG hat die Übertragung der Grundsätze aus dem zuvor genannten BFH-Urteil abgelehnt und die Klage abgewiesen. Progressionssprünge abzumildern übernehme bereits der Härteausgleich nach § 19 Abs. 3 ErbStG.

Mit seiner Beschwerde gegen die Nichtzulassung der Revision begehrt K, den in § 19 Abs. 1 ErbStG Vollmengenstaffeltarif durch einen additiven Teilmengentarif entsprechend der BFH-Rspr. zu § 33 EStG zu ersetzen. Der jeweils höhere Tarif finde nur für den die jeweils vorhergehende Tarifgrenze übersteigenden Betrag Anwendung. Die Anwendung des jeweils nächsthöheren Steuersatzes führe zu Belastungssprüngen, die mit Art. 14 GG nicht vereinbar seien.

Entscheidung

Die Beschwerde wurde als unbegründet zurückgewiesen. Der BFH begründet dies damit, die Rechtslage sei eindeutig und sei offensichtlich so zu entscheiden, wie dies das FG getan habe.

Nach der Lage des Gesetzes sei die Aufspaltung des steuerpflichtigen Erwerbs in Teilbeträge mit unterschiedlichen Steuersätzen ausgeschlossen. Es könne offen bleiben, ob der Wortlaut des § 19

---

400 BFH, Urteil v. 19.1.2017, VI R 75/14, DStR 2017, S. 719.

Abs. 1 ErbStG überhaupt eine Berechnung, wie sie in § 33 Abs. 3 EStG praktiziert werde, zulasse, da der Härteausgleich nach § 19 Abs. 3 ErbStG eine solche Herangehensweise ausschließe.

Wäre die Berechnungsweise des K zutreffend, liefe § 19 Abs. 3 ErbStG leer. Durch § 19 Abs. 3 ErbStG habe der Gesetzgeber das Problem eines Progressionssprungs gesehen und spezialgesetzlich geregelt.

Der BFH sehe auch keine Verfassungswidrigkeit des gesetzlich vorgesehen Tarifs i. V. m. dem Härtefallausgleich. Es sei zu bedenken, dass es sich bei der Begrenzung auf 50 % bzw 75 % des Erwerbs um einen Steuersatz nicht auf den gesamten Erwerb, sondern nur auf Teilbeträge handele.

> **Praxishinweis**
> Der Härtefallausgleich gem. § 19 Abs. 3 ErbStG findet im Wesentlichen nur in den Steuerklassen I und II Anwendung. In der Steuerklasse III ist die Anwendung auf den Erwerbsschwelle von 6.000.000 € begrenzt. Steuersatznachteile durch Überschreitungen der Erwerbsschwellen i. S. d. § 19 Abs. 1 ErbStG lassen sich nicht in jedem Fall gänzlich vermeiden, jedoch durch frühzeitige Vermögensnachfolgeplanung im Wege der vorweggenommenen Erbfolge minimieren.

Literaturhinweis
Troll/Gebel/Jülicher/Gottschalk/Jülicher, 57. EL April 2019, ErbStG § 19 Rn. R 14

6.2 Steuerbefreiung für ein Familienheim im Fall der Renovierung

BFH, Urteil v. 28.5.2019, II R 37/16, ZEV 2019, S. 492;
Vorinstanz: FG Münster, Urteil v. 28.9.2016, 3 K 3793/15 Erb, DStRE 2018, S. 233

Unverzüglich i. S. d. § 13 Abs. 1 Nr. 4c S. 1 ErbStG bedeutet ohne schuldhaftes Zögern, d. h. innerhalb einer angemessenen Zeit nach dem Erbfall. Angemessen ist regelmäßig ein Zeitraum von sechs Monaten.
Nach Ablauf von sechs Monaten muss der Erwerber darlegen und glaubhaft machen, zu welchem Zeitpunkt er sich zur Selbstnutzung als Familienheim entschlossen hat, aus welchen Gründen ein Einzug nicht früher möglich war und warum er diese Gründe nicht zu vertreten hat. Umstände in seinem Einflussbereich, wie eine Renovierung der Wohnung, sind ihm nur unter besonderen Voraussetzungen nicht anzulasten.

Norm: § 13 Abs. 1 Nr. 4c S. 1 ErbStG

Sachverhalt

Der Kläger (K) ist neben seinem unter Betreuung stehenden Bruder (B) Miterbe seines am 5.1.2014 verstorbenen Vaters (V). Zum Nachlass gehörte ein von V bis zu seinem Tod vollständig selbstgenutztes Zweifamilienhaus mit einer Wohnfläche von ca. 120 qm. Gemäß dem gemeinschaftlichen

Testament von V und seiner vorverstorbenen Ehefrau sollte K Alleineigentümer des Hauses werden.

Mit notariell beurkundetem Vermächtniserfüllungsvertrag vom 20.2.2015 hoben K und B die Erbengemeinschaft an dem Grundbesitz in der Weise auf, dass K Alleineigentum erhielt. Die Eintragung des K als Alleineigentümer im Grundbuch erfolgte am 2.9.2015. Angebote von Handwerkern für eine Renovierung holte K ab April 2016 ein. Die Bauarbeiten begannen im Juni 2016.

Das beklagte FA setzte ErbSt fest. Mit seinem Einspruch beantragte K die Steuerbefreiung nach § 13 Abs. 1 Nr. 4c ErbStG. Er gab an, das Haus renovieren und – zunächst als Zweitwohnsitz, nach Beendigung seines Arbeitsverhältnisses als Hauptwohnsitz – selbst nutzen zu wollen.

Den Einspruch wies das FA mit der Begründung zurück, K habe das Haus nicht unverzüglich zur Selbstnutzung für eigenen Wohnzwecke bestimmt.

Auch die Klage blieb erfolglos.

Entscheidung
Der BFH hat die Klage als unbegründet zurückgewiesen. Der angefochtene ErbSt-Bescheid sei rechtmäßig und verletze K nicht in seinen Rechten. Der Erwerb des Zweifamilienhauses sei nicht nach § 13 Abs. 1 Nr. 4c ErbStG steuerbefreit.

Steuerfrei sei der Erwerb von Todes wegen eines Familienheims durch Kinder, soweit der Erblasser darin bis zum Erbfall eine Wohnung zu eigenen Wohnzwecken genutzt habe, die beim Erwerb unverzüglich zur Selbstnutzung zu eigenen Wohnzwecken bestimmt sei und soweit die Wohnfläche 200 qm nicht übersteige.

Eine Wohnung sei zur Nutzung zu eigenen Wohnzwecken bestimmt, wenn der Erwerber die Absicht habe, die Wohnung selbst zu eigenen Wohnzwecken zu nutzen, und diese Absicht auch tatsächlich umsetze. Als innere Tatsache lasse sich die Absicht zur Selbstnutzung nur anhand äußerer Umstände feststellen.

Der Begriff des Familienheims setze zudem voraus, dass der Erwerber dort den Mittelpunkt seines Lebensinteresses habe. Nicht begünstigt seien deshalb Zweit- oder Ferienwohnungen.

Der Erwerber müsse die Wohnung unverzüglich, d. h. ohne schuldhaftes Zögern zur Selbstnutzung bestimmen.

Zur Erlangung der Steuerbefreiung müsse ein Erwerber innerhalb einer angemessenen Frist nach dem Erbfall die Absicht zur Selbstnutzung fassen und tatsächlich umsetzen.

Angemessen sei regelmäßig ein Zeitraum von 6 Monaten nach dem Erbfall.

Wird eine Selbstnutzung erst nach Ablauf von 6 Monaten aufgenommen, könne ebenfalls eine unverzügliche Bestimmung zur Selbstnutzung vorliegen. Der Erwerber müsse dann aber glaubhaft machen und darlegen, zu welchem Zeitpunkt er sich zur Selbstnutzung entschlossen habe, aus welchen Gründen ein tatsächlicher Umzug nicht früher möglich war und warum er diese Gründe nicht zu vertreten habe.

Solche Gründe können z. B. vorliegen bei Erbauseinandersetzung zwischen Miterben oder wegen der Klärung von Fragen zum Erbfall.

Umstände wie Renovierung, die im Einflussbereich des begünstigten Erwerbers liegen, seien nur unter besonderen Voraussetzungen nicht dem Erwerber anzulasten.

Je größer der zeitliche Abstand zwischen Erbfall und tatsächlichem Einzug des Erwerbers in die Wohnung sei, umso höhere Anforderungen seien an die Darlegung des Erwerbers und seine Gründe für die Verzögerung zu stellen. Eine enge Auslegung sei auch aus verfassungsrechtlichen Gründen geboten.

V ist am 5.1.2014 verstorben. K habe auch nach Eintragung im Grundbuch nicht unverzüglich das Haus zu eigenen Wohnzwecken bestimmt. Erst im April 2016, mehr als 2 Jahre nach dem Erbfall und mehr als 6 Monate nach der Eintragung im Grundbuch, habe K Angebote von Handwerkern eingeholt und damit überhaupt erst mit der Renovierung begonnen. K habe nicht dargelegt und glaubhaft machen können, dass er diese Verzögerung nicht zu vertreten habe.

> **Praxishinweis**
> Das Urteil des BFH ist für die Beratungspraxis hilfreich, da hierdurch höchstrichterlich das Tatbestandsmerkmal »unverzüglich« eine Konkretisierung erfährt und auch jenseits der sechsmonatigen »Nichtbeanstandungsfrist« Darlegungsmöglichkeiten eröffnet. Ungeachtet dessen ist der Steuerpflichtige, der von der Familienheim-Befreiung Gebrauch machen will, gut beraten, schnellstmöglich nachweisbare Maßnahmen zu ergreifen, die die Selbstnutzung belegen.

Literaturhinweis
Pondelik, DStRK 2019, S. 244

6.3 Keine Begünstigung des Betriebsvermögens bei mittelbarer Schenkung

> **BFH, Urteil v. 8.5.2019, II R 18/16, DStR 2019, S. 1573;**
> **Vorinstanz: Hessisches FG, Urteil v. 22.3.2016, 1 K 2014/14, DStRE 2017, S. 862**
>
> Bei der Zusammenrechnung nach § 14 Abs. 1 S. 1 ErbStG sind Vorerwerbe dem letzten Erwerb ohne Bindung an eine dafür bereits ergangene Steuerfestsetzung mit den materiell-rechtlich zutreffenden Werten hinzuzurechnen. Eine bei der Besteuerung des Vorerwerbs zu Unrecht abgezogene sachliche Steuerbefreiung ist nicht zu berücksichtigen.
>
> Die Steuervergünstigungen des § 13a ErbStG sind nur zu gewähren, wenn das erworbene Vermögen sowohl aufseiten des Erblassers oder Schenkers als auch aufseiten des Erwerbers begünstigtes Vermögen ist. Die Zuwendung von Geld zum Erwerb eines Betriebs ist nicht begünstigt.
>
> **Normen:** §§ 13a, 14 Abs. 1 S. 1 ErbStG

Sachverhalt

Der Kläger (K) ersteigerte durch Zuschlagbeschluss v. 30.10.1006 von einem Dritten ein Grundstück, auf dem ein Reiterhof betrieben wurde, für 420.000 €.

Für diesen Zweck hatte er u. a. von seiner Mutter 205.000 € erhalten (Vorerwerb).

Am 15.9.2010 übertrug die Mutter dem K ein anderes Grundstück. Der Grundbesitzwert wurde durch Feststellungsbescheid mit 424.222 € festgestellt (Letzterwerb).

Sowohl K als auch das beklagte FA werteten die vorherige Geldzuwendung als mittelbare Betriebsschenkung. Mit Bescheid v. 7.10.2011 wurde der Grundbesitzwert mit 434.000 € festgestellt. Der Bescheid enthielt zugleich die Feststellung, dass das Grundstück als Betriebsgrundstück – unzutreffend – bislang der Mutter des K zuzurechnen war.

Mit Bescheid v. 15.6.2011 setzte das FA die Schenkungsteuer für den Vorerwerb mit 0 € fest. Es vertrat die Auffassung, die Zuwendung i. H. v. 205.000 € im Zusammenhang mit dem Erwerb des Reiterhofs sei nach § 13a ErbStG in der damals geltenden Fassung begünstigt.

Für den Letzterwerb setzte das FA mit Bescheid v. 23.6.2011 Schenkungsteuer i. H. v. 994 € fest. Dabei berücksichtigte es für das Grundstück den fehlerhaften Wert i. H. v. 414.222 € sowie den Vorerwerb mit einem Erinnerungswert von 1 €.

Mit nach § 164 Abs. 2 AO geändertem Bescheid v. 12.6.2014 setzte das FA die Schenkungsteuer auf 25.212 € fest. Dabei berücksichtigte es den Grundbesitz mit dem richtigen Wert von 424.222 € und den Vorerwerb i. H. v. 205.000 €, ohne die Begünstigung nach § 13a ErbStG zu gewähren.

Einspruch und Klage blieben ohne Erfolg.

Entscheidung

Der BFH hat die Entscheidung des FG bestätigt. Das FG habe zutreffend entschieden, dass das FA den Vorerwerb des K in materiell zutreffender Höhe berücksichtigen durfte. Dabei sei die Steuerbegünstigung für Betriebsvermögen nicht zu gewähren.

Nach § 14 Abs. 1 S. 1 und S. 2 ErbStG werden mehrere innerhalb von 10 Jahren von derselben Person anfallende Vermögenswerte zusammengerechnet.

Aus § 14 Abs. 1 S. 1 ErbStG ergebe sich nicht, dass die verschiedenen Erwerbsvorgänge »wie ein Erwerb« zu behandeln sind. Die Vorschrift treffe lediglich eine besondere Anordnung für die Berechnung der Steuer, die für den jeweils letzten Erwerb innerhalb des Zehnjahres-Zeitraums festzusetzen sei.

Aufgrund der Selbstständigkeit der Besteuerung der einzelnen Erwerbe seien die in die Zusammenrechnung nach § 14 Abs. 1 ErbStG einzubeziehenden Vorerwerbe dem letzten Erwerb mit den materiell-rechtlich zutreffenden Werten hinzuzurechnen. Dies gelte auch dann, wenn bei der vorangegangenen Steuerfestsetzung für den Vorerwerb ein materiell-rechtlich unzutreffender Wert berücksichtigt wurde. Beruhe der unzutreffende Wert darauf, dass eine sachliche Steuerbefreiung gewährt wurde, die materiell-rechtlich nicht hätte gewährt werden dürfen, könne und müsse dies ebenfalls im Rahmen der Berücksichtigung des Vorerwerbs korrigiert werden.

Der Bescheid v. 15.6.2011 über die Festsetzung der Schenkungsteuer auf 0 € für den Vorerwerb stehe dem nicht entgegen, selbst wenn in diesem die Zuwendung des Geldbetrags für den Erwerb des Reiterhofs als steuerbegünstigt i. S. v. § 13a ErbStG behandelt wurde und sich deshalb schon aus diesem Grund keine steuerpflichtige Bereicherung des K ergeben habe.

Die Zuwendung von Geld zum Erwerb eines Betriebs sei nicht begünstigt.

Der Freibetrag und der verminderte Wertansatz des § 13a Abs. 1 und Abs. 2 ErbStG gelte für inländisches Betriebsvermögen.

Die Steuervergünstigungen des § 13a ErbStG seien nur zu gewähren, wenn das erworbene Vermögen sowohl aufseiten des Erblassers/Schenkers als auch aufseiten des Erwerbers Vermögen i. S. d. § 13a Abs. 4 Nr. 1 oder Nr. 2 ErbStG sei. Dies ergebe sich für die Erwerberseite aus dem Begünstigungszweck der Norm i. V. m. den Nachversteuerungstatbeständen des Abs. 5 und für die Seite des Erblassers oder Schenkers aus dem Gleichheitssatz des Art. 3 Abs. 1 GG.

§ 13a ErbStG diene auch in der geänderten Fassung dazu, bestehende Betriebe aufgrund ihrer verminderten Leistungsfähigkeit durch gebundenes Vermögen zu begünstigen.

Die Vorschrift diene dagegen nicht allgemein dazu, die Gründung oder den Erwerb eines Betriebs durch den Erwerber mit finanziellen Mitteln des Zuwendenden zu begünstigen. Dies wäre mit der

Begründung des verminderten Steuerzugriffs bei Betriebsvermögen aufgrund der »Weiterführung«, der »Aufrechterhaltung« und »Fortführung« des Betriebs des Erblassers oder Schenkers nicht vereinbar.

Das FG habe zu Recht entschieden, dass im Streitfall der Vorerwerb im Rahmen des § 14 Abs. 1 ErbStG ohne Abzug des Freibetrags für den Erwerb von Betriebsvermögen nach § 13a Abs. 1 S. 1 Nr. 2 ErbStG zu berücksichtigen sei. Der Vorerwerb sei auch in der materiell-rechtlich zutreffenden Höhe mit 205.000 € angesetzt worden. Dies gelte auch dann, wenn man im Streitfall nicht von einer reinen Geldschenkung, sondern von einer mittelbaren Schenkung eines Betriebsgrundstücks ausgehe.

An die – unzutreffende – Feststellung, dass es sich bei dem Grundstück um ein Betriebsgrundstück handele, das ursprünglich dem Gewerbebetrieb der Mutter des K zuzurechnen gewesen sei, sei das FA nicht gebunden. Die Feststellung über die Zurechnung des Betriebsgrundstücks entfalte keine Bindungswirkung für die Festsetzung der ErbSt und die dabei zu treffende Entscheidung über die Gewährung der Steuervergünstigung.

> **Praxishinweis**
> Die Entscheidung des BFH schafft einerseits zusätzliche Klarheit über die Selbstständigkeit der einzelnen Erwerbe im Rahmen der Zusammenrechnung gem. § 14 ErbStG, auch im Rahmen der materiell-rechtlichen Würdigung im Hinblick auf sachliche Steuerbefreiungen. Andererseits bestätigt der BFH, dass eine Übertragung begünstigten Betriebsvermögens i. S. d. § 13b ErbStG voraussetzt, dass der Erblasser bzw. Schenker zumindest kurzfristig Inhaber des Vermögens gewesen sein muss. Für die Beratungspraxis bedeutet dies, dass anstelle der mittelbaren Grundstücksschenkung des Urteilsfalls eine Ersteigerung/Erwerb durch den späteren Schenker mit anschließender Schenkung angezeigt ist, um die Steuerbefreiungen nach §§ 13a, 13b ErbStG bei Vorliegen der übrigen Voraussetzungen in Anspruch nehmen zu können.

Literaturhinweis
Mensch, DStRK 2019, S. 245

6.4 Zuwendungen einer Schweizer Stiftung (Schenkungsteuer)

BFH, Urteil v. 3.7.2019, II R 6/16, DStR 2019, S. 2195;
Vorinstanz: FG Baden-Württemberg, Urteil v. 22.4.2015, 7 K 2471/12, DStRE 2017, S. 404

Zuwendungen einer ausländischen Stiftung sind nur dann nach § 7 Abs. 1 Nr. 1 ErbStG steuerbar, wenn sie eindeutig gegen den Satzungszweck verstoßen.

Zwischenberechtigter i. S. d. § 7 Abs. 1 Nr. 9 S. 2 Halbs. 2 ErbStG ist, wer unabhängig von einem konkreten Ausschüttungsbeschluss über Rechte an dem Vermögen und/oder den Erträgen der Vermögensmasse ausländischen Rechts verfügt. Der Zuwendungsempfänger, der keinen Anspruch auf Zuwendungen besitzt, gehört nicht dazu.

Norm: § 7 Abs. 1 Nr. 1 und Nr. 9 S. 2 Halbs. 2 ErbStG

Sachverhalt

Die Klägerin (K) ist eine 2008 errichtete Familienstiftung i. S. d. Art. 80 ff. des Schweizerischen Zivilgesetzbuches (ZGB) mit Sitz in der Schweiz. Stifterin ist die Z-Stiftung ebenfalls aus der Schweiz.

K verfolgt nach der Stiftungsurkunde sowie des durch den Stiftungsrat beschlossenen Stiftungsreglements keinerlei wirtschaftliche Zwecke, sondern als Familienstiftung die Unterstützung von Angehörigen der Familie Y zum Zwecke der Ausstattung.

Die Unterstützung soll als Anschubfinanzierung verwendet werden. Nach der Stiftungsurkunde bzw. Stiftungsreglements können die Unterstützungsleistungen den Angehörigen einmalig in jugendlichen Jahren ausgerichtet werden. Der Stiftungsrat entscheidet nach seinem Ermessen, ob eine Zuwendung erfolgt, über den Empfänger, die Höhe und den Zeitpunkt der Unterstützungsleistungen. Ein Rechtsanspruch auf Leistungen besteht nicht.

2011 wandte die Klägerin dem 1982 geborenen, in Deutschland lebenden B, einem Nachkommen der Familie Y, einen Betrag i. H. v. X Mio. € zu.

Die Klägerin zeigte die Unterstützungsleistungen an B dem FA an, vertrat jedoch die Ansicht, der Vorgang sei als satzungsgemäße Zuwendung weder nach § 7 Abs. 1 Nr. 1 ErbStG noch nach § 7 Abs. 1 Nr. 9 ErbStG steuerbar. Im Falle anderweitiger Beurteilung übernehme die Klägerin die Schenkungsteuer.

Das FA setzte unter Anwendung der Steuerklasse III und eines Freibetrags von 20.000 € Schenkungsteuer fest. Eine Versteuerung der Zuwendung in der Schweiz hat nicht stattgefunden.

Das FG hat die Klage mit der Begründung abgewiesen, es handele sich um eine satzungswidrige Zuwendung gem. § 7 Abs. 1 Nr. 1 ErbStG, da keine Zuwendung in jugendlichen Jahren vorliege. Auch als satzungsgemäße Zuwendung wäre sie aber steuerpflichtig gem. § 7 Abs. 1 Nr. 9 S. 2 Halbs. 2 ErbStG, da die Klägerin eine ausländische Vermögensmasse sei und B als Auszahlungsempfänger Zwischenberechtigter.

Dagegen wehrt sich die Klägerin mit der Revision. § 7 Abs. 1 Nr. 1 ErbStG sei nicht anzuwenden, da das Konzept der Anschubfinanzierung ausreichend persönliche Reife verlange und der Stiftungsrat die Zuwendung für satzungsgemäß erachtet hatte. § 7 Abs. 1 Nr. 9 S. 2 Halbs. 2 ErbStG greife ebenfalls nicht ein, da eine rechtsfähige ausländische Stiftung keine ausländische »Vermögensmasse« sei.

Entscheidung
Die Revision ist begründet. Nach Auffassung des BFH ist die Zuwendung weder nach § 7 Abs. 1 Nr. 1 ErbStG noch nach § 7 Abs. 1 Nr. 9 S. 2 Halbs. 2 ErbStG steuerbar.

§ 7 Abs. 1 Nr. 1 ErbStG komme nur in Betracht, wenn ein Verstoß gegen den Satzungszweck vorliege.

Für die Frage, ob eine Ausschüttung (noch) den Satzungszweck verfolgt, bestehe eine stiftungsinterne Einschätzungsprärogative, für die eine Überprüfung durch das FA und FG entsprechend eingeschränkt sei. Es liege nicht neben der Sache, einem 29-Jährigen eine Anschubfinanzierung zu gewähren, und zwar gleich, welcher Art und wie konkret seine Zukunftspläne seien. Es erscheine zwar problematisch, sei aber auch nicht gänzlich ausgeschlossen, das Alter von 29 Jahren noch als »in jugendlichen Jahren« zu verstehen, wenn dieser Begriff nämlich satzungsspezifisch ausgelegt werde.

§ 7 Abs. 1 Nr. 9 S. 2 Halbs. 2 ErbStG setze einen Erwerb durch Zwischenberechtigte voraus.

Zwischenberechtigter sei, wer unabhängig von einem konkreten Ausschüttungsbeschluss über eine Rechtszuständigkeit an dem in der Vermögensmasse gebundenen Vermögen und/oder an den durch die Vermögensasse erzielten Erträgen verfüge, sei es – nach deutschen Rechtsvorstellungen – in Gestalt dinglichen Rechts oder in Gestalt schuldrechtlicher Ansprüche. Jedenfalls bedürfe es eines rechtlich verfestigten Titels am Vermögen.

Nicht zwischenberechtigt sei, wer über keine Rechte an der Vermögensmasse oder Ansprüche gegenüber der Vermögensmasse verfüge.

Der BFH befasst sich mit der Entstehungsgeschichte der Vorschrift. Diese sei geschaffen worden, um auch die Bindung von Vermögen in den angloamerikanischen Staaten gebräuchlichen Formen des sog. common law trust zu erfassen, die nach der damaligen Rspr. zunächst weder beim Trusterrichter noch beim Begünstigten zu einem steuerbaren Erwerb geführt hatte.

Sowohl das Konzept des »Anfallsberechtigten« als auch dasjenige der »Zwischennutzungsrechte« setze gedanklich Rechte und Ansprüche voraus. Wer kraft freier Entscheidungen eines Dritten eine Zuwendung erhalte, sei nicht Rechtsinhaber in diesem Sinne.

B sei nach diesen Maßstäben nicht Zwischenberechtigter, denn er habe gegen die Klägerin keine Ansprüche auf Ausschüttung.

Im Bereich der Erb- und Schenkungsteuer

Praxishinweis

Die Entscheidung des BFH überzeugt.

Der BFH hat entschieden, dass Zuwendungen einer ausländischen Stiftung nur dann nach § 7 Abs. 1 Nr. 1 ErbStG steuerbar sind, wenn sie nicht vom Satzungszweck gedeckt sind. Grundsätzlich sind Zuwendungen, die dem Satzungszweck entsprechen, nicht freigiebig, da diese mit Rechtsgrund erfolgen.

Ferner greift auch nicht die Regelung des § 7 Abs. 1 Nr. 9 S. 2 ErbStG ein, wonach der Erwerb durch Zwischenberechtigte während des Bestehens der Vermögensmasse steuerpflichtig ist. Der Erwerb eines Zwischenberechtigten kommt nur bei ausländischen Vermögensmassen in Betracht. Zwischenberechtigter ist, wer unabhängig von einem konkreten Ausschüttungsbeschluss über eine Rechtszuständigkeit an dem in der Vermögensmasse gebundenen Vermögen und/oder an durch die Vermögensmasse erzielten Erträgen verfügt. Dem Zwischenberechtigten steht ein rechtlicher Anspruch auf Leistungen der Stiftung zu.

Die Entscheidung schafft Handlungsspielraum für die Gestaltungspraxis und eröffnet auch für ausländische Vermögensmassen die Möglichkeit zur schenkungsteuerfreien Ausschüttung an Begünstigte, sofern diese keine Zwischenberechtigten nach dem vom BFH entwickelten Kriterien sind.

Als ausländische Vermögensmassen kommen insb. Trusts in Betracht. Ob eine Stiftung bzw. Familienstiftung ausländischen Rechts auch eine Vermögensmasse i. S. d. § 7 Abs. 1 Nr. 9 S. 2 ErbStG ist, hat der BFH offen gelassen.

Literaturhinweise

Wighardt, DStR 2019, S. 2195; *Wachter,* DB 2019, S. 2430.

6.5 Bewertung einer Nießbrauchsverpflichtung bei mehreren Personen nacheinander zustehendem Nießbrauchsrecht

BFH, Beschluss v. 28.2.2019, II B 48/18 NV, ZEV 2019, S. 605;
Vorinstanz: FG Hamburg, Urteil v. 5.4.2018, 3 K 229/17, ErbStB 2018, S. 236

§ 14 Abs. 3 BewG ist nicht anwendbar, wenn ein Nutzungsrecht mehreren Personen nacheinander zusteht (amtl. Ls.).

Normen: § 30 AO; §§ 6 Abs. 1, 14 Abs. 3 BewG

Der Kläger (K) hielt die Frage für klärungsbedürftig, ob § 14 Abs. 3 BewG auch dann Anwendung finde, wenn das Nutzungsrecht nicht mehreren Personen nebeneinander, sondern nacheinander zustehe.

Der BFH wies die Beschwerde als unbegründet zurück.

Durch die Rspr. des BFH sei geklärt, dass § 14 Abs. 3 BewG nicht auf den Fall von nacheinander bestehenden Nutzungsrechten wie Nießbrauchsrechten anwendbar sei.

Danach falle der vorliegende Fall von zwei nacheinander geltenden Nutzungsrechten schon nicht unter den Wortlaut, weil in diesem Fall der Nießbrauch nicht, wie in § 14 Abs. 3 BewG vorgesehen, zugleich für alle Berechtigten beim Tode eines von ihnen ende, sondern der Nießbrauch jedes Berechtigten getrennt bei dessen Ableben ende.

Ein Nießbrauch, der für die Zeit nach dem Ableben des zunächst berechtigten Nießbrauchers einem Dritten zugewendet werde, sei bei der Schenkungsteuerveranlagung nicht zu berücksichtigen, weil er zzt. der Zuwendung nicht bestand, es ungewiss war, ob und ggf. wann er je in Kraft treten würde, und derartige Lasten nach § 6 BewG nicht in Ansatz zu bringen seien. Es fehle die gesetzliche Grundlage dafür, dieses mögliche spätere Recht als aufschiebend bedingte Last bereits vor Eintritt der aufschiebenden Bedingung zu berücksichtigen.

In der Literatur werden gegen das höchstrichterliche Verständnis von § 14 Abs. 3 BewG keinerlei Einwände vorgebracht.

6.6 Keine Beschränkung der Erbenhaftung nach § 2059 Abs. 1 BGB für Erblasserschulden

> **BFH, Urteil v. 4.6.2019, VII R 16/18, DStR 2019, S. 2081;**
> **Vorinstanz: FG Düsseldorf, Urteil v. 21.2.2018, 4 K 1144/17 AO, ZEV 2018, S. 294**
>
> Die vom Erben als Gesamtrechtsnachfolger aufgrund Erbanfalls nach § 3 Abs. 1 Nr. 1 ErbStG i. V. m. § 1922 BGB geschuldete ErbSt ist eine Nachlassverbindlichkeit (Fortführung von BFH v. 20.1.2016, II R 34/14, BFHE 252, S. 389, BStBl II 2016, S. 482, DStRE 2016, S. 671).
> Eine Beschränkung der Erbenhaftung für ErbSt-Verbindlichkeiten ist nach § 2059 Abs. 1 S. 2 BGB ausgeschlossen.
> Bei der Inanspruchnahme des Nachlasses nach § 20 Abs. 3 ErbStG besteht ein (Entschließungs-) Ermessen, sodass grds. keine Verpflichtung zur vorrangigen Inanspruchnahme besteht.
>
> **Normen:** § 219 AO; §§ 1922, 2059 BGB; §§ 3,20 Abs. 1 und Abs. 3 ErbStG

Sachverhalt

Die Klägerin (K) ist die Tochter der 2015 verstorbenen Erblasserin (E). Erben wurden K und ihr Bruder (B) zu je 1/2.

Zum Nachlass der E gehörten neben Grundbesitz Geschäftsanteile an der C-GmbH. Daneben verfügte E über die folgenden Konten und Wertpapiere:

- D-Bank: 7 Mio. €
- F-Bank: 79.000 €
- E-Bank: 4 Mio. €
- Wertpapiere: 6 Mio. €

Das FA setzte gegen K ErbSt fest. Nachdem K Einspruch eingelegt und AdV beantragt hatte, setzte das FA die Vollziehung des angefochtenen Steuerbescheids aus, sodass noch 5.559.381 € zu entrichten waren.

K beantragte, wegen der ErbSt die Forderungen aus dem bei der D-Bank geführten Konto zu pfänden. B lehne eine Auseinandersetzung des Nachlasses oder von Teilen ab. K selbst sei nicht in der Lage, die zu entrichtende ErbSt aus eigenen Mitteln zu zahlen. Nach dem Gesellschaftsvertrag der C-GmbH habe ein Gesellschafter bei Pfändung des Gesellschaftsanteils auszuscheiden, wenn die Pfändung länger als zwei Monate andauere. Neben Grundbesitz hatte die K die folgenden Konten:
- D- Bank: 150.000 €
- H-Bank: 3.000 €
- L-Bank: weniger als 10.000 €
- Depot: 7 Mio. €
- Konten ohne nennenswerte Bestände bei der M-Bank, Sparkasse und O-Bank

Das FA pfändete die Guthaben bzw. Forderungen der K bei der D-Bank, H-Bank, M-Bank sowie der Sparkasse und ordnete die Einziehung an. Im Januar 2017 zahlten die Drittschuldner 133.510,31 € an das FA.

Am 23.3.2017 erließ das FA gegenüber K und B auf § 191 AO und § 20 Abs. 3 ErbStG gestützte Haftungsbescheide, mit denen es beide zur Entrichtung der von K noch geschuldeten ErbSt i. H. v. 5.193.516,45 € zzgl. Säumniszuschläge aus dem Nachlass aufforderte. Daraufhin wurden insgesamt 5.661.305,73 € an das FA gezahlt und das FA hob die Pfändungs- und Einziehungsverfügungen auf.

Der Einspruch der K gegen die Pfändungs- und Einziehungsverfügung blieb erfolglos. Auch die Klage, mit der K die Feststellung begehrte, die Pfändungs- und Einziehungsverfügung sei rechtswidrig gewesen, weil das FA vorrangig den Nachlass im Wege der Haftung gem. § 20 Abs. 3 ErbStG hätte in Anspruch nehmen müssen, blieb erfolglos.

Entscheidung
Der BFH wies die Revision zurück.

Das FG habe zutreffend verneint, dass dem FA bei Erlass der Pfändungs- und Einziehungsverfügung Ermessensfehler unterlaufen sind.

Aus § 20 Abs. 3 ErbStG ergebe sich keine Beschränkung der Vollstreckung auf den Nachlass. Gem. § 20 Abs. 3 ErbStG hafte der Nachlass bis zur Auseinandersetzung für die Steuer der am Erbfall Beteiligten. Die Vorschrift enthalte damit eine Sicherungsmaßnahme zugunsten der Finanzbehörde.

§ 20 Abs. 3 ErbStG enthalte aber keine Vorgabe an die Finanzbehörde, primär in den ungeteilten Nachlass vollstrecken zu müssen. Es lasse sich aus der Vorschrift weder eine Reihenfolge noch eine Verpflichtung des FA entnehmen, umfangreiche Ermittlungen zum Bestand des Nachlasses und zum eigenen Vermögen des Erben anzustellen. Dies ergebe sich auch aus dem allgemeinen Verständnis von Steuerschuldner und Haftungsschuldner und dem Grundsatz der Subsidiarität des § 219 S. 1 AO.

Auch aus der Haftungsbeschränkung des § 2059 Abs. 1 BGB könne K keine Beschränkung der Vollstreckung zu ihren Gunsten herleiten.

Nach § 2059 Abs. 1 BGB kann jeder Miterbe bis zur Teilung des Nachlasses die Berichtigung der Nachlassverbindlichkeiten aus dem Vermögen, das er außer seinem Anteil am Nachlass hat, verweigern.

§ 2059 BGB gelte auch für sog. Erbteilverbindlichkeiten, die keine gemeinschaftlichen Verbindlichkeiten seine, da nur einzelne Miterben beschwert seien. Schuldner der ErbSt sei nach § 3 Abs. 1 Nr. 1, § 20 Abs. 1 ErbStG nur der jeweilige Erwerber.

Aus dem Rechtsgedanken des § 2059 Abs. 1 S. 2 BGB ergebe sich allerdings, dass diese Einrede dem Erben auf seine persönliche ErbSt-Schuld nicht zustehe. Nach § 2059 Abs. 1 S. 2 ErbStG stehe dem Erben die Einrede nicht zu, wenn er für eine Nachlassverbindlichkeit unbeschränkt hafte, was vorliegend gegeben sei, da K als Erbin allein und unbeschränkt die ErbSt schulde.

Es liege auch kein Verstoß gegen den Verhältnismäßigkeitsgrundsatz vor, da K nach den Erkenntnissen des FA über Forderungen bei Banken verfügte und die Maßnahme deshalb nicht aussichtslos gewesen sei.

Ob der Grundsatz der Verhältnismäßigkeit in Ausnahmefällen eine Vollstreckung in den Nachlass gebiete, wenn bspw. der Steuerschuldner darlegen könne, dass eine Vollstreckung in sein eigenes Vermögen aussichtslos wäre, musste der Senat vorliegend nicht entscheiden.

Literaturhinweis
Mensch, DStRK 2019, S. 300

6.7 Steuerbegünstigtes Vermögen aufgrund einer Poolvereinbarung bei einer Kapitalgesellschaft

BFH, Urteil v. 20.2.2019, II R 25/16, DStR 2019, S. 1261;
Vorinstanz: FG Münster, Urteil v. 9.6.2016, 3 K 3171/14 Erb, DStRE 2017, S. 1230

Die für eine Poolvereinbarung i. S. d. § 13b Abs. 2 S. 2 Nr. 2 S. 2 ErbStG erforderlichen Verpflichtungen der Gesellschafter zur einheitlichen Verfügung über die Anteile an einer Kapitalgesellschaft und zur einheitlichen Stimmrechtsausübung können sich aus dem Gesellschaftsvertrag oder einer gesonderten Vereinbarung zwischen den Gesellschaftern ergeben.

Die Verpflichtung zu einer einheitlichen Stimmrechtsausübung der hinsichtlich der Verfügung gebundenen Gesellschafter kann bei einer GmbH schriftlich oder mündlich vereinbart werden. Nicht ausreichend für eine wirksame Poolvereinbarung ist eine einheitliche Stimmrechtsausübung aufgrund eines faktischen Zwangs, einer moralischen Verpflichtung oder einer langjährigen tatsächlichen Handhabung.

Normen: §§ 13a Abs. 1 S. 1, 13b Abs. 1 Nr. 2 und Nr. 3 S. 2 sowie Abs. 2 S. 2 Nr. 2 ErbStG 2009

Sachverhalt

Der Kläger (K) ist Alleinerbe seines am 20.7.2009 verstorbenen Vaters (E).

Zum Nachlassvermögen gehörte das Einzelunternehmen X-Betrieb mit einem Gesellschaftsanteil i. H. v. 12 % am Nennkapital der Y-GmbH. Der Wert dieses Gesellschaftsanteils an der Y-GmbH entsprach über 91 % des Werts des gesamten Betriebsvermögens des X-Betriebs. K war an der Y-GmbH zu 74 % beteiligt. Die übrigen 14 % der Anteile hielt die Z-KG; an dieser Gesellschaft war K zu 100 % beteiligt.

Der notariell beurkundete Gesellschaftsvertrag der Y-GmbH erhielt u. a. eine Regelung, dass die Abtretung von Geschäftsanteilen vorbehaltlich der Einwilligung aller Gesellschafter nur an Gesellschafter, deren Ehegatten sowie an Abkömmlinge eines Gesellschafters und dessen Ehegatten zulässig sei. In der Gesellschafterversammlung haben je 1.000 DM der Geschäftsanteile eine Stimme (§ 8 Abs. 4 Buchst. c S. 1 des Gesellschaftsvertrags). E hatte ein höchstpersönliches und auf Erben nicht übergehendes Stimmrecht in zehnfacher Höhe (§ 8 Abs. 4 Buchst. c S. 2 des Gesellschaftsvertrags).

Der Wert des Betriebsvermögens des X-Betriebs wurde zuletzt mit Bescheid v. 22.7.2013 auf 1.874.216 € gesondert festgestellt. In der Anlage zum Feststellungsbescheid wurde mitgeteilt, dass der Wert der Anteile an der Y-GmbH 1.707.561 € betrage, es sich hierbei um Verwaltungsvermögen nach § 13b Abs. 2 S. 2 Nr. 1 bis 5 ErbStG 2009 handle und die Quote des Verwaltungsvermögens sich somit auf 91,1080 % belaufe.

Nachdem das beklagte FA zunächst für das Betriebsvermögen des X-Betriebs den Verschonungsabschlag nach § 13a i. V. m. § 13b Abs. 1 Nr. 2, Abs. 2 S. 2 Nr. 2 ErbStG 2009 mit Bescheid v. 8.7.2010 gewährt hatte, erließ es in der Folge mehrere Änderungsbescheide, versagte die beantragte Steuerbefreiung und setzte schließlich im Laufe des finanzgerichtlichen Verfahrens mit Bescheid v. 29.4.2016 ErbSt i. H. v. 3.224.554 € fest.

Einspruch und Klage gegen die Nichtberücksichtigung der Steuerbefreiung blieben erfolglos. Das FG führte zur Begründung aus, der Verschonungsabschlag sei nicht zu gewähren, da der Gesellschaftsvertrag der Y-GmbH nicht die Anforderungen an eine Poolvereinbarung i. S. d. § 13b Abs. 2 S. 2 Nr. 2 S. 2 ErbStG 2009 erfülle.

Entscheidung
Der BFH hielt die Revision des K für begründet, hob die Vorentscheidung auf und verwies die Sache zurück an das FG zur anderweitigen Verhandlung und Entscheidung.

Entgegen der Auffassung des FG seien nach dem Gesellschaftsvertrag der Y-GmbH der Kläger, der Erblasser und die Z-KG verpflichtet, über die Anteile an der Y-GmbH nur einheitlich zu verfügen. Darüber hinaus lassen die fehlenden Vereinbarungen zu einer einheitlichen Stimmrechtsausübung im Gesellschaftsvertrag der Y-GmbH nicht den Schluss zu, dass die Gesellschafter nicht hierzu verpflichtet seien.

Die zur Berücksichtigung einer Poolvereinbarung erforderliche einheitliche Stimmrechtsausübung müsse nicht zwingend im Gesellschaftsvertrag und nicht stets schriftlich vereinbart sein.

Für den Erwerb von Betriebsvermögen sehe § 13a i. V. m. § 13b ErbStG 2009 unter bestimmten Voraussetzungen Steuerbefreiungen vor.

Ausgenommen von der Steuerbefreiung des § 13a ErbStG 2009 bleibe Betriebsvermögen, wenn es zu mehr als 50 % aus Verwaltungsvermögen bestehe (§ 13b Abs. 2 S. 1 ErbStG 2009). Zum Verwaltungsvermögen gehören Anteile an Kapitalgesellschaften, wenn u. a. die unmittelbare Beteiligung am Nennkapital dieser Gesellschaften 25 % oder weniger betrage (§ 13b Abs. 2 S. 2 Nr. 2 S. 1 ErbStG 2009). Ob diese Grenze unterschritten werde, sei nach der Summe der dem Betrieb unmittelbar zuzurechnenden Anteile und der Anteile weiterer Gesellschafter zu bestimmen, wenn die Gesellschafter untereinander verpflichtet seien, über die Anteile nur einheitlich zu verfügen oder sie ausschließlich auf andere derselben Verpflichtung unterliegende Anteilseigner zu übertragen und das Stimmrecht gegenüber nichtgebundenen Gesellschaftern nur einheitlich ausüben (§ 13b Abs. 2 S. 2 Nr. 2 S. 2 ErbStG 2009).

Eine Verpflichtung zur einheitlichen Stimmrechtsausübung könne durch eine Vereinbarung im Gesellschaftsvertrag oder eine gesonderte Vereinbarung unter den gebundenen Gesellschaftern begründet werden.

Im Streitfall ergebe sich aus dem Gesellschaftsvertrag eine Verpflichtung zur einheitlichen Verfügung über die Gesellschaftsanteile. Das FG habe jedoch keine Feststellungen dazu getroffen, ob die gebundenen Gesellschafter der Y-GmbH eine einheitliche Stimmrechtsausübung mündlich vereinbart haben. Die Entscheidung des FG war daher aufzuheben. Die Sache sei nicht spruchreif.

Praxishinweis

Mit seiner Entscheidung bestätigt der BFH, dass die Voraussetzungen für eine sog. erbschaft-/schenkungsteuerliche Poolvereinbarung, also die Verpflichtung zur einheitlichen Stimmrechtsausübung und zur einheitlichen Verfügung bzw. Verfügung auf andere, derselben Verpflichtung unterliegende Anteilseigner nicht zwingend im Gesellschaftsvertrag enthalten sein müssen.

Die Gesellschafter können auch eine separate Vereinbarung formlos treffen und selbst eine lediglich mündliche Vereinbarung kann ausreichend sein. Für die Gestaltungsberatung ist zur Vermeidung von Beweisschwierigkeiten in jedem Fall zumindest die Schriftform zu empfehlen. Gleichwohl eröffnet die Entscheidung auch für die Fälle Argumentationsspielraum, in denen keine schriftliche Vereinbarung besteht. Es bleibt jedoch abzuwarten, welche Anforderungen die Finanzverwaltung an den Nachweis einer mündlich geschlossenen Vereinbarung stellen wird.

Literaturhinweis

Pauli, DStRK 2019, S. 201

6.8 Zahl der Beschäftigten und Lohnsummenregelung bei Holdinggesellschaften; Einkommensteuerschulden als Nachlassverbindlichkeiten

BFH, Urteil v. 14.11.2018, II R 34/15, DStR 2019, S. 687;
Vorinstanz: FG Köln, Urteil v. 10.6.2015, 9 K 2384/09, DStRE 2015, S. 1245

Die gegen den Erblasser festgesetzte ESt kann auch dann als Nachlassverbindlichkeit abgezogen werden, wenn der Erblasser noch zu seinen Lebzeiten gegen die Steuerfestsetzung Einspruch eingelegt hat und AdV des angefochtenen Bescheids gewährt wurde.
Bei der Ermittlung der Zahl der Beschäftigten einer Holdinggesellschaft sind die Arbeitnehmer von Gesellschaften, an denen eine Beteiligung besteht, nicht einzubeziehen (Rechtslage für Erwerbe bis einschließlich 6.6.2013).

Normen: § 361 AO; § 13a Abs. 1; § 10 Abs. 5 Nr. 1 ErbStG; § 13a Abs. 4 ErbStG 2009

Sachverhalt

Die Klägerin (K) und ihre beiden Schwestern sind zu je 1/3 Erben ihres 2007 verstorbenen Vaters (Erblasser E). Der Nachlass bestand aus einer Vielzahl von Beteiligungen und Vermögensgegenständen. U. a. war E an einer Holding-KG beteiligt. Die Holding selbst hatte weniger als 20 Beschäftigte. Unter Einbeziehung der Beschäftigten der nachgeordneten Beteiligungsgesellschaften ergab sich eine Ausgangslohnsumme zur Berechnung der Lohnsummengrenze i. H. v. 93.169.223 €. Im Zeitraum von fünf Jahren nach dem Erbfall betrug die Lohnsumme insgesamt 358.632.511 € und damit 3,77 % weniger als 400 % der Ausgangslohnsumme. Das FA kürzte den Verschonungsabschlag des § 13a Abs. 1 ErbStG um 3,77 %.

In ihrer ErbSt-Erklärung machten die Erbinnen u. a. ESt-Schulden des Erblassers als Nachlassverbindlichkeiten geltend. Die zugrunde liegenden ESt-Bescheide wurden noch zu Lebzeiten von E angefochten und insoweit antragsgemäß von der Vollziehung ausgesetzt.

Das FG gab der Klage teilweise statt. Den Verschonungsabschlag nach § 13a ErbStG habe das FA zu Unrecht um 3,77 % gekürzt. Im Übrigen hat das FG die Klage abgewiesen. Die ESt-Schulden könnten nicht als Nachlassverbindlichkeiten berücksichtigt werden. Wegen der AdV hätten die Erben die Abgabenforderungen zum Stichtag nicht begleichen müssen. Es fehle insoweit an einer wirtschaftlichen Belastung.

Mit ihren Revisionen wenden sich das FA gegen die Nichtanwendung der Lohnsummenregelung und K gegen die Nichtberücksichtigung der ausgesetzten ESt-Schulden als Nachlassverbindlichkeiten.

Entscheidung
Der BFH entschied, dass der Verschonungsabschlag – wie vom FG zutreffend angenommen – nicht im Hinblick auf die Lohnsummenregelung nach § 13a Abs. 1 i. V. m. Abs. 4 ErbStG zu kürzen sei.

Unter »Betrieb« i. S. d. § 13a Abs. 1 S. 4 ErbStG 2009 sei dabei – dem Wortlaut und dem Sinnzusammenhang der Vorschrift folgend – diejenige wirtschaftliche Einheit zu verstehen, für deren Erwerb die Steuerbegünstigung in Anspruch genommen werde. Dabei seien mehrere rechtlich selbstständige wirtschaftliche Einheiten nicht als ein »Betrieb« zusammenzufassen. Das gelte selbst dann, wenn zum Betriebsvermögen einer Holdinggesellschaft Beteiligungen an Gesellschaften gehören, die ebenfalls Arbeitnehmer beschäftigen. Bei der Ermittlung der Zahl der Beschäftigten einer Holdinggesellschaft seien folglich nicht die Arbeitnehmer von Gesellschaften, an denen eine Beteiligung besteht, einzubeziehen.

Aus dem Zusammenhang mit der Regelung über die Berechnung der Lohnsumme bei Konzernsachverhalten folge nichts Gegenteiliges. Auch die Gesetzesbegründung rechtfertige nicht die Einbeziehung der Anzahl der Beschäftigten von Beteiligungsgesellschaften. Auch aus der Neuregelung des § 13a Abs. 1 S. 4 ErbStG 2009, wonach nicht nur für die Berechnung der Lohnsummen, sondern auch für die Berechnung der Anzahl der Beschäftigten die Beteiligungen i. S. d. § 13a Abs. 4 S. 5 ErbStG 2009 einzubeziehen seien, folge nichts anderes. Diese Regelung gelte nur für Erwerbe, die die Steuer nach dem 6.6.2013 entstehe. Auf frühere Erwerbe könne die Vorschrift aufgrund dieser klaren Anwendungsregelung nicht entsprechend angewendet werden. Sie gelte nicht nur deklaratorisch, sondern konstitutiv.

Die ESt-Schulden seien, soweit die Vollziehung der Bescheide ausgesetzt wurde, entgegen der Auffassung des FG als Nachlassverbindlichkeiten nach § 10 Abs. 5 Nr. 1 ErbStG steuermindernd zu berücksichtigen.

Die Einlegung eines Einspruchs durch E zu dessen Lebzeiten führe nicht dazu, dass die wirtschaftliche Belastung durch die festgesetzte Steuer wegfalle. Dasselbe gelte für die Gewährung der AdV.

Im Bereich der Erb- und Schenkungsteuer

Diese bewirke für den Zeitraum ihrer Wirksamkeit nur, dass das für die ESt zuständige FA entgegen § 361 Abs. 1 S. 1 AO und § 69 Abs. 1 S. 1 FGO nicht aus dem angefochtenen Bescheid vollstrecken und die festgesetzte Steuer beitreiben könne.

> **Praxishinweis**
> Bereits 2018 hatte der BFH[401] die Gelegenheit, zur Feststellung der Ausgangslohnsumme Stellung zu nehmen. In dem Urteil aus 2018 blieb die damals noch streitige Frage zwischen den Beteiligten noch unbeantwortet, da in diesem Fall die Anzahl der Beschäftigten nicht festgestellt wurde. Der BFH konnte nun im aktuellen Urteil dazu Stellung nehmen und stellt klar, dass für Besteuerungsstichtage vor dem 7.6.2013 Arbeitnehmer und zugehörige Löhne und Gehälter von Tochtergesellschaften von Holdinggesellschaften mit weniger als 20 »eigenen« Arbeitnehmern nicht mit einzubeziehen sind.
> Auch konkretisiert der BFH seine Rspr. zur wirtschaftlichen Belastung von Erblasserverbindlichkeiten dahingehend, dass ein anhängiges Rechtsbehelfsverfahren nebst gewährter AdV nicht zum Wegfall der wirtschaftlichen Belastung führt und derartige Steuerverbindlichkeiten des Erblassers abziehbar bleiben.

Literaturhinweise
Mensch, DStRK 2019, S. 131; *Stalleiken*, ZEV 2019, S. 229; *von Oertzen/Weiss*, DStR 2019, S. 1292

6.9 Vermögen einer unselbstständigen Stiftung liechtensteinischen Rechts als Nachlassvermögen des Stifters

BFH, Urteil v. 5.12.2018, II R 9/15, DStR 2019, S. 978;
Vorinstanz: FG Münster, Urteil v. 11.12.2014, 3 K 764/12 Erb, DStRE 2016, S. 1311

Das einer unselbstständigen Stiftung liechtensteinischen Rechts übertragene, jedoch weiter dem Stifter zuzurechnende Vermögen gehört beim Tode des Stifters zum Erbanfall, wenn die Herrschaftsbefugnisse des Stifters vererblich sind.

Normen: §§ 1922, 1942 BGB; Art. 25 Abs. 1 EGBGB; §§ 1 Abs. 1 Nr. 1, 2 Abs. 1 Nr. 1, 3 Abs. 1 Nr. 1, 10 Abs. 1 ErbStG; Art. 83 Abs. 1 EuErbVO

Sachverhalt
Der Kläger (K) ist aufgrund eines notariellen Testaments v. 16.2.2005 Alleinerbe der 1906 geborenen und im Juli 2009 verstorbenen Erblasserin (E).

E hatte als Stifterin im Jahr 1999 Vermögen auf eine neu gegründete Stiftung übertragen. Mit Beistatut v. 16.6.2009 bestimmte der Stiftungsrat der Stiftung die E jeweils zur Erstbegünstigten.

---

[401] BFH, Urteil v. 5.9.2018, II R 57/15, DStR 2018, S. 2522; vgl. 17. Auflage, C.5.7.

Nach deren Tode waren Beträge für den Kurator sowie für den Tierschutz vorgesehen. Begünstigter des restlichen Vermögens war K. Das Beistatut war zu Lebzeiten der E widerruflich und nach deren Tode unwiderruflich.

Die Stifterin konnte im Rahmen des Beistatuts oder eines Reglements konkrete und verbindliche Kriterien für die dem Stiftungsrat obliegende Verwaltung des Stiftungsvermögens festlegen. Sie konnte die Statuten und Beistatuten jederzeit abändern sowie die Stiftung jederzeit ohne Angabe von Gründen widerrufen.

Die aus der Stiftung von 1999 bis 2008 erzielten Erträge hatte die E bei der ESt nicht erklärt. Dies holte K nach ihrem Tode am 11.8.2009 nach. Zudem gab er am 28.1.2010 eine ErbSt-Erklärung ab. Er wies darin auf das Stiftungsvermögen in Liechtenstein hin und vertrat die Auffassung, es läge eine von der Stifterin beherrschte abhängige Stiftung i. S. d. Urteils des BFH v. 28.6.2007[402] vor, deren Vermögen der Stifterin zuzurechnen sei.

Das beklagte FA hielt das Vermögen der Stiftung – nach Abzug der Beträge für den Kurator und den Tierschutz – für einen Teil des Nachlasses und setzte mit Bescheid v. 20.4.2010 die ErbSt auf dieser Grundlage gegen den Kläger fest.

Entscheidung
Der BFH wies die Revision als unbegründet zurück.

Erbstatut sei im Streitfall das deutsche Recht, da E zum Zeitpunkt ihres Todes deutsche Staatsangehörige gewesen sei.

Das Vermögen einer intransparenten, wirksam gegründeten und rechtlich selbstständigen Stiftung sei dem Stifter nicht mehr zuzurechnen und könne schon deshalb nach inländischem Erbrecht – unabhängig von dem ausländischen Personalstatut der Stiftung – nicht mehr der gesetzlichen Erbfolge oder einer Verfügung von Todes wegen unterliegen. Vermögenswerte, die zum Zeitpunkt des Erbfalls nicht mehr zum Vermögen des Erblassers gehören, seien kein Nachlassvermögen und der letztwilligen Verfügung des Erblassers entzogen.

Seien jedoch nach den getroffenen Vereinbarungen und Regelungen dem Stifter umfassende Herrschaftsbefugnisse über das Vermögen einer ausländischen Stiftung vorbehalten, sodass die Stiftung gehindert sei, über das ihr übertragene Vermögen dem Stifter gegenüber tatsächlich und frei zu verfügen, sei das Vermögen weiterhin dem Stifter zuzurechnen.

Vom maßgeblichen Erbstatut sei die kollisionsrechtlich gesondert anzuknüpfende Vorfrage zu unterscheiden, ob ein Recht nach dem Tode des Erblassers noch vorhanden sei und einen Nachlassgegenstand darstelle.

---

402 BFH, Urteil v. 28.6.2007, II R 21/05, BStBl II 2007, S. 669.

Literaturhinweis
Meßbacher-Hönsch, DStKR 2019, S. 160

6.10 Kein Ausschluss der Berichtigung des Kapitalwerts eines Vorerwerbs nach § 14 Abs. 2 BewG durch die Fiktion nach § 10 Abs. 3 ErbStG

BFH, Urteil v. 22.8.2018, II R 51/15, DStR 2019, S. 45;
Vorinstanz: FG Münster, Urteil v. 10.9.2015, 3 K 1870/13 Erb, EFG 2016, S. 45

Die unverzinsliche lebenslängliche Stundung einer Zugewinnausgleichsforderung ist im Hinblick auf den gewährten Nutzungsvorteil eine der Schenkungsteuer unterliegende freigebige Zuwendung. Wird der ausgleichsverpflichtete Ehegatte beim Tod des ausgleichsberechtigten Ehegatten dessen Alleinerbe, steht der fingierte Fortbestand von Zugewinnausgleichsforderung und -verbindlichkeit nach § 10 Abs. 3 ErbStG der Berichtigung des Kapitalwerts des als Vorerwerb anzusetzenden Nutzungsvorteils nicht entgegen.

Normen: § 45 Abs. 2 AO; §§ 12 Abs. 3, 13 Abs. 1, 14 Abs. 1 und Abs. 2 S. 1 Nr. 4, 15 Abs. 1 BewG; §§ 516 Abs. 1, 1378, 2213 BGB; §§ 7 Abs. 1 Nr. 1, 9 Abs. 1 Nr. 2, 10 Abs. 3, 11, 14 ErbStG

Sachverhalt

Der Kläger und Revisionsbeklagter (K) ist ein Testamentsvollstrecker, dem die Verwaltung und Vertretung einer unselbstständigen Stiftung obliegt. Das Stiftungsvermögen besteht aus dem Nachlass des X.

X und seine Ehefrau, die spätere Erblasserin (E) lebten im Güterstand der Zugewinngemeinschaft. Am 7.12.2004 beendeten die Eheleute durch Ehevertrag den Güterstand der Zugewinngemeinschaft und wechselten in den Güterstand der Gütertrennung. Die Zugewinnausgleichsforderung der E wurde auf Lebenszeit des X zinslos gestundet, der während des Revisionsverfahrens verstarb. Zudem setzten sich die Eheleute als Alleinerben ein. E verstarb am 26.11.2009.

Das beklagte FA erfasste die Zugewinnausgleichsforderung als Erwerb des X mit dem Nennwert. Den Vorteil der zinslosen Stundung setzte es mit dem Kapitalwert einer lebenslänglichen Nutzung als Vorschenkung an.

Dem Einspruch des X folgte das FA insoweit, als es die Vorschenkung nur noch mit einem Kapitalwert einer wiederkehrenden Nutzung erfasste.

Die Klage des X hatte Erfolg. Nach Auffassung des FG waren die Zugewinnausgleichsforderung nur mit einem abgezinsten Wert und die zinslose Stundung nur mit einem laufzeitbezogenen Kapitalwert anzusetzen.

Gegen die Bewertung der Vorschenkung nur mit einem laufzeitabhängigen Kapitalwert wendet sich das FA mit der Revision. Es rügt die Verletzung des § 10 Abs. 3 ErbStG.

Entscheidung
Der BFH wies die Revision als unbegründet zurück.

Aufgrund der Selbstständigkeit der Besteuerung der einzelnen Erwerbe sei der in die Zusammenrechnung nach § 14 Abs. 1 S. 1 ErbStG einzubeziehende Vorerwerb dem letzten Erwerb mit dem materiell-rechtlich zutreffenden Wert hinzuzurechnen.

Im Streitfall sei der dem X zugewendete Nutzungsvorteil aufgrund der zinslosen Stundung der Ausgleichsforderung nicht wie eine lebenslängliche Nutzung, sondern wie eine Nutzung auf bestimmte Zeit zu bewerten. Mit dem Tod der E endete der Nutzungsvorteil mit der Folge, dass der Kapitalwert nach der wirklichen Dauer der Nutzung zu berichtigen war.

Gem. § 14 Abs. 2 S. 1 ErbStG sei die Festsetzung auf Antrag nach der wirklichen Dauer der Nutzung oder Leistung zu berichtigen, wenn eine nach dem Leben bewertete Nutzung bei einem bestimmten Alter jeweils eine bestimmte Zeit nicht überschritten und der Wegfall auf dem Tod des Verpflichteten beruhe.

Die Berichtigung des Kapitalwerts sei auch nicht durch § 10 Abs. 3 ErbStG ausgeschlossen. Danach folge das ErbSt-Recht insoweit nicht der zivilrechtlichen Beurteilung, nach der bei einer nachträglichen Vereinigung von Forderung und Schuld in einer Person (Konfusion) das Schuldverhältnis i. d. R. erlösche.

§ 10 Abs. 3 ErbStG gelte für den jeweils zu besteuernden Erwerb, der zivilrechtlich das Recht und die Verbindlichkeit durch Konfusion zum Erlöschen bringt. Der Vorerwerb sei – wie sich aus § 14 Abs. 1 S. 1 ErbStG ergebe – dem Letzterwerb mit dem früheren Wert hinzuzurechnen. Dabei sei – wie bereits ausgeführt – der materiell-rechtlich zutreffende Wertansatz maßgebend.

Der BFH stellt klar, dass dieses Verständnis des § 10 Abs. 3 ErbStG nicht dem BFH-Urteil v. 7.10.1998[403] entgegenstehe.

Literaturhinweise
Bode, DStRK, 2019, S. 76; *Münch*, ZEV 2019, S. 98

---

403 BFH, Urteil v. 7.10.1998, II R 64–96, DStR 1999, S. 21.

6.11 Grundbesitzwert für nach dem Erbanfall veräußerte, zu einem land- und forstwirtschaftlichen Betrieb gehörende Grundstücke

BFH, Urteil v. 30.1.2019, II R 9/16, DStRE 2019, S. 617;
Vorinstanz: FG Nürnberg, Urteil v. 14.1.2016, 4 K 814/15, EFG 2016, S. 1401

Weist der Steuerpflichtige nach, dass der gemeine Wert der kurze Zeit nach dem Erbanfall veräußerten land- und forstwirtschaftlich genutzten Flächen wesentlich niedriger ist als der nach § 166 BewG ermittelte Liquidationswert, kann der niedrigere gemeine Wert als Grundbesitzwert für Zwecke der ErbSt festgestellt werden.

Normen: §§ 166, 198 BewG

Sachverhalt

Der am 11.8.2011 verstorbene Erblasser (E) war Eigentümer zweier Grundstücke, die als Ackerland genutzt wurden. Der Kläger und Revisionskläger (K) ist der Alleinerbe des E. Mit notariell beurkundetem Vertrag v. 30.1.2012 veräußerte K die Grundstücke zu einem Kaufpreis i. H. v. 123.840 €.

Das für die ErbSt zuständige FA forderte das beklagte Feststellungsfinanzamt (FA) auf, die Grundbesitzwerte zum Todestag für Zwecke der ErbSt festzustellen. In der Erklärung zur Feststellung des Bedarfswerts beantragte K den Ansatz eines niedrigeren gemeinen Werts i. H. v. 123.840 €.

Mit Bescheid über die gesonderte Feststellung des Grundbesitzwerts vom 20.6.2014 stellte das FA einen Grundbesitzwert i. H. v. 235.296 € fest. Dabei setzte das FA aufgrund der Veräußerung der Grundstücke innerhalb eines Zeitraums von 15 Jahren nach dem Bewertungsstichtag den Liquidationswert nach § 166 i. V. m. § 162 Abs. 3 BewG in der für den streitigen Bewertungsstichtag geltenden Fassung an.

Dagegen legte K Einspruch ein. Zur Begründung trug er vor, dass für die Höhe des festzustellenden Grundbesitzwerts auf den erzielten Verkaufspreis i. H. v. 123.840 € als niedrigeren gemeinen Wert abzustellen sei.

Im Einspruchsverfahren ermittelte das FA aus der Richtwertkarte einen Bodenrichtwert i. H. v. 31 €/qm statt der bis dahin angesetzten 38 €/qm und setzte den angefochtenen Grundbesitzwert mit Änderungsbescheid v. 18.3.2015 auf 191.952 € herab. Den Einspruch des K wies das FA als unbegründet zurück.

Die Klage des K hatte keinen Erfolg.

Mit seiner Revision begehrt K eine verfassungskonforme Auslegung des § 166 BewG. Im Wesentlichen trägt er vor, der Nachweis eines niedrigeren gemeinen Werts sei durch den zeitnahen Verkauf erbracht.

Entscheidung
Der BFH hielt die Revision für begründet.

Das FA habe die Höhe des Grundbesitzwerts für den Betrieb der Land- und Forstwirtschaft den gesetzlichen Vorgaben entsprechend grds. zutreffend mit dem Liquidationswert i. H. v. 191.952 € festgestellt.

Weise der Steuerpflichtige allerdings nach, dass der gemeine Wert der kurze Zeit nach dem Erbanfall veräußerten land- und forstwirtschaftlich genutzten Flächen wesentlich niedriger sei als der nach § 166 BewG ermittelte Liquidationswert, könne der niedrigere gemeine Wert nach § 9 Abs. 2 BewG als Grundbesitzwert für Zwecke der ErbSt festgestellt werden.

Im Gegensatz zur Bewertung des Grund und Bodens, der zu einem land- und forstwirtschaftlichen Betrieb gehört und bei einer Veräußerung mit dem Liquidationswert anzusetzen sei, sei bei der Bewertung von ebenfalls land- und forstwirtschaftlich genutzten Flächen, die dem Grundvermögen zuzurechnen sind, nach § 198 BewG ausdrücklich der Nachweis eines niedrigeren gemeinen Werts möglich. Ein niedrigerer gemeiner Wert könne durch einen im gewöhnlichen Geschäftsverkehr zeitnah zum maßgeblichen Besteuerungsstichtag erzielten Kaufpreis für das zu bewertende Grundstück nachgewiesen werden.

Zwar orientiere sich der nach § 166 Abs. 2 Nr. 1 BewG bestimmte Liquidationswert durch die Bezugnahme auf den Bodenrichtwert an dem gemeinen Wert. Nichts anderes gelte jedoch auch für § 198 BewG, bei dem der Gesetzgeber ausdrücklich den Nachweis eines niedrigeren gemeinen Werts eröffnet habe. Zur Vermeidung eines Verstoßes gegen das Übermaßverbot könne der Steuerpflichtige deshalb auch bei der Veräußerung von Flächen, die einem land- und forstwirtschaftlichen Betrieb zuzurechnen waren, entsprechend § 165 Abs. 3 Halbs. 1, § 198 BewG den Nachweis eines vom Liquidationswert wesentlich abweichenden niedrigeren gemeinen Werts erbringen, etwa durch ein Sachverständigengutachten oder durch einen zeitnahen Verkauf.

Der BFH führt aus, dass das Übermaßverbot aber nur verletzt sei, wenn die Folgen einer schematisierenden Bewertung extrem über das normale Maß hinausgehen. Dies erfordere den Nachweis eines niedrigeren gemeinen Werts, der den festgestellten Grundstückswert so erheblich unterschreite, dass sich der festgestellte Grundstückswert als extrem über das normale Maß hinausgehend erweise. Extrem über das normale Maß hinaus gehe bspw. das Dreifache des gemeinen Werts bzw. das rund 1,4-fache eines sich aus dem Bodenrichtwert errechneten Verkehrswerts. Eine Bewertungsdifferenz von 10 % sei hingegen als Folge der typisierenden Bewertungsmethode aufgrund der mit der Wertschätzung verbundenen Ungenauigkeit hinzunehmen.

Literaturhinweis
Radeisen, DStRK 2019, S. 148

6.12 Verstoß gegen die Kapitalverkehrsfreiheit bei Ungleichbehandlung einer liechtensteinischen Familienstiftung im Bereich der Schenkungsteuer

Hessisches FG, Gerichtsbescheid v. 7.3.2019, 10 K 541/17, EFG 2019, S. 930

1. Das Verbot der Diskriminierung i. S. d. Art. 24 Abs. 1 DBA Liechtenstein, dessen Anwendungsbereich sich auch auf juristische Personen erstreckt, untersagt keine steuerliche Differenzierung nach der Ansässigkeit bzw. der unbeschränkten und beschränkten- Steuerpflicht, sondern beschränkt sich auf solche Schlechterstellungen, die darauf abstellen, ob die Errichtung der betreffenden Körperschaft nach inländischem oder nach dem Recht des anderen DBA-Staates erfolgte.
2. Die steuerliche Behandlung von Schenkungen fällt unabhängig davon, ob es sich bei der Zuwendung um Geldbeträge, um bewegliche oder unbewegliche Sachen handelt, unter die Kapitalverkehrsfreiheit.
3. Bei der Besteuerung einer Schenkung stehen innerstaatliche Besteuerungsnormen der Kapitalverkehrsfreiheit immer dann entgegen, wenn Auslandsvermögen aufgrund fehlender Abzugsmöglichkeit von Belastungen oder aus formellen Gründen, z. B. kürzeren Verjährungsfristen, ungünstiger bzw. höher bewertet wird als Inlandsvermögen oder wenn Inländer als unbeschränkt Steuerpflichtige aufgrund höherer Freibeträge oder geringerer Steuersätze weniger Steuer auf gleiche Erwerbe bezahlen müssen als beschränkt Steuerpflichtige.
4. Die Regelung des § 15 Abs. 2 S. 1 ErbStG, die *einen Anspruch auf Ermäßigung oder sogar Befreiung*[404] bei Zuwendungen eines Inländers an eine im Inland ansässige Familienstiftung gewährt, indem sie von der Bemessungsgrundlage der Steuer eine Steuerermäßigung in Abzug bringt, stellt regelmäßig eine verbotene Beschränkung des Kapitalverkehrs dar.
5. Zur Beseitigung der Europarechtswidrigkeit ist die Steuerbegünstigung des § 15 Abs. 2 S. 1 ErbStG auch der ausländischen Stiftung zu gewähren.

Norm: § 15 Abs. 2 S. 1 ErbStG

Sachverhalt

Streitig zwischen den Beteiligten ist die Berücksichtigung der Steuerbegünstigung nach § 15 Abs. 2 S. 1 ErbStG in der zum Besteuerungszeitpunkt geltenden Fassung bei einer freigebigen Zuwendung an eine ausländische Stiftung.

Der Kläger (K) errichtete mit einem Widmungsbetrag von X € die Familienstiftung mit Sitz und Geschäftsleitung im Fürstentum Liechtenstein. Begünstigte der Stiftung sind nach § 4 der Satzung i. V. m. der Stiftungszusatzurkunde ausschließlich der Stifter, seine Ehefrau sowie in gerader absteigender Linie verwandte Abkömmlinge im Rahmen der Generationsnachfolge.

Diesen Sachverhalt zeigte die Stiftung dem beklagten FA an. Sie vertrat die Auffassung, gem. § 10 Abs. 2 ErbStG betrage der steuerpflichtige Erwerb einschließlich übernommener Schenkungsteuer insgesamt X €; nach Abrundung und unter Berücksichtigung eines Freibetrags i. H. v. 200.000 € sei die Schenkungsteuer gem. § 19 Abs. 1 ErbStG i. V. m. dem Steuerklassenprivileg des § 15 Abs. 2 ErbStG (Steuersatz i. H. v. 15 %) i. H. v. X € festzusetzen.

---

[404] Der in kursiv ergänzte Teil wurde vom Autor hinzugefügt, gleichlautend mit ZEV 2019, S. 274.

Mit Bescheid vom 7.3.2017 setzte das FA gegenüber K Schenkungsteuer i. H. v. X € fest. Der Steuerwert der freigebigen Zuwendung wurde mit X € zzgl. eines Hinzurechnungsbetrags für die Steuerübernahme i. H. v. X € angesetzt. Ein Freibetrag nach § 16 Abs. 1 ErbStG wurde i. H. v. 20.000 € gewährt; der Steuersatz wurde mit 30 % (§ 19 Abs. 1 ErbStG) angesetzt. In den Erläuterungen heißt es: »Die Festsetzung erfolgt nach den derzeit geltenden gesetzlichen Vorschriften. Eine Begünstigung gem. § 15 Abs. 2 ErbStG kann nicht gewährt werden, da keine inländische Familienstiftung vorliegt.«

Hiergegen wandte sich K mit seinem Einspruch und regte eine Sprungklage an. Das FA stimmte der Sprungklage zu.

Entscheidung
Das FG hielt die Klage für begründet.

Der Schenkungsteuerbescheid sei rechtswidrig und verletze den Kläger in seinen Rechten. Die vom Gesetzgeber in § 15 Abs. 2 S. 1 ErbStG vorgesehene Steuervergünstigung sei auch im Streitfall zu gewähren, da die insoweit vorgesehene Beschränkung auf inländische Stiftungen nach der Überzeugung des FG gegen den freien Kapitalverkehr i. S. d. Art. 40 des Abkommens über den Europäischen Wirtschaftsraum (EWR-Abkommen) verstoße.

Die Regelung des § 15 Abs. 2 S. 1 EStG eröffne einen Anspruch auf Ermäßigung oder sogar Befreiung bei Zuwendungen eines Inländers an eine im Inland ansässige Familienstiftung, indem sie von der Bemessungsgrundlage der Steuer eine Steuerermäßigung in Abzug bringe. Die Regelung habe somit zur Folge, dass eine Zuwendung an eine Stiftung mit Sitz und Geschäftsleitung in Liechtenstein, deren Begünstigte – wie im Streitfall – ausschließlich aus Abkömmlingen gerader Linie bestehen, in Deutschland einer höheren Schenkungsteuer unterliege als dies der Fall wäre, wenn die nämliche Zuwendung an eine Stiftung mit Sitz in Deutschland erfolgt wäre.

> **Praxishinweis**
> Vor dem BFH ist die Revision unter dem Az. II R 25/19 anhängig.

6.13 Weitergeltung des Erbschaftsteuerrecht 2009

Das neue Erbschaftsteuerrecht findet auf Erwerbe Anwendung, für die die Steuer nach dem 30.6.2016 entsteht.

Da das BVerfG mit Urteil vom 17.12.2014[405] das Erbschaftsteuerrecht 2009 für verfassungswidrig erklärt hat, sind zum einen alte Erbfälle und zum anderen die unter das neue ErbSt-Recht fallenden Erbfälle zu unterscheiden. Insb. aufgrund der langen Gesetzgebungsphase, muss sich der BFH mit der Weitergeltung des Erbschaftsteuerrechts 2009 befassen.

---

405 BVerfG, Urteil v. 17.12.2014, 1 BvL 21/12, BStBl II 2015, S. 50.

6.14 Keine Steuerpause ab dem 1.7.2016 bei der Erbschaftsteuer

FG Köln, Urteil v. 8.11.2018, 7 K 3022/17, EFG 2019, S. 455

Ab dem 1.7.2016 ist bei der ErbSt keine Steuerpause mit der Begründung eingetreten, dass es der Gesetzgeber nicht geschafft hat, das ErbStAnpG 2016 rechtzeitig zu verabschieden.

Die im ErbStAnpG 2016 angeordnete echte Rückwirkung in Bezug auf die neugefassten, verschärften Regelungen zum Übergang von Betriebsvermögen in § 37 Abs. 12 S. 1 ErbStG 2016 und über Art. 3 ErbStAnpG 2016 ist (ausnahmsweise) zulässig.

Normen: Art. 3 ErbStAnpG 2016; § 37 Abs. 12 ErbStG; Art. 3 Abs. 1 GG

Sachverhalt

Zwischen den Beteiligten ist streitig, ob für Erbfälle ab dem 1.7.2016, nach Ablauf der Weitergeltungsanordnung aus dem Urteil des BVerfG vom 17.12.2014,[406] bis zur Verkündung des ErbStAnpG 2016 vom 4.11.2016[407] eine sog. Erbschaftsteuerpause eingetreten ist.

Die Klägerin (K) ist Alleinerbin nach ihrer im August 2016 verstorbenen Tante A. Das beklagte FA setzte hierfür mit Bescheid vom 1.6.2017 ErbSt i. H. v. X € fest.

K legte gegen den ErbSt-Bescheid fristgerecht Einspruch ein und beantragte die Aufhebung des Bescheids. Sie vertrat die Auffassung, dass für Erbfälle, die nach Ablauf der Weitergeltungsanordnung aus dem Urteil des BVerfG vom 17.12.2014[408] bis zur Verkündung des ErbStAnpG 2016 eingetreten seien, kein ErbStG bestanden habe, auf dessen Grundlage ErbSt hätte festgesetzt werden können.

Der Einspruch der K blieb erfolglos. In der Einspruchsbegründung vertrat das FA die Auffassung, dass der angefochtene ErbSt-Bescheid formell und materiell rechtmäßig sei. Es fehle insb. nicht an einer verfassungsmäßigen Rechtsgrundlage für die Festsetzung der ErbSt. Durch das ErbStAnpG 2016 sei das ErbStG 2009 rückwirkend zum 1.7.2016 geändert worden.

Mit der Klage begehrt die K weiterhin die ersatzlose Aufhebung des ErbSt-Bescheids, mit der Begründung, dass zum Zeitpunkt des Todes der Erblasserin keine gültige Rechtsgrundlage für eine ErbSt-Festsetzung bestanden habe.

Entscheidung

Das FG wies die Klage als unbegründet ab.

Das ErbStG 2016 stelle eine wirksame Rechtsgrundlage für die Festsetzung der ErbSt für den im August 2016 eingetretenen Erbfall dar. Dies ergebe sich aus der rückwirkenden Inkraftsetzung des

---

406 BVerfG, Urteil v. 17.12.2014, 1 BvL 21/12, BStBl II 2015, S. 50.
407 ErbStAnpG 2016, BGBl I 2016, S. 2464.
408 BVerfG, Urteil v. 17.12.2014, 1 BvL 21/12, BStBl II 2015, S. 50.

ErbStAnpG 2016 mit Wirkung zum 1.7.2016 (Art. 3 des ErbStAnpG 2016) und der speziellen Anwendungsregelung in § 37 Abs. 12 ErbStG 2016, wonach die Neuregelungen zur Besteuerung von Betriebsvermögen für alle Erwerbe gelte, für die die Steuer nach dem 30.6.2016 entstehe.

Das BVerfG habe allerdings mit Rücksicht auf die Haushaltsplanung eine Fortgeltung des verfassungswidrigen ErbStG angeordnet, die es wie folgt tenoriert habe: »Das bisherige Recht ist bis zu einer Neuregelung weiter anwendbar. Der Gesetzgeber ist verpflichtet, eine Neuregelung spätestens bis zum 30.6.2016 zu treffen.«

Danach beschäftigt sich das FG mit dem genauen zeitlichen Ablauf.

Die im ErbStAnpG 2016 angeordnete Rückwirkung sei umfassend zulässig.

Art. 3 des ErbStAnpG 2016 sehe vor, dass das Gesetz mit Wirkung vom 1.7.2016 in Kraft trete. Nach der maßgeblichen Anwendungsvorschrift in § 37 Abs. 12 S. 1 ErbStG 2016 finden §§ 10, 13a bis 13d, 19a, 28 und 28a i. d. F. des Art. 1 des ErbStAnpG 2016 auf Erwerbe Anwendung, für die die Steuer nach dem 30.6.2016 entstehe.

Die Regelung in Art. 3 ErbStAnpG 2016 und die Regelung des § 37 Abs. 12 S. 1 ErbStG 2016 verstoßen nicht gegen das verfassungsrechtliche Rückwirkungsverbot. Zwar handele es sich hierbei um Regelungen, denen in formaler Hinsicht echte Rückwirkung zukomme. Diese Rückwirkung sei aber zulässig. Das BVerfG unterscheide bei rückwirkenden Gesetzen in st. Rspr. zwischen Gesetzen mit echter Rückwirkung, die grds. nicht mit der Verfassung vereinbar, und solchen mit unechter Rückwirkung, die grds. zulässig seien.

Das FG geht unter jedem Gesichtspunkt von der (ausnahmsweisen) Zulässigkeit der angeordneten echten Rückwirkung aus.

Eine Ausnahme vom Grundsatz der Unzulässigkeit echter Rückwirkungen sei gegeben, wenn die Betroffenen schon im Zeitpunkt, auf den die Rückwirkung bezogen werde, nicht auf den Fortbestand einer gesetzlichen Regelung vertrauen durften, sondern mit deren Änderung rechnen mussten. Vertrauensschutz komme insb. dann nicht in Betracht, wenn die Rechtslage so unklar und verworren war, dass eine Klärung erwartet werden musste, oder wenn das bisherige Recht in einem Maße systemwidrig und unbillig war, dass ernsthafte Zweifel an seiner Verfassungsmäßigkeit bestanden. Der Vertrauensschutz müsse ferner zurücktreten, wenn überragende Belange des Gemeinwohls, die dem Prinzip der Rechtssicherheit vorgehen, eine rückwirkende Beseitigung erfordern, wenn der Bürger sich nicht auf den durch eine ungültige Norm erzeugten Rechtsschein verlassen durfte oder wenn durch die sachlich begründete rückwirkende Gesetzesänderung kein oder nur ganz unerheblicher Schaden verursacht werde.

Hiervon ausgehend sei sowohl die umfassende rückwirkende Inkraftsetzung des ErbStAnpG 2016 als auch speziell die rückwirkende Anwendung der Neuregelungen zum Betriebsvermögen für verfassungsrechtlich zulässig. Dies gelte auch, soweit die Erwerber gegenüber der bisherigen Rechtslage schlechter gestellt werden.

Praxishinweise
- Vor dem BFH ist die Revision unter dem Az. II R 1/19 anhängig.
- In einem gleich gelagerten Fall, den das FG Hamburg mit Urteil v. 28.4.2017[409] zu entscheiden hatte, wurde Nichtzulassungsbeschwerde eingelegt. Das Verfahren wird beim BFH unter dem Az. II B 108/17 geführt.
- Im Wesentlichen vertrat der Steuerpflichtige dort die Auffassung, dass das ErbStG 2009 über den 30.6.2016 hinaus nicht mehr angewandt werden dürfe, da die Weitergeltungsanordnung verfassungswidrig sei. Das FG Hamburg hat die Klage abgewiesen und ausgeführt, dass aufgrund der Weitergeltungsanordnung das ErbStG 2009 auf Altfälle weiterhin anzuwenden sei.

6.15 Zuwendung bei Übertragung eines Grundstücks gegen Zurückbehaltung eines Nießbrauchs zugunsten des Schenkers und seiner Ehefrau

FG Münster, Urteil v. 14.2.2019, 3 K 2098/16 Erb, EFG 2019, S. 821

Die Übertragung eines Grundstücks gegen Zurückbehaltung eines Nießbrauchs zugunsten des Schenkers und seiner Ehefrau stellt keine Zuwendung zugunsten der Ehefrau dar, wenn sich aus den tatsächlichen Umständen eine Alleinberechtigung des Ehemanns dadurch ergibt, dass die Mieterlöse auf ein nur diesem zustehendes Konto fließen, dieser mit den Mitteln eigenes Vermögen anspart und keine Zahlungsbewegungen zugunsten der Ehefrau erkennbar sind.

Norm: § 7 Abs. 1 S. 1 Nr. 1 ErbStG

Sachverhalt
Streitig ist, ob die Klägerin (K) eine Schenkung seitens ihres Ehemanns im Wege der Einräumung eines Nießbrauchs erhalten hat.

Der Ehemann der K übertrug mit deren Zustimmung den in seinem Eigentum stehenden Grundbesitz durch notariellen Übertragungsvertrag zu je 1/2 auf die beiden, gemeinsamen Söhne. Gem. § 6 des Übertragungsvertrags behielt sich der Ehemann der K zu seinen und zugunsten der K den lebenslänglichen unentgeltlichen Nießbrauch an dem übertragenen Grundbesitz vor, wobei die Nießbraucher insb. auch die Zins- und Tilgungsleistungen aus den den eingetragenen Grundpfandrechten zugrundeliegenden Darlehnsverbindlichkeiten zu tragen hatten.

---

[409] 3 K 293/16, EFG 2017, S. 1959.

Das beklagte FA ging davon aus, dass die Einräumung des Nießbrauchsrechts zugunsten der K gem. § 6 des Übertragungsvertrags seitens ihres Ehemanns unentgeltlich im Wege der Schenkung erfolgte, und setzte durch Bescheid Schenkungsteuer fest.

Mit dem dagegen gerichteten Einspruch vertrat K die Auffassung, der ihr eingeräumte anteilige Nießbrauch stelle keine Schenkung dar, und verwies dazu auf das Urteil des BFH v. 22.8.2007[410]. Danach sei nur dann von einer freigebigen Zuwendung auszugehen, wenn der Zuwendungsempfänger über das Empfangene im Innenverhältnis rechtlich und tatsächlich endgültig frei verfügen könne. Das treffe auf ihren Fall jedoch nicht zu, da die Mieten aus dem Grundbesitz weiterhin auf dem allein auf ihren Ehemann lautenden Mietkonto vereinnahmt würden, von dem auch alle mit dem Grundbesitz zusammenhängenden Ausgaben inklusive Schuldendienst bestritten würden. Die Nießbrauchseinräumung sei allein zu ihrer Absicherung beim etwaigen Tod ihres Ehemanns erfolgt. Im Fall einer Trennung oder Scheidung sei das Nießbrauchsrecht zurück zu übertragen.

Der Einspruch blieb erfolglos.

Entscheidung
Das FG hielt die Klage für begründet.

Gem. § 7 Abs. 1 Nr. 1 ErbStG gelte als Schenkung unter Lebenden jede freigebige Zuwendung unter Lebenden, soweit der Bedachte durch sie auf Kosten des Zuwendenden bereichert wird. Die Zuwendung sei freigebig, wenn sie (objektiv) unentgeltlich ist. Das erfordere, dass der Empfänger über das Zugewendete im Verhältnis zum Leistenden tatsächlich und rechtlich frei verfügen könne; maßgebend hierfür sei ausschließlich die Zivilrechtslage. Sei der Empfänger einer Leistung zivilrechtlich zur Rückgewähr des Überlassenen verpflichtet, fehle es insoweit an einer Bereicherung des Empfängers.

Es fehle an einer Bereicherung, soweit der bedachte Gesamtgläubiger – hier die K – gem. § 430 BGB zum Ausgleich des Empfangenen verpflichtet sei oder aufgrund abweichender Vereinbarungen das Empfangene vollständig an den anderen Gesamtgläubiger – hier den Ehemann der K – herausgeben müsse.

> **Praxishinweis**
> Die Revision des FA ist beim BFH unter dem Az. II R 23/19 anhängig. Es bleibt abzuwarten, wie der BFH Fälle des »gemeinsamen Nießbrauchs« beurteilen wird. Bei der Vertragsgestaltung sollte bis dahin erwogen werden, den Nießbrauch zugunsten des länger lebenden Ehegatten aufschiebend bedingt, z. B. auf den Tod des Erstversterbenden zu vereinbaren.

---

410 BFH, Urteil v. 22.8.2007, II R 33/06, BStBl II 2008, S. 28.

6.16 Aussetzung der Vollziehung eines Schenkungsteuerbescheids wegen ernstlicher Zweifel an der Verfassungsmäßigkeit von § 13b Abs. 2 S. 2 ErbStG

FG Münster, Beschluss v. 3.6.2019, 3 V 3697/18 Erb, rkr., ZEV 2019, S. 551

An der Verfassungsmäßigkeit von § 13b Abs. 2 S. 2 ErbStG, wonach die Finanzmittel ohne Verrechnung mit den Schulden in die Berechnung der 90%-Grenze einzubeziehen sind, bestehen ernstliche verfassungsrechtliche Zweifel. Die gesetzliche Regelung führt zu einem wirtschaftlich nicht nachvollziehbaren Ergebnis. Insofern ist auch zweifelhaft, ob dieses Ergebnis durch den Gesetzeszweck, der darin besteht, Missbrauch zu verhindern, gedeckt wird (nicht amtl. Ls.).

Norm: § 13b Abs. 2 S. 2 und Abs. 4 Nr. 1–5 sowie Abs. 10 ErbStG

Sachverhalt

Die Antragstellerin (A) erwarb durch Schenkung ihres Vaters alle Anteile an der …GmbH in C-Stadt.

Das FA setzte für Zwecke der Schenkungsteuer den Wert des Anteils für die …GmbH, die Summe der gemeinen Werte der Finanzmittel, der jungen Finanzmittel, des Verwaltungsvermögens und des jungen Verwaltungsvermögens und der Schulden gesondert und einheitlich fest. Den Wert der übertragenen Anteile stellte das FA mit 555.975 € entsprechend der abgegebenen Steuererklärung fest. Beim Wert der Anteile handelt es sich um den Substanzwert, da eine Bewertung im Ertragswertverfahren unstreitig zu einem negativen Ergebnis führe.

Das FA setzte die Schenkungsteuer auf 51.675 € fest. Dabei legte es einen Wert des Erwerbs von 544.598 € sowie Vorschenkungen i. H. v. 200.000 € zugrunde, sodass sich ein Erwerb von insgesamt 744.598 € ergab; abzüglich des Freibetrags nach § 16 ErbStG von 400.000 € betrug der steuerpflichtige Erwerb danach 344.598 €. Unter Erläuterungen heißt es, dass mit Bescheid des FA (junge) Finanzmittel i. H. v. insgesamt 2.577.649 € ermittelt worden seien. Nach § 13b Abs. 2 S. 2 ErbStG (90 %-Prüfung) könne eine Begünstigung nach § 13a ErbStG nicht gewährt werden.

A legte Einspruch ein und beantragte die AdV.

Den Antrag auf AdV lehnte das FA ab. Die Gesetzeslage sei eindeutig. Daraufhin stellte A den Antrag auf AdV des Schenkungsteuerbescheids bei Gericht.

Entscheidung

Das FG hielt den Antrag für begründet und führte aus, es habe im Streitfall ernstliche Zweifel an der Rechtmäßigkeit des angefochtenen Schenkungsteuerbescheids. Denn wie die A zutreffend unter Hinweis auf zahlreiche Stimmen in der Literatur anführe, führe die gesetzliche Regelung zu einem wirtschaftlich nicht nachvollziehbaren Ergebnis. Insofern sei auch zweifelhaft, ob dieses Ergebnis durch den Gesetzeszweck, der darin besteht, Missbrauch zu verhindern, gedeckt werde.

Es bleibe dem Hauptsacheverfahren die Entscheidung der Frage vorbehalten, ob eine Auslegung von § 13b Abs. 2 S. 2 ErbStG (teleologische Reduktion, Auslegung gegen den Wortlaut) erfolgen müsse.

> **Praxishinweis**
> Die Entscheidung des FG greift die vielfach geäußerte Kritik in der Literatur an dem erst sehr spät im Gesetzgebungsverfahren eingeführten 90%-Test auf. Neben dem Hauptsacheverfahren bleibt abzuwarten, ob der Gesetzgeber reagieren und eine Anpassung des 90%-Tests oder gar dessen Streichung vornehmen wird. Von der Regelung betroffene Fälle sollten in jedem Fall durch Rechtsbehelfe offen gehalten werden.

6.17 Negativer Erwerb von Todes wegen bei einem den Steuerwert eines durch gesellschaftsrechtliche Nachfolgeklausel vom Mitgesellschafter erworbenen Kommanditanteils übersteigenden Abfindungsanspruch der Erben

FG Münster, Urteil v. 8.11.2018, 3 K 1118/16 Erb, ZEV 2019, S. 165

Bei einem den Steuerwert eines durch gesellschaftsrechtliche Nachfolgeklausel vom Mitgesellschafter erworbenen Kommanditanteils übersteigenden Abfindungsanspruch der Erben ist auch dann kein negativer Erwerb nach § 3 Nr. 2 S. 2 ErbStG anzusetzen, wenn der Kommanditist zugleich Miterbe und damit Inhaber des Abfindungsanspruchs ist (amtl. Ls.).

Norm: § 3 Abs. 1 Nr. 2 ErbStG

Sachverhalt

Der Kläger (K) war neben seinen Geschwistern zu 1/4 Miterbe seiner 2012 verstorbenen Mutter E.

E und ihre Kinder waren jeweils zu 20 % Kommanditisten einer GmbH & Co. KG. Nach dem Gesellschaftsvertrag scheidet ein Gesellschafter mit dem Tod aus, die ohne Erben fortgesetzt wird. Den Erben steht hingegen ein Abfindungsanspruch zu.

Nach dem Tod der E wurde die Gesellschaft mit den Kindern fortgesetzt, deren Anteilsquote sich auf jeweils 25 % erhöhte. Das nach den vertraglichen Regelungen berechnete Abfindungsguthaben wurde nicht an die Erben ausgezahlt, sondern in der GmbH & Co. KG als feste Kapitalrücklage bilanziert, die verzinst wird. In der Erbschaftsteuererklärung der Erbengemeinschaft ist das Abfindungsguthaben als sonstige Forderung erklärt.

Das FA setzte einen Erwerb gem. § 3 Abs. 1 Nr. 2 S. 2 ErbStG i. H. d. anteiligen Anteilswerts abzgl. des auf K entfallenden Abfindungsanspruchs fest.

K beantragte die Änderung der ErbSt-Festsetzung, weil bzgl. des Anteils an der GmbH & Co. KG und der damit zusammenhängenden Abfindungsansprüche der Erben aufgrund der veränderten Wertfeststellungen ein negativer Erwerb zu berücksichtigen sei. Diesen Antrag lehnte das FA ab.

Mit seiner Klage verfolgt K sein Begehren auf Erfassung eines negativen Erwerbs weiter.

Entscheidung
Das FG hielt die Klage für nicht begründet.

Gemessen am Wortlaut der Vorschrift habe K keinen Erwerb i. S. d. § 3 Abs. 1 Nr. 2 S. 2 ErbStG erhalten, da der Wert der GmbH & Co. KG die Abfindungsansprüche der Erben nicht überschritten habe.

Die Vorschrift könne auch nicht im Wege erweiternder Auslegung Fälle erfassen, in denen der Wert des Abfindungsanspruchs den Anteilswert übersteige und sich somit ein negativer Wert des Erwerbs ergeben würde.

§ 3 Abs. 1 Nr. 2 S. 2 ErbStG wurde durch das Gesetz zur Reform des Erbschaft- und Schenkungsteuerrechts vom 17.4.1974 anknüpfend an eine entsprechende reichsgerichtliche Rspr. eingeführt. Nach den Begründungen zum Gesetzentwurf sollte der auf einem Gesellschaftsvertrag beruhende Übergang eines Anteils eines Gesellschafters bei dessen Tod auf die anderen Gesellschafter oder die Gesellschaft als Schenkung auf den Todesfall gelten.

§ 3 Abs. 1 Nr. 2 S. 2 ErbStG enthalte eine gesetzliche Fiktion. Von § 3 Abs. 1 Nr. 2 S. 2 ErbStG und § 7 Abs. 7 ErbStG werden Vorgänge erfasst, in denen ein Erwerb von Todes wegen oder durch Schenkung gerade nicht stattfinde, die aber nach Auffassung des Gesetzgebers besteuerungswürdig seien. Es handele sich danach um Ausnahme- bzw. Sonderregelungen, bei denen das FG keinen Ansatzpunkt für eine über den Wortlaut hinausgehende Auslegung sehe.

Dabei dürfe es nach dem FG auch keinen Unterschied machen, ob der Gesellschafter, dem der Anteil zuwachse, gleichzeitig Erbe sei oder nicht.

> **Praxishinweis**
> Die Revision ist beim BFH unter dem Az. II R 2/19 anhängig.
> In diesen Fällen sollte die Steuerfestsetzung mittels Rechtsbehelfs offen gehalten werden. Dieser Fall ist auch ertragsteuerlich interessant und wirtschaftlich vergleichbar mit der »Abfindung eines lästigen Gesellschafters«. Abfindungen an den lästigen Gesellschafter übersteigen regelmäßig dessen Kapitalkonto und seinen Anspruch auf stille Reserven. In diesen Fällen liegen nach h. M. bei den verbleibenden Gesellschaftern i. H. d. den Verkehrswert übersteigenden Betrags sofort abzugsfähige Betriebsausgaben vor. Ob in der vorliegenden Fallkonstellation ebenfalls ein sofortiger Abzug als Betriebsausgabe in Betracht kommt oder ob eine Allokation des Differenzbetrags auf die anteiligen Wirtschaftsgüter zu erfolgen hat, sollte gesondert betrachtet werden.

6.18 Hinzurechnung von Pflichtteilsansprüchen zum Anfangsvermögen im Rahmen des fiktiven Zugewinnausgleichsanspruchs nach § 5 Abs. 1 S. 1 ErbStG

FG München, Urteil v. 17.10.2018, 4 K 1948/17, ZEV 2019, S. 102

1. Der zwischen dem Zeitpunkt des Beginns des Güterstands der Zugewinngemeinschaft und seiner Beendigung eingetretene Kaufkraftschwund ist durch Anwendung eines Quotienten bestehend aus den Jahresverbraucherpreisindices zum Ende und zum Beginn des Güterstands auf den Nominalwert des Anfangswerts zu berücksichtigen. Die kaufkraftbedingte Anpassung des Anfangsvermögens gilt auch für die Berechnung des fiktiven Zugewinnausgleichsanspruchs für Zwecke des § 5 Abs. 1 S. 1 ErbStG (amtl. Ls.).
2. Grundsätzlich wird im Falle des gesetzlichen Güterstands der ehelichen Zugewinngemeinschaft jeder Vermögenszuwachs, der in der Ehe von dem einen oder dem anderen Ehegatten erzielt worden ist, als durch die gemeinsamen Anstrengungen beider Ehegatten erworben oder erspart und damit als Zugewinn nach § 1373 BGB angesehen (amtl. Ls.).
3. Der Vermögenserwerb von Todes wegen ist durch Hinzurechnung zum güterrechtlichen Anfangsvermögen nach § 1374 Abs. 2 BGB privilegiert und bewirkt eine entsprechende Minderung des Zugewinnausgleichsanspruchs. Die Hinzurechnung zum güterrechtlichen Anfangsvermögen eines im gesetzlichen Güterstand lebenden Ehegatten setzt jedoch einen tatsächlichen Vermögenserwerb von Todes wegen voraus (amtl. Ls.).
4. Auch der Erwerb von Todes wegen, den ein im gesetzlichen Güterstand lebender Ehegatte aufgrund eines Pflichtteilsanspruchs erlangt, kann zum Erwerb von Vermögen führen, das dem güterrechtlichen Anfangsvermögen i. S. d. § 1374 Abs. 2 BGB hinzuzurechnen ist. Voraussetzung ist aber, dass der im gesetzlichen Güterstand lebende Ehegatte aufgrund seines Pflichtteilsrechts tatsächlich Vermögen erworben hat, der Pflichtteilsanspruch also erfüllt worden ist (amtl. Ls.).

Normen: §§ 1371 Abs. 2, 1373, 1374 Abs. 1 u. Abs. 2, 1922 Abs. 1, 2303 Abs. 1 S. 1 BGB; §§ 1 Abs. 1 S. 1, 3 Abs. 1 S. 1, 5 Abs. 1 S. 1 ErbStG

Sachverhalt

2009 verstarb die Erblasserin (E), die Ehefrau des Klägers (K). Diese wurde zu 3/4 von K und zu je 1/8 von ihren beiden Neffen beerbt.

Nach dem Tode ihrer Mutter (M) 2005, die allein von den beiden Neffen der E beerbt worden war, hatte E gegen diese seinerzeit ihren Pflichtteilsanspruch geltend gemacht, der jedoch zu keinem Zeitpunkt erfüllt wurde.

Gegen den ErbSt-Bescheid legte K Einspruch ein, da der Ansatz des Zugewinnausgleichsanspruchs u. a. wegen der unzutreffenden Berücksichtigung des Pflichtteilsanspruchs der E aus dem Erbfall des Jahres 2005 als Teil ihres eherechtlichen Anfangsvermögens zu gering sei.

Der Einspruch blieb im Wesentlichen erfolglos.

Den fiktiven Zugewinnausgleichsanspruch des K ermittelte das beklagte FA nach den Angaben des K zum jeweiligen Anfangsvermögen beider Ehegatten 1975 und deren Endvermögen im Zeitpunkt des Todes der E 2009 unter Berücksichtigung der Kaufkraftänderung durch Anpassung des jeweiligen Anfangsvermögens an die geänderten Jahresverbraucherpreisindices. Dem Anfangsvermögen der E rechnete das FA für den Pflichtteilsanspruch aus dem Erbfall im Jahr 2005 einen Nominalwert von X € hinzu, wobei es die beiden Nominalwerte zuvor mit dem Quotienten aus den Verbraucherpreisindices für das Todesjahr der E und für das Erwerbsjahr multiplizierte.

Mit seiner Klage begehrt K eine niedrigere ErbSt-Festsetzung.

Das Anfangsvermögen bestimme sich nach der Definition des § 1374 Abs. 1 BGB, wobei Vermögen, das ein Ehegatte nach Eintritt des Güterstands von Todes wegen erwirbt, grds. dem Anfangsvermögen gem. § 1374 Abs. 2 BGB hinzugerechnet werde. Dies gelte jedoch nicht für den früheren Pflichtteilsanspruch der E. Zwar habe sie diesen nach dem Tode der M ursprünglich gegen ihre beiden Neffen geltend gemacht, jedoch letztlich nie durchgesetzt und deshalb nichts erhalten. Zwischenzeitlich sei der Anspruch verjährt, worauf sich die Erben bis heute berufen würden. Es genüge nicht, dass E nach dem Erbfall 2005 ein Pflichtteilsanspruch zugestanden habe.

Entscheidung
Das FG gab der Klage statt.

Das FG sah die Berücksichtigung des Werts des Pflichtteilanspruchs der E aus dem Erbfall im Jahre 2005 als zum güterrechtlichen Anfangsvermögen der E hinzuzurechnenden Vermögen nicht als berechtigt an.

Nach dem Wortlaut der Vorschrift des § 1374 Abs. 2 BGB setze die Hinzurechnung zum güterrechtlichen Anfangsvermögen eines im gesetzlichen Güterstand lebenden Ehegatten jedoch einen tatsächlichen Vermögenserwerb von Todes wegen voraus.

Dem FA sei insoweit zuzustimmen, dass auch der Erwerb von Todes wegen, den ein im gesetzlichen Güterstand lebender Ehegatte aufgrund eines Pflichtteilsanspruchs i. S. d. § 2303 Abs. 1 S. 1 BGB erlange, zum Erwerb von Vermögen führen kann, das dem güterrechtlichen Anfangsvermögen i. S. d. § 1374 Abs. 2 BGB hinzuzurechnen sei. Voraussetzung sei aber, dass der im gesetzlichen Güterstand lebende Ehegatte aufgrund seines Pflichtteilsrechts tatsächlich Vermögen erworben habe. Anders als beim Erbanfall, durch den das gesamte Vermögen kraft Gesetzes unmittelbar auf den bzw. die Erben als Gesamtrechtsnachfolger übergehe, sei ein Pflichtteilsberechtigter i. S. d. § 2303 Abs. 1 S. 1 BGB lediglich befugt, seinen schuldrechtlichen Anspruch gegen den bzw. die Erben geltend zu machen. Allein das Pflichtteilsrecht bewirke noch keinen Vermögenszuwachs i. S. d. güterrechtlichen Vorschrift des § 1374 Abs. 2 BGB, zumal es vom Berechtigten nicht zwingend ausgeübt werden müsse. Ein Vermögenserwerb des Pflichtteilsberechtigten i. S. d. § 1374 Abs. 2 BGB finde erst mit Erfüllung des geltend gemachten Pflichtteilsanspruchs statt.

E habe im Jahre 2005 aufgrund des Todes ihrer Mutter gegen deren Erben den ihr nach § 2303 Abs. 1 S. 1 BGB zustehenden Pflichtteilsanspruch zwar geltend gemacht, jedoch nicht durchgesetzt. Mithin habe ein Vermögenserwerb der E aufgrund ihres zweifellos damals bestehenden Pflichtteilsrechts zu keinem Zeitpunkt stattgefunden.

Der Besteuerungstatbestand des § 3 Abs. 1 Nr. 1 ErbStG verlange ausdrücklich einen »Erwerb aufgrund des geltend gemachten Pflichtteilsanspruchs« und die erbschaftsteuerliche Bemessungsgrundlage für diesen Erwerb richte sich nach der Höhe der tatsächlichen Bereicherung des Erwerbers (§ 10 Abs. 1 S. 1 ErbStG). Mithin werde auch erbschaftsteuerlich allein die Tatsache der Geltendmachung des Pflichtteilsanspruchs zu keiner ErbS führen können, wenn der Pflichtteilsberechtigte mangels Durchsetzung oder auch Durchsetzbarkeit des Anspruchs keine Vermögensbereicherung erfährt.

> **Praxishinweis**
> Beim BFH ist unter dem Az: II R 42/18 die durch die Finanzverwaltung eingelegte Revision anhängig.
> Die Argumentation des FG vermag nicht zu überzeugen. Für die Berechnung der fiktiven Zugewinnausgleichsforderung für erbschaftsteuerliche Zwecke gem. § 5 ErbStG sind die zivilrechtlichen Grundsätze maßgebend. Zivilrechtlich würde der geltend gemachte Pflichtteilsanspruch, unabhängig davon, ob tatsächlich erfüllt wurde, beim Ehegatten angesetzt werden. Bereits mit Geltendmachung des Pflichtteilsanspruchs steht dem Berechtigten eine Forderung gegen die Erben zu. Gem. § 9 Abs. 1 Buchst. b) ErbStG entsteht die Steuer für den Erwerb im Zeitpunkt der Geltendmachung.
> Es bleibt abzuwarten, ob sich der BFH in der anhängigen Revision der Argumentation des FG anschließen oder eine an das Zivilrecht angelegte Auffassung vertreten wird.

Literaturhinweis
Thonemann-Micker, ZEV 2019, S. 102

6.19 Folgen der Nachlassverteilung nach britischem Recht für die deutsche Erbschaftsbesteuerung

FG Münster, Urteil v. 12.4.2018, 3 K 2050/16 Erb, ZEV 2019, S. 369

1. Ändert der Erbe nach dem Tod des Erblassers dessen letzten Willen durch eine (nach britischem Recht zulässige) sog. Deed of Variation dergestalt, dass rückwirkend ohne weitere Gegenleistungen eine von der Erbfolge abweichende Vereinbarung über die Verteilung des Nachlasses getroffen wird, kommt es im Verteilungszeitpunkt zu einer freigebigen Zuwendung des Erben i. S. d. § 7 Abs. 1 Nr. 1 ErbStG an den Empfänger (amtl. Ls.).
2. Die englische Nachlasssteuer kann nur bei der Erbfallbesteuerung auf die deutsche ErbSt angerechnet werden (amtl. Ls.).

Normen: §§ 7 Abs. 1 Nr. 1, 21 Abs. 1 ErbStG

Sachverhalt
Die Großmutter (Erblasserin – E) des Klägers (K) war Britin und wohnte in Spanien. E verstarb 2012 und hatte in ihrem Testament von 2007 ihren Sohn (S) als Alleinerben eingesetzt. Zum Nachlass gehörten zwei Grundstücke in Großbritannien sowie Geldvermögen.

S machte von der nach englischem Recht bestehenden Möglichkeit Gebrauch, den Willen der E durch eine sog. Deed of Variation zu ändern. Eine Deed of Variation ist eine sog. Post-Death-Variation, das bedeutet eine Änderung des Erblasserwillens nach dem Tod des Erblassers, die der Besteuerung zugrunde gelegt wird.

S errichtete 2013 eine solche Deed of Variation. Nach dieser Verfügung behält S einen Anteil von jeweils 28 % an den beiden im Nachlass befindlichen Grundstücken, seine Söhne, der K und sein Bruder (B), erhalten Eigentum zu jeweils 36 % (zusammen 72 %). Außerdem ist dem K und B ein Anspruch auf den Betrag zugesprochen worden, der in Großbritannien – mittelbar als Nachlasssteuer – auf die Zuwendung an den K und B zu zahlen war.

Der gesamte Nachlass wurde in Großbritannien versteuert.

K vertrat zunächst die Auffassung, dass in Deutschland keine ErbSt zu zahlen sei, weil die anzurechnende britische ErbSt höher als die in Deutschland festzusetzende ErbSt sei. Das beklagte FA folgte dem Vortrag des K nicht. Bei seinem Erwerb handle es sich um eine Schenkung des S. Es setzte Schenkungsteuer i. H. v. X € fest. Dabei berücksichtigte es einen Wert des Erwerbs mit X €. Eine Anrechnung der britischen ErbSt erfolgte nicht.

Der eingelegte Einspruch blieb teilweise erfolglos. Das FA berücksichtigte nur noch den Wert der Immobilien und setzte die Steuer herab.

Entscheidung
Das FG wies die Klage als unbegründet zurück.

Es liege eine unentgeltliche Zuwendung an K von seinem Vater (S) vor, hingegen kein Erwerb des K gem. § 3 Abs. 1 Nr. 1 ErbStG von Todes wegen von seiner Großmutter (E).

Da es eine Regelung, die der Deed of Variation vergleichbar sei, im deutschen Erbschaftsteuerrecht nicht gebe, müsse geprüft werden, ob dieses Rechtsinstitut Ähnlichkeiten mit einem Rechtsinstitut nach deutschem Recht aufweise.

Eine Anrechnung der ausländischen ErbSt nach § 21 ErbStG komme im Streitfall nicht in Betracht. Nach dem deutschen Steuerrecht sei K Beschenkter, während er nach englischem Steuerrecht als Erbe behandelt werde. Nach der Systematik des deutschen Erbschaftsteuer- und Schenkungsteuererrechts könne die englische Nachlasssteuer allein bei der Erbfallbesteuerung nach § 3 Abs. 1 Nr. 1 ErbStG angerechnet werden.

Die Revision wurde zur Fortbildung des Rechts zugelassen.

> **Praxishinweis**
> Es wurde keine Revision eingelegt.
> In Auslandsfällen sollte frühzeitig und sorgfältig geprüft werden, wie die unterschiedlichen Rechtssysteme ausgestaltet sind, um ungewollte Steuerfolgen vermieden werden können.

Literaturhinweis
Christopeit, DStRK 2018, S. 273

7 Im Bereich der Abgabenordnung

7.1 Verzicht auf mündliche Zeugeneinvernahme

BFH, Beschluss v. 2.7.2019, III B 125/18, BFH/NV 2019, S. 115;
Vorinstanz: Niedersächsisches FG, Urteil v. 12.9.2018, 4 K 28/17

NV: Der Verzicht auf die Einvernahme von Zeugen in der mündlichen Verhandlung ist als Prozesshandlung nicht frei widerruflich.

Normen: § 155 FGO i. V. m. § 295 Abs. 1 ZPO

Sachverhalt

Der Steuerpflichtige war als selbstständiger Versicherungsvertreter für die die X Beratungs- und Vertriebs AG tätig. Durch Aufhebungsvertrag wurde das Vertragsverhältnis mit Ablauf des 30.4.2013 beendet. Der Steuerpflichtige hatte aufgrund der Vereinbarung Anspruch auf eine Entschädigung von 175.000 €.

In der ESt-Erklärung für das Jahr 2013 (Streitjahr) behandelte der Steuerpflichtige die Entschädigung als Teil des Aufgabegewinns und beantragte dafür die Tarifbegünstigung nach § 34 Abs. 2 Nr.1, Abs. 3 EStG sowie die Gewährung des Freibetrags gem. § 16 Abs. 4 EStG. Das FA folgte dem zunächst und erließ für das Streitjahr einen entsprechenden ESt-Bescheid. Im GewSt-Messbescheid 2013 war die Entschädigung nicht als Ertrag enthalten. Später kam das FA zu der Rechtsansicht, die Entschädigungszahlung sei laufender Gewinn aus Gewerbebetrieb und auch gewerbesteuerlich zu erfassen. Gegen die nach § 164 Abs. 2 AO geänderten Bescheide v. 30.3. 2016 wandte sich der Versicherungsvertreter mit Einsprüchen. Der Einspruch gegen den geänderten ESt-Bescheid hatte insoweit Erfolg, als das FA die Tarifermäßigung nach § 34 Abs. 1 1 EStG gewährte. Den Einspruch gegen den geänderten GewSt-Messbescheid wies es zurück.

Im anschließenden Klageverfahren wollte das FG den in die Verhandlungen über die Entschädigung eingeschalteten Assessor Z als Zeugen laden. Dieser war jedoch am vorgesehenen Termin zur mündlichen Verhandlung verhindert, sodass das FG Z um eine schriftliche Stellungnahme bat, die dieser auch abgab und in der er das Zustandekommen der Entschädigungsvereinbarung erläuterte.

Über die Einvernahme von Frau P, einer Mitarbeiterin der X Beratungs- und Vertriebs AG, erließ das FG einen Beweisbeschluss, aufgrund dessen sich die Zeugin schriftlich äußerte. Das FG gab der Klage hinsichtlich des GewSt-Messbescheids statt. Es war der Ansicht, dass die Entschädigung nicht zum Gewerbeertrag gehöre. Die Klage gegen den geänderten ESt-Bescheid 2013 in Gestalt der Einspruchsentscheidung wies das Niedersächsische FG mit Beschluss v. 12.9.2018[411] ab, da die Entschädigungszahlung dem laufenden Gewinn zuzuordnen sei.

---

411 4 K 28/17.

Entscheidung

Der Verzicht auf die Einvernahme von Zeugen in der mündlichen Verhandlung ist als Prozesshandlung nicht frei widerruflich. Der BFH hat demnach die Nichtzulassungsbeschwerde des Steuerpflichtigen als unbegründet zurückgewiesen.

Der Steuerpflichtige kann einen etwaigen Verfahrensfehler des FG, der darin zu sehen sein könnte, dass es die Zeugen Z und P nicht in der mündlichen Verhandlung vernommen hat, sondern die von Z angefertigte Stellungnahme im Wege des Urkundenbeweises verwertet und sich bei P mit einer schriftlichen Zeugenaussage begnügt hat, nicht mit Erfolg geltend machen.

Ein Verstoß gegen den Grundsatz der Unmittelbarkeit der Beweisaufnahme nach § 81 Abs. 1 FGO, der u. a. besagt, dass bei mehreren in Betracht kommenden Beweismitteln die Beweisaufnahmen mit demjenigen Beweismittel durchzuführen ist, das den »unmittelbarsten« Eindruck vom streitigen Sachverhalt vermittelt, liegt nicht vor.

Ein Verstoß gegen die Unmittelbarkeit der Beweisaufnahme kann nach § 155 FGO i. V. m. § 295 Abs. 1 ZPO durch Rügeverzicht geheilt werden.

Im Streitfall liegt ein derartiger Verzicht vor. Der Prozessbevollmächtigte des Steuerpflichtigen, dem der Inhalt der Auskunft des Z und der schriftlichen Zeugenaussage der P bekannt war, erklärte noch kurz vor der mündlichen Verhandlung v. 12.9.2018 schriftsätzlich, dass »auf der Basis der von mir vertretenen Rechtsauffassung« eine Zeugeneinvernahme von Z und P durch den Senat nicht erforderlich sei, dass die Zeugen aber geladen werden müssten, wenn es auf der Basis der Rechtsmeinung des Senats auf den persönlichen Eindruck und auf eine ergänzende Befragung ankomme.«

Der Prozessbevollmächtigte, dessen Erklärung sich der Steuerpflichtige zurechnen lassen muss, brachte damit zum Ausdruck, dass aus seiner Sicht keine Einwände dagegen bestanden, wenn Z und P in der mündlichen Verhandlung nicht als Zeugen aussagen würden. Der Zusatz, der nach seinem Inhalt besagt, dass eine Zeugenbefragung erforderlich sei, wenn das Gericht sie als erforderlich erachten sollte, ist der Hinweis auf eine Selbstverständlichkeit und macht den Verzicht nicht unwirksam.

Diesen Verzicht konnte der Prozessvertreter des Steuerpflichtigen nicht dadurch, dass er in der mündlichen Verhandlung vorgetragen hat, nicht auf die Einvernahme von Z und P verzichtet zu haben und einen Verzicht auch nicht erklären wolle, rückgängig machen.

Denn der Rügeverzicht nach § 295 Abs. 1 ZPO ist eine Prozesshandlung, die der Steuerpflichtige nicht frei widerrufen konnte, zumal im vorliegenden Fall nach dem Verzicht keine wesentliche Veränderung der Prozesslage eingetreten war.

7.2 Erlassunwürdigkeit bei Mitwirkungspflichtverletzung

BFH, Urteil v. 17.7.2019, III R 64/18; BFH/NV 2020, S. 7;
Vorinstanz: FG Baden-Württemberg, Urteil v. 23.3.2018, 2 K 1854/17

Erlasswürdigkeit setzt ein Verhalten des Steuerpflichtigen voraus, das nicht in eindeutiger Weise gegen die Interessen der Allgemeinheit verstößt und bei dem die mangelnde Leistungsfähigkeit nicht auf einem Verhalten des Steuerpflichtigen selbst beruht. Ein Verstoß gegen die Interessen der Allgemeinheit liegt bspw. auch dann vor, wenn der Steuerpflichtige bei der Entstehung der Forderung seine Mitwirkungspflichten verletzt.

Norm: § 227 AO

Sachverhalt

Der Kläger hat für seinen Sohn von April 2007 bis Dezember 2009 Kindergeld erhalten. Mit Bescheid v. 24.11.2011 hat die Familienkasse die Festsetzung des Kindergeldes ab April 2007 aufgehoben und überzahltes Kindergeld i. H. v. 5.302 € zurückgefordert. Dies begründete sie damit, die Fortdauer und das Ende der Berufsausbildung des Sohnes sei nicht nachgewiesen worden. Der Einspruch hiergegen wurde wegen Verfristung als unzulässig verworfen.

Mit E-Mail vom 26.9.2016 beantragte der Kläger, die Forderung i. H. v. 7.819 € (Ursprungsforderung nebst Zinsen und Säumniszuschlägen) zu erlassen. Die Familienkasse lehnte den Erlass ab, den Einspruch hiergegen wies sie mit Einspruchsentscheidung als unbegründet zurück, weil die Voraussetzungen für einen Erlass der Rückforderungsbeträge gem. § 227 AO nicht vorlägen.

Das FG Baden-Württemberg gab der Klage mit Urteil v. 23.3.2018[412] statt. Es war der Meinung, die Entscheidung der Familienkasse sei ermessensfehlerhaft. Zwar sei ein sachlicher Billigkeitserlass aufgrund der fehlenden Rechtsverfolgung ausgeschlossen, jedoch dürfe im Rahmen persönlicher Erlassgründe kein weiteres Mal zum Nachteil des Klägers berücksichtigt werden, dass er den Rückforderungsbescheid nicht angefochten habe. Daher hob es den Ablehnungsbescheid und die Einspruchsentscheidung auf und verpflichtete die Familienkasse, den Erlassantrag unter Beachtung seiner Rechtsauffassung erneut zu bescheiden.

Entscheidung

Auf die Revision der Familienkasse hat der BFH das Urteil des FG aufgehoben, soweit der Erlass der Hauptforderung i. H. v. 5.302 € betroffen ist und insoweit die Klage abgewiesen.

Im Übrigen wird die Revision mit der Maßgabe zurückgewiesen, dass die Familienkasse verpflichtet wird, den Kläger unter Beachtung der Rechtsauffassung des Senats erneut zu bescheiden.

Das FG ist zu Unrecht davon ausgegangen, dass die Mitwirkungspflichtverletzung zweimal zum Nachteil des Klägers berücksichtigt worden sei.

---

[412] 2 K 1854/17.

1. Bezüglich der Hauptforderung i. H. v. 5.302 € ist die Entscheidung des FG rechtsfehlerhaft und die Revision begründet.
   - Die Entscheidung über den Erlass ist nach st. Rspr. des BFH eine Ermessensentscheidung der Behörde. Im finanzgerichtlichen Verfahren kann die behördliche Ermessensentscheidung nur daraufhin überprüft werden, ob die Grenzen der Ermessensausübung eingehalten worden sind.
   - Die Unbilligkeit kann in der Sache selbst oder in der Person des Steuerpflichtigen begründet liegen.
   - Rechtsfehlerfrei haben die Familienkasse und das FG eine sachliche Unbilligkeit abgelehnt. Versäumnisse des Steuerpflichtigen während des Festsetzungs- und Rechtsbehelfsverfahrens können nicht im Billigkeitswege zu seinen Gunsten korrigiert werden. Denn der Erlass dient nicht dazu, die Folgen schuldhafter Versäumnis von Rechtsbehelfsmöglichkeiten auszugleichen. Im Erlassverfahren ist vielmehr grds. davon auszugehen, dass die Forderung zu Recht festgesetzt worden ist.
   - Fehlerhaft hat das FG jedoch die durch § 102 FGO gezogenen Grenzen richterlicher Überprüfung von Ermessensentscheidungen im Rahmen der persönlichen Unbilligkeit unbeachtet gelassen. Seine Entscheidung ist deswegen bezüglich der Hauptforderung i. H. v. 5.302 € aufzuheben.
     - Der Erlass aus persönlichen Billigkeitsgründen setzt Erlassbedürftigkeit und Erlasswürdigkeit voraus. Nur die Erfüllung beider Voraussetzungen lässt die Einziehung der Steuer als unbillig erscheinen. Selbst bei Erlassbedürftigkeit ist die Verwaltung nicht zum Erlass verpflichtet, wenn es an der Erlasswürdigkeit fehlt. Deshalb reicht für die Ablehnung eines Erlasses bereits die Verneinung einer Voraussetzung aus.
     - Erlasswürdigkeit setzt ein Verhalten des Steuerpflichtigen voraus, das nicht in eindeutiger Weise gegen die Interessen der Allgemeinheit verstößt und bei dem die mangelnde Leistungsfähigkeit nicht auf einem Verhalten des Steuerpflichtigen selbst beruht. Ein Verstoß gegen die Interessen der Allgemeinheit liegt bspw. auch dann vor, wenn der Steuerpflichtige bei der Entstehung der Forderung seine steuerlichen Mitwirkungspflichten verletzt.
     - Nach § 102 FGO können Ermessensentscheidungen durch das FG nur darauf überprüft werden, ob die gesetzlichen Grenzen des Ermessens überschritten sind oder von dem Ermessen in einer dem Zweck der Ermächtigung nicht entsprechenden Weise Gebrauch gemacht ist. Dabei muss das Gericht auf die Sach- und Rechtslage im Zeitpunkt der letzten Verwaltungsentscheidung abstellen.
     - Das FG ist bei seiner Entscheidung davon ausgegangen, dass die Familienkasse den Umstand, dass der Kläger den Aufhebungsbescheid nicht rechtzeitig angefochten habe, zwar zu Recht bei der Frage der sachlichen Unbilligkeit, jedoch zu Unrecht »ein weiteres Mal« bei der Erlasswürdigkeit im Rahmen der persönlichen Billigkeitsgründe berücksichtigt habe. Das FG stützt mithin seine, die Ermessensausübung des FA überprüfende Entscheidung, auf eine Tatsache, von der die Familienkasse bei ihrer Entscheidung selbst nicht ausgegangen ist.

2. Soweit die Familienkasse den Erlass der Nebenforderungen abgelehnt hat, ist diese ermessensfehlerhaft. Insoweit hat das FG im Ergebnis zu Recht die Entscheidung der Familienkasse aufgehoben.
   - In Bezug auf den auch begehrten Erlass der Nebenforderungen (Zinsen oder Säumniszuschläge) hat es die Familienkasse unterlassen, ihre insoweit ablehnende Erlassentscheidung zu begründen. Eine nicht begründete Ermessensentscheidung der Verwaltung ist im Regelfall fehlerhaft.
   - Eine Begründung konnte auch nicht entfallen, da Säumniszuschläge ein Druckmittel eigener Art sind, die nach § 240 Abs. 1 S. 4 AO unberührt bleiben, wenn die Festsetzung der Hauptforderung aufgehoben oder geändert wird. Der Grundsatz der Akzessorietät, nach dem Säumniszuschläge als steuerliche Nebenleistungen grds. vom Bestehen der ihnen zugrunde liegenden Steuerschuld abhängig sind, wird durch diese Vorschrift nach dem ausdrücklichen Willen des Gesetzgebers für Säumniszuschläge durchbrochen.
   - Der Senat kann dahinstehen lassen, ob eine ausdrückliche Begründung (§ 121 AO) auch bei akzessorischen Nebenforderungen erforderlich ist oder ob für diese die Begründung der Hauptschuld trägt. Denn hier fehlt eine Begründung zum Erlass der Nebenforderungen, worin auch Säumniszuschläge enthalten sind, insgesamt. Die maßgeblichen Ermessenserwägungen der Ablehnungsentscheidung der Familienkasse sind nicht erkennbar. Sie wird daher über den Erlass der Nebenforderungen (Zinsen, Säumniszuschläge, etc.) neu entscheiden müssen.

Die Familienkasse muss über den Erlassantrag neu entscheiden, allerdings mit der Maßgabe, dabei die Rechtsauffassung des Senats zu beachten. Die Familienkasse muss insoweit auch berücksichtigen, dass nach der st. Rspr. Säumniszuschläge i. d. R. zur Hälfte zu erlassen sind, wenn ihre Funktion als Druckmittel ihren Sinn verliert.

7.3 Anfechtbarkeit von Verwaltungsakten

BFH, Urteil v. 22.8.2019, V R 21/18, BStBl II 2011, S. 842;
Vorinstanz: Thüringer FG, Urteil v. 21.2.2018, 3 K 282/17, EFG 2018, S. 1409

Teilt das FA dem Drittschuldner (Bauträger) mit, dass es im Wege der zivilrechtlichen Abtretung eine Forderung gegen ihn erworben hat, liegt kein vom Bauträger anfechtbarer Verwaltungsakt i. S. v. § 118 AO vor.
Die Zulassung der Abtretung nach § 27 Abs. 19 S. 3 UStG ist mangels eigener Beschwer i. S. v. § 40 Abs. 2 FGO kein vom Drittschuldner (im Streitfall: Bauträger) anfechtbarer Verwaltungsakt.

Normen: §§ 118, 176 AO

Sachverhalt

In den Jahren 2012 und 2013 erbrachte die Firma A für die Klägerin Bauleistungen, für die A eine Vergütung i. H. v. 429.630 € zustand. Die Beteiligten sahen zunächst die Klägerin als Leistungsempfängerin als Steuerschuldnerin nach § 13b UStG an.

Nach Veröffentlichung des Urteils des BFH v. 22.8.2013 gab die Klägerin für das Jahr 2012 und das erste Quartal 2013 berichtigte USt-Erklärungen ab. Mit Schreiben vom 16.2.2015 an das FA machte die Klägerin geltend, dass insb. wegen der detaillierten Geltendmachung von Gewährleistungsrechten durch den Bauträger eine abtretbare Forderung i. S. d. § 27 Abs. 19 UStG im Streitfall nicht bestehe. Nach Inkrafttreten von § 27 Abs. 19 UStG nahm das FA den leistenden Unternehmer A durch einen am 22.4.2015 nach § 27 Abs. 19 S. 1 UStG geänderten USt-Bescheid 2012 als Steuerschuldner in Anspruch und nahm am 7.5.2015 nach den Regelungen der §§ 398 ff. BGB dessen Angebot auf Abtretung des ihm gegen die Klägerin zustehenden »Anspruchs auf Zahlung der gesetzlich entstandenen USt« an.

Mit Schreiben vom 7.5.2015 informierte das FA die Klägerin, dass es die von A angezeigte Abtretung angenommen habe und dass Zahlungen betreffend die USt durch die Klägerin an die A nicht mehr möglich seien.

Nach Annahme der Abtretung forderte das FA A die Klägerin mit Bescheid v. 11.11.2015 zur Zahlung von 67.059 € auf. Im Rahmen ihres gegen die Annahme des Abtretungsangebots durch das FA gerichteten Einspruchs trug die Klägerin vor, sie habe bereits 357.424 € gezahlt. Ein darüber hinausgehender Vergütungsanspruch bestehe nicht, weil Baumängel vorlägen. Somit sei die Forderung gem. § 362 BGB erloschen und habe deswegen nicht abgetreten werden können. Der Antrag auf Zulassung der Abtretung habe demnach abgelehnt werden müssen.

Der Einspruch blieb erfolglos. Das Thüringer FG gab mit Urteil v. 21.2.2018[413] der Klage statt. Die Entscheidung des FA die durch A angebotene Abtretung der Forderung gegen die Klägerin anzunehmen, sei ein Verwaltungsakt. Dieser Verwaltungsakt ergehe zwar gegenüber dem Steuerpflichtigen (Zedenten). Die Regelungswirkung betreffe aber auch die Klägerin als Schuldnerin der abgetretenen Forderung. Denn sie habe dadurch einen neuen Gläubiger, das FA. Der leistungsempfangende Bauträger könne sich gegen die Annahme der Abtretung wenden, wenn das FA bereits vor Erlass der nach § 27 Abs. 19 S. 1 UStG geänderten Steuerfestsetzung gegenüber dem leistenden Unternehmer Kenntnis davon gehabt habe, dass der Bauträger Gewährungsleistungsrechte aufgrund von Baumängeln geltend gemacht habe.

Entscheidung
Der BFH hat aufgrund der Revision des FA das Urteil des FG aufgehoben und die Klage als unzulässig verworfen.

Teilt das FA dem Drittschuldner mit, dass es im Wege der zivilrechtlichen Abtretung eine Forderung gegen ihn erworben hat, liegt kein durch Klage anfechtbarer Verwaltungsakt i. S. v. § 118 AO vor.

- Ob ein Verwaltungsakt vorliegt, bestimmt sich nach § 118 S. 1 AO. Verwaltungsakt ist danach jede Verfügung, Entscheidung oder andere hoheitliche Maßnahme, die eine Behörde zur Regelung eines Einzelfalls auf dem Gebiet des öffentlichen Rechts trifft und die auf unmittelbare Rechtswirkung nach außen gerichtet ist.

---

413 3 K 282/17; EFG 2018, S. 1409.

Im Bereich der Abgabenordnung

- Nach der Rspr. des BFH sind behördliche Schreiben, die nur die rechtliche Würdigung eines gleichzeitig mitgeteilten Sachverhalts vermitteln, mangels Regelung kein Verwaltungsakt.
- Das Schreiben des FA v. 7.5.2015 diente ersichtlich dazu, die Rechtswirksamkeit von Rechtshandlungen gegenüber dem bisherigen Gläubiger i. S. v. § 407 BGB zu verhindern, indem der Schuldner (Klägerin), von der Abtretung in Kenntnis gesetzt wird.

Ein von der Klägerin anfechtbarer Verwaltungsakt liegt auch nicht auf anderweitiger Grundlage vor.

- Weder bei der Abtretung eines zivilrechtlichen Forderungsanspruchs nach § 398 BGB durch Angebot und Annahme noch bei der Mitwirkung des FA durch eine Angebotsannahme (wie im Streitfall) handelt es sich um Verwaltungsakte i. S. v. § 118 S. 1 AO, weil es jeweils an einer hoheitlichen Maßnahme fehlt.
- Ebenso ist die Zulassung der Abtretung nach § 27 Abs. 19 S. 3 UStG mangels eigener Beschwer (§ 40 Abs. 2 FGO) kein vom Drittschuldner anfechtbarer Verwaltungsakt.
  - Nach § 27 Abs. 19 S. 3 UStG kann das für den leistenden Unternehmer zuständige FA auf Antrag zulassen, dass der leistende Unternehmer dem FA den ihm gegen den Leistungsempfänger zustehenden Anspruch auf Zahlung der gesetzlich entstandenen ESt abtritt, wenn die Annahme der Steuerschuld des Leistungsempfängers im Vertrauen auf eine Verwaltungsanweisung beruhte und der leistende Unternehmer bei der Durchsetzung des abgetretenen Anspruchs mitwirkt.
  - Die Zulassung der Abtretung nach § 27 Abs. 19 S. 3 UStG steht in einem engen Zusammenhang mit der Korrekturvorschrift des § 27 Abs. 19 S. 1 UStG und des dabei durch § 27 Abs. 19 S. 2 UStG angeordneten Ausschlusses des Vertrauensschutzes nach § 176 AO. Eine USt-Festsetzung nach § 27 Abs. 19 S. 1 UStG kann lt. Rspr. des BFH gegenüber dem leistenden Unternehmer nur geändert werden, wenn ihm ein abtretbarer Anspruch auf Zahlung der gesetzlich entstandenen ESt gegen den Leistungsempfänger zusteht. Daher muss das FA nicht erst im Erhebungsverfahren bei einer Entscheidung über die Abtretung, sondern bereits im Festsetzungsverfahren bei der Prüfung der Änderungsbefugnis nach § 27 Abs. 19 S. 1 UStG feststellen, ob ein abtretbarer Anspruch des Leistenden gegen den Leistungsempfänger besteht.
  - Diese Rspr. verwirklicht den für den leistenden Bauunternehmer erforderlichen Schutz bei der Korrektur einer Fehlbeurteilung durch die Finanzverwaltung, dient aber nicht dem Schutz des Schuldners der abgetretenen Forderung wie hier der Klägerin.
  - Ohne Bedeutung ist es, ob Einwendungen oder Einreden des Schuldners gegen die abgetretene Forderung bestehen. Das FA kann sich dann für oder gegen eine Abtretung mit Bescheidänderung gegen den leistenden Unternehmer entscheiden.

Ist die Klage unzulässig, kommt auch keine isolierte Aufhebung der Einspruchsentscheidung in Betracht.

7.4 Auslegungsfähigkeit eines Einspruchs

BFH, Urteil v. 28.11.2018, I R 61/16, BFH/NV 2019, S. 898;
Vorinstanz: FG Münster Urteil v. 21.7.2016, 9 K 2794/15, EFG 2016, S. 1546

Ein von einem fachkundigen Bevollmächtigten eingelegter Einspruch, der die angefochtenen Bescheide eindeutig und abschließend bezeichnet, ist nicht dahingehend auslegungsfähig, dass auch ein weiterer – im Einspruchsschreiben nicht benannter – Steuerbescheid angefochten werden soll.

Norm: § 118 Abs. 2 FGO

Sachverhalt

Mit KSt-Bescheid 2012 (Streitjahr) vom 17.9.2013 ging das FA bei der X GmbH von einem Gesamtbetrag der Einkünfte von ... € aus. Hiervon zog das FA den zum 31.12.2011 festgestellten verbleibenden Verlustvortrag zur KSt ab und setzte aufgrund eines zu versteuernden Einkommens dann KSt fest. Den verbleibenden Verlustvortrag zur KSt auf den 31.12.2012 stellte das FA mit 0 € fest.

Im Jahr 2013 entstand der X GmbH ein Verlust; die Summe der negativen Einkünfte betrug 16.827 €. Die X GmbH beantragte, diesen Verlust in das Jahr 2012 zurückzutragen. Das FA ging davon aus, dieser Verlust sei aufgrund des § 8c Abs. 1 S. 1 KStG in der für 2013 geltenden Fassung zu 50 % nicht rücktragsfähig. Den nicht rücktragsfähigen Betrag setzte das FA mit 7.491 € (16.827 € x 325/365 x 1/2) an.

Auf dieser Grundlage erließ das FA am 15.4.2015 einen geänderten KSt-Bescheid für 2012, in dem es einen Verlustanteil i. H. v. 9.336 € (16.827 € ./. 7.491 €) aus dem Jahr 2013 zurücktrug. Dadurch verringerte sich die festgesetzte KSt in 2012.

Ebenfalls am 15.4.2015 erließ das FA einen KSt-Bescheid für 2013, in dem es die KSt auf 0 € (negatives zu versteuerndes Einkommen von 9.336 €) festsetzte. Des Weiteren stellte das FA am 15.4.2015 den verbleibenden Verlustvortrag zur KSt zum 31.12.2013 gesondert mit 0 € fest.

Am 21.4.2015 legte der Steuerberater der X GmbH für diese Einspruch gegen »KSt-Bescheid 2013 vom 15.4.2015 und Bescheid über die gesonderte Feststellung des verbleibenden Verlustvortrags vom 15.4.2015« ein. Zur Begründung führte der Steuerberater aus, ein Verlustanteil von 14.937 € (324/365 von 16.827 €) sei in das Jahr 2012 zurückzutragen. Beantragt wurde die Berichtigung »des o. a. Bescheids und der Folgebescheide«.

Die Einsprüche blieben erfolglos. In der mündlichen Verhandlung vor dem FG stellte der Prozessbevollmächtigte der X GmbH dann den Antrag, »den KSt-Bescheid 2012 und 2013 sowie den Bescheid über die gesonderte Feststellung des verbleibenden Verlustvortrags zur KSt auf den 31.12.2013, jeweils vom 15.4.2015 und in Gestalt der Einspruchsentscheidung vom 4.8.2015, dahingehend zu ändern, dass anstelle eines Verlustrücktrags i. H. v. 9.336 € ein Verlustrücktrag i. H. v. 16.827 € berücksichtigt wird.

Das FG Münster hat der Klage mit Urteil vom 21.7.2016[414] im Hinblick auf die KSt-Bescheide für 2012 und 2013 stattgegeben. Hinsichtlich des Bescheids über die gesonderte Feststellung des verbleibenden Verlustvortrags zur KSt auf den 31.12. 2013 hat das FG die Klage wegen Fehlens einer Beschwer der X GmbH als unzulässig abgewiesen. Nach Auffassung des FG waren Einspruch und Einspruchsentscheidung dahingehend auszulegen, dass auch der KSt-Bescheid 2012 Gegenstand des Anfechtungsbegehrens und des Einspruchsverfahrens gewesen sei. Dies ergebe sich insb. daraus, dass die X GmbH von Beginn an klargemacht habe, dass es ihr um den Verlustrücktrag in das Jahr 2012 gehe. In der Sache sei die Klage begründet, weil die Regelung des § 8c Abs. 1 S. 1 KStG die Möglichkeit eines Verlustrücktrags in Bezug auf die unterjährig bis zum Zeitpunkt des schädlichen Beteiligungserwerbs entstandenen Verluste nicht einschränkt.

Entscheidung

Der BFH hat auf die Revision des FA das Verfahren betreffs des KSt-Bescheids für 2013 abgetrennt und unter Abweisung der Klage das Urteil des FG bezüglich des KSt-Bescheids für 2012 aufgehoben. Diese Klage ist unzulässig, weil der Erhebung der Klage bezüglich des KSt-Bescheids für 2012 kein Einspruchsverfahren vorausgegangen ist.

Entgegen der Sichtweise der Vorinstanz kann laut BFH die Einspruchserklärung vom 21.4.2015 nicht dahin verstanden werden, dass auch der dort nicht erwähnte KSt-Bescheid für 2012 angefochten werden sollte:

- Als Revisionsgericht ist der BFH nach § 118 Abs. 2 FGO grds. an die Auslegung der Einspruchserklärung durch die Vorinstanz gebunden, da es sich bei dem Einspruch nicht um eine Prozesshandlung, sondern um einen vorprozessualen Rechtsbehelf handelt.
- Revisionsrechtlich in vollem Umfang nachprüfbar ist, ob ein Einspruch auslegungsbedürftig ist. Letzteres ist nicht der Fall, wenn die Erklärung nach Wortlaut und Zweck einen eindeutigen Inhalt hat.
- Die von einem fachkundigen Berufsträger abgegebene Einspruchserklärung der X GmbH vom 21.4.2015 hatte einen eindeutigen Inhalt. Sie benennt als angefochtene Bescheide unzweideutig und abschließend den KSt-Bescheid 2013 und den Verlustfeststellungsbescheid auf den 31.12.2013.
- Der Einspruchserklärung ist kein Anhalt dafür zu entnehmen, dass zusätzlich zu den beiden ausdrücklich benannten Bescheiden auch noch andere Bescheide angefochten werden sollten.
- Der Einspruchsentscheidung des FA – deren Auslegung durch das FG vom BFH vollumfänglich überprüfbar ist – lässt kein Anhalt für einen Erklärungswillen der Behörde dahingehend entnehmen, auch über einen Einspruch der X GmbH gegen den KSt-Bescheid 2012 entscheiden zu wollen.
- Soweit sich das FA in der Begründung der Einspruchsentscheidung sachlich mit der von der X GmbH in der Einspruchsbegründung aufgeworfenen materiell-rechtlichen Frage zur Höhe des zulässigen Verlustrücktrags in das Jahr 2012 auseinandergesetzt hat, lässt das keinen Schluss darauf zu, dass das FA den KSt-Bescheid für 2012 als Gegenstand des Einspruchsverfahrens betrachtet haben könnte.

---

414 9 K 2794/15, EFG 2016, S. 1546.

7.5 Behauptung eines von der Zugangsvermutung abweichenden Zugangszeitpunkts

**BFH, Beschluss v. 22.5.2019, X B 109/18, BFH/NV 2019, S. 900;
Vorinstanz: FG Düsseldorf, Urteil v. 14.6.2018, 15 K 2760/17 G,U,F**

NV: Bestreitet der Steuerpflichtige den Zugang des Steuerbescheids innerhalb des gesetzlich vermuteten Zeitraums von drei Tagen nach Aufgabe zur Post, muss er substanziiert Tatsachen vortragen, die schlüssig auf einen späteren Zugang hindeuten und deshalb Zweifel am Zugang zum gesetzlich vermuteten Zeitpunkt begründen.

NV: Hat der Steuerpflichtige seinen Vortrag im Rahmen des ihm Möglichen substanziiert, muss das FG den Sachverhalt unter Berücksichtigung dieses Vorbringens aufklären und die festgestellten oder unstreitigen Umstände im Wege freier Beweiswürdigung nach § 96 Abs. 1 FGO gegeneinander abwägen. Dies gilt auch, wenn der Steuerpflichtige den betreffenden Briefumschlag mit Poststempel nicht vorlegen kann.

Normen: §§ 76 Abs. 1 S. 1, 96 Abs. 1 S. 1 FGO

Sachverhalt

Nach einer USt-Sonderprüfung erließ das FA für das Streitjahr 2015 geänderte Feststellungs- und USt-Bescheide sowie einen geänderten Bescheid über den GewSt-Messbetrag. Die hiergegen gerichteten Einsprüche wies das FA zurück.

Ausweislich der Verfügungen des FA sind die Einspruchsentscheidungen am 20.9.2017 (Mittwoch) mit einfachem Brief zur Post aufgegeben worden. Mit der Versendung wurde ein privater Postdienstleister beauftragt, der sich im Zustellgebiet des Steuerberaters des Steuerpflichtigen der Zustellung durch die Deutsche Post AG bediente.

Der Steuerpflichtige hat über seinen Steuerberater am 26.10.2017 per Telefax Klage erhoben. Dieser Klage beigefügt waren Faxprotokolle, wonach die Übersendung der Klageschrift per Telefax am 25.10.2017 ohne Antwort geblieben ist. In der Klageschrift wurde darauf hingewiesen, dass die Einspruchsentscheidungen dem Berater am 26.9.2017 zugegangen seien. Die zur Gerichtsakte eingereichten Ablichtungen der Einspruchsentscheidungen weisen als Eingangsstempel das Datum des 26.9.2017 aus.

Das FG Düsseldorf verwarf die Klage am 14.6.2018[415] als unzulässig, da aus seiner Sicht die Klagefrist nicht gewahrt worden ist. Dem Steuerpflichtigen sei es nicht gelungen, die gesetzliche Zugangsfiktion zu entkräften, da er nicht substanziiert entsprechende Tatsachen vorgetragen hat, die den Schluss auf einen späteren Zeitpunkt des Zugangs zuließen.

---

415 15 K 2760/17 G, U, F.

Entscheidung
Der BFH hat auf die Nichtzulassungsbeschwerde des Steuerpflichtigen das Urteil des FG Düsseldorf aufgehoben und die Sache zur anderweitigen Verhandlung und Entscheidung an das FG zurückverwiesen.

Laut BFH hat das FG gegen den klaren Inhalt der Akten nach § 96 Abs. 1 S. 1 FGO verstoßen, indem es Hinweise in der Klageschrift vom 25.10.2017, wonach die Einspruchsentscheidungen erst am 26.9.2017 zugegangen seien, nicht gewürdigt hat, obwohl hierzu Anlass bestand.
- Aus zwei in den Akten enthaltenen Faxprotokollen ergibt sich zweifelsfrei, dass der Berater versucht hat, die Klageschrift per Telefax am 25.10.2017 (fristgerecht) zu übersenden.
- Bereits zu diesem Zeitpunkt, als der Berater davon ausgehen konnte, dass die Klageschrift fristgerecht am 25.10.2017 beim FG eingeht, wurde in der Klageschrift darauf hingewiesen, dass die Einspruchsentscheidungen beim Berater erst am 26.9.2017 zugegangen sind.
- Zu diesem Zeitpunkt bestand kein Anlass, hinsichtlich der Einspruchsentscheidungen ein nicht korrektes Zugangsdatum anzugeben.
- Das FG hat jedoch diesen Umstand unberücksichtigt gelassen und ausschließlich darauf abgestellt, dass der Steuerpflichtige keinen Briefumschlag mit Poststempel vorgelegt hat.

Das FG hat ferner seine von Amts wegen bestehende Pflicht zur Sachverhaltsaufklärung (§ 76 Abs. 1 S. 1 FGO) verletzt, weil es nicht abschließend aufgeklärt hat, ob der Briefumschlag mit den Einspruchsentscheidungen erst am 26.9.2017 beim Berater eingegangen ist.
- Es ist aus Sicht des BFH nicht nachzuvollziehen, warum der Eingangsstempel auf den Einspruchsentscheidungen und die Eintragungen in ein als revisionssicher beschriebenes DATEV-System bei deren Eingang, (gerade) auch i. V. m. der unstreitig bereits am 25.10.2017 versuchten Übermittlung der Klageschrift, ohne weitere Aufklärung des Sachverhalts nicht geeignet sein soll, Zweifel am Zugang innerhalb der Dreitagesfrist des § 122 Abs. 2 Nr. 1 AO i. V. m. § 365 Abs. 1 AO zu begründen.
- Der Briefumschlag kann zunächst einmal nur den Abgang der Schreiben am 20.9.2017 dokumentieren.
- Zudem sind die weiteren Umstände der Organisation des Posteingangs beim Berater zu beachten. Die Frage, wie der Posteingang beim Berater bearbeitet wurde, ist im Streitfall entscheidungserheblich.

Hinweise des BFH an das FG:
- Die Tatsache, dass der Tag des Postabgangs feststeht, kann nicht automatisch dazu führen, dass die Bekanntgabe beim Empfänger zwingend innerhalb der Dreitagesfrist nach § 122 Abs. 2 Nr. 1 AO geschehen sein muss, wenn jedenfalls ein privater Postzusteller in den Zustellvorgang eingebunden worden ist.
- Das Erfordernis eines substanziierten Tatsachenvortrags darf allerdings nicht dazu führen, dass die Regelung über die objektive Beweislast, die nach dem Gesetz die Behörde trifft, zulasten des Steuerpflichtigen umgekehrt wird.

- Das FG muss »nach seiner freien, aus dem Gesamtergebnis des Verfahrens gewonnenen Überzeugung« die Frage beantworten, ob »Zweifel« daran bestehen, dass die Einspruchsentscheidungen innerhalb der Dreitagesfrist zugegangen sind oder nicht.
- Ist trotz Sachaufklärung keine Überzeugungsbildung möglich, muss auf die Beweislastregel des § 122 Abs. 2 Halbs. 2 AO zurückgegriffen werden.

7.6 Wiedereinsetzung bei Versendung von Schriftsätzen mit dem besonderen elektronischen Anwaltspostfach

BFH, Beschluss v. 5.6.2019, IX B 121/18, BFH/NV 2019, S. 556;
Vorinstanz: FG München, Urteil v. 27.9.2018, 11 K 2862/16

Wird ein aus dem besonderen beA versandter fristwahrender Schriftsatz vom Intermediär-Server nicht an den BFH weitergeleitet, weil die Dateibezeichnung unzulässige Zeichen enthält, kommt Wiedereinsetzung von Amts wegen in Betracht, wenn der Absender nicht eindeutig darauf hingewiesen worden ist, dass entsprechende Zeichen nicht verwendet werden dürfen und wenn er nach dem Versenden an Stelle einer Fehlermeldung eine Mitteilung über die erfolgreiche Versendung des Schriftsatzes erhalten hat.

Normen: §§ 52a Abs. 6, 56 Abs. 2 S. 4, 116 Abs. 3 S. 1 FGO

Sachverhalt

Im Streitfall nutzte der Prozessbevollmächtigte für die fristgerechte Versendung der Beschwerdebegründung einer Nichtzulassungsbeschwerde die von der BRAK zur Verfügung gestellte Webanwendung für das beA.

Zur Bezeichnung der versandten Datei verwendete der Prozessbevollmächtigte offenbar (ohne dies zu wissen) technisch nicht zulässige Zeichen (Umlaute und Sonderzeichen). Die Nachricht wurde deshalb vom zentralen Intermediär-Server des Elektronischen Gerichts- und Verwaltungspostfachs nicht dem BFH zugestellt, sondern in ein Verzeichnis für »korrupte« Nachrichten verschoben.

Auf diesen Server hat der BFH keinen Zugriff; der BFH ist von dem Vorgang auch nicht benachrichtigt worden, sodass ein Hinweis nach § 52a Abs. 6 FGO nicht erteilt werden konnte. Der Prozessbevollmächtigte des Steuerpflichtigen erhielt die Mitteilung, seine Nachricht sei erfolgreich versandt und zugegangen. Der beauftragte Anwalt konnte nicht erkennen, dass die Nachricht angehalten und dem BFH nicht zugegangen war. In Hinweisen der örtlichen Anwaltskammern wird zwar darauf hingewiesen, dass Umlaute und Sonderzeichen in Dateibezeichnungen vermieden werden sollen. Es wird aber nicht erläutert, welche Folgen die Verwendung haben kann.

Nachdem der Prozessbevollmächtigte seitens des BFH auf die Fristversäumung hingewiesen wurde, versandte er die Beschwerdebegründung erneut.

Entscheidung

Der BFH hat die Nichtzulassungsbeschwerde des Steuerpflichtigen als zulässig erachtet (und auch begründet) und das Urteil des FG München v. 27.9.2018[416] aufgehoben und die Sache zur anderweitigen Verhandlung und Entscheidung an das FG zurückverwiesen.

- Zwar hat der Steuerpflichtige Kläger und Beschwerdeführer (Kläger) die Begründungsfrist (§ 116 Abs. 3 S. 1 FGO versäumt, weil die elektronisch übermittelte Datei mit der Begründung nicht fristgerecht beim BFH eingegangen ist.
- Dem Steuerpflichtigen ist jedoch von Amts wegen Wiedereinsetzung zu gewähren (§ 56 Abs. 2 S. 4 FGO).
- Er hat die versäumte Handlung innerhalb der dafür geltenden Frist nachgeholt.
- Die Fristversäumung war unverschuldet. Die für die Beurteilung des Verschuldens maßgeblichen Tatsachen sind gerichtsbekannt.

7.7 Vertretungsmangel bei Einreichung der Rechtsmittelbegründung

> BFH, Beschluss v. 12.12.2018, IX B 20/18, BFH/NV 2019, S. 1350;
> Vorinstanz: FG Köln, Urteil v. 24.1.2018, 14 K 2974/17
>
> Eine Partnerschaftsgesellschaft, zu deren Partnern auch Advocates nach britischem und Belastingadviseure nach niederländischem Recht gehören, ist vor dem BFH als solche nicht postulationsfähig.
>
> Normen: § 62 Abs. 2 S. 1 2. Halbs. FGO i. V. m. § 3 Nr. 2 und Nr. 3 StBerG

Sachverhalt

Bei der Einlegung der Beschwerde wegen Nichtzulassung der Revision gegen das Urteil des FG Köln v. 24.1.2018[417] hatte sich die Steuerpflichtige durch einen in Deutschland zugelassenen Rechtsanwalt vertreten lassen.

Eine Partnerschaftsgesellschaft, zu deren Partnern auch Advocates nach britischem und Belastingadviseure nach niederländischem Recht gehören, hatte dann fristgerecht die Nichtzulassungsbeschwerde begründet.

Entscheidung

Der BFH hat die Nichtzulassungsbeschwerde als verworfen, weil die Begründung von einem nicht postulationsfähigen Bevollmächtigten unterzeichnet und eingereicht worden ist.

Den Schriftsatz, der die Begründung der Beschwerde enthielt, wurde hat von einem Belastingadviseur (NL), Advocate (GB) unterzeichnet.

---

[416] 11 K 2862/16.
[417] 14 K 2974/17.

Die im Beschwerdeverfahren als Prozessbevollmächtigte aufgetretene ... LLP (... LLP englischen Rechts mit Hauptsitz in London und Eintragung im Partnerschaftsregister am Amtsgericht ... PR ...) ist als Gesellschaft vor dem BFH nicht postulationsfähig.

Zur Vertretung vor dem BFH befugt sind nach § 62 Abs. 2 S. 1 2. Halbs. FGO nur Gesellschaften i. S. v. § 3 Nr. 2 und 3 StBerG, die durch Rechtsanwälte, Steuerberater, Steuerbevollmächtigte, Wirtschaftsprüfer oder vereidigte Buchprüfer handeln.

Die Voraussetzungen von § 3 Nr. 2 StBerG liegen nicht vor, da die zur Vertretung befugten Gesellschafter der ... LLP überwiegend Advocates nach britischem und Belastingadviseure nach niederländischem Recht sind und daher als solche nicht zum Personenkreis des § 3 Nr. 1 StBerG gehören.

Es genügt nicht, dass zu den Partnern auch ein in Deutschland zugelassener Rechtsanwalt gehört. Nach dem eindeutigen Wortlaut des Gesetzes müssen die Partner »ausschließlich« die Voraussetzungen von § 3 Nr. 1 StBerG erfüllen.

7.8 Zur Akteneinsicht in den Kanzleiräumen des Prozessbevollmächtigten

BFH, Beschluss v. 4.7.2019, VIII B 51/19, BFH/NV 2019, S. 1235;
Vorinstanz: FG Berlin-Brandenburg, Beschluss v. 5.3.2019, 8 K 8201/18

Die Kanzleiräume des Prozessbevollmächtigten sind keine Diensträume i. S. d. § 78 Abs. 3 S. 1 FGO. In Ausnahmefällen kann der Anspruch der Beteiligten auf Gewährung rechtlichen Gehörs und Waffengleichheit einen Anspruch auf Akteneinsicht in den Kanzleiräumen des Prozessbevollmächtigten begründen.

Normen: § 78 Abs. 3 S. 1 FGO; Art. 19 Abs. 4 GG

Sachverhalt

Die Prozessbevollmächtigten der Steuerpflichtigen beantragten in dem vor dem FG wegen Hundesteuer geführten Klageverfahren mit Schriftsatz v. 1.2.2019, »Akteneinsicht in die Gerichtsakte sowie sämtliche dem Gericht vorliegenden Verwaltungsvorgänge und Übersendung für fünf Tage in die Kanzlei des Unterzeichners«. Das FG teilte hierzu mit, es bestehe kein Anspruch auf eine Aktenübersendung in die Geschäftsräume des Prozessbevollmächtigten, aber die Möglichkeit, die Akten einem Amtsgericht in dessen Nähe zu übersenden.

Die Steuerpflichtigen beantragten sodann den Erlass einer beschwerdefähigen Ermessensentscheidung, den sie u. a. damit begründeten, dass
- eine Verweisung auf eine Akteneinsicht in den Räumen eines nahegelegenen Amtsgerichts Art. 19 Abs. 4 GG widerspreche;

- ein Anspruch auf ungestörte Akteneinsicht bestehe und eine solche bei der üblichen Einsichtsgewährung in den Anwaltszimmern der Amtsgerichte wegen des dortigen Publikums- und Telefonverkehrs nicht gewährleistet sei;
- Rechtsanwälte zudem Organe der Rechtspflege seien, bei denen aufgrund ihres Berufes von einer erhöhten Zuverlässigkeit ausgegangen werden könne;
- § 78 Abs. 3 S. 1 FGO die Übersendung in die Kanzleiräume des Rechtsanwalts gestatte, denn hierbei handele es sich um Diensträume i. S. d. Vorschrift.

Das FG Berlin-Brandenburg, lehnte mit Beschluss v. 5.3.2019[418] den Antrag auf Akteneinsicht durch Übersendung der Akten in die Kanzleiräume des Prozessbevollmächtigten ab und half der Beschwerde der Steuerpflichtigen auch nicht ab.

Entscheidung
Der BFH hat die Beschwerde der Steuerpflichtigen als unbegründet zurückgewiesen.

Seit dem 1.1.2018 enthält § 78 Abs. 3 FGO eine Regelung für die Akteneinsicht, wenn die Prozessakten in Papierform geführt werden.

Dabei bestimmt § 78 Abs. 3 S. 1 FGO erstmals (ausdrücklich) den Ort der Einsichtnahme. Gem. § 78 Abs. 3 FGO wird, wenn die Prozessakten – wie im Streitfall – in Papierform geführt werden, die Akteneinsicht durch Einsichtnahme in die Akten in Diensträumen gewährt. Die Akteneinsicht kann, soweit nicht wichtige Gründe entgegenstehen, auch durch Bereitstellung des Inhalts der Akten zum Abruf gewährt werden.

- Diensträume sind nicht nur die Diensträume des Gerichts, sondern Räumlichkeiten, die vorübergehend oder dauernd dem öffentlichen Dienst zur Ausübung dienstlicher Tätigkeiten dienen und über die ein Träger öffentlicher Gewalt das Hausrecht ausübt. Die Kanzleiräume des Prozessbevollmächtigten sind somit keine Diensträume i. S. d. § 78 Abs. 3 FGO.
- § 78 Abs. 3 FGO schließt eine Akteneinsicht außerhalb von »Diensträumen« nicht aus. Die Gewährung der Akteneinsicht durch Übersendung in die Kanzleiräume des Prozessbevollmächtigten ist in Ausnahmefällen auch weiterhin möglich. Wann ein solcher Ausnahmefall anzunehmen ist, hängt von den konkreten Umständen des Einzelfalles ab.
- Die Entscheidung darüber, ob ausnahmsweise eine Akteneinsicht durch Übersendung der Akten in die Kanzleiräume des Prozessbevollmächtigten zu gewähren ist, ist eine Ermessensentscheidung des FG. Im Rahmen eines Beschwerdeverfahrens gegen die vom FG getroffene, die Akteneinsicht in den Kanzleiräumen des Prozessbevollmächtigten ablehnende Entscheidung, ist der BFH nicht auf eine Überprüfung der Ermessensentscheidung des FG beschränkt. Der BFH ist als Beschwerdegericht Tatsachengericht und deshalb gehalten, eigenes Ermessen auszuüben.

---

418 8 K 8201/18.

Laut BFH können Unbequemlichkeiten, die regelmäßig mit der Akteneinsicht außerhalb der Kanzleiräume verbunden sein können (z. B. räumliche Enge in Diensträumen o. Ä.), keine Ausnahme von der Regel rechtfertigen.

Besondere Umstände im Streitfall (z. B. außergewöhnlich umfangreiche/unübersichtliche Akten), die einen Anspruch der Steuerpflichtigen auf Akteneinsicht in den Kanzleiräumen des Prozessbevollmächtigten rechtfertigen, konnte der BFH nicht erkennen.

Auch die persönliche Zuverlässigkeit des Rechtsanwalts sowie die abweichende Praxis der Verwaltungsgerichte zur Akteneinsicht in den Räumen des Prozessbevollmächtigten können kein anderes Ergebnis begründen.

7.9 Änderung wegen nachträglich bekannt gewordener Tatsache

BFH, Urteil v. 12.3.2019, IX R 29/17, BFH/NV 2019, S. 1057;
Vorinstanz: FG Berlin-Brandenburg, Urteil v. 6.4.2017, 13 K 8108/15, EFG 2017, S. 1711

Bekannt sind alle Tatsachen, die dem für die Entscheidung über die Steuerfestsetzung zuständigen Sachbearbeiter zur Kenntnis gelangen. Die Finanzbehörde muss sich den gesamten Inhalt der bei ihr geführten Akte als bekannt zurechnen lassen. Dies gilt auch, wenn der Bearbeiter den ihm vorliegenden Akteninhalt nicht vollständig prüft, z. B. weil er nur überschlägig prüft, ihm keine Prüfhinweise dazu vorliegen oder die vorliegenden Prüfhinweise andere im Änderungsverfahren nicht streitige Tatsachen betreffen.

Normen: §§ 129, 173 Abs. 1 Nr. 1 AO

Sachverhalt

Ein steuerlich vertretenes Ehepaar wurde im Streitjahr 2010 unter der Steuernummer …001 beim FA D zusammen zur ESt veranlagt. Die Ehefrau ist Eigentümerin eines Vermietungsobjekts in der C-Straße in A. Aus diesem Objekt erzielte sie im Streitjahr 2010 Einkünfte aus Vermietung und Verpachtung i. H. v. 34.698 €.

Das Ehepaar reichte im Rahmen ihrer ESt-Erklärung für 2010 eine Anlage V ein. In der Zeile 24 waren unter der Kz. 25.857 Einkünfte aus einer Grundstücksgemeinschaft i. H. v. 34.698 € unter Verweis auf die Steuernummer …001 eingetragen. Weitere Einträge auf der Seite 1 der Anlage V u. a. zu den Einnahmen und zum erzielten Überschuss und seiner Verteilung auf die Steuerpflichtigen erfolgten nicht. Die Seite 2 der Anlage V zu den Werbungskosten wurde überhaupt nicht ausgefüllt. Die Steuerpflichtigen fügten ihrer Steuererklärung zudem zahlreiche Belege bei, die vom FA in der Steuerakte abgeheftet wurden. Darin enthalten war eine »Gewinnermittlung nach § 4 Abs. 3 EStG« für die Steuernummer …001 (FA D) mit Gewinneinkünften aus der Vermietung »C-Straße [Wohnanschrift des Ehepaars]« i. H. v. 34.698 €.

Dem FA D lag außerdem hinsichtlich der Beteiligungseinkünfte des Ehepaars bei der Veranlagung 2010 eine ESt4B-Mitteilung des FA M v.11.4.2011 über Einkünfte aus Vermietung und Verpachtung der Steuerpflichtigen vor. Danach erzielten diese aus einer Beteiligung an einem geschlossenen Immobilienfonds »Grundstücks-, Vermögens- und Verwaltungs-GbR ..., Fonds Nr. ...« negative Einkünfte i. H. v. 351,51 €.

Am 7.5.2012 vermerkte der Sachbearbeiter des FA D auf dem Datenblatt für 2010, dass von der Steuererklärung abgewichen worden sei und die Abweichungen im Bescheid erläutert würden. Auf der Anlage V oder der »Gewinnermittlung« finden sich keine Streichungen oder Anmerkungen des Veranlagungssachbearbeiters. Im ESt-Bescheid für 2010 v. 18.5.2012 berücksichtigte das FA D negative Einkünfte aus Vermietung und Verpachtung der Steuerpflichtigen i. H. v. jeweils 176 €.

Das FA D stellte dann im Januar 2013 anlässlich einer »Aktendurchsicht« fest, dass das Ehepaar in 2010 erhebliche Einkünfte aus einem eigenen Vermietungsobjekt erzielt hatten und diese aus »Versehen« bisher nicht erfasst worden seien. Dies hielt die Veranlagungssachbearbeiterin am 16.1.2013 in einem Aktenvermerk fest. Daraufhin erließ das FA D am 22.2.2013 einen auf § 129 AO gestützten Änderungsbescheid. In diesem berücksichtigte es nun Einkünfte aus Vermietung und Verpachtung i. H. v. 34.698 €.

Der von dem Ehepaar dagegen eingelegte Einspruch hatte nur dahingehend Erfolg, dass das FA mit Einspruchsentscheidung vom 7.4.2013 die streitigen Vermietungseinkünfte der Ehefrau zurechnete. Im Übrigen wies das FA den Einspruch zurück. Zur Begründung stützte es sich darauf, dass es die streitigen Einkünfte aus der Vermietung des Objekts C-Straße übersehen habe und kein Rechtsirrtum vorliege. Aus den Akten ergäben sich keine Anhaltpunkte dafür, dass der Bearbeiter bei der Veranlagung die Einkünfte bewusst habe außer Ansatz lassen wollen.

Das FG Berlin-Brandenburg hat mit Urteil v. 6.4.2017[419] die Klage abgewiesen und die Auffassung vertreten, dass das FA den ESt-Bescheid 2010 nach § 173 Abs. 1 Nr. 1 AO ändern konnte. Der Sachbearbeiterin sei zzt. der Erstellung des ESt-Bescheids 2010 vom 18.5.2012 nicht bekannt gewesen, dass die Steuerpflichtige positive Einkünfte aus dem Vermietungsobjekt »C-Straße« erzielt habe. Stattdessen habe die Sachbearbeiterin angenommen, nur Verluste aus Vermietung und Verpachtung aus der Beteiligung an einem geschlossenen Immobilienfonds berücksichtigen zu müssen.

Entscheidung
Der BFH hat der Revision stattgegeben, die Vorentscheidung aufgehoben und der Klage stattgegeben.

Das FG hat rechtfehlerhaft eine Änderungsmöglichkeit nach § 173 Abs. 1 Nr. 1 AO wegen des Vorliegens einer nachträglich bekannt gewordenen »neuen« Tatsache bejaht.

---

419 13 K 8108/15, EFG 2017, S. 1711.

Bekannt sind alle Tatsachen, die dem für die Entscheidung über die Steuerfestsetzung zuständigen Sachbearbeiter zur Kenntnis gelangen.

- Dabei ist grds. bekannt, was sich aus den bei der Finanzbehörde geführten Akten ergibt, ohne dass es auf die individuelle Kenntnis des Bearbeiters ankommt. Dazu gehören alle Schriftstücke, die bei der Dienststelle vorliegen oder sie im Dienstgang erreichen.
- Unerheblich ist, ob der Sachbearbeiter den Vorgang tatsächlich liest, in sein Wissen aufnimmt oder ihn nur überfliegt. Die Finanzbehörde muss sich den gesamten Inhalt der bei ihr geführten Akte als bekannt zurechnen lassen.
- Dies gilt auch, wenn der Bearbeiter den ihm vorliegenden Akteninhalt nicht vollständig prüft, z. B. weil er nur überschlägig prüft, ihm keine Prüfhinweise dazu vorliegen oder die vorliegenden Prüfhinweise andere im Änderungsverfahren nicht streitige Tatsachen betreffen.
- Verzichtet das FA auf die Sichtung ihm vorliegender Belege und damit auf die Nutzung ihm zugänglicher Erkenntnisquellen, so fällt dies in seinen eigenen Risikobereich.

Der Umstand, dass die Sachbearbeiterin des FA nach § 180 Abs. 1 S. 1 Nr. 2 Buchst. a, § 182 Abs. 1 AO verpflichtet war, den negativen Betrag i. H. v. 351,51 € aus der ESt4B-Mitteilung zu übernehmen, führt nicht dazu, dass die Einkünfte i. H. v. 34.698 € als nicht bekannt gelten. Der Sachbearbeiterin war es aufgrund der Kenntnisnahme der in der Anlage V unter der Kz. 25.857 erklärten Zahl und der vorliegenden ESt4B-Mitteilung bekannt, dass zwei verschiedene Einkunftsquellen vorlagen. Die von den Steuerpflichtigen eingereichte »Gewinnermittlung nach § 4 Abs. 3 EStG« wies keinen Bezug zu der in den Akten befindlichen ESt4B-Mitteilung auf.

Nach den Feststellungen des FG bezog sich die ESt4B-Mitteilung eindeutig auf die »Grundstücks-, Vermögens- und Verwaltungs-GbR ..., Fonds Nr. ...«. Die eingereichte »Gewinnermittlung nach § 4 Abs. 3 EStG« enthielt eindeutig Einkünfte für das Objekt »C-Straße« und damit für ein anderes Objekt. Die Tatsache, wonach die Ehefrau Einkünfte i. H. v. 34.698 € erzielt hatte, ergibt sich aus der Akte.

7.10 Keine Wiedereinsetzung: Ungenaue Einzelweisung beseitigt nicht die Ursächlichkeit allgemeiner Organisationsmängel

BFH, Beschluss v. 21.5.2019, IX R 43/17, BFH/NV 2019, S. 1134;
FG Köln, Urteil v. 7.9.2016, 5 K 925/08, EFG 2108, S. 456

Eine Frist darf im Fristenkalender nicht als erledigt gestrichen werden, bevor die fristwahrende Handlung ausgeführt worden ist. Die Erledigung fristwahrender Handlungen muss am Abend eines jeden Arbeitstags von einer dazu beauftragten Bürokraft anhand des Fristenkalenders noch einmal selbstständig überprüft werden. Die Einzelweisung, ein fristwahrendes Schriftstück schon »mittags« zur Post zu bringen, beseitigt nicht die Ursächlichkeit allgemeiner Organisationsmängel, wenn die Anweisung fehlt, die Handlung sofort und vor allen anderen Aufgaben auszuführen.

Normen: §§ 124 Abs. 1 S. 1 und S. 2, 126 Abs. 1 FGO

Sachverhalt

Die Revisionsbegründungsfrist für die Steuerpflichtigen lief am 2.2.2018 ab; die Begründungsschrift ist erst am 5.2.2018 beim BFH eingegangen. Mit Schreiben vom 9.2.2018, dem Prozessbevollmächtigten der Steuerpflichtigen zugestellt am 13.2.2018, hat der Senatsvorsitzende auf die Versäumung der Frist hingewiesen. Mit Schreiben vom 23.2.2018 (Eingang per Fax am selben Tag beim BFH) haben die Steuerpflichtigen über ihren Prozessbevollmächtigten Wiedereinsetzung beantragt.

Der Antrag wurde wie folgt begründet und die Organisation in der Kanzlei beschrieben:
- In der Kanzlei wird ein elektronischer Termin- und Fristenkalender geführt.
- Jeder Akte (Leitzordner) wird ein Fristenkontrollblatt vorgeheftet, in dem der Kanzleiinhaber die Fristen selbst per Hand einträgt.
- Mitarbeiter des Sekretariats übertragen die Fristen in den elektronischen Termin- und Fristenkalender und zeichnen die Eintragung mit ihrem Namenskürzel auf dem Fristenkontrollblatt ab.

Im Streitfall stand auf dem Fristenkontrollblatt: Vorfrist Rev.-Begr. 25.1.2018, Einreichung Rev. 31.1.2018, Ablauf Revisionsbegr. 6.2.2018. Die Eintragung zum Datum 6.2.2018 ist gestrichen. Lt. Prozessbevollmächtigtem hat dieser den Termin für die Einreichung der Revisionsbegründung »nach Korrektur« zunächst auf den 31.1.2018 bestimmt. Weil die Revisionsbegründung vom Mandanten noch einmal überprüft werden sollte, hatte er sodann entschieden, den Schriftsatz erst am 1.2.2018 zur Post zu geben und den Einreichungstermin noch einmal geändert.

Im konkreten Fall hatte der Prozessbevollmächtigte dann seine langjährige Mitarbeiterin Frau Z. wegen der besonderen Umstände ausdrücklich angewiesen, die Revisionsbegründung nach Unterzeichnung am 1.2.2018 bereits mittags zu dem nächstgelegenen »Kanzleipostamt« zu bringen. Er hat zudem vorgetragen, dass er Frau Z. bei dieser Gelegenheit auch ausdrücklich noch einmal darauf hingewiesen habe, dass die Aufgabe zur Post wegen des Fristablaufs am Folgetag unbedingt an diesem Tag erfolgen müsse.

Frau Z. hatte den Brief weisungswidrig nicht zu dem »Kanzleipostamt« gebracht, sondern ihn eingesteckt, um ihn abends auf dem Nachhauseweg bei dem Postamt ihrer Heimatgemeinde einzuliefern. Wegen eines Verkehrsstaus auf der Autobahn ist sie dort jedoch erst nach 18 Uhr eingetroffen. Sie hat deshalb die Revisionsbegründung erst am Folgetag zur Post gebracht. Der Einlieferungsschein dokumentiert, dass das Schriftstück am 2.2.2018 um 11:59 Uhr aufgegeben worden ist.

Der Prozessbevollmächtigte war am 2.2.2018 ins außereuropäische Ausland geflogen. Frau Z. hatte am gleichen Tag Urlaub. Frau K., die am 2.2.2018 im Büro Dienst hatte, ist davon ausgegangen, dass die Frist erledigt war, da Frau Z. die Frist im elektronischen Termin- und Fristenkalender bereits am 1.2.2018 ausgetragen hatte.

Entscheidung

Die Revision war mangels fristgerechter Begründung unzulässig (§ 124 Abs. 1 S. 1 und 2 FGO und ist deshalb vom BFH gem. § 126 Abs. 1 FGO verworfen worden.

Wiedereinsetzung in den vorigen Stand (§ 56 FGO) hat der BFH nicht gewährt, weil der beschließende Senat nicht davon überzeugt war, dass der Prozessbevollmächtigte ohne Verschulden verhindert war, die gesetzliche Begründungsfrist einzuhalten. Das Verschulden ihres Vertreters müssen sich die Steuerpflichtigen zurechnen lassen gem. § 155 FGO i. V. m. § 85 Abs. 2 Zivilprozessordnung.

- Es fehlte ausweislich des Fristenkontrollblatts bereits an einer eindeutigen und zutreffenden Bestimmung und Dokumentation des Datums, an dem die Begründungsfrist ablief. Das ursprünglich dafür notierte Datum (6.2.2018) hat der Prozessbevollmächtigte zu Recht wieder gestrichen. Er hat es aber versäumt, den Fristablauf neu zu datieren und dies auch zu dokumentieren.
- Der stattdessen notierte Termin für das Einreichen der Revisionsbegründung ersetzt dies nicht. Dabei handelte es sich um ein anderes Datum. Davon sind auch alle Beteiligten ausgegangen. Die Übermittlung per Post setzt die Einlieferung bei der Post mindestens einen Tag vor Fristablauf voraus. Auch die nochmalige Änderung dieses Eintrags verdeutlicht, dass damit nicht der Fristablauf gemeint sein konnte. Die Fristenüberwachung kann aber nicht gelingen, wenn schon die einzuhaltende Frist nicht bestimmt und auch nicht notiert ist.
- Mitursächlich war jedenfalls, dass die fehlende Absendung der Revisionsbegründung vor Fristablauf im Bürobetrieb nicht bemerkt bzw. dass die Frist vor Ausführung der fristwahrenden Handlung im elektronischen Fristenkalender gestrichen worden ist. Dies lässt auf einen Organisationsmangel des Prozessbevollmächtigten schließen.
- Es fehlte eine wirksame Ausgangskontrolle. Jedenfalls hat der Prozessbevollmächtigte nicht vorgetragen, welche organisatorischen Vorkehrungen er getroffen hat, um zu verhindern, dass bei einer als erledigt ausgetragenen Frist die fristwahrende Handlung unterblieben ist.
- Es gehört zu einer effektiven Ausgangskontrolle die Anordnung, dass die Erledigung von fristgebundenen Sachen am Abend eines jeden Arbeitstags durch eine dazu beauftragte Bürokraft anhand des Fristenkalenders nochmals selbstständig überprüft wird.
- Diese Fristenkontrolle dient auch dazu, festzustellen, ob möglicherweise in einer bereits als erledigt vermerkten Fristsache die fristwahrende Handlung noch aussteht.
- Die erteilte Einzelweisung beseitigt die Mitursächlichkeit des Organisationsmangels nicht.
- Eine solche Einzelweisung kann die allgemeinen organisatorischen Anforderungen nur in ganz besonderen Einzelfällen entbehrlich machen, wenn der Prozessbevollmächtigte seinen Mitarbeiter anweist, einen Schriftsatz »sofort und vor allen anderen Aufgaben ... zu faxen und sodann postalisch zu versenden«, was der Prozessbevollmächtigte aber nicht dargelegt hat.
- Zudem hätte die Ausführung der fristwahrenden Handlung nach allgemeinen Maßstäben kontrolliert werden müssen, um dem Fristverlust vorzubeugen.

7.11 Verstoß des Finanzgerichts gegen den klaren Inhalt der Akten

BFH, Beschluss v. 17.7.2019, II B 30, 32–34, 38/18, BFH/NV 2019, S. 1302;
Vorinstanz: Hessisches FG, Urteile v. 24.10.2017, 1 K 431/16, 1 K 1156/16, 1 K 1152/16, 1 K 1150/16 und 1 K 1140/16

Das FG verstößt gegen den klaren Inhalt der Akten, wenn es seine Entscheidung maßgeblich auf eine Zeugenaussage oder Unterlagen stützt, wobei weder die protokollierten Bekundungen des Zeugen noch die in den Akten befindlichen Unterlagen die durch das FG gezogenen Schlussfolgerungen stützen.

Normen: § 96 Abs. 1 S. 1 Halbs. 1, 115 Abs. 2 Nr. 3 FGO

Sachverhalt

Die Klägerin lebte mehrere Jahre in eheähnlicher Gemeinschaft mit dem in 2012 verstorbenen X in der Schweiz.

Bis Juni 2002 betrieb die Klägerin ein Einzelunternehmen und wurde wegen ihres Wohnsitzes in der im Inland angemieteten Wohnung bis 2002 als unbeschränkt steuerpflichtig zur ESt veranlagt. Unter der Wohnungsadresse war sie beim Einwohnermeldeamt der Stadt O bis Ende 2011 mit Hauptwohnsitz gemeldet. Mit Testament hatte X die Klägerin als Alleinerbin eingesetzt. Im Testament wird als Adresse der Klägerin die inländische Wohnung angegeben. Seit 1.1.2012 ist die Klägerin bei der Schweizer Meldebehörde angemeldet.

Die inländische Wohnung wurde durch den Aufsichtsdienst S betreut. Nach den Feststellungen des FG suchte S die Wohnung täglich auf, leerte regelmäßig den Briefkasten, stellte im Winter die Heizung an und führte alle anstehenden Arbeiten (bspw. Reinigungsarbeiten) aus.

Nach Einleitung eines Steuerstrafverfahrens gegen die Klägerin u. a. wegen des Verdachts der Hinterziehung von Schenkungsteuer für den Zeitraum ab 2007 fand im Februar 2014 eine Durchsuchung der inländischen Wohnung durch Beamte der Steuerfahndung statt in Anwesenheit von S.

Am 19.3.2015 erließ das FA mehrere Schenkungsteuerbescheide gegenüber der Klägerin für Zuwendungen in den Jahren 2007, 2008, 2010, 2011 und 2012.

Das FA ging davon aus, dass diese Erwerbe der unbeschränkten Steuerpflicht unterlägen.

- Die Klägerin habe einen inländischen Wohnsitz in ihrer Wohnung unterhalten, die vollständig mit Festnetztelefon, Möbeln, Kleidung und Bad-Accessoires ausgestattet gewesen sei.
- Das nach den Ermittlungen der Steuerfahndung gefertigte Bewegungsprofil der Jahre 2004 bis 2013 zeige, dass die Klägerin während der maßgeblichen Zeiträume sich längere Zeit im Inland aufgehalten und hier ihren Lebensmittelpunkt gehabt habe.

Einsprüche und Klagen hatten keinen Erfolg.[420]

Das FG hatte am 21.8.2017 und 24.10. 2017 mündlich verhandelt. Dabei hörte es zu der Dauer und dem Umfang der Nutzung der inländischen Wohnung durch die Klägerin u. a. den Zeugen E (Mitarbeiter der S) und zu den Feststellungen im Rahmen des Ermittlungsverfahrens und der Durchsuchung der Wohnung als Zeugen u. a. die Beamten der Steuerfahndung Zeuge A, Zeuge B und Zeuge C an. Zudem verlas das FG u. a. die schriftlichen Aussagen der Zeuginnen K (Schwester der Klägerin) und I (Nichte der Klägerin).

Entscheidung
Nach § 96 Abs. 1 S. 1 Halbs. 1 FGO entscheidet das FG nach seiner freien, aus dem Gesamtergebnis des Verfahrens gewonnenen Überzeugung.

- Zum Gesamtergebnis des Verfahrens gehört auch die Auswertung des Inhalts der dem Gericht vorliegenden Akten.
- Ein Verstoß gegen den klaren Inhalt der Akten liegt u. a. dann vor, wenn das FG eine nach Aktenlage feststehende Tatsache, die richtigerweise in die Beweiswürdigung hätte einfließen müssen, unberücksichtigt lässt oder seiner Entscheidung einen Sachverhalt zugrunde gelegt hat, der dem protokollierten Vorbringen der Beteiligten nicht entspricht.
- Entsprechendes gilt, wenn die Entscheidung des FG auf einer Zeugenaussage beruht, die mit den protokollierten Bekundungen eines Zeugen nicht im Einklang steht.

Das FG hat lt. BFH gegen den klaren Inhalt der Akten verstoßen, indem es seine Entscheidungen u. a. maßgeblich auf eine Aussage des Zeugen E i. V. m. Protokollen der S gestützt hat, wobei weder die protokollierten Bekundungen des Zeugen E noch die in den Akten befindlichen Protokolle der S ergeben, dass die Klägerin v. 11.2.2008 bis 26.5.2008 und ab 19.8.2008 keine Kontrollen der inländischen Wohnung durchführen ließ.

Wegen dieses Verfahrensfehlers gem. § 115 Abs. 2 Nr. 3 i. V. m. § 96 Abs. 1 Halbs. 1 FGO wurden die Urteile des FG vom BFH aufgehoben und die Sachen nach § 116 Abs. 6 FGO an das FG zur anderweitigen Verhandlung und Entscheidung zurückverwiesen.

Der BFH hat dem FG für das weitere Verfahren u. a. den Hinweis erteilt, dass bezüglich der Vernehmung der Zeuginnen K und I zu entscheiden sei, ob es ermessensgerecht ist, eine schriftliche Bekundung anzuordnen.

---

420 Hessisches FG, Urteile v. 24.10.2017, 1 K 431/16, 1 K 1156/16, 1 K 1152/16, 1 K 1150/16 und 1 K 1140/16.

7.12 Steuerhaftung des Rechtsanwalts als Kommanditist und Bevollmächtigter der KG

BFH, Urteil v. 14.2.2019, V R 68/17, BFH/NV 2019, S. 1262;
Vorinstanz: Hessisches FG, Urteil v. 10.5.2017, 1 K 21/17

Der Einwendungsausschluss nach § 166 AO kann auch zulasten eines vom Steuerpflichtigen beauftragten – und für die Steuerschuld haftenden – Rechtsanwalts wirken, wenn er mangels entgegenstehender Weisung in der Lage gewesen wäre, den gegen den Steuerpflichtigen erlassenen Bescheid als dessen Bevollmächtigter anzufechten.

Normen: § 166 AO; § 191 Abs. 1 1 AO i. V. m. § 171 Abs. 1 HGB

Sachverhalt

Das FA hat den Kläger am 10.7.2014 als Haftungsschuldner für Steuerschulden der A-GmbH (GmbH), die Rechtsnachfolgerin der B-KG (KG) ist, gem. § 191 Abs. 1 1 AO i. V. m. § 171 Abs. 1 HGB in Anspruch genommen.

Der Kläger war seit Gründung der KG bis zu seinem Austritt im Jahr 2013 Kommanditist der KG. Persönlich haftende Gesellschafterin der KG war die GmbH, die nach Austritt des Klägers auch Rechtsnachfolgerin der KG wurde. Nach der Steuerbilanz der KG zum 31.12.2008 hatte der Kläger eine Kommanditeinlage i. H. v. 10.000 € nicht einbezahlt.

Mangels USt-Erklärung der KG für das Jahr 2009 schätzte das FA die Besteuerungsgrundlagen gem. § 162 AO und erließ am 18.3.2014 einen USt-Steuerbescheid, durch den die USt auf 17.461,38 € festgesetzt wurde.

Aufgrund der Feststellungen einer bei der KG durchgeführten USt-Sonderprüfung ging das FA davon aus, dass die in der Rechnung ausgewiesene USt nach § 14c Abs. 2 S. 2 des UStG geschuldet werde, da über die Lieferung und die Montage einer Photovoltaikanlage USt ausgewiesen worden sei, obwohl keine Leistung erbracht worden sei. Der USt-Bescheid war Gegenstand eines erfolglosen Klageverfahrens beim FG. Die hiergegen gerichtete Nichtzulassungsbeschwerde wurde von der KG als Beschwerdeführerin zurückgenommen. Bevollmächtigter der Steuerschuldnerin im Verfahren vor dem BFH war der (hiesige) Kläger.

Den Haftungsbescheid beschränkte das FA auf die Höhe der nicht eingezahlten Kommanditeinlage von 10.000 €. Einspruch und Klage zum FG gegen den Haftungsbescheid hatten keinen Erfolg.[421]

Entscheidung

Der BFH hat die Revision des Klägers als unbegründet zurückgewiesen gem. § 126 Abs. 2 FGO.

---

[421] Hessisches FG, Urteil v. 10.5.2017, 1 K 21/17.

Ist die Steuer dem Steuerpflichtigen gegenüber unanfechtbar festgesetzt, so muss dies nach § 166 AO auch derjenige gegen sich gelten lassen, der in der Lage gewesen wäre, den gegen den Steuerpflichtigen erlassenen Bescheid als dessen Vertreter, Bevollmächtigter oder kraft eigenen Rechts anzufechten.

§ 166 AO soll das Haftungsverfahren von Fragen der materiellen Richtigkeit der Steuerfestsetzungen befreien und verhindern, dass im Haftungsverfahren das Besteuerungsverfahren nochmals aufgerollt und dadurch das Haftungsverfahren unnötig verzögert wird, wenn der Haftungsschuldner als Vertreter des Steuerpflichtigen bereits zur Anfechtung der Steuerfestsetzung befugt war oder diese bereits erfolglos angefochten hat.

§ 166 AO setzt voraus, dass der Vertreter oder Bevollmächtigte zu einer Anfechtung »in der Lage gewesen wäre«. Erforderlich ist daher, dass er aufgrund des Vertretungsverhältnisses zur Anfechtung rechtlich in der Lage war.

Im Streitfall hatte der Kläger vom FG vor der mündlichen Verhandlung im vorliegenden Verfahren einen Hinweis auf die Bedeutung der Drittwirkung der Steuerfestsetzung nach § 166 AO erhalten. Der fachkundige Kläger hat aber seinen Vortrag zu einer ihm erteilten Weisung der KG, die Nichtzulassungsbeschwerde im Verfahren gegen den USt-Bescheid zurückzunehmen, weder konkretisiert noch glaubhaft gemacht.

7.13 Wiedereinsetzung in den vorigen Stand – Glaubhaftmachung des fehlenden Verschuldens an der Fristversäumung – Büroversehen

BFH, Beschluss v. 3.9.2019, IX R 17/18, DStR 2019, S. 15;
Vorinstanz: Hessisches FG, Urteil v. 12.4.2018, 9 K 1053/155, EFG 2018, S. 1642

NV: Eine Wiedereinsetzung in den vorigen Stand kann nicht gewährt werden, wenn bei der dargestellten Sachlage ein Organisationsverschulden als Ursache der Fristversäumnis nicht auszuschließen ist.
NV: Die Begründungsfrist für die Revision gehört nicht zu den üblichen, häufig vorkommenden und einfach zu berechnenden Fristen. Der Prozessbevollmächtigte ist bei der Prüfung der Revisionsbegründungsfrist und der in diesem Zusammenhang erforderlichen Überwachung des Personals zu besonderer Sorgfalt verpflichtet.

Normen: §§ 124 Abs. 1 S. 1 und S. 2, 126 Abs. 1 FGO

Sachverhalt

Der Kläger erzielte im Streitjahr (2011) u. a. einen Verlust nach § 17 EStG aus der Beteiligung an einer Aktiengesellschaft. Das FA erkannte den Verlust nur teilweise an; nicht zu berücksichtigen sei der Verlust eines Gesellschafterdarlehens, da der Kläger nur mit 4,87 % – und damit nicht »unternehmerisch« – am Grundkapital der Gesellschaft beteiligt gewesen sei und das Darlehen keinen eigenkapitalersetzenden Charakter gehabt habe.

Die hiergegen gerichtete Klage wies das Hessische FG mit Urteil v. 12.4.2018[422] als unbegründet ab. Der geltend gemachte Forderungsausfall des Klägers sei weder nach § 17 EStG noch nach § 20 Abs. 2 S. 1 Nr. 7 EStG zu berücksichtigen.

Das erstinstanzliche Urteil, in dem das FG die Revision zugelassen hatte, wurde dem Prozessbevollmächtigten der Kläger am 20.4.2018 zugestellt.

Der Prozessbevollmächtigte der Kläger erhob hiergegen fristgerecht am 18.5.2018 Revision; eine Begründung der Revision ging bis zum Ablauf der Revisionsbegründungsfrist (20.6.2018) nicht ein. Mit Schreiben vom 26.6.2018, dem Prozessbevollmächtigten zugestellt am 27.6.2018, hat der Senatsvorsitzende auf die Versäumung der Frist sowie auf die Vorschrift des § 56 FGO hingewiesen. Mit Schreiben vom 20.7.2018, per Telefax am selben Tag beim BFH eingegangen, haben die Kläger Wiedereinsetzung in den vorigen Stand beantragt und zur Begründung im Wesentlichen vorgetragen, die verspätete Einreichung der Revisionsbegründung beruhe auf einem entschuldbaren Büroversehen in der Steuerkanzlei ihres Prozessbevollmächtigten.

Entscheidung
Der BGH hat die Revision mangels fristgerechter Begründung als unzulässig (§ 124 Abs. 1 S. 1 und 2 FGO) durch Beschluss verworfen (§ 126 Abs. 1 FGO).

Die von den Klägern begehrte Wiedereinsetzung in den vorigen Stand nach § 56 FGO wegen der Versäumung der Revisionsbegründungsfrist kann nicht gewährt werden.

- Wiedereinsetzung ist zu gewähren, wenn jemand ohne Verschulden an der Einhaltung der gesetzlichen Frist gehindert war (§ 56 Abs. 1 FGO). Dies setzt in formeller Hinsicht voraus, dass innerhalb einer Frist von einem Monat (§ 56 Abs. 2 S. 1 Halbs. 2 FGO) nach Wegfall des Hindernisses die versäumte Rechtshandlung nachgeholt und diejenigen Tatsachen vorgetragen und im Verfahren über den Antrag glaubhaft gemacht werden, aus denen sich die schuldlose Verhinderung ergeben soll.
- Im Streitfall hat der Prozessbevollmächtigte der Kläger die Wiedereinsetzungsgründe schon nicht hinreichend dargelegt und glaubhaft gemacht.
  - Wird – wie im Streitfall – Wiedereinsetzung in den vorigen Stand wegen eines entschuldbaren Büroversehens bei der Einhaltung einer Frist begehrt, muss substantiiert und in sich schlüssig vorgetragen werden, wie die Fristen im Büro des Prozessbevollmächtigten überwacht werden.
  - Der Prozessbevollmächtigte, der zur Rechtfertigung seines Wiedereinsetzungsantrags vorbringt, er habe die Notierung und Kontrolle der maßgeblichen Frist für die Einlegung bzw. Begründung eines Rechtsmittels einer zuverlässigen und erfahrenen Bürokraft überlassen, muss hiernach vortragen, durch welche Maßnahmen er gewährleistet hat, dass in seinem Büro die Fristen entsprechend seinen Anordnungen notiert und kontrolliert werden. Dazu gehört nicht nur der Vortrag, wann und wie er seine Bürokräfte entsprechend belehrt, sondern auch, wie er die Einhaltung dieser Belehrungen überwacht.

---

[422] 9 K 1053/155, EFG 2018, S. 1642.

- Dabei ist zu beachten, dass die Begründungsfrist für die Revision nicht zu den üblichen, häufig vorkommenden und einfach zu berechnenden Fristen gehört. Der Prozessbevollmächtigte ist daher bei der Prüfung der Revisionsbegründungsfrist und der in diesem Zusammenhang erforderlichen Überwachung des Personals zu besonderer Sorgfalt verpflichtet.
- Die in diesem Zusammenhang vorzutragenden Tatsachen müssen durch präsente Beweismittel, wie z. B. eidesstattliche Versicherungen oder Ablichtungen der entsprechenden Seiten des Fristenkontrollbuchs, glaubhaft gemacht werden.

- Der Vortrag des Prozessbevollmächtigten der Kläger genügt den dargestellten Anforderungen zur Feststellung der ordnungsgemäßen Überwachung der Einhaltung der Revisionsbegründungsfrist nicht.
  - So ist schon nicht dargelegt, wie die Fristenkontrolle und die Überprüfung des hiermit betrauten Personals bei der Einhaltung speziell bei nicht alltäglichen Fristen in der Kanzlei des Prozessbevollmächtigten der Kläger gehandhabt werden.
  - Hinzu kommt, dass der Prozessbevollmächtigte in seinem Wiedereinsetzungsantrag ausdrücklich davon ausgeht, dass es sich bei der Revisionsbegründungsfrist seiner Auffassung nach um eine häufig vorkommende und einfach zu berechnende Frist handele. Der Prozessbevollmächtigte gibt damit zu erkennen, dass er bei der Eintragung und Überwachung von Revisionsbegründungsfristen die von der höchstrichterlichen Rspr. geforderte besondere Sorgfalt schon nicht für erforderlich hält.

Lt. BFH kann von einer wirksamen täglichen Fristenkontrolle durch den Prozessbevollmächtigten nicht ausgegangen werden, wenn der fehlende Eintrag einer Begründungsfrist über einen längeren Zeitraum – hier zwischen Eintragung der Einlegungsfrist am 20.4.2018 und dem Zugang des Hinweisschreibens des Senatsvorsitzenden vom 26.6.2018 – trotz vorgeblich täglicher Kontrolle völlig unbemerkt bleibt.

Der bloße Hinweis auf die Zuverlässig- und Gewissenhaftigkeit der mit der Fristenerfassung betrauten Büroangestellten A genügt insoweit nicht, um den Senat von einem entschuldbaren Büroversehen zu überzeugen, wenn der Prozessbevollmächtigte gleichzeitig im Rahmen seines Wiedereinsetzungsantrags vorträgt, dass mit Blick auf die Zuverlässigkeit der beauftragten Person eine besondere Überprüfung der eingetragenen (bzw. nicht eingetragenen) Fristen im vorliegenden Fall überhaupt nicht stattgefunden habe. Vielmehr ist bei der dargestellten Sachlage ein Organisationsverschulden als Ursache der Fristversäumnis nicht auszuschließen.

7.14 Keine Wiedereinsetzung: Geringerer Beweiswert eines »Freistempler«-Aufdrucks mit Datumsanzeige bei Fristversäumnis

BFH, Beschluss v. 15.5.2019, XI R 14/17, BFH/NV 2019, S. 923;
Vorinstanz: FG Münster, Urteil v. 12.1.2017, 5 K 23/15 U, EFG 2017, S. 703

Der »Freistempler«-Aufdruck (mit Datum »....« und Werbeteil des Prozessbevollmächtigten) hat eine geringere Beweiskraft als der Poststempel. Die Freistempelung des Briefes besagt lediglich, dass dieser versandfertig gemacht worden, nicht aber, dass es auch tatsächlich zur rechtzeitigen Versendung mit der Post gekommen ist.

Norm: § 56 Abs. 2 S. 1 Halbs. 2, 120 Abs. 1 S. 1 FGO

Sachverhalt

Das klageabweisende Urteil des FG Münster vom 12.1.2017[423] ist der Steuerpflichtigen (GbR) am 20.2.2017 per Empfangsbekenntnis zugestellt worden. Die Revisionsbegründungsschrift ist am 21.4.2017 beim BFH eingegangen. Der Freistempel auf dem Briefumschlag der Revisionsbegründungsschrift weist als Datum den 18.4.2017 aus. Nachdem die Geschäftsstelle des XI. Senats des BFH den Prozessbevollmächtigten auf die verspätet eingegangene Begründung der Revision hingewiesen hat, beantragte die Klägerin fristgerecht die Wiedereinsetzung in den vorigen Stand.

Entscheidung

Der BFH hat die Revision als unzulässig verworfen, weil die Klägerin die Frist zur Begründung der Revision schuldhaft versäumt hat und daher Wiedereinsetzung in den vorigen Stand nicht zu gewähren war.

Gem. § 120 Abs. 1 S. 1 FGO muss die Revision beim BFH innerhalb eines Monats nach Zustellung des Urteils schriftlich eingelegt und spätestens innerhalb eines weiteren Monats begründet werden.

Wiedereinsetzung in den vorigen Stand gem. § 56 Abs. 1 FGO kann auf Antrag gewährt werden, wenn jemand ohne Verschulden verhindert war, eine gesetzliche Frist einzuhalten. Dabei schließt jedes Verschulden – also auch einfache Fahrlässigkeit – die Wiedereinsetzung in den vorigen Stand aus. Der Steuerpflichtige muss sich das Verschulden seines Prozessbevollmächtigten zurechnen lassen.

Die Wiedereinsetzung erfordert in formeller Hinsicht, dass innerhalb einer Frist von einem Monat (§ 56 Abs. 2 S. 1 Halbs. 2 FGO) nach Wegfall des Hindernisses die versäumte Rechtshandlung nachgeholt und diejenigen Tatsachen vorgetragen und im Verfahren über den Antrag glaubhaft gemacht werden, aus denen sich die schuldlose Verhinderung ergeben soll. Die Tatsachen, die eine Wiedereinsetzung rechtfertigen können, müssen aufgrund st. Rspr. zwingend innerhalb dieser

---

[423] 5 K 23/15 U, EFG 2017, S. 703.

Frist vollständig (alle entscheidungserheblichen Umstände), substantiiert und in sich schlüssig dargelegt werden.

Nach Auffassung des BFH hat dies der Prozessbevollmächtigte der Klägerin nicht getan, weil er nur vorgetragen hat, dass man als Postkunde darauf vertrauen konnte, dass zur Fristeinhaltung gegenüber Behörden und Gerichten eine Zustellung am nächsten Werktag erfolgen würde und die Revisionsbegründungsschrift am 18.4.2017 zur Post aufgegeben worden ist. Letzteres sei durch den Freistempel mit Datum auf dem Briefumschlag der Sendung belegt.

Die Freistempelung des Briefes besagt lt. BFH nur, dass die Sendung versandfertig gemacht worden ist, nicht aber, dass es auch tatsächlich bzw. wann es zur rechtzeitigen Versendung gekommen ist.

Der Prozessbevollmächtigte hat zur Versendung weder vorgetragen, wer zu welcher Zeit und in welcher Weise das fristgebundene Revisionsbegründungsschreiben zur Post gegeben hat noch hat er präsente Beweismittel wie eidesstattliche Versicherung eines Mitarbeiters der Kanzlei, Auszüge aus dem Postausgangs- und Fristenkontrollbuch beigebracht.

7.15 Heilung der Verletzung der Wartefrist (§ 47 Abs. 1 ZPO)

BFH, Beschluss v. 29.8.2019, X B 38/19, BFH/NV 2020, S. 30;
Vorinstanz: FG Münster, Urteil v. 24.1.2019, 10 K 2068/18 E

Ein in der Verletzung der Wartepflicht des § 47 Abs. 1 ZPO liegender Verfahrensmangel wird geheilt, wenn das Ablehnungsgesuch später rechtskräftig zurückgewiesen wird.

Normen: § 133a Abs. 4 S. 3 FGO; § 47 Abs. 1 ZPO

Sachverhalt

Die Kläger sind Eheleute, die für das Streitjahr 2011 zur ESt zusammenveranlagt werden. Der Ehemann erzielt u. a. Einkünfte aus Gewerbebetrieb. Er hatte 2011 einen Investitionsabzugsbetrag i. H. v. 32.000 € für die geplante Anschaffung eines Lkw gebildet. Nachdem der Lkw nicht bis zum Ablauf der dreijährigen Investitionsfrist (31.12.2014) angeschafft worden war, machte das FA den Investitionsabzugsbetrag rückgängig und änderte den ESt-Bescheid 2011 entsprechend.

Nach Zurückweisung des Einspruchs erhoben die Kläger Klage beim FG Münster.[424] Mit Schreiben v. 22.12.2017 vertrat der zuständige Berichterstatter (B) die Auffassung, eine Verlängerung der dreijährigen Investitionsfrist sei auch in Fällen höherer Gewalt – wie z. B. bei einem Streik – nicht möglich.

---

424 10 K 3617/16 E.

Daraufhin lehnten die Kläger B mit Schreiben v. 18.1.2018 wegen Besorgnis der Befangenheit ab. Das FG wies den Ablehnungsantrag am 13.2.2018 ohne Mitwirkung des abgelehnten Richters zurück. Am 19.3.2018 wies es eine Anhörungsrüge gegen den Beschluss über den Ablehnungsantrag – nun unter Mitwirkung des abgelehnten Richters – zurück. Eine Beschwerde der Kläger gegen den Beschluss über die Anhörungsrüge verwarf der BFH als unzulässig, ebenso eine nachfolgende Anhörungsrüge (BFH, Beschluss vom 24.7.2018, X S 22/18).

Im parallel fortgesetzten Klageverfahren lud der Vorsitzende (V) für den 19.4.2018 zur mündlichen Verhandlung. Die Kläger beantragten am 10.4.2018 die Aufhebung dieses Termins, weil gegen V und B Ablehnungsanträge gestellt worden seien, über die –-wohl im Hinblick auf das seinerzeit noch beim BFH anhängige Beschwerdeverfahren-- noch nicht rechtskräftig entschieden sei. Dies lehnte V ab.

Am 18.4.2018 ging beim FG ein Schriftsatz der Kläger mit der Klagerücknahme ein. Daraufhin stellte B mit Beschluss v. 23.4.2018 das Klageverfahren[425] ein.

Mit einem am 24.4.2018 beim FG eingegangenen Schreiben lehnten die Kläger V wegen Besorgnis der Befangenheit ab. Zur Begründung bezogen sie sich auf die Ablehnung des Terminverlegungsantrags. Sobald der Rechtsstreit einem anderen Senat übertragen werde, werde die Klage weitergeführt.

Das FG verwarf den Ablehnungsantrag am 2.5.2018 – ohne Mitwirkung des abgelehnten Richters – mangels Rechtsschutzbedürfnisses als unzulässig, weil das Klageverfahren im Zeitpunkt des Eingangs des Ablehnungsantrags bereits beendet gewesen sei. Gegen diesen Beschluss erhoben die Kläger am 22.5.2018 Anhörungsrüge. Das FG entschied über die Anhörungsrüge zunächst nicht.

Am 4.7.2018 erhoben die Kläger Nichtigkeitsklage gegen den Einstellungsbeschluss v. 23.4.2018. Sie beriefen sich darauf, das FG sei damals falsch besetzt gewesen; die Klage solle nun unter neuer Besetzung wieder aufgenommen werden.

Nachdem V für den 24.11.2019 zur mündlichen Verhandlung geladen hatte, lehnten die Kläger V am 4.1.2019 wegen Besorgnis der Befangenheit ab und beantragten eine Verlegung des Verhandlungstermins bis zur Rechtskraft der Entscheidung über den Ablehnungsantrag. Zur Begründung führten sie aus, V mische sich grds. in Verfahren ein, für die er nicht zuständig sei. V gab am 4.1.2019 dienstliche Äußerungen ab. Am selben Tage lehnte B – in seiner Eigenschaft als Vertreter des V – den Terminverlegungsantrag ab.

Am 21.1.2019 wies das FG – ohne Mitwirkung des V – den in Bezug auf V gestellten Ablehnungsantrag zurück.

---

425 10 K 3617/16 E.

Aufgrund der mündlichen Verhandlung v. 24.1.2019 wies das FG Münster mit Urteil v. gleichen Tag[426] – unter Mitwirkung von V und B – die Nichtigkeitsklage ab.

Am 5.2.2019 wies das FG – ohne Mitwirkung des V – die am 22.5.2018 erhobene Anhörungsrüge gegen den Beschluss v. 2.5.2018, mit dem der in Bezug auf V im ursprünglichen Klageverfahren 10 K 3617/16 E am 24.4.2018 gestellte Ablehnungsantrag zurückgewiesen worden war, zurück.

Entscheidung
Der BFH hat die Beschwerde der Kläger wegen Nichtzulassung der Revision gegen das Urteil des FG Münster als unbegründet zurückgewiesen.

Die Kläger rügen, V habe an dem Urteil v. 24.1.2019 über die Nichtigkeitsklage nicht mitwirken dürfen, da über den entsprechenden Ablehnungsantrag aufgrund der seinerzeit noch ausstehenden – und erst am 5.2.2019 getroffenen – Entscheidung über die Anhörungsrüge noch nicht rechtskräftig entschieden worden sei. Diese Rüge hat – jedenfalls im Ergebnis – keinen Erfolg.
- Nach § 47 Abs. 1 ZPO – hier i. V. m. § 51 Abs. 1 S. 1 FGO – hat ein abgelehnter Richter vor Erledigung des Ablehnungsgesuchs nur solche Handlungen vorzunehmen, die keinen Aufschub gestatten. Zu diesen unaufschiebbaren Handlungen gehört die Mitwirkung an einer verfahrensabschließenden Entscheidung über die Hauptsache nicht.
- Allerdings wird ein in der Verletzung der Wartepflicht des § 47 Abs. 1 ZPO liegender Verfahrensmangel nach st. Rspr. der obersten Gerichtshöfe des Bundes geheilt, wenn das Ablehnungsgesuch später rechtskräftig zurückgewiesen wird. Denn in diesem Fall steht fest, dass der verfassungsmäßig garantierte Richter die Entscheidung getroffen hat.
- Vorliegend hat das FG die Anhörungsrüge gegen den Beschluss über die Zurückweisung des Ablehnungsantrags am 5.2.2019 zurückgewiesen. Dieser Beschluss ist unanfechtbar (§ 133a Abs. 4 S. 3 FGO) und daher sofort rechtskräftig geworden. Damit ist die Heilung des – etwaigen – Verfahrensmangels eingetreten.
- Es kann offenbleiben, ob der Ablehnungsantrag, der im Klageverfahren 10 K 3617/16 E gestellt worden war, überhaupt von Bedeutung für das – davon grds. zu unterscheidende – Verfahren über die Nichtigkeitsklage (10 K 2068/18 E) sein kann, in dem das vorliegend angegriffene Urteil ergangen ist.

---

426 10 K 2068/18 E.

D Neuentwicklungen im internationalen Steuerrecht

1 Das Jahr 2019 im Rückblick

Der globale Markt ist ständig in Bewegung. Hinzu kommen politische Erschwernisse, wie der Brexit oder der Handelsstreit zwischen den USA und China, und Faktoren wie der Klimawandel, die viele Ungewissheiten über die weitere Entwicklung aufkommen lassen. Das hat zur Folge, dass sich auch das internationale Steuerrecht durch Anpassung an tatsächliche und wirtschaftliche Gegebenheiten im stetigen Wandel befindet.

Darüber hinaus wird die Globalisierung in der heutigen Zeit von immer größerer Bedeutung. Multinationale Konzerne entwickeln Geschäftsmodelle, mit denen sie Märkte rund um den Globus bedienen können. Oft erfolgt die Ansiedlung in einem Staat nicht mehr in Form von festen Niederlassungen, sondern Dienstleistungen werden, soweit möglich, auch elektronisch angeboten.

Damit das Steuerrecht mit der raschen Entwicklung mithalten kann, wurde die Besteuerung der digitalen Wirtschaft mit dem ersten Aktionspunkt der OECD in ihrem BEPS-Aktionsplan adressiert. Ende Mai veröffentlichte die OECD darüber hinaus ihr Arbeitsprogramm zur künftigen Besteuerung der digitalen Wirtschaft. Im Juni 2019 wurden dann die von der OECD vorgeschlagenen Regeln zur Besteuerung der digitalen Wirtschaft von den Finanzministern der wichtigsten Industrie- und Schwellenländer (G-20) gebilligt. Die zukünftig erwarteten Regeln werden sich aber nicht nur ausschließlich auf Internetkonzerne, sondern auch auf andere global tätige Konzerne auswirken.

Auch Unternehmen müssen im Rahmen ihrer Steuerplanung darauf achten, dass sie durch stetige Anpassung weiterhin Gebrauch von Steuervorteilen machen können und so steuerliche Ineffizienzen beseitigen. Rechtliche Gestaltungen, die eingesetzt werden, um Steuerschlupflöcher oder Steuersatzunterschiede zwischen verschiedenen Staaten zu nutzen, mögen in den vergangenen Jahren vielleicht nicht zugenommen haben, aber sie sind zunehmend in den Fokus der Öffentlichkeit geraten. Hier erfolgt aber häufig keine saubere Trennung zwischen Gestaltungen, die offensichtlich illegal und solchen, die gesetzlich erlaubt sind, aber von der Öffentlichkeit als negativ empfunden werden. Während die Stichworte »Panama-Papers« oder »Cum-Ex« allein dem strafrechtlichen Bereich zuzuordnen sein dürften, wurden z. B. die sog. »Goldfinger«-Gestaltungen gerichtlich als rechtskonform eingestuft.[427]

Methoden, die von internationalen Konzernen zur Senkung der Steuerbelastung eingesetzt werden, können durchaus legal sein, auch wenn diese von der Öffentlichkeit als anrüchig angesehen

---

427 Vgl. BFH, Urteil v. 19.1.2017, IV R 10/14, BFHE 256, S. 507; BFH, Urteil v. 19.1.2017, IV R 5/16, BFH/NV 2017, S. 755; BFH, Urteil v. 19.1.2017, IV R 50/14, BFH 257, S. 35; BFH, Urteil v. 19.1.2017, IV R 50/13, BFH/NV 2017, S. 751.

werden. In vielen Fällen werden lediglich bestehende DBA zwischen den Staaten und deren unterschiedliche Besteuerungssysteme zum Vorteil der Konzerne ausgenutzt. Und dennoch ist in den vergangenen Jahren der Druck auf die Regierungen vieler Staaten gestiegen, gegen solche Gestaltungen, die als anrüchig oder aggressiv angesehen werden, vorzugehen. Eine Folge daraus war unter anderem der Aktionspunkt 12 des BEPS-Aktionsplans der OECD, der vorsieht, dass aggressive Transaktionen, Modelle oder Strukturen offen zu legen sind sowie die daraus resultierende DAC6-RL, die bis zum Ende 2019 auf nationaler Ebene umzusetzen war.

Auch die Rechtsprechungshistorie des EuGH zu finalen Verlusten wurde im Jahr 2019 durch die Urteile in den Rs. *Memira Holding* und *Holmen* wieder aufgefrischt. Dieser bestätigte erneut in den beiden Urteilen seine erstmals in der Rs. *Marks & Spencer* aufgestellten Grundsätze und entwickelte auf dieser Grundlage den Begriff der finalen Verluste fort. Dabei hat er in beiden Urteilen weiterführende Rechtsgrundsätze erkannt, die für die Annahme von finalen Verlusten von Bedeutung sind.

In nächster Zeit dürften demnach Urteile zu den beim BFH anhängigen Verfahren zur Verrechnungsmöglichkeit ausländischer Verluste[428] erwartet werden, nachdem dieser zuletzt in 2017 zu dem Schluss gekommen war, dass die Rspr. zu den finalen Verlusten nicht mehr anwendbar sei.

Allein schon im Hinblick auf den finalen Bericht der OECD zur Besteuerung der digitalen Wirtschaft, der erstmaligen Anwendung der in der DAC6-RL festgelegten Meldepflichten sowie der zu erwartenden BFH-Rspr. zu finalen Verlusten darf man auch im Jahr 2020 einige Themen erwarten, die das internationale Steuerrecht erneut bewegen und prägen werden.

2 Besteuerung der digitalen Wirtschaft – ein Update

Die als Digitalisierung bezeichnete Transformation von analog zu digital führt zu neuen Geschäftsmodellen. Das Steuerrecht kann mit diesen Entwicklungen allerdings oft nicht schritthalten. Die OECD diskutiert daher seit vielen Jahren für neue Geschäftsmodelle, wie z. B. der digitalen Betriebsstätte, über deren Besteuerung.

---

428 Anhängige Verfahren beim BFH mit den Az. I R 48/17, Vorinstanz: FG Münster, Urteil v. 28.3.2017, 12 K 3545/14 G,f, EFG 2017, S. 1740; I R 49/17, Vorinstanz: FG Münster, Urteil v. 28.3.2017, 12 K 3541/14 G, F, EFG 2017, S. 1740; I R 32/18, Vorinstanz: Hessisches FG, Urteil v. 4.9.2018, 4 K 395/17, EFG 2018, S. 1876.

Seit Ende 2017 und vor allem während des Jahres 2018 nahm die Debatte um die Besteuerung der digitalen Wirtschaft dann Fahrt auf. Zu unterscheiden sind dabei die Debatten auf Ebene der OECD, der EU[429] sowie auf nationaler Ebene der einzelnen Staaten.

Am 16.3.2018 veröffentlichte die OECD einen ersten Zwischenbericht des Inclusive Framework on BEPS über die steuerlichen Herausforderungen der digitalen Wirtschaft.[430] In diesem Rahmen erfolgte eine Überprüfung der Anknüpfungspunkte für eine Besteuerung sowie der Gewinnallokationsregeln. Da die international abgestimmte Lösung aber erst bis 2020 entwickelt werden soll, sprach die OECD im Zwischenbericht keine Empfehlung für die Einführung einer Zwischenlösung aus.

Das in 2018 angekündigte Update des OECD-Zwischenberichts wurde am 13.2.2019 in Form eines Public Consultation Paper zur Besteuerung der digitalen Wirtschaft veröffentlicht.[431] In dem Report werden drei Vorschläge zur Besteuerung der digitalen Wirtschaft sowie eine General Anti-Avoidance Rule vorgestellt und die Öffentlichkeit zur Einreichung von Stellungnahmen eingeladen.

Die Idee hierbei ist es, Besteuerungsrechte für durch User oder Marketing Intangibles geschaffene Werte herbeizuführen oder sich auf die Einführung einer digitalen Betriebsstätte zu einigen. Die Vorschläge sehen neuartige Besteuerungsrechte für die Quellenstaaten vor, die allerdings nur durch die Einführung fundamental neuer Regelungen im nationalen Recht der jeweiligen Staaten sowie in den DBA umgesetzt werden können.

Vorschlag 1: User-Participation-Modell
Der erste Vorschlag der OECD fußt auf dem Grundgedanken, dass die aktive Partizipation von Usern einen Wert kreiert, auf dem gewisse digitale Geschäftsmodelle aufbauen. Hierzu gehören vor allem Social-Media-Plattformen, Suchmaschinen oder Onlinemarktplätze. Durch die Beiträge der User in einem gewissen Land ist es den Unternehmen möglich, Gewinne zu realisieren, die in dem Land des Users bzw. der Wertschöpfung für die Besteuerung nicht zugänglich sind. Da die Anwendung traditioneller Transfer-Pricing-Methoden zur Abgrenzung eines durch den User geschaffenen Werts schwierig ist, wird in dem Diskussionspapier dem Staat, in welchem der User ansässig ist, die Anwendung eines Residual Profit Split vorgeschlagen, um eine Besteuerung vornehmen zu können.

Vorschlag 2: Marketing-Intangible-Modell
Ähnlich wie im ersten Vorschlag sieht das Marketing-Intangible-Modell eine Änderung der Regelungen der bisherigen Gewinnabgrenzung des Nexus Approach vor. Der Fokus liegt hierbei jedoch nicht nur auf gewissen digitalen Geschäftsmodellen, sondern soll auf die breiteren Implikationen

---

429 Vgl. auch *Benz/Böhmer*, Besteuerung digitaler Unternehmen, DB 2018, S. 1237.
430 OECD/G20 Base Erosion and Profit Shifting Project, Tax Challenges Arising from Digitalisation – Interim Report 2018 v. 16.3.2018.
431 OECD/G20 Base Erosion and Profit Shifting Project, Addressing the Tax Challenges of the Digitalisation of the Economy, Public Consultation Document v. 13.2.2019.

einer sich digitalisierenden Wirtschaft reagieren. Dies betrifft Situationen, in denen ein Unternehmen in einem Land wertvolle Marketing Intangibles aufbaut und dadurch Gewinne realisiert, die nach bisherigen Regelungen in diesem Land nicht der Besteuerung zugeführt werden können. Dieses Modell sieht einen »intrinsischen funktionalen Zusammenhang« zwischen Marketing Intangibles und dem lokalen Markt.

Vorschlag 3: Significant Economic Presence
Die Idee einer Significant Economic Presence, z. B. Beispiel in Form einer digitalen Betriebsstätte, existiert bereits seit Längerem und war Bestandteil des BEPS-Aktionspunktes 1. Auch die EU hatte zu dieser Thematik bereits einen entsprechenden Richtlinienvorschlag vorgestellt.[432] Wie in den beiden anderen Punkten wird hier das Problem dargestellt, dass Unternehmen durch digitale Aktivitäten von lokalen Märkten profitieren können, ohne dort eine Präsenz zu haben, die nach den bisherigen Regelungen ein Anknüpfungspunkt für die Besteuerung sein könnte. Der Vorschlag zielt daher auf die Einführung eines neuen Anknüpfungspunktes für Steuerzwecke ab, um unter gewissen Voraussetzungen auch die rein digitale Präsenz in einem Land der Besteuerung zuführen zu können.

Ausblick
Durch das Diskussionspapier wurden von der OECD drei Vorschläge zur Besteuerung der digitalen Wirtschaft vorgelegt und man darf gespannt sein, welcher Vorschlag sich durchsetzen wird und inwieweit dieser vom OECD-Fremdvergleichsgrundsatz abweicht. Es ist erfreulich, dass die OECD bei den Fragen zur Besteuerung der digitalen Wirtschaft immer mehr eine Führungsrolle einnimmt, da so höhere Chancen auf eine international abgestimmte Lösung mit harmonisierter Einführung sowie der Vermeidung von Doppelbesteuerungsstreitigkeiten besteht.

In dem am 31.5.2019 veröffentlichen Arbeitsprogramm zur künftigen Besteuerung der digitalen Wirtschaft fasst die OECD noch einmal den bisherigen Stand, auch unter Verweis auf das Diskussionspapier, zusammen und lässt mit Spannung auf die angestrebte konsensbasierte Lösung blicken, zu der es Ende 2020 einen Abschlussbericht geben soll.

3 DAC6-Meldepflichten

Nachdem auf nationaler Ebene die Einführung einer Anzeigepflicht im Rahmen des Jahressteuergesetzes 2008 gescheitert war, enthielt der am 5.10.2015 veröffentlichte BEPS-Bericht der OECD in seinem Aktionspunkt 12 eine Empfehlung zur Meldepflicht von grenzüberschreitenden Gestaltungen.

---

432 RL 2018/148/EU.

3.1 Die Richtlinie

In seiner Sitzung vom 13.3.2018 erzielte der Europäische Rat für Wirtschaft und Finanzen (ECOFIN) die politische Einigung über die geplante Meldepflicht für grenzüberschreitende Gestaltungsmodelle in der EU. Die EU-Amtshilferichtlinie 2011/16/EU (kurz: DAC6) wurde am 5.6.2018 veröffentlicht und verpflichtet die EU-Mitgliedstaaten zum gegenseitigen Informationsaustausch über die Meldungen zu grenzüberschreitenden Gestaltungsmodellen. Alle EU-Mitgliedstaaten waren angehalten, die Änderungsrichtlinie[433] zur neuen Meldepflicht für modellhafte, grenzüberschreitende Steuergestaltungen national umzusetzen.

3.1.1 Umsetzung und zeitlicher Anwendungsrahmen

Die DAC6-RL trat zum 25.6.2018 in Kraft und sah eine nationale Umsetzung durch die Mitgliedstaaten in Form von Erlass und Veröffentlichung entsprechender Umsetzungsgesetze bis zum 31.12.2019 vor. Die Anwendung der Vorschriften ist grds. ab dem 1.7.2020 geplant.

Hinsichtlich des zeitlichen Rahmens gilt es hierbei jedoch zu beachten, dass auch grenzüberschreitende Gestaltungen, deren erster Umsetzungsschritt zwischen dem Inkrafttreten der RL und der Anwendung der national umgesetzten Vorschriften liegt, bereits meldepflichtig sind. Für Gestaltungen, mit deren Umsetzung ab dem 25.6.2018 begonnen wurde, ist daher die Meldung bis spätestens 31.8.2020 nachzuholen.

3.1.2 Meldepflichtige Sachverhalte

Nach der DAC6-Richtlinie ist jede Gestaltung, die grenzüberschreitend ist und mindestens eines der in Anhang IV der RL aufgeführten Kennzeichen (sog. hallmarks) aufweist, meldepflichtig.

Der Begriff der Gestaltung wird im Rahmen der RL dabei nicht definiert. Unterschieden wird lediglich betreffend die Meldepflichten zwischen sog. marktfähigen Gestaltungen[434] und sog. maßgeschneiderten Gestaltungen[435].

Eine Gestaltung ist danach marktfähig, wenn sie konzipiert, vermarktet, zur Umsetzung bereitgestellt wird oder umsetzungsbereit ist, ohne dass sie individuell angepasst werden muss. Dahingegen ist eine Gestaltung maßgeschneidert, wenn es sich dabei nicht um eine marktfähige Gestaltung handelt.

---

433 Änderungsrichtlinie 2018/822/EU.
434 Art. 3 Nr. 24 RL 2011/16/EU nach Änderung durch die RL 2018/822/EU.
435 Art. 3 Nr. 25 RL 2011/16/EU nach Änderung durch die RL 2018/822/EU.

Die von der RL vorgesehene Meldepflicht erstreckt sich nur auf grenzüberschreitende Gestaltungen[436]. Eine Gestaltung gilt als meldepflichtig, wenn sie mehr als einen Mitgliedstaat oder einen Mitgliedstaat und ein Drittland betrifft und dabei **eine** der folgenden Bedingungen erfüllt ist:
- Nicht alle an der Gestaltung Beteiligten sind im selben Hoheitsgebiet steuerlich ansässig (Inlandsfälle werden demnach ausdrücklich nicht erfasst);
- einer oder mehrere der an der Gestaltung Beteiligten ist/sind gleichzeitig in mehreren Hoheitsgebieten steuerlich ansässig;
- einer oder mehrere der an der Gestaltung Beteiligten übt/üben in einem anderen Hoheitsgebiet über eine dort belegene Betriebsstätte eine Geschäftätigkeit aus und die Gestaltung stellt teilweise oder ganz die durch die Betriebsstätte ausgeübte Geschäftätigkeit dar;
- einer oder mehrere der an der Gestaltung Beteiligten übt/üben in einem anderen Hoheitsgebiet eine Tätigkeit aus, ohne dort steuerlich ansässig zu sein oder eine Betriebsstätte zu begründen;
- eine solche Gestaltung hat möglicherweise Auswirkungen auf den automatischen Informationsaustausch oder die Identifizierung der wirtschaftlichen Eigentümer.

An der Ausgestaltung der Bedingungen lässt sich erkennen, dass möglichst viele Fälle abgedeckt werden sollen, die in irgendeiner Weise grenzüberschreitend veranlasst sind. In einem zweiten Schritt erfolgt jedoch eine Beschränkung auf Sachverhalte, die die nachfolgend aufgeführten Kennzeichen erfüllen.

3.1.3 Kennzeichen

Bei den Merkmalen einer grenzüberschreitenden meldepflichtigen Gestaltung wird auf Kennzeichen abgestellt, die laut Anlage IV der DAC6-RL in die folgenden Kategorien unterteilt werden:
- A. Allgemeine Kennzeichen in Verbindung mit dem »Main benefit«-Test
- B. Spezifische Kennzeichen in Verbindung mit dem »Main benefit«-Test
- C. Spezifische Kennzeichen in Zusammenhang mit grenzüberschreitenden Transaktionen
- D. Spezifische Kennzeichen hinsichtlich des automatischen Informationsaustauschs und der wirtschaftlichen Eigentümer
- E. Spezifische Kennzeichen hinsichtlich der Verrechnungspreisgestaltung

Die einzelnen Kategorien enthalten diverse Unterpunkte, die im Detail festlegen, in welchen Fällen eine Meldepflicht besteht. Dabei gilt es zu beachten, dass für die Kategorien A, B und in bestimmten Fällen der Kategorie C Nummer 1 eine Meldepflicht nur gegeben ist, wenn zugleich der »Main benefit«-Test erfüllt ist.

Für die Kategorien D und E sowie die übrigen Fälle der Kategorie C gilt, dass die Voraussetzungen zum Bestehen einer Meldepflicht bereits dann erfüllt sind, wenn eines der dort genannten Kennzeichen gegeben ist.

---

436 Art. 3 Nr. 18 RL 2011/16/EU nach Änderung durch die RL 2018/822/EU.

3.1.3.1 »Main benefit«-Test

Der »Main benefit«-Test gilt als erfüllt, wenn einer der Hauptvorteile, den man unter Berücksichtigung aller relevanten Fakten und Umstände vernünftigerweise von einer Gestaltung erwarten kann, die Erlangung eines Steuervorteils ist.[437] Diese Voraussetzung erinnert an den Nachweis beachtlicher außersteuerlicher Gründe für die Wahl einer Gestaltung im Rahmen des § 42 AO.

> **Praxishinweis**
> Der »Main benefit«-Test ist ein objektiver Test, der die Abwägung der Steuervorteile mit den übrigen (finanziellen, wirtschaftlichen, organisatorischen usw.) Vorteilen voraussetzt. Dabei sollten die folgenden Fragen gestellt werden:
> - Liegt ein Steuervorteil vor?
> - Ist der Steuervorteil der oder einer der Hauptvorteil(e)?
>
> Ein Steuervorteil kann z. B. in der Vermeidung oder Verminderung der Besteuerung, in Steuerfreibeträgen oder in der Erhöhung der steuerlichen Verluste bestehen. Der Vorteil kann entweder vorübergehend (z. B. Steuerstundungen oder zeitversetzte Steuerrückzahlungen) oder auch endgültig sein.

3.1.3.2 A – Allgemeine Kennzeichen in Verbindung mit dem »Main benefit«-Test[438]

1. Verpflichtung des Steuerpflichtigen zur Einhaltung einer Vertraulichkeitsklausel hinsichtlich der Gestaltung gegenüber anderen Intermediären oder Steuerbehörden.
2. Anspruch des Intermediärs auf ein Erfolgshonorar hinsichtlich der implementierten Gestaltung; die Gebühr hängt bspw. vom Betrag des realisierten Steuervorteils oder von dem tatsächlichen erlangen eines Steuervorteils ab.
3. Nutzung einer standardisierten Dokumentation und/oder Struktur, die ohne wesentliche individuelle Anpassungen bei mehr als einem Steuerpflichtigen implementiert werden kann.

In sämtlichen Fällen der Kategorie A muss zusätzlich ein »Main benefit«-Test durchgeführt werden.

3.1.3.3 B – Spezifische Kennzeichen in Verbindung mit dem »Main benefit«-Test[439]

1. Erwerb einer Verlustgesellschaft, anschließende Aufgabe der Haupttätigkeit der Gesellschaft und Nutzung aufgebauter Verlustvorträge.
Dies schließt auch die Übertragung der Verluste in ein anderes Hoheitsgebiet ein.

---

437 Anhang IV, Teil I, RL 2018/822/EU.
438 Anhang IV, Teil II, Kategorie A, RL 2018/822/EU.
439 Anhang IV, Teil II, Kategorie B, RL 2018/822/EU.

2. Umwandlung von Einkünften in Vermögen, Schenkung oder andere niedriger besteuerte oder steuerbefreite Arten von Einkünften.

   Hierbei ist unklar, welche Fälle genau davon erfasst werden sollen, was den Mitgliedstaaten bei der Umsetzung einen gewissen Auslegungsspielraum gewährt.

3. Nutzung zirkulärer Transaktionen, die zu einem sog. Round tripping von Vermögen durch Einbeziehung zwischengeschalteter Unternehmen ohne primäre wirtschaftliche Funktion führen oder von Transaktionen, die sich gegenseitig aufheben oder ausgleichen oder ähnliche Merkmale aufweisen.

   Dem liegt die Überlegung zugrunde, dass bei Verschiebung von Wirtschaftsgütern, eine Änderung der steuerlichen Behandlung eintreten kann, ohne dass sich die zugrundeliegende Wirtschaftstätigkeit ändert oder ein nichtsteuerlicher Grund für die Transaktion besteht.

In sämtlichen Fällen der Kategorie B muss zusätzlich ein »Main benefit«-Test durchgeführt werden.

3.1.3.4 C – Spezifische Kennzeichen im Zusammenhang mit grenzüberschreitenden Transaktionen[440]

1. Abzugsfähige grenzüberschreitende Zahlungen zwischen zwei oder mehr verbundenen Unternehmen und Erfüllung von mindestens einer der folgenden Bedingungen:
   a) der Empfänger der Zahlung(en) ist in keinem Hoheitsgebiet steuerlich ansässig;
   b) der Empfänger ist zwar steuerlich in einem Hoheitsgebiet ansässig, aber dieses Gebiet (i) erhebt Körperschaftsteuer nicht oder mit einem Körperschaftsteuersatz von null (oder nahe null) oder (ii) der Empfänger wird in einer Liste von Drittstaaten geführt, die von den Mitgliedstaaten gemeinsam oder im Rahmen der OECD als nicht kooperative Länder eingestuft wurden;
   c) die Zahlung unterliegt einer vollständigen Steuerbefreiung im Empfängerstaat;
   d) die Zahlung kommt im steuerlichen Ansässigkeitsstaat des Empfängers in den Genuss eines präferenziellen Steuerregimes.
2. Abzüge für die Abschreibung desselben Vermögenswerts in mehreren Hoheitsgebieten.
3. Beanspruchung der Beseitigung von der Doppelbesteuerung in Bezug auf dieselben Einkünfte oder dasselbe Vermögen in mehr als einem Hoheitsgebiet.
4. Übertragung von Vermögenswerten, bei der es einen wesentlichen Unterschied hinsichtlich des Wertes gibt, der in den beteiligten Hoheitsgebieten angesetzt wird.

In den Fällen der Nummer 1 Buchst. b (i), c und d ist zusätzlich ein »Main benefit«-Test durchzuführen und zu bejahen, damit eine Meldepflicht besteht.

---

440 Anhang IV, Teil II, Kategorie C, RL 2018/822/EU.

3.1.3.5 D – Spezifische Kennzeichen hinsichtlich des automatischen Informationsaustauschs und der wirtschaftlichen Eigentümer[441]

1. Mögliche Umgehung des automatischen Informationsaustauschs in Bezug auf Finanzkonten nach den EU-Regelungen oder nach anderen Vereinbarungen (z. B. der OECD).
2. Hierunter fallen bspw. die Übertragungen von Finanzkonten oder -vermögen in Rechtsordnungen, die nicht dem automatischen Informationsaustausch von Kontoinformationen unterliegen.
3. Gestaltungen, die eine in rechtlicher Hinsicht oder mit Blick auf den wirtschaftlichen Eigentümer intransparente Beteiligungsstruktur verwenden und dabei keine wirtschaftlichen Tätigkeiten ausübende Gesellschaften zwischenschalten, deren wirtschaftlichen Eigentümer nicht bekannt ist.

Ein »Main-Benefit«-Test ist für das Vorliegen einer meldepflichtigen Gestaltung in Kategorie D nicht maßgeblich.

3.1.3.6 E – Spezifische Kennzeichen hinsichtlich der Verrechnungspreisgestaltung[442]

1. Nutzung unilateraler Safe-Harbor-Regeln.
   Dies wäre z. B. die Regelung zur Nichtbeanstandung eines Gewinnaufschlags i. H. v. 5–10 % bei Gewinnermittlung nach der Kostenaufschlagsmethode in Fällen der Dienstleistungsbetriebsstätte.[443]
2. Übertragung von schwer zu bewertenden immateriellen Werten zwischen verbundenen Unternehmen (hard-to-value intangibles, HTVI).
   Dazu gehören z. B. immaterielle Wirtschaftsgüter, die zum Zeitpunkt des Transfers nur teilweise entwickelt sind oder deren kommerzielle Verwertung erst zeitversetzt zu erwarten ist.[444]
3. Konzerninterne Funktionsverlagerung.
   Hierbei hat eine Vergleichsrechnung für den dreijährigen Zeitraum nach der Verlagerung stattzufinden. Ist das prognostizierte EBIT des oder der Veräußerer(s) nach der Verlagerung um 50 % geringer, als das prognostizierte EBIT, wenn die Verlagerung nicht erfolgt wäre, besteht eine Meldepflicht.

Ein »Main-Benefit«-Test ist für das Vorliegen einer meldepflichtigen Gestaltung in Kategorie E nicht maßgeblich.

---

441 Anhang IV, Teil II, Kategorie D, RL 2018/822/EU.
442 Anhang IV, Teil II, Kategorie E, RL 2018/822/EU.
443 BMF, Schreiben v. 24.12.1999, IV B 4 – S 1300 – 111/99, BStBl I 199 S. 1076, Tz. 3.1.2.
444 OECD, BEPS-Report zu den Aktionspunkten 8-10, Tz. 6.190.

3.1.3.7 Verbundene Unternehmen[445]

Ein verbundenes Unternehmen i. S. d. Kategorie C Nummer 1 sowie der Kategorie E Nummer 2 liegt vor, wenn eine Person

- an der Geschäftsleitung einer anderen Person insofern beteiligt ist, als sie erheblichen Einfluss auf diese ausüben kann,
- über eine Holdinggesellschaft[446], die über mehr als 25 % der Stimmrechte verfügt, an der Kontrolle einer anderen Person beteiligt ist,
- über ein Eigentumsrecht, das – mittelbar oder unmittelbar – mehr als 25 % des Kapitals ausmacht, am Kapital einer anderen Person beteiligt ist oder
- Anspruch auf mindestens 25 % der Gewinne einer anderen Person hat.

3.1.4 Meldepflichtige Informationen[447]

Die Ausgestaltung des Meldeverfahrens obliegt dem jeweiligen Mitgliedstaat. Die RL regelt lediglich, welche Informationen von der zuständigen Behörde eines Mitgliedsstaats an die Behörden der anderen Mitgliedstaaten zu übermitteln sind. Auf dieser Grundlage dürfte aber davon auszugehen sein, dass die Meldungen der Intermediäre bzw. der Steuerpflichtigen nach den Regelungen der Mitgliedstaaten ebendiese Informationen enthalten müssen.

Zu übermitteln wären demnach die Angaben zu den – soweit vorhanden – Intermediären, den relevanten Steuerpflichtigen und ggfs. den Personen, die als verbundenes Unternehmen des Steuerpflichtigen gelten. Relevant sind ebenfalls die zutreffenden Kennzeichen sowie eine Zusammenfassung der meldepflichtigen grenzüberschreitendenden Gestaltung inklusive des Datums, an dem der erste Schritt zur Umsetzung stattfinden soll oder stattgefunden hat. Darüber hinaus werden benötigt Einzelheiten zu den nationalen Steuervorschriften, die betroffen sind, der Wert der meldepflichtigen Gestaltung sowie die Angabe aller Mitgliedstaaten und Personen in den Mitgliedstaaten, die voraussichtlich von der Gestaltung betroffen sind.

3.1.5 Meldepflichtige Personen und Meldefristen

3.1.5.1 Meldepflichtige Personen

Meldepflichtige Personen i. S. d. RL sind sowohl Intermediäre als auch die jeweils betroffenen Steuerpflichtigen.

---

445 Art. 3 Nr. 23 RL 2018/822/EU.
446 Lt. der deutschen Fassung. In der englischen Fassung heißt es »holding«, was eher mit »Beteiligung« zu übersetzen wäre.
447 Art. 8ab Abs. 14 RL 2011/16/EU nach Änderung durch die RL 2018/822/EU.

Intermediär[448] ist jede natürliche oder juristische Person mit EU-Bezug, die die Umsetzung einer meldepflichtigen grenzüberschreitenden Gestaltung konzipiert, vermarktet, organisiert, zur Umsetzung bereitstellt oder die Umsetzung einer solchen Gestaltung verwaltet (auch Hauptintermediär).

Die RL weitet den Begriff des Intermediärs außerdem auf jede Person aus, die direkt oder durch andere Personen Hilfe, Unterstützung oder Beratung zu den vorgenannten Tätigkeiten geleistet hat (sog. erweiterter Intermediär-Begriff). Allerdings besteht für solche Personen die Möglichkeit, nachzuweisen, dass sie nicht wusste oder vernünftigerweise nicht wissen konnte, an einer meldepflichtigen grenzüberschreitenden Gestaltung beteiligt gewesen zu sein.

Für Intermediäre sieht die RL eine optionale Ausnahme von der Meldepflicht vor, soweit diese ihre Tätigkeit innerhalb der Grenzen der jeweiligen für ihren Beruf geltenden nationalen Gesetze ausüben. Jeder Mitgliedstaat kann für sich selbst entscheiden, ob er die Option mit in die Regelung aufnimmt.[449]

Die Meldepflicht trifft den jeweiligen Steuerpflichtigen nur, wenn ein Intermediär nicht von der RL erfasst, von der Meldepflicht befreit und den Steuerpflichtigen auf seine Meldepflicht hingewiesen hat oder ein solcher nicht vorhanden ist, weil der Steuerpflichtige die Gestaltung selbst entwickelt hat.[450]

3.1.5.2 Meldefrist

Die Meldefrist beginnt entweder nach dem Tag, an dem die Gestaltung zur Umsetzung bereitgestellt wird, die Gestaltung umsetzungsbereit ist oder der erste Schritt der Gestaltung umgesetzt worden ist. Entscheidend hierbei ist, welches Ereignis zuerst eintritt. Die Dauer der Frist beträgt 30 Tage.[451] In Fällen einer »marktfähigen Gestaltung« hat alle drei Monate eine Update-Meldung durch den Intermediär zu erfolgen. Optional können die Mitgliedstaaten auch national regeln, dass die Verpflichtung der Steuerpflichtigen zur Meldung von Informationen über die Nutzung der Gestaltung in jedem Jahr der Nutzung erfolgen muss.

Für den »erweiterten« Intermediär beginnt die Meldefrist bereits nach dem Tag, an dem er unmittelbar oder durch andere Personen die Beratung oder Hilfe bereitgestellt hat.[452] Die Meldefrist beträgt ebenfalls 30 Tage. Durch die unterschiedlichen Anknüpfungspunkte kann es zu einem Auseinanderfallen des Beginns der Meldefrist bei Hauptintermediär und »erweitertem« Intermediär kommen. Der Beginn der Meldefrist bei dem »erweiterten« Intermediär könnte oft vor dem des

---

448 Art. 3 Nr. 21 RL 2011/16/EU nach Änderung durch die RL 2018/822/EU.
449 Art. 8ab Abs. 5 RL 2011/16/EU nach Änderung durch die RL 2018/822/EU.
450 Art. 8ab Abs. 6, 7 RL 2011/16/EU nach Änderung durch die RL 2018/822/EU.
451 Art. 8ab Abs. 1 RL 2011/16/EU nach Änderung durch die RL 2018/822/EU.
452 Art. 8ab Abs. 1 Unterabs. 2 RL 2011/16/EU nach Änderung durch die RL 2018/822/EU.

(Haupt-)Intermediärs liegen. Außerdem kann für den »erweiterten« Intermediär eine Meldeverpflichtung ungeachtet dessen bestehen, ob die Gestaltung dem Steuerpflichtigen (durch den Hauptintermediär) überhaupt zur Umsetzung bereitgestellt wird.

3.1.5.3 Mehrfache Meldepflicht

Ist der Intermediär in mehreren Mitgliedstaaten zu einer Meldung verpflichtet, hat die Meldung in dem Staat zu erfolgen, in dem der Intermediär (das erste Zutreffende ist entscheidend)[453]
- steuerlich ansässig ist (unbeschränkte Steuerpflicht);
- eine Betriebsstätte unterhält, durch die die Dienstleistungen im Zusammenhang mit der Gestaltung erbracht werden;
- eingetragen ist oder dessen Recht er unterliegt;
- in einer Organisation für juristische, steuerliche oder beratende Dienstleistungen registriert ist.

Weist der Intermediär nach, dass die Meldung derselben Informationen bereits in einem anderen Mitgliedstaat erfolgt ist, bestehen keine weiteren Meldepflichten nach der vorstehenden Regelung. Die Nachweismöglichkeiten sind durch die Mitgliedstaaten nach nationalen Vorschriften zu regeln.[454]

Ist dahingegen ein Steuerpflichtiger in mehreren Mitgliedstaaten zu einer Meldung verpflichtet, hat die Meldung, ähnlich wie beim Intermediär, in dem Staat zu erfolgen, in dem der Steuerpflichtige (das erste Zutreffende ist entscheidend)[455]
- steuerlich ansässig ist (unbeschränkte Steuerpflicht);
- eine Betriebsstätte unterhält, der durch die Gestaltung ein Vorteil entsteht;
- Einkünfte oder Gewinne erzielt, obwohl er in keinem Mitgliedstaat steuerlich ansässig ist oder eine Betriebsstätte hat;
- eine Tätigkeit ausübt, obwohl er in keinem Mitgliedstaat steuerlich ansässig ist oder eine Betriebsstätte hat.

Weist der Steuerpflichtige nach, dass die Meldung derselben Informationen bereits in einem anderen Mitgliedstaat erfolgt ist, bestehen, wie beim Intermediär, keine weiteren Meldepflichten nach der vorstehenden Regelung. Auch hier sind die Nachweismöglichkeiten durch die Mitgliedstaaten nach nationalen Vorschriften zu regeln.[456]

---

453 Art. 8ab Abs. 3 RL 2011/16/EU nach Änderung durch die RL 2018/822/EU.
454 Art. 8ab Abs. 4 RL 2011/16/EU nach Änderung durch die RL 2018/822/EU.
455 Art. 8ab Abs. 7 Unterabs. 2 RL 2011/16/EU nach Änderung durch die RL 2018/822/EU.
456 Art. 8ab Abs. 8 RL 2011/16/EU nach Änderung durch die RL 2018/822/EU.

3.1.5.4 Meldepflicht mehrerer Intermediäre oder relevanter Steuerpflichtiger

Grundsätzlich unterliegen sämtliche an einer Gestaltung beteiligten Intermediäre einer Meldeverpflichtung.[457] Weist ein Intermediär jedoch nach, dass die Meldung derselben Informationen bereits durch einen anderen Intermediär in dem Mitgliedstaat erfolgt ist, besteht keine Meldepflicht mehr in dem jeweiligen Mitgliedstaat. Die Nachweismöglichkeiten sind durch die Mitgliedstaaten jeweils nach nationalen Vorschriften zu regeln.[458]

Liegen mehrere relevante Steuerpflichtige in einem Mitgliedstaat vor, ist derjenige meldepflichtig, der die meldepflichtige Gestaltung mit dem Intermediär vereinbart hat oder, wenn Ersteres nicht zutrifft, derjenige, der die Umsetzung der Gestaltung verwaltet.[459]

Weist ein Steuerpflichtiger nach, dass die Meldung derselben Informationen bereits durch einen anderen Steuerpflichtigen in dem Mitgliedstaat erfolgt ist, hat er keine Meldepflicht mehr in dem jeweiligen Mitgliedstaat. Auch hier sind die Nachweismöglichkeiten durch die Mitgliedstaaten nach nationalen Vorschriften zu regeln.[460]

3.2 Umsetzung in Deutschland

Am 30.12.2019 wurde das Gesetz zur Einführung einer Pflicht zur Mitteilung grenzüberschreitender Steuergestaltungen[461] im BGBl veröffentlicht und damit die DAC6-RL auf deutsch-nationaler Ebene fristgerecht umgesetzt.

Zu Beginn des Jahres 2019 kursierte ein vorläufiger Referentenentwurf, der vorsah, dass die aus der EU-RL resultierenden Pflichten sinngemäß für innerstaatliche Steuergestaltungen Anwendung finden sollten. Da sich eine innerstaatliche Meldepflicht offensichtlich politisch nicht durchsetzen ließ und stark kritisiert wurde, enthält die endgültige Gesetzesfassung nur Regelungen, die grenzüberschreitende Vorgänge betreffen.

Das Gesetz sieht vor, dass die neu einzuführenden Bestimmungen in den §§ 138d bis 138k AO eingefügt werden. Die mitteilungspflichtigen Tatbestände wurden dabei aus der EU-Richtlinie entnommen und sind als abschließende Aufzählung im § 138e AO zu finden. Im Rahmen der Umsetzung kommt es im Vergleich zur Richtlinie zu leichten Abweichungen, die vor allem rechtstechnischer Natur und einer Anpassung der Formulierungen an die deutsche Gesetzeslage geschuldet sind.

---

457 Art. 8ab Abs. 9 Unterabs. 2 RL 2011/16/EU nach Änderung durch die RL 2018/822/EU.
458 Art. 8ab Abs. 9 Unterabs. 1 RL 2011/16/EU nach Änderung durch die RL 2018/822/EU.
459 Art. 8ab Abs. 10 Unterabs. 1 RL 2011/16/EU nach Änderung durch die RL 2018/822/EU.
460 Art. 8ab Abs. 10 Unterabs. 2 RL 2011/16/EU nach Änderung durch die RL 2018/822/EU.
461 Gesetz zur Einführung einer Pflicht zur Mitteilung grenzüberschreitender Steuergestaltungen vom 21.12.2019, BGBl I 2019, S. 2875.

Nach § 138d Abs. 2 S. 1 Nr. 1 AO sollen die neuen Vorschriften über die Mitteilungspflichten die Steuerarten umfassen, auf die das EU-Amtshilfegesetz Anwendung findet. Dadurch werden unter anderem ESt, KSt, GewSt, ErbSt von der Meldepflicht erfasst. Die USt ist hingegen ausgenommen. Gleiches gilt für Verbrauchssteuern, Zölle und Sozialabgaben.

Die Mitteilungspflicht soll vorrangig den Intermediär treffen. Die vorgenommene Definition eines Intermediärs im § 138d Abs. 1 AO entspricht der Formulierung der RL. Der erweiterte Begriff des Intermediärs i. S. d. der EU-RL wurde jedoch nicht in den Gesetzesentwurf mit aufgenommen. Unterliegt ein Intermediär der gesetzlichen Verschwiegenheitspflicht und wird er vom Nutzer der Gestaltung nicht von dieser entbunden, geht die Mitteilungspflicht grds. auf den Nutzer über. In diesen Fällen sollen aber bestimmte allgemeine Inhalte dennoch durch den Intermediär gemeldet werden, wozu in § 102 Abs. 4 S. 1 AO eine Durchbrechung des Auskunftsverweigerungsrechts normiert werden soll.

Nach dem deutschen Gesetzestext umfasst ein steuerlicher Vorteil konkret die Erstattung von Steuern, die Gewährung oder Erhöhung von Steuervergütungen sowie das Entfallen oder die Verringerung von Steueransprüchen.[462] Darüber hinaus werden auch Gestaltungen einbezogen, die die Entstehung von Steueransprüchen verhindern sollen oder die Entstehung von Steueransprüchen in andere Besteuerungszeiträume bzw. auf andere Besteuerungszeitpunkte verschieben sollen.[463]

Das BMF hatte ursprünglich im Referentenentwurf des Umsetzungsgesetzes darauf hingewiesen, dass Gestaltungen, bei denen ein steuerlicher Vorteil ausdrücklich im Gesetz vorgesehen ist, nicht von der Meldepflicht erfasst werden sollen.[464] Die finale Gesetzesfassung sieht eine solche Ausnahme jedoch nicht vor. Vielmehr wird das BMF ermächtigt, im Einvernehmen mit den Ländern durch BMF-Schreiben für bestimmte Fallgruppen festzulegen, dass darin kein steuerlicher Vorteil i. S. d. Gesetzes zu sehen ist. Dies soll für die genannten Fallgruppen Gewissheit schaffen, dass diese von einer Meldepflicht ausgenommen sind. In dem BMF-Schreiben nicht aufgeführte Fallgruppen sollen dahingegen der Meldepflicht unterliegen, sofern die übrigen gesetzlichen Voraussetzungen erfüllt sind.[465]

Die Mitteilung hat gegenüber dem BZSt nach amtlich vorgeschriebenem Datensatz über die amtlich bestimmte Schnittstelle zu erfolgen. Verstöße gegen die Mitteilungspflicht sollen mit einer Geldbuße von bis zu 25.000 € geahndet werden.[466] Ausgenommen von der Bußgeldbewehrung sind allerdings Verstöße im Zusammenhang mit der Pflicht zur Angabe des wirtschaftlichen Werts der grenzüberschreitenden Steuergestaltung.

---

462 § 138d Abs. 3 S. 1 Nr. 1 AO.
463 § 138d Abs. 3 S. 1 Nr. 2 u. Nr. 3 AO.
464 Entwurf eines Gesetzes zur Einführung einer Pflicht zur Mitteilung von grenzüberschreitenden Steuergestaltungen v. 26.9.2019, Begründung zu Art. 1 Nr. 2, § 138e AO, zu Abs. 1 S. 1 Nr. 3; BR-Drs. 489/19 v. 10.10.2019; BR-Drs. 489/1/19 v. 28.10.2019, BT-Drs. 19/14685 v. 4.11.2019; BR-Drs. 489/19 v. 8.11.2019; BT-Drs. 19/15876 v. 11.12.2019.
465 § 138d Abs. 3 S.2 AO.
466 § 379 Abs. 2 Nr. 1e bis g AO.

Das BZSt nimmt eine anschließende Auswertung der Mitteilungen vor und informiert die jeweils zuständigen Behörden über das Ergebnis der Auswertung.[467] Zu beachten ist, dass das Ausbleiben einer Reaktion des BZSt, der Generalzolldirektion, des BMF oder des Gesetzgebers auf die Mitteilung einer grenzüberschreitenden Gestaltung nicht deren rechtliche Anerkennung bedeutet.[468]

3.3 Umsetzung in anderen Mitgliedstaaten

Eine Umsetzung der DAC6-Richtlinie auf nationaler Ebene erfolgte bisher abschließend in Frankreich, Österreich, Polen, Slowenien und Ungarn. In den übrigen Mitgliedstaaten liegen die Regelungen erst im Entwurf vor.

Die Regelungen mancher Staaten gehen außerdem über das hinaus, was die RL verlangt. So sehen Polen und Portugal zusätzlich Kennzeichen vor, die nicht in der RL enthalten sind und die Regelung bzw. der Entwurf erweitert die Meldepflicht, ebenso wie der schwedische Gesetzesentwurf, auf nationale Gestaltungen.

Beachtlich sind vor allem die polnischen Regelungen, die bereits seit dem 1.1.2019 Anwendung finden und besonders verschärft sind. Die Meldepflicht erfasst im Vergleich zur RL zusätzliche Steuerarten sowie Nicht-EU-Intermediäre und sieht zusätzliche Angabepflichten bei der Meldung vor. Außerdem kann das Bußgeld für einer Verletzung der Meldepflichten bis zu 5.000.000 € betragen.

3.4 Einordnung und Ausblick

Bereits jetzt kann festgehalten werden, dass es voraussichtlich aufseiten der Berater wie auch aufseiten der Finanzbehörden zu einem erheblichen bürokratischen Mehraufwand kommen wird. Vor allem hinsichtlich der Auslegung der Kennzeichen bestehen Unklarheiten, die wohl in naher Zukunft diskutiert werden müssen. Auch werden seitens der Finanzverwaltung Schreiben zur Klarstellung der Voraussetzungen und der Administration der Anzeigepflichten notwendig sein, um eine Umsetzung in der Praxis bestmöglich zu gewährleisten.

Die weitreichende Ausgestaltung der Kennzeichen kann außerdem dazu führen, dass auch Meldepflichten für rein wirtschaftlich begründete Transaktionen bestehen, die keine Steuergestaltung zum Ziel haben. Auch bleibt abzuwarten, inwieweit die Ausgestaltung der Kennzeichen dem verfassungsrechtlichen Bestimmtheitsgebot Rechnung trägt.[469]

---

467 § 138j AO.
468 § 138j Abs. 4 AO.
469 *Schnitger/Brink/Welling*, Die neue Meldepflicht bei grenzüberschreitenden Steuergestaltungen (Teil II), IStR 2019 S. 157.

D 4 Neues von den finalen Verlusten

Die Rechtsprechungshistorie des EuGH zur grenzüberschreitenden Nutzung von finalen Verlusten feierte im Jahr 2019 ihren 14. Geburtstag. Zuletzt wurde die Diskussion um finale Verluste durch die jüngste Rspr. des EuGH in den Rs. *Memira Holding* und *Holmen*,[470] die im Juni 2019 veröffentlicht wurde, neu entfacht.

Vor diesem Hintergrund ist auch eine Reaktion der Mitgliedstaaten zu erwarten, welche nationalen gesetzlichen Regelungen – sofern nötig – an die EuGH-Auffassung anpassen könnten. Dies gilt vor allem für Deutschland, wo doch seit Jahren eine gesetzliche Handhabung aussteht.

Das erste Mal, dass der EuGH sich mit der Möglichkeit der grenzüberschreitenden Verlustverrechnung zu befassen hatte, war im Jahr 2005, als er mit seinem Urteil in der Rs. *Marks & Spencer*[471] den Grundstein zur Rspr. hinsichtlich der finalen Verluste legte.

Mit der Rs. *Lidl Belgium*[472] wurde dann der Anwendungsbereich der finalen Verluste, welche sich ursprünglich auf gebietsfremde Tochterkapitalgesellschaften bezogen, auf gebietsfremde Betriebsstätten ausgeweitet. Die Rspr. zur Verrechnungsmöglichkeit von finalen Verlusten wurde demnach auch für Konstellationen zugänglich, in denen ein Einzelunternehmer neben seinem Betrieb in Deutschland auch eine Betriebsstätte in einem anderen EU-Mitgliedstaat unterhielt. Gleiches galt für eine im Inland ansässige Personengesellschaft, die eine in der EU gelegene Betriebsstätte unterhielt.

Die Rs. Timac *Agro*[473] markierte dann einen Meilenstein in der bis dahin ergangen Rspr. zu den finalen Verlusten. Maßgebend zur Feststellung einer unzulässigen grundfreiheitlichen Beschränkung ist die objektive Vergleichbarkeit, da nur in zwei vergleichbaren Situationen eine Gleichbehandlung geboten sein kann. In der Rs. *Timac Agro* ging der EuGH jedoch davon aus, dass die nötige Vergleichbarkeit zwischen gebietsfremden und gebietsansässigen Betriebsstätten nicht bestehe, wenn aufgrund eines DBA die Besteuerung dem Betriebsstättenstaat zustehe.

Aufgrund der Rspr. des EuGH hatte auch der BFH sich immer wieder mit der Verrechnungsmöglichkeit ausländischer finaler Verluste zu befassen. Bis zum Jahr 2017 war der BFH aufgrund der Rspr. des EuGH davon ausgegangen, dass die Abzugsmöglichkeit finaler Verluste unionsrechtlich geboten sei.

---

470 EuGH, Urteil v. 19.6.2019, C–607/17, *Memira Holding AB,* FR 2019, S. 722; EuGH, Urteil v. 19.6.2019, C–608/17, *Holmen AB*, IStR 2019, S. 603.
471 EuGH, Urteil v. 13.12.2005, C–446/03, *Marks & Spencer,* BFH/NV 2006, S. 117.
472 EuGH, Urteil v. 15.5.2008, C–414/06, *Lidl Belgium*, BFH/NV 2008, S. 194.
473 EuGH, Urteil v. 17.12.2015, C–388/14, *Timac Agro*, BFH/NV 2016, S. 365.

Auf Grundlage des EuGH-Urteils in der Rs. *Timac Agro* erging im Jahr 2017 jedoch ein Urteil des BFH, in welchem der I. Senat davon ausging, dass die EuGH-Rspr. sich, betreffend die finalen Verluste, gewandelt habe und Teile der bisherigen BFH-Rspr. zu finalen Verlusten somit nicht mehr anwendbar seien.[474] Die Voraussetzungen für eine (nochmalige) Vorlage zur Vorabentscheidung des EuGH waren im Streitfall nach Auffassung des BFH nicht erfüllt, sodass es zu keiner weiteren Klärung kam. Nach damaliger Auffassung war im Ergebnis eine Berücksichtigung von Verlusten aus EU/EWR-Freistellungsbetriebsstätten ab diesem Zeitpunkt unabhängig von der »Finalität« der Verluste nicht mehr möglich.[475]

Ob dem Urteil in der Rs. *Timac Agro* tatsächlich eine vollständige Aufgabe der bisherigen EuGH-Rspr. entnommen werden konnte, war vor allem im Hinblick auf die Beschränkung von Tenor und Vorlagefrage fraglich. Sinnvoll wäre es durchaus gewesen, wenn der BFH die Rechtsfragen zur erneuten Vorabentscheidung dem EuGH vorgelegt hätte.

4.1 Die Rolle rückwärts – *Bevola*

Mit Urteil vom 12.6.2018 entschied der EuGH in der Rs. *Bevola*[476], dass Mitgliedstaaten weiterhin verpflichtet sind, Verluste einer EU/EWR-Freistellungsbetriebsstätte zu berücksichtigen, wenn die Verluste final i. S. d. *Marks-&-Spencer*-Rspr. sind. Damit distanzierte sich der EuGH von seiner Entscheidung in der Rs. *Timac Agro*.

Der EuGH ging zwar weiterhin davon aus, dass bei Anwendung der Freistellungsmethode aufgrund eines DBA sich gebietsfremde und gebietsansässige Betriebsstätten nicht in einer vergleichbaren Situation befänden. Dies sei aber nicht der Fall, wenn es sich um finale Verluste handele und so die Gefahr einer doppelten Verlustberücksichtigung nicht gegeben sei. In einem solchen Fall wäre die Vergleichbarkeit gegeben und mangels angemessener Rechtfertigung ein Verlustabzug möglich.

Anders als der BFH es in seinem Urteil vom 22.2.2017 annahm, kann davon ausgegangen werden, dass der EuGH die Aufgabe seiner Rechtsprechungsgrundsätze bereits schon aus Rechtssicherheitspunkten nicht indirekt, sondern wenn nur ausdrücklich vornehmen würde. Aufgrund der Übersetzung der Urteile und der anschließenden Umsetzung in nationales Recht anhand der in den jeweiligen Mitgliedsstaaten vorherrschenden Rechtsdogmatik sollte es hinreichend klargestellt werden, wenn es zu einer Aufgabe von Rechtsprechungsgesichtspunkten kommt.

Das BFH-Urteil vom 22.2.2017 kann somit zumindest teilweise als irreführend bezeichnet werden, da es rückblickend betrachtet auf falschen Annahmen basierte.

---

474 BFH, Urteil v. 22.2.2017, I R 2/15, BFH/NV 2017, S. 975.
475 *Kippenberg*, IStR 2017, 497.
476 EuGH, Urteil v. 12.6.2018, C–650/16, *Bevola, BFH/NV 2018, S. 927*.

4.2 Die Rechtssachen *Memira Holding* und *Holmen*

Im Jahr 2019 ergingen dann gleich zwei Urteile des EuGH zu finalen Verlusten. In diesen Rs. führt der EuGH seine bisherige Rechtsprechungslinie fort.

4.2.1 Die Rechtssache *Memira Holding*

In der Rs. *Memira Holding*[477] ging es darum, ob eine schwedische Muttergesellschaft berechtigt ist, die Verluste einer 100%igen Tochtergesellschaft mit Sitz in Deutschland von ihren Gewinnen in Schweden abzuziehen, wenn diese im Wege einer Fusion (Verschmelzung) auf die Muttergesellschaft abgewickelt wird und die bis dahin in Deutschland aufgelaufenen Verluste infolge der Fusion (Verschmelzung) untergehen würden.

Sofern die schwedische Muttergesellschaft nachweisen konnte, dass sie die Verluste der Tochtergesellschaft in Deutschland nicht nutzen kann, war der EuGH der Auffassung, dass sie die ausländischen Verluste grds. in Schweden abziehen könne. Dabei sei nicht entscheidend, dass das deutsche Recht die Übertragung von Verlusten aufgrund eines Umwandlungsvorgangs, hier einer Verschmelzung, ausschließt.

4.2.2 Die Rechtssache *Holmen*

Die Rs. *Holmen*[478] betraf die Frage, ob eine schwedische Muttergesellschaft berechtigt ist, die Verluste ihrer (indirekt) zu 100 % gehaltenen spanischen Enkelgesellschaft zum Abzug zu bringen, wenn diese abgewickelt wird und ihre Verluste in Spanien nicht vollumfänglich nutzen kann. Als alternative Fallkonstellation war in derselben Rs. zu klären, ob die Verluste der Enkelgesellschaft durch Verschmelzung der ebenfalls steuerlich in Spanien ansässigen zwischengeschalteten spanischen Tochtergesellschaft auf die Enkelgesellschaft mit deren anschließender Abwicklung genutzt werden können.

Der EuGH entschied, dass finale Verluste, die bei einer indirekt gehaltenen Tochtergesellschaft entstehen, bei der Muttergesellschaft grds. nicht abzugsfähig seien. Dies gelte jedoch dann nicht, wenn alle Gesellschaften, die zwischen Muttergesellschaft und verlustbringende Tochtergesellschaft geschaltet sind, ihren Sitz im selben Mitgliedstaat wie die verlustbringende Tochtergesellschaft haben.

Für das Vorliegen finaler Verluste sei auch hier nicht entscheidend, ob das Recht des Sitzstaates der Tochtergesellschaft eine Übertragung von Verlusten im Jahr der Liquidation grds. zulässt. In einer solchen Fallgestaltung sind Verluste allerdings ebenfalls nicht als final anzusehen, wenn weiterhin eine Möglichkeit besteht, die Verluste wirtschaftlich zu nutzen, z. B. indem sie auf Dritte

---

477 EuGH, Urteil v. 19.6.2019, C–607/17, *Memira Holding AB*, FR 2019, S. 722.
478 EuGH, Urteil v. 19.6.2019, C–608/17, *Holmen AB*, ISTR 2019, S. 603.

übertragen werden können. Insofern sei vom Steuerpflichtigen der Gegenbeweis zu erbringen, um von finalen Verlusten auszugehen und diese entsprechend abziehen zu können.

4.2.3 Folgen

Ein Unterschied der beiden Rs. zu bisherigen Vorlagen bei finalen Verlusten war, dass die Fragen sich unmittelbar auf die Auslegung des Finalitätsbegriffs bezogen. Die Entscheidungskompetenz hierüber war bisher an die nationalen Gerichte zurückverwiesen worden. Eine abschließende Entscheidung durch den EuGH war für die vorliegende Fallgestaltung jedoch nicht möglich, da durch das nationale schwedische Gericht im Nachgang noch zu prüfen war, ob die Finalität der Verluste vom Steuerpflichtigen tatsächlich nachgewiesen werden konnte.

Dem EuGH zufolge ist eine nationale Regelung nicht mit dem Unionsrecht vereinbar, wenn sie bei Fusion einer gebietsfremden Tochtergesellschaft auf die Muttergesellschaft den Abzug von Verlusten der Tochtergesellschaft bei der Muttergesellschaft ausschließt, während eine solche Möglichkeit im reinen Inlandsfall gegeben ist. Für eine Unionsrechtskonformität müsse es der Muttergesellschaft zwecks Gewährung des Verlustabzugs möglich sein, nachzuweisen, dass die gebietsfremde Tochtergesellschaft die Möglichkeiten der Berücksichtigung ihrer Verluste vollends ausgeschöpft hat und dass die Verluste von dieser oder Dritten in künftigen Zeiträumen ebenfalls nicht genutzt werden können.

Zudem wird der grenzüberschreitende Konzernabzug nun insoweit erweitert, als eine Verlustübertragung von der ausländischen Enkelgesellschaft auf die inländische Muttergesellschaft möglich ist, wenn die zwischengeschalteten Gesellschaften im selben Staat ansässig sind wie die ausländische Enkelgesellschaft.

Allerdings hat der EuGH eine weitere praktische Grenze bestätigt, und zwar bei der Darlegungs- und Beweislast. Sowohl in Fällen der Fusion als auch der Liquidation muss die verlustabsorbierende Muttergesellschaft nachweisen, dass die Verluste nicht künftig anderweitig durch Übertragung auf einen Dritten genutzt werden können. Dies könne ebenfalls durch Veräußerung der Verlustgesellschaft unter Einpreisung der durch die Verlustvorträge voraussichtlich zu erzielenden Steuerentlastung stattfinden.

4.3 Ausblick

Auch nach Veröffentlichung der jüngsten EuGH-Urteile kann davon ausgegangen werden, dass die Diskussion um die finalen Verluste noch nicht abgeschlossen ist. Abzuwarten bleibt vor allem, wie die nationalen Gerichte die neueste Rspr. des EuGH in zukünftigen Verfahren umsetzen werden.

Mit Urteil vom 4.9.2018[479] hatte das Hessische FG bereits auf Grundlage der EuGH-Entscheidung Bevola ein erstes Urteil nach der BFH-Rspr. vom 22.2.2017 erlassen, in dem die Abzugsfähigkeit finaler ausländischer Betriebsstättenverluste wiederum bestätigt wurde.

Das FG wies in seinem ersten Orientierungssatz ausdrücklich darauf hin, dass sich aus der Rs. *Bevola* mit hinreichender Klarheit ergebe, dass es die Besteuerung nach der wirtschaftlichen Leistungsfähigkeit gebietet, dass von einem unbeschränkten Steuerpflichtigen in einem anderen Mitgliedstaat erzielte Verluste abgezogen werden können, wenn aufgrund der Einstellung der Tätigkeit in einem anderen Mitgliedstaat dort dauerhaft kein Abzug der Verluste mehr möglich sein wird. Soweit der BFH aus der EuGH-Entscheidung *Timac Agro* einen anderen Schluss gezogen habe, sei dies jedenfalls durch die Entscheidung *Bevola* überholt.[480]

Die Revision des FG-Urteils ist aktuell anhängig beim BFH.[481] Vor diesem Hintergrund und der Tatsache, dass sich das FG weitestgehend auf die bloße Wiedergabe der Entscheidungsgründe des EuGH-Urteils beschränkt, ohne diese fortzuentwickeln, dürfte das Urteil allerdings noch mit Vorsicht zu genießen sein.

Darüber hinaus sind noch weitere Verfahren beim BFH anhängig,[482] in denen dieser Gelegenheit haben wird, sich nach Ergehen der jüngsten EuGH-Rspr. und der Klarstellung, dass die Rs. *Timac Agro* keine Abkehr von der bisherigen Rechtsprechungslinie bedeutete, erneut zu den finalen Verlusten zu äußern. In diesem Zusammenhang dürfte auch zu erwarten sein, dass der BFH sein Urteil vom 22.2.2017 revidiert und eine Prüfung der Finalität anhand der durch den EuGH vorgegebenen Maßstäbe vornimmt.

Aufgrund der Komplexität steht zunächst eine Umsetzung der neuesten Erkenntnisse des EuGH im Rahmen der noch anhängigen Verfahren durch den BFH aus. Dabei wäre es wünschenswert, dass der BFH, nicht wie das Hessische FG den Inhalt der EuGH-Urteile weitestgehend übernimmt, sondern diese zum Anlass nimmt, eine Fortentwicklung speziell für das deutsche Besteuerungssystem vorzunehmen.

Gerade vor dem Hintergrund, dass es weiterhin an einer gesetzlichen Regelung darüber mangelt, wann EU/EWR-Auslandsverluste final werden und im Inland zu berücksichtigen sind, könnte die ausstehende BFH-Rspr. dem Unionsrecht Geltung verschaffen und den Gesetzgeber dadurch zum Handeln zu animieren.

---

479 Hessisches FG, Urteil v. 4.9.2018, 4 K 385/17, EFG 2018, S. 1876.
480 Hessisches FG, Urteil v. 4.9.2018, 4 K 385/17, 1. Orientierungssatz, EFG 2018, S. 1876.
481 BFH, anhängiges Verfahren, I R 32/18, Vorinstanz: Hessisches FG, Urteil v. 4.9.2018, 4 K 385/17, EFG 2018, S. 1876.
482 BFH, anhängige Verfahren, I R 49/17, Vorinstanz: FG Münster, Urteil v. 28.3.2017, 12 K 3541/14 G, DStRE 2018, S. 789; I R 48/17, Vorinstanz: FG Münster, Urteil v. 28.3.2017, 12 K 3545/14 G F, EFG 2017, S. 1740.

Zwar existiert zu der Thematik bereits eine Arbeitsgruppe im BMF, die sich im Zuge eines Berichts aus dem Jahr 2011 für eine gesetzgeberische Lösung aussprach.[483] Ein Ergebnis, das aus dieser Facharbeitsgruppe resultiert, ist allerdings noch nicht bekannt.

Daher ist es wahrscheinlich und auch wünschenswert, dass der Gesetzgeber nach Beendigung der BFH-Verfahren mit einer normierten Umsetzung der EuGH-Rspr. beginnen wird.

---

483 BMF-Arbeitsgruppe »Verlustverrechnung und Gruppenbesteuerung« v. 15.9.2011, S. 67 ff.

E Verrechnungspreise

Die vergangenen Monate waren unverändert durch die BEPS-Initiative der OECD geprägt, wobei der Fokus der OECD im Jahr 2019 darauf lag, die Entwicklung eines Besteuerungskonzepts voranzutreiben, das die steuerliche Erfassung der digitalen Wirtschaft verbessert. Damit soll gewährleistet werden, dass (digitale) Wertschöpfung, die mittels herkömmlicher Besteuerungsprinzipien – wie bspw. dem Ansässigkeitsprinzip – nicht vollständig erfasst werden kann, auf Grundlage neuer Konzepte eine angemessene steuerliche Berücksichtigung findet.

Zu diesem Thema hat die EU bereits im März 2018 zwei Richtlinienvorschläge unterbreitet. Dabei ging es zum einen um die Erweiterung des Betriebsstättenbegriffs in Form einer sog. »signifikaten digitalen Präsenz« und zum anderen um die Einführung einer sog. Digitalsteuer. Beide Richtlinien konnten aufgrund des fehlenden politischen Konsenses bis zum heutigen Tage (Stand: November 2019) nicht final auf den Weg gebracht werden. Daher hat sich die EU entschlossen, vorerst die auf Ebene der OECD entwickelten Ergebnisse abzuwarten.

Stattdessen hat sich die EU im Laufe des Jahres 2019 vornehmlich mit der Vermeidung bzw. der Beseitigung von Doppelbesteuerung gewidmet und in diesem Zusammenhang die EU-Streitbeilegungsrichtlinie sowie die Amtshilferichtlinie verabschiedet.

Ferner wurden maßgebende Urteile des EuGHs wie auch des BFHs mit signifikanter Bedeutung für die zukünftige Verrechnungspreispraxis gefällt.

1 Aktuelles zur OECD BEPS-Initiative (Stand November 2019)

Die Veröffentlichung der finalen OECD Berichte zu den 15 Aktionspunkten im Oktober 2015 liegt nunmehr vier Jahre zurück. In den darauffolgenden Jahren hat die OECD die in den einzelnen Aktionspunkten aufgebrachten Themen weiter konkretisiert und in der Folge detaillierte Handlungsempfehlungen veröffentlicht. Das Jahr 2019 stand in diesem Zusammenhang ganz im Zeichen der Frage, wie das internationale Steuerrecht vor dem Hintergrund einer gerechteren Besteuerung der digitalen Wirtschaft auf neue Beine gestellt werden kann. Nachdem sich die EU dazu in Form von konkreten Richtlinienvorschlägen bereits 2018 Gedanken gemacht hat, hat auch die OECD zu diesem Themenkomplex mehrere Konsultationspapiere veröffentlicht, zuletzt Konkretisierungen zum Ansatz eines sog. Zwei-Säulen-Modells, wobei das Konsultationspapier zu

Pillar One[484] am 9.10.2019 und das zu Pillar Two[485] am 08.11.2019 veröffentlicht wurde. Für das kommende Jahr wird sich daher die Frage stellen, ob die Konzepte bereits so weit ausgearbeitet sein werden, dass sie in 2020 beschlussfähig sind.

Darüber hinaus hat die OECD die bereits im BEPS Aktionspunkt 5 genannten Substanzkriterien weiter konkretisiert und klargestellt, dass wirtschaftliche Aktivitäten in Niedrigsteuerländern nicht per se als schädlich zu qualifizieren sind, sofern die Ausübung der Aktivitäten gewisse Substanzvoraussetzungen erfüllt.

1.1 OECD: Zwei-Säulen-Ansatz zur Besteuerung der digitalen Wirtschaft – Neue Regelungen bereits in 2020?

Am 13.2.2019 veröffentlichte die OECD ein öffentliches Konsultationspapier (sog. »Public Consultation Paper«) zur Besteuerung der digitalen Wirtschaft.[486] Darin enthalten waren drei Vorschläge, die ausschließlich auf die digitale Wirtschaft abstellen und fundamentale Änderungen an der bisherigen Gewinnabgrenzung und dem Nexus Approach vorsehen. Diese Vorschläge stellten die Grundlage für die weiteren Konsultationspapiere dar, die im Laufe des Jahres 2019 von der OECD veröffentlicht wurden.

Am 8.6.2019 trafen die Finanzminister der wichtigsten Industrie- und Schwellenländer im Rahmen des diesjährigen G-20-Gipfels in Fukuoka/Japan zusammen. Auf der Agenda stand u. a. auch die weitere Eindämmung von Steuergestaltungen international tätiger Konzerne, insb. Unternehmen der Digitalwirtschaft. Gegenstand der Beratungen war der von der OECD vorgelegte Zwei-Säulen-Ansatz (Pillar One sowie Pillar Two), der in der Folge noch weiter von der OECD konkretisiert wurde (siehe dazu unten E.1.1.1 und E.1.1.2). Als eines der Ergebnisse des Gipfels wurde festgehalten, dass eine Einigung über die konkrete Umsetzung der Vorschläge bereits für 2020 vorgesehen ist.

Angesichts des Umfanges der beabsichtigten Neuerungen und des Umstandes, dass durch den Großteil der von der OECD vorgebrachten Vorschläge Neuland auf dem Gebiet des internationalen Steuerrechts betreten wird, bleibt abzuwarten, ob der ambitionierte Zeitplan auch eingehalten werden kann. Der Umstand, dass sich – jedenfalls ein Gutteil der internationalen Staatengemeinschaft – im Rahmen des BEPS-Projekts in einem relativ überschaubaren Zeitraum von zwei Jahren auf einen der umfangreichsten Neuerungskataloge des internationalen Steuerrechts einigen konnte, zeigt aber jedenfalls, dass der Zeitplan realisierbar ist.

---

484 Abrufbar unter: https://www.oecd.org/tax/beps/public-consultation-document-secretariat-proposal-unified-approach-pillar-one.pdf.
485 Abrufbar unter: https://www.oecd.org/tax/beps/public-consultation-document-global-anti-base-erosion-proposal-pillar-two.pdf.pdf.
486 Abrufbar unter: https://www.oecd.org/tax/beps/public-consultation-document-addressing-the-tax-challenges-of-the-digitalisation-of-the-economy.pdf.

1.1.1 OECD: Public consultation document für einen Vorschlag für einen »Unified Approach« gem. Pillar One

Am 9.11.2019 hat das OECD-Sekretariat ein sog. »Public Consultation Document« veröffentlicht, das einen Vorschlag zur Besteuerung digitaler Geschäftsmodelle enthält (den sog. »Unified Approach« unter Pillar One),[487] der die bisher existierenden drei Ansätze zu einem einheitlichen Ansatz zusammenführen soll.

Hintergrund dieser Veröffentlichung ist die Verabschiedung eines sog. »Programme of Work« durch das Inclusive Framework, ein seit 2016 bei der OECD angesiedeltes Gremium zur Fortentwicklung des internationalen Steuerrechts. Inhalt des Programms of Work war die Bestrebung der OECD zur Entwicklung eines Zwei-Säulen-Modells, das die BEPS-Aspekte digitaler Geschäftsmodelle lösen soll. Pillar One dieses Modells, das am 9.10.2019 veröffentlicht wurde, behandelt die Ausweitung und Neuverteilung von Besteuerungsrechten zwischen den Staaten, in denen ein Unternehmen wirtschaftlich tätig ist, während Pillar Two eine globale Mindestbesteuerung vorsieht.

Bei Pillar One basierten die weiteren OECD-Arbeiten auf drei unterschiedlichen Vorschlägen, die u. a. unter den folgenden drei Gesichtspunkten erörtert wurden:
- user participation;
- market intangibles;
- significant economic presence.

Alle drei Vorschläge betonen nach Auffassung der OECD Besonderheiten digitaler Geschäftsmodelle und versuchen den dadurch entstehenden Herausforderungen für die Steuersysteme auf unterschiedliche Weise zu begegnen.

Ziel des vorgelegten »Unified Approach« ist es, die gemeinsamen Ziele der Vorschläge aufzugreifen und zu einem einheitlichen Vorschlag zusammenzuführen. Die OECD sieht wesentliche Gemeinsamkeiten der bisherigen drei Vorschläge des Pillar One, bspw. die Definition eines neuen Nexus, d. h. Steueranknüpfungspunkt, der keine physische Präsenz mehr voraussetzt, die Verteilung von Besteuerungsrechten außerhalb des Fremdvergleichsgrundsatzes und die Berücksichtigung der Besonderheiten digitaler Geschäftsmodelle. Allerdings werden auch die Unterschiede zwischen den Vorschlägen gesehen, bspw. in der Frage, wie eng die digitalen Geschäftsmodelle definiert werden oder welche Gewinne (Routine- vs. Residualgewinne) Teil der Neuverteilung der Besteuerungsrechte sein sollen. Um einen möglichst konsensfähigen Vorschlag zu erarbeiten, möchte die OECD daher die Gemeinsamkeiten der bisherigen Vorschläge aufgreifen. Dazu wurden vier Kernbestandteile eines Unified Approach definiert:

---

[487] Abrufbar unter: https://www.oecd.org/tax/beps/public-consultation-document-secretariat-proposal-unified-approach-pillar-one.pdf.

Verrechnungspreise

1. **Scope**
Mit dem neuen Ansatz sollen hochgradig digitalisierte Geschäftsmodelle erfasst werden, darüberhinausgehend aber auch Geschäftsmodelle mit Endverbraucherbezug (»consumer-facing business«). Umgekehrt soll ebenfalls definiert werden, welche Tätigkeiten explizit nicht unter die neuen Regeln fallen sollen (»carve-outs«). Die genaue Abgrenzung des Anwendungsbereichs soll Teil der nachfolgenden Konsultationen sein, ebenso wie die Frage einer möglichen Begrenzung auf große multinationale Unternehmen (wie z. B. die Umsatzgrenze i. H. v. 750 Mio. € beim Country-by-Country Reporting).

2. **New Nexus**
Für die Geschäftsmodelle, die unter die neuen Regeln fallen sollen, wird ein neuer steuerlicher Anknüpfungspunkt (New Nexus) definiert, der auch jenen Staaten ein Besteuerungsrecht zuweisen soll, die für das jeweilige Unternehmen einen Markt darstellen, auch wenn eine Tochtergesellschaft oder Betriebsstätte in diesem Staat nicht existiert. Dieser Nexus wird daher nicht auf einer physischen Präsenz sondern primär auf Umsätzen beruhen, die in einem Staat realisiert werden, unabhängig davon, ob diese Umsätze durch Direktgeschäfte oder über lokale Vertriebspartner erzielt werden. Dieser neue Nexus würde auch abkommensrechtlich als separate Regel – zusätzlich zur Betriebsstätte – definiert werden.

3. **New Profit Allocation Rule**
Um den Besteuerungszugriff nicht nur dem Grunde nach, sondern auch der Höhe nach abzusichern, braucht es nach Ansicht der OECD neue Regeln zur Gewinnverteilung, die über den Fremdvergleichsmaßstab hinausgehen. Die Zuordnung des Gewinns wäre dann unabhängig von der Art des steuerlichen Nexus in dem jeweiligen Staat. Zwar soll im Grundsatz das bisherige System der Verrechnungspreise beibehalten werden, dieses würde allerdings um Elemente einer formalbasierten Zerlegung (fractional apportionment) ergänzt.

4. **Increased Tax Certainty**
Um in dem neuen System Rechtssicherheit für Steuerpflichtige und Steuerverwaltungen zu gewährleisten, soll die Gewinnverteilung in einem dreistufigen System erfolgen, in welchem zwischen dem Amount A, Amount B und Amount C unterschieden wird.
   - Der sog. Amount A entspricht dabei dem Anteil am Residualgewinn, der dem jeweiligen Staat nach einer formelmäßigen Zerlegung zugeteilt wird. Dieser Betrag greift Elemente des Residual Profit Split auf und ist insofern mit hohen Unsicherheiten behaftet, als die Zuteilung der »Profit Center« nach Märkten, Regionen und Geschäftsbereichen weitgehend ungeklärt ist. Im Hinblick auf Verluste ist von einer »earn-out-Klausel« die Rede, wodurch Residualverluste gesammelt werden und die Verteilung der Residualgewinne möglicherweise erst nach Erreichen einer Gewinnschwelle erfolgt.
   - Der sog. Amount B soll Routinefunktionen für Marketing und Vertrieb in dem jeweiligen Staat vergüten. Dabei besteht die Überlegung, dieses Element stärker zu vereinheitlichen und bspw. Empfehlungen oder Safe Harbor Regeln für die Vergütungshöhe von Routine-Distributionsleistungen abzuleiten.
   - Der Amount C soll durch verbindliche und effektive Streitbeilegungsmechanismen sicherstellen, dass etwaige über die Routinefunktionen hinausgehende Aktivitäten im jeweiligen Staat angemessen vergütet werden. Hierbei stellt sich die Herausforderung, dass der zu

verteilende Gewinn auch in mehreren Gesellschaften in verschiedenen Staaten anfallen kann.

Zu der Ermittlung dieser Beträge finden sich im Konsultationspapier detaillierte technische Ausführungen und ausführliche Fragestellungen. Führt man sich dies – zusammen mit den Ausführungen der OECD-Verechnungspreisrichtlinien zu den Schwierigkeiten bei der Anwendung der Profit Split Methode – vor Augen, steht die OECD vor großen Herausforderungen, wenn der Titel »Increased Tax Certainty« Realität werden soll.

Dabei betont die OECD in dem Konsultationspapier, dass im Zeitalter der Digitalisierung die bisherigen Regelungen zur Verteilung der Besteuerungsrechte nach physischer Präsenz und nach dem Fremdvergleichsmaßstab nicht mehr zu angemessenen Ergebnissen führen. Innerhalb des Inclusive Frameworks sieht man daher erheblichen Bedarf an Vereinfachung. Daher möchte man den Fremdvergleichsmaßstab dort beibehalten, wo er sich nach Ansicht des Inclusive Frameworks bewährt hat und weiterhin funktioniert und in jenen Bereichen um eine formelmäßige Zerlegung ergänzen, in denen die derzeit geltenden Regelungen zu verzerrten Ergebnissen führen.

Weiterhin darf nicht übersehen werden, dass das Konsultationspapier nur die Diskussionsgrundlage für die noch nachfolgenden Konsultationen ist. Es ist daher noch kein Abschlussdokument, das bereits auf konkrete Maßnahmen schließen lässt, zeigt aber, welche Richtung die OECD bei der Neufassung eines internationalen Besteuerungskonzepts einschlägt.

1.1.2 OECD: Public consultation document bzgl. Global Anti-Base Erosion (»GloBE«) – Pillar Two

In Ergänzung zu dem Konsultationspapier vom 9.10.2019 (Pillar One), hat die OECD am 8.11.2019 den zweiten Teil des Zwei-Säulen-Ansatzes (Pillar Two) veröffentlicht.[488] Dieser hat die technische Ausgestaltung eines globalen Ansatzes einer Mindestbesteuerung zum Inhalt. Die Mindestbesteuerung soll unter Berücksichtigung der folgenden Parameter ermittelt werden:
- Bilanzdaten sollen grds. als Basis für die Bestimmung der steuerlichen Bemessungsgrundlage verwendet werden, wobei bestimmte Mechanismen eingezogen werden sollen, um temporäre Differenzen zu beheben.
- Für multinationale Unternehmen soll die Möglichkeit bestehen, hoch und niedrig besteuerte Einkünfte aus verschiedenen Quellen zur Bestimmung des effektiven Steuersatzes (»blended tax rate«) zu kombinieren.
- Erfahrungen der Stakeholder mit carve-outs und Schwellenwerten sollen für die Bestimmung der Mindestbesteuerung berücksichtigt werden.

---

[488] Abrufbar unter: https://www.oecd.org/tax/beps/public-consultation-document-global-anti-base-erosion-proposal-pillar-two.pdf.pdf.

Der äußerst umfangreiche Konsultationsentwurf, der auch noch unzählige Fragestellungen zum Zwecke der weiteren Konsultationen enthält, legt nahe, dass die Idee einer Mindestbesteuerung auch auf OECD-Ebene noch mit zahlreichen Fragezeichen versehen ist.

1.2 OECD: Veröffentlichung zu Standards zur Bestimmung von Substanzkriterien

Die OECD hat im Zusammenhang mit BEPS-Aktionspunkt 5 neue globale Standards für Substanzkriterien herausgegeben, um zu verhindern, dass Steuerpflichtige Gewinne in Staaten mit niedrigen Steuersätzen verschieben, ohne dort eine entsprechende wirtschaftliche Tätigkeit auszuüben.

Die Vermeidung von schädlichem Steuerwettbewerb ist bereits seit längerem ein Anliegen der OECD. Hierzu erschien bereits 1998 ein OECD-Bericht,[489] gleichzeitig wurde das Forum on Harmful Tax Practices (FHTP) begründet. Ein Ergebnis dieser Arbeiten war die Erstellung einer Liste im Jahr 2002, auf der jene Länder zu finden waren, die schädlichen Steuerwettbewerb betreiben. Eine weitere Liste enthielt Länder, die die Vorgaben des FHTP akzeptiert, jedoch noch nicht umgesetzt hatten.

Die Zielsetzung des FHTP, das heißt die Vermeidung schädlicher Steuergestaltungen, überschneidet sich mit den Zielsetzungen des BEPS-Projekts, das letztendlich sicherstellen möchte, dass Gewinne dort besteuert werden, wo die wirtschaftlichen Tätigkeiten stattfinden und wo Werte geschaffen werden. Dementsprechend hat das FHTP 2015 den BEPS-Abschlussbericht »Countering Harmful Tax Practices More Effectively, Taking into Account Transparency and Substance« zum Aktionspunkt 5 erstellt.[490] Im Fokus dieses Berichts stehen Staaten, die mit niedrigen Steuersätzen Aktivitäten anziehen möchten, die von Unternehmen leicht verlagert werden können. Es soll daher sichergestellt werden, dass in diesen Staaten ausreichend Substanz besteht und diese »mobilen Aktivitäten« tatsächlich dort ausgeübt werden. Dementsprechend hat der BEPS-Report zum Aktionspunkt 5 verschiedene Kriterien für mobile Aktivitäten eingeführt.

Für die Besteuerung von Gewinnen aus immateriellen Werten (Intangible Property, IP) wurde der sog. Nexus-Ansatz entwickelt. Dabei wird die Anwendbarkeit von Sondersteuersätzen bei IP-Boxen durch den Anteil der qualifizierten Aufwendungen für die Schaffung des immateriellen Vermögens zu den Gesamtaufwendungen determiniert (sog. Nexus-Ratio). Dieser Anteil bestimmt, in welcher Höhe die Gesamteinkünfte, die aus dem Recht am geistigen Eigentum resultieren (wie z. B. Lizenzeinnahmen oder Veräußerungsgewinne), dem vergünstigten Steuersatz einer IP-Box unterliegen, während etwaige Überschüsse dem normalen Steuersatz unterworfen werden. Des Weiteren müssen die qualifizierten Ausgaben für die Entwicklung des geistigen Eigentums direkt

---

489 Abrufbar unter: https://www.oecd-ilibrary.org/taxation/harmful-tax-competition_9789264162945-en.
490 Abrufbar unter: https://www.oecd.org/publications/wirksamere-bekampfung-schadlicher-steuerpraktiken-unter-berucksichtigung-von-transparenz-und-substanz-aktionspunkt-5-abschlussbericht-9789264258037-de.htm.

beim Steuerpflichtigen angefallen sein. Sie umfassen nur Ausgaben, die für die tatsächlich durchgeführten Forschungs- und Entwicklungstätigkeiten notwendig sind. Ausgaben, bei denen kein direkter Zusammenhang zu spezifischen Rechten an geistigem Eigentum besteht, können nicht angerechnet werden (wie etwa Zinszahlungen, Baukosten oder Anschaffungskosten).

Für andere mobile Non-IP-Aktivitäten wurden ebenfalls Substanzkriterien entwickelt. Solche mobilen Aktivitäten umfassen Headquarteraktivitäten, Verteilzentren, Servicezentren, Finanzierungsaktivitäten, Leasing, Fondmanagement, Banktätigkeiten, Versicherungen, Schifffahrt sowie Holdinggesellschaften.

Seit Veröffentlichung der BEPS-Abschlussberichte im Oktober 2015 liegt der Fokus der OECD auf der Implementierung der Ergebnisse des BEPS-Projekts. In diesem Zusammenhang hat das FHTP die im BEPS-Bericht zum Aktionspunkt 5 genannten Kriterien weiter konkretisiert und fortentwickelt und hierzu am 29.1.2019 veröffentlicht.[491] Dabei wird klargestellt, dass Aktivitäten in Niedrigsteuerländern nicht zwangsläufig als schädlich angesehen werden, wenn die Ausübung der Aktivitäten die Substanzvoraussetzungen erfüllt. Dabei gelten die folgenden Maßstäbe:

1. Grds. gelten die gleichen Regelungen für Niedrigsteuerländer und andere Staaten. Die Länder sollen daher gesetzlich sicherstellen, dass die sog. »core income generating activities« (CIGAs) für jeden relevanten Geschäftsbereich definiert sind;
2. die CIGAs werden tatsächlich vor Ort durchgeführt;
3. es existiert eine ausreichende Anzahl von qualifizierten Vollzeitbeschäftigten und angemessene Betriebsausgaben; und
4. die Einhaltung der Vorschriften wird durch einen transparenten Mechanismus sichergestellt.

Auch die für IP-Aktivitäten bestehenden Nexus-Regelungen sollen an die Mitarbeiter- und Betriebsausgabenkriterien der CIGAs angepasst werden. Dementsprechend ist bei Patenten und ähnlichen Vermögenswerten die zugrunde liegende Forschungs- und Entwicklungstätigkeit in die Prüfung einzubeziehen. Bei Marken und ähnlichen Werten werden Tätigkeiten im Branding, Marketing und Vertrieb einbezogen.

In Ausnahmefällen können andere Kriterien wie strategische Entscheidungsfindung, Hauptrisiken etc. die CIGA ersetzen. Da hier ein erhöhtes Potenzial für schädliche Steuerpraktiken besteht, sollen folgende zusätzliche Informationen bereitgestellt werden:
- Businesspläne mit wirtschaftlicher Begründung;
- Informationen über die Mitarbeiter mit Erfahrungen, Verträgen, Qualifikation und Dauer der Beschäftigung; und
- Nachweise über die Entscheidungsfindung.

Da im Rahmen der Implementierung des BEPS-Projekts Substanzkriterien weiter an Bedeutung gewinnen, schafft die Einführung der CIGA-Kriterien durch das FHTP zusätzliche Klarheit.

---

491 Abrufbar unter: https://www.oecd.org/tax/beps/harmful-tax-practices-2018-progress-report-on-preferential-regimes-9789264311480-en.htm.

E 2 Die BEPS induzierten Maßnahmen auf Ebene der EU

Wie auch schon im vergangenen Jahr hat die EU auch in 2019 die Implementierung der Ergebnisse der BEPS-Initiative der OECD in ihren Mitgliedstaaten angestrebt. Hierbei lag das Augenmerk insb. auf Maßnahmen zur Vermeidung bzw. zur Beseitigung von wirtschaftlicher Doppelbesteuerung. Hervorzuheben ist in diesem Kontext die EU-Streitbeilegungsrichtlinie, die im Rahmen des EU-DBA-SBG in nationales Steuerrecht Eingang findet und darauf abzielt, Doppelbesteuerung in einem klar definierten Verfahren mit Einigungszwang zu beseitigen. Die Umsetzung der modifizierten EU-Amtshilferichtlinie,[492] die auf eine Vermeidung der Doppelbesteuerung abzielt, ist hingegen in den Mitgliedstaaten bislang äußerst heterogen vorangeschritten. Dies zeigt ein Arbeitspapier des EU JTPF vom Oktober 2018[493] (s. E.2.2). Im Gleichschritt mit der OECD hat das EU JTPF ferner ein Arbeitspapier[494] zur Anwendung der geschäftsvorfallbezogenen Gewinnaufteilungsmethode innerhalb der EU veröffentlicht.

Des Weiteren forcierte die EU-Kommission weiterhin ihr Vorhaben einer stärkeren Besteuerung der digitalen Wirtschaft. Aufgrund mangelnder Einstimmigkeit innerhalb der 28 Mitgliedssaaten scheiterte jedoch der Plan zur Einführung einer unionsweiten Digitalsteuer, weshalb die EU nunmehr selbst der Ergebnisse auf OECD-Ebene harrt, um 2020 neu zu entscheiden, ob ein neuer Anlauf seitens der EU unternommen werden soll.

2.1 Anwendung der Gewinnaufteilungsmethode innerhalb der EU

Die Anwendung der Profit-Split-Methode ist erfahrungsgemäß in der Praxis mit konzeptioneller Unsicherheit behaftet. Um mehr Klarheit zu schaffen, veröffentlichte die OECD bereits im Rahmen des BEPS-Projekts überarbeitete Leitlinien zur Anwendung der geschäftsvorfallbezogenen Gewinnaufteilungsmethode (Profit-Split-Methode).[495]

---

[492] RL (EU) 2016/881 Des Rates v. 25.5.2016 zur Änderung der RL 2011/16/EU bezüglich der Verpflichtung zum Austausch von Informationen im Bereich der Besteuerung, ABl. der EU Nr. L146/9.
[493] EUJTPF (2018), A Coordinated Approach to Transfer Pricing Controls within the EU, EUJTPF Brussels, JTPF/013/2018/EN.
[494] S. EUJTPF (2019), The Application of the Profit Split Method within the EU, EUJTPF Brussels, JTPF/002/2019/EN, abrufbar unter: https://ec.europa.eu/taxation_customs/sites/taxation/files/report_on_the_application_of_the_profit_split_method_within_the_eu_en.pdf.
[495] S. OECD (2018), Revised Guidance on the Application of the Transactional Profit Split Method: Inclusive Framework on BEPS: Action 10, OECD/G20 Base Erosion and Profit Shifting Project, OECD Paris, abrufbar unter: www.oecd.org/tax/beps/revised-guidance-on-the-application-of-the-transactional-profit-split-method-beps-action-10.pdf.

In Ergänzung dazu hat das EU Joint Transfer Pricing Forum (JTPF) im März 2019 ein Arbeitspapier zur Anwendung der Profit-Split-Methode innerhalb der EU veröffentlicht.[496] Das Papier zielt darauf ab, durch detailliertere Definition und Standardisierung die Anwendung der Profit-Split-Methode zu vereinfachen, da diese bei integrierten Geschäftsmodellen an Relevanz gewinnt.

Das EU JTPF hat sich in der Bearbeitung des Themas auf einen zweistufigen Prozess geeinigt, einerseits, um konzeptionelle Unsicherheiten zu adressieren, und andererseits, um die Anwendung der Profit-Split-Methode zu vereinfachen. Die aktuelle Veröffentlichung ist als Beitrag zur ersten Stufe zu verstehen und soll verdeutlichen, unter welchen Umständen nach Ansicht des EU JTPF die Profit-Split-Methode einen geeigneten Ansatz darstellt.

In Übereinstimmung mit den überarbeiteten OECD-Leitlinien ist aus Sicht des EU JTPF die Profit-Split-Methode tendenziell am geeignetsten, wenn mindestens einer der nachfolgenden Indikatoren erfüllt ist:

1. Die beteiligten Parteien erbringen jeweils einen einzigartigen und wertvollen Beitrag für die relevante konzerninterne Transaktion.
2. Geschäftsvorgänge, auf die sich die relevante konzerninterne Transaktion bezieht, weisen einen hohen Integrationsgrad auf.
3. Beide Parteien übernehmen gemeinsam die wirtschaftlich signifikanten Risiken der relevanten konzerninternen Transaktion.

Darüber hinaus hat das EU JTPF klargestellt, dass die Profit-Split-Methode nicht als geeignet angesehen wird, wenn grds. Fremdvergleichsdaten vorhanden sind um die relevante konzerninterne Transaktion zu verproben, oder eine der Transaktionsparteien lediglich »einfache« Funktionen ausführt.

Die Profit-Split-Methode zielt darauf ab, den Gewinn/Verlust aus der relevanten Transaktion ökonomisch sinnvoll und dem Fremdvergleichsgrundsatz entsprechend aufzuteilen. Die Ergebnisaufteilung wird grds. durch die Anwendung eines oder mehrerer Aufteilungsschlüssel realisiert. Das EU JTPF geht in dem aktuellen Arbeitspapier von grds. fünf gängigen Aufteilungskategorien und zugeordneten Faktoren aus:

1. Mitarbeiterbasierte Aufteilung: Vergütung oder Anzahl von relevanten Mitarbeitern;
2. Kostenbasierte Aufteilung: u. a. Operating Expenses (OPEX), Cost of Goods sold (COGS) oder F&E-Kosten;
3. Umsatzbasierte Aufteilung: Umsatz oder Handelsvolumen;
4. Vermögensbasierte Aufteilung: u. a. Wert der relevanten Wirtschaftsgüter oder Lizenzsätze; und
5. Weitere Aufteilungsfaktoren: u. a. Gewichtung in der Wertschöpfungskette/auf Basis einer Funktionsanalyse.

---

496 S. EUJTPF (2019), The Application of the Profit Split Method within the EU, EUJTPF Brussels, JTPF/002/2019/EN, abrufbar unter:
https://ec.europa.eu/taxation_customs/sites/taxation/files/report_on_the_application_of_the_profit_split_method_within_the_eu_en.pdf.

Das EU JTPF hat ebenfalls die Vor- und Nachteile der zuvor genannten Aufteilungsfaktoren evaluiert. Dabei wird hervorgehoben, dass die Auswahl der Aufteilungskategorie und insb. des Faktors aus Sicht des EU JTPF maßgeblich von den Gegebenheiten im Einzelfall abhängt.

2.2 Joint Audits innerhalb der EU

Die administrative Zusammenarbeit der Finanzverwaltungen innerhalb der EU bei Verrechnungspreissachverhalten gewinnt an Relevanz. Um dies weiter zu forcieren, veröffentlichte das Gemeinsame EU-Verrechnungspreisforum (EU JTPF) im Oktober 2018 ein separates Arbeitspapier.[497] Ziel des EU JTPF bleibt es, sowohl eine Doppelbesteuerung als auch eine Nichtbesteuerung von Unternehmensgewinnen zu vermeiden.

Innerhalb der EU gibt es aktuell verschiedene Arten der Kooperation zwischen den Finanzverwaltungen. Dazu zählt u. a. die physische Präsenz ausländischer Prüfer und deren (aktive oder passive) Mitwirkung bei Ermittlungen im Inland, der automatische/spontane Informationsaustausch, die gleichzeitigen steuerlichen Außenprüfungen (Simultanprüfungen) sowie die gemeinsamen steuerlichen Außenprüfungen (Joint Audits).

Ziel eines Joint Audits ist die Verständigung auf die einheitliche Beurteilung eines Sachverhalts und die Erstellung eines gemeinsamen Prüfungsberichts. Insb. gleichzeitige bzw. gemeinsame steuerliche Außenprüfungen werden vom EU JTPF als effizienter und effektiver Ansatz hervorgehoben, um Unstimmigkeiten in Verrechnungspreisfragen frühzeitig und abschließend mit allen Beteiligten auszuräumen.

Um die rechtliche Umsetzung von Joint Audits innerhalb der EU zu ermöglichen, werden die Mitgliedsstaaten aufgefordert, die Rechtsvorschriften gem. der EU-Amtshilferichtlinie 2011/16/EU[498] flächendeckend umzusetzen. Eine Anlage zum Bericht des EU JTPF zeigt deutlich auf, dass die Umsetzung in nationales Recht in den verschiedenen Mitgliedsstaaten unterschiedlich weit fortgeschritten ist. Im Vergleich nimmt Deutschland bei der Umsetzung der Richtlinie derzeit eine Vorreiterrolle ein.

Wie bereits in früheren Veröffentlichungen des EU JTPF empfohlen, sollten Finanzverwaltungen nach Ansicht des Gremiums Steuerpflichtigen das Recht einräumen, eine koordinierte Verrechnungspreisprüfung vorzuschlagen. Die Ergebnisse der koordinierten Prüfung sollten nach Empfehlungen des EU JTPF in einen abschließenden Bericht aufgenommen werden. Sollten die

---

[497] EU JTPF (2018), A Coordinated Approach to Transfer Pricing Controls within the EU, EU JTPF Brussels, JTPF/013/2018/EN.
[498] S. Council Directive (EU) 2016/881,
http://eur-lex.europa.eu/legal-content/EN/TXT/PDF/?uri=CELEX:32016L0881&from=EN.

Steuerbehörden im Rahmen des Joint Audits keine Einigung zur Anwendung des Fremdvergleichsgrundsatzes erzielen, behält der Steuerpflichtige die Möglichkeit, nach innerstaatlichem Recht Rechtsmittel einzulegen und/oder ein Verständigungsverfahren einzuleiten.

Der Bericht wirft eine aus deutscher Sicht interessante steuerrechtliche Fragestellung auf, die in Zukunft noch diskutiert werden wird: Als Ergebnis einer gemeinsamen Außenprüfung kann es aus einer nationalen Perspektive notwendig werden, eine Korrektur durch Verringerung des steuerpflichtigen Einkommens (downward adjustment) auf Ebene des im Inland ansässigen Steuerpflichtigen vorzunehmen, um eine gemeinsam erzielte Einigung in den jeweiligen EU-Mitgliedsstaaten korrespondierend umzusetzen. Eine derartige Korrektur kann nach deutschem Steuerrecht jedoch nur unter bestimmten Umständen erfolgen, nämlich dann, wenn eine Steuerfestsetzung unter dem Vorbehalt der Nachprüfung gem. § 164 AO steht. Anderenfalls kann eine entsprechende Korrektur nur im Rahmen eines Verständigungsverfahrens vereinbart und der entsprechende Steuerbescheid basierend auf § 175a AO geändert werden. Auch die Bezugnahme auf § 2 AO (Vorrang völkerrechtlicher Vereinbarungen) in Kombination mit dem einschlägigen DBA scheint denkbar, ist in der Praxis jedoch umstritten.

Der Rechtsstand in den anderen EU-Mitgliedsstaaten zu dieser Frage ergibt sich aus einer Anlage des EU JTPF-Berichts. Die Mitgliedsstaaten werden dahingehend aufgefordert, die Erarbeitung eines klaren rechtlichen Rahmens voranzutreiben, der entsprechende Korrekturen zulässt. Nur so könnten in derartigen Fällen Verständigungsverfahren zur Umsetzung der Richtlinie vermieden werden.

2.3 Besteuerung digitaler Dienstleistungen und signifikanter digitaler Präsenzen in der EU

Am 21.3.2018 hat die EU-Kommission zwei Richtlinien-Vorschläge veröffentlicht, die eine angemessenere Besteuerung digitaler Wertschöpfung sicherstellen soll.[499] Geplant war, dass die Richtlinien rasch in nationales Recht umgesetzt werden, um ein Inkrafttreten am 1.1.2020 sicherzustellen – so die Theorie. Dabei sollte die Einführung einer sog. Digitalsteuer als Übergangslösung dienen, bis ein neues Konzept einer sog. »digitalen Betriebsstätte« umgesetzt würde.

Um Richtlinien auf EU-Ebene verbindlich zu verabschieden, bedarf es allerdings der Zustimmung aller 28 EU-Mitgliedstaaten, da in der EU in Steuerangelegenheiten immer noch das Einstimmigkeitsprinzip herrscht.[500] Diese Einstimmigkeit innerhalb der EU-Mitgliedstaaten konnte bis zum heutigen Tage (Stand: November 2019) allerdings nicht hergestellt werden.

---

499 S. https://ec.europa.eu/taxation_customs/business/company-tax/fair-taxation-digital-economy_de.
500 Vgl. dazu Art. 115 AEUV.

Verrechnungspreise

Die ursprüngliche Regelung zur Einführung einer Digitalsteuer scheiterte am 4.12.2018 aufgrund des Widerstands von Dänemark, Schweden und Irland. Um einem gänzlichen Scheitern der Einführung entgegenzuwirken, schlugen Deutschland und Frankreich die Begrenzung der Leistungen, für welche die Digitalsteuer anfallen sollte, sowie einen späteren Zeitpunkt der Anwendung vor. So sah der neue Vorschlag zwar weiterhin eine umsatzbezogene Steuer von 3 % vor. Allerdings sollte der Anwendungsbereich auf Werbeeinnahmen begrenzt werden. Beim Treffen der EU-Staaten am 12.3.2019 stellte sich allerdings heraus, dass auch für diese modifizierte Version der Digitalsteuer keine Einigung erzielt werden konnte.[501]

Da in der Zwischenzeit das Konsultationspapier der OECD zur Besteuerung der digitalen Wirtschaft[502] veröffentlicht wurde, beschloss man, die Arbeiten auf Ebene der EU in Erwartung eines international abgestimmten Vorgehens zurückzustellen. Daher ist es nicht ausgeschlossen, dass die EU die Arbeiten an der Digitalsteuer in Zukunft wieder aufnimmt, sollte sich auf internationaler Ebene eine Akzeptanz der Digitalsteuer herauskristallisieren.

Das Scheitern auf EU-Ebene hielt aber einige EU-Staaten nicht davon ab, unilaterale Regelungen zu beschließen. So beschlossen die Parlamente Österreichs, Spaniens und Frankreichs jeweils nationale Gesetze zur Einführung einer Digitalsteuer,[503] die in Systematik und Anwendungsbereich dem EU-Richtlinienvorschlag entsprechen, sich aber in einzelnen Spezifikationen unterscheiden. Aufgrund des Vorpreschens einzelner Länder innerhalb der EU wird sich daher zeigen, inwiefern sich unilaterale Besteuerungsmaßnahmen auf die Aktivitäten der digitalen Wirtschaft in den einzelnen Ländern im Vergleich zum gesamten Binnenmarkt auswirken werden.

3 Rechtsprechung mit Verrechnungspreisbezug

Auch die höchstgerichtliche Rspr. reflektiert die stetig zunehmende Bedeutung von Verrechnungspreissachverhalten im steuerlichen Kontext. Nachfolgend wird die Reaktion der Finanzverwaltung auf das EuGH-Urteil in der Rs. *Hornbach*[504] vorgestellt. Das Urteil ist – nicht nur in der Fachwelt – auf große Resonanz gestoßen, weil es darlegt, dass unter gewissen Umständen auch ein Abweichen vom Fremdvergleichsgrundsatz möglich ist.

Weiterhin hat auch der BFH in 2019 für die Verrechnungspreispraxis bedeutende Urteile gesprochen, da er in Zusammenhang mit § 1 Abs. 1 AStG eine Änderung seiner Rspr. vorgenommen hat.

---

501 S. https://www.faz.net/aktuell/wirtschaft/diginomics/europaeische-digitalsteuer-ist-gescheitert-16084874.html.
502 Abrufbar unter: https://www.oecd.org/tax/beps/public-consultation-document-addressing-the-tax-challenges-of-the-digitalisation-of-the-economy.pdf.
503 S. https://www.bertelsmann-stiftung.de/fileadmin/files/BSt/Publikationen/GrauePublikationen/Digitalsteuer_wo_stehen_wir.pdf.
504 S. EuGH, Urteil v. 31.5.2018, C–382/16, *Hornbach-Baumarkt*, GmbHR 2018, S. 746.

3.1 Reaktion des BMF auf das EuGH-Urteil in der Rs. *Hornbach* zu § 1 AStG

Am 31.5.2018 hat der EuGH in der Rs. *Hornbach* wiederholt[505], was er bereits in der Rs. *SGI*[506] entschieden hatte: Gesetzliche Regelungen zum Fremdvergleichsgrundsatz stehen der unionsrechtlichen Niederlassungsfreiheit nicht entgegen, sofern dem Steuerpflichtigen die Möglichkeit eingeräumt wird, »wirtschaftliche Gründe« für sein Abweichen vom Fremdüblichen vorzubringen. Insofern können wirtschaftliche Gründe eine Abkehr vom Fremdvergleichsgrundsatz – und damit von § 1 AStG – rechtfertigen.

Kurz zusammengefasst lag der Entscheidung folgender Sachverhalt zugrunde: Die in Deutschland ansässige Hornbach-Baumarkt AG betreibt ihr Auslandsgeschäft in den Niederlanden über dort ansässige operative (mittelbare) Tochtergesellschaften. Diese waren zur Finanzierung eines Baumarktes sowie allgemein zur Fortführung ihres Geschäftsbetriebs auf die Zuführung von Kapital angewiesen. Die zu diesem Zweck eingeschaltete Bank machte die Darlehensvergabe allerdings von der Abgabe einer Patronatserklärung seitens der Muttergesellschaft, der Hornbach-Baumarkt AG, abhängig. Letztere gab eine solche Erklärung zwar ab, verzichtete diesbezüglich aber auf eine Vergütung seitens der niederländischen Tochtergesellschaften. Daraufhin beabsichtigte das zuständige FA, auf die Patronatserklärungen § 1 AStG anzuwenden und eine Einkünftekorrektur auf Ebene der Hornbach-Baumarkt AG i. H. einer fremdüblichen Haftungsvergütung vorzunehmen, da zwischen fremden Dritten eine Vergütung bei Abgabe einer Patronatserklärung vereinbart worden wäre.

Nach der Entscheidung des EuGH obliegt es nunmehr dem vorlegenden FG Rheinland-Pfalz[507] zu entscheiden, ob im konkreten Sachverhalt tatsächlich wirtschaftliche Gründe vorlagen, um von der Anwendung des § 1 AStG abzusehen und damit auf eine Verrechnung einer Haftungsvergütung zugunsten der Hornbach-Baumarkt AG zu verzichten. Mit Stand November 2019 steht ein Urteil des FG Rheinland-Pfalz noch aus.

Mit Schreiben vom 6.12.2018 hat die Finanzverwaltung auf das EuGH-Urteil reagiert[508] und seine Auffassung dargelegt, wann »wirtschaftliche Gründe« i. S. d. Rs. *Hornbach* vorlägen und demnach fremdunübliche Vereinbarungen zu akzeptieren seien. Laut dem Schreiben des BMF kann eine Korrektur nach § 1 Abs. 1 S. 1 AStG bei Vereinbarung fremdunüblicher Bedingungen nur in Sanierungsfällen unterbleiben, das heißt »soweit der Steuerpflichtige sachbezogene, wirtschaftliche Gründe nachweisen kann, die eine vom Fremdvergleichsgrundsatz abweichende Vereinbarung erfordern, um die sonst bedrohte wirtschaftliche Existenz der Unternehmensgruppe als solcher oder der dem Steuerpflichtigen nahestehenden Person zu sichern (sanierungsbedingte Maßnahme)«. Sanierungsbedingte Maßnahmen sind gem. dem Schreiben solche, die der Vermeidung

---

505 Ibid.
506 S. EuGH, Urteil v. 21.1.2010, C-311/08, *SGI*, ECLI:EU:C:2010:26.
507 S. FG Rheinland-Pfalz, Beschluss v. 28.6.2016, 1 K 1472/13, IStR 2016, S. 675 ff.
508 S. BMF, Schreiben v. 6.12.2018, IV B 5 – S 1341/11/10004 – 09, BStBl I 2018, S. 1305.

der Überschuldung oder Zahlungsunfähigkeit und der Sicherung des Fortbestands der nahestehenden Person dienen. Damit begrenzt das BMF-Schreiben den Anwendungsbereich der EuGH-Entscheidung auf sanierungsbedingte Maßnahmen.

Allerdings ist fraglich, ob die Beschränkung auf Sanierungsfälle dem EuGH-Urteil gerecht wird, da in der Rs. *Hornbach* auch um die beabsichtigte Ausweitung des Geschäftsbetriebs der ausländischen Tochtergesellschaften ging. Ferner erlegt das BMF-Schreiben dem Steuerpflichtigen die Verpflichtung auf, das Erfordernis der sog. sanierungsbedingten Maßnahme anhand der Sanierungsbedürftigkeit und Sanierungsfähigkeit des betroffenen Unternehmens nachzuweisen. Des Weiteren stellt das BMF klar, dass es sich in der Rs. *Hornbach* um einen Eingriff in die Niederlassungsfreiheit handle, sodass eine Anwendung der Entscheidungsgründe auf Drittenstaatenfälle nicht in Betracht komme.

Grds. ist die klare Positionierung des BMF für Sanierungsfälle zu begrüßen. Allerdings ist fraglich, ob die restriktive Auslegung des Anwendungsbereichs der Entscheidung nur auf sanierungsbedingte Maßnahmen im Einklang mit den Vorgaben des EuGH steht, da es in der Rs. *SGI* jedenfalls nicht um einen Sanierungsfall ging. In beiden Entscheidungen ermöglichte der EuGH allerdings eine Abkehr vom Fremdvergleichsgrundsatz, soweit der Steuerpflichtige hierfür »wirtschaftliche Gründe« vorbringen kann.

Ferner bleibt nach wie vor das Urteil des FG Rheinland-Pfalz sowie eine etwaige Entscheidung des BFH dazu abzuwarten.

3.2 Änderung der BFH-Rechtsprechung zur zur Sperrwirkung von Art. 9 OECD-MA nachgebildeten DBA-Normen

Im Jahr 2019 hat der BFH wegweisende Urteile im Zusammenhang mit § 1 Abs. 1 AStG gesprochen. Konkret hat der BFH – in Gestalt des 1. Senats – eine Änderung seiner bisherigen Rspr. zur Sperrwirkung von Art. 9 Abs. 1 OECD-MA nachgebildeten DBA-Normen vorgenommen. Bisher vertrat der BFH die Auffassung, dass eine Einkünftekorrektur nach § 1 Abs. 1 AStG bei einer Teilwertabschreibung auf eine Darlehensforderung wegen einer fehlenden Darlehensbesicherung dann ausscheidet, wenn das zugrunde liegende DBA eine Klausel enthält, die Art. 9 Abs. 1 OECD-MA entspricht. Nach dieser bilateralen Vorschrift ist eine Einkünftekorrektur nach nationalen Vorschriften (hier: das AStG) nur möglich, wenn der zwischen den verbundenen Unternehmen vereinbarte Preis (hier: der Darlehenszins) seiner Höhe, also seiner Angemessenheit nach, dem Fremdvergleichsmaßstab nicht standhält. Er ermögliche aber nicht die Korrektur einer Abschreibung, die auf den Teilwert der Forderung auf Rückzahlung der Darlehensvaluta und auf Zinsrückstände vorzunehmen ist, weil die inländische Muttergesellschaft das Darlehen ihrer ausländischen Tochtergesellschaft in möglicherweise fremdunüblicher Weise unbesichert begeben hat.[509]

---

[509] So zuletzt der BFH, Urteil v. 24.6.2015, I R 29/14, BFH/NV 2015, S. 1506; vgl. dazu auch BFH, Urteil v. 17.12.2014, I R 23/13, BFH/NV 2015, S. 626.

Mit dem Urteil vom 27.2.2019[510] wurde eine Änderung der Rspr. eingeleitet. Der zugrundeliegende Sachverhalt lässt sich kurz zusammengefasst wie folgt darstellen: Die inländische A GmbH führte für ihre belgische Tochtergesellschaft B N.V. ein Verrechnungskonto, das ab dem 1.1.2004 mit 6 % p. a. verzinst wurde. Am 30.9.2005 vereinbarten die A GmbH und die B N.V. einen Forderungsverzicht gegen Besserungsschein, der dem nach Ansicht der Parteien wertlosen Teil der gegen die B N.V. gerichteten Forderungen aus dem Verrechnungskonto entsprach. Infolgedessen wurde die Forderung in der Bilanz der A GmbH gewinnmindernd ausgebucht. Mit Rekurs auf die fehlende Forderungsbesicherung wurde diese Gewinnminderung allerdings durch das zuständige FA nach § 1 Abs. 1 AStG durch eine außerbilanzielle Hinzurechnung wieder neutralisiert. Obwohl die dagegen gerichtete Klage beim FG Düsseldorf noch Erfolg hatte, hob der BFH die Vorentscheidung des FG Düsseldorf auf. In seiner Begründung führte der BFH aus, dass die fehlende Besicherung eine nicht fremdübliche (Darlehens-)Bedingung darstelle. Eine Beschränkung auf sog. Preisberichtigungen lasse sich weder dem Wortlaut noch dem Sinn und Zweck des Art. 9 Abs. 1 OECD-MA entnehmen. Nach der »gewöhnlichen Bedeutung« beschränke sich das Merkmal der »Bedingung« im Falle von Darlehen nicht auf den Zinssatz, sondern schließe auch Vereinbarungen über zu stellende Sicherheiten mit ein. Deren Fehlen wurde im vorliegenden Fall als fremdunüblich und kausal für den Eintritt der Einkommensminderung angesehen, sodass im Ergebnis die vom FA vorgenommene Korrektur nicht zu beanstanden sei. Somit ermögliche § 1 Abs. 1 AStG auch die Neutralisierung der gewinnmindernden Ausbuchung einer Darlehensforderung oder einer Teilwertabschreibung hierauf.

Gleichzeitig rückte der BFH von seiner bisherigen Rspr. ab, wonach der Rückhalt im Konzern eine »fremdübliche (werthaltige) Besicherung eines Rückzahlungsanspruchs i. S. einer aktiven Einstandsverpflichtung« darstellt. Denn der »Topos des sog. Konzernrückhalts beschreibt lediglich den rechtlichen und wirtschaftlichen Rahmen der Unternehmensverflechtung und bringt die Üblichkeit zum Ausdruck, innerhalb eines Konzerns Kreditansprüche nicht wie unter Fremden abzusichern«.

In zwei weiteren Entscheidungen hat der BFH seine geänderte Rechtsansicht bestätigt. Beide Verfahren waren Parallelverfahren zu dem bereits am 15.5.2019 veröffentlichten BFH-Urteil und sind ebenfalls am 27.2.2019 ergangen, wurden allerdings erst am 5.9.2019 veröffentlicht.[511] Im Unterschied zum Erstverfahren befand der BFH die Revision in den beiden nachfolgenden Fällen für nicht spruchreif und verwies die Sache daher zurück an die Ausgangsinstanzen. Dass wegen unzureichender Feststellungen zurückverwiesen wurde, zeigt allerdings, dass eine (ex ante) Einzelbetrachtung zu erfolgen hat, ob tatsächlich mit einer Rückzahlung zu rechnen war: nur dann liegt überhaupt ein schuldrechtliches Darlehen und nicht gesellschaftlich veranlasste Einlage vor und nur dann ist die Einkünfteminderung weiterhin i. S. v. § 1 AStG durch die fehlende Besicherung eingetreten. Maßstab für den Fremdvergleich können daher nur marktübliche (bankübliche) Vereinbarungen sein, die ex ante festzustellen sind. Daraus folgt, dass u. U. auch unbesicherte Darlehen banküblich sein könnten. Im Übrigen sind die Entscheidungsgründe aber nahezu identisch

---

510 BFH, Urteil v. 27.2.2019, I R 73/16, DStR 2019, S. 1034.
511 BFH, Urteil v. 27.2.2019, I R 51/17, DStR 2019, S. 1857; BFH v. 27.2.2019, I R 81/17, DStR 2019, S. 1241.

wie jene im Erstverfahren, weshalb der BFH ausführt, dass »zur Vermeidung von Wiederholungen auf die Ausführungen in dem Senatsurteil zum Parallelverfahren Bezug genommen« wird.

Vor dem Hintergrund der Entscheidung des EuGH in der Rs. *Hornbach* führt der BFH auch aus, dass die genannten wirtschaftlichen Gründe (hier: »gewisse« Finanzierungsverantwortung der A GmbH für B N.V.; Partizipation an deren Erfolg z. B. über Gewinnausschüttungen) nicht i. S. eines Automatismus dazu führen, dass die Wahrung der territorialen Besteuerungsrechte der Mitgliedstaaten (durchgängig) verdrängt werden. Aus den Formulierungen des Urteils ergebe sich vielmehr zweifelsfrei, dass das nationale Gericht Gründe dieser Art zu berücksichtigen und damit im Rahmen einer Abwägung daran zu messen hat, mit welchem Gewicht die jeweils zu beurteilende Abweichung vom Maßstab des Fremdüblichen in den Territorialitätsgrundsatz und die hierauf gründende Zuordnung der Besteuerungsrechte eingreift. Insofern sieht der EuGH keinen Verstoß gegen Unionsrecht.

Darüber hinaus darf nicht übersehen werden, dass der BFH seine bisherige Rspr. zur Sperrwirkung des Art. 9 Abs. 1 OECD-MA nicht vollständig verworfen hat. So bleiben – wie der BFH im Urteil selbst betont (Rz. 27) – die Grundsätze des Urteils vom 11.10.2012[512] unberührt. Hiernach zählen die sog. Sonderbedingung in Form einer »klaren, im Voraus getroffenen, zivilrechtlich wirksamen und tatsächlich durchgeführten Vereinbarung«, der beherrschende Unternehmen im Rahmen der Einkommenskorrektur nach § 8 Abs. 3 S. 2 KStG (vGA) unterworfen sind (sog. formeller Fremdvergleich), unverändert **nicht** zu den Bedingungen i. S. d. Art. 9 Abs. 1 OECD-MA und Art. 9 Abs. 1 OECD-MA entfaltet dahingehend weiterhin eine Sperrwirkung.

Dennoch ist zu erwarten, dass aufgrund der Änderung der Rspr. die Zahl der Verständigungsverfahren mit deutscher Beteiligung weiter steigen wird, da viele Steuerpflichtige mit grenzüberschreitenden konzerninternen Finanztransaktionen hiervon betroffen sein werden.

---

512 BFH, Urteil v. 11.10.2012, I R 75/11, BStBl II 2013, S. 1046.

F Rechtsprechung im allgemeinen Wirtschaftsrecht aus 2019

1 Kaufrecht

1.1 Dieselgate: Anspruch auf Ersatzlieferung für nicht mehr produziertes mangelhaftes Dieselfahrzeug

> BGH, Hinweisbeschluss v. 8.1.2019, VIII ZR 225/17, NJW 2019, S. 1133;
> Vorinstanzen: OLG Bamberg, Beschluss v. 20.9.2017, 6 U 5/17;
> LG Bayreuth, Endurteil v. 20.12.2016, 21 O 34/16

Sachverhalt

Der VIII. Zivilsenat des BGH hatte sich bei diesem Beschluss mit folgendem Sachverhalt zu beschäftigen:

Der Kläger hat im Frühjahr 2015 von der Bekl. für 31.350 € einen Neuwagen VW Tiguan 2.0 TDI mit einem Dieselmotor der Baureihe EA 189 erworben. Nach den – in der Revisionsinstanz nicht angegriffenen – Feststellungen der Vorinstanzen ist das Fahrzeug mit einer Software ausgestattet, die den Stickoxidausstoß auf dem Prüfstand gegenüber dem normalen Fahrbetrieb reduziert.

Erstinstanzlich war das LG Bayreuth insoweit – ohne dies näher zu begründen – von einer »unzulässigen Abschaltvorrichtung« ausgegangen, die dazu führe, dass das Fahrzeug nicht die Beschaffenheit aufweise, die der Käufer erwarten könne (§ 434 Abs. 1 S. 2 Nr. 2 BGB), und es deshalb mangelhaft sei. Das OLG Bamberg ließ dann offen, ob es diese rechtliche Beurteilung des Sachmangels teilt. Es erachtete den vom Kläger geltend gemachten Anspruch auf Ersatzlieferung eines neuen Fahrzeugs jedenfalls deshalb für unbegründet erachtet, weil es das mittlerweile allein noch hergestellte Nachfolgemodell (»VW Tiguan der zweiten Generation«) mit Rücksicht auf dessen abweichende Motorisierung (110 statt 103 kW und Höchstgeschwindigkeit von 201–204 statt 182–192 km/h) und andere Maße (6 cm mehr Fahrzeuglänge, 8 cm breiterer Radstand) nicht mehr als »gleichartige und gleichwertige Sache« angesehen hat; eine Ersatzlieferung sei deshalb unmöglich und jedenfalls aus diesem Grund vom Verkäufer nicht geschuldet.

Zu der hiergegen eingelegten Revision des Klägers erging dieser Hinweisbeschluss; daraufhin hat der Kläger erklärt, dass sich die Parteien verglichen haben, und die Revision zurückgenommen.

Hinweisbeschluss

1. Ein Fahrzeug ist nicht frei von Sachmängeln, wenn bei Übergabe an den Käufer eine – den Stickoxidausstoß auf dem Prüfstand gegenüber dem normalen Fahrbetrieb reduzierende –

Abschalteinrichtung i. S. v. Art. 3 Nr. 10 VO (EG) Nr. 715/2007 installiert ist, die gem. Art. 5 Abs. 2 S. 1 VO (EG) Nr. 715/2007 unzulässig ist.

2. Dies hat zur Folge, dass dem Fahrzeug die Eignung für die gewöhnliche Verwendung i. S. v. § 434 Abs. 1 S. 2 Nr. 2 BGB fehlt, weil die Gefahr einer Betriebsuntersagung durch die für die Zulassung zum Straßenverkehr zuständige Behörde (§ 5 Abs. 1 Fahrzeug-Zulassungsverordnung – FZV) besteht und somit bei Gefahrübergang der weitere (ungestörte) Betrieb des Fahrzeugs im öffentlichen Straßenverkehr nicht gewährleistet ist.

3. Ob eine gem. § 439 Abs. 1 Alt. 2 BGB begehrte Ersatzlieferung einer mangelfreien Sache nach Maßgabe des § 275 Abs. 1 BGB unmöglich ist, hängt nicht von der Unterscheidung zwischen Stück- und Gattungskauf, sondern vom Inhalt und der Reichweite der vom Verkäufer vertraglich übernommenen Beschaffungspflicht ab (Bestätigung von BGHZ 168, 64 = NJW 2006, 2839 Rn. 20; BGH, NJW 2019, 80 Rn. 20).

4. Bei der durch interessengerechte Auslegung des Kaufvertrags (§§ 133, 157 BGB) vorzunehmenden Bestimmung des Inhalts und der Reichweite der vom Verkäufer übernommenen Beschaffungspflicht ist zu berücksichtigen, dass die Pflicht zur Ersatzbeschaffung gleichartige und gleichwertige Sachen erfasst. Denn der Anspruch des Käufers auf Ersatzlieferung gem. § 439 Abs. 1 Alt. 2 BGB richtet sich darauf, dass anstelle der ursprünglich gelieferten mangelhaften Kaufsache nunmehr eine mangelfreie, im Übrigen aber gleichartige und – funktionell sowie vertragsmäßig – gleichwertige Sache zu liefern ist (Bestätigung von BGHZ 168, S. 64 = NJW 2006, S 2839 Rn. 23; BGHZ 195, S. 135 = NJW 2013, S. 220 Rn. 24; BGH, NJW 2019, S. 292 Rn. 41). Die Lieferung einer identischen Sache ist nicht erforderlich. Vielmehr ist insoweit darauf abzustellen, ob die Vertragsparteien nach ihrem erkennbaren Willen und dem Vertragszweck die konkrete Leistung als austauschbar angesehen haben (Bestätigung von BGH, NJW 2018, S. 789 Rn. 8).

5. Für die Beurteilung der Austauschbarkeit der Leistung ist ein mit einem Modellwechsel einhergehender, mehr oder weniger großer Änderungsumfang des neuen Fahrzeugmodells im Vergleich zum Vorgängermodell nach der Interessenlage des Verkäufers eines Neufahrzeugs i. d. R. nicht von Belang. Insoweit kommt es – nicht anders als sei ein Fahrzeug der vom Käufer erworbenen Modellreihe noch lieferbar – im Wesentlichen auf die Höhe der Ersatzbeschaffungskosten an. Diese führen nicht zum Ausschluss der Leistungspflicht nach § 275 Abs. 1 BGB, sondern können den Verkäufer ggf. unter den im Einzelfall vom Tatrichter festzustellenden Voraussetzungen des § 439 Abs. 4 BGB berechtigen, die Ersatzlieferung zu verweigern, sofern diese nur mit unverhältnismäßigen Kosten möglich ist.

Begründung

Anders als das Berufungsgericht war der BGH nach vorläufiger Einschätzung zu dem Ergebnis gekommen, dass die Berufung nicht mit der vom OLG Bamberg entworfenen Begründung zurückgewiesen werden könne. Weiter sei vom Vorliegen eines Sachmangels auszugehen.

1. Eignung für gewöhnliche Verwendung

Denn gem. § 434 Abs. 1 S. 2 Nr. 2 BGB ist eine Sache (nur dann) frei von Sachmängeln, wenn sie sich für die gewöhnliche Verwendung eignet und eine Beschaffenheit aufweist, die bei Sachen der gleichen Art üblich ist und die der Käufer nach der Art der Sache erwarten kann. Diese Anforderungen dürfte das Fahrzeug des Klägers im insoweit maßgeblichen Zeitpunkt des Gefahrübergangs bei Auslieferung Ende Juli 2015 nicht erfüllt haben.

Für die gewöhnliche Verwendung eigne sich ein Kraftfahrzeug grds. nur dann, wenn es eine Beschaffenheit aufweise, die weder seine (weitere) Zulassung zum Straßenverkehr hindere noch ansonsten seine Gebrauchsfähigkeit aufhebe oder beeinträchtige.[513] Dem dürfte das vom Kläger erworbene Fahrzeug bei Gefahrübergang nicht genügt haben. Nach den Feststellungen des Berufungsgerichtes war es zu diesem Zeitpunkt werkseitig mit einer Software ausgestattet, die den Stickoxidausstoß auf dem Prüfstand gegenüber dem Ausstoß im normalen Fahrbetrieb reduziert. Dass dieser Zustand – etwa durch eine Nachrüstung – zwischenzeitlich verändert wurde, war nicht ersichtlich. Danach dürfte das Fahrzeug mit einer unzulässigen Abschalteinrichtung versehen sein, aufgrund derer die Gefahr einer Betriebsuntersagung durch die für die Zulassung zum Straßenverkehr zuständige Zulassungsbehörde besteht. Die Unzulässigkeit leitet der BGH im vorliegenden Fall aus Unionrechts ab, genauer gesagt aus Art. 5 Abs. 2 VO (EG) Nr. 715/2007 und schloss im Zuge dessen auch den Rückgriff auf die Ausnahmevorschrift des Art. 5 Abs. 2 S. 2 Buchst. c VO (EG) Nr. 715/2007 aus. Folglich solle der weitere (ungestörte) Betrieb des Fahrzeugs des Klägers im öffentlichen Straßenverkehr bei Gefahrübergang nicht gewährleistet sein und das Fahrzeug eigne somit nicht zur gewöhnlichen Verwendung i. S. v. § 434 Abs. 1 S. 2 Nr. 2 BGB. Denn ein Pkw, der aufgrund seiner Ausrüstung mit einer Software, die einen speziellen Modus für den Prüfstandlauf sowie einen hiervon abweichenden Modus für den Alltagsbetrieb vorsieht und hierdurch im Prüfzyklus verbesserte Stickoxidwerte generiert, dürfte bereits deshalb einen Sachmangel aufweisen.[514] Da sich das Fahrzeug des Klägers somit bei Gefahrübergang Ende Juli 2015 und zum Zeitpunkt des Nacherfüllungsverlangens im Oktober 2015 wegen (latent) drohender Betriebsuntersagung nicht für die gewöhnliche Verwendung geeignet haben dürfte, wäre es unabhängig davon mangelhaft i. S. v. § 434 Abs. 1 S. 2 Nr. 2 BGB, ob es die Beschaffenheit aufwies, die bei Sachen der gleichen Art üblich ist und die der Käufer nach Art der Sache erwarten konnte.

2. Ersatzlieferung

Nach vorläufiger Einschätzung des Senats könnte die Auffassung des Berufungsgerichts von Rechtsfehlern beeinflusst sein. Dies war der Auffassung, dass dem Kläger ein Anspruch auf Ersatzlieferung einer mangelfreien Sache (§§ 437 Nr. 1, 434 Abs. 1 S. 2 Nr. 2, 439 Abs. 1 Alt. 2 BGB) deshalb nicht zustehe, weil Fahrzeugmodelle der ersten Generation des VW Tiguan nicht mehr hergestellt würden, sodass die von der Beklagten geforderte Leistung unmöglich sei (§ 275 Abs. 1 BGB) und der Kläger die Lieferung eines VW Tiguan der seit dem Jahr 2016 hergestellten zweiten Generation nicht beantragt habe (§ 308 Abs. 1 S. 1 ZPO).

Der VIII. Senat ging auf die unterschiedlichen Auffassungen der obergerichtlichen Rspr. zur Unmöglichkeit ein. Nach einer in der Instanzrechtsprechung vertretenen Ansicht sei unter dem Gesichtspunkt einer leistungsstärkeren Motorisierung im Zuge eines Modellwechsels oder auf die Zertifizierung für eine höhere Abgasnorm abzustellen; diese Umstände stünden einem Anspruch des Käufers auf Ersatzlieferung eines Fahrzeugs aus der aktuellen Serienproduktion

---

[513] Vgl. BGH, Urteil v. 29.6.2016, VIII ZR 191/15, NJW 2016, S. 3015; BGH, Urteil v. 26.10.2016, VIII ZR 240/15, NJW 2017, S. 153; BGH, Urteil v. 24.10.2018, VIII ZR 66/17, NJW 2019, S. 292 = ZIP 2018, S. 2272, jeweils m. w. N.

[514] Vgl. BGH, Urteil v. 29.6.2016, VIII ZR 191/15, NJW 2016, S. 3015 m. w. N.

entgegen.[515] Nach einer anderen in der Instanzrechtsprechung vertretenen Ansicht sei auch nach einem Modellwechsel ein Anspruch des Käufers eines mangelhaften Neufahrzeugs gegen den Verkäufer auf Lieferung eines mangelfreien fabrikneuen und typengleichen, entsprechend ausgestatteten Ersatzfahrzeugs aus der aktuellen Serienproduktion des Herstellers nicht gem. § 275 I BGB ausgeschlossen.[516] Der Senat tendiert zu der letztgenannten Auffassung.

Für die Frage, ob ein Mangel durch eine gleichartige und gleichwertige Ersatzleistung behoben werden kann, dürfte es somit darauf ankommen, ob die Vertragsbeteiligten die konkrete Leistung nach dem Vertragszweck und ihrem erkennbaren Willen als austauschbar angesehen haben.[517]

Bei Kfz dürfte zu beachten sein, dass beim Kauf eines Neufahrzeugs mit der Produktion und dem Markteintritt eines Nachfolgemodells typischerweise zu rechnen ist. Den Parteien, namentlich dem Fahrzeughändler, ist bei Abschluss des Kaufvertrags i. d. R. bewusst, dass der Fahrzeughersteller nach gewisser Zeit einen Modellwechsel vornehmen kann und das bisherige Modell nicht mehr produziert. Am Markt tritt das i. d. R. fortentwickelte Nachfolgemodell (ob »facelift« oder neue Baureihe sei irrelevant) an die Stelle des nicht mehr aktuellen Vorgängermodells.

Vielmehr steht für den mit einem Anspruch des Käufers auf Ersatzlieferung konfrontierten Verkäufer eines Neuwagens nach einem Modellwechsel –sofern ein Neufahrzeug der nicht mehr aktuellen Modellreihe nicht mehr zu beschaffen ist – im Mittelpunkt, welche Ersatzbeschaffungskosten er für das Nachfolgemodell aufwenden müsste. Die Interessenlage des Verkäufers dürfte in dieser Lage nicht wesentlich anders zu beurteilen sein, als sei das zzt. des Abschlusses des Kaufvertrags produzierte Modell noch lieferbar. Diese entscheidende Frage, ob die Kosten der Ersatzbeschaffung im Einzelfall unverhältnismäßig sind und deshalb ein Beschaffungshindernis darstellen könnten, dürfte nicht anhand von § 275 Abs. 1 BGB zu beantworten sein, sondern unterfällt dem Anwendungsbereich des § 439 Abs. 4 BGB.

Rechtliche Würdigung

1. Sachmangel

Über das Vorliegen eines Sachmangels bei vom VWAbgasskandal betroffenen Fahrzeugen ist man sich in Literatur und Rspr. weitestgehend einig.[518] Kontrovers ist jedoch der Anknüpfungspunkt für die Annahme eines Sachmangels.

Der BGH führt aus, dass dem Fahrzeug die Eignung für die gewöhnliche Verwendung i. S. v. § 434 Abs. 1 S. 2 Nr. 2 BGB fehle, weil bei betroffenen Fahrzeugen die latente Gefahr einer Be-

---

515 OLG Köln, Beschluss v. 6.3.2018, 16 U 110/07, BeckRS 2018, S. 8837; OLG München, Hinweisbeschluss v. 2.7.2018, 8 U 1710/17, NJW-RR 2019, 248; OLG Jena, Urteil v. 15.8.2018, 7 U 721/17, NZV 2018, 571; OLG Düsseldorf, Urteil v. 9.11.2018, I-22 U 2/18, NJW-RR 2019, 310; OLG Hamburg, Urteil v. 21.12.2018, 11 U 55/18, BeckRS 2018, S. 33592; s. a. OLG Karlsruhe, Beschluss v. 6.12.2018, 17 U 4/18, BeckRS 2018, S. 35868.

516 S. nur LG Hamburg, Urteil v. 20.4.2018, 313 O 31/17, BeckRS 2018, S. 11801; LG Hamburg, Urteil v. 7.3.2018, 329 O 105/17, DAR 2018, S. 273 [274, 276 f.] = BeckRS 2018, 2981; LG Ravensburg, Urteil v. 6.3.2018, 2 O 96/17, BeckRS 2018, S. 39652; LG Offenburg, Urteil v. 14.2.2017, 3 O 77/16, VuR 2017, S. 269 [271] = BeckRS 2017, S. 118425.

517 BGH, Urteil v. 21.11.2017, X ZR 111/16, NJW 2018, S. 789 Rn. 8 unter Hinweis auf BGHZ 168, S. 64 = NJW 2006, S. 2839.

518 Etwa OLG München, Hinweisbeschluss v. 27.2.2018, 27 U 2793/17, BeckRS 2018, S. 35173; *Arnold*, NJW 2019, S. 489 [490].

triebsuntersagung durch die Zulassungsbehörde bestehe, die Betriebsuntersagung damit jederzeit drohe. Entsprechend sei der weitere (ungestörte) Betrieb des Fahrzeugs im öffentlichen Straßenverkehr nicht gewährleistet.

In Betracht käme weiter ein Sachmangel i. S. v. § 434 Abs. 1 S. 2 Nr. 2 i. V. m. § 434 Abs. 1 S. 3 BGB. Denn die betroffenen, nicht bereits umgerüsteten Fahrzeuge weichen von der erwartbaren Beschaffenheit ab, da deren Betrieb im Straßenverkehr einen höheren Ausstoß von Stickoxiden auslöst als in den Prospektangaben des Herstellers angegeben. Wenngleich allgemein bekannt ist, dass die Emissionswerte auf einem Prüfstand niemals jenen im realen Fahrbetrieb entsprechen, so werde hingegen nicht erwartet, dass die niedrigeren Emissionswerte auf dem Prüfstand gezielt durch den Einsatz einer entsprechenden Motorsteuerungssoftware herbeigeführt werden.[519]

Fraglich ist weiter, ob allein die mit den erhöhten Emissionswerten einhergehende Umweltbeeinträchtigung für den Käufer eine nachteilige Beschaffenheitsabweichung darstellt. Dazu wäre entscheidend zu beurteilen, ob Individualinteressen betroffen sind, oder lediglich ideelle, die Allgemeinheit betreffende Interessen.[520] Im Ergebnis wirkt sich die gesteigerte Umweltbeeinträchtigung in einem von teils umweltbewussten Kunden geprägten Markt in einer geminderten Wertschätzung der betroffenen Fahrzeuge aus, woraus sich die negative Folgewirkung für den Käufer ergibt.

2. Ersatzlieferung

Bei Vorliegen eines Sachmangels wählt der Käufer grds. zwischen Nachbesserung oder Nachlieferung. Der BGH lehnte die instanzgerichtliche Rspr., die eine Unmöglichkeit der Nachlieferung annahm, da die Baureihe, aus der die betroffenen Fahrzeuge stammen, nicht mehr produziert wird, zustimmungswürdig ab.

Mangels dahingehender Feststellungen der Vorinstanz ließ der BGH offen, ob dem Nachlieferungsverlangen der Einwand der relativen Unverhältnismäßigkeit nach § 439 Abs. 4 S. 1, 2 BGB entgegensteht. Hiervon ist immer dann auszugehen, wenn die Neulieferung – insb. im Vergleich zur anderen Art der Nacherfüllung – nur mit unverhältnismäßigen Kosten möglich ist. Dies liegt nahe, da die Nachrüstung kostengünstiger als die Neubeschaffung sein dürfte.

Fazit

Der Hinweisbeschluss gibt Auskunft darüber, dass sie Dieselabgas Fälle über das Gewährleistungsrecht zu klären sind. Im Ergebnis wird es regelmäßig einen Sachmangel geben. Entscheidend ist dann die Abwägung des Nacherfüllungsverlangens gegen die Kosten, die das Verlangen mit sich bringt. Dabei werden die Verkäufer sich wohl auf den Einwand der relativen Unverhältnismäßigkeit stützen können, welche i. d. R. wohl auch greifen wird.

---

519 Etwa OLG Nürnberg, Endurteil v. 24.4.2018, 6 U 409/17, NZV 2018, S. 315, Rn. 38.
520 Vgl. hierzu OLG Hamm, Urteil v. 9.6.2011, 28 U 12/11, BeckRS 2011, S. 18719.

1.2 Mängelgewährleistung beim Rechtskauf

BGH, Urteil v. 26.9.2018, VIII ZR 187/17, NJW 2019, S. 145;
Vorinstanzen: OLG Karlsruhe, Urteil v. 10.8.2017, 13 U 44/15;
LG Konstanz, Urteil v. 27.2.2015, 9 O 4/14

Sachverhalt

Der VIII. Zivilsenat des BGH hatte sich in der o. g. Entscheidung mit folgendem Sachverhalt zu beschäftigen:

Die Parteien waren seit dem Jahr 2001 im Wege eines sog. Joint Venture jew. zu 50 % an der E-GmbH beteiligt. Nach Meinungsverschiedenheiten beabsichtigten die Parteien seit Ende des Jahres 2010, das »Joint Venture« durch einen Verkauf der von der Beklagten gehaltenen Anteile an die Klägerin zu beenden.

Die Klägerin hatte bei einer Wirtschaftsprüfungsgesellschaft ein Gutachten in Auftrag gegeben, das (unter Berücksichtigung von Einwänden der Beklagten) einen Gesamtwert der E-GmbH zum Bewertungsstichtag am 31.12.2010 auf 8.377.000 € ermittelte. Dementsprechend veräußerte die Beklagte ihre Anteile an der E-GmbH mit Wirkung zum 1.10.2011 durch notariellen Vertrag vom 5.10.2011 zu einem Kaufpreis von 4.188.000 € an die Klägerin. Der Kaufvertrag enthielt in § 4.1 verschiedene Garantieabreden, die insb. das rechtswirksame Bestehen der Geschäftsanteile, deren nicht vorhandene Belastung mit Rechten Dritter, die Eigentümerstellung des Verkäufers sowie die hälftige Einzahlung der Einlagen auf den Geschäftsanteil betreffen; gesetzliche Gewährleistungsansprüche sind hingegen ausgeschlossen, »soweit dies rechtlich möglich ist«. Gem. § 8.3 regelt der Vertrag im Hinblick auf dessen Gegenstand das Verhältnis der Parteien abschließend.

Mit ihrer Klage hat die Klägerin von der Beklagten die Rückerstattung des gezahlten Kaufpreises sowie zunächst außerdem noch die Zahlung weiterer 4.897.000 € als Beitrag zur Sanierung der E-GmbH verlangt und dies auf Ansprüche auf Vertragsanpassung wegen Störung der Geschäftsgrundlage sowie hilfsweise auf Gewährleistungsansprüche gestützt. Dabei hat sie sich auf einen von einer (anderen) Wirtschaftsprüfungsgesellschaft erstellten Prüfbericht zum Jahresabschluss der E-GmbH für das Jahr 2011 berufen, der ein den Jahren 2008–2010 zuzurechnendes Defizit i. H. v. 12.951.000 € ergeben und wonach insb. der für die Kaufpreisfindung maßgebliche Jahresabschluss 2009 in Folge massiver Abgrenzungsfehler deutlich zu hohe Umsatzerlöse ausgewiesen habe. Bei Zugrundelegung der – von beiden Parteien irrtümlich verkannten – zutreffenden Unternehmenszahlen hätte sich eine deutliche Unterbilanz ergeben, sodass der Kaufpreis »auf allenfalls Null« festgesetzt worden wäre.

Das LG Konstanz hat die Klage abgewiesen. Die hiergegen von der Kläger eingelegte Berufung, mit der sie nur noch die Rückzahlung des Kaufpreises begehrt hat, ist vor dem OLG Karlsruhe ohne Erfolg geblieben. Die zugelassene Revision hatte Erfolg.

Entscheidung
1. Zur Mängelgewährleistung beim Rechtskauf nach § 453 BGB (hier: Kauf von Gesellschaftsanteilen).
2. Bei einem Kauf von Mitgliedschaftsrechten an einer GmbH, der als solcher ein Rechtskauf gem. § 453 Abs. 1 Alt. 1 BGB ist, sind im Fall von Mängeln des von der GmbH betriebenen Unternehmens die Gewährleistungsrechte der §§ 434 ff. BGB anzuwenden, wenn Gegenstand des Kaufvertrags der Erwerb sämtlicher oder nahezu sämtlicher Anteile an dem Unternehmen ist und sich der Anteilskauf damit sowohl nach der Vorstellung der Vertragsparteien als auch objektiv bei wirtschaftlicher Betrachtungsweise als Kauf des Unternehmens selbst und damit als Sachkauf darstellt.[521]
3. Ein solcher Erwerb sämtlicher oder nahezu sämtlicher Anteile an dem Unternehmen liegt nicht vor, wenn ein Käufer, der bereits 50 % der Mitgliedschaftsrechte an einer GmbH hält, weitere 50 % der Geschäftsanteile dieser Gesellschaft hinzuerwirbt.
4. Zur Störung der Geschäftsgrundlage, wenn bei einem Anteilskauf beide Vertragsparteien irrtümlich von einer Solvenz der Gesellschaft ausgehen.

Problemaufriss
1. Rechtskauf oder Sachkauf?
   Kernfrage der Entscheidung war zunächst, ob die fehlende Ertragsfähigkeit einer Gesellschaft die Rückabwicklung des Kaufvertrags über deren Geschäftsanteile rechtfertigt. Im Wesentlichen war zu klären, welches kaufrechtliche Mängelgewährleistungsregime einschlägig ist. Handelte es sich bei dem vorliegenden Anteilskauf um einen Rechtskauf, so war zweifelhaft, ob die Insolvenzreife der Gesellschaft einen Rechtsmangel an den Anteilen selbst begründen könnte. Anders könnte sich die Lage bei einem Sachkauf darstellen. Denn das Unternehmen als solches war in Folge der Insolvenz mangels Ertragsfähigkeit mit einem Sachmangel behaftet.
2. Weitere Besonderheiten
   - Weitere Besonderheit in diesem Kontext war, dass der Kaufvertrag offenbar keine Schiedsklausel enthielt und die ordentlichen Gerichte zuständig waren.
   - Da die Kaufvertragsparteien jeweils ehemalige, je zur Hälfte beteiligte Joint-Venture-Partner waren, enthielt der Vertrag keine Aussage über die wirtschaftliche Lage der Gesellschaft und insofern auch keine Bilanzgarantien.
   - Nach Vollzug des Verkaufs erwies sich das vorher eingeholte Wertgutachten zur Ermittlung des Kaufpreises als falsch: es stellte sich heraus, dass die Gesellschaft zzt. des Abschlusses des Kaufvertrags insolvent war.

Begründung
Die Vorinstanzen sahen den Kaufvertrag zwar als Rechtskauf, aber als Kauf des ganzen Unternehmens an, da der Käufer nach Vollzug des Kaufvertrags über alle Anteile verfügte. Daher seien die

---

521 Fortführung von BGH, Urteil v. 27.2.1970, I ZR 103/68, WPM 1970, S. 819 = BeckRS 1970, S. 31065606 unter II; BGHZ 65, S. 246 [248 f., 251] = NJW 1976, S. 236; BGH, Urteil v. 24.11.1982, VIII ZR 263/81, BGHZ 85, S. 367 [370] = NJW 1983, S. 390; BGH, Urteil v. 25.3.1998, VIII ZR 185-96, BGHZ 138, S. 195 [204] = NJW 1998, S. 2360; BGH, Urteil v. 4.4.2001, VIII ZR 32/00, NJW 2001, S. 2163 unter II 1; jeweils. zu §§ 459 ff. BGB a. F.

§§ 434 ff. BGB anwendbar, da es sich bei wirtschaftlicher Betrachtung um einen Sachkauf handelt.[522] Die mangelnde Fortführungsfähigkeit in Folge des negativen Eigenkapitals begründe einen Mangel. Jedoch sehe der Vertrag einen Ausschluss aller Gewährleistungsansprüche vor, sofern sie – wie hier – nicht von den gesonderten Garantien erfasst seien. Zudem fehle es auch an einer Beschaffenheitsvereinbarung in Bezug auf das Eigenkapital, auf die sich der Gewährleistungsausschluss nicht erstrecken würde. Ferner seien die Regelungen des Kaufvertrags abschließend. Da die Störung der Geschäftsgrundlage auf einem Mangel der Kaufsache beruhe, scheide § 313 BGB wegen des Vorrangs des (abbedungenen) Sachmangelgewährleistungsrechts aus.

Dem widersprach der BGH. Entscheidend sei der Vertragsgegenstand.

Dies gelte für die Qualifikation des Vertrags. Ein Sachkauf liege beim Kauf von Gesellschaftsanteilen nur vor, wenn sich dieser bei wirtschaftlicher Betrachtung als Kauf des ganzen Unternehmens erweist (mindestens 90 % der Anteile der Gesellschaft.[523] Allerdings gelte dies nicht, wenn der Käufer nach Vollzug des Kaufvertrags über alle Anteile verfüge, weil er vorher schon zu 50 % als Gesellschafter beteiligt war. Ein Sachkauf entspreche weder der Vorstellung der Parteien noch der objektiven Situation des Kaufs eines »ganzen« Unternehmens.[524] Denn der Kaufgegenstand ist allein die (andere) Hälfte der Gesellschaftsanteile.

Auch die Haftung richtet sich nach dem Vertragsgegenstand. Gegenstand eines Anteilskaufs ist allein ein Recht und keine Sache. Der Verkäufer haftet demnach nicht für die Bonität (Güte des Gegenstands), sondern nur für die Verität (Bestand des Rechts). Dies entspreche dem Wortlaut des § 453 Abs. 1 BGB und der Gesetzgebungsgeschichte, da der Gesetzgeber im Zuge der Schuldrechtmodernisierung die Rechtslage nicht habe ändern wollen (Rn. 33). Es bestehe auch kein praktisches Bedürfnis, da die Parteien Garantien vereinbaren können. Fehlten diese, könne eine Haftung aus cic (bei Verschulden) oder eine Vertragsanpassung über § 313 BGB erreicht werden.[525] Einen Rechtsmangel lehnt der BGH konsequent ab. Insolvenz(reife) oder Überschuldung begründeten keinen Rechtsmangel beim Rechtskauf. Denn Stimmrechte und Gewinnansprüche als die erworbenen Rechte bestünden auch bei Überschuldung oder Insolvenz(reife) weiter.

Rechtliche Würdigung
Damit stellt sich der BGH gegen einen wesentlichen Teil der gesellschaftsrechtlichen Literatur. Unter Berücksichtigung der wirtschaftlichen und normativen Folgen der Insolvenzreife oder Überschuldung, könnte man auch eine Bestandsgefährdung annehmen.[526] Diese folgt aus der Eröffnung des Insolvenzverfahrens bzw. § 60 Abs. 1 Nr. 4 GmbHG, zu dessen Beantragung der Geschäftsführer aufgrund der Insolvenzantragspflicht aus § 15a Abs. 1 InsO verpflichtet ist.[527] Da

---

522 *Faust*, in BeckOK BGB, § 453 Rn. 34.
523 Vgl. *Wilhemi*, in BeckOK BGB, § 453 BGB, Rn. 303 ff.
524 BGH, NJW 2019, S. 145, Tz. 25 f.
525 *Nasall*, NJW 2019, S. 150.
526 Vgl. *Verse*, in *Hennsler/Strohn*, GesellschaftsR, 4. Aufl. 2019, § 15 GmbHG Rn. 18.
527 *Seibt*, in Scholz, GmbHG, 12. Aufl. 2018, § 15 Rn. 145.

»sich im Einzelfall stets die Frage anschließen würde, ab welcher Vermögenslage einer Gesellschaft von einer rechtsmängelbegründenden »Gefährdung« in dem vorbezeichneten Sinne auszugehen wäre«, lehnt der BGH dieses Argument aber ab.

Da damit das Gewährleistungsrecht nicht einschlägig ist, könnte der Anwendungsbereich der cic oder des § 313 BGB eröffnet sein.[528] Mit einer »culpa in contrahendo« (c.i.c.) setzt sich der BGH nicht auseinander. Sie liegt auch mangels Verschuldens des Verkäufers fern. Einen näheren Blick lohnen die Ausführungen des BGH zu § 313 BGB. Als Anhaltspunkt dienen der gemeinsame Irrtum der Parteien und die fehlende Regelung der Risikoverteilung. Hierzu führt der BGH aus, dass § 313 BGB nicht ausgeschlossen sei, da der Vertrag keine näheren Angaben zur wirtschaftlichen Lage enthält.

Das Risiko einer Störung des Äquivalenzverhältnisses ist daher nicht geregelt. Dies gelte trotz des umfassenden Haftungsausschlusses. Dies kann man auch mit guten Gründen anders sehen. *Grunewald* hat zu Recht auf die Möglichkeit einer ergänzenden Vertragsauslegung gem. §§ 133, 157 BGB hingewiesen.[529] Im Gegensatz zum BGH könne man dem Vertrag einen gemeinsamen Willen zur Regelung der Risikoverteilung (auch im Hinblick auf Äquivalenzstörungen) entnehmen. Zwar enthielt der Kaufvertrag selbst keine näheren Angaben zur wirtschaftlichen Lage der GmbH, die Parteien stützten sich aber erkennbar auf das Wertgutachten und schlossen gleichzeitig alle Ansprüche aus. Ein solcher Ausschluss weist das Verwendungsrisiko dem Käufer zu und lässt für eine Anwendung von § 313 BGB keinen Raum. Man kann daher bezweifeln, ob der Vertrag keine Verteilung des Risikos von Äquivalenzstörungen vornimmt.

Fazit
Der BGH schafft damit Klarheit in wichtigen Fragen des Unternehmenskaufs. Ein Anteilskauf ist grds. ein Rechtskauf, es sei denn alle oder nahezu alle Geschäftsanteile bilden den Kaufgegenstand. In diesem Fall ist ein Sachkauf in Bezug auf das gesamte Unternehmen anzunehmen. Im Fall eines Rechtskaufs haftet der Verkäufer für die Ertragsfähigkeit des Unternehmens nicht nach den Regeln des Sachmängelgewährleistungsrechts. Zugleich ist die Überschuldung oder Insolvenzreife auch kein Rechtsmangel. Denkbar sind in diesen Fällen ein Anspruch aus c.i.c. (bei Verschulden des Verkäufers) und ein Anspruch auf Anpassung des Vertrags aus § 313 BGB.

---

528 Vgl. *Grunewald*, BB 2019, S. 20.
529 *Grunewald*, BB 2019, S. 20.

F 2 Finanzierungsrecht

Sittenwidrigkeit von Arbeitnehmerbürgschaften

BGH, Urteil v. 11.9.2018, XI ZR 380/16, NJW 2018, S. 3637;
Vorinstanzen: OLG Karlsruhe Urteil v. 1.7.2016, 14 U 69/15;
LG Offenburg, Urteil v. 1.4.2015, 6 O 163/13

Sachverhalt:

Die Klägerin hatte im Rahmen ihrer unternehmerischen Tätigkeit der EA-GmbH (im Folgenden: Hauptschuldnerin) Darlehen i. H. v. ca. 2 Mio. € zur Finanzierung von Bauvorhaben gewährt. Anfang des Jahres 2009 geriet die Hauptschuldnerin in eine wirtschaftlich schwierige Lage. Wie den Beklagten, die damals Arbeitnehmer der Hauptschuldnerin waren – einer der Beklagten war leitender Angestellter –, bekannt war, drohte die Insolvenz der Hauptschuldnerin.

Da auch nach Auffassung eines Vertreters der Klägerin die Hauptschuldnerin fällige Schulden vor sich herschob und ohne neue Kreditmittel deren Insolvenz wahrscheinlich war, verlangte die Klägerin bei Gewährung eines weiteren Darlehens Bürgschaften »bonitärer Personen«. Am 7.4.2009 schloss die Klägerin mit der Hauptschuldnerin einen Darlehensvertrag über 150.000 € zu 8 % Zinsen p. a., zunächst befristet bis zum 31.12.2009 unter der Voraussetzung, dass ihr weitere Personalsicherheiten gestellt würden.

Die Beklagten übernahmen am selben Tag auf Bitten des Geschäftsführers der Hauptschuldnerin und nach Erteilung einer Vermögensauskunft jeweils eine unwiderrufliche, unbedingte, unbefristete und selbstschuldnerische Bürgschaft für sämtliche Ansprüche der Klägerin gegen die Hauptschuldnerin aus diesem Darlehensvertrag einschließlich etwaiger Kosten der Rechtsverfolgung.

Als sich gegen Jahresende abzeichnete, dass die Hauptschuldnerin den Darlehensbetrag über 150.000 € bei Fälligkeit nicht würde zurückzahlen können, wurde die Laufzeit des Kredits verlängert, worauf die Beklagten mit schriftlichen Erklärungen vom 17.12.2009 ihre Bürgschaften erstreckten.

Am 30.6.2011 wurde das Insolvenzverfahren über das Vermögen der Hauptschuldnerin eröffnet und die Klägerin nahm die Beklagten aus den Bürgschaften in Anspruch auf gesamtschuldnerisch Zahlung von 150.000 € nebst gestaffelter Zinsen i. H. v. 8 %. Die Beklagten bestritten die Auszahlung der Darlehensvaluta und beriefen sich auf die Sittenwidrigkeit der Bürgschaftsverträge.

Das LG Offenburg wies die Klage ab, das OLG Karlsruhe wies die Berufung der Klägerin zurück. Die zugelassene Revision der Klägerin hatte Erfolg und führte zur Aufhebung des Berufungsurteils und Zurückverweisung der Sache an das Berufungsgericht.

Entscheidung
Der XI. Zivilsenat des BGH hat in seinem Urteil entschieden:

Die Bürgschaft eines Arbeitnehmers für Verbindlichkeiten des Arbeitgebers ist nicht schon deswegen sittenwidrig, weil sie vom Arbeitnehmer ohne eine Gegenleistung in einer wirtschaftlichen Notlage des Arbeitgebers übernommen wird.

Begründung
Das Berufungsgericht war laut BGH rechtsfehlerhaft davon ausgegangen, die Bürgschaft eines Arbeitnehmers sei an dem »Leitbild« eines Arbeitsvertrags zu messen, wonach der Arbeitnehmer nicht ohne Gegenleistung mit dem wirtschaftlichen Risiko des Arbeitgebers belastet werden dürfe. Daraus hattes weiter und in – laut BGH – unzutreffender Weise gefolgert, eine Arbeitnehmerbürgschaft sei regelmäßig nach § 138 Abs. 1 BGB sittenwidrig und damit nichtig

Der BGH ist der Ansicht, dass ein Rechtsgeschäft ist sittenwidrig i. S. d. § 138 Abs. 1 BGB und damit nichtig, wenn es nach seinem aus der Zusammenfassung von Inhalt, Beweggrund und Zweck zu entnehmenden Gesamtcharakter mit den grundlegenden Wertungen der Rechts- und Sittenordnung nicht zu vereinbaren ist.[530] Maßgebend seien die Verhältnisse im Zeitpunkt der Vornahme des Rechtsgeschäfts.[531] Bei dieser Würdigung handele es sich um eine Rechtsfrage, sodass sie der Nachprüfung durch das Revisionsgericht unterliege.[532]

Krasse Überforderung
Nach der Rspr. des Senats können die von einem Arbeitnehmer mit mäßigem Einkommen aus Sorge um den Erhalt seines Arbeitsplatzes für ein Darlehen des Arbeitgebers übernommene Bürgschaft sittenwidrig sein, wenn sie den Arbeitnehmer finanziell krass überfordert und sich der Arbeitgeber in einer wirtschaftlichen Notlage befindet.[533] Eine allgemeine Regel, wonach Arbeitnehmerbürgschaften wegen Übernahme des wirtschaftlichen Risikos des Arbeitgebers unabhängig von einer finanziellen Überforderung des Arbeitnehmers wegen eines Verstoßes gegen das »Leitbild« des Arbeitsvertrags unwirksam seien, hat der Senat dabei nicht zugrunde gelegt.

Lediglich für Zeiten einer hohen Arbeitslosigkeit ist von der tatsächlichen, widerleglichen Vermutung auszugehen, dass der Arbeitnehmer eine – hier nicht vorliegende – ihn krass finanziell überfordernde Bürgschaft allein aus Angst um seinen Arbeitsplatz übernommen hat.[534] Denn bei solchen Arbeitsmarktverhältnissen drängt sich für den Bürgschaftsgläubiger auch in subjektiver Hinsicht auf, dass diese Angst des Arbeitnehmers der Grund für die Übernahme einer für ihn ruinösen Bürgschaft ist und diesen abhält, eine vernünftige Entscheidung zu treffen.

---

530 BGH, Urteil v. 28.4.2015, XI ZR 378/13, BGHZ 205, S. 117 = NJW 2015, S. 2248 Rn. 69; BGH, Urteil v. 12.4.2016, XI ZR 305/14, BGHZ 210, S. 30 = NJW 2016, S. 2662 Rn. 37, jeweils m. w. N.
531 BGH, Urteil v. 28.4.2015, XI ZR 378/13, NJW 2015, S. 2248 m. w. N.
532 BGH, Urteil v. 12.4.2016, XI ZR 305/14, NJW 2016, S. 2662 Rn. 36 m. w. N.
533 BGH, Urteil v. 14.10.2003, XI ZR 121/02, BGHZ 156, S. 302 [307 ff.] = NJW 2004, S. 161.
534 BGH, Urteil v. 14.10.2003, XI ZR 121/02, BGHZ 156, S. 302 [309] = NJW 2004, S. 161.

Das Berufungsgericht hatte zu Recht auf die hier vorliegenden Arbeitnehmerbürgschaften die nach ständiger Rspr. für Bürgschaften nahestehender Personen geltende tatsächliche Vermutung nicht angewendet, wonach bei Vorliegen einer krassen finanziellen Überforderung der mitverpflichteten nahestehenden Person bereits ohne Hinzutreten weiterer Umstände von der Sittenwidrigkeit der Mithaftungserklärung auszugehen ist.[535]

Fehlender Ausgleich
In Rspr. und Literatur ist umstritten, ob darüber hinausgehend Arbeitnehmerbürgschaften schon dann sittenwidrig sind, wenn dem bürgenden Arbeitnehmer kein angemessener Ausgleich für die Übernahme des wirtschaftlichen Risikos des Arbeitgebers zufließt.

Während ein Mindermeinung annimmt, auch ohne eine finanzielle Überforderung des Bürgen sei eine Arbeitnehmerbürgschaft stets sittenwidrig, wenn der Bürge keinen angemessenen Ausgleich für die Übernahme der Bürgschaft erhalte, diese aus Angst um seinen Arbeitsplatz übernehme und der Gläubiger diese Umstände kenne und ausnutze,[536] geht die h. M. Meinung in Rspr. und Literatur in Anlehnung an die Rspr. zur Bürgschaft nahestehender Personen auch bei der Fallgruppe sittenwidriger Arbeitnehmerbürgschaften vom Vorliegen einer krassen finanziellen Überforderung des Bürgen aus.[537]

Der BGH hat bestätigt die herrschende Auffassung: Die Bürgschaft eines Arbeitnehmers sei nicht regelmäßig sittenwidrig, wenn sie vom Arbeitnehmer ohne eine Gegenleistung in einer wirtschaftlichen Notlage des Arbeitgebers übernommen wird. Denn eine private Bürgschaft wird typischerweise unentgeltlich und zur Unterstützung des Hauptschuldners in einer für diesen wirtschaftlich schwierigen Situation übernommen. Allein die Kenntnis des Gläubigers von solchen Umständen kann mithin eine Sittenwidrigkeit einer solchen Bürgschaft nicht begründen. Deswegen führt auch das naheliegende Motiv eines unentgeltlich bürgenden Arbeitnehmers, seinen Arbeitsplatz zu erhalten, für sich nicht zur Sittenwidrigkeit der Bürgschaft. Unabhängig davon kann die Übernahme einer Arbeitnehmerbürgschaft für einen solventen Arbeitnehmer, etwa einen gut verdienenden, leitenden Angestellten, ein hinnehmbares Risiko darstellen, das sich bei wirtschaftlicher Gesundung seines Arbeitgebers für ihn auszahlen kann.[538] Ein solches Handeln ist von der Privatautonomie des bürgenden Arbeitnehmers gedeckt und steht nicht in Widerspruch zu grundlegenden Wertungen der Rechts- und Sittenordnung. Vielmehr wäre die Vertragsfreiheit in nicht gerechtfertigter Weise beschnitten, wenn etwa eine Arbeitnehmerbürgschaft auch dann sittenwidrig und damit nichtig wäre, wenn der bürgende Arbeitnehmer finanziell ausreichend leistungsfähig ist oder die Haftung für einen nicht erheblichen Betrag übernommen hat.

---

535 Vgl. nur BGH, Urteil v. 14.10.2003, XI ZR 121/02, BGHZ 156, S. 302 [307] = NJW 2004, S. 161; BGH, Urteil v. 25.1.2005, XI ZR 28/04, NJW 2005, S. 971 = WM 2005, S. 421 [422]; BGH; Urteil v. 25.4.2006, XI ZR 330/05, FamRZ 2006, S. 1024 [1025] = BeckRS 2006, S. 6636; BGH, Urteil v. 15.11.2016, XI ZR 32/16 NJW-RR 2017, S. 241 = WM 2017, S. 93 Rn. 20.
536 OLG Celle, Urteil v. 23.9.1998, 3 U 8/98, BeckRS 2014, S. 7899 Rn. 23 f.; OLG Karlsruhe, Urteil v. 8.3.2007, 9 U 151/06, BeckRS 2008, S. 7367 Rn. 10; *Seifert*, JW 2004, S. 1707 [1709].
537 Vgl. *Ellenberger*, in *Palandt*, BGB, 77. Aufl., § 138 Rn. 38 g; *Habersack*, in MüKoBGB, 7. Aufl., § 765 Rn. 29; *Herrmann*, in Erman, BGB, 14. Aufl., § 765 Rn. 13; *Horn*, in Staudinger, BGB, Neubearb. 2013, § 765 Rn. 208.
538 Vgl. *Probst*, JR 2004, S. 376.

Das vom BAG entwickelte Leitbild, wonach eine arbeitsvertragliche Vergütungsregelung dann gegen die guten Sitten i. S. d. § 138 Abs. 1 BGB verstoße, wenn der Arbeitnehmer mit dem Betriebs- oder Wirtschaftsrisiko des Arbeitgebers belastet werde, stehe im Einklang hierzu. Das BAG habe das Verhältnis zwischen Arbeitgeber und Arbeitnehmer im Blick. Der vorliegende Fall betreffe ein davon abweichendes Dreiecksverhältnis zwischen Bank, Arbeitgeber und Arbeitnehmer. Auf Verpflichtungen des Bürgen (Arbeitnehmer) aus dem Bürgschaftsvertrag haben Mängel des »Innenverhältnisses« (Arbeitgeber und Arbeitnehmer) zwischen Hauptschuldner und Bürgen jedoch grds. keine Auswirkungen,[539] sodass der Bürge daraus auch keine Einwendungen oder Einreden gegen den Gläubiger geltend machen kann. Denn es ist für den Bestand der Bürgschaft gleichgültig, ob ein solches Grundverhältnis besteht und welcher Art es ist.[540]

Rechtliche Würdigung
Die Entscheidung befasst sich im Kern mit der Frage, ob Arbeitnehmerbürgschaften auch dann als sittenwidrig nichtig sind, wenn es an einer krassen finanziellen Überforderung des Bürgen fehlt.

Der Senat knüpfte hierzu an seine Entscheidung aus dem Jahr 2003[541] an, in der die Sittenwidrigkeit einer krass überfordernden Arbeitnehmerbürgschaft trotz des Fehlens einer Nähebeziehung unter Bezugnahme auf ein Urteil des BAG[542] bejaht worden war. Der Arbeitgeber kannte die Angst des bürgenden Arbeitnehmers um den Verlust seines Arbeitsplatzes und nutze die entstanden Zwangslage aus. Denn dem Arbeitnehmer fehlte mangels Gewinnbeteiligung erkennbar ein eigenes unmittelbares Interesse an der Bürschaftsübernahme, also ohne Ausgleich mit dem Betriebs- und Wirtschaftsrisiko des Arbeitsgebers belastet wurde.

Diese Entscheidung hatte ein Teil der Literatur und der Instanzgerichte so interpretiert, dass es für die Bejahung der Sittenwidrigkeit von Arbeitnehmerbürgschaften ausreichend sei, wenn der Gläubiger die Angst um den Arbeitsplatz kompensationslos ausnutzte, ohne dass es hierfür zusätzlich noch einer krassen finanziellen Überforderung des Arbeitnehmers bedürfe.

Dem widerspricht der BGH nunmehr. Bei der Beurteilung sittenwidriger Bürgschaften sind zwei Konstellationen zu unterscheiden: Zum einen können die Umstände bei Vertragsschluss den allgemeinen Fall einer vom Gläubiger in sittlich anstößiger Weise herbeigeführten Bürgschaft begründen; zum anderen ist bei nahestehender Personen jede krass überfordernde Bürgschaft sittenwidrig, soweit ein eigener unmittelbarer Vorteil fehlt. Die Arbeitnehmerbürgschaft ordnet er dann interessanterweise in keine dieser Fallgruppen ein. Sittlich anstößige Umstände bei Vertragsschluss seien nicht vorgetragen (und ergeben sich folglich nicht allein aus der Bürgschaftsübernahme auf Bitten des Geschäftsführers). Der Arbeitnehmer sei auch keine nahestehende Person i. S. d. zweiten Konstellation. Allerdings könne die – hier fehlende – krasse finanzielle Überforderung des bürgenden Arbeitnehmer wie im Fall aus dem Jahr 2003 eine

---

539 Vgl. *Rohe*, in BeckOK BGB, 46. Ed. 1.5.2018, § 765 Rn. 13; *Horn*, in *Staudinge*, BGB, Neubearb. 2013, § 765 Rn. 102; *Sprau*, in Palandt, BGB, 76. Aufl., Einf. v. § 765 Rn. 5.
540 BGH, Urteil v. 5.3.1975, VIII ZR 202/73, WM 1975, S. 348 [349 f.]; BGH, Urteil v. 10.2.2000, IX ZR 397/98, BGHZ 143, S. 381 = NJW 2000, S. 1563 = WM 2000, S. 715 [717].
541 BGH, Urteil v. 14.10.2003, XI ZR 121/02, BGHZ 156, S. 302 = NJW 2004, S. 161.
542 BAG, Urteil v. 10.10.1990, 5 AZR 404/89, NJW 1991, S. 860 [861] = NZA 1991, S. 264.

Sittenwidrigkeit begründen, da anzunehmen sei, dass er dies allein aus Sorge um den Erhalt seines Arbeitsplatzes macht, wenn er zugleich am wirtschaftlichen Erfolg des Unternehmens nicht beteiligt wird. Der BGH kombiniert mithin die Merkmale der bisher anerkannten Fallgruppen für die Arbeitnehmerbürgschaft.

Der BGH meint weiter, es würde es zu einer nicht gerechtfertigten Beschneidung der Privatautonomie des Arbeitnehmers kommen, wenn dieser trotz ausreichender Leistungsfähigkeit oder überschaubarem Haftungsumfang keinen wirksamen Bürgschaftsvertrag zugunsten seines Arbeitgebers abschließen könnte. So richtig diese Argumente für sich genommen sind, so sehr ist zugleich zu beachten, dass sittlich anstößige Umstände bei Vertragsschluss durchaus beachtlich werden können, selbst wenn sie aus dem Innenverhältnis herrühren, solange der Gläubiger sie verursacht oder ausnutzt. In diesem Sinne konnte die Entscheidung des BGH aus 2003 durchaus verstanden werden.

Fazit
Das Urteil schafft etwas mehr Klarheit im Umgang mit bürgenden Arbeitnehmern. Hier kommt es bei Arbeitnehmerbürgschaften nun im Regelfall allein auf deren finanzielle Leistungsfähigkeit an. Dass dem bürgenden Arbeitnehmer kein angemessener Risikoausgleich gewährt wird, ist wohl nunmehr unbedenklich.

3 Aktienrecht

Rechtmäßiges Alternativverhalten im Organhaftungsrecht

BGH, Urteil v. 10.7.2018, II ZR 24/17, NJW 2018, S. 3574;
Vorinstanzen: OLG Düsseldorf, Urteil v. 15.12.2016, 6 U 97/16;
LG Düsseldorf, Grund- und Teilurteil v. 1.4.2016, 39 O 20/14

Sachverhalt

Die hier zu besprechende Entscheidung des BGH betrifft die Vorstandshaftung nach § 93 AktG.

Der Beklagte war Vorstand der Klägerin, einer im Immobilienbereich tätigen AG, deren Alleinaktionärin die Stadt D. war. Die Klägerin wirft ihm vor, dass er es versäumt habe, vor der endgültigen Realisierung einer bedeutsamen, im Ergebnis dann sehr verlustreichen Investition die statutarisch vorgesehene Zustimmung des Aufsichtsrats einzuholen.

Das Verteidigungsvorbringen des Beklagten wirft folgende Rechtsfragen auf: Kann die »Zustimmung« des Aufsichtsrats nach § 111 Abs. 4 S. 2 AktG nachgeholt (1) oder durch das Einverständnis des Aufsichtsratsvorsitzenden ersetzt (2) werden? Ist die Geltendmachung der Schadensersatzpflicht durch die Gesellschaft gegen ein Vorstandsmitglied rechtsmissbräuchlich, wenn die Alleinaktionärin in das haftungsbegründende Geschäft eingewilligt hat (3)? Und schließlich (4): Kann der in Anspruch genommene Vorstand einwenden, dass das Aufsichtsratsplenum den vorgesehenen Maßnahmen zugestimmt hätte, wenn es gefragt worden wäre?

Leitsätze

1. Bestimmen die Satzung oder der Aufsichtsrat, dass bestimmte Arten von Geschäften nur mit seiner Zustimmung vorgenommen werden dürfen, hat der Vorstand die Zustimmung des Aufsichtsrats grds. vor der Durchführung des Geschäfts einzuholen.
2. Die Zustimmung kann, vorbehaltlich der Übertragung der Zustimmungsentscheidung auf einen Ausschuss, nur durch ausdrücklichen Beschluss des Aufsichtsrats erteilt werden und kann nicht durch eine Entscheidung des Aufsichtsratsvorsitzenden ersetzt werden.
3. Die Inanspruchnahme des Vorstandsmitglieds auf Schadensersatz durch eine Aktiengesellschaft wegen Pflichtverletzung ist regelmäßig nicht deshalb rechtsmissbräuchlich, weil der Alleinaktionär zuvor in das haftungsbegründende Geschäft eingewilligt hat.
4. Der Vorstand kann gegenüber einer Schadensersatzklage der Aktiengesellschaft, die mit dem Verstoß gegen einen zugunsten des Aufsichtsrats eingerichteten Zustimmungsvorbehalt begründet ist, einwenden, der Aufsichtsrat hätte den von ihm durchgeführten Maßnahmen zugestimmt, wenn er ihn gefragt hätte.

Rechtliche Würdigung

1. Zustimmung vs. Genehmigung

Der BGH erläutert zunächst, dass der Begriff der Zustimmung in § 111 Abs. 4 S. 2 AktG nach Sinn und Zweck nur die Einwilligung i. S. v. § 183 BGB meint, nicht aber die Genehmigung i. S. v. § 184 BGB. Denn einem Zustimmungsvorbehalt handelt es sich um ein Instrument präventiver Kontrolle und Mitgestaltung durch den Aufsichtsrat. Daher genügt es nicht, dass der Vorstand das Kontrollgremium vor vollendete Tatsachen stellt und erst nachträglich einschaltet, zumal das Geschäft trotz fehlender interner Zustimmung i. d. R. nach außen wirksam ist und sich nicht mehr rückabwickeln lässt.

Ob in Eilfällen eine Nachholung zulässig ist, musste der BGH nicht entscheiden, da eine besondere Dringlichkeit hier nicht vorlag.

2. Erklärung des Vorsitzenden ausreichend?

Der BGH stellt klar: Der Vorsitzende kann die Zustimmungsentscheidung niemals allein treffen, hierüber muss das Organ oder im Falle wirksamer Delegation (§ 107 Abs. 3 AktG) ein Ausschuss des Aufsichtsrats als Plenum entscheiden.

3. Treuwidrigkeit der Klage, wenn Vorsitzender gleich Alleinaktionär?

Im vorliegenden Fall lag die Besonderheit darin, dass der Vorsitzende des Aufsichtsrats zugleich gesetzlicher Vertreter der Alleinaktionärin der Klägerin war. In § 93 Abs. 4 S. 1 AktG ist eine Entlastung für den Fall vorgesehen, dass die Maßnahme des Vorstands auf einem rechtmäßigen Beschluss der Hauptversammlung beruht. Hält ein Aktionär 100 % der Anteile, so kann er seinen Willen ohnehin durchsetzen. Deshalb wird die Berufung auf einen fehlenden förmlichen Beschluss gegenüber dem Vorstandsmitglied teilweise als treuwidrig ansehen, wenn der einzige Aktionär seine Einwilligung in anderer Form kundgetan hat.[543]

Diese Ansicht lehnte der BGH nun ab, da ansonsten eine Umgehung von § 93 Abs. 4 S. 1 AktG drohen würde. In nicht näher bezeichneten Ausnahmefällen könne der Einwand nach § 242 BGB greifen, in der vorliegenden Fallkonstellation kommt dies jedoch nicht in Betracht. Denn hier kann der beklagte Vorstand sich nicht auf die Zusage eines Privataktionärs berufen, der seine Gesellschafterrechte grds. nach seinem Ermessen ausüben kann. Vielmehr stützt er sich lediglich auf die (behauptete) Absprache mit einem Vertreter der Alleinaktionärin, der zudem als Gemeindeorgan besonderen treuhänderischen Bindungen gegenüber der Stadt und deren Bürgern unterliegt. Das genügt für ein schutzwürdiges Vertrauen nicht, weil sowohl der Beklagte als auch der Oberbürgermeister wussten, dass das Vorhaben zum damaligen Zeitpunkt »politisch nicht durchsetzbar« war und sie daher ganz bewusst die zuständigen Gremien außen vorgelassen haben.

4. Rechtmäßiges Alternativverhalten als Einwand?

Schließlich bejaht der BGH die streitige Frage, ob der Vorstand sich bei der Verletzung von Kompetenzvorschriften auf ein rechtmäßiges Alternativverhalten berufen kann. Er überträgt damit seine Rspr. zu § 43 Abs. 2 GmbHG[544] auf die aktienrechtliche Organhaftung nach § 93 Abs. 2 AktG. Der Einwand, dass die Missachtung des Zustimmungsvorbehalts dann ohne Sanktion bliebe, wiegt nicht sehr schwer, denn den in Anspruch genommenen Vorstand trifft die

---

543 *Spindler*, in MüKo AktG, 5. Aufl. 2019, § 93 Rn. 249.
544 BGH, Urteil v. 18.6.2013, II ZR 86/11, BGHZ 197, S. 304 = NZG 2013, S. 1021 Rn. 32 f.

volle Darlegungs- und Beweislast dafür, dass der Aufsichtsrat seine Einwilligung zu dem Geschäft erteilt hätte, wenn er gefragt worden wäre. Außerdem scheidet die hypothetische Betrachtung aus, wenn die Maßnahme gegen Gesetz oder Satzung verstößt oder insb. wegen übergroßer Risiken nicht mehr vom unternehmerischen Handlungsspielraum nach § 93 Abs. 1 S. 2 AktG gedeckt ist.

Fazit
Das Urteil definiert weiter die praxisrelevante Frage der aktienrechtlichen Organhaftung. Als besonders folgenreich dürfte sich die Zulassung des Einwands rechtmäßigen Alternativverhaltens erweisen. Die Hürden für den Nachweis sind jedoch hoch, da ihn die voll Darlegungs- und Beweislast trifft. Empfehlenswert ist es, es darauf gar nicht erst darauf ankommen zulassen und Zustimmungsvorbehalte des Aufsichtsrats sorgfältig zu beachten. In Not- oder Zweifelsfällen kann man sich durch Einholung anwaltlichen Rats weiter vergewissern.

4 Insolvenzrecht

Anforderungen an eine Ressortaufteilung auf der Ebene der Geschäftsführung

BGH, Urteil v. 6.11.2018, II ZR 11/17, NZG 2019, S. 255;
Vorinstanzen: KG Berlin, 20.12.2016, 14 U 86/15;
LG Berlin, Urteil v. 31.7.2018, 15 O 65/14

Sachverhalt
Der Kläger ist Insolvenzverwalter im Insolvenzverfahren über das Vermögen der W-GmbH (im Folgenden: Schuldnerin), das auf Eigenantrag vom 10.10.2008 hin eröffnet wurde. Der Beklagte war neben dem Zeugen K Geschäftsführer der Schuldnerin.

Die Schuldnerin wurde gegründet, um die vom Beklagten moderierte Fernsehshow »Ka« für den Fernsehsender V zu produzieren. Nach deren Einstellung und verschiedenen kleineren Projekten begann die Schuldnerin im Herbst 2006 mit der Produktion der »D«, einer Late-Night-Show, die mit dem Beklagten als Moderator vom Fernsehsender S ausgestrahlt wurde. Der Fernsehsender stellte die Sendung nach der zehnten Folge der fünften Staffel im Oktober 2008 ein.

Der Kläger macht geltend, die Schuldnerin sei seit dem 1.7.2008 mit fälligen Verbindlichkeiten i. H. v. 152.447,79 €, die auch später nicht ausgeglichen worden seien, spätestens aber seit dem 1.9.2008 zahlungsunfähig gewesen. Ungeachtet dessen seien vom 3.9. bis zum 10.10.2008 aus dem Vermögen der Schuldnerin noch Zahlungen i. H. v. 94.437,92 € geleistet worden, deren Erstattung der Kläger vom Beklagten u. a. verlangt.

Das LG Berlin hatte die Klage erstinstanzlich abgewiesen. Auf die Berufung des Klägers hat das Berufungsgericht das Urteil des LG teilweise abgeändert und den Beklagten unter Abweisung der weitergehenden Klage verurteilt, an den Kläger 4.191,90 € nebst Zinsen zu zahlen. Hiergegen richtet sich die vom Senat zugelassene Revision des Klägers, mit der er seinen Zahlungsantrag im Umfang der Abweisung weiter verfolgt hat.

Problemaufriss
Der Beklagte und ein weiterer Geschäftsführer hatten sich die Geschäftsführungsaufgaben aufgeteilt. Während der Beklagte allein für das »Künstlerische« zuständig sein sollte bzw. wollte, oblag ausschließlich dem Mitgeschäftsführer »die kaufmännische, organisatorische und finanzielle Seite des Geschäfts«.

Da nach Eintritt der Insolvenzreife masseverringernde Zahlungen durch den Mitgeschäftsführer erfolgt waren, machte der Insolvenzverwalter als Kläger einen Ersatzanspruch gem. § 64 Abs. 2 S. 1 GmbHG a. F. (heute: § 64 Abs. 1 S. 1 GmbHG) gegen den Beklagten geltend. Demgemäß ging es um die Frage, ob sich der Beklagte von der Verschuldensvermutung des § 64 Abs. 2 S. 2 GmbHG

a. F. (§ 64 Abs. 1 S. 2 GmbHG) schon allein dadurch entlasten konnte, dass er die Erfüllung von Pflichten, die ihn angesichts der Gesamtverantwortung der Geschäftsführer zunächst persönlich treffen, auf seinen Mitgeschäftsführer übertragen konnte.

Leitsatz
Eine Geschäftsverteilung oder Ressortaufteilung auf der Ebene der Geschäftsführung setzt eine klare und eindeutige Abgrenzung der Geschäftsführungsaufgaben aufgrund einer von allen Mitgliedern des Organs mitgetragenen Aufgabenzuweisung voraus, die die vollständige Wahrnehmung der Geschäftsführungsaufgaben durch hierfür fachlich und persönlich geeignete Personen sicherstellt und ungeachtet der Ressortzuständigkeit eines einzelnen Geschäftsführers die Zuständigkeit des Gesamtorgans insb. für nicht delegierbare Angelegenheiten der Geschäftsführung wahrt. Eine diesen Anforderungen genügende Aufgabenzuweisung bedarf nicht zwingend einer schriftlichen Dokumentation.[545]

Rechtliche Würdigung
Die Delegation von Pflichten im Rahmen einer Ressortverteilung zwischen den Geschäftsführern soll grds. zulässig sein. Der BGH präzisiert in der Entscheidung die Voraussetzungen dafür und stellt zudem klar, dass dem unzuständigen Geschäftsführer immer noch Überwachungspflichten in Bezug auf den Mitgeschäftsführer verbleiben. Verletzt der unzuständige Geschäftsführer diese Aufsichtspflicht, trifft ihn ein Organisationsverschulden, sodass er aus § 64 Abs. 2 S. 1 GmbHG a. F. haftet.

Denn aus der Gesamtverantwortung der Geschäftsführer (§ 35 Abs. 1 S. 1 GmbHG analog) folgt zunächst, dass jeder der Geschäftsführer die nicht delegierbare Pflicht hat, bei Eintritt der Insolvenzreife masseverringernde Zahlungen sowohl in eigener Person zu unterlassen als auch durch seine Mitgeschäftsführer zu verhindern (§ 64 Abs. 2 S. 1 GmbHG a. F.; im Folgenden § 64 Abs. 1 S. 1 GmbHG). Kommt es nach Eintritt der Insolvenzreife zu masseschmälernden Zahlungen, hat jeder der Geschäftsführer den objektiven Tatbestand des § 64 Abs. 1 S. 1 GmbHG verwirklicht, sodass im Grundsatz der GmbH alle Geschäftsführer auf Ersatz der masseverringernden Zahlung haften, und zwar als Gesamtschuldner. Jeder von ihnen hat dann in seiner Person die Verschuldensvermutung des § 64 Abs. 2 S. 2 GmbHG a. F. zu widerlegen (§ 425 Abs. 2 BGB).

Der BGH stellt fest, dass Geschäftsführer ihre primäre Pflicht aus § 64 Abs. 1 S. 1 GmbHG, wonach bei Eintritt der Insolvenzreife das vorhandene Gesellschaftsvermögen zu erhalten ist, nicht delegieren können.

Delegierbar durch eine Ressortaufteilung auf einen Mitgeschäftsführer ist die Pflicht, die erforderlichen Informationen zu sammeln, um eine Insolvenzreife festzustellen zu können, zu übertragen.

Damit diese sekundäre Pflicht auch wirksam auf den Mitgeschäftsführer delegiert ist, müssen die Geschäftsführungsaufgaben »klar und eindeutig« abgegrenzt sein, da nur so jeder der Geschäfts-

---

545 Abgrenzung zu BFH; Urteil v. 26.4.1984, V R 128/79, BFHE 141, S. 443 = DStR 1984, S. 756 = NJW 1985, S. 400 (Ls).

führer weiß, was in seinen ausschließlichen Aufgabenkreis fällt (Tz. 20). Weil jede Pflicht der Geschäftsführer im Ausgangspunkt in die Gesamtverantwortung aller fällt, ist zudem Voraussetzung, dass sämtliche Geschäftsführer die Aufgabenzuweisung »mittragen«, insofern ein Konsens unter allen Geschäftsführern besteht (Tz. 21). Eine schriftliche Fixierung ist sinnvoll, aber nicht zwingend (Tz. 22).

Als Restpflicht verbleibt dann noch das an § 831 Abs. 1 S. 2 BGB anknüpfende Organisationsverschulden: Vor diesem Hintergrund bleibt der unzuständige Geschäftsführer die ordnungsgemäße Auswahl und Überwachung seines Mitgeschäftsführers verpflichtet. Er darf seine Pflicht in Bezug auf die mögliche Insolvenzreife der GmbH nur einem Mitgeschäftsführer zuweisen, der dafür fachlich und persönlich geeignet ist, sodass er davon ausgehen kann, dass jener die übertragene Pflicht auch ordnungsgemäß erfüllen wird. Dabei darf er grds. darauf vertrauen, vom zuständigen Geschäftsführer die nötigen Erklärungen zu bekommen, um selbst die Insolvenzreife beurteilen zu können (Tz. 21).

Fazit

Verfügt eine Gesellschaft über mehrere Geschäftsführer, entspricht es gängiger Praxis, dass sich jene – besonders auch zur effektiven Wahrnehmung ihrer Pflichten – die Geschäftsführungsaufgaben untereinander aufteilen.[546] Die Entscheidung des II. Zivilsenats hat daher hohe praktische Relevanz.

Es ist jedoch Vorsicht geboten, dem Geschäftsführer nicht übersteigerte Sorgfaltsanforderungen aufzuerlegen. Es muss jenem immer noch möglich sein, sich von der Verschuldensvermutung des § 64 Abs. 1 S. 2 GmbHG zu entlasten, anderenfalls hat er verschuldensunabhängig für seine Mitgeschäftsführer wie für Erfüllungsgehilfen einzustehen (§ 278 BGB). Nur wenn der unzuständige Geschäftsführer im Stande ist, nachzuweisen, dass er sich über den zuständigen Geschäftsführer oder ggf. selbst die erforderlichen Daten beschafft hat und er dennoch die Insolvenzreife nicht erkennen konnte (§ 122 Abs. 2 BGB), entfällt insoweit ein Verschulden i. S. d. § 64 Abs. 1 S. 2 GmbHG. Da dem unzuständigen Geschäftsführer auch insofern die »Sorgfalt eines ordentlichen Geschäftsmanns« obliegt, ist eine Exkulpation nur ganz selten denkbar, sodass er fast immer für masseverringernde Zahlungen einzustehen haben wird.

---

546 *Buck-Heeb*, BB 2019, S. 584.

5 Europarecht

Richtlinie über Restrukturierung und Insolvenz

> RL (EU) 2019/1023 des Europäischen Parlaments und des Rates v. 20.6.2019 über präventive Restrukturierungsrahmen, über Entschuldung und über Tätigkeitsverbote sowie über Maßnahmen zur Steigerung der Effizienz von Restrukturierungs-, Insolvenz- und Entschuldungsverfahren und zur Änderung der RL (EU) 2017/1132

Am 16.6.2019 ist die RL (EU) 2019/1023 über präventive Restrukturierungsrahmen in Kraft getreten.

Wichtige Indikatoren deuten auf einen bevorstehenden Konjunkturabschwung hin: Es drohen Handelskonflikte und – nach der Wiederwahl von Boris Johnson weiterhin – ein nicht geregelter Brexit. Die Europäische Zentralbank warnt vor einer neuen Immobilienblase. Im Juni 2019 fiel die Konjunkturprognose für Europa auf den niedrigsten Stand seit drei Jahren. In Deutschland scheint der Produktionssektor am stärksten betroffen zu sein: Ebenfalls verzeichnete die Industrieproduktion in 2019 den stärksten Rückgang seit November 2009.

Vor diesem Hintergrund wird die Umsetzung in das nationale Recht von Sanierungsspezialisten in ganz Europa mit Spannung erwartet.

Ziele
Die RL soll es kriselnden Unternehmen in den EU-Mitgliedstaaten ermöglichen, einen (präventiven) Restrukturierungsrahmen außerhalb des formellen Insolvenzverfahrens in Anspruch zu nehmen. Im Rahmen dieses Verfahrens soll eine (finanzielle) Restrukturierung stattfinden können, weit bevor sich die wirtschaftliche Situation des Schuldners weiter bzw. so sehr verschlechtert, dass er nach nationalem Recht zur Stellung eines Antrags auf Eröffnung eines Insolvenzverfahrens verpflichtet ist.

Darüber hinaus zielt die RL darauf ab, Unternehmern innerhalb von drei Jahren eine »zweite Chance« in Form einer Restschuldbefreiung zu gewähren. Außerdem sollen Dauer und Kosten von Insolvenz- und Restrukturierungsverfahren in ganz Europa reduziert werden.

Kein Verwalterzwang
Nach der neuen Regelung soll es Schuldnern gestattet sein, sowohl die Kontrolle über das operative Geschäft als auch über ihre Vermögenswerte zu behalten. Die gerichtliche Bestellung eines Verwalters ist nur notwendig, wenn die Interessen der beteiligten Parteien anders nicht gewahrt werden können (Art. 5 der RL).

Moratorium

Um die Restrukturierung zu unterstützen, können Schuldner die Aussetzung von Einzelvollstreckungsmaßnahmen (Moratorium) für vier Monate beantragen (verlängerbar auf bis zu zwölf Monate). Für die Dauer der Aussetzung sind Insolvenzantragspflichten des Schuldners sowie Fremdantragsrechte nach nationalem Recht suspendiert. Auch sind Gläubiger daran gehindert, ihre Forderungen durchzusetzen, wichtige Verträge zu kündigen oder Leistungen aus diesen Verträgen zu verweigern (Art. 6 der RL).

Restrukturierungsplan

Kernelement des präventiven Verfahrens ist der vom Schuldner vorzulegende Restrukturierungsplan (Art. 8–16 der RL). Wird er von den Parteien angenommen (u. U. gerichtlich bestätigt), wird er für alle betroffenen Parteien bindend (Art. 15 der RL).

Die betroffenen Parteien stimmen über den Plan in unterschiedlichen »Klassen« ab, die ihre gemeinsamen Interessen abbilden (z. B. Gläubiger mit besicherten und unbesicherten Forderungen, Art. 9 Abs. 4 der RL). Hierbei stellt die RL mehrere Mittel zur Verfügung, um zu verhindern, dass dissentierende (»widersprechende«) Gläubiger und Anteilseigner die Restrukturierung gefährden: Die Mitgliedstaaten können ihre eigenen Mehrheiten für die Annahme von Restrukturierungsplänen festlegen, max. jedoch 75 %. Wird die erforderliche Genehmigungsschwelle nicht erreicht, ist unter bestimmten Umständen ein gerichtlich genehmigter klassenübergreifender Cram-down möglich (Art. 11 der RL). Die Anteilseigner können sogar vollständig von der Abstimmung über den Plan ausgeschlossen werden. (Art. 12 der RL).

Die Interessen der dissentierenden Gläubiger werden jedoch durch die Einführung des sog. »Kriterium des Gläubigerinteresses« (Art. 2 Abs. 1 Nr. 6 der RL) geschützt: Kein dissentierender Gläubiger darf durch einen Restrukturierungsplan schlechter gestellt werden, als er bei Anwendung der normalen Rangfolge der Liquidationsprioritäten nach nationalem Recht stünde. Kollektive und individuelle Arbeitnehmerrechte unter EU-Recht und nationalem Recht dürfen ebenfalls nicht beeinträchtigt werden (Art. 13 der RL).

Sanierungsprivileg für Fresh Money

Schließlich sollen auch Neu- und Zwischenfinanzierungen geschützt werden (Art. 17 der RL): Die Mitgliedstaaten sind verpflichtet, sicherzustellen, dass Finanzierungen für die Zwecke der Restrukturierung nicht der Insolvenzanfechtung unterliegen und dass die Finanzierungsgeber keiner zivil-, verwaltungs- oder strafrechtlichen Haftung ausgesetzt sind. Auch können Finanzierungsgeber in einem späteren Insolvenzverfahren in der Rangfolge gegenüber anderen Gläubigern privilegiert werden.

Umsetzungspflicht und -zeitrahmen

Die EU-Mitgliedstaaten sind verpflichtet, die RL bis zum 17.7.2021 umzusetzen. Dabei stehen ihnen mehr als 70 Optionen zur Verfügung. Die jeweilige konkrete Ausgestaltung wird daher von den Visionen der einzelnen Mitgliedstaaten für ihren präventiven Restrukturierungsrahmen abhängen. Da die Grundfreiheiten der EU die Verlagerung des Sitzes und/oder des COMI eines Unternehmens in andere Staaten (unter bestimmten Umständen) zulassen, werden wir aller Wahrscheinlichkeit nach einen »Wettlauf« der EU-Mitgliedstaaten um das günstigste Restrukturierungsregime erleben, um so kriselnde Unternehmen anzuziehen.

Fazit

Deutschland ist eine der wenigen Staaten in der EU, deren Rechtsordnung kein vor- oder außerinsolvenzliches Verfahren vorsieht. Bisher stehen die Rettungsinstrumente (z. B. Eigenverwaltung oder Schutzschild-Verfahren) Schuldnern erst mit dem offiziellen Insolvenzeröffnungsantrag zur Verfügung. Die Umsetzung der RL wird in Deutschland damit das Hemmnis des Insolvenzantrags abbauen.

Die Bundesregierung hat noch nicht erkennen lassen, in welche Richtung sie hinsichtlich der diversen Wahlmöglichkeiten, die die RL bietet, gehen wird. Es bleibt daher abzuwarten, wie der Gesetzgeber die Umsetzung gestalten und in die bestehende Ordnung integrieren wird.

Sicher ist auch, dass dieses Instrument angesichts der Anforderungen, die die RL als Mindeststandard definiert, allenfalls für mittlere bis größere Unternehmen in Betracht kommen wird. Denn die Bewältigung der Mindestanforderungen wird den Einsatz von erfahrenen und versierten Beratern erfordern, die am Markt nicht zu günstigen Stundensätzen zu haben sind.

Alternativ und auch als letzte Option wird der Gang zum Insolvenzgericht bleiben.

Stichwortverzeichnis

§

§-6b-Rücklage
    Übertragung 230

4

44-Euro-Freigrenze
    Sachbezug 79

A

Abbruchsverpflichtung
    Bewertungsabschlag 205
    Erbbaurecht 205
Abfärbung
    geringe gewerbliche Einkünfte 241
    gewerbliche Einkünfte 88
Abfindungsanspruch
    Kommanditanteil 398
Abfindungsguthaben
    Kapitalrücklage 398
Abgeltungsteuer
    Finanzverwaltung 171
    Forderungsverzicht 253
    Stückzinsen 257
Ablehnungsantrag
    Anhörungsrüge 434
Ablehnungsgesuch
    unaufschiebbare Handlung 434
Abmahnung
    Urheberrechtsverletzung 326
Abschreibung
    Kaufpreisaufteilung 159
Abtretung der Forderung
    Verwaltungaakt 410
Abwicklung eines Investmentfonds
    Ausschüttung 119
Abzinsungsgebot
    unverzinsliche Verbindlichkeit 222

Abzug der Gewerbsteuer
    Veräußerungskosten 248
Abzugsfähigkeit
    Übernahme der Gewerbesteuer 248
Abzugsmöglichkeit
    finaler Verlust 450
Abzugsteuer
    Werbung in Online-Suchmaschine 178
Abzugsverbot
    D/NI-Inkongruenz 150
    Finanzierungszinsen der Geldstrafe 108
aggressive Steuerplanung
    Vermeidung 147
Akteneinsicht
    Diensträume 418
    Papierform 419
Akteneinsicht,
    gesetzliche Regelung 419
Akteninhalt
    Entscheidungsgrundlage 425
    Zurechnung der Kenntnis 422
Aktenübersendung
    Kanzlei 418
aktive Einkünfte
    Außensteuergesetz 149
Alterseinkünfte-Rechner
    bayrische Finanzverwaltung 175
Altersgeld
    Witwenabfindung 69
Altersvorsorgevermögen
    schädliche Verwendung 67
Altersvorsorgezulage
    Dauerzulageantrag 103
Alterswertminderung
    Gebäude 58
Änderung des Erblasserwillens
    britisches Recht 403

Änderungsmöglichkeit
　neue Tatsache 421
　Steuerbescheid 421
Anlageberater
　gewerbliche Einkünfte 244
Anleiheverbindlichkeit
　Ausbuchung 277
Anrechnung
　ausländische Erbschaftsteuer 403
　ausländische Steuer 90
Anschaffungsfiktion
　Anti-Steuerverneidung 147
Anschrift auf Rechnung
　Vorsteuerabzug 301
Anspruch auf Ersatzlieferung
　kaufrechtlicher Mangel 473
Anteil am offenen Immobilienfonds
　Teilwertabschreibung 224
Anteil an Kapitalgesellschaft
　Anschaffungskosten 88
Anteilseignerwechsel bei
　Kapitalgesellschaft
　Grunderwerbsteuer 146
Anteilsveräußerung
　Kapitaleinkünfte 254
Anti-Steuervermeidungs-Richtlinie
　aggressive Steuerplanung 147
Antrag
　Forschungszulage 123
Anwendung des Teileinkünfteverfahrens
　Antrag 264
Anzahlung
　Vorsteuerabzug 316
Äquivalenzstörung
　Risikoverteilung 481
Arbeitnehmerbürgschaft
　finanzielle Überforderung 483
　Sittenwidrigkeit 482
Arbeitslohn
　Anteil am Veräußerungserlös 285
　Begriff 286
　Zufluss 285

Arbeitsprogramm
　OECD 438
Arbeitsvertrag
　naher Angehöriger 226
Arbeitszimmer
　Vermietung an Arbeitgeber 173
Aufbewahrungsfrist
　Daten 65
Aufbewahrungsverpflichtung
　Rückstellung für Kosten 218
Auflösung
　Ausgleichsposten 47
Aufsichtsrat
　Zustimmungsbedürftigkeit 487
Aufsichtsratstätigkeit
　Steuerbarkeit 331
Aufstockungsbetrag zum
　Transferkurzarbeitergeld
　Entschädigung 264
　Steuerermäßigung 264
Aufwärtsverschmelzung
　Organgesellschaft 108
Aufwendungsersatz
　Umsatzsteuer 326
Aufzeichnungspflicht
　Haftung der Betreiber elektronischer
　　Marktplätze 190
Ausbildung
　Kindergeld 272
Ausbuchung
　Anleiheverbindlichkeit 277
Ausgangskontrolle
　Fristenpost 424
Ausgleichsposten
　Auflösung 47
ausländische Steuer
　Anrechnung 90
ausländische Stiftung
　Zuwendung 375
ausländische Vermögensmasse
　schenkungsfreie Ausschüttung 377
Auslands-Immobilienfonds
　Begriff 118

Ausschüttung an Zwischenberechtigten
    Trust 203
Außensteuergesetz
    aktive Einkünfte 149
automatischer Informationsaustausch
    Umgehung 443

B

Backware
    keine Mahlzeit 295
Barlohn
    Definition 79
Basiskrankenversicherung
    Sonderausgabenabzug 82
Basiskrankenversicherungsbeitrag
    Unterhaltspflicht 163
    Unterhaltsverpflichtung 163
Baukindergeld
    Förderungszweck 177
    Handwerkerleistung 177
    Steuerermäßigung 177
Baukostenobergrenze
    Mietwohnungsneubau 43
Bauleistung
    Steuerschuldner 409
    Steuerschuldnerschaft 188
Baupreisindex
    Regelherstellungskosten 198
baureifes Grundstück
    Grundsteuer 63
    Mobilisierung 63
Bauträgerfall
    Steuerschuldnerschaft 188
bebautes Grundstück
    Begriff 57
    Ertragswertverfahren 57
    Sachwertverfahren 57
Beendigung unechter Betriebsaufspaltung
    Verpächterwahlrecht 249
Beginn der Meldefrist
    erweiterter Intermediär 445
begünstigte Modernisierungsmaßnahme
    Bescheinigung durch Gemeinde 78

begünstigtes Vermögen
    Vorerwerb 372
Beherrschung
    gesellschafterbezogene Betrachtung 148
Beherrschungskriterium
    Anpassung 148
Bemessungsgrundlage
    Entgelt von dritter Seite 338
    Sonderabschreibung 43
BEPS Initiative
    EU-Ebene 464
BEPS-Aktionsplan
    OECD 436
Beratender Ausschuss
    Streitbeilegung 135
Berliner Grundstück
    Bewertungsverfahren 206
berufsbegleitende Weiterbildung
    Kindergeld 272
Berufsgeheimnisträger
    Befreiung von der Mitteilungspflicht 137
Berufskraftfahrer
    Begriff 81
    Mehraufwendung 81
    Pauschbetrag 81
berufsständische Versorgungseinrichtung
    beschränkt Steuerpflichtiger 161
Beschaffenheit
    Mangel 473
Beschaffenheitsvereinbarung
    Eigenkapital 480
Beschäftigungsduldung
    Kindergeldberechtigung 101
Bescheinigung
    Haftung der Betreiber elektronischer Marktplätze 191
beschränkt einkommensteuerpflichtiger Arbeitnehmer
    betrieblicher Lohnsteuerjahresausgleich 96
    Identifikationsnummer 92

beschränkt Steuerpflichtiger
    berufsständische Versorgungseinrichtung 161
    geringfügige Beschäftigung 100
    Kapitalertragsteuer 100
    Lohnsteuererhebung 67
    Pflichtveranlagung 101
    Sonderausgabenabzug 162
beschränkt steuerpflichtiger Arbeitnehmer
    geringer Lohn 100
besonderes elektronisches Anwaltspostfach 416
Besteuerung
    digitale Wirtschaft 437
Besteuerungsinkongruenz
    doppelter Betriebsausgabenabzug 151
Besteuerungsinkongruenzen
    Neutralisierung 150
Beteiligung an Kapitalgesellschaft
    notwendiges Betriebsvermögen 214
Beteiligungserwerb
    Verlustabzugsbeschränkung 183
Beteiligungsgrenze
    Grunderwerbsteuer 143
Betreiber elektronischer Marktplätze
    Haftung 189
Betreiber von Vermittlungsmarktplätzen
    Aufzeichnungspflicht 189
Betreuungsleistung
    Steuerermäßigung 270
Betrieb eines Blockheizkraftwerks
    Wohnungseigentümergemeinschaft 242
betriebliches Fahrrad
    private Nutzung 70
Betriebsaufspaltung
    Verpächterwahlrecht 249
Betriebsausgabenabzug
    EU-Geldbuße 72
    Versagung 151
Betriebsausgabenabzugsverbot
    Aufwärtsverschmelzung 108
    Hinterziehungszinsen 73

Betriebsgrundstück
    Feststellung über Zurechnung 374
Betriebs-Leasinggesellschaft
    Zwischenschaltung als Finanzierungsgesellschaft 360
Betriebsstätte
    Pro-Rata-Vorsteuerabzug 298
    Umsatzsteuer 341
Betriebsvermögen
    mittelbare Schenkung 372
Betriebsvorrichtung
    Vermietung 366
Betrug
    Vorsteuerabzug 316
Beweisaufnahme
    Unmittelbarkeit 406
Bewertung
    Abbruchsverpflichtung 205
    Ertragswertverfahren 205
    Negativabgrenzung 54
    unbebautes Grundstück 57
    virtuelle Währung 199
Bewertung des Wirtschaftsteils
    Liquidationswert 390
Bewertungsabschlag
    Mitarbeiterwohnung 80
Bewertungsgesetz
    Grundvermögen 52
bilanzsteuerrechtliche Behandlung
    Pfandgelder 155
Bildungseinrichtung
    Gewerbesteuerfreiheit 104
Billigkeitserlass
    sachlicher Billigkeitserlass 407
    unrichtiger Steuerausweis 307
    Vorsteuerabzug 307
    Zinsen 354
Bitcoin
    Finanzmittel 199
Bodenrichtwert
    unbebautes Grundstück 57

Brexit
　britische Limited 49
　Einbringungsbesteuerung 50
　erbschaftsteuerlicher Erwerb 51
　Grunderwerbsteuer 51
　Haftung der Betreiber elektronischer Marktplätze 189, 192
　Steuerbegleitgesetz 46
　Stundungswiderruf 50
　Verschmelzung 50
britische Gesellschaft
　verschmelzungsfähiger Rechtsträger 50
britische Limited
　Brexit 49
Bruchteilsgemeinschaft
　Unternehmer 303
Bürokraft
　Fristenkontrolle 429
Bürokratieabbau
　Gesetzesänderung 64
Bußgeldfestsetzung
　Gewinnabschöpfung 215

C

Cash-Pooling-System
　Schuldzinsen 359
CIGA-Kriterien
　Einführung 463

D

D/NI-Inkongruenz
　Abzugsverbot 150
DAC6-Richtlinie
　meldepflichtiger Sachverhalt 439
　Umsetzung 439
Darlehensverzicht
　Forderungsausfall 253
Datenverarbeitungssystem
　Wechsel 65
Daueraufenthalt-EU
　Kindergeldbezug 102

dauerdefizitäre Tätigkeit
　Kapitalertragsteuer 284
dauerhafte Zuordnung
　Tätigkeitsstätte 291
Dauerverlustgeschäft
　kommunale Eigengesellschaft 284
Dauerzulageantrag
　Altersvorsorgezulage 103
Deed of Variation
　Begriff 403
De-minimis-Beihilfe
　Mietwohnungsneubau 44
Dienstleistung
　elektronische Dienstleistung 435
Dienstraum
　Begriff 419
Dienstwagen
　Minijob beim Ehepartner 225
Dienstwagenbesteuerung
　Elektrofahrzeug 74
Dieselfahrzeug
　Mangelhaftigkeit 473
digitale Betriebsstätte
　Besteuerung 436
digitale Wertschöpfung
　Besteuerung 467
digitale Wirtschaft
　Besteuerung 435
　General Anti-Avoidance Rule 437
digitales Geschäftsmodell
　Besteuerung 458
Digitalsteuer
　digitale Wertschöpfung 467
　Einführung 468
Digitalwirtschaft
　Steuergestaltung 458
Direktanspruch
　Vorsteuerabzug 353
Dividendenbesteuerung
　Umgehung 91
Doppelbesteuerung
　Beseitigung 457
　Vermeidung 457

Doppelbesteuerungsabkommen
    Erbschaftsteuer 200
    Nutzung 436
    Schenkungsteuer 200
    Streitbeilegungsverfahren 132
doppelte Haushaltsführung
    Einrichtungsgegenstand 235
    Höchstbetrag 235
doppelter Betriebsausgabenabzug
    Beispiel 151
Drittlandsgebiet
    Zwischenhändler 111
Drittstaatsangehörige
    Kindergeld 103
Drittwirkung
    Steuerfestsetzung 428
durchlaufender Kredit
    gewerbesteuerliche Hinzurechnung von
        Zinsen 362

E

E-Bilanz
    Taxonomie 154
eigenbetriebliches Interesse
    Fortbildungskosten 70
Eigenkapitalersatzrecht
    Aufhebung 251
eigenkapitalersetzende Finanzierungshilfe
    Vertrauensschutz 250
eigenverantwortliche Tätigkeit
    freiberufliche Tätigkeit 246
Einbringungsbesteuerung
    Brexit 50
Eingliederung
    wirtschaftliche Eingliederung 323
einheitliche Erstausbildung
    Ausbildungsabschnitt 273
einheitlicher Sozialversicherungsbeitrag
    staatenbezogene Aufteilung 165
Einheitswert
    Grundsteuerwert 52
Einkünfte aus Gewerbebetrieb
    Steuerermäßigung 176

Einkünfte aus Land- und Forstwirtschaft
    Tarifermäßigung 85
    Tarifglättung 85
Einkünfte aus Vermietung und Verpachtung
    Umqualifizierung 241
Einkünfte einer Personengesellschaft
    Abfärbewirkung 240
    Gewerblichkeit 241
Einkünftekorrektur nach § 1 Abs. 1 AStG
    Teilwertabschreibung 470
Einnahmenüberschussrechnung
    Vordruck 154
Einräumung des Nießbrauchsrechts
    Schenkung 396
Einsatzwechseltätigkeit
    Fahrtkosten 293
Einspruch
    Auslegungsfähigkeit 412
    vorprozessualer Rechtsbehelf 413
Einzelanweisung
    Fristsache 423
einzelnes Wirtschaftsgut
    Übertragung 158
Einzelunternehmen
    unentgeltliche Aufnahme 157
Elektrofahrrad
    private Nutzung 70
Elektrofahrzeug
    Dienstwagen 69
    Ladevorrichtung 71
Elektromobilität
    Dienstwagen 69
elektronisch erbrachte Dienstleistung
    EU-Kommission 115
Elektronutzfahrzeug
    Sonderabschreibung 77
energetische Maßnahme
    Aufwendung für Energie-Effizienz-Experte
        129
    Förderungshöhe 129
    Mindestanforderung 130
    selbstgenutztes Wohngebäude 129
    Steuerermäßigung 129

energetische Sanierungsmaßnahme
  Steuerermäßigung 128
englische Nachlasssteuer
  Anrechnung auf deutsche ErbSt 402
Entfernungspauschale
  befristete Erhöhung 130
Entgelt von dritter Seite
  Bemessungsgrundlage 338
Entgeltumwandlung
  Fahrtkosten 93
Entlohnungsfunktion
  Frühstück 295
Entnahme
  Umzugskosten 344
Entschädigung
  Aufstockungsbetrag zu
    Transferkurzarbeitergeld 264
Entscheidung
  Akteninhalt 425
Entstrickungs-/Wegzugsbesteuerung
  Verschärfung 147
EOP-Methode
  ortsübliche Miete 260
E-Produkte
  ermäßigter Steuersatz 114
Erbauseinandersetzung
  Familienheim 371
Erbbaurecht
  Abbruchsverpflichtung 205
  Grundsteuer 59, 60
Erbengemeinschaft
  Realteilung 167
Erbenhaftung
  Beschränkung 378
Erblasserschulden
  Haftung 378
Erblasserverbindlichkeit
  wirtschaftliche Belastung 385
Erbschaftsteuer
  Doppelbesteuerungsabkommen 200
  Erlöschen in besonderen Fällen 200
  Kapitalisierungszinssatz 204
  Nachlassverbindlichkeit 378

neue Richtlinien 207
  Staffeltarif 368
Erbschaftsteuerrecht 2009
  Weitergeltung 392
Erbschaftsteuerverbindlichkeit
  Haftung 378
ErbStAnpG 2016
  kein Vertrauensschutz 395
  zulässige rückwirkende Anwendung 395
  zulässige Rückwirkung 394
Erfindung
  gemeiner Wert 204
ergänzende Vertragsauslegung
  Kaufvertrag 481
Ergebnisaufteilung
  Aufteilungskategorie 465
erhaltene Anzahlung
  Vergütungsvorschuss des
    Insolvenzverwalters 219
Erhöhung
  Entfernungspauschale 131
Erlass
  Bedürftigkeit 408
  Ermessensentscheidung 408
  Voraussetzung 407
Erlassunwürdigkeit
  Verletzung der Mitwirkungspflicht 407
ermäßigter Steuersatz
  Arzneimittel 328
Ermäßigungsbetrag
  Gewerbesteuer 177
Ermessensentscheidung
  gerichtliche Überprüfung 408
  Ort der Akteneinsicht 419
Ersatzbeschaffung
  § 6b EStG 49
Ersatzlieferung
  Unmöglichkeit der Ersatzlieferung 473
erstatteter Rentenversicherungsbeitrag
  steuerliche Behandlung 164
Erstattungsüberhang
  Kirchensteuer 237
  Verrechnung mit Verlustvortrag 238

Erstausbildung
  Kindergeld 288
erste Tätigkeitsstätte
  befristetes Arbeitsverhältnis 233
  Definition 291
  Luftsicherheitskontrollkraft 233
  Pilot 233
  Reisekostenrecht 290
  Streifenpolizist 232
Ertragswert
  Betrieb der Land- und Forstwirtschaft 55
Ertragswertverfahren
  bebautes Grundstück 57
erweiterte Gewerbesteuerkürzung
  Beteiligung am grundstücksverwaltender Gesellschaft 364
erweiterte Kürzung des Gewerbeertrags
  Vermietung von Ausstattung 366
Erziehung
  Umsatzsteuerfreiheit 113
Erziehungsleistung
  Umsatzsteuer 114
Escape-Klausel
  Anforderungen 149
EU-Geldbuße
  Betriebsausgabenabzug 72
EuGH
  finaler Verlust 436
EU-Richtlinie
  präventive Restrukturierung 493
EU-Streitbeilegungsrichtlinie
  Doppelbesteuerung 457
Existenzgründer
  Umsatzsteuer-Voranmeldung 68
Exkulpation
  GmbH-Geschäftsführer 492

F

Fachkräfteeinwanderungsgesetz
  Kindergeld 103
Fahrradüberlassung
  Lohnsteuerpauschalierung 93

Fahrzeug
  Mangel 473
Familienentlastungsgesetz
  Kindergeld 39
Familienheim
  Begriff 370
  Steuerfreiheit nach Erbschaft 369
  zeitnaher Einzug 369
Familienleistungsausgleich
  Kindergeld 179
Familienstiftung
  Liechtenstein 391
fehlende Ertragsfähigkeit
  Mangel 479
fiktive Zugewinnausgleichsanspruch
  Erbschaftsteuer 400
fiktiver Zugewinnausgleichsanspruch
  Ermittlung 400
Filmförderdarlehen
  Passivierung 221
finaler Verlust
  EuGH-Rechtsprechung 450
  internationales Steuerrecht 436
  Rechtsprechung 436
Finalität
  Begriff 453
finanzgerichtliches Verfahren
  Auswertung der Gerichtsakte **426**
Finanzierung
  für Zwecke der Restrukturierung 494
Finanzierungsaufwendung
  Aufteilungsmaßstab 282
Finanzierungsfreiheit
  GmbH-Gesellschafter 89
Finanzierungskosten
  Beteiligung an Kapitalgesellschaft 213
  Teilabzugsverbot 212
Finanzmittel
  keine Verrechnung mit Schulden 397
Finanzverwaltung
  Kooperation in der EU 466

Fondsetablierungskosten
    Anschaffungskosten 75
    Begriff 76
förderfähige Aufwendung
    Forschungsvorhaben 123
    Höhe 123
Forderungsausfall
    Verzicht auf Darlehensforderung 253
Forderungsverzicht
    Abgeltungsteuer 253
    steuerliche Auswirkung 253
Forderungsverzicht eines Gesellschafters
    Abgeltungsteuer 252
formale Unverzinslichkeit
    Abzinsung der Verbindlichkeit 156
Forschungs- und Entwicklungsvorhaben
    Definition 122
Forschungszulage
    Anrechnung 123
    Anspruchsberechtigung 122
    Antrag 123
    Bescheinigung 123
    gesetzliche Regelung 122
    Höhe 123
Forstschaden
    Billigkeitsmaßnahme 175
forstwirtschaftliches Vermögen
    wirtschaftliche Einheit 54
Forum on Harmful Tax Practices
    Ziel 462
Frauenhaus
    umsatzsteuerfreie Leistung 113
Freiberuflichkeit
    Eigenverantwortung 247
    Prüfingenieur 246
freigebige Zuwendung
    Stundung des
        Zugewinnsausgleichsanspruchs 387
Freistempel
    Fristversäumnis 431
Freistempelung
    Beweiskraft 431
    Versandfertigkeit 432

Fremdkapitalmarkt
    Zinssatz 223
Fremdvergleichsdaten
    Proft-Split-Methode 465
Fristenkalender
    Einzelanweisung 422
Fristversäumnis
    Ablehnung der Wiedereinsetzung 423
    Organisationsmangel 422
    Organisationsverschulden 428
Fristversäumung
    unverschuldete Fristversäumung 417
fristwahrende Handlung
    Erledigung 422
Frühstück
    Begriff i. S..d. Lohnsteuer 294
    keine Entlohnungsfunktion 295
    nicht steuerbare Aufmerksamkeit 294

G

Garantieleistung
    Umsatzsteuerbefreiung 308
Garantiezusage
    Versicherungsleistung 308
Gebäude
    Mindestwert 59
Gebäude auf fremdem Grund und Boden
    Gesamtwert 60
Gebäudenormalherstellungswert
    Alterswertminderung 58
Gebäudesachwert
    Normalherstellungskosten 58
Gegenseitigkeit
    Vorsteuer-Vergütungsverfahren 341
Gegenstand eines Anteilskaufs
    Recht 480
Gehaltsumwandlung
    Jobticket 94
    Sachbezug 80
Geldeinnahme
    Kostenerstattung 79
Geldstrafen
    Abzugsverbot 84

Geldwäschegesetz
  Neuregelung 126
  Verpflichtetenkreis 126
geldwäscherechtliche Pflicht
  Anforderung 127
geldwerter Vorteil
  elektrisches Aufladen 71
gemeiner Wert
  Erfindung 204
  Urheberrecht 204
Gemeinsame EU-Verrechnungspreisforum
  Arbeitspapier 466
General Anti-Avoidance Rule
  digitale Wirtschaft 437
Gesamthafenarbeiter
  Reisekosten 292
Gesamtkaufpreis
  Aufteilung Gebäude und Grundstück 159
Gesamtplanbetrachtung
  Aufgabe 157
  Beibehaltung 157
geschaffener Wert
  Besteuerung 437
Geschäftsbeziehung
  Ausland 470
Geschäftsführungsleistung
  Umsatzsteuer 323
Geschäftsmodell
  Entwicklung 435
Geschäftsveräußerung im Ganzen
  umsatzsteuerliche Organschaft 346
Geschenk
  Vorsteuerabzug 310
Gesellschafteranteilswechsel
  Grunderwerbsteuer 143
gesellschafterbezogene Betrachtung
  Beherrschung 148
Gesellschafterdarlehen
  Krise der GmbH 89
Gesellschafterforderung
  Nachweis 251
gesellschaftsrechtliche Veranlassung
  Stehenlassen des Darlehens 89

Gestaltung
  Begriff im Rahmen der Richtlinie 439
  illegale Gestaltung 435
  Marktfähigkeit 439
  maßgeschneiderte Gestaltung 439
  meldepflichtige Gestaltung 440
Gesundheitsförderung
  Mitarbeiter 65
Gewerbeobjekt
  verbilligte Überlassung 260
Gewerbesteuer
  durchlaufender Kredit 362
Gewerbesteuerbefreiung
  Bildungseinrichtung 104
  Solaranlage 105
gewerbesteuerliche Hinzurechnung
  Leasing-Elektrofahrzeug 106
  Schulduisnen bei Cash-Pooling 359
  Voraussetzung 364
gewerbesteuerrechtliche Hinzurechnung
  Entgelt des Reiseveranstalters an Hotelier 363
gewerbliche Abfärbung
  Verlust 88
gewerbliche Tätigkeit
  Abfärbung 88
Gewinn aus Gewerbebetrieb
  Hinzurechnung Leasingrate 360
Gewinnabgrenzung
  Nexus Approach 437
gewinnabhängige Kaufpreisforderung
  Zuflusszeitpunkt 280
Gewinnabschöpfung
  Bußgeldfestsetzung 215
Gewinnallokationsregel
  OECD 437
Gewinnanteil aus gewerblich geprägter Fondsgesellschaft
  Umqualifizierung 244
Gewinnobligation
  Besteuerung des Ertrags 99
  sonstige Kapitalforderung 99

505

Globalisierung
　Bedeutung 435
GmbH-Anteil
　nachträgliche Anschaffungskosten 168
　Rechtskauf 478
GmbH-Geschäftsführer
　Exkulpation 492
　Sorgfaltspflicht 492
GoBD
　Finanzverwaltung 153
grenzüberschreitende Arbeitnehmerüberlassung
　Lohnsteuerabzugsverpflichtung 91
grenzüberschreitende Steuergestaltung
　Form der Mitteilung 139
　Inhalt 139
　Intermediär 136
　Kennzeichen 138
　marktfähige Gestaltung 140
　Mitteilungsfrist 139
　Mitteilungspflicht 136
grenzüberschreitende Zahlung
　Abzugsfähigkeit 442
grenzüberschreitendende Gestaltung
　meldepflichtige Information 444
grenzüberschreitendes Gestaltungsmodell
　Meldepflicht 439
grundbesitzverwaltende GmbH
　Vermietung von Ausstattung 366
Grundbesitzwert
　niedrigerer gemeiner Wert 389
　Verkaufspreis 389
Grunderwerbsteuer
　Gesellschafteranteilswechsel 143
　Rechtsträgerwechsel 143
　Share Deal 142
Grundsteuer
　baureifes Grundstück 63
　Erlass 61
　Gesetzesänderung 60
　Reformgesetz 52
　Steuerschuldnerschaft 60

Grundsteuervergünstigung
　Förderzusage 61
Grundsteuerwert
　Einheitswert 52
　Erklärung zur Feststellung 53
　land- und forstwirtschaftlicher Betrieb 55
Grundstück
　Wertfortschreibung 53
Grundstücksenteignung
　privates Veräußerungsgeschäft 261
Grundvermögen
　Bewertung 52
Gruppenunfallversicherung
　Pauschsteuersatz 67
Gutschein
　Sachbezug 79
Gutschrift
　Steuerschuld 350

H

Hafeneinzelbetriebe
　lohnsteuerrechtlicher Arbeitgeber 293
Haftung der Betreiber elektronischer Marktplätze
　Brexit 189, 192
Haftungsschuldner
　Rechtsanwalt als Kommanditist 427
Handwerkerleistung
　Steuerermäßigung 177
Härteausgleich
　Erbschaftsteuer 368
Hauptfeststellungszeitpunkt
　Grundsteuerwert 53
Hauptniederlassung
　Pro-Rata-Vorsteuerabzug 298
häusliches Arbeitszimmer
　Badrenovierungskosten 217
Heil- oder Heilhilfsberuf
　Finanzverwaltung 169
Heilbehandlung
　Umsatzsteuerbefreiung 340
Heilbehandlungleistung
　Steuerfreiheit 328

Heißgetränk
    keine Mahlzeit 295
Herrschaftsbefugnisse des Stifters
    Vererblichkeit 385
Herstellungsbeginn
    Bauantrag 230
    Investitionsvorhaben 229
Hinnahme von Dauerverlusten
    kommunale Eigengesellschaft 282
Hinzurechnungsbesteuerung
    Reform 148
Hinzurechnungsbetrag
    Ermittlung 150
    Steuerpflicht 149
Holding
    Lohnsummenregelung 383
    Zahl der Beschäftigten 383
Homeoffice
    Vermietung des Arbeitszimmers 173
Hörbuch
    ermäßigter Steuersatz 115
Hybridelektrofahrzeug
    Dienstwagen 74
hybriden Gestaltungen
    Anti-Steuervermeidungsrichtlinie 146

I

Immobilienfonds
    Begriff 118
Immobilienmakler
    Risikomanagement 127
Inclusive Framework
    Bedarf an Vereinfachung 461
Informationsabruf
    Geldwäschegesetz 128
Informationsaustausch
    grenzüberschreitende Gestaltung 439
Infrastrukturleistung
    Umsatzsteuer 334
innergemeinschaftliche Lieferung
    Versagung der Steuerbefreiung 113
    Voraussetzung 114
    Zwischenhändler 111

Insolvenzantragspflicht
    Suspendierung 494
Insolvenzreife
    Erhalt des Gesellschaftsvermögens 491
    masseverringende Zahlung 490
Insolvenzreife der Gesellschaft
    Rechtsmangel 479
Insolvenzverwalter
    Ersatzanspruch 490
Instandsetzungsmaßnahme
    Sanierungsgebiet 78
Intermediär
    Begriff 137, 445
    Definition 448
    erweiterter Intermediär 445
    grenzüberschreitende Steuergestaltung 136
    mehrere Intermediäre 447
    mehrfache Meldung 446
    Übergang der Mitteilungspflicht 138
    Update-Meldung 445
internationales Steuerrecht
    stetiger Wandel 435
Internet-Dienstleistungsplattform
    Begriff 97
    Betreiber als auszahlende Stelle 97
    Kapitalertragsteuerabzug 97
    Steuerabzugsverpflichtung 96
Internetkonzern
    Besteuerung 435
Investitionsabzugsbetrag
    Aktivierung im Sondebetriebsvermögen 160
Investitionsvorhaben
    Herstellungsbeginn 229
Investmentanlage
    gewerbliche Enkünfte 119
Investmentanteile
    Begriff der Veräußerung 118
    Berücksichtigung als Immobilie 118
Investmentbesteuerung
    Besteuerungssystem 180

Investmentfond
    Steuerbescheinigung 97
Investmentfonds
    Abwicklungsphase 119
    kein Freibetrag 109
    Körperschaftsteuer 119
    Steuerbefreiung 119
Investmentsteuergesetz
    gesetzliche Änderung 117
Investmentsteuergesetz 2018
    Finanzverwaltung 179
IP-Aktivität
    Nexus-Regelung 463
IP-Box
    vergünstigter Steuersatz 462

J

Jobticket
    Gehaltsumwandlung 94
    Neuregelung 94
Joint Audit
    Ziel 466
junge Finanzmittel
    Entstehung 207
    Konzern 207
juristische Person des öffentlichen Rechts 197

K

Kaffeefahrt
    Reiseleistung 310
Kapitaleinkünfte
    Anteilsveräußerung 254
    gesonderte und einheitliche
        Gewinnfeststellung 254
Kapitalerträge aus unternehmerischen
    Beteiligung
    Antrag auf Regelbesteuerung 263

Kapitalertragsteuer
    beschränkt Steuerpflichtiger 100
    Beschränkung der Anrechenbarkeit 91
    dauerdezifitäre kommunale
        Eigengesellschaft 283
    Wegfall der Abgeltungswirkung 100
Kapitalforderung
    Ausfall 121
Kapitalisierung
    Reinertrag 55
Kapitalisierungszinssatz
    Erbschaftsteuer 204
Kapitalverkehrsfreiheit
    Schenkung 391
Kapitalwert
    Berichtigung 388
    lebenslängliche Nutzung 199
Kartellgeldbuße
    steuerliches Abzugsverbot 215
Karussellgeschäfte
    Umsatzsteuerbetrug 117
Kassenstaatsprinzip
    entsandtes Personal 98
Katalogberuf
    Voraussetzungen 169
Katalogberufe
    Rentenberater 245
Kauf des ganzen Unternehmens
    Sachkauf 479
kaufkraftbedingte Anpassung des
    Anfangsvermögens
    fiktiver Zugewinnausgleich 400
Kaufpreisaufteilung
    Abschreibung 159
    Gebäude und Grund und Boden 159
keine Erbschaftsteuerpause
    Erbfall nach 1.7.2016 393
Kindergeld
    Drittstaatsangehörige 103
    Familienentlastungsgesetz 39
    mehraktige Ausbildung 288

Kindergeldanspruch
　berufsbegleitende Weiterbildung 272
　Beschäftigungsduldung 101
Kindergeldbezug
　Daueraufenthalt EU 102
Kindergeldrecht
　Merkblatt 179
Kirchensteuer
　Erstattungsüberhang 237
Kleinunternehmerregelung
　Umsatzgrenze 68
Klimaschutzprogramm 2030
　Umsetzung 128
Knock-out-Zertifikat
　Verlust 255
Kommanditanteil
　Steuerwert 398
Kommanditbeteiligung
　Übertragung auf neu gegründete Stiftung 267
kommunale Eigengesellschaft
　Dauerverlust 282
Kompensationsverbot
　Steuerhinterziehung 296
Kompensationszahlung
　inländische Einkünfte 99
Konsignationslager
　grenzüberschreitender Warentransport 111
Konsignationslagerregelung
　Voraussetzung 111
Konsultationsdokument
　digitale Besteuerung 458
koordinierte Verrechnungspreisprüfung
　Recht des Steuerpflichtigen 466
Körperschaft
　Liquidation 49
Kosten der Unterkunft
　doppelte Haushaltsführung 235
Krankenversicherungsbeitrag
　Vorauszahlung 83
Kryptoverwahrgeschäft
　Geldwäschegesetz 126

Kryptowährung
　Erbschaftsteuer 199
Kundenbindungssystem
　Entgelterhöhung 338
kurzfristige Tätigkeit
　Pauschsteuersatz 67

L

Ladevorrichtung
　Lohnsteuerpauschalierung 95
　Übereignung 95
Land- und Forstwirtschaft
　Ertragswert 55
land- und forstwirtschaftliche Nutzung
　Bewertung 54
landwirtschaftliche Alterskasse
　Anpassung an EU-Rechtsrahmen 85
landwirtschaftliches Vermögen
　wirtschaftliche Einheit 54
Leasing-Elektrofahrzeug
　gewerbesteuerliche Hinzurechnung 106
Leasinggesellschaft
　Doppelstockmodell 360
Leasingrate
　gewerbsteuerliche Hinzurechnung 361
lebenslängliche Nutzung
　Bewertung 199
　Kapitalwert 199
Leistung für die Seeschifffahrt
　Umsatzsteuerfreiheit 186
Leistungsbeschreibung
　Niedrigpreissegment 321
Leistungsempfänger
　Steuerschuldnerschaft 116
Leistungsort
　Unterrichtsleistung 314
Leitfaden zur Einkunftserzielung
　Vermietung und Verpachtung 172
liechtensteinische Familienstiftung
　Schenkungsteuer 391
Lieferung
　Miteigentumsanteil 196

Liegenschaftszinssatz
  Berlin 206
lineare Gebäudeabschreibung
  Sonderabschreibung 41
Lizenzeinnahmen
  vergünstigter Steuersatz 462
Lohnsteuerabführung
  gesetzliche Änderung 95
Lohnsteuerabzugsverfahren
  Vorsorgepauschale 93
Lohnsteuerabzugsverpflichtung
  grenzüberschreitende
    Arbeitnehmerüberlassung 91
Lohnsteueranmeldung
  gesetzliche Änderung 95
Lohnsteuerbescheinigung
  steuerfreie Leistung 96
Lohnsteuererhebung
  beschränkt Steuerpflichtiger 67
Lohnsteuerklasse
  Änderungsmöglichkeit 66
Lohnsteuerpauschalierung
  Teilzeitbeschäftigter 66
lohnsteuerrechtlicher Arbeitgeber
  Gesamthafenarbeiter 292
Lohnsumme
  Holding 383
Lohnsummenregelung
  Sanierungsklausel 107
lokal Beschäftigter
  Begriff 98
  inländische öffentliche Kasse 98
  Vermeidung der Doppelbesteuerung 98
Luftfahrt
  Umsatzsteuerbefreiung 186
Luftsicherheitskontrollkraft
  erste Tätigkeitsstätte 290

M

Main-benefit-Test
  Steuervorteil 441
Mangel der Kaufsache
  Störung der Geschäftsgrundlage 480

Mängelgewährleistung
  Rechtskauf 479
Margenregelung
  Reiseleistung 116
Marketing-Intangible-Modell
  OECD 437
marktfähige grenzüberschreitende
  Steuergestaltung
    Begriff 140
Marktplatzregelung
  Vertragsverletzungsverfahren 195
Marktzinsniveau
  Abzinsungssatz 222
masseverringernde Zahlung
  Unterlassung 491
Masterstudium
  Teil der einheitlichen Erstausbildung 273
mehraktige Ausbildung
  Kindergeld 288
mehrere Intermediäre
  Meldepflicht 447
Mehrwertsteuer
  Quick-Fixes 110
Meldefrist
  grenzüberschreitende Gestaltung 445
  grenzüberschreitende Steuergestaltung 445
Meldepflicht
  optionale Ausnahme 445
meldepflichtige Gestaltung
  Bedingungen 440
  Kennzeichen 440
meldepflichtige Person
  Steuergestaltung 444
Meldeverfahren
  Ausgestaltung 444
Mietwohnungsneubau
  Anspruchsberechtigung 40
  Anspruchszeitraum 41
  Baukostenobergrenze 43
  De-Minimis-Beihilfe *44*
  entgeltliche Überlassung 42
  Förderung 40

Stichwortverzeichnis

Sonderabschreibung 40
Minderung der Bemessungsgrundlage
  Vorsteuerabzug 316
Mindestanforderung
  energetische Maßnahme 130
Mindestwert
  Gebäude 59
Minijob beim Ehepartner
  Dienstwagen 225
Mitarbeitergesundheit
  Förderung 65
Mitarbeiterwohnung
  Bewertungsabschlag 80
  verbilligte Überlassung 80
Miteigentumsanteil
  Lieferung 196
Mitgeschäftsführer
  Ressortaufteilung 491
Mitgliedsbeitrag an Körperschaften
  Sonderausgabenabzug 84, 108
Mitteilung an Drittschuldner
  Verwaltungsakt 410
Mitteilungspflicht
  grenzüberschreitende Steuergestaltung 136
Mitunternehmeranteil
  unentgeltliche Übertragung 157
Mobilitätsprämie
  Antrag 131
  Bemessungsgrundlage 131
  Pendler 131
Modernisierungsmaßnahme
  Sanierungsgebiet 78
Monatshygiene
  ermäßigter Steuersatz 116
mündliche Zeugeneinvernahme
  Folge des Verzichts 405

N

Nachlassverbindlichkeit
  Erbschaftsteuer 378
  Steuerschulden des Erblassers 384

Nachlassvermögen
  Stifter 385
Nachlassverteilung
  britisches Recht 402
nachträgliche Anschaffungskosten
  Beteiligungshöhe des Gesellschafters 89
  GmbH-Anteil 89, 168, 250
Nachversteuerung
  begünstigt besteuerter Gewinnanteil 267
  Gewinnentnahme 267
Nachzahlungszinsen
  Hinterziehungszinsen 73
naher Angehöriger
  Arbeitsvertrag 226
nebenberuflicher Übungsleiter
  Verlust 211
Negativabgrenzung
  Bewertung 54
negativer Erwerb
  Kommanditanteil 398
neue Tatsache
  Definition 421
neue Wohnung
  Begriff 42
nicht begünstigter Aufenthaltstitel
  Kindergeld 102
nicht entnommener Gewinn
  Begünstigung 267
nicht genutzter Verluste
  Körperschaftsteuer 107
nicht steuerbare Aufmerksamkeit
  Frühstück 294
Nichtigkeitsklage
  Mitwirkungsverbot 434
nichtrechtsfähige Stiftung
  Erbschaftsteuer 200
  Schenkungsteuer 200
  zivilrechtlichen Grundlage 201
Nichtunternehmer
  unrichtiger Steuerausweis 312
niedrigere gemeine Wert
  Nachweis 390

Nießbrauch
　mehrere Berechtigte 377
　Vertragsgestaltung 396
Nießbrauchsverpflichtung
　Bewertung 377
Normalherstellungskosten
　Gebäude 58
notwendiges Betriebsvermögen
　Zuordnung einer Beteiligung 215

O

Obergrenze
　Forschungszulage 123
obligatorisches Rechtsgeschäft
　Reinvestition 210
OECD
　Arbeitsprogramm 438
　BEPS-Aktionsplan 436
　Gewinnallokationsregel 437
　Marketing-Intangible-Modell 437
　Residual Profit Split 437
　Significant Economic Presence 438
　User-Participation-Modell 437
　Zwischenbericht 437
OECD BEPS-Initiative
　aktuelle Entwicklung 457
OECD-Ebene
　Mindestbesteuerung 462
OECD-Zwischenbericht
　Update 437
öffentlich-rechtliche Körperschaft 197
Online-Werbemaßnahme
　Steuerabzug 178
Option
　Anschaffungskosten 120
　Verfall 120
Organgesellschaft
　Aufwärtsverschmelzung 108
　Finanzierungskosten 212
Organhaftungsrecht
　rechtmäßiges Alternativverhalten 487

Organisationsverschulden
　Fristversäumnis 428
　Ursache der Fristversäumnis 430
Organschaft
　Umsatzsteuer 323
　Verlustübernahmeregelung 184
Ortsbestimmung
　unentgeltliche Leistung 112
ortsfeste Einrichtung
　erste Tätigkeitsstätte 233
ortsübliche Vergleichsmiete
　Sachverständigengutachten 260

P

partieller Verlustuntergang
　Beteiligungserwerb 183
Passivierungsverbot
　wirtschaftliche Belastung 221
Pauschalbesteuerungsmöglichkeit
　Jobticket 94
Pauschbetrag
　Berufskraftfahrer 81
Pensionsrückstellung
　Ausweis 228
　neue Heubeck-Richttafel 228
　Unterschiedsbetrag 228
Personengesellschaft
　Investitionsabzug 160
　Prüfingenieur als Gesellschafter 246
Pfandgeld
　bilanzsteuerrechtliche Behandlung 155
Pflegeheimkosten
　Steuerermäßigung 270
Pflegeleistung
　Steuerermäßigung 270
Pflegeversicherung
　Sonderausgabenabzug 82
Pflegeversicherungsbeitrag
　Unterhaltspflicht 163
　Vorauszahlung 83
Pflicht zur Ersatzbeschaffung
　Kaufvertrag 474

Pflichtveranlagung
　steuerpflichtiger Kapitalertrag 90
Pflichtveranlagungstatbestand
　beschränkt Steuerpflichtiger 101
Pillar One
　Ausweitung von Besteuerungsrechten 459
　Neuverteilung von Besteuerungsrechten 459
Pillar Two
　globale Mindestbesteuerung 459
Pkw-Überlassung
　Minijob 225
Poolvereinbarung
　Erbschaftsteuer 383
　Kapitalgesellschaft 381
　Wirksamkeit 381
Posteingang
　Organisation beim Berater 415
Postulationsfähigkeit
　Rechtsmittelbegründung 417
präventiver Restrukturierungsrahmen
　EU-Richtlinie 493
Prepaid-Vertrag
　Umsatzsteuer 334
private Ladevorrichtung
　Arbeitgeberzuschuss 95
privater Postzusteller
　Dreitagesfrist 415
Privatnutzung
　Taxi 226
Privatvermögen
　Option 120
Profit-Split-Methode
　Arbeitspapier zur Anwendung 465
　Gewinnaufteilung 464
Progressionssprung
　Härteausgleich 368
Pro-Rata-Vorsteuerabzug
　Hauptniederlassung 298
Prüfingenieur
　freiberufliche Tätigkeit 246

Public Consultation Document
　Besteuerung digitaler Geschäftsmodelle 459

Q

Quick-Fixes
　Mehrwertsteuer 110

R

Ratenzahlung
　Steuerentstehung 336
Realteilung
　echte Realteilung 167
　Finanzverwaltung 166
　Sozietät 265
　unechte Realteilung 167
　Verwertung Mandantenstamm 265
Rechnung
　Vorsteuer-Vergütungsverfahren 356
Rechnungsanschrift
　Vorsteuerabzug 301
Rechnungskorrektur
　unrichtiger Steuerausweis 343
Rechnungsvoraussetzung
　Vorsteuerabzug 301, 321
rechtliche Gestaltung
　Fokus 435
Rechtsirrtum
　Zinserlass 354
Rechtskauf
　Gewährleistung 478
Rechtsmittelbegründung
　Vertretungsmangel 417
Rechtsträgerwechsel
　Grunderwerbsteuer 143
Reemtsma-Anspruch
　Direktanspruch 353
Regelherstellungskosten
　Baupreisindex 198
Reihengeschäft
　Definition 110
　Drittland 110

Reinertrag
    Kapitalisierung 55
    Zuschlag 55
Reinvestitionsklausel
    Erbschaftsteuer 210
    Schenkungsteuer 210
Reisekostenrecht
    neue Rechtsprechung 232
Reiseleistung
    Margenbesteuerung 116, 310
Renovierung
    Familienheim 369
Rentenberater
    gewerbliche Einkünfte 245
Residual Profit Split
    OECD 437
Restguthaben
    nachträgliches Restguthaben 334
Restrukturierung
    außerhalb der Insolvenz 493
    Moratorium 494
    ohne Verwalter 493
Restrukturierungsplan
    Bindung 494
Restschuldbefreiung
    kürzerer Zeitraum 493
Restwertabschreibung
    Elektronutzfahrzeug 78
Revisionsbegründungsschrift
    Freistempel 431
Riester-Vertrag
    unschädliche Verwendung 48
Risikomanagement
    Immobilienmakler 127
Rücklage
    gewinnerhöhende Auflösung 231
Rückstellung
    Aufbewahrungsverpflichtung 218
    Kartellgeldbuße 216
Rückzahlungsbetrag
    Altersvorsorgevermögen 67
Rügeverzicht
    keine Widerruflichkeit 406

S

Sachbezug
    44-Euro-Freigrenze 80
    Gutschein 79
Sachkauf
    Gesellschaftsanteil 480
Sachmangel
    Wahlrecht des Käufers 477
Sachverhaltsaufklärung
    Pflicht des Finanzgerichts 415
Sachwertverfahren
    bebautes Grundstück 57
Sanierung
    Verlustverrechnungspotenzial 71, 72
sanierungsbedürftiges Gebäude
    Förderung 78
Sanierungsklausel
    Lohnsummenregelung 107
Sanierungsprivileg
    Fresh Money 494
satzungsgemäße Zuwendung
    Steuerbarkeit (Erbschaftsteuer) 375
Säumniszuschläge
    Erlass 409
Schachteldividenden
    gewerbesteuerliche Behandlung 106
Schadenersatz
    Umsatzsteuer 326
schädlicher Steuerwettbewerb
    Vermeidung 462
Schenkungsteuer
    Doppelbesteuerungsabkommen 200
    Erlöschen in besonderen Fällen 200
    Trustverrmögen 203
Schenkungsvertrag
    Spendenauflage 236
Schienenbahnfernverkehr
    Umsatzsteuersatz 132
Schuldnerberatung
    Umsatzsteuerfreiheit 113
schuldrechtliche Versorgungsausgleich
    Sonderausgabenabzug 84

Schuldzinsen
    Teilabzugsverbot 213, 281
Schweizer Stiftung
    Zuwendung 375
Seeschifffahrt
    Steuerbefreiung 333
    Umsatzsteuerbefreiung 186
selbstgenutztes Wohngebäude
    energetische Maßnahme 129
Selbstnutzung
    schuldhafte Verzögerung 370
Selbstnutzung für eigenen Wohnzweck
    Familienheim 370
selbstständige Zusammenschlüsse
    Umsatzsteuer 352
selbstständiger Berufskraftfahrer
    pauschale Übernachtungskosten 73
Share Deal
    Grunderwerbsteuer 142
Significant Economic Presence
    OECD 438
Sittenwidrigkeit
    Bürgschaftsvertrag 482
Sitzverlegung der Körperschaft
    Brexit 49
Sky-Bundesliga-Abo
    Werbungskosten bei Trainer 234
Solaranlage
    Gewerbesteuerfreiheit 105
Solidaritätszuschlag
    Erhöhung der Nullzone 125
    Regelung ab 2021 125
    Wegfall 124
Sonderabschreibung
    Anwendungszeitraum 42
    Bemessungsgrundlage 43
    Elektronutzfahrzeug 77
    Jahres-AfA 41
    lineare Gebäudeabschreibung 41
    Mietwohnungsneubau 40
    rückwirkende Versagung 44
Sonderausgabe
    Mitgliedsbeitrag 84

Sonderausgabenabzug
    beschränkt Steuerpflichtiger 162
    Unterhaltsverpflichtung 82
    Vorauszahlung des
        Krankenversicherungsbeitrags 83
Sonderbetriebsvermögen
    Mitunternehmeranteil 157
Sorgfaltspflicht
    Geldwäschegesetz 127
Sozialfürsorge
    Umsatzsteuerfreiheit 113
Sozietät
    Realteilung 265
Spende
    Merkmal 237
Spendenauflage
    Schenkung 236
Sperrwirkung
    verbundende Unternehmen 470
Stammhaus
    Pro-Rata-Vorsteuerabzug 298
Steuerabzugsverpflichtung
    Einräumung eines Nutzungsrechts 270
Steueranknüpfungspunkt
    physische Präsenz 459
Steuerbefreiung
    Bildungsbereich 121
    Garantieleistung 308
    Heilbehandlungsleistung 328
    Seeschifffahrt 333
steuerbegünstigtes Vermögen
    Poolvereinbarung 381
Steuerbegünstigung
    Schenkung an ausländische Stiftung 391
Steuerbegünstigung für dauerdefizitäre
        Tätigkeiten
    Beihilfecharakter 282
Steuerbelastung
    Methode zur Senkung 435
Steuerbescheid
    Änderungsmöglichkeit 421
Steuerbescheinigung
    Investmentfond 97

515

Steuerentstehung
    Ratenzahlung 336
Steuerermäßigung
    Einkünfte aus Gewerbebetrieb 176
    energetische Maßnahme 129
Steuerfestsetzung
    Drittwirkung 427
steuerfreie Leistung
    Lohnsteuerbescheinigung 96
Steuergestaltung
    Eindämmung 458
    Umsetzung 137
Steuerhinterziehung
    Kompensationsverbot 296
steuerliche Behandlung von Schenkungen
    Kapitalverkehrsfreiheit 391
steuerlicher Querverbund
    Unzulässigkeit 258
Steuerpflicht
    nachträglicher Wegfall 148
steuerpflichtige Kapitalerträge
    Veranlagungspflicht 90
Steuerschuld
    unrichtiger Steuerausweis 312, 319, 350
Steuerschuldner
    Empfänger der Bauleistung 409
Steuerschuldnerschaft
    Bauleistung 188
    Bauträgerfall 188
    Grundsteuer 60
Steuerstundungsmodell
    Verlustverrechnungsbeschränkung 76
Steuervergünstigung
    ausländische Stiftung 392
Steuervorteil
    Beispiel 441
Stiftungsvermögen
    Liechtenstein 386
Störung der Geschäftsgrundlage
    Irrtum über Solvenz 479
Streitbeilegung
    Umsetzung der Ergebnisse 134
    Verfahrensvereinfachung 135

Streitbeilegungsbeschwerde
    Doppelbesteuerungsabkommen 133
    Einlegung 133
    Einreichungsfrist 133
Streitbeilegungsverfahren
    Doppelbesteuerungsabkommen 133
Stromsteuer
    Befreiungstatbestand 45
    Datenaustausch 46
Stromsteuerbefreiung
    Erlaubnisvorbehalt 45
    Neuregelung 44
    Pauschale 46
Stückzinsen
    Abgeltungsteuer 257
Stundung der Erbschaftsteuer
    Ablösebetrag 201
Stundungswiderruf
    Brexit 50

T

tarifbegünstigter Aufgabegewinn
    Realteilung 265
Tarifbegünstigung
    Aufgabegewinn 266
Tarifermäßigung
    Einkünfte aus Land- und Forstwirtschaft 85
    Pflicht bei Antragstellung 87
    Voraussetzung 85
Tarifglättung
    Einkünfte aus Land- und Forstwirtschaft 85
Taxi
    private Nutzung 227
Taxonomien
    E-Bilanz 154
Teileinkünfteverfahren
    Steuerfreistellung 263
Teilwertabschreibung
    Anteil am offenen Immobilienfonds 224
Teilzeitbeschäftigter
    Lohnsteuerpauschalierung 66

Thesaurierungsbegünstigung
    Übernahmegewinn 268
Tonnagebesteuerung
    Wechsel zur Bilanzierung 73
Total-Buy-Out-Vertrag
    Verkauf von Nutzungsrecht 270
Transfer-Pricing-Methode
    Abgrenzung 437
Transparenzregister
    Einsichtnahme 127
Transportverantwortlichkeit
    Reihengeschäft 110
Trust
    Unwidererruflichkeit 203
    Zuwendung 204
Trustvermögen
    Rückfluss an Trusterrichter 202

U

Überführung einzelner Wirtschaftsgüter 158
Übernahme der Gewerbsteuer
    Abzugsfähigkeit 248
Übernahmegewinn
    Thesaurierungsbegünstigung 268
Übertragung
    §-6b-Rücklage 230
Übertragung eines Grundstücks
    Zurückbehaltung eines Nießbrauchs 395
Übertragung einzelner Wirtschaftsgüter 158
Übertragung von begünstigten
    Betriebsvermögens
    Voraussetzung 374
Übertragung von Gas- und
    Elektrizitätszertifikaten
    Steuerschuldnerschaft 116
Übertragung von Vermögen
    Stiftung 201
Übertragungsgewinn
    Bruttomethode 109
Überwachungspflicht
    Mitgeschäftsführer 491
umsatzabhängige Kaufpreisforderung
    Realisation 279

Umsatzsteuer
    Betriebsstätte 341
    E-Produkte 114
    gesetzliche Änderung 112
Umsatzsteuerbarkeit
    Abmahnung 326
    Aufsichtsratstätigkeit 331
Umsatzsteuerbefreiung
    Garantieleistung 308
    Heilbehandlung 340
    Luftfahrt 186
    Seeschifffahrt 186, 333
    selbstständige Zusammenschlüsse 352
Umsatzsteuerfreiheit
    Bildungsbereich 121
umsatzsteuerliche Organschaft
    Geschäftsveräußerung im Ganzen 346
    wirtschaftliche Eingliederung 323
Umwandlung
    pauschales
        Betriebsausgabenabzugsverbot 109
    Übertragungsgewinn 109
unbebautes Grundstück
    Begriff 56
unberechtigter Steuerausweis
    Steuerschuld 350
unbeschränkte Steuerpflicht
    Antragstellung 98
unentgeltliche Übertragung
    Mitunternehmeranteil 157
unentgeltliche Wertabgabe
    Umzugskosten 344
Unified Approach
    Increased Tax Certainty 460
    Kernbestandteile 459
    New Profit Allocation Rule 460
    Nexus 460
    Scope 459
    Ziel 459
Unmittelbarkeit der Beweisaufnahme
    Verstoß 406

unrichtiger Steuerausweis
    Billigkeitserlass 307
    Nichtunternehmer 312
    Rechnungsberichtigung 343
    Steuerschuld 319
Unterbilanz
    GmbH-Anteil 478
Unterhaltspflicht
    Sonderausgabenabzug 163
Unterhaltsverpflichtung
    Basiskrankenversicherungsbeitrag 163
    Sonderausgabenabzug für
        Basiskrankenversicherung 82
    Sonderausgabenabzug für
        Pflegeversicherung 82
Unternehmer
    Bruchteilsgemeinschaft 303
Unterrichtsleistung
    Leistungsort 314
unverzinsliche Verbindlichkeiten
    Abzinsung 156
    Abzinsungssatz 222
Urheberrecht
    gemeiner Wert 204
Urheberrechtsverletzung
    Abmahnung 326
User-Participation-Modell
    OECD 437
USt-Voranmeldung
    Existenzgründer 68
USt-Vorauszahlung
    wiederkehrende Ausgabe 166

V

Veranstaltungsleistung
    Umsatzsteuer 314
Veräußerung GmbH-Anteil
    nachträgliche Anschaffungskosten 251
Veräußerungsgeschäft
    Enteignung 261
Veräußerungsgewinn
    Veräußerungszeitpunkt 280

Veräußerungskosten
    Abzug der Gewerbesteuer 248
verbilligte Überlassung
    Gewerbeobjekt 260
Verbraucherpreisindex
    Basisjahr 2015 198
Verbundende Unternehmen
    Sperrwirkung 470
verbundenes Unternehmen
    Begriff 444
Verbundvermögensaufstellung
    junge Finanzmittel 207
Verfahrensmangel
    Heilung 432
verfassungswidriges ErbStG
    Fortgeltung 394
Vergütungsvorschuss
    Gewinnrealisierung 219
Verkäufer
    Beschaffungspflicht 474
    Haftung beim Rechtskauf 480
Verletzung der Wartepflicht
    Verfahrensmangel 432
Verlust
    Knock-Out-Zertifikat 255
    nebenberuflicher Übungsleiter 211
Verlustabzugsbeschränkung
    Kapitalgesellschaft 183
Verlustgesellschaft
    Erwerb 441
Verlustübernahmeregelung
    Organschaft 184
Verlustverrechnung
    grenzüberschreitende
        Verlustverrechnung 450
Verlustverrechnungsbeschränkung
    Steuerstundungsmodell 76
Verlustverrechnungspotenzial
    Sanierung 71, 72
Vermietung und Verpachtung
    Leitfaden zur Einkunftserzielung 172
Vermögen der Stiftung
    Nachlass 386

Vermögenserwerb des
    Pflichtteilsberechtigten
        Erfüllung 401
Vermögenserwerb von Todes wegen
    Hinzurechnung zum güterrechtlichen
        Anfangsvermögen 400
Vermögensrückfluss
    Trustvermögen 202
vermögensverwaltende Gesellschaft
    Verlustzuweisung 240
vermögensverwaltende
    Personengesellschaft
        Ergebnisverteilung bei Eintritt 239
Verpächterwahlrecht
    Beendigung der unechten
        Betriebsaufspaltung 249
Verpflegungsmehraufwendung
    Anhebung der Pauschale 82
Verpflichtetenkreis
    Geldwäschegesetz 126
Verpflichtung aus Umtauschanleihe
    Teilwertzuschreibung 276
Verrechnungsmöglichkeit
    ausländischer finaler Verlust 450
Verrechnungspreisgestaltung
    Kennzeichen 440
Verrechnungspreispraxis
    Rechtsprechung 468
Verrechnungspreissachverhalt
    Besteuerung 468
Verrechnungsreihenfolge
    Wertaufholung 277
Versagung des Vorsteuerabzugs
    Karussellgeschäft 117
Verschonungsbedarfsprüfung
    Erbschaftsteuer 208
    nicht begünstigtes Vermögen 208
    Schenkungsteuer 208
Versicherungsnehmer
    Sonderausgabenabzug 82
Versorgungsausgleichszahlung
    Sonderausgabe 83

Verständigungsverfahren
    Einigungsfrist 134
    Streitbeilegung 134
Vertrauensschutz
    ErbStAnpG 2016 394
Vertrauensverhältnis Arzt-Patient
    Umsatzsteuerbefreiung 340
Verwaltungsakt
    Definition 410
Verwaltungsvermögen
    fehlende Begünstigung 397
    keine Steuerbefreiung bei Schenkung 397
Verzicht eines Gesellschafters auf
    Darlehensforderung
        Einkünfte aus Kapitalvermögen 252
Verzinsung
    Vorsteuer-Vergütungsverfahren 349
Verzinsungsregelung
    Ersatzbeschaffung 49
virtuelle Währung
    Bewertung 199
Vollmengenstaffeltarif
    Erbschaftsteuer 368
vollständiger Verlustuntergang
    Beteiligungserwerb 183
Vorauszahlung
    Vorsteuerabzug 316
vororganschaftliche Gewinnausschüttung
    Teilabzugsverbot 280
Vorsorgepauschale
    Lohnsteuerabzugsverfahren 93
Vorstandshaftung
    Aktiengesellschaft 487
Vorsteuer
    Kompensationsverbot 296
Vorsteuerabzug
    Anzahlung 316
    Billigkeitserlass 307
    Bruchteilsgemeinschaft 303
    Geschenk 310
    Pro-Rata-Vorsteuerabzug 298
    Rechnungsvoraussetzung 301, 321

Scheinrechnung 353
Umzugskosten 344
Vorsteuerberichtigung
unterbliebene Lieferung 316
Vorsteuer-Vergütungsverfahren
Gegenseitigkeit 341
Rechnung 356
Verzinsung 349
Vorstufenbefreiung
Seeschifffahrt und Luftfahrt 186
Vorteil der zinslosen Stundung
Bewetrung 387

W

Währungskurssicherungsgeschäft
Ertrag 275
Wandelanleihe
Besteuerung des Ertrags 99
sonstige Kapitalforderung 99
Weiterbildungsleistunge
Steuerfreiheit 70
Weiterbildungsmaßnahme
Arbeitgeber 70
weiträumiges Tätigkeitsgebiet
Reisekosten 293
Wertaufholung
Verrechnungsreihenfolge 277
Wertfortschreibung
Grundstück 53
Wiedereinsetzung
besonderers elektronisches
Anwaltspostfach 416
Büroversehen 428
formelle Voraussetzung 431
Fristversäumnis 423
Nachholungsfrist 417
Wiedereinsetzung in den vorigen Stand 431
Büroversehen 428
Verschuldensprüfung 424
Wiedereinsetzungsantrag
schlüssiger Vortrag 429
Wiedereinsetzungsgründe
Glaubhaftmachung 429

Windenergieanlage
Hebesatz für Grundsteuer 132
wirtschaftliche Eingliederung
Organschaft 323
wirtschaftliche Einheit
land- und forstwirtschaftliches Vermögen 54
Witwenabfindung
Altersgeld 69
Wohlfahrtsverband
Umsatzsteuerfreiheit 113
Wohnraumförderungsgesetz
Grundsteuervergünstigung 61
Wohnungseigentümergemeinschaft
Betrieb eines Blockheizkraftwerk 242

Z

Zahlung
nach Insolvenzreife 490
Zeitwertkonten-Modell
steuerliche Anerkennung 170
Zinsen
Billigkeitserlass 354
zirkuläre Transaktion
Nutzung 442
Zugangsfiktion
Einspruch 414
Zugangsvermutung
einfacher Brief 414
Zugangszeitpunkt
Nachweis 414
Zugewinnausgleichsforderung
Bewertung 387
fingierter Fortbestand 387
Kaufpreisschwund 198
Stundung als Schenkung 387
Zugewinngemeinschaft
Güterstandswechsel 387
Zulässigkeitsvoraussetzung
Tarifermäßigung 87
Zurverfügungstellung der Arbeitskraft
Gegenleistung 295

Zusammenfassende Meldung
  Berichtigung 113
Zusammenrechnung
  Vorerwerb 372
Zustimmung des Aufsichtsrats
  Nachholung 487
Zustimmungsvorbehalt
  Aufsichtsrat 488

Zwangsversteigerung
  Veräußerungsgeschäft 261
Zwei-Säulen-Ansatz
  digitale Wirtschaft 458
Zwischenhändler
  Drittlandsgebiet 111
  innergemeinschaftliche Lieferung 111

PwC-Standorte (Steuerberatung)

Standort	Straße	PLZ/Ort	Telefon-Nr.	Fax-Nr.
PwC Berlin	Kapelle-Ufer 4	10117 Berlin	(030) 2636-0	(030) 2636-3798
PwC Bielefeld	Kreuzstraße 35	33602 Bielefeld	(0521) 96497-0	(0521) 96497-912
PwC Bremen	Domshof 18–20	28195 Bremen	(0421) 8980-0	(0421) 8980-4298
PwC Düsseldorf	Moskauer Straße 19	40227 Düsseldorf	(0211) 981-0	(0211) 981-1000
PwC Erfurt	Bahnhofstraße 38	99084 Erfurt	(0361) 5586-0	(0361) 5586-300
PwC Essen	Friedrich-List-Straße 20	45128 Essen	(0201) 438-0	(0201) 438-1000
PwC Frankfurt	Friedrich-Ebert-Anlage 35–37	60327 Frankfurt am Main	(069) 9585-0	(069) 9585-1000
PwC Hamburg	Alsterufer 1	20354 Hamburg	(040) 6378-0	(040) 6378-1030
PwC Hannover	Fuhrberger Straße 5	30625 Hannover	(0511) 5357-0	(0511) 5357-5100
PwC Kassel	Monteverdistraße 2	34131 Kassel	(0561) 9358-0	(0561) 9358-222
PwC Kiel	Lorentzendamm 43	24103 Kiel	(0431) 9969-0	(0431) 9969-366
PwC Köln	Konrad-Adenauer-Ufer 11	50668 Köln	(0221) 2084-0	(0221) 2084-210
PwC Leipzig	Querstraße 13	04103 Leipzig	(0341) 9856-0	(0341) 9856-153
PwC Mannheim	Augustaanlage 66	68165 Mannheim	(0621) 40069-0	(0621) 40069-125
PwC München	Bernhard-Wicki-Str. 8	80636 München	(089) 5790-50	(089) 5790-5999
PwC Nürnberg	Business Tower Ostendstraße 100	90482 Nürnberg	(0911) 94985-0	(0911) 94985-200
PwC Osnabrück	Niedersachsenstraße 14	49074 Osnabrück	(0541) 3304-0	(0541) 3304-100
PwC Saarbrücken	Europaallee 31	66113 Saarbrücken	(0681) 9814-100	(0681) 9814-101
PwC Schwerin	Werderstraße 74b	19055 Schwerin	(0385) 59241-0	(0385) 59241-80
PwC Stuttgart	Friedrichstraße 14	70174 Stuttgart	(0711) 25034-0	(0711) 25034-1616

Anhang: Betriebsprüfung 2018. Studie zur Praxis der Betriebsprüfung in Deutschland

Aktuelle Entwicklungen bei der Betriebsprüfung

Früher oder später trifft es jedes Unternehmen: Nach der Prüfungsanordnung steht die Außenprüfung durch das Finanzamt an. Wenn die Betriebsprüfer alle relevanten Unterlagen genau durchsehen, kann das unangenehm sein. Denn nicht immer wissen die steuerpflichtigen Organisationen, wie sie neue Gesetze und Änderungen in Rechtsprechung und Verwaltungspraxis korrekt anwenden müssen. Seit der vorigen PwC-Studie von 2015 hat sich hier einiges getan. Grund genug, diese Untersuchung zu aktualisieren. Für die Studie »**Betriebsprüfung 2018**« hat PwC insgesamt 209 Steuer- und Finanzexperten aus mittelständischen (bis 500 Mitarbeiter) und größeren Unternehmen (2.000 und mehr Mitarbeiter) befragt. Wie nehmen die Steuerpflichtigen die Außenprüfung durch das Finanzamt wahr? Die wichtigsten Ergebnisse zu Standardthemen und aktuellen Entwicklungen bei der Betriebsprüfung lesen Sie im Folgenden.

Hier die können Sie die Studie in Farbe downloaden:
https://www.pwc.de/de/steuerberatung/pwc-studie-betriebspruefung-20191.pdf

www.pwc.de/BP-2018

Betriebsprüfung 2018

Studie zur Praxis der Betriebsprüfung in Deutschland

pwc

Vorwort

Sie kommen mit Voranmeldung, sie sind sehr neugierig und nach ihrem Besuch ist man häufig deutlich ärmer. Die Rede ist von den Betriebsprüfern. Ihre Ausbeute lässt sich dabei sehen: Rund 17 Milliarden Euro kassierte der Fiskus zuletzt bei Betriebsprüfungen von Unternehmen.

Da die Herausforderungen steigen, immer neue Gesetze, Rechtsprechung und Verwaltungspraxis richtig anzuwenden, haben wir uns entschieden, unsere beliebte Studie zur steuerlichen Praxis der Betriebsprüfung in Deutschland zu aktualisieren. Diese soll einen Überblick über den Stand und die Entwicklungen der steuerlichen Betriebsprüfung für Unternehmensvertreter und Praktiker bieten. Zwar soll mittels der Betriebsprüfung nur die rechtmäßige Steuer erhoben werden, gleichwohl beweist die vorliegende Studie, was Beobachtungen in der Praxis vermuten lassen: Fast alle Unternehmen in Deutschland mussten nach der letzten abgeschlossenen Betriebsprüfung Mehrsteuern hinnehmen. Mit welchen Standardthemen sich die Prüfer beschäftigen und welche neuen Trends sich abzeichnen, darüber informiert diese Studie.

Dank für die Unterstützung bei der Studie gilt neben der teleResearch GmbH, Mannheim, den Kolleginnen und Kollegen von PwC, insbesondere Roman Dawid, David Koisiak, Rebecca Simoneit, Janine Friedrichs, Annette Vick und Doris Perschel sowie Dr. Yvonne Fritzsche-Sterr.

Wir würden uns freuen, wenn die vorliegende Studie Sie bei der täglichen Arbeit unterstützt. Die Ihnen bekannten Ansprechpartner stehen wie immer zur Verfügung, um die Bedeutung der Ergebnisse für Ihr Unternehmen zu diskutieren.

Berlin, Juli 2019

Dr. Arne Schnitger

Inhaltsverzeichnis

Abbildungsverzeichnis 4

A   Allgemeines zum Vorgehen bei einer Betriebsprüfung 7

B   Ertragsteuern 10

C   Internationales Steuerrecht 18

D   Gewerbesteuer 21

E   Verrechnungspreise 23

F   Umsatzsteuer 36

G   Vorsteuerabzug als Kernthema in der Betriebsprüfung 40

H   Vorgehensweise und befragte Unternehmen 47

Ihre Ansprechpartner 50

Abbildungsverzeichnis

Abb. 1   Höhe der steuerlichen Mehrbelastung aus letzter BP nach Unternehmensgröße 8

Abb. 2   Informationsaustausch zwischen den Finanzverwaltungen 8

Abb. 3   Klima während der BP 9

Abb. 4   Ertragssteuerliche Themen, die in der letzten BP relevant waren und aufgegriffen wurden 11

Abb. 5   In der BP aufgegriffene Themen, bei denen es zu einer Mehrbelastung kam nach Mitarbeiterzahl 12

Abb. 6   In der BP nicht oder teilweise nicht anerkannte Rückstellungen 12

Abbildungsverzeichnis

Abb. 7   Beanstandungen der BP hinsichtlich der Bewertung
         von Anlage- und Umlaufvermögen 13

Abb. 8   Änderungen bei Sachanlagen 14

Abb. 9   Grund für die Beanstandung der planmäßigen Abschreibung 14

Abb. 10   Grund für die Beanstandung bei Vorräten 15

Abb. 11   Grund für die Beanstandung bei verdeckten
         Gewinnausschüttungen 16

Abb. 12   Grund für die Beanstandungen in der steuerlichen
         Behandlung von Umwandlungsvorgängen 17

Abb. 13   Themen im internationalen Steuerrecht, die in der Steuerbilanz/
         -erklärung relevant waren bzw. aufgegriffen wurden 19

Abb. 14   Themen zu Gewerbesteuer, die in der Steuerbilanz/
         -erklärung relevant waren bzw. aufgegriffen wurden 22

Abb. 15   Aufgriff von Verrechnungspreisthemen in der BP 23

Abb. 16   Fälle, in denen Verrechnungspreisthemen zu steuerlichen
         Mehrbelastungen durch die BP führten 24

Abb. 17   Steuerliche Mehrbelastung durch die BP in Bezug auf
         Verrechnungspreise 24

Abb. 18   Steuerliche Mehrbelastung durch die BP in Bezug auf
         Verrechnungspreisthemen 25

Abb. 19   Relevante und durch BP aufgegriffene
         Verrechnungspreisthemen 26

Abb. 20   Steuerliche Mehrbelastung durch die BP in Bezug auf
         Verrechnungspreisthemen 27

Abb. 21   Umfang der Anfrage von Verrechnungspreisdokumentationen 28

Abb. 22   Dokumentation der Leistungsbeziehungen zwischen
         verbundenen Unternehmen: Beanstandungen der BP nach
         Art der Erstellung der Verrechnungspreisdokumentation 29

Abb. 23   Dokumentation der Leistungsbeziehungen zwischen verbundenen
         Unternehmen: Beanstandungen der Betriebsprüfungen 30

Abb. 24   Sanktionen durch die Beanstandung der Verrechnungs-
         preisdokumentation 30

Abb. 25   Beanstandungen der BP in Bezug auf Verrechnungspreise (Teil 1) 31

Abb. 25   Beanstandungen der BP in Bezug auf Verrechnungspreise (Teil 2) 32

Abb. 26   Immaterielle Wirtschaftsgüter die von steuerlichen
         Mehrbelastungen betroffen waren 33

Abb. 27	Dienstleistungsverrechnungen, die von Mehrbelastungen betroffen waren	33
Abb. 28	Finanzierungsleistungen, die von Mehrbelastungen betroffen waren	34
Abb. 29	Durchführung von BPs mit Umsatzsteuer oder von Umsatzsteuersonderprüfungen in den letzten 5 Jahren	37
Abb. 30	Grund für BPs mit Umsatzsteuerbezug: Außenprüfungen zu anderen Steuerrechtsgebieten (z. B. Lohnsteueraußenprüfung)	37
Abb. 31	Mehrsteuern aus Umsatzsteuer für in Deutschland ansässige Gesellschaften	38
Abb. 32	Art der Durchführung der letzten BP mit Umsatzsteuerbezug	39
Abb. 33	In der letzten Steuererklärung relevante Umsatzsteuerthemen	39
Abb. 34	In der letzten Prüfung aufgegriffene Umsatzsteuerthemen	41
Abb. 35	Fehlende, unzutreffende oder unzureichende Pflichtangaben in der Rechnung	42
Abb. 36	Themen der umsatzsteuerlichen BP nach Unternehmensgröße	43
Abb. 37	Entstandene Mehrsteuern bei der Beanstandung von Umsatzsteuerthemen	44
Abb. 38	Grund für Feststellungen zu den Nachweisen für die Steuerfreiheit von grenzüberschreitenden Lieferungen	44
Abb. 39	Grund für die Beanstandungen bei den Nachweisen innergemeinschaftlicher Lieferungen	45
Abb. 40	Funktion der Befragten	48
Abb. 41	Anzahl weltweiter Mitarbeiter der befragten Unternehmen auch im Konzern	48
Abb. 42	Standort der steuerlichen Zuständigkeit des Unternehmens in Deutschland	49
Abb. 43	Personelle Aufstellung der Steuerabteilungen der befragten Unternehmen	49

A Allgemeines zum Vorgehen bei einer Betriebsprüfung

Zwar soll mittels der Betriebsprüfung (BP) nur die rechtmäßige Steuer erhoben werden, gleichwohl beweist die vorliegende Studie, was Beobachtungen in der Praxis vermuten lassen: Fast alle Unternehmen in Deutschland mussten nach der letzten abgeschlossenen BP erhebliche Anpassungen der Steuerfestsetzung hinnehmen. Im Schnitt endete die Prüfung bei drei von vier Unternehmen mit einer Mehranpassung, wobei die Verteilung je nach Unternehmensgröße variierte.

„Nahezu jede Betriebsprüfung führt zu einem Mehrergebnis."

Dr. Arne Schnitger

Abb. 1 Höhe der steuerlichen Mehrbelastung aus letzter BP nach Unternehmensgröße

Darstellung der Anteile „falls es bzgl. KSt und GewSt eine steuerliche Mehrbelastung gab".

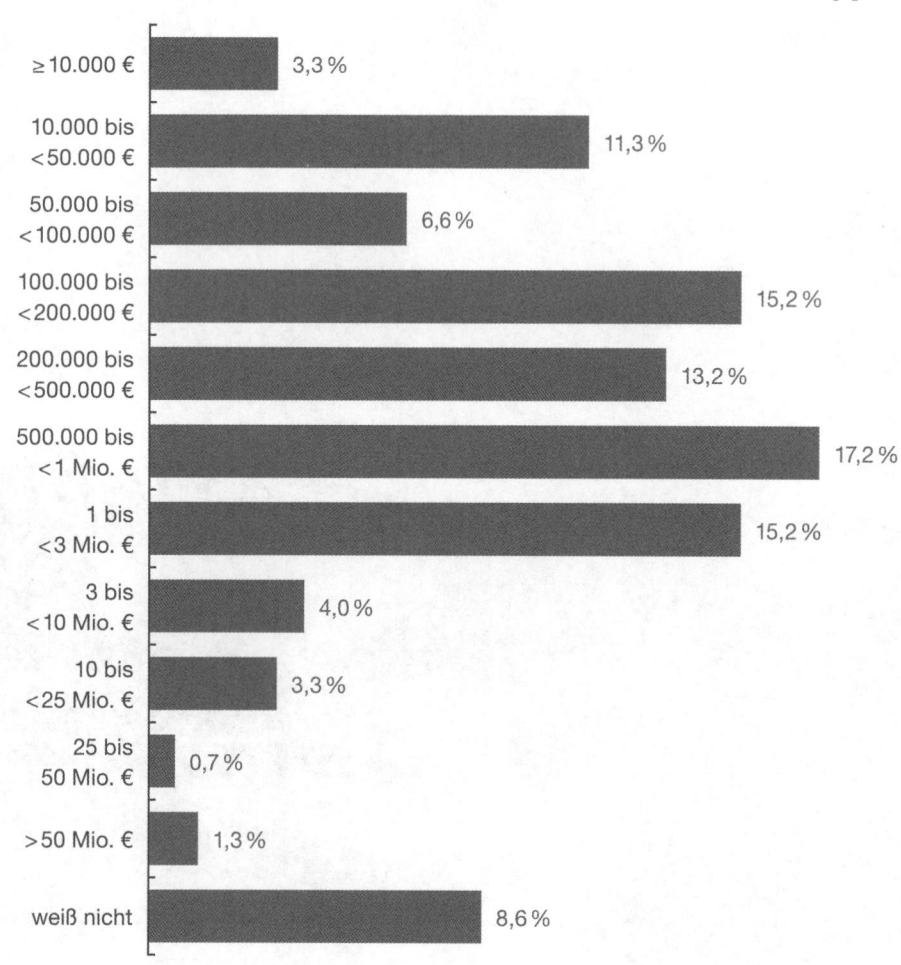

≥ 10.000 €	3,3 %
10.000 bis < 50.000 €	11,3 %
50.000 bis < 100.000 €	6,6 %
100.000 bis < 200.000 €	15,2 %
200.000 bis < 500.000 €	13,2 %
500.000 bis < 1 Mio. €	17,2 %
1 bis < 3 Mio. €	15,2 %
3 bis < 10 Mio. €	4,0 %
10 bis < 25 Mio. €	3,3 %
25 bis 50 Mio. €	0,7 %
> 50 Mio. €	1,3 %
weiß nicht	8,6 %

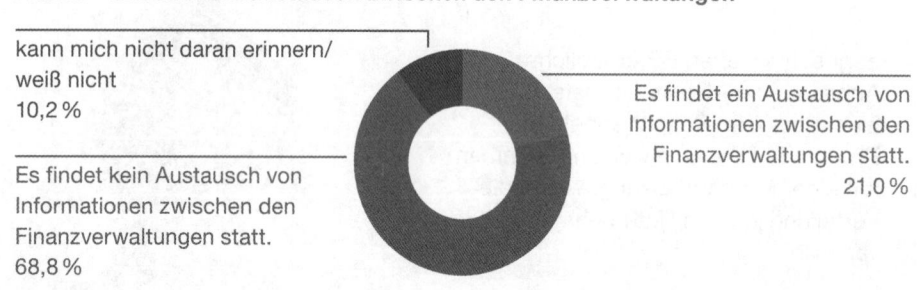

Eine Vielzahl von Unternehmen erlitt dabei eine Mehrbelastung in Höhe von 500.000 bis 1.000.000 Euro (17,2 Prozent); einer Mehrbelastung zwischen 1.000.000 und 3.000.000 Euro unterlagen hingegen 15,2 Prozent der befragten Unternehmen; zwischen 100.000 und 500.000 Euro mehr Steuern fielen schließlich bei 28,4 Prozent der Unternehmen infolge der BP an.

Angesichts der Herausforderungen, immer neue Gesetze, Rechtsprechung und Verwaltungspraxis richtig anzuwenden, überrascht es nicht, dass Unternehmen weiterhin externe Steuerberater einsetzen. So griffen 60 Prozent der Unternehmen umfassend auf das Beratungsangebot externer Steuerberater zurück. Schwerpunktmäßig wurde diese Unterstützung nicht im Rahmen der BP geleistet (nur 3,4 Prozent), sondern bei der Begleitung in Einzelfragen (19,5 Prozent) und bei der Erstellung der Steuererklärung (10,2 Prozent).

Abb. 2 Informationsaustausch zwischen den Finanzverwaltungen

- kann mich nicht daran erinnern/ weiß nicht: 10,2 %
- Es findet kein Austausch von Informationen zwischen den Finanzverwaltungen statt. 68,8 %
- Es findet ein Austausch von Informationen zwischen den Finanzverwaltungen statt. 21,0 %

Die Einbindung von Bundesbetriebsprüfern nimmt zu.

Der Informationsaustausch zwischen den Finanzverwaltungen im Rahmen der BP ist weiterhin im Aufbau. Bei nur 21 Prozent der Unternehmen wurde ein Austausch von Informationen zwischen den Finanzverwaltungen beobachtet; überwiegend (68,8 Prozent) kam es hingegen nicht dazu.

Die Einbindung von Bundesbetriebsprüfern nimmt zudem zu: Bei 33,2 Prozent der befragten Unternehmen kam ein solcher Bundesbetriebsprüfer zum Einsatz. Nur bei 60,5 Prozent der befragten Unternehmen waren Bundesbetriebsprüfer nicht eingebunden. Dies ist eine Steigerung im Vergleich zur letzten Befragung, bei der lediglich in 20 Prozent der Fälle Bundesbetriebsprüfer zur Unterstützung herangezogen wurden.

Abb. 3 Klima während der BP

Darstellung der Anteile „falls es eine BP gab".

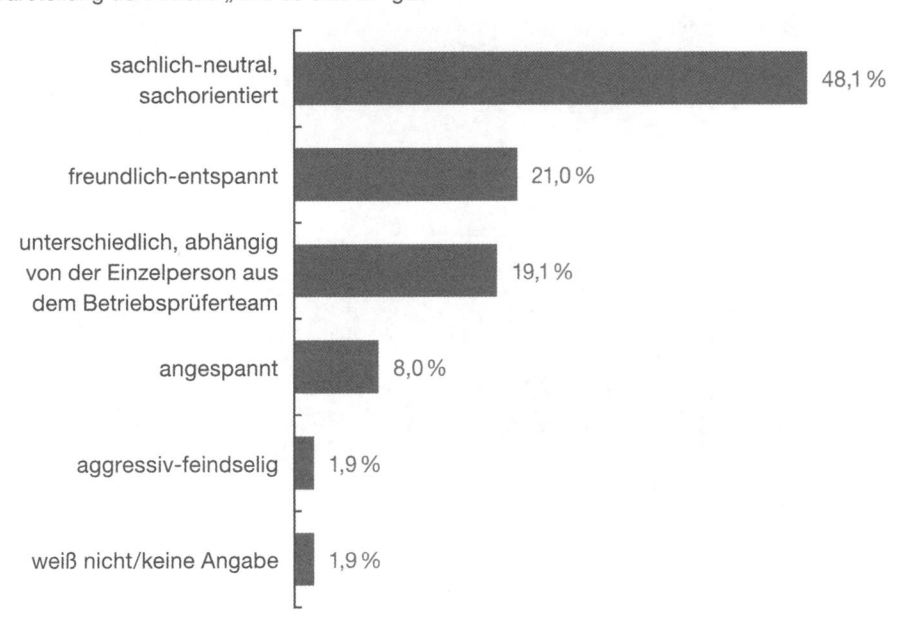

Kategorie	Anteil
sachlich-neutral, sachorientiert	48,1 %
freundlich-entspannt	21,0 %
unterschiedlich, abhängig von der Einzelperson aus dem Betriebsprüferteam	19,1 %
angespannt	8,0 %
aggressiv-feindselig	1,9 %
weiß nicht/keine Angabe	1,9 %

Insgesamt wurde das Klima während der BP als „sachlich-neutral" (48,1 Prozent der befragten Unternehmen) oder als „freundschaftlich-entspannt" (21 Prozent der befragten Unternehmen) beschrieben. Gleichwohl darf nicht übersehen werden, dass dies eine Verschlechterung im Vergleich zur letzten Betriebsprüfungsstudie 2015 ist, in der noch 54 Prozent der Unternehmen das Betriebsprüfungsklima als „sachlich-neutral" und 49 Prozent der Unternehmen es als „freundschaftlich-entspannt" beschrieben. Bei immerhin 19,1 Prozent wurde das Klima als jeweils vom jeweiligen Betriebsprüfer abhängig angesehen.

B Ertragsteuern

Bei der Prüfung der Ertragsteuern bewegt sich die Finanzverwaltung weiterhin meist in den klassischen Prüfungsfeldern, was zu einer zeitlichen Verschiebung von Steuern führt wie bei den Rückstellungen und der Bewertung von Anlage- oder Umlaufvermögen.

„Die BP beschäftigt sich häufig mit Standardthemen."

Susanne Thonemann-Micker

Ertragsteuern

Abb. 4 Ertragssteuerliche Themen, die in der letzten BP relevant waren und aufgegriffen wurden

Darstellung der Anteile „falls es eine BP gab". Mehrfachnennungen waren möglich.

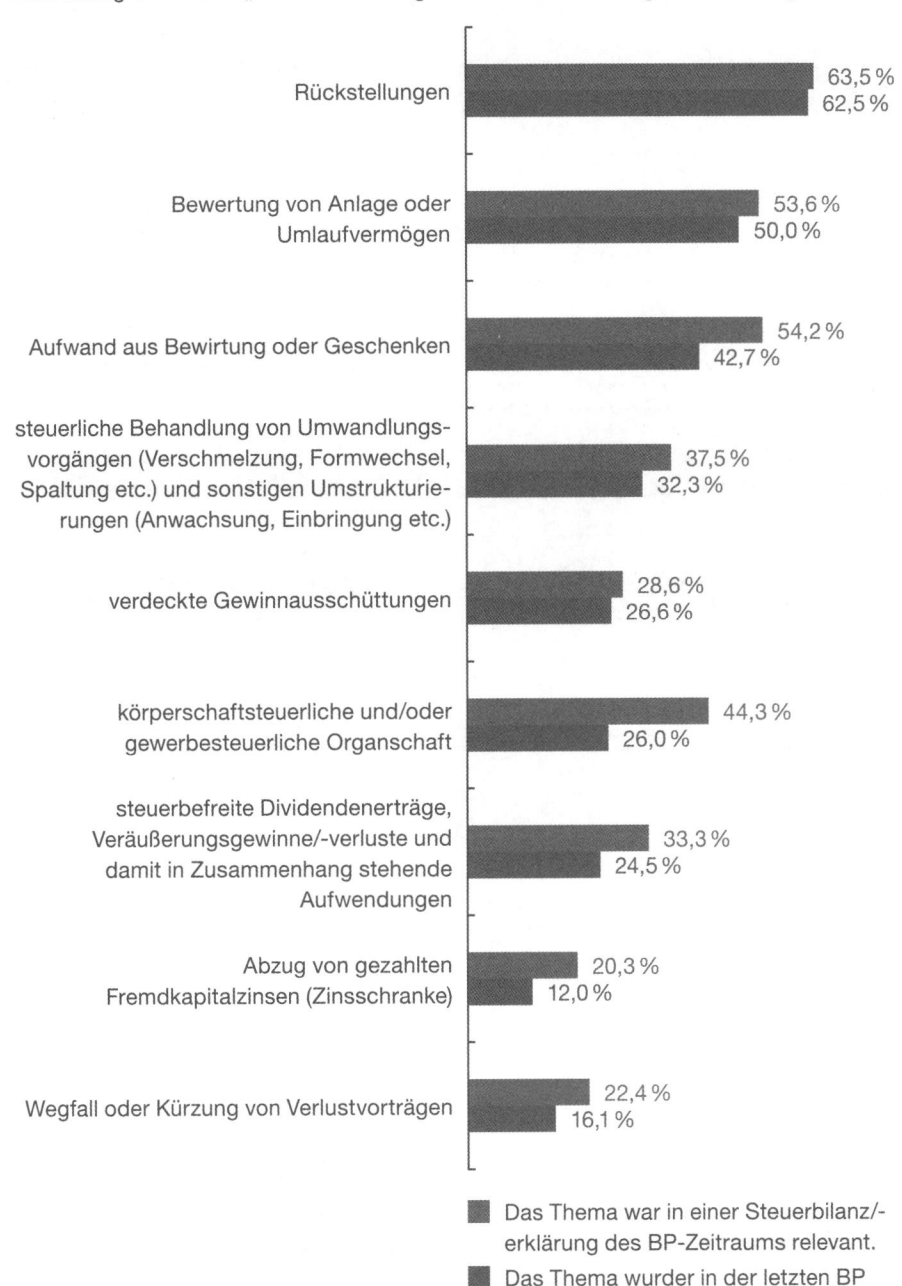

Thema	Relevant	Aufgegriffen
Rückstellungen	63,5 %	62,5 %
Bewertung von Anlage oder Umlaufvermögen	53,6 %	50,0 %
Aufwand aus Bewirtung oder Geschenken	54,2 %	42,7 %
steuerliche Behandlung von Umwandlungsvorgängen (Verschmelzung, Formwechsel, Spaltung etc.) und sonstigen Umstrukturierungen (Anwachsung, Einbringung etc.)	37,5 %	32,3 %
verdeckte Gewinnausschüttungen	28,6 %	26,6 %
körperschaftsteuerliche und/oder gewerbesteuerliche Organschaft	44,3 %	26,0 %
steuerbefreite Dividendenerträge, Veräußerungsgewinne/-verluste und damit in Zusammenhang stehende Aufwendungen	33,3 %	24,5 %
Abzug von gezahlten Fremdkapitalzinsen (Zinsschranke)	20,3 %	12,0 %
Wegfall oder Kürzung von Verlustvorträgen	22,4 %	16,1 %

■ Das Thema war in einer Steuerbilanz/-erklärung des BP-Zeitraums relevant.
■ Das Thema wurder in der letzten BP aufgegriffen.

Rückstellungen sind das prüfungsrelevanteste Thema bei den Ertragsteuern und führen infolge der BP sehr häufig zu Mehrbelastungen. Das Thema war für 63,5 Prozent der geprüften Unternehmen bei der Erstellung der Steuererklärung relevant und wurde in 62,5 Prozent der Prüfungen auch aufgegriffen. Dabei sinkt der Mittelwert der festgesetzten Mehrsteuern mit der Unternehmensgröße (bei Unternehmen mit 1.000 bis 1.499 Mitarbeitern betrug der Mittelwert der festgesetzten Mehrbelastung für diese Prüfungsfeststellung 50,7 Prozent aller Anpassungen; bei Unternehmen mit mehr als 2.000 Mitarbeitern waren es 31,9 Prozent).

Ertragsteuern

Abb. 5   In der BP aufgegriffene Themen, bei denen es zu einer Mehrbelastung kam nach Mitarbeiterzahl

Darstellung der Anteile „falls bei der BP aufgegriffen".

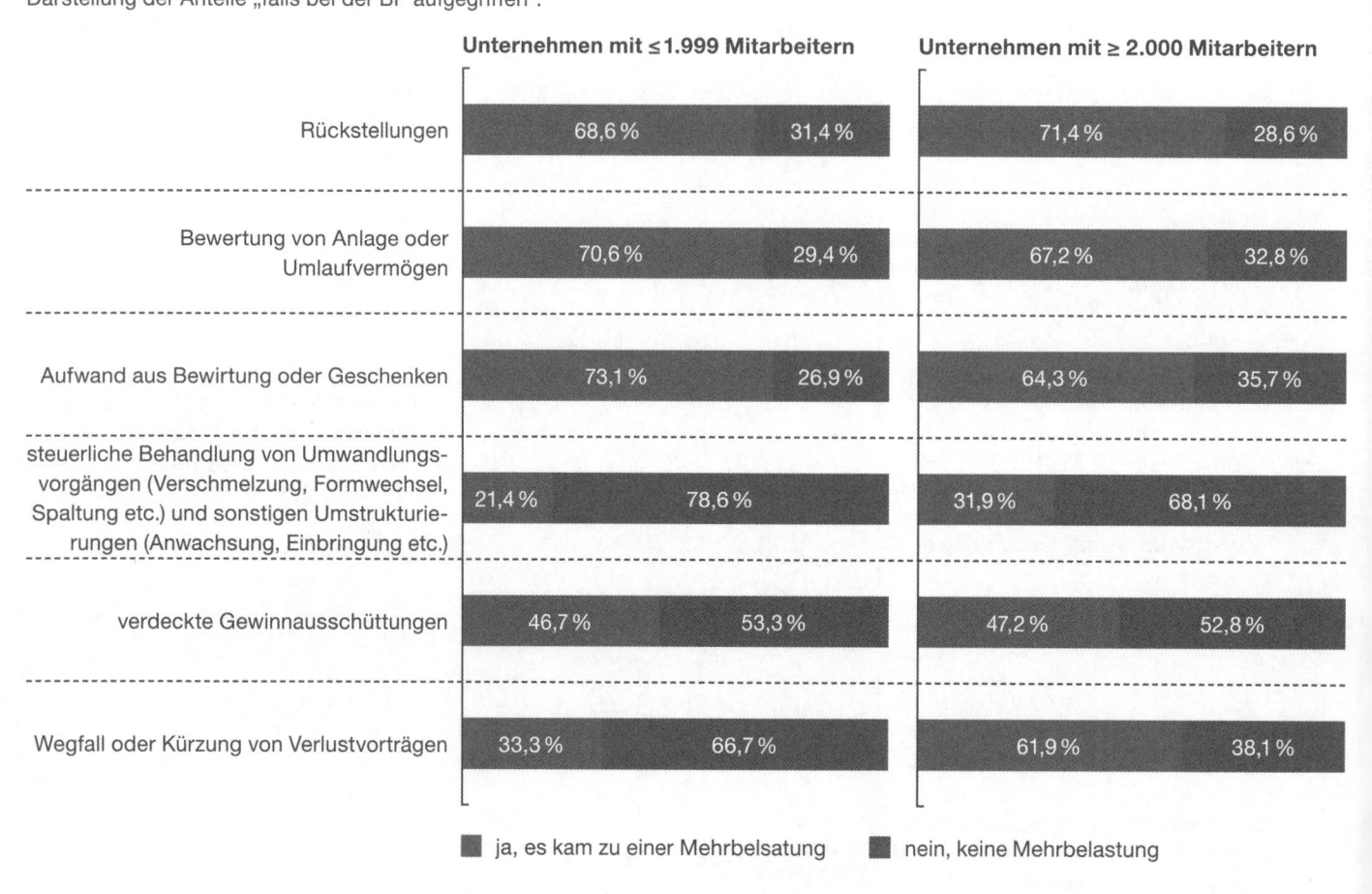

	Unternehmen mit ≤ 1.999 Mitarbeitern		Unternehmen mit ≥ 2.000 Mitarbeitern	
	ja	nein	ja	nein
Rückstellungen	68,6 %	31,4 %	71,4 %	28,6 %
Bewertung von Anlage oder Umlaufvermögen	70,6 %	29,4 %	67,2 %	32,8 %
Aufwand aus Bewirtung oder Geschenken	73,1 %	26,9 %	64,3 %	35,7 %
steuerliche Behandlung von Umwandlungsvorgängen (Verschmelzung, Formwechsel, Spaltung etc.) und sonstigen Umstrukturierungen (Anwachsung, Einbringung etc.)	21,4 %	78,6 %	31,9 %	68,1 %
verdeckte Gewinnausschüttungen	46,7 %	53,3 %	47,2 %	52,8 %
Wegfall oder Kürzung von Verlustvorträgen	33,3 %	66,7 %	61,9 %	38,1 %

■ ja, es kam zu einer Mehrbelsatung   ■ nein, keine Mehrbelastung

Abb. 6   In der BP nicht oder teilweise nicht anerkannte Rückstellungen

Darstellung der Anteile „falls es eine Mehrbelastung wegen Rückstellungen gab". Mehrfachnennungen waren möglich.

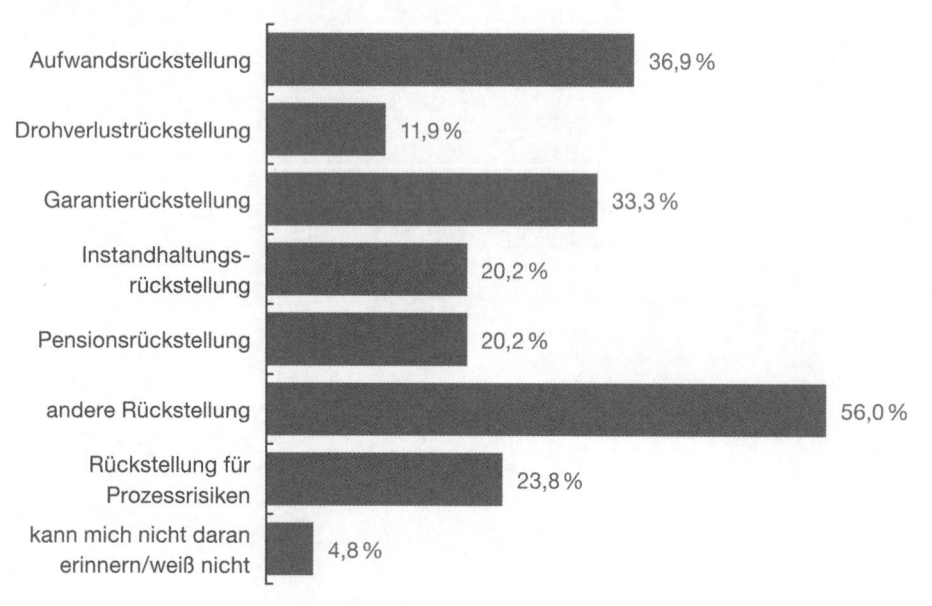

Aufwandsrückstellung	36,9 %
Drohverlustrückstellung	11,9 %
Garantierückstellung	33,3 %
Instandhaltungsrückstellung	20,2 %
Pensionsrückstellung	20,2 %
andere Rückstellung	56,0 %
Rückstellung für Prozessrisiken	23,8 %
kann mich nicht daran erinnern/weiß nicht	4,8 %

Drohverlustrückstellungen spielten bei allen geprüften Betrieben gleichwohl eine untergeordnete Rolle (nur 11,9 Prozent aller Mehrergebnisse beruhen darauf). Die Unternehmen haben damit das § 5 Absatz 4a Einkommensteuergesetz (EStG) innewohnende Gebot offenbar bereits „verinnerlicht" und die Rechtsprechung des Bundesfinanzhofs (BFH) hat in vielfacher Hinsicht die Anforderungen an die Bildung dieser Rückstellung geklärt (zum Beispiel im Beschluss des BFH vom 28. August 2018, X B 48/18, BFH/NV 2019, 113 (NV).

Spitzenreiter bei den Rückstellungen mit einem Mehrergebnis waren hingegen die Aufwandsrückstellungen (36,9 Prozent der Aufgriffe gehen auf diese zurück, wobei mehr als die Hälfte der Fälle Unternehmen mit mehr als 1.500 Mitarbeiter betreffen), Garantierückstellungen (33,3 Prozent der Aufgriffe gehen auf diese zurück), Rückstellungen für Prozessrisiken (23,8 Prozent der Aufgriffe gehen auf diese zurück) und Instandhaltungsrückstellungen (20,2 Prozent der Aufgriffe gehen auf diese zurück).

Nach der aktuellen Studie ergeben sich zudem bedingt Beanstandungen bei der Pensionsrückstellung (20,2 Prozent der Aufgriffe gehen auf diese zurück).

Dauerbrenner der BP: Bewertung von Anlage- und Umlaufvermögen
Bei 53,6 Prozent der geprüften Unternehmen war zudem die Bewertung von Anlage- und Umlaufvermögen in den Steuererklärungen ein Thema und wurde bei 50 Prozent der Unternehmen auch durch die BP aufgegriffen. Im Durchschnitt kam es dabei in 67,7 Prozent der Fälle zu Mehrbelastungen aufgrund von zu niedrig bewertetem Anlage- und Umlaufvermögen. Als Gründe für die Beanstandung wurden dabei insbesondere die Ermittlung der Anschaffungs- und Herstellungskosten (83,9 Prozent), die planmäßige Abschreibung (67,7 Prozent) und zu Unrecht erfolgte Teilwertabschreibungen (19,4 Prozent) genannt, wobei diese fast nur von Unternehmen mit mehr als 2.000 Mitarbeitern angeführt wurden.

Abb. 7 Beanstandungen der BP hinsichtlich der Bewertung von Anlage- und Umlaufvermögen

Darstellung der Anteile „falls Bewertung von Anlage- oder Umlaufvermögen nicht anerkannt". Mehrfachnennungen waren möglich.

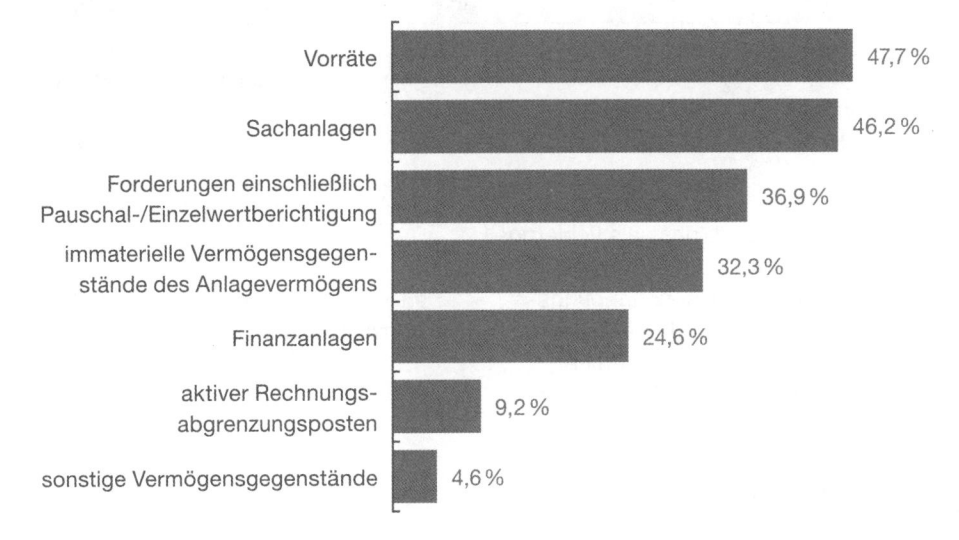

Kategorie	Anteil
Vorräte	47,7 %
Sachanlagen	46,2 %
Forderungen einschließlich Pauschal-/Einzelwertberichtigung	36,9 %
immaterielle Vermögensgegenstände des Anlagevermögens	32,3 %
Finanzanlagen	24,6 %
aktiver Rechnungsabgrenzungsposten	9,2 %
sonstige Vermögensgegenstände	4,6 %

Auch die Ermittlung der Anschaffungskosten des Anlage- und Umlaufvermögens beschäftigt die BP weiterhin.

Ertragsteuern

Abb. 8 Änderungen bei Sachanlagen

Darstellung der Anteile „falls Sachanlagen beanstandet".
Mehrfachnennungen waren möglich.

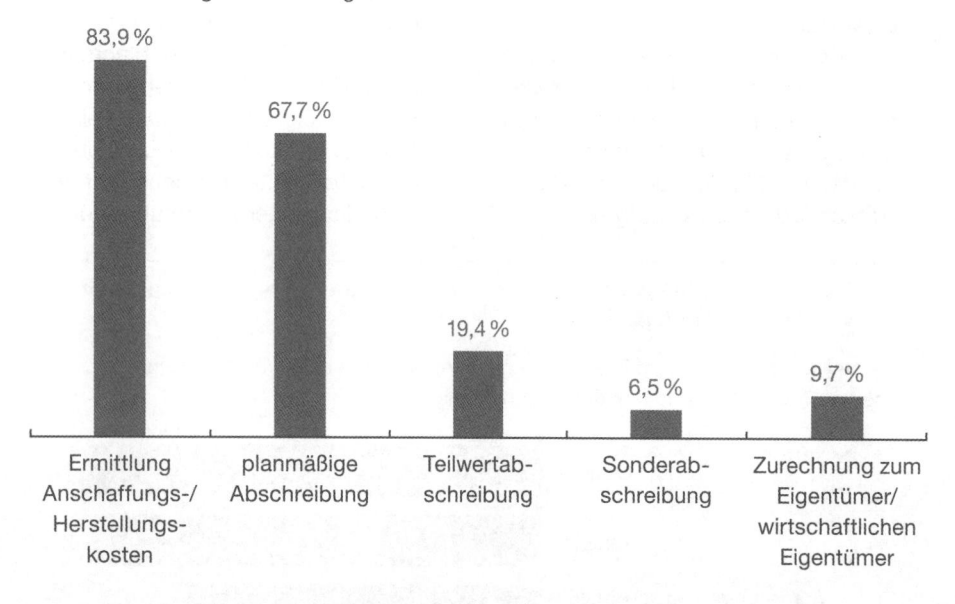

- Ermittlung Anschaffungs-/Herstellungskosten: 83,9 %
- planmäßige Abschreibung: 67,7 %
- Teilwertabschreibung: 19,4 %
- Sonderabschreibung: 6,5 %
- Zurechnung zum Eigentümer/wirtschaftlichen Eigentümer: 9,7 %

Überraschend ist, dass als Fehlerquelle bei der planmäßigen Abschreibung insbesondere der Abschreibungssatz (81 Prozent der Fälle) genannt wurde. In Zeiten der computergestützten Ermittlung von Steuerbilanzen für die Steuererklärungen empfiehlt sich hier, dem Einpflegen der Stammdaten im Fall des Zugangs von Wirtschaftsgütern besondere Aufmerksamkeit zu schenken, da solche Fehler vermeidbar sind.

Abb. 9 Grund für die Beanstandung der planmäßigen Abschreibung

Darstellung der Anteile „falls planmäßige Abschreibung beanstandet".
Mehrfachnennungen waren möglich.

- Abschreibung geringwertiger Wirtschaftsgüter: 9,5 %
- Abschreibungsmethode: 4,8 %
- Abschreibungssatz: 81,0 %
- Bemessungsgrundlage: 33,3 %

Ertragsteuern

Der Klassiker bei jeder BP: Aufwand aus Bewirtung und Geschenken.

Die festgesetzte Mehrsteuer infolge der Bewertung des Anlage- und Umlaufvermögens belief sich in 30,6 Prozent der Fälle nur auf einen Wert unter 10 Prozent der Mehrbelastungen. Bei der Betrachtung aller Unternehmen liegt die Mehrbelastung neben anderen Mehrergebnissen bei einem Mittelwert von 32,4 Prozent aller Belastungen.

Bei der Prüfung der Vorräte wurde insbesondere das Verbrauchsfolgeverfahren als das beherrschende Hauptthema genannt (24,2 Prozent der Beanstandungen betrafen das Thema). Kaum beanstandet wurden Festwertverfahren (3,0 Prozent) und die Gruppenbewertung (9,1 Prozent), was allerdings auch an der wenig verbreiteten Nutzung der Bewertungsmethoden liegen könnte.

Abb. 10 Grund für die Beanstandung bei Vorräten

Darstellung der Anteile „falls die Vorräte beanstandet wurden". Mehrfachnennungen waren möglich.

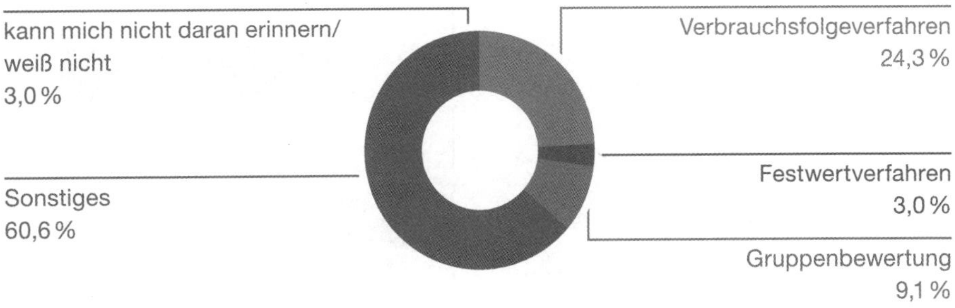

- kann mich nicht daran erinnern/ weiß nicht 3,0 %
- Sonstiges 60,6 %
- Verbrauchsfolgeverfahren 24,3 %
- Festwertverfahren 3,0 %
- Gruppenbewertung 9,1 %

Weiterhin kam es bei 67,1 Prozent der befragten Unternehmen zu steuerlichen Mehrbelastungen, wenn Bewirtungsaufwendungen und Geschenke aufgegriffen wurden. Beide Bereiche sind infolge der Formerfordernisse (besondere Aufzeichnungspflichten nach § 4 Absatz 8 EStG und nicht ordnungsgemäße Belege) Dauerbrenner der BP. Deshalb wundert es nicht, dass das Thema für 54,2 Prozent der geprüften Unternehmen in der Steuerbilanz beziehungsweise der Steuererklärung des BP-Zeitraums relevant war und bei rund 43 Prozent der Unternehmen auch aufgegriffen wurde.

Auch verdeckte Gewinnausschüttungen sind bei vielen Unternehmen ein Thema in der BP (28,6 Prozent der Unternehmen hielten das Thema für relevant und in 26,6 Prozent der Fälle griff die BP dieses auf). Die Beanstandungen beruhten im Wesentlichen auf einem entgeltlichen Leistungsaustausch (37,5 Prozent) oder auf Darlehensbeziehungen mit einem verbundenen Unternehmen (20,8 Prozent).

> „Regelmäßig werden von den Betriebsprüfern auch verdeckte Gewinnausschüttungen gesichtet und diese führen in jedem zweiten Fall zu einer nachträglichen steuerlichen Mehrbelastung."
>
> Dr. Jan Becker

Ertragsteuern

Abb. 11 Grund für die Beanstandung bei verdeckten Gewinnausschüttungen

Darstellung der Anteile „falls Mehrbelastung wegen verdeckter Gewinnausschüttung".
Mehrfachnennungen waren möglich.

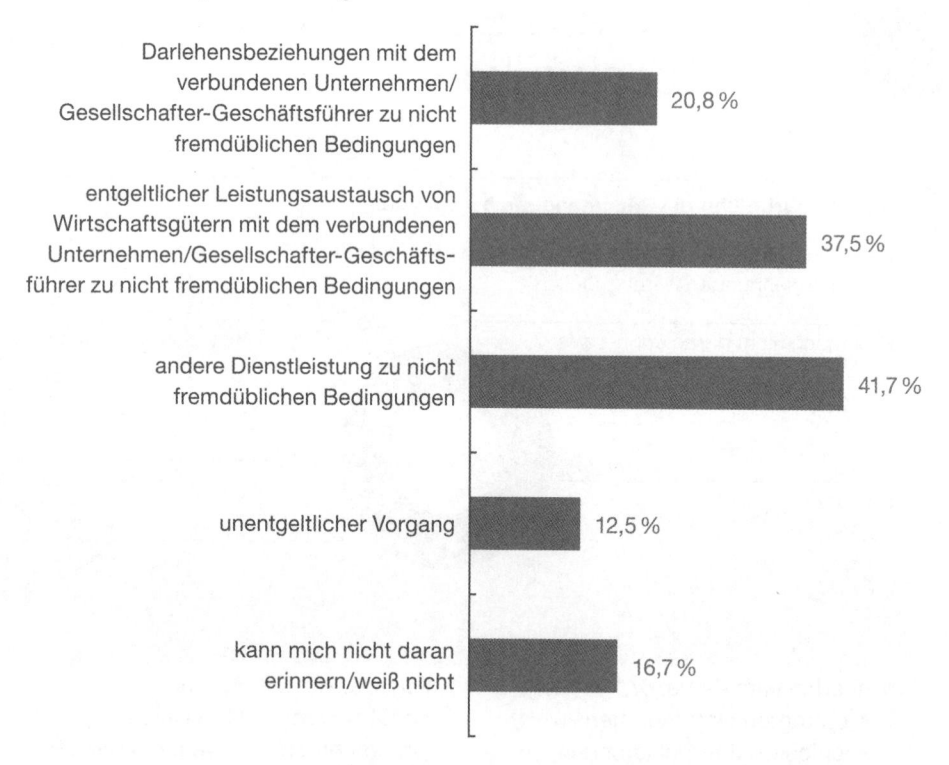

Darlehensbeziehungen mit dem verbundenen Unternehmen/Gesellschafter-Geschäftsführer zu nicht fremdüblichen Bedingungen	20,8 %
entgeltlicher Leistungsaustausch von Wirtschaftsgütern mit dem verbundenen Unternehmen/Gesellschafter-Geschäftsführer zu nicht fremdüblichen Bedingungen	37,5 %
andere Dienstleistung zu nicht fremdüblichen Bedingungen	41,7 %
unentgeltlicher Vorgang	12,5 %
kann mich nicht daran erinnern/weiß nicht	16,7 %

> **Die Zinsschranke wird selten in der BP geprüft und führt noch seltener zu Mehrergebnissen.**

Infolge des Aufgriffs kam es in 47,1 Prozent der Fälle zu Mehrsteuern, wobei diese in circa 41,7 Prozent der Fälle unter 10 Prozent betrugen (und die finanziellen Auswirkungen mit zunehmender Anzahl abnahmen). Bei Betrachtung aller Unternehmen führte die Mehrbelastung infolge verdeckter Gewinnausschüttungen (vGA) zu durchschnittlich 21,7 Prozent der gesamten Mehrergebnisse.

Wenige Prüfungshandlungen durch die BP gab es, soweit es um den Abzug von gezahlten Fremdkapitalzinsen ging (12 Prozent). Die Mehrzahl der Unternehmen scheint sich bei der Erstellung der Steuererklärungen hier an die Vorgaben der Zinsschranke zu halten. Daher kam es bei den wenigen Prüfungen im Rahmen der BP nur in vergleichsweise geringem Ausmaß zu steuerlichen Mehrbelastungen (21,7 Prozent der aufgegriffenen Fälle).

Umwandlungen hatten bei 37,5 Prozent der geprüften Unternehmen eine Relevanz und wurden in 32,3 Prozent der Fälle von der BP auch konkret aufgegriffen. Obwohl man erwarten dürfte, dass bei Umwandlungsvorgängen und anderen Umstrukturierungsmaßnahmen regelmäßig sorgfältig gehandelt wird, kam es dennoch bei einem Drittel der geprüften Unternehmen zur Aufdeckung von Fehlern und steuerlichen Mehrergebnissen zugunsten des Fiskus. Hier zeigen sich erwartungsgemäß auch Betriebsgrößeneffekte. Entsprechend wurde dieses Thema unter den größeren Unternehmen mit mindestens 2.000 Mitarbeitern in Deutschland wesentlich häufiger aufgegriffen (62,5 Prozent) als bei den kleineren Unternehmen (42,9 Prozent). Die Mehrsteuer bei Umwandlungsfällen belief sich bei 35,3 Prozent der geprüften Unternehmen gleichwohl nur auf unter 10 Prozent aller Mehrergebnisse. Unter Umständen wurden nur Randbereiche wie die Abzugsfähigkeit von Umwandlungskosten durch die BP näher untersucht. Bei Betrachtung aller Unternehmen lag die Mehrbelastung bei Umwandlungsfällen neben anderen Mehrergebnissen gleichwohl bei durchschnittlich 21,1 Prozent.

Jede dritte Betriebsprüfung führt zu Mehrbelastungen wegen Umwandlungen, obwohl diese wahrscheinlich sorgfältig betreut werden.

Unterscheidet man nach den verschiedenen Umstrukturierungen, wird die Betriebsaufspaltung kaum geprüft (5,6 Prozent der geprüften Fälle entfielen auf diese). Umwandlungen nach dem Umwandlungssteuergesetz (UmwStG) zogen hingegen häufiger das Interesse des Prüfers auf sich (61,1 Prozent). Die Einbringung/Übertragung von Wirtschaftsgütern oder Betrieben in Personengesellschaften war indes ähnlich selten im Fadenkreuz der Prüfer (16,7 Prozent).

Der Wegfall oder die Kürzung von Verlustvorträgen war bei 22,4 Prozent der Unternehmen ein Thema und wurde bei 16,1 Prozent der geprüften Betriebe auch in der BP aufgegriffen. Erwartungsgemäß sind die größeren und mitarbeiterstärkeren Betriebe bei BP stärker als kleinere Unternehmen mit diesem Thema konfrontiert. Bei Unternehmen mit mehr als 2.000 Mitarbeitern kam es zum Beispiel bei 52,6 Prozent zu einer Mehrbelastung durch die Prüfung in diesem Bereich. Bei Betrachtung aller Unternehmen lagen die Mehrbelastungen infolge der Prüfung des Wegfalls oder der Kürzung des Verlustvortrags bei durchschnittlich 28,1 Prozent der anderen Mehrergebnisse. Hauptgrund für den Wegfall oder die Kürzung der Verlustvorträge war in der Regel ein schädlicher Beteiligungserwerb, der bei der BP entdeckt wurde (37,5 Prozent der Fälle).

Abb. 12 Grund für die Beanstandungen in der steuerlichen Behandlung von Umwandlungsvorgängen

Darstellung der Anteile „Mehrbelastung wegen steuerlicher Behandlung von Umwandlungsvorgängen". Mehrfachnennungen waren möglich.

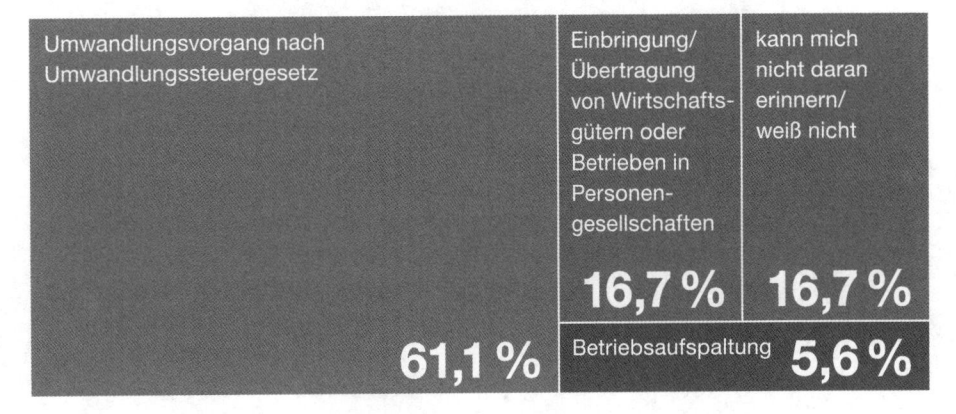

Umwandlungsvorgang nach Umwandlungssteuergesetz	Einbringung/Übertragung von Wirtschaftsgütern oder Betrieben in Personengesellschaften	kann mich nicht daran erinnern/weiß nicht
61,1 %	**16,7 %**	**16,7 %**
	Betriebsaufspaltung	**5,6 %**

Die Konzernklausel wurde ebenso wie die Sanierungsklausel kaum geprüft (je 6,3 Prozent der Fälle); Letzteres überrascht nicht, da § 8c Absatz 1a Körperschaftsteuergesetz (KStG) vom Bundesfinanzministerium (BMF) infolge des Streits um die Beihilfequalität lange ausgesetzt wurde.

Die ertragsteuerliche Organschaft war für 44,3 Prozent der geprüften Unternehmen bei der Erstellung der Steuererklärung für den BP-Zeitraum kritisch und ist in 26 Prozent der Prüfungen aufgegriffen worden. Die Anforderungen für eine Organschaft bieten dabei Fallstricke, sodass immerhin in 27,3 Prozent der geprüften Fälle die Organschaft versagt wurde. Die dabei genannten Themenfelder waren vielfältig, zum Beispiel die Durchführung des Gewinnabführungsvertrags für die Dauer von mindestens fünf Jahren oder Probleme beim Bestehen einer finanziellen Eingliederung.

Bei Betrachtung aller Unternehmen betrug die Mehrbelastung infolge der Prüfung von Organschaften im Mittelwert 34,4 Prozent aller Mehrergebnisse; bei Unternehmen ab 2.000 Mitarbeitern war dieser Mittelwert erheblich höher.

In rund 63 Prozent der Fälle waren andere Themen der Grund für Mehrergebnisse infolge der Organschaft. Meistgenannte Gründe waren dabei die Änderung von Mehr- oder Minderabführungen und damit verbundene Ausgleichsposten, sowie die Änderung vororganschaftlicher Mehr- oder Minderabführungen und Änderungen im Zusammenhang mit Steuerumlagen (25 Prozent).

C Internationales Steuerrecht

Im internationalen Steuerrecht spielt neben den Verrechnungspreisen insbesondere die Hinzurechnungsbesteuerung eine Rolle. Während sie lange Zeit den Nimbus hatte, hier würde die Betriebsprüfung faktisch kaum prüfen, hat sich die Situation mittlerweile doch deutlich geändert: 16,1 Prozent der Unternehmen halten das Thema bereits für relevant. Tatsächlich wurde BP aber noch genauer hingesehen, bei 17,2 Prozent der befragten Unternehmen wurden hierzu Prüfungshandlungen unternommen. Die betroffenen Tätigkeiten der ausländischen Gesellschaften bestanden dabei überwiegend aus der Finanzierung (80 Prozent), aber auch teilweise aus Vertriebstätigkeiten (20 Prozent). Insbesondere Feststellungen im Bereich sogenannter Limited-Risk-Distributoren lassen sich dabei in der Praxis zunehmend beobachten. Der Nachweis einer wirtschaftlichen Tätigkeit wurde immerhin auch in 21,4 Prozent der Fälle beanstandet und bei 16,7 Prozent der Unternehmen kam es sogar bei einer Beteiligung von weniger als 50 Prozent zu Feststellungen bei der Hinzurechnungsbesteuerung.

Internationales Steuerrecht

Neben den Verrechnungspreisen hat sich die Hinzurechnungsbesteuerung als das bedeutendste Thema des internationalen Steuerrechts in der Betriebsprüfung etabliert.

Abb. 13 Themen im internationalen Steuerrecht, die in der Steuerbilanz/-erklärung relevant waren bzw. aufgegriffen wurden

Mehrfachnennungen waren möglich.

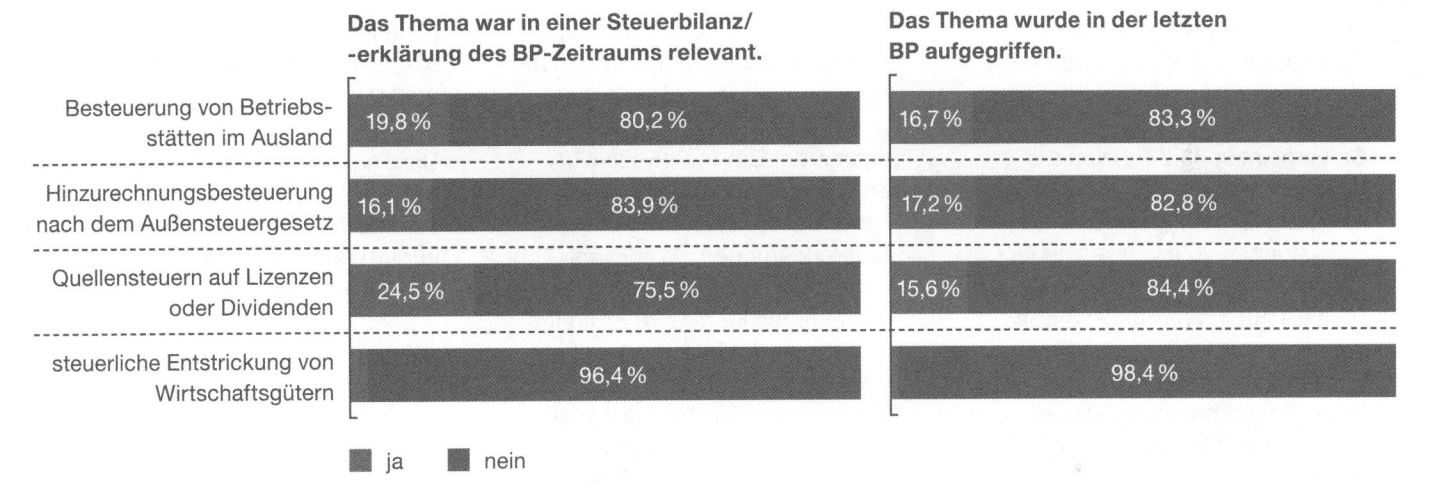

	Das Thema war in einer Steuerbilanz/-erklärung des BP-Zeitraums relevant.		Das Thema wurde in der letzten BP aufgegriffen.	
	ja	nein	ja	nein
Besteuerung von Betriebsstätten im Ausland	19,8 %	80,2 %	16,7 %	83,3 %
Hinzurechnungsbesteuerung nach dem Außensteuergesetz	16,1 %	83,9 %	17,2 %	82,8 %
Quellensteuern auf Lizenzen oder Dividenden	24,5 %	75,5 %	15,6 %	84,4 %
steuerliche Entstrickung von Wirtschaftsgütern		96,4 %		98,4 %

Von den befragten Unternehmen wurden weiterhin insbesondere die Quellensteuern auf Lizenzen und Dividenden als wichtigster Problembereich des internationalen Steuerrechts genannt (24,5 Prozent). Tatsächliche Aufgriffe durch die BP gab es aber nur in 15,6 Prozent der Fälle. In 40 Prozent der Fälle kam es dann auch zu tatsächlichen Mehrbelastungen, die jedoch bei über der Hälfte nur 10 Prozent des gesamten Mehrergebnisses ausmachten. Der Quellensteuerabzug bei Lizenzen war dabei in 75 Prozent der Fälle und bei Dividenden in 41,7 Prozent der Fälle zu Unrecht unterlassen worden.

„Die Unternehmen halten auch den Quellensteuerabzug für besonders relevant."

Dr. Volker Käbisch

Internationales Steuerrecht

> „Die Aufdeckung fester Geschäfts-
> einrichtungen und Vertreterbetriebsstätten
> führen zu steuerlichen Mehrbelastungen
> und fortlaufendem Erkläungsaufwand."
>
> Dr. Arne Schnitger

Mehrbelastungen infolge der Anwendung von Vorschriften zur Verhinderung von Treaty Shopping ergeben sich hingegen kaum. So verneinten 33,3 Prozent der Unternehmen die Frage, ob ein Anspruch auf völlige oder teilweise Entlastungen vom Quellensteuerabzug durch den Betriebsprüfer mit Verweis auf § 50d Absatz 3 EStG verwehrt wurde. Dies steht im Einklang mit jüngeren Entwicklungen in der Rechtsprechung, da der Europäische Gerichtshof (EuGH) in den Rechtssachen C-504/16 und C-613/16 sowie C-440/17 die Regelung als europarechtswidrig vom Tisch gewischt hat. Lediglich in 25 Prozent der Fälle führte die Vorschrift zu Mehrbelastungen in der BP.

Ebenfalls wurde bei den BPs in den letzten Jahren der Bereich der Besteuerung von ausländischen Betriebsstätten in den Fokus genommen. Bei 19,8 Prozent der Unternehmen wurde das Thema bei der Erstellung der Steuererklärungen als relevant beurteilt und bei 16,7 Prozent der Unternehmen kam es zu Prüfungshandlungen der Finanzverwaltung. Dabei kam es in 43,8 Prozent der Fälle zu einer Mehrbelastung, die jedoch überwiegend (64,3 Prozent der Fälle) weniger als 10 Prozent der gesamten Mehrergebnisse ausmachte. Besonders häufig führte die Feststellung von Vertreterbetriebsstatten (35,7 Prozent) und fester Geschaftseinrichtungen (28,6 Prozent) zu Mehrergebnissen. Aber auch finale Verluste wurden in 35,7 Prozent der Fälle aberkannt.

Die Entstrickung von Wirtschaftsgütern hat hingegen in der Praxis der steuerlichen BP kaum eine Bedeutung, nur in 1,6 Prozent der Fälle wurde das Thema aufgegriffen.

Die Entstrickung von Wirtschaftsgütern hat in der BP-Praxis weiterhin keine Bedeutung.

D Gewerbesteuer

Im Bereich der Gewerbesteuer dominiert die Hinzurechnung zum Gewerbeertrag das Bild. Dies verwundert aufgrund der vorhandenen ausführlichen Verwaltungsanweisungen zu diesem Problemkreis nicht (vgl. Erlass der obersten Finanzbehörden vom 2. Juli 2012, BStBl. I 2012, 654).

BP im Bereich der Gewerbesteuer finden sich insbesondere im Bereich der Hinzurechnungen.

Gewerbesteuer

Abb. 14 Themen zu Gewerbesteuer, die in der Steuerbilanz/-erklärung relevant waren bzw. aufgegriffen wurden

Mehrfachnennungen waren möglich.

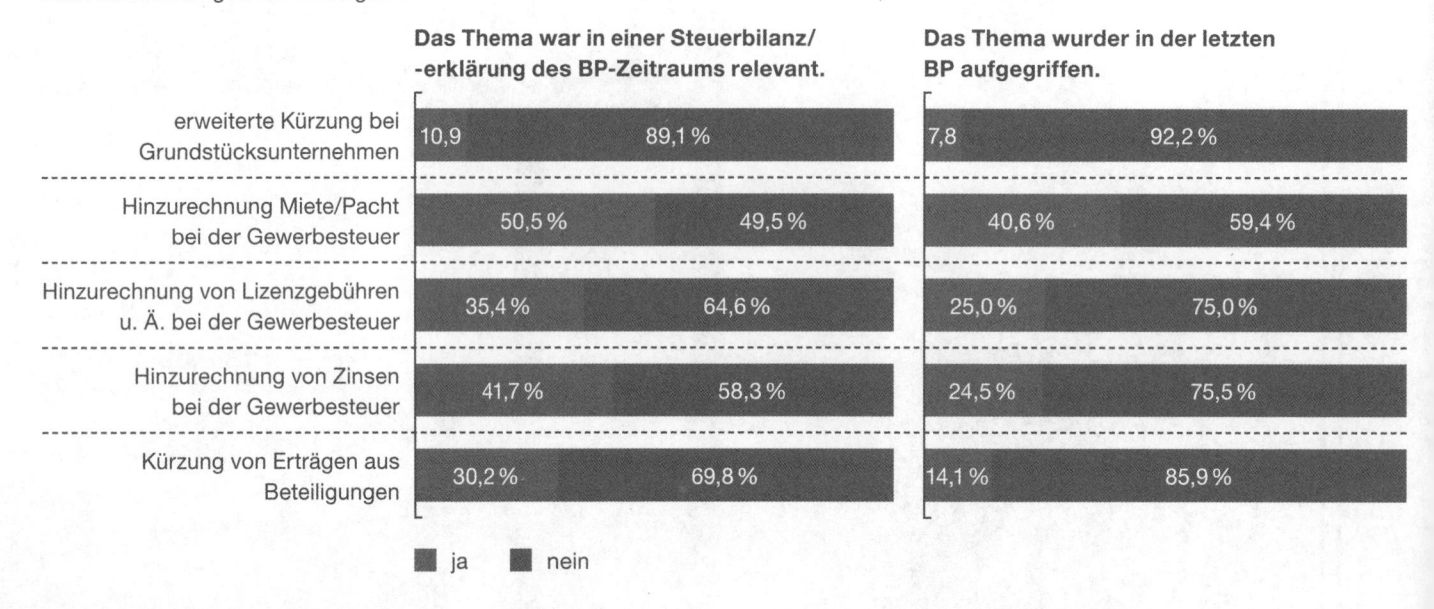

	Das Thema war in einer Steuerbilanz/-erklärung des BP-Zeitraums relevant.		Das Thema wurde in der letzten BP aufgegriffen.	
	ja	nein	ja	nein
erweiterte Kürzung bei Grundstücksunternehmen	10,9	89,1 %	7,8	92,2 %
Hinzurechnung Miete/Pacht bei der Gewerbesteuer	50,5 %	49,5 %	40,6 %	59,4 %
Hinzurechnung von Lizenzgebühren u. Ä. bei der Gewerbesteuer	35,4 %	64,6 %	25,0 %	75,0 %
Hinzurechnung von Zinsen bei der Gewerbesteuer	41,7 %	58,3 %	24,5 %	75,5 %
Kürzung von Erträgen aus Beteiligungen	30,2 %	69,8 %	14,1 %	85,9 %

So war die Hinzurechnung von Zinsen bei 41,7 Prozent der Unternehmen relevant, wurde jedoch nur in 24,5 Prozent der Fälle in der BP aufgegriffen. Dabei standen insbesondere langfristige Verbindlichkeiten mit einer Laufzeit von mehr als einem Jahr im Fokus (52,9 Prozent), während Verbindlichkeiten mit einer Laufzeit von weniger als einem Jahr seltener zu einer gewerbesteuerlichen Hinzurechnung führten (17,6 Prozent).

Bei der Prüfung der Hinzurechnung von Miete und Pachtzinsen liegen Unternehmen und Verwaltungspraxis hingegen näher beieinander: 50,5 Prozent der befragten Unternehmen gaben an, dass dieses Thema für sie bei der Erstellung der Steuererklärung relevant war, und in 40,6 Prozent der BP wurde das auch thematisiert. Die Hinzurechnung verteilte sich dabei fast gleich auf Zahlungen für die Überlassung unbeweglicher Wirtschaftsgüter und beweglicher Wirtschaftsgüter.

Die Hinzurechnung von Lizenzgebühren hielten 35,4 Prozent der Unternehmen für relevant und in 25 Prozent der Fälle wurde das Thema in der BP aufgegriffen. Die Kürzung von Beteiligungserträgen hielten 30,2 Prozent der Unternehmen für relevant, aber nur in 14,2 Prozent der Fälle wurde das Thema auch in der BP aufgegriffen. Interessanterweise gaben die befragten Unternehmen an, dass die Hinzurechnung von Lizenzgebühren insbesondere bei Zahlungen ins Inland (65,2 Prozent) und weniger häufig ins Ausland (26,1 Prozent) erfolgte, ohne dass dafür ein sachlicher Grund ersichtlich ist.

E Verrechnungspreise

Verrechnungspreise sind ein Prüfungsschwerpunkt und führen häufig zu Mehrbelastungen
Wie bei der Studie aus dem Jahr 2015 standen besonders die Verrechnungspreise besonders im Fokus der BP.

Abb. 15 Aufgriff von Verrechnungspreisthemen in der BP

Darstellung der Anteile „falls es eine BP gab und Thema in der Steuerbilanz relevant war".

wurde nicht aufgegriffen
11,4 %

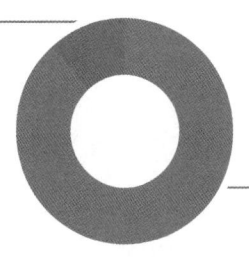

wurde aufgegriffen
88,6 %

Bei der Mehrzahl der befragten Unternehmen, für die internationale grenzüberschreitende Verrechnungspreise ein steuerlich relevantes Thema waren, war dies ein Prüfungsgegenstand in der BP (89 Prozent). Bei 59 Prozent der Unternehmen mit Auslandsbezug, bei denen die Verrechnungspreise in der BP aufgegriffen wurden, führte dies auch zu wesentlichen Mehrbelastungen.

Insgesamt resultierten über die Hälfte der Mehrbelastungen in Form von Steuernachzahlungen nach BP aus Verrechnungspreisthemen.

Einflussgrößen für die Aufgriffs- und Anpassungswahrscheinlichkeit in der BP

Die Größe des Unternehmens gemessen in Umsatz hat weiterhin einen Einfluss auf Mehrbelastungen infolge einer BP: Große Unternehmen gaben häufiger steuerliche Mehrbelastungen aus den Verrechnungspreisen an. Das Thema Verrechnungspreise wurde von 80 Prozent der Unternehmen der Umsatzklasse 100 bis 500 Millionen Euro und von 57 Prozent der Unternehmen mit Umsätze höher als 1 Milliarde Euro als ursächlich für Mehrbelastungen genannt. Bei Unternehmen mit einem Umsatz von mehr als 100 Millionen Euro wurden in 55 Prozent der Fälle die Verrechnungspreise als Grund für Mehrbelastungen genannt.

> „In der Mehrzahl der Fälle resultieren aus einem Aufgriff der Verrechnungspreise wesentliche Mehrbelastungen."
>
> Dr. Roman Dawid

Abb. 16 Fälle, in denen Verrechnungspreisthemen zu steuerlichen Mehrbelastungen durch die BP führten

Darstellung der Anteile „falls bei der BP aufgegriffen".

- Gesamt: 57,0 %
- < 100 Mio. € Umsatz: 45,5 %
- 100 bis < 500 Mio. € Umsatz: 55,2 %
- 500 bis < 1 Mrd. € Umsatz: 80,0 %
- ≥ 1 Mrd. € Umsatz: 57,1 %

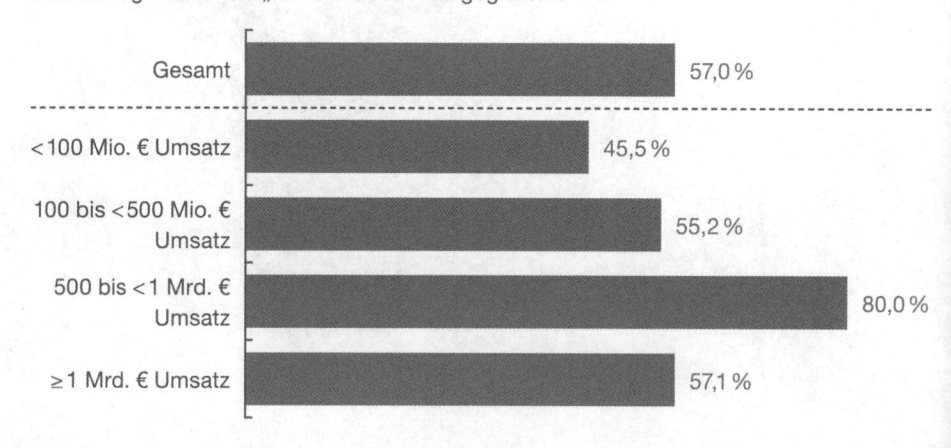

Abb. 17 Steuerliche Mehrbelastung durch die BP in Bezug auf Verrechnungspreise

Darstellung der Anteile „falls bei der BP aufgegriffen".

- gesamt: 55,9 %
- Westdeutschland: 62,9 %
- Süddeutschland: 53,6 %
- Ostdeutschland: 33,3 %
- Norddeutschland: 40,0 %

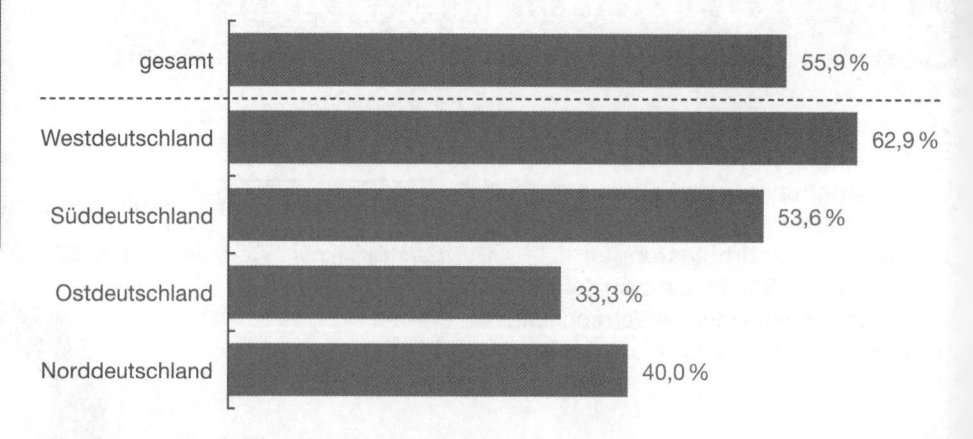

Je größer die Unternehmen, umso eher entstehen Mehrbelastungen aus Verrechnungspreisthemen.

Eine Differenzierung der Antworten nach regionalem Standort des Unternehmens in Deutschland zeigt, dass die Betriebsprüfer im Westen der Republik im Bereich der Verrechnungspreise häufiger zusätzliche Steuern einforderten (63 Prozent) als im gesamtdeutschen Durchschnitt (56 Prozent). Im Gegensatz dazu kam es im Osten Deutschlands deutlich weniger häufig zu Mehrbelastungen (33,3 Prozent) als im gesamtdeutschen Durchschnitt.

Im Westen Deutschlands führen Verrechnungspreisthemen in Betriebsprüfungen häufiger zu Mehrbelastungen als in anderen Regionen Deutschlands.

Abb. 18 Steuerliche Mehrbelastung durch die BP in Bezug auf Verrechnungspreisthemen

Darstellung der Anteile „falls bei der BP aufgegriffen".

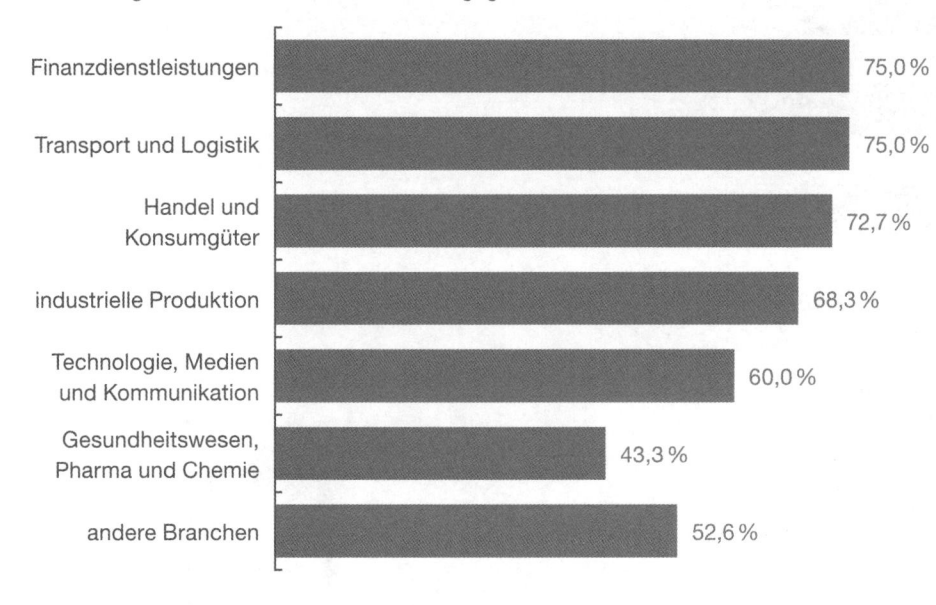

Finanzdienstleistungen	75,0 %
Transport und Logistik	75,0 %
Handel und Konsumgüter	72,7 %
industrielle Produktion	68,3 %
Technologie, Medien und Kommunikation	60,0 %
Gesundheitswesen, Pharma und Chemie	43,3 %
andere Branchen	52,6 %

Betrachtet man die aufgrund von Verrechnungspreisen betroffenen Unternehmen nach Branchenzugehörigkeit, zeigt sich in Bezug auf die Mehrbelastungen ein differenziertes Bild.

Während bei Finanzdienstleistungen und Industrieprodukten, bei Transport und Logistik sowie bei Handel und Konsumgütern je 68 bis 75 Prozent der Unternehmen die Erfahrung von Mehrbelastungen gemacht haben, liegt dieser Wert bei den befragten Unternehmen der Gesundheits- und Pharmabranche sowie bei anderen Branchen deutlich niedriger (43 bis 53 Prozent).

„In den Branchen Finanzdienstleistungen, Transport und Logistik, Handel- und Konsumgüter kommt es am häufigsten zu Verrechnungspreisanpassungen."

Kati Fiehler

Verrechnungspreise

Abb. 19 Relevante und durch BP aufgegriffene Verrechnungspreisthemen

Darstellung der Anteile „falls es eine BP gab". Mehrfachnennungen waren möglich.

Thema	Relevant in Steuerbilanz/-erklärung	Aufgegriffen in letzter BP
Dienstleistungen/Konzernumlagen/Kostenumlagen	46,9 %	42,7 %
Dokumentation der Leistungsbeziehungen zwischen verbundenen Unternehmen	44,3 %	34,9 %
Finanzierungsleistungen (Darlehen, Cash Pooling, Garantien, Patronatserklärung u. Ä.)	37,0 %	26,0 %
Gewinnmargen verbundener Unternehmen	31,8 %	30,2 %
immaterielle Wirtschaftsgüter (Know-How, Marken, u. Ä.)	27,1 %	20,8 %
Gewinnmargen der deutschen Gesellschaft	22,9 %	18,2 %
anderes Verrechnungspreisthema	19,3 %	18,8 %
Warentransaktionen	20,3 %	15,1 %
Umstrukturierungen/Funktionsverlagerungen	18,8 %	14,6 %

■ Das Thema war in einer Steuerbilanz/-erklärung des BP-Zeitraums relevant.
■ Das Thema wurder in der letzten BP aufgegriffen.

Themen im Bereich Verrechnungspreise

Aus Sicht der befragten Unternehmen waren im letzten BP-Zeitraum neben der Verrechnungspreisdokumentation (44 Prozent) insbesondere Dienstleistungsverrechnungen und Kostenumlagen (47 Prozent), Finanztransaktionen (37 Prozent), Gewinnmargen von verbundenen Unternehmen im Ausland und/oder Inland (32 Prozent beziehungsweise 23 Prozent) sowie immaterielle Wirtschaftsgüter (27 Prozent) die relevanten Verrechnungspreisthemen.

Diese Einschätzung der Unternehmen spiegelt sich ebenso bei den in der jeweils letzten BP auch tatsächlich aufgegriffenen Themen wider. Hier standen insbesondere die Dienstleistungsverrechnungen und Kostenumlagen (43 Prozent), Verrechnungspreisdokumentationen (35 Prozent) sowie die Gewinnmargen verbundener Unternehmen (30 Prozent) im Fokus der BP. Auch Finanztransaktionen (26 Prozent) und die steuerliche Behandlung immaterieller Wirtschaftsgüter (21 Prozent) beschäftigten die Betriebsprüfer. Warentransaktionen und Funktionsverlagerungen (je 15 Prozent) wurden hingegen weniger oft aufgegriffen.

> „Dienstleistungsverrechnung und Umlagen sind die am häufigsten aufgegriffenen Verrechnungspreisthemen."
>
> Susann van der Ham

Abb. 20 Steuerliche Mehrbelastung durch die BP in Bezug auf Verrechnungspreisthemen

Darstellung der Anteile „falls bei der BP aufgegriffen". Mehrfachnennungen waren möglich.

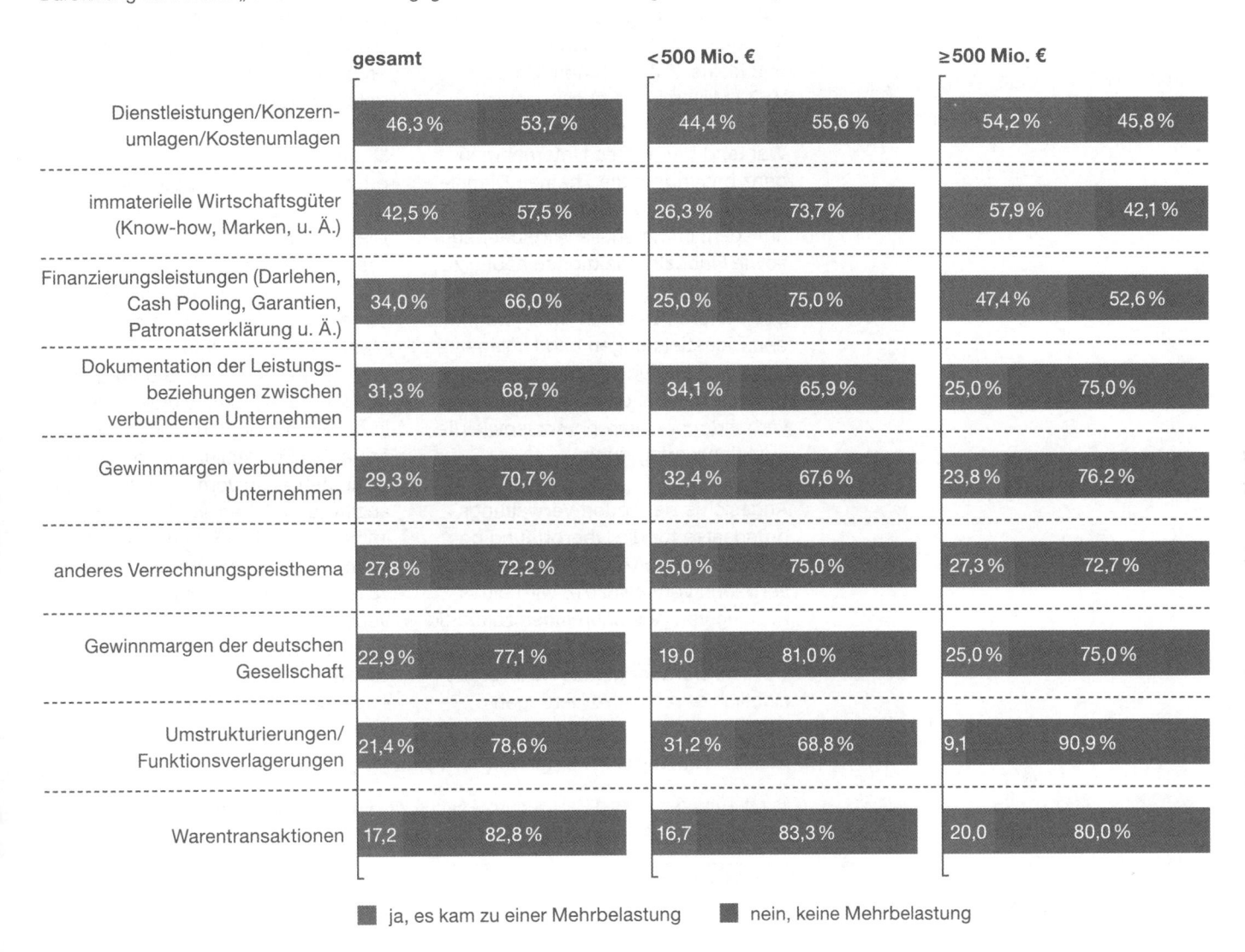

	gesamt		< 500 Mio. €		≥ 500 Mio. €	
Dienstleistungen/Konzernumlagen/Kostenumlagen	46,3 %	53,7 %	44,4 %	55,6 %	54,2 %	45,8 %
immaterielle Wirtschaftsgüter (Know-how, Marken, u. Ä.)	42,5 %	57,5 %	26,3 %	73,7 %	57,9 %	42,1 %
Finanzierungsleistungen (Darlehen, Cash Pooling, Garantien, Patronatserklärung u. Ä.)	34,0 %	66,0 %	25,0 %	75,0 %	47,4 %	52,6 %
Dokumentation der Leistungsbeziehungen zwischen verbundenen Unternehmen	31,3 %	68,7 %	34,1 %	65,9 %	25,0 %	75,0 %
Gewinnmargen verbundener Unternehmen	29,3 %	70,7 %	32,4 %	67,6 %	23,8 %	76,2 %
anderes Verrechnungspreisthema	27,8 %	72,2 %	25,0 %	75,0 %	27,3 %	72,7 %
Gewinnmargen der deutschen Gesellschaft	22,9 %	77,1 %	19,0	81,0 %	25,0 %	75,0 %
Umstrukturierungen/Funktionsverlagerungen	21,4 %	78,6 %	31,2 %	68,8 %	9,1	90,9 %
Warentransaktionen	17,2	82,8 %	16,7	83,3 %	20,0	80,0 %

■ ja, es kam zu einer Mehrbelastung   ■ nein, keine Mehrbelastung

Mehrbelastungen durch Steuernachzahlungen und Zinsen entstanden den befragten Unternehmen bei einem Aufgriff durch die BP am häufigsten bei der Verrechnung von Dienstleistungen (46 Prozent) und Kostenumlagen sowie im Zusammenhang mit immateriellen Wirtschaftsgütern (43 Prozent). Darüber hinaus führte die Diskussion über die Verrechnungspreisdokumentation in vielen Fällen zu Mehrbelastungen (32 Prozent). Themen, die ebenfalls regelmäßig aber weniger häufig Mehrbelastungen für die befragten Unternehmen nach sich zogen, waren die Margen verbundener Unternehmen im In- und Ausland (23 Prozent beziehungsweise 29 Prozent) sowie Finanztransaktionen (34 Prozent).

Mehrbelastungen entstehen zudem durch Aufgriffe im Bereich immaterieller Wirtschaftsgüter.

Eine Betrachtung der Antworten zu den Mehrbelastungen differenziert nach Unternehmensgröße zeigt, dass die Themen für große Unternehmen (Umsatz ≥ 500 Millionen Euro) und kleine Unternehmen (Umsatz < 500 Millionen Euro) eine unterschiedliche Relevanz haben: Während bei großen Unternehmen ganz besonders die Themen Dienstleistungen, Konzern- und Kostenumlagen, immaterielle Wirtschaftsgüter sowie Finanztransaktionen häufig zu Mehrbelastungen führten, waren es bei kleineren Unternehmen – neben den Dienstleistungen und Umlagen – vor allem eine unzureichende Dokumentation, die Gewinnmargen verbundener Unternehmen sowie die Funktionsverlagerung.

Angesichts der neuen Verwaltungsgrundsätze für die Überprüfung der Einkünfteabgrenzung bei Umlageverträgen vom Juli 2018 wird die Prüfung von Kostenumlagen zukünftig vermutlich noch bedeutsamer werden. Darüber hinaus wird voraussichtlich durch die Änderungen der Organisation for Economic Co-operation and Development (OECD) im Rahmen des Base-Erosion-and-Pofit-Shifting (BEPS)-Projekts der Fokus verstärkt auf die Prüfung immaterieller Wirtschaftsgüter gelegt werden.

Besondere Erfahrungen mit einzelnen Verrechnungspreisthemen in der BP

Die Dokumentation der Verrechnungspreise wurde in Fällen, in denen es aufgrund der unzureichenden Verrechnungspreisdokumentation zu Mehrbelastungen kam, in mehr als drei von vier Fällen vorher angefragt. Das heißt, nur bei jedem vierten Fall kam es in der BP auf der Grundlage von Einzelfragen zu Feststellungen, ohne eine Dokumentation vom Steuerpflichtigen anzufragen. Offensichtlich ist noch immer nicht allen Steuerpflichtigen bewusst, dass die Übergabe einer vollständigen und verwertbaren Verrechnungspreisdokumentation die Beweislast auf die Finanzverwaltung verlagert und damit die Hürde für eine Anpassung durch die BP erhöht.

Abb. 21 Umfang der Anfrage von Verrechnungspreisdokumentationen

Darstellung der Anteile „falls Mehrbelastung wegen Dokumentation der Leistungsbeziehungen zwischen verbundenen Unternehmen".

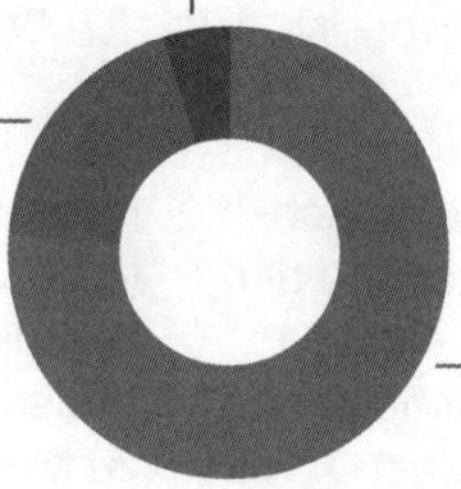

kann mich nicht daran erinnern/ weiß nicht
4,8 %

Es wurde nur Einzelfragen nachgegangen.
19,0 %

Die vollständige Dokumentation wurde angefordert.
76,2 %

„In den meisten Fällen wird die Dokumentation der Verrechnungspreise angefragt."

Axel Eigelshoven

Abb. 22 Dokumentation der Leistungsbeziehungen zwischen verbundenen Unternehmen: Beanstandungen der BP nach Art der Erstellung der Verrechnungspreisdokumentation

Darstellung der Anteile „falls Mehrbelastung wegen Dokumentation der Leistungsbeziehungen zwischen verbundenen Unternehmen."

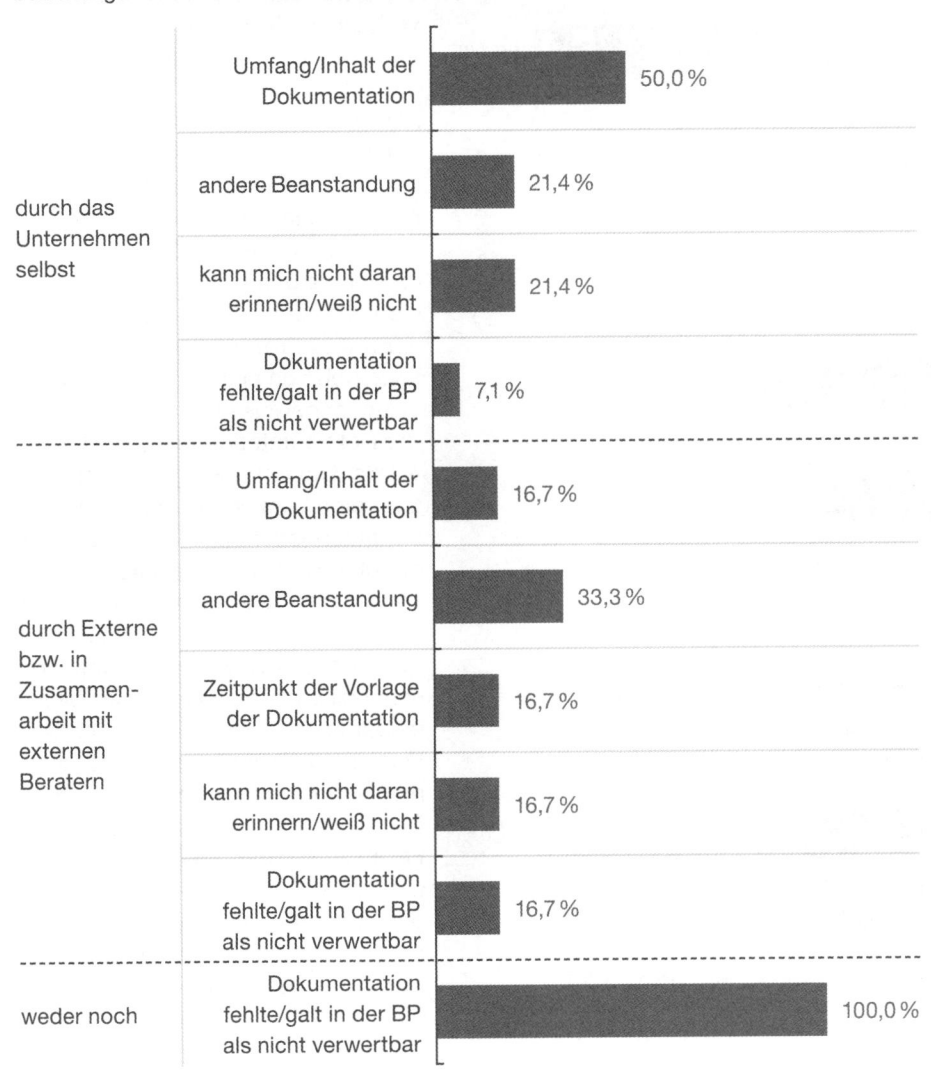

durch das Unternehmen selbst:
- Umfang/Inhalt der Dokumentation: 50,0 %
- andere Beanstandung: 21,4 %
- kann mich nicht daran erinnern/weiß nicht: 21,4 %
- Dokumentation fehlte/galt in der BP als nicht verwertbar: 7,1 %

durch Externe bzw. in Zusammenarbeit mit externen Beratern:
- Umfang/Inhalt der Dokumentation: 16,7 %
- andere Beanstandung: 33,3 %
- Zeitpunkt der Vorlage der Dokumentation: 16,7 %
- kann mich nicht daran erinnern/weiß nicht: 16,7 %
- Dokumentation fehlte/galt in der BP als nicht verwertbar: 16,7 %

weder noch:
- Dokumentation fehlte/galt in der BP als nicht verwertbar: 100,0 %

In der Hälfte der Fälle, in denen es aufgrund der unzureichenden Dokumentation der Verrechnungspreise zu Mehrbelastungen kam, wurde diese von den befragten Unternehmen selbst erstellt. Die Erstellung durch einen externen Berater führt offensichtlich mit einer deutlich höheren Wahrscheinlichkeit zu einer inhaltlich und formell ausreichenden Dokumentation und damit zu einer höheren Rechtssicherheit, da nur bei 17 Prozent der Umfang beziehungsweise der Inhalt bemängelt wurde (versus 60 Prozent bei inhouse erstellten Dokumentationen).

Eine mit externer Unterstützung erstellte Dokumentation führt zu mehr Rechtssicherheit bei der Erfüllung der Dokumentationspflichten.

Verrechnungspreise

Abb. 23 Dokumentation der Leistungsbeziehungen zwischen verbundenen Unternehmen: Beanstandungen der Betriebsprüfungen

Darstellung der Anteile für „falls Mehrbelastung wegen Dokumenation der Leistungsbeziehungen zwischen verbundenen Unternehmen".

- Umfang/Inhalt der Dokumentation: 38,1 %
- Dokumentation fehlte/galt in der BP als nicht verwertbar: 14,3 %
- Zeitpunkt der Vorlage der Dokumentation: 4,8 %
- andere Beanstandung: 23,8 %
- kann mich nicht daran erinnern/weiß nicht: 19,1 %

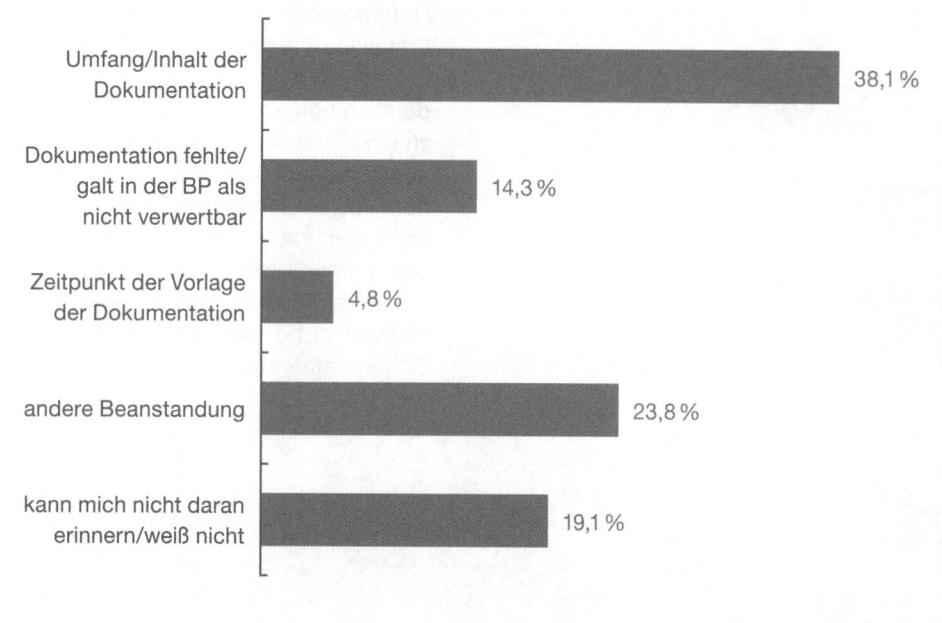

Abb. 24 Sanktionen durch die Beanstandung der Verrechnungspreisdokumentation

Darstellung der Anteile für „falls Mehrbelastung wegen Dokumenation der Leistungsbeziehungen zwischen verbundenen Unternehmen".

- keine Sanktion: 61,9 %
- Schätzung der Besteuerungsgrundlagen: 33,3 %
- andere Sanktion: 4,8 %
- kann mich nicht daran erinnern/weiß nicht: 4,8 %

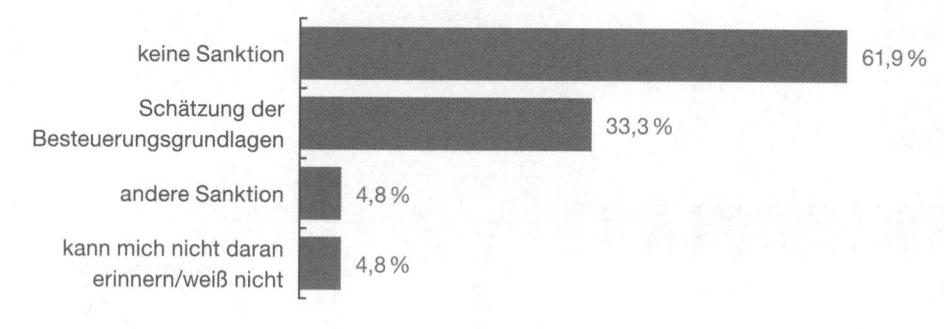

Am häufigsten wurden in der BP Inhalt und/oder Umfang der Verrechnungspreisdokumentation als unzureichend angesehen (38 Prozent); weniger häufig wurde die vollständige Unverwertbarkeit oder die Nichtvorlage der Dokumentation als Grund angegeben (14 Prozent).

Als Konsequenz des Aufgriffs der Verrechnungspreisdokumentation kam es im Rahmen der Mehrbelastung in einem von drei Fällen zu einer Schätzung der Bemessungsgrundlage durch die BP. Dies ist insofern überraschend, als dass nur bei 14 Prozent der befragten Unternehmen eine Unverwertbarkeit beziehungsweise Nichtvorlage der Dokumentation festgestellt wurde. Die Unverwertbarkeit ist aber eine Voraussetzung für die Schätzungsbefugnis bei der BP, was offenbar nicht in allen Fällen der Verteidigung der Verrechnungspreise berücksichtigt wurde. Schließlich bedeutet das Ergebnis im Umkehrschluss, dass zwei Drittel der Mehrbelastungen nach dem Aufgriff der Verrechnungspreisdokumentation nicht auf einer Schätzung basieren. Das heißt: Es kommt in diesen Fällen zu Mehrergebnissen, weil die Betriebsprüfer zu dem Inhalt der Dokumentation, wie etwa dem Verrechnungspreisansatz, eine abweichende Auffassung vertreten (und nicht die Dokumentation insgesamt als unverwertbar angesehen wird).

> „Bei Beanstandungen der Verrechnungspreisdokumentation kommt es in einem Drittel der Fälle zur Schätzung der Bemessungsgrundlage."
>
> Katharina Mank

Abb. 25 Beanstandungen der BP in Bezug auf Verrechnungspreise (Teil 1)

Darstellung der Anteile „falls es eine entsprechende Mehrbelastung gab".

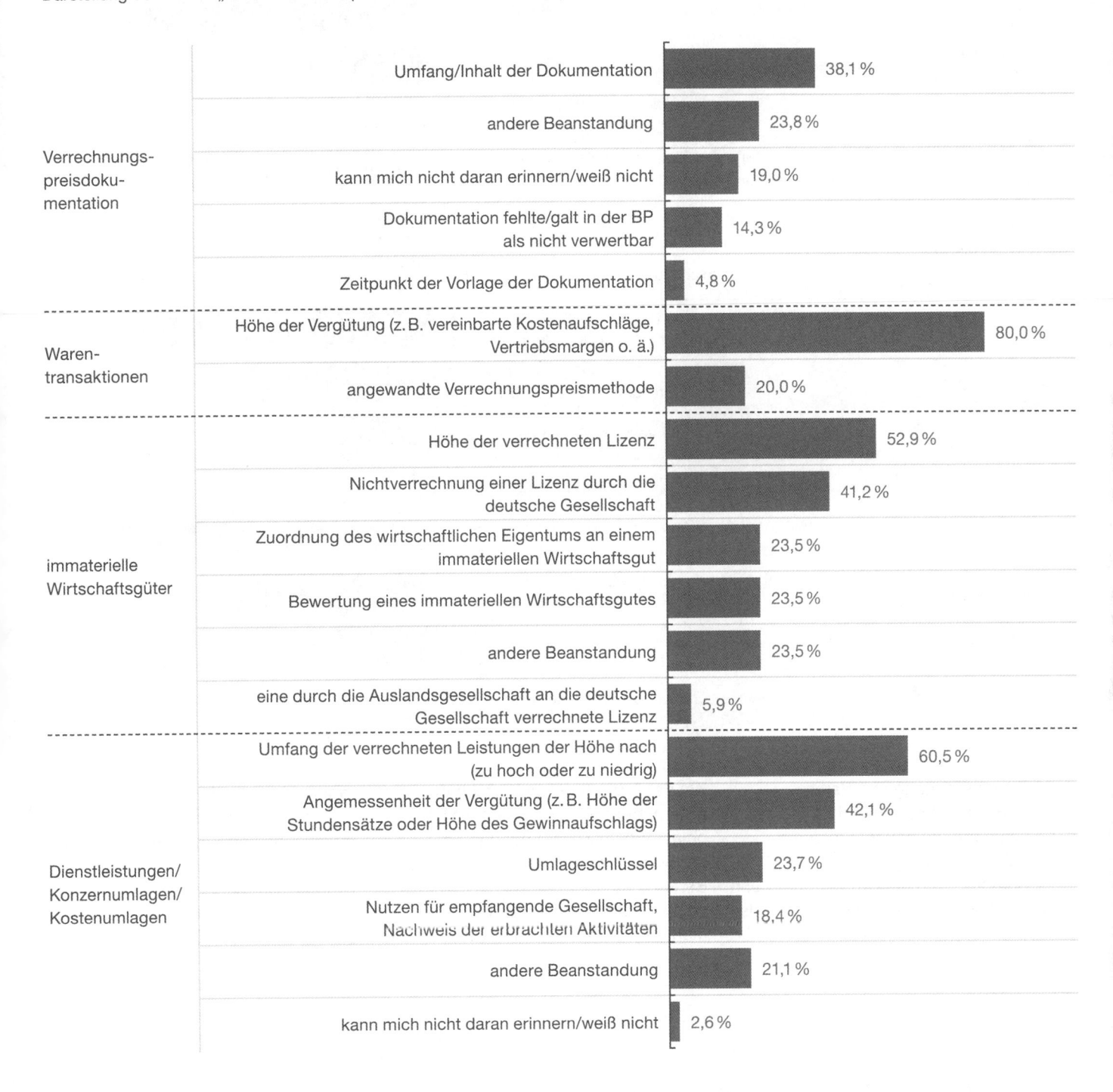

Verrechnungspreisdokumentation	Umfang/Inhalt der Dokumentation	38,1 %
	andere Beanstandung	23,8 %
	kann mich nicht daran erinnern/weiß nicht	19,0 %
	Dokumentation fehlte/galt in der BP als nicht verwertbar	14,3 %
	Zeitpunkt der Vorlage der Dokumentation	4,8 %
Warentransaktionen	Höhe der Vergütung (z. B. vereinbarte Kostenaufschläge, Vertriebsmargen o. ä.)	80,0 %
	angewandte Verrechnungspreismethode	20,0 %
immaterielle Wirtschaftsgüter	Höhe der verrechneten Lizenz	52,9 %
	Nichtverrechnung einer Lizenz durch die deutsche Gesellschaft	41,2 %
	Zuordnung des wirtschaftlichen Eigentums an einem immateriellen Wirtschaftsgut	23,5 %
	Bewertung eines immateriellen Wirtschaftsgutes	23,5 %
	andere Beanstandung	23,5 %
	eine durch die Auslandsgesellschaft an die deutsche Gesellschaft verrechnete Lizenz	5,9 %
Dienstleistungen/ Konzernumlagen/ Kostenumlagen	Umfang der verrechneten Leistungen der Höhe nach (zu hoch oder zu niedrig)	60,5 %
	Angemessenheit der Vergütung (z. B. Höhe der Stundensätze oder Höhe des Gewinnaufschlags)	42,1 %
	Umlageschlüssel	23,7 %
	Nutzen für empfangende Gesellschaft, Nachweis der erbrachten Aktivitäten	18,4 %
	andere Beanstandung	21,1 %
	kann mich nicht daran erinnern/weiß nicht	2,6 %

Verrechnungspreise

Abb. 25 Beanstandungen der BP in Bezug auf Verrechnungspreise (Teil 2)

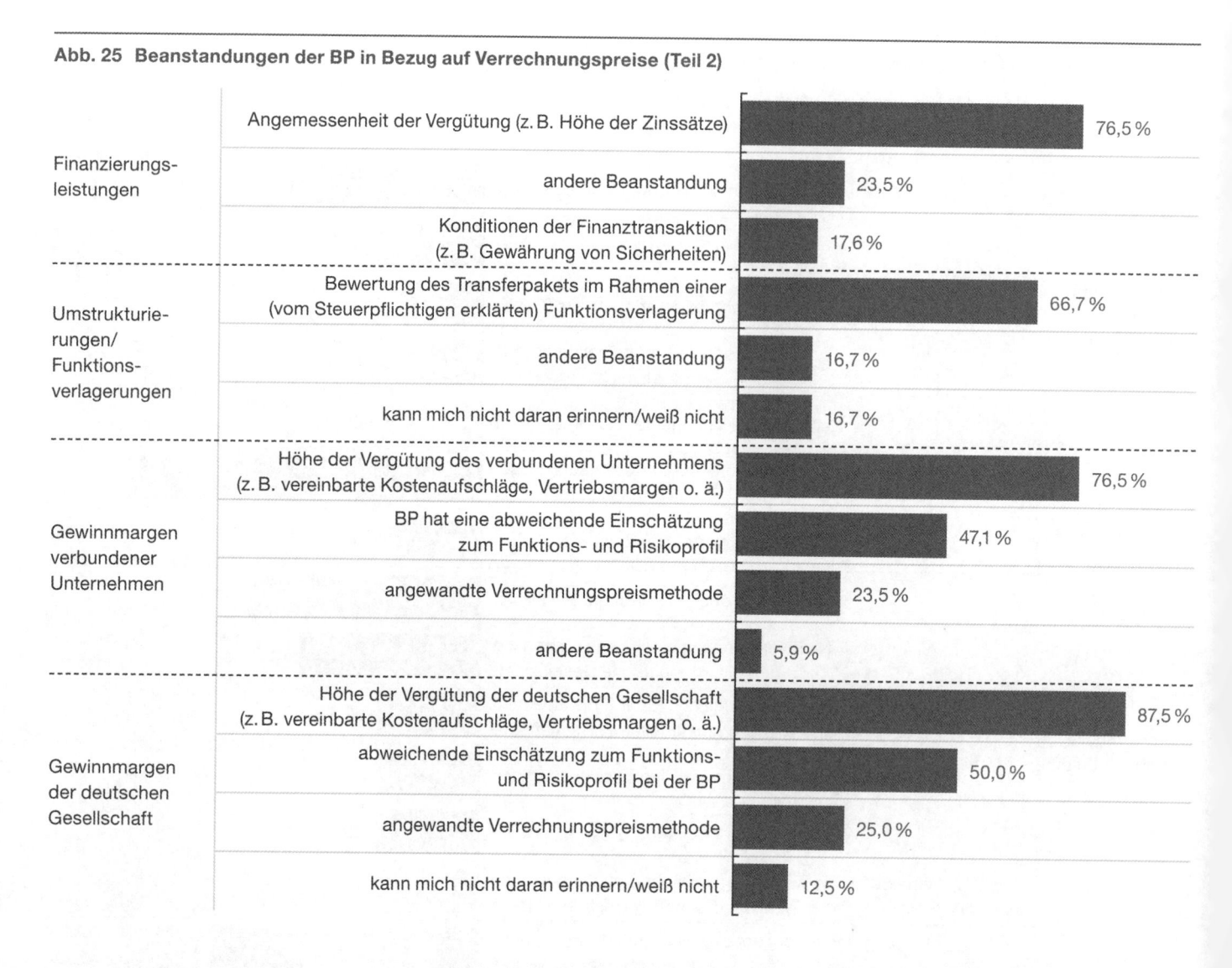

Finanzierungsleistungen
- Angemessenheit der Vergütung (z. B. Höhe der Zinssätze): 76,5 %
- andere Beanstandung: 23,5 %
- Konditionen der Finanztransaktion (z. B. Gewährung von Sicherheiten): 17,6 %

Umstrukturierungen/Funktionsverlagerungen
- Bewertung des Transferpakets im Rahmen einer (vom Steuerpflichtigen erklärten) Funktionsverlagerung: 66,7 %
- andere Beanstandung: 16,7 %
- kann mich nicht daran erinnern/weiß nicht: 16,7 %

Gewinnmargen verbundener Unternehmen
- Höhe der Vergütung des verbundenen Unternehmens (z. B. vereinbarte Kostenaufschläge, Vertriebsmargen o. ä.): 76,5 %
- BP hat eine abweichende Einschätzung zum Funktions- und Risikoprofil: 47,1 %
- angewandte Verrechnungspreismethode: 23,5 %
- andere Beanstandung: 5,9 %

Gewinnmargen der deutschen Gesellschaft
- Höhe der Vergütung der deutschen Gesellschaft (z. B. vereinbarte Kostenaufschläge, Vertriebsmargen o. ä.): 87,5 %
- abweichende Einschätzung zum Funktions- und Risikoprofil bei der BP: 50,0 %
- angewandte Verrechnungspreismethode: 25,0 %
- kann mich nicht daran erinnern/weiß nicht: 12,5 %

Im Zusammenhang mit Warentransaktionen werden Mehrbelastungen am häufigsten durch eine Beanstandung der Höhe der Vergütung durch die BP begründet und weniger häufig durch einen Aufgriff der Verrechnungspreismethode.

Bei den immateriellen Wirtschaftsgütern, bei denen es zu einer Mehrbelastung im Zusammenhang mit den Verrechnungspreisen durch die BP kam, handelte es sich in mehr als der Hälfte der Fälle um Dachmarken (53 Prozent). An zweiter Stelle rangierten Patente und sonstige Schutzrechte, Rezepte oder sonstiges technisches oder produktbezogenes Know-how (47 Prozent), gefolgt von Produktmarken (29 Prozent) sowie Vertriebs-Know-how und Kundenstämmen (je circa 24 Prozent).

Mehr als die Hälfte der Mehrbelastungen aufgrund immaterieller Wirtschaftsgüter resultieren aus Dachmarken.

Abb. 26 Immaterielle Wirtschaftsgüter die von steuerlichen Mehrbelastungen betroffen waren

Darstellung der Anteile „falls Mehrbelastungen aus immateriellen Wirtschaftsgütern entstanden sind".

- Produktmarke: 29,4 %
- Dachmarke: 52,9 %
- Patente und sonstige Schutzrechte, Rezepte oder sonstiges technisches oder produktbezogenes Know-how: 47,1 %
- Vertriebs-Know-how: 23,5 %
- Kundenstamm: 23,5 %
- anderes immaterielles Wirtschaftsgut: 29,4 %

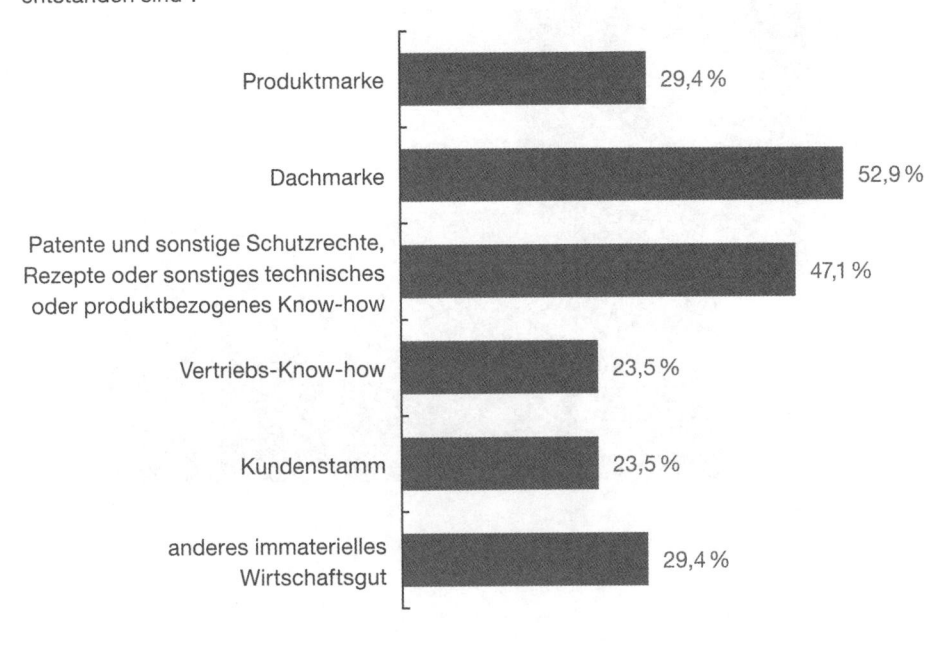

Abb. 27 Dienstleistungsverrechnungen, die von Mehrbelastungen betroffen waren

Darstellung der Anteile „falls Mehrbelastungen aus der Verrechnung von Dienstleistungen entstanden sind".

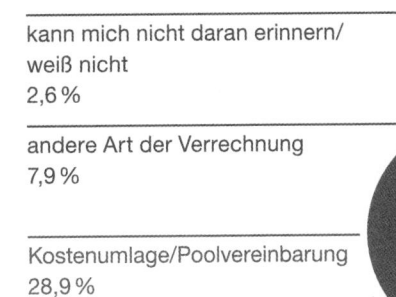

- kann mich nicht daran erinnern/weiß nicht: 2,6 %
- andere Art der Verrechnung: 7,9 %
- Kostenumlage/Poolvereinbarung: 28,9 %
- Dienstleistung, die im Wege der Einzelverrechnung belastet wurde: 13,2 %
- Dienstleistung, die im Rahmen einer Umlage verrechnet wurde: 47,4 %

Am häufigsten wurde von der BP die Höhe der verrechneten Lizenzen bemängelt (53 Prozent). Darüber hinaus monierten Betriebsprüfer häufig die Nichtverrechnung von Lizenzen ins Ausland (41 Prozent). Weniger oft führten die Zuordnung und die Bewertung von immateriellen Wirtschaftsgütern zu Anpassungen (je circa 24 Prozent).

Im Zusammenhang mit Mehrergebnissen infolge einer BP bei Dienstleistungen, Konzern- und Kostenumlagen führten umlagebasierte Verrechnungen von Dienstleistungen besonders häufig zu Mehrbelastungen (48 Prozent), gefolgt von Kostenumlagen und Poolvereinbarungen (29 Prozent).

Häufigste Anpassungsgründe bei der Prüfung der Verrechnungspreise von Dienstleistungen waren der Umfang der verrechneten Leistungen der Höhe nach (zu hoch oder zu niedrig; 61 Prozent) sowie zum Beispiel die Höhe der Stundensätze oder die Höhe des Gewinnaufschlags (42 Prozent). Weniger häufig kommt es zu Anpassungen wegen eines Aufgriffs von Umlageschlüsseln (24 Prozent) oder des Nachweises des Nutzens für die empfangende Gesellschaft oder der erbrachten Aktivitäten (18 Prozent).

Hinsichtlich des Vergütungssatzes würden wir erwarten, dass dies in Zukunft für sogenannte Low-Value-Adding-Services entsprechend den Änderungen der OECD im Rahmen des BEPS-Projekts weniger häufig thematisiert wird, soweit ein allgemein anerkannter Kostenaufschlagssatz von 5 Prozent angewendet werden kann. Wahrscheinlich wird aber häufiger mit den Betriebsprüfern zu diskutieren sein, ob die betreffenden Dienstleistungen tatsächlich solche Low-Value-Adding-Services sind.

Bei den Finanztransaktionen führten am häufigsten Darlehen zu Anpassungen der Verrechnungspreise (circa 60 Prozent). Cashpools und Garantien führten seltener zu Mehraufwand (je unter 18 Prozent). Dabei wurde in der BP zumeist die Höhe der Zinssätze bemängelt (76 Prozent).

> „Bei Dienstleistungen und Umlagen stehen insbesondere der Umfang der Leistungen, aber auch die Höhe des Vergütungssatzes im Fokus."
>
> Dr. Roman Dawid

Abb. 28 Finanzierungsleistungen, die von Mehrbelastungen betroffen waren

Darstellung der Anteile „falls Mehrbelastungen aus Finanzierungsleistungen entstanden sind".

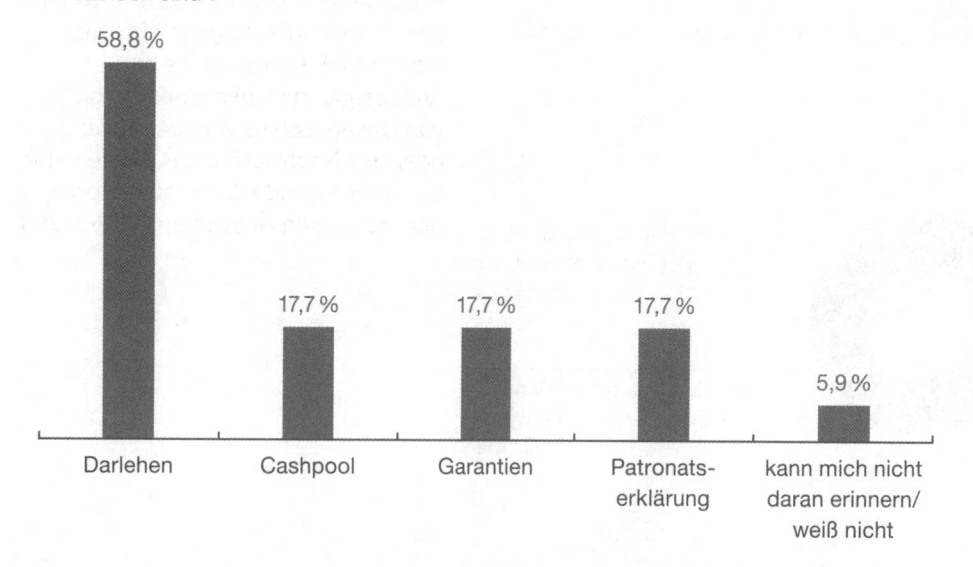

Darlehen	Cashpool	Garantien	Patronatserklärung	kann mich nicht daran erinnern/ weiß nicht
58,8 %	17,7 %	17,7 %	17,7 %	5,9 %

Im Zusammenhang mit Funktionsverlagerungen führte in der Regel die Bewertung des Transferpakets im Rahmen einer (vom Steuerpflichtigen erklärten) Funktionsverlagerung zu Mehraufwendungen (67 Prozent).

Bei der Prüfung von Gewinnmargen verbundener Unternehmen wurde in der BP am häufigsten (76 Prozent) die Höhe der Vergütung des verbundenen Unternehmens beanstandet (zum Beispiel in Form von vereinbarten Kostenaufschlägen, Vertriebsmargen etc.). Gleichzeitig waren die Einschätzung des Funktions- und Risikoprofils oder die Klassifizierung des verbundenen Unternehmens (47 Prozent) sowie die Kritik an der angewandten Verrechnungspreismethode (24 Prozent) seltener ein Thema. Dieses Bild zeichnet sich noch deutlicher bei Anpassungen bei der inländischen/deutschen Gesellschaft, die noch häufiger wegen der (aus Sicht der BP unzureichenden) Gewinnmarge erfolgten (88 Prozent), während ein Aufgriff des Funktions- und Risikoprofils oder der Verrechnungspreismethode weniger oft genannt wurde (50 beziehungsweise 25 Prozent).

Vermeidung von Doppelbesteuerung
In den meisten Fällen werden seitens der steuerpflichtigen deutschen Gesellschaft weiterhin kaum Maßnahmen zur Beseitigung der Doppelbesteuerung im Anschluss an die BP ergriffen: Internationale Verständigungsverfahren werden nach einer deutschen BP nur in circa 13 Prozent der Fälle tatsächlich durchgeführt. Einkommenserhöhungen infolge der Anpassung der Verrechnungspreise und die gegebenenfalls daraus resultierende Doppelbesteuerung werden folglich (wohl nicht zuletzt wegen der weiterhin langen Dauer deutscher Verständigungsverfahren; diese lagen im Jahr 2017 bei 30 Monaten) hingenommen. In der Studie von 2015 wurde noch festgestellt, dass Verständigungsverfahren in den Großunternehmen in Deutschland eine größere Bedeutung hatten als für kleinere Unternehmen.

„Hinsichtlich Funktionsverlagerungen wird in der Betriebsprüfung häufig die Bewertung des Transferpakets aufgegriffen."

Prof. Dr. Stephan Rasch

Die Mehrzahl der Unternehmen nimmt eine resultierende Doppelbesteuerung als Ergebnis der BP hin.

F Umsatzsteuer

Relevanz der Umsatzsteuer hat in Betriebsprüfungen noch einmal signifikant zugenommen

Die Bedeutung der Umsatzsteuer in der BP hat noch einmal deutlich zugenommen. So gaben in der aktuellen Studie insgesamt 72 Prozent der befragten Unternehmen an, bei ihnen habe es in dem Zeitraum eine oder sogar mehrere BP mit Umsatzsteuerbezug (51 Prozent) und/oder Umsatzsteuersonderprüfungen (21 Prozent) gegeben. In der Vorgängerstudie von 2015 lag dieser Wert bei „nur" 40 Prozent. Diese Zahlen belegen die „gefühlte Wahrnehmung" aus Berater- und Unternehmenssicht, wonach die Umsatzsteuer eine der Haupteinnahmequellen deutscher BP ist.

Nahezu die Hälfte dieser BP mit Umsatzsteuerbezug wurden unabhängig von Außenprüfungen in anderen Steuerrechtsgebieten angestoßen, während rund 46 Prozent der erfolgten Umsatzsteuerprüfungen im Zusammenhang mit Außenprüfungen anderer Steuerarten, etwa Lohnsteueraußenprüfungen (18 Prozent) oder Außenprüfungen zu den Ertragsteuern (28 Prozent) erfolgten.

Umsatzsteuer

Abb. 29 Durchführung von BPs mit Umsatzsteuer oder von Umsatzsteuersonderprüfungen in den letzten 5 Jahren

- ja, eine BP: 50,7 %
- ja, mehrere BPs: 21,1 %
- nein: 24,9 %
- kann mich nicht daran erinnern/weiß nicht: 3,4 %

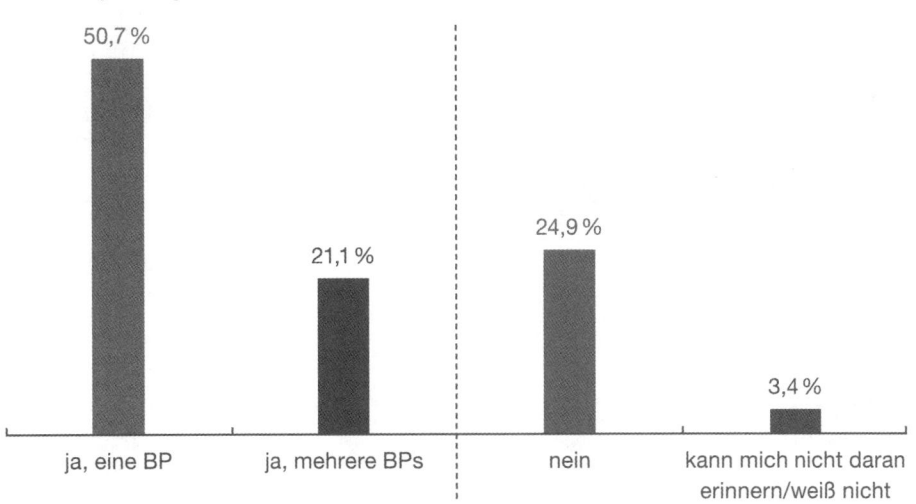

Abb. 30 Grund für BPs mit Umsatzsteuerbezug: Außenprüfungen zu anderen Steuerrechtsgebieten (z. B. Lohnsteueraußenprüfung)

Darstellung der Anteile „falls BP in den letzten 5 Jahren stattgefunden hat".

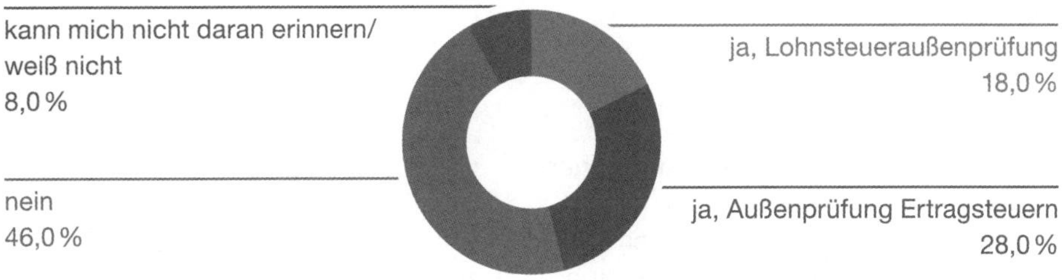

- kann mich nicht daran erinnern/weiß nicht: 8,0 %
- nein: 46,0 %
- ja, Lohnsteueraußenprüfung: 18,0 %
- ja, Außenprüfung Ertragsteuern: 28,0 %

„Nahezu die Hälfte der Betriebsprüfungen mit Umsatzsteuerbezug werden unabhängig von anderen Betriebsprüfungen angestoßen."

Sounia Kombert

Die erzielten Mehrergebnisse im Bereich Umsatzsteuer sind erheblich. Bei lediglich 15 Prozent der befragten Unternehmen lagen die Mehrergebnisse unterhalb von 10.000 Euro.

Demgegenüber haben zusammengefasst circa ein Drittel der befragten Unternehmen deutliche Mehrergebnisse von über 100.000 Euro bis in den Millionenbereich angegeben. Der Effekt dieses Mehrergebnisses ist unserer Erfahrung nach bei den Unternehmen keineswegs nur auf eine Periodenverschiebung (Kompensation der Mehrergebnisse durch gegenläufige Berücksichtigung in einem anderen Veranlagungszeitraum, beispielsweise Geltendmachung der „gestrichenen" Vorsteuer in einem späteren Zeitraum) beschränkt, gegebenenfalls können sich durch die steuerlichen Verjährungsfristen definitive Mehrbelastungen ergeben. Durch den Zeitablauf können zudem oft erhebliche Zinseffekte entstehen. Aber auch eine fehlende Erstattungsfähigkeit oder wirtschaftliche Kompensation unter Einbeziehung der Geschäftspartner führen dazu, dass Feststellungen der BP bei der Umsatzsteuer zu echten Kosten und signifikanten Mehrbelastungen führen (trotz des Grundsatzes der Neutralität der Umsatzsteuer).

„Mehrergebnisse bei der Umsatzsteuer sind betragsmäßig erheblich."

David Koisiak

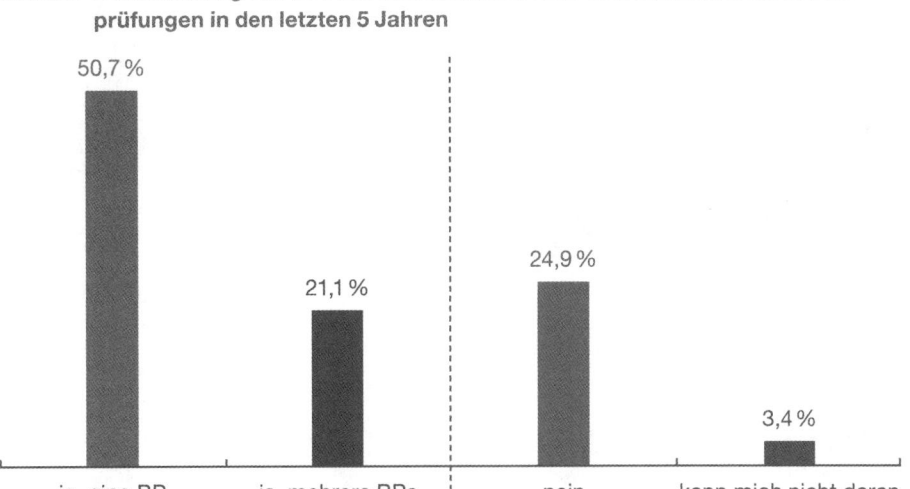

Umsatzsteuer

Abb. 31 Mehrsteuern aus Umsatzsteuer für in Deutschland ansässige Gesellschaften

Darstellung der Anteile „falls aus der letzten BP Mehrsteuern resultierten".

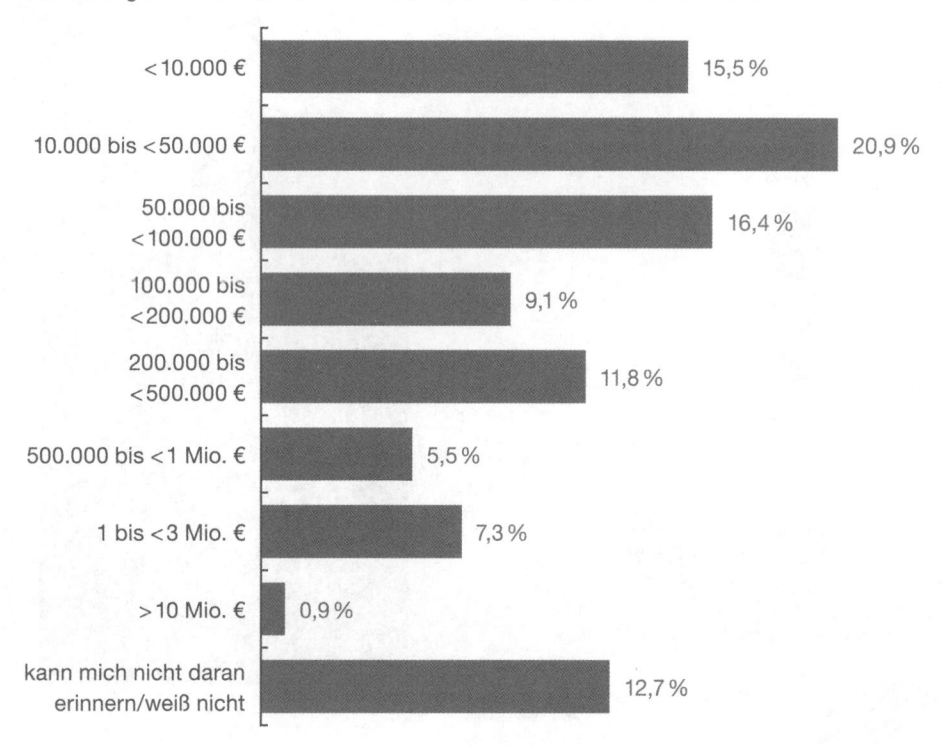

- < 10.000 €: 15,5 %
- 10.000 bis < 50.000 €: 20,9 %
- 50.000 bis < 100.000 €: 16,4 %
- 100.000 bis < 200.000 €: 9,1 %
- 200.000 bis < 500.000 €: 11,8 %
- 500.000 bis < 1 Mio. €: 5,5 %
- 1 bis < 3 Mio. €: 7,3 %
- > 10 Mio. €: 0,9 %
- kann mich nicht daran erinnern/weiß nicht: 12,7 %

Im Einzelfall sollten betroffene Unternehmen daher auch immer sämtliche bestehende Rechtsbehelfsmöglichkeiten (von Erlassanträgen bis hin zur gerichtlichen Durchsetzung anderer Rechtsauffassungen) prüfen. Auch nach unseren Beobachtungen deutet die deutlich gestiegene Zahl finanzgerichtlicher Verfahren auf die gestiegene Notwendigkeit hin, Rechtspositionen auch außerhalb von BP durchzusetzen.

Auch die Art und Weise der BP unterliegt einem Wandel. So ist die Durchführung einer systemischen Prüfung erheblich gestiegen – nur noch 21 Prozent der Befragten gaben an, eher mittels Belegprüfung geprüft worden zu sein. Insofern forciert auch die deutsche Finanzverwaltung die Digitalisierung der Umsatzsteuer und entsprechende systemische Prüfungshandlungen.

Die Entwicklungen im Ausland gehen jedoch zum Teil schon weiter und zeigen, in welche Richtung sich auch die deutsche Finanzverwaltung zukünftig entwickeln wird. Über den bislang schon praxisbewährten Einsatz entsprechender Prüfsoftware und Prüfungsroutinen werden im Ausland Anforderungen etabliert, die eine zeitnahe und schnelle Prüfung ermöglichen sollen und international tätige Unternehmen daher bereits beschäftigen: Real Time Reporting, Standardformate für Buchhaltungsdaten (SAF-T), verpflichtende elektronische Rechnungsstellungen und Meldung dieser innerhalb von wenigen Tagen. Es bleibt abzuwarten, wann entsprechende Anforderungen zukünftig auch in Deutschland umgesetzt werden.

> „Die Digitalisierung hält auch bei der Betriebsprüfung der Umsatzsteuer zunehmend Einzug."
>
> Roberta Grottini

Umsatzsteuer

Abb. 32 Art der Durchführung der letzten BP mit Umsatzsteuerbezug

Darstellung der Anteile „falls Betriebsprüfung in den letzten 5 Jahren stattgefunden hat".

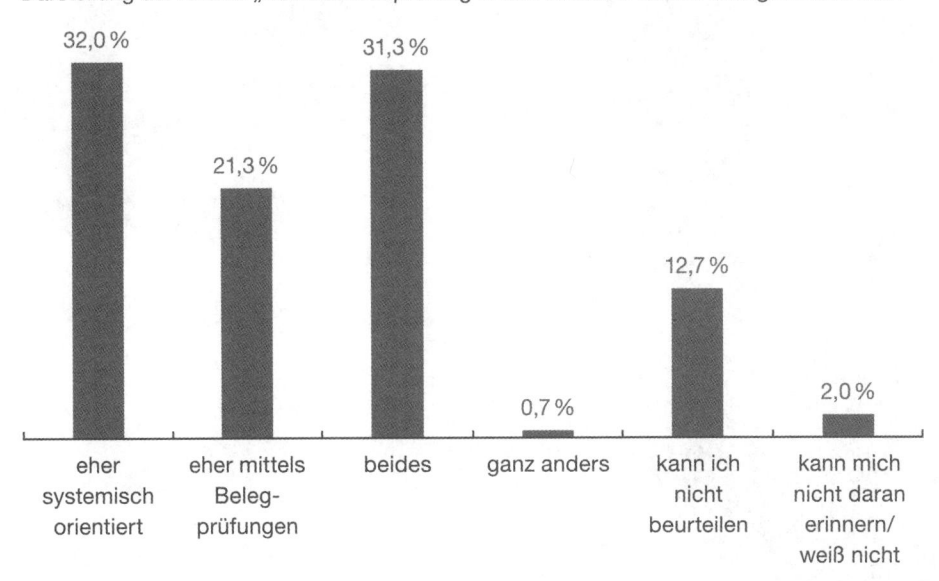

- eher systemisch orientiert: 32,0 %
- eher mittels Belegprüfungen: 21,3 %
- beides: 31,3 %
- ganz anders: 0,7 %
- kann ich nicht beurteilen: 12,7 %
- kann mich nicht daran erinnern/weiß nicht: 2,0 %

Von Unternehmen als risikobehaftet eingestufte Themen, die bereits im Rahmen der Erstellung der Steuererklärung relevant waren, wie die umsatzsteuerliche Organschaft (45 Prozent) oder die Steuerschuldnerschaft des Leistungsempfängers (38 Prozent), wurden von der BP immer noch mit deutlicher Signifikanz aufgegriffen (umsatzsteuerliche Organschaft in 23 Prozent und Steuerschuldnerschaft des Leistungsempfängers in 19 Prozent der Fälle).

Abb. 33 In der letzten Steuererklärung relevante Umsatzsteuerthemen

Mehrfachnennungen waren möglich.

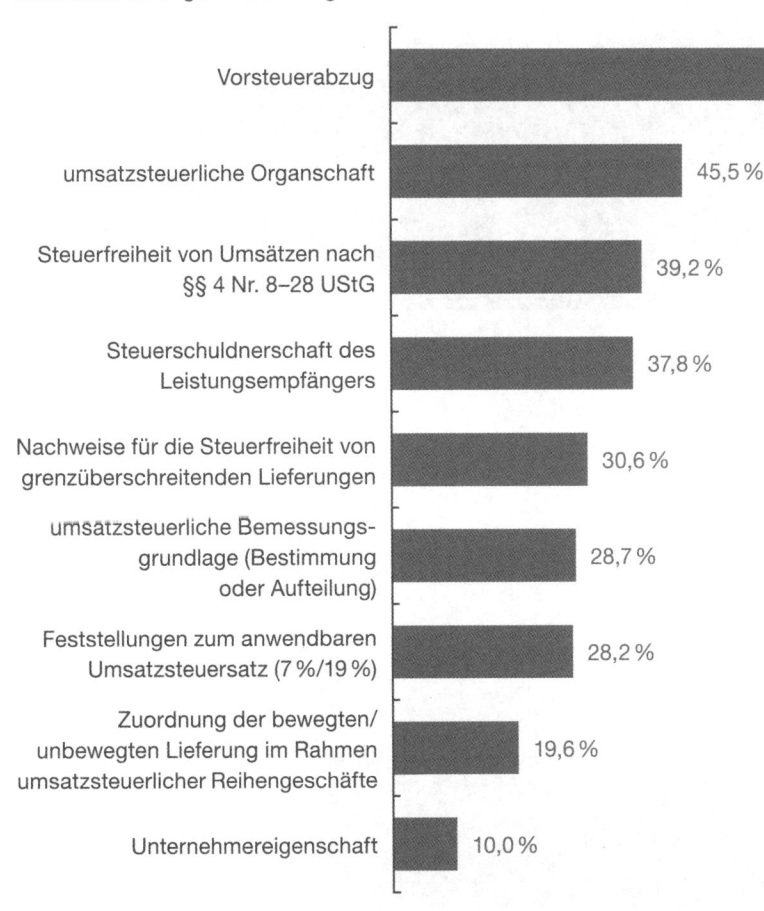

- Vorsteuerabzug: 64,6 %
- umsatzsteuerliche Organschaft: 45,5 %
- Steuerfreiheit von Umsätzen nach §§ 4 Nr. 8–28 UStG: 39,2 %
- Steuerschuldnerschaft des Leistungsempfängers: 37,8 %
- Nachweise für die Steuerfreiheit von grenzüberschreitenden Lieferungen: 30,6 %
- umsatzsteuerliche Bemessungsgrundlage (Bestimmung oder Aufteilung): 28,7 %
- Feststellungen zum anwendbaren Umsatzsteuersatz (7 %/19 %): 28,2 %
- Zuordnung der bewegten/unbewegten Lieferung im Rahmen umsatzsteuerlicher Reihengeschäfte: 19,6 %
- Unternehmereigenschaft: 10,0 %

Die umsatzsteuerliche Organschaft und die Steuerschulderschaft des Leistungsempfängers spielen sowohl in der Erklärungserstellung als auch in der BP eine erhebliche Rolle.

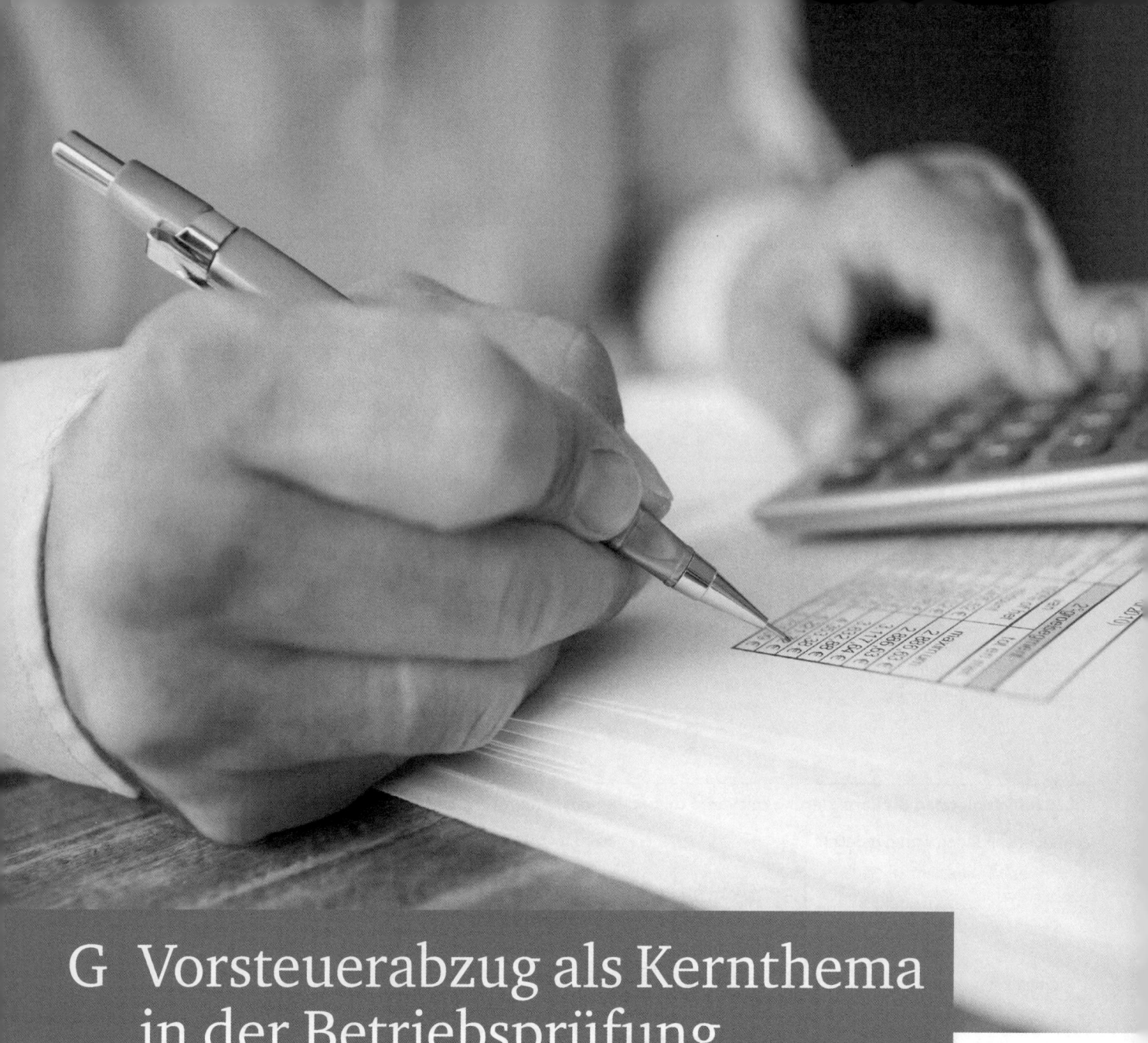

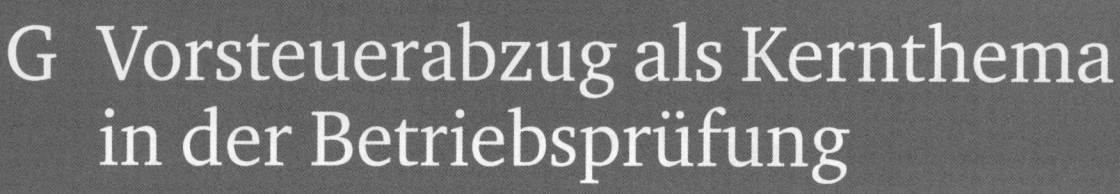

G Vorsteuerabzug als Kernthema in der Betriebsprüfung

„Zentrales Thema ist und bleibt der Vorsteuerabzug."

David Koisiak

Abb. 34 In der letzten Prüfung aufgegriffene Umsatzsteuerthemen

Mehrfachnennungen waren möglich.

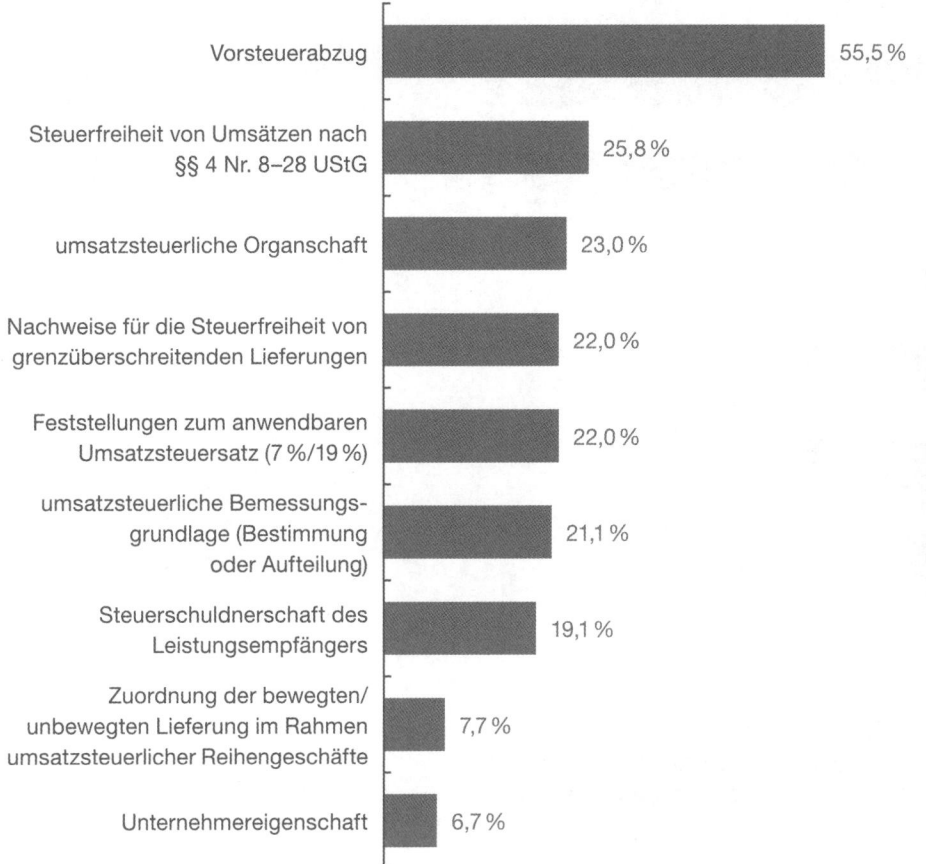

Vorsteuerabzug	55,5 %
Steuerfreiheit von Umsätzen nach §§ 4 Nr. 8–28 UStG	25,8 %
umsatzsteuerliche Organschaft	23,0 %
Nachweise für die Steuerfreiheit von grenzüberschreitenden Lieferungen	22,0 %
Feststellungen zum anwendbaren Umsatzsteuersatz (7 %/19 %)	22,0 %
umsatzsteuerliche Bemessungsgrundlage (Bestimmung oder Aufteilung)	21,1 %
Steuerschuldnerschaft des Leistungsempfängers	19,1 %
Zuordnung der bewegten/unbewegten Lieferung im Rahmen umsatzsteuerlicher Reihengeschäfte	7,7 %
Unternehmereigenschaft	6,7 %

> „Insbesondere bei Unternehmen mit eingeschränktem Recht auf Vorsteuerabzug ist eine gute Dokumentation das A und O in der BP."
>
> Imke Murchner

Zentrales Thema mit einem erhöhten Risikoprofil bei der Erstellung der Umsatzsteuererklärungen war bei fast zwei von drei befragten Unternehmen der Vorsteuerabzug. Aber auch bei der tatsächlichen umsatzsteuerlichen BP stand dieses Thema im Mittelpunkt, da 56 Prozent der befragten Unternehmen von einem Aufgriff durch die BP berichteten, wobei Unternehmen aller Größenordnungen betroffen waren. In 61 Prozent der Fälle wurden darüber hinaus Mehrsteuern festgesetzt. Die durch die BP festgesetzten Mehrsteuern betrugen im Mittel 72 Prozent der gesamten Mehrbelastung bei den jeweiligen Unternehmen.

Der Vorsteuerabzug wurde im Einzelnen versagt,
- weil ein Zusammenhang mit nicht abzugsfähigen Betriebsausgaben bestand (45 Prozent).
- weil kein Zusammenhang zu einer unternehmerischen Tätigkeit (zum Beispiel bei einer reinen Finanzholding) oder ein solcher zu vorsteuerschädlichen steuerfreien Umsätzen bestand oder aus der unrichtigen Aufteilung von Vorsteuer bei Eingangsleistungen (34 Prozent).
- weil Pflichtangaben in Rechnungen fehlten (20 Prozent).

Bei den Pflichtangaben auf den Rechnungen ist auffallend, dass häufig grundlegende Rechnungsangaben fehlerhaft sind wie die „Angabe des Namens und der Anschrift des leistenden Unternehmers und Leistungsempfängers" (36 Prozent) sowie die „Steuernummer oder USt-ID" (36 Prozent). In diesem Bereich basieren die Feststellungen in 64 Prozent der Fälle auf einer ersten Stichprobe.

Abb. 35 Fehlende, unzutreffende oder unzureichende Pflichtangaben in der Rechnung

Mehrfachnennungen waren möglich.

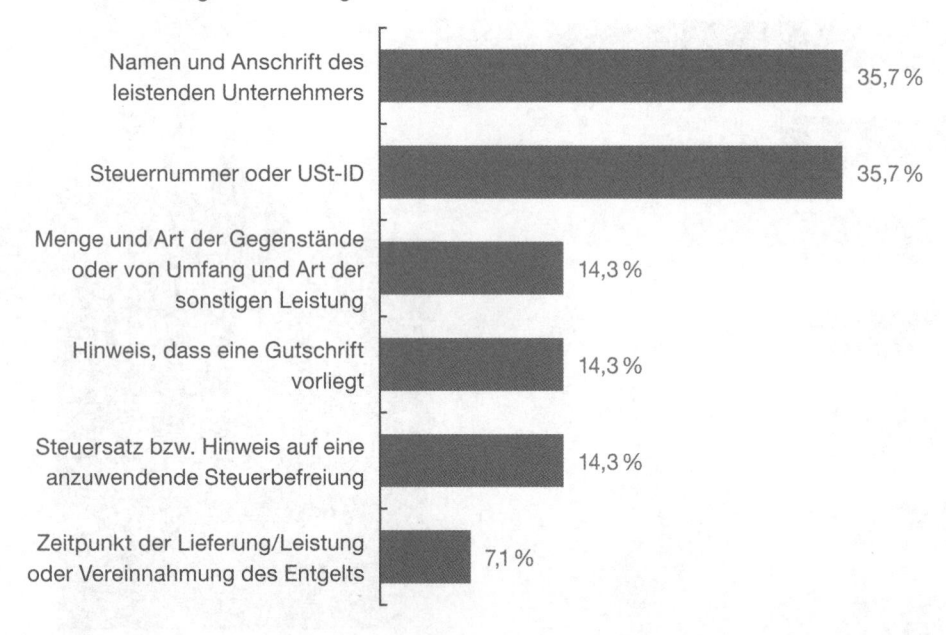

- Namen und Anschrift des leistenden Unternehmers: 35,7 %
- Steuernummer oder USt-ID: 35,7 %
- Menge und Art der Gegenstände oder von Umfang und Art der sonstigen Leistung: 14,3 %
- Hinweis, dass eine Gutschrift vorliegt: 14,3 %
- Steuersatz bzw. Hinweis auf eine anzuwendende Steuerbefreiung: 14,3 %
- Zeitpunkt der Lieferung/Leistung oder Vereinnahmung des Entgelts: 7,1 %

Auch die aktuelle Rechtsentwicklung im Hinblick auf die nun mögliche Rückwirkung der Rechnungskorrektur (EUGH vom 15. September 2016, C-516/14 [Barlis], C-518/14 [Senatex] und nachfolgend BFH vom 20. Oktober 2016, V R 54/14 und aktuelle Verwaltungsverlautbarungen) sollte nicht zum Anlass genommen werden, in Bezug auf die formellen Rechnungsanforderungen weniger Sorgfalt walten zu lassen. Denn nach Ansicht des BFH setzt die Rückwirkung der späteren Rechnungskorrektur das Vorliegen einer Rechnung im Ursprungszeitraum voraus – bei gänzlich fehlenden Angaben zum Namen des Leistenden oder des Leistungsempfängers wäre jedenfalls nach der Rechtsprechung des BFH eine Rückwirkung zweifelhaft.

Prüfungsschwerpunkt der umsatzsteuerlichen BP war zudem in 26 Prozent der Fälle die zutreffende Anwendung der Steuerbefreiungen nach § 4 Nummern 8–28 UStG. Unternehmen aller Größenordnungen waren hiervon betroffen. In 48,1 Prozent der Fälle wurden ebenso infolge von Verstößen Mehrsteuern festgesetzt, die im Mittel 52 Prozent der Mehrbelastung ausmachten. Diese Festsetzungen sind insofern besonders misslich, als die Umsetzung der europäischen Vorschriften der Mehrwertsteuersystemrichtlinie aus diesem Bereich in nationales Recht oftmals unionsrechtlich zweifelhaft ist.

Auch die Versagung der Steuerfreiheit führt häufig zu Mehrsteuern.

An dritter Stelle der bedeutungsvollsten umsatzsteuerlichen Themen wurde in 23 Prozent der Fälle die umsatzsteuerliche Organschaft aufgegriffen. Hiervon waren in erster Linie die Unternehmen mit über 2.000 Mitarbeitern betroffen (63 Prozent). Lediglich in 15 Prozent der Fälle wurde jedoch letztlich auch eine Mehrsteuer festgesetzt. Falls solche Mehrsteuern festgesetzt wurden, machten diese im Mittel 38 Prozent der Mehrbelastung bei den betroffenen Unternehmen aus. Im Fokus standen hier überwiegend die organisatorische und die wirtschaftliche Eingliederung (je 57 Prozent). Auch zukünftig ist damit zu rechnen, dass die umsatzsteuerliche Organschaft Prüfungsgegenstand in BP bleibt. So ist die Übergangsfrist im Hinblick auf die Ausweitung der umsatzsteuerlichen Organschaft auf Personengesellschaften zum 1. Januar 2019 abgelaufen. Ab diesem Zeitpunkt treten auch bei Personengesellschaften bei Vorliegen der entsprechenden Voraussetzungen (insbesondere der finanziellen, wirtschaftlichen und organisatorischen Eingliederung) zwingend die Rechtsfolgen der umsatzsteuerlichen Organschaft ein.

Abb. 36 Themen der umsatzsteuerlichen BP nach Unternehmensgröße

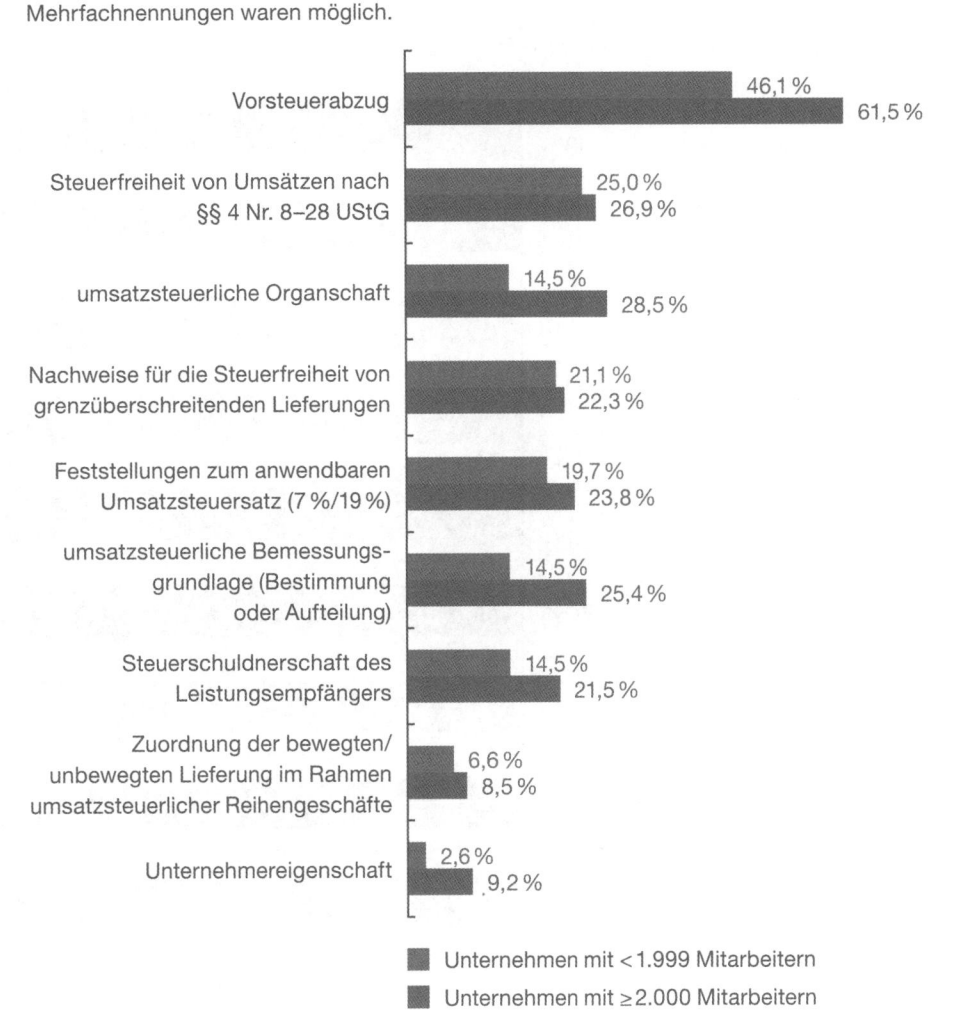

Mehrfachnennungen waren möglich.

Thema	Unternehmen mit < 1.999 Mitarbeitern	Unternehmen mit ≥ 2.000 Mitarbeitern
Vorsteuerabzug	46,1 %	61,5 %
Steuerfreiheit von Umsätzen nach §§ 4 Nr. 8–28 UStG	25,0 %	26,9 %
umsatzsteuerliche Organschaft	14,5 %	28,5 %
Nachweise für die Steuerfreiheit von grenzüberschreitenden Lieferungen	21,1 %	22,3 %
Feststellungen zum anwendbaren Umsatzsteuersatz (7 %/19 %)	19,7 %	23,8 %
umsatzsteuerliche Bemessungsgrundlage (Bestimmung oder Aufteilung)	14,5 %	25,4 %
Steuerschuldnerschaft des Leistungsempfängers	14,5 %	21,5 %
Zuordnung der bewegten/unbewegten Lieferung im Rahmen umsatzsteuerlicher Reihengeschäfte	6,6 %	8,5 %
Unternehmereigenschaft	2,6 %	9,2 %

In ähnlicher Häufigkeit wurden als umsatzsteuerlicher „Klassiker" Feststellungen zum anwendbaren Umsatzsteuersatz (7 oder 19 Prozent) im Rahmen der BP getroffen. Dabei gilt: Je kleiner die Unternehmen, desto höher war die Wahrscheinlichkeit, dass dieser Bereich geprüft wird. Bei insgesamt 52 Prozent der Unternehmen kam es infolge des Umsatzsteuersatzes zu Mehrsteuern. Im Mittel machte dies 46 Prozent der entstandenen Mehrsteuer aus. Insbesondere ergaben sich entsprechende Mehrsteuern im Zusammenhang mit der Besteuerung von „Speiselieferungen/Restaurationsleistungen" (33 Prozent) und von Kombinationsprodukten/Produktpaketen mit Bestandteilen, die unterschiedlichen Steuersätzen unterliegen (21 Prozent).

Vorsteuerabzug als Kernthema in der Betriebsprüfung

Abb. 37 Entstandene Mehrsteuern bei der Beanstandung von Umsatzsteuerthemen

Darstellung der Anteile „falls Mehrsteuern festgesetzt wurden".

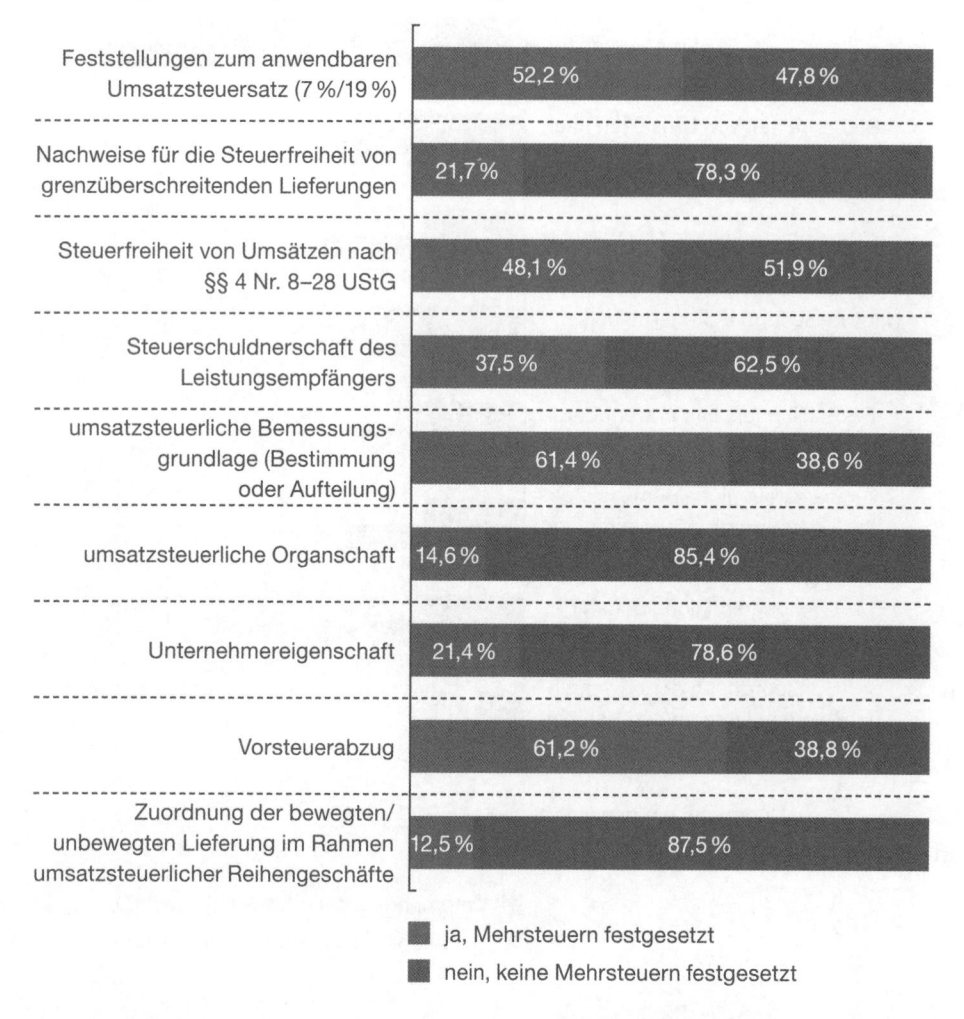

Thema	ja, Mehrsteuern festgesetzt	nein, keine Mehrsteuern festgesetzt
Feststellungen zum anwendbaren Umsatzsteuersatz (7 %/19 %)	52,2 %	47,8 %
Nachweise für die Steuerfreiheit von grenzüberschreitenden Lieferungen	21,7 %	78,3 %
Steuerfreiheit von Umsätzen nach §§ 4 Nr. 8–28 UStG	48,1 %	51,9 %
Steuerschuldnerschaft des Leistungsempfängers	37,5 %	62,5 %
umsatzsteuerliche Bemessungsgrundlage (Bestimmung oder Aufteilung)	61,4 %	38,6 %
umsatzsteuerliche Organschaft	14,6 %	85,4 %
Unternehmereigenschaft	21,4 %	78,6 %
Vorsteuerabzug	61,2 %	38,8 %
Zuordnung der bewegten/unbewegten Lieferung im Rahmen umsatzsteuerlicher Reihengeschäfte	12,5 %	87,5 %

Weiterhin wurden die Nachweise für die Steuerfreiheit von grenzüberschreitenden Lieferungen (22 Prozent) als Sonderfall der steuerfreien Umsätze aufgegriffen (vgl. Abschnitt zum gesonderten und zusätzlichen Aufgriff der Zuordnung der bewegten oder unbewegten Lieferung im Rahmen umsatzsteuerlicher Reihengeschäfte weiter unten). Unternehmen aller Größenordnungen waren hiervon betroffen. Dies führte bei 22 Prozent der betroffenen Unternehmen zu Mehrsteuern. Diese Mehrsteuern machten im Mittel 67 Prozent der gesamten Mehrbelastung aus. Die Feststellungen hinsichtlich der Nachweise bezogen sich schwerpunktmäßig auf Ausfuhrlieferungen (60 Prozent) und innergemeinschaftliche Lieferungen (80 Prozent) – dabei wurde neben dem Fehlen des Gelangensnachweises, des rechnungsmäßigen Hinweises auf die Steuerfreiheit oder der USt-ID (je 38 Prozent), insbesondere beanstandet, dass eine ungültige USt-ID (63 Prozent) aufgezeichnet wurde.

Abb. 38 Grund für Feststellungen zu den Nachweisen für die Steuerfreiheit von grenzüberschreitenden Lieferungen

Darstellung der Anteile „falls Mehrsteuern wegen Nachweisen für die Steuerfreiheit von grenzüberschreitenden Lieferungen".

Ausfuhrlieferungen	60,0 %
innergemeinschaftliche Lieferungen	80,0 %

Abb. 39 Grund für die Beanstandungen bei den Nachweisen innergemeinschaftlicher Lieferungen

Darstellung der Anteile „falls Feststellungen sich auf innergemeinschaftliche Leistungen bezogen".

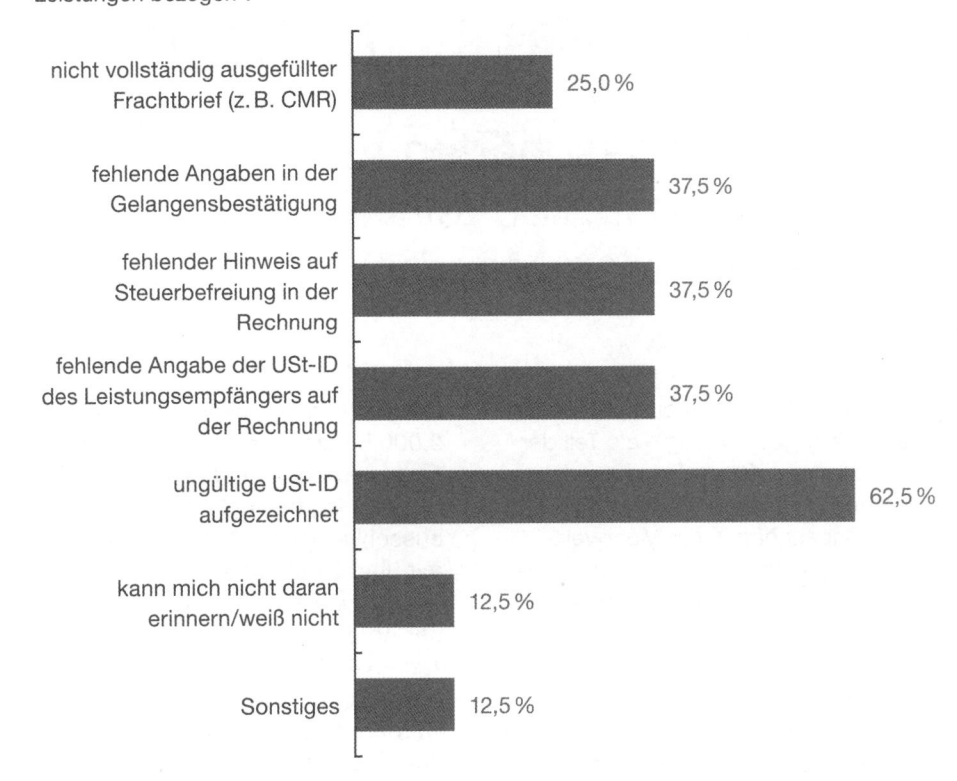

- nicht vollständig ausgefüllter Frachtbrief (z. B. CMR): 25,0 %
- fehlende Angaben in der Gelangensbestätigung: 37,5 %
- fehlender Hinweis auf Steuerbefreiung in der Rechnung: 37,5 %
- fehlende Angabe der USt-ID des Leistungsempfängers auf der Rechnung: 37,5 %
- ungültige USt-ID aufgezeichnet: 62,5 %
- kann mich nicht daran erinnern/weiß nicht: 12,5 %
- Sonstiges: 12,5 %

Themenschwerpunkte waren auch die Steuerbarkeit bestimmter Umsätze sowie die Umqualifizierung von unentgeltlichen in entgeltliche Leistungen.

Dieser signifikante Aufgriff und die Mehrsteuern überraschen im Hinblick auf die (noch geltende) rechtliche Möglichkeit, den Belegnachweis bis zum Ende der mündlichen Verhandlung vor dem Finanzgericht nachbessern zu können. Auch vor dem Hintergrund eines robusten Tax-Compliance-Management-Systems ist Unternehmen anzuraten, entsprechende Belegnachweise zeitnah einzuholen, um mögliche spätere Nachbesserungsherausforderungen (beispielsweise Insolvenz des Geschäftspartners, Unklarheiten in der Zuordnung) zu vermeiden. Angesichts der aktuellen europäischen Entwicklungen veranlasst durch die sogenannten Quick-Fixes, wonach u. a. die USt-ID des Kunden zur zwingenden Voraussetzung für die Inanspruchnahme der Steuerfreiheit für die innergemeinschaftliche Lieferung wird sowie der Einführung eines europaweit gültigen Belegnachweises, wird dieser Bereich sicherlich auch zukünftig in den Fokus der Finanzverwaltung gelangen.

Ebenfalls in ähnlicher Häufigkeit wurde die Bestimmung der umsatzsteuerlichen Bemessungsgrundlage in der BP aufgegriffen (21 Prozent). 61 Prozent der in dieser Hinsicht geprüften Unternehmen hatten mehr als 2.000 Mitarbeiter. In 61 Prozent der Fälle wurden in der Folge Mehrsteuern festgesetzt. Diese Feststellungen zur umsatzsteuerlichen Bemessungsgrundlage machten bei den betroffenen Unternehmen 44 Prozent der gesamten Mehrbelastung aus.

Themenschwerpunkte der umsatzsteuerlichen BP waren zudem die Steuerbarkeit bestimmter Umsätze (wie etwa bei Schadensersatzleistungen, 37 Prozent) und die Umqualifizierung von unentgeltlichen in entgeltliche Leistungen (19 Prozent). Umsatzsteuerrechtlich zeichnen sich diese Vorgänge durch eine erhebliche Komplexität aus, da Sachverhalte mit Bezug zum Schadensersatz und zu unentgeltlichen Wertabgaben praktisch oftmals kaum eindeutig zu qualifizieren sind.

Die Steuerschuldnerschaft des Leistungsempfängers wurde ebenfalls häufig aufgegriffen (19 Prozent). Je größer das Unternehmen ist, desto größer war zudem die Wahrscheinlichkeit, dass dieser Themenbereich geprüft wird (24 Prozent bei einer Unternehmensgröße ab 2.000 Mitarbeiter). Für 38 Prozent der Unternehmen zogen die Prüfungshandlungen in diesem Bereich Mehrsteuern nach sich, die dann je im Durchschnitt 54 Prozent der entstandenen Mehrbelastung ausmachten.

Mit etwas Abstand folgt die Zuordnung der bewegten oder unbewegten Lieferung im Rahmen umsatzsteuerlicher Reihengeschäfte als für die BP relevantes Thema (8 Prozent). Unternehmen aller Größenordnungen waren hiervon in gleichem Maß betroffen. Es wurde zwar nur in 13 Prozent der Fälle Mehrsteuer festgesetzt, bei Unternehmen, die davon betroffen waren, hatte dieses Thema jedoch große finanzielle Bedeutung, da die Festsetzungen in diesem Bereich im Mittel 41,5 Prozent der Mehrbelastung ausmachten. Diese Mehrbelastungen resultierten vornehmlich aus der falschen Zuordnung der bewegten Lieferungen (50 Prozent) oder einer falschen Anwendung der Regelungen zum innergemeinschaftlichen Dreiecksgeschäft (50 Prozent). Auch diese

> **Die unrichtige Behandlung von Reihengeschäften führt im Aufgriffsfall zu teils erheblichen finanziellen Mehrbelastungen.**

Themen sind derzeit europarechtlich auf der Tagesordnung – als Teil der sogenannten Quick-Fixes werden erstmalig Regelungen über das Reihengeschäft in die Mehrwertsteuersystemrichtlinie aufgenommen. Insbesondere für den Fall, dass der mittlere Unternehmer transportiert, soll über die Verwendung der USt-ID des Abgangslandes durch den mittleren Unternehmer die Zuordnung der bewegten Lieferung erfolgen. Inwiefern die Finanzverwaltung für den Zwischenzeitraum die Prüfungen der Reihengeschäfte ausweitet, bleibt abzuwarten.

Die Unternehmereigenschaft wurde nur in 7 Prozent der Fälle geprüft. 71 Prozent der hierzu geprüften Unternehmen hatten eine Unternehmensgröße von über 2.000 Mitarbeitern. In 21 Prozent der Fälle wurden Mehrsteuern festgesetzt. Auffällig ist, dass Mehrsteuern ausschließlich bei Unternehmen mit über 2.000 Mitarbeitern festgesetzt wurden. Im Mittel betrug der Anteil an der Mehrbelastung zudem 45 Prozent der Steuerfestsetzungen. Im Wesentlichen wurden in den aufgegriffenen Fällen die Unternehmereigenschaft einer Holdinggesellschaft (66,7 Prozent) und/oder die Bestimmung von Beginn und Ende der Unternehmereigenschaft (33,3 Prozent) beanstandet. Insbesondere der komplexe Vorsteuerabzug aus Transaktionskosten sollte umsatzsteuerlich daher genau begleitet werden.

> „Bei Aufgriff der Unternehmereigenschaft spielen insbesondere Fragen zur Qualifikation einer Holdinggesellschaft eine erhebliche Rolle."
>
> David Koisiak

H Vorgehensweise und befragte Unternehmen

Um ein aktuelles Stimmungsbild von deutschen Unternehmen zur Praxis der Finanzbehörden bei BP zu erhalten, wurden bundesweit Finanz- und Steuerexperten aus mittelständischen Unternehmen (bis 500 Mitarbeiter), kleineren (bis 2.000 Mitarbeiter) und größeren Großunternehmen (2.000 und mehr Mitarbeiter) befragt. Die Interviews wurden von einem professionellen Marktforschungsinstitut durchgeführt, das den Datenschutz garantiert und die Anonymität der Befragten sicherstellt.

Es gab einen mehrstufigen Befragungsablauf, bei dem insgesamt 209 Interviews mit Steuerexperten der Unternehmen geführt wurden. Die Hauptstudie wurde bundesweit angelegt und in der Zeit vom 13. Juli bis einschließlich 10. September 2018 durchgeführt. Befragte Funktionsträger waren zu 38,3 Prozent Leiter Finanzen/Steuern, zu 31,1 Prozent Leiter Rechnungswesen/Controlling und zu 19,1 Prozent finanzverantwortliche Steuerexperten.

Insgesamt wurden 209 Interviews mit Steuerexperten der Unternehmen geführt.

Vorgehensweise und befragte Unternehmen

Abb. 40 Funktion der Befragten

- Sonstige: 2,9 %
- (stellv.) Geschäftsführer: 8,6 %
- Finanzverantwortliche, Steuerexperte: 19,1 %
- (stellv.) Leiter Finanzen/Steuern: 38,3 %
- (stellv.) Leiter Rechnungswesen/Controlling: 31,1 %

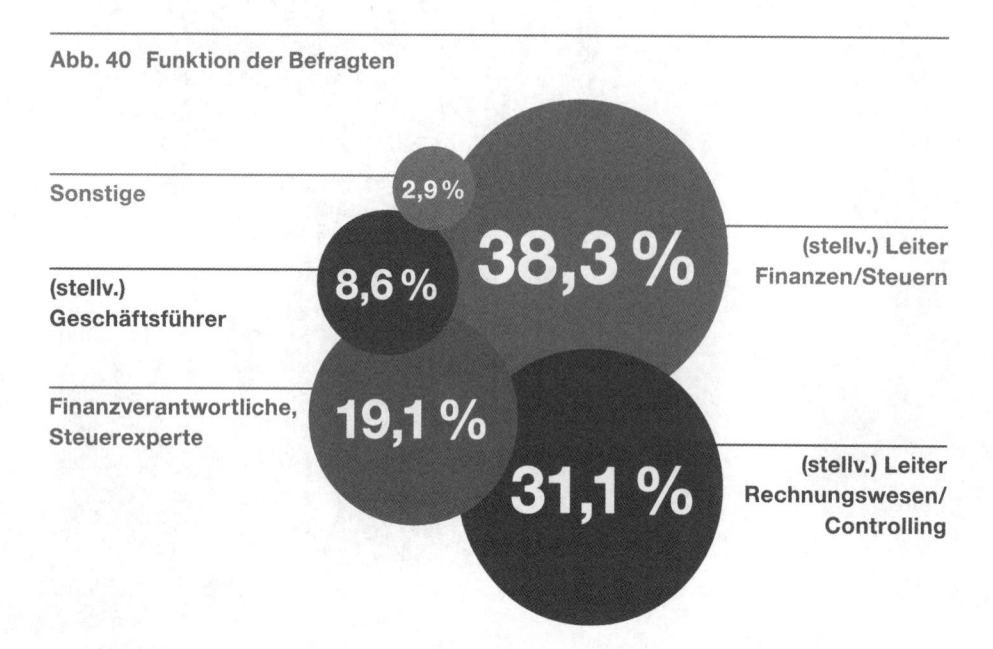

Überwiegend wurden bei der Erhebung deutsche Stammhäuser befragt, die als Konzernmutter fungieren (63,2 Prozent). 23,0 Prozent der befragten Unternehmen waren Tochtergesellschaften eines Konzerns. Daher überrascht es nicht, dass 70,8 Prozent der befragten Unternehmen aus Deutschland heraus gesteuert wurden.

Die Tochtergesellschaften der befragten Unternehmen waren in verschiedenen Unternehmen ansässig, wobei in den meisten Fällen die größten Tochtergesellschaften in Deutschland (77,3 Prozent), den USA (30,1 Prozent), China (25,8 Prozent) und Frankreich (21,5 Prozent) lagen.

Die befragten Unternehmen hatten überwiegend (33,5 Prozent) eine Mitarbeiterzahl zwischen 2.000 und 5.000 sowie zu 27,8 Prozent zwischen 1.000 und 2.000.

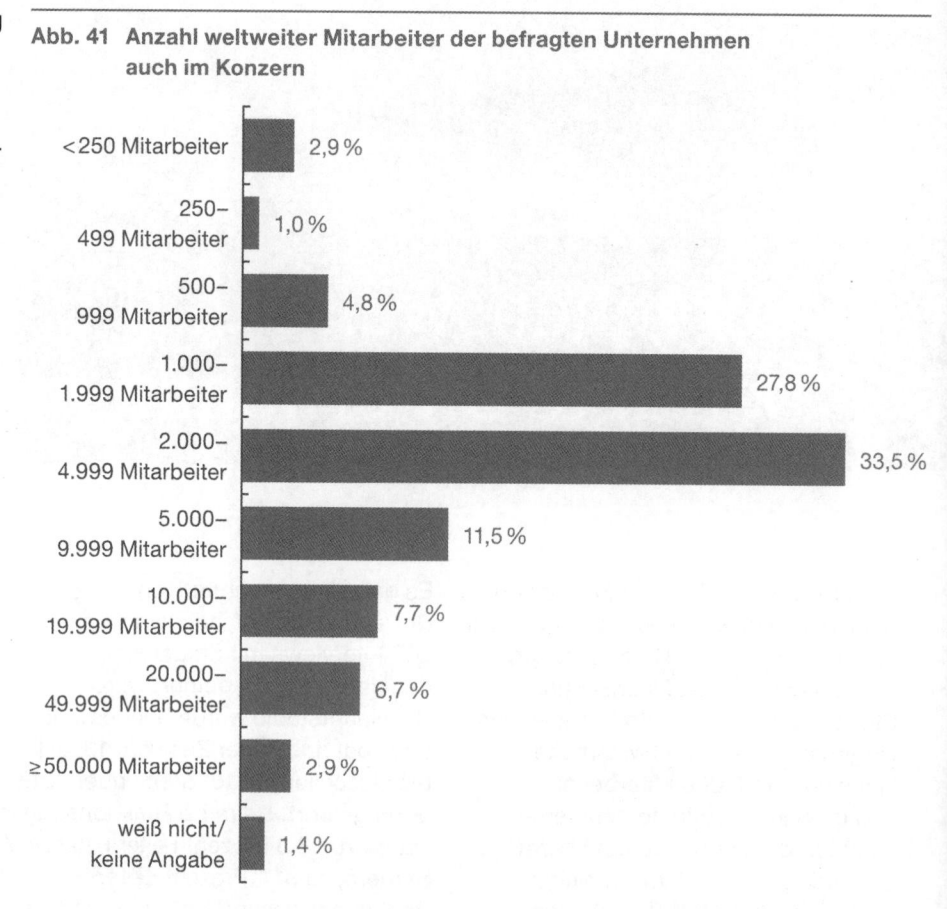

Abb. 41 Anzahl weltweiter Mitarbeiter der befragten Unternehmen auch im Konzern

- <250 Mitarbeiter: 2,9 %
- 250–499 Mitarbeiter: 1,0 %
- 500–999 Mitarbeiter: 4,8 %
- 1.000–1.999 Mitarbeiter: 27,8 %
- 2.000–4.999 Mitarbeiter: 33,5 %
- 5.000–9.999 Mitarbeiter: 11,5 %
- 10.000–19.999 Mitarbeiter: 7,7 %
- 20.000–49.999 Mitarbeiter: 6,7 %
- ≥50.000 Mitarbeiter: 2,9 %
- weiß nicht/keine Angabe: 1,4 %

Abb. 42 Standort der steuerlichen Zuständigkeit des Unternehmens in Deutschland

Darstellung der Anteile „falls es eine Betriebsprüfung gab".

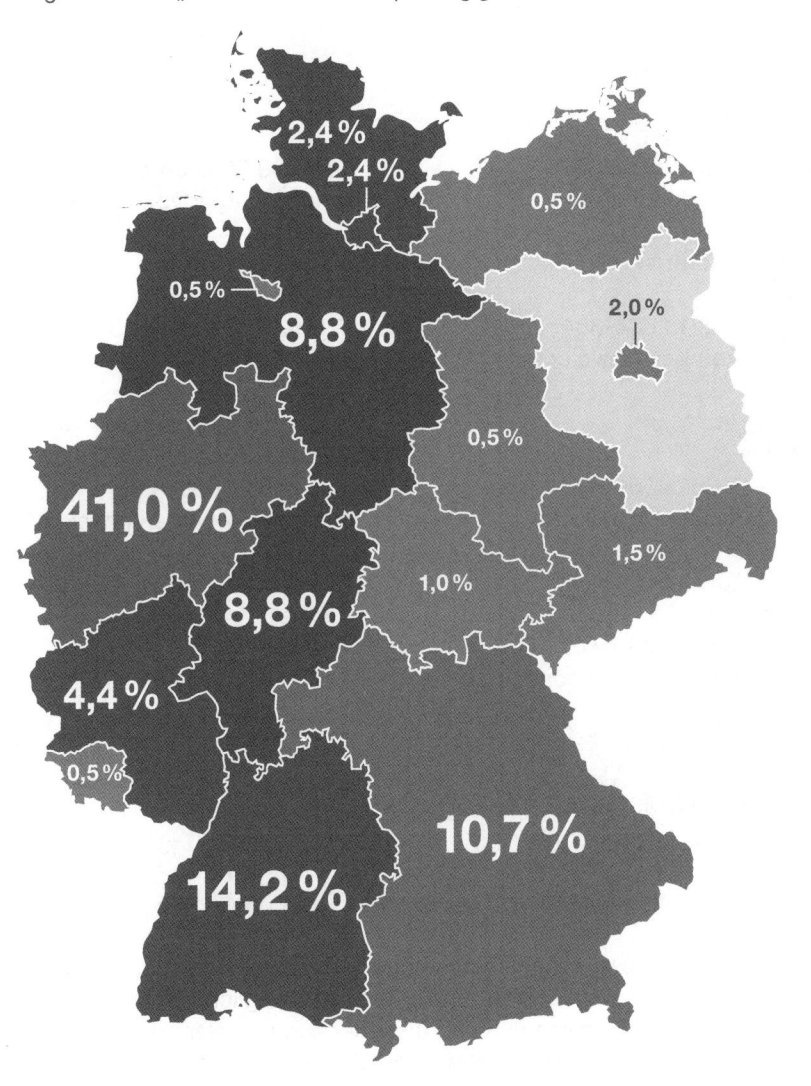

- Schleswig-Holstein: 2,4 %
- Hamburg: 2,4 %
- Mecklenburg-Vorpommern: 0,5 %
- Bremen: 0,5 %
- Niedersachsen: 8,8 %
- Berlin: 2,0 %
- Sachsen-Anhalt: 0,5 %
- Nordrhein-Westfalen: 41,0 %
- Sachsen: 1,5 %
- Hessen: 8,8 %
- Thüringen: 1,0 %
- Rheinland-Pfalz: 4,4 %
- Saarland: 0,5 %
- Baden-Württemberg: 14,2 %
- Bayern: 10,7 %

Ganz überwiegend unterhielten die Unternehmen keine Steuerfunktion (43,1 Prozent) oder eine Steuerabteilung mit bis zu fünf Vollzeitmitarbeitern (42,1 Prozent). 7,2 Prozent der befragten Unternehmen hatten zudem eine Steuerabteilung mit fünf bis zehn Vollzeitmitarbeitern.

44 Prozent der befragten Unternehmen erzielten ein Einkommen zwischen 1.000.000 und 50.000.000 Euro und 15,8 Prozent ein Einkommen zwischen 100.000 und 1.000.000 Euro. Dazu lag das Einkommen bei 9,1 Prozent zwischen 50 und 100 Millionen Euro.

Trotz der zunehmenden Zentralisierung des Rechnungswesens wurden nur bei 11,5 Prozent der Unternehmen Shared Service Center eingesetzt.

Abb. 43 Personelle Aufstellung der Steuerabteilungen der befragten Unternehmen

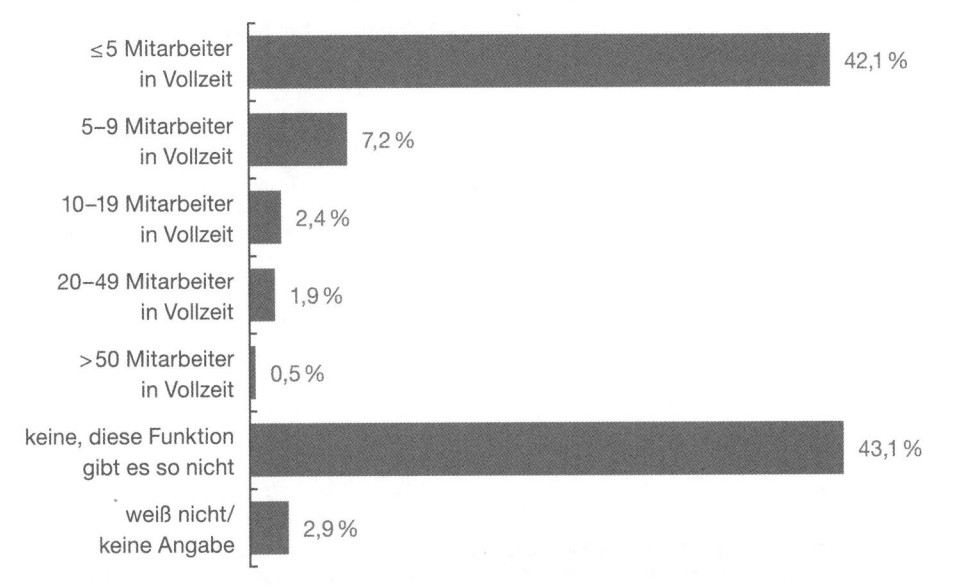

- ≤ 5 Mitarbeiter in Vollzeit: 42,1 %
- 5–9 Mitarbeiter in Vollzeit: 7,2 %
- 10–19 Mitarbeiter in Vollzeit: 2,4 %
- 20–49 Mitarbeiter in Vollzeit: 1,9 %
- > 50 Mitarbeiter in Vollzeit: 0,5 %
- keine, diese Funktion gibt es so nicht: 43,1 %
- weiß nicht/ keine Angabe: 2,9 %

Ihre Ansprechpartner

Dr. Jan Becker
Partner
Tel.: +49 211 981-7378
jan.becker@pwc.com

Dr. Roman Dawid
Partner
Tel.: +49 69 9585-1336
roman.dawid@pwc.com

Axel Eigelshoven
Partner
Tel.: +49 211 981-1144
axel.eigelshoven@pwc.com

Kati Fiehler
Partner
Tel.: +49 40 6378-1304
kati.fiehler@pwc.com

Dr. Volker Käbisch
Partner
Tel.: +49 211 981-1527
volker.kaebisch@pwc.com

David Koisiak
Senior Manager
Tel.: +49 221 2084-270
david.koisiak@pwc.com

Sounia Kombert
Partner
Tel.: +49 221 2084-384
sounia.kombert@pwc.com

Katharina Mank
Partner
Tel.: +49 201 438-2622
katharina.mank@pwc.com

Imke Murchner
Partner
Tel.: +49 89 5790-6779
imke.murchner@pwc.com

Prof. Dr. Stephan Rasch
Partner
Tel.: +49 89 5790-5378
stephan.rasch@pwc.com

Dr. Arne Schnitger
Partner
Tel.: +49 30 2636-5466
arne.schnitger@pwc.com

Roberta Grottini
Partner
Tel.: +49 30 2636-5399
roberta.grottini@pwc.com

Susanne Thonemann-Micker
Partner
Tel.: +49 211 981-2337
susanne.thonemann-micker@pwc.com

Susann van der Ham
Partner
Tel.: +49 211 981-7451
susann.van.der.ham@pwc.com

Über uns

Unsere Mandanten stehen tagtäglich vor vielfältigen Aufgaben, möchten neue Ideen umsetzen und suchen Rat. Sie erwarten, dass wir sie ganzheitlich betreuen und praxisorientierte Lösungen mit größtmöglichem Nutzen entwickeln. Deshalb setzen wir für jeden Mandanten, ob Global Player, Familienunternehmen oder kommunaler Träger, unser gesamtes Potenzial ein: Erfahrung, Branchenkenntnis, Fachwissen, Qualitätsanspruch, Innovationskraft und die Ressourcen unseres Expertennetzwerks in 158 Ländern. Besonders wichtig ist uns die vertrauensvolle Zusammenarbeit mit unseren Mandanten, denn je besser wir sie kennen und verstehen, umso gezielter können wir sie unterstützen.

PwC. Mehr als 11.000 engagierte Menschen an 21 Standorten. 2,2 Mrd. Euro Gesamtleistung. Führende Wirtschaftsprüfungs- und Beratungsgesellschaft in Deutschland.

© August 2019 PricewaterhouseCoopers GmbH Wirtschaftsprüfungsgesellschaft. Alle Rechte vorbehalten.
„PwC" bezeichnet in diesem Dokument die PricewaterhouseCoopers GmbH Wirtschaftsprüfungsgesellschaft, die eine Mitgliedsgesellschaft der PricewaterhouseCoopers International Limited (PwCIL) ist. Jede der Mitgliedsgesellschaften der PwCIL ist eine rechtlich selbstständige Gesellschaft.